歸屬財産 研究

歸屬財産 研究

- 植民地 遺産과 韓國經濟의 進路 -

李大根

이숲

序 文

[1] 本人이 처음 '歸屬財産' 문제에 눈을 뜨게 된 것은 1982년경으로 소급된다. 당시 研究所에 있다가 大學으로 옮긴 지 얼마 되지 않아서인데, 서울대 경제학과 知人으로부터 전화를 받았다. 대학으로 옮긴 기념 삼아 論文 한 편 써달라는 것이었다. 얘기인즉, 學科에서 母校 丁炳烋 선생의 回甲紀念論文集을 준비하는데 여기 교수들과 함께 당신도 글 한 편 寄稿하라는 부탁이었다. 韓國經濟 관련 내용이면 무엇이든 좋다고 하여 그러겠노라고 선뜻 수락하였으나, 막상 主題를 정하려고 보니 결코 쉽지 않아 이것저것 뒤지다가 겨우 잡은 것이 이 '歸屬財産' 문제였다. 歸屬財産이란 해방 후 日本(人)이 이 땅에 남겨두고 간 財産을 가리키는 말이지만, 새로 등장한 美軍政이 이 엄청난 규모의 財産을 어떻게 다루었는가 하는 내용을 중심으로 小品 하나를 만들게 된 것이 著者가 歸屬財産과 처음 만나게 된 사연이다.

그 후 1988년 초 韓, 日 양국의 몇몇 經濟史 연구자들 사이에 韓國 近代(植民地 시대) 경제 연구를 위한 '韓日共同研究會'가 결성되었는데, 거기에 著者도 한국 측 멤버로 참가하게 된 것이 이 문제와 緣을 맺게 된 두 번째 계기였다. 총 15명의 研究陣(한국 측 7명, 일본 측 8명)으로 구성된 研究會는 약 4년간에 걸쳐 現場 조사/연구/토론하는 식의 연구를 진행하였는데, 그 결과를 總論으로 한 권, 各論으로 두 권(총 3권)의 연구서를 내게되었고, 저자도 여기에 歸屬財産 관련 두 편의 글(총론 1편, 각론 1편)을 싣게 된 것이 그것이다. 그 세 번째 계기는 1999년 三星經濟研究所의 원고 청탁으로 주어졌다. 研究所에서는 해방 후 한국경제 高度成長과정을 경제정책사적 관점에서 각 世代別로 정리한다는 계획으로, 1950년대/1960

년대/1970년대/1980년대로 나누어 4편의 硏究書를 시리즈로 내고자 하는데, 그중 첫째의 1950년대 篇을 맡아달라는 것이었다. 1950년대 경제라면 평소 필자의 關心領域이기도 하여 請託을 수락하게 된 것이 귀속재산과의 세 번째 만남이었다. 연구결과는 2002년에 硏究所에 의해『解放 後 -1950年代의 經濟 : 工業化의 史的 背景 硏究』라는 이름으로 出刊된 바 있다.

[2] 이런 사연으로 著者는 이미 歸屬財産 관련 몇 편의 글을 발표한 셈이지만, 그 때마다 집필과정에서 最先을 다하지 못했다는 悔恨과 함께 한 가지 마음속에 다짐하는 바가 있었다. 이런 어마어마한 歸屬財産이란 역사적 遺物을 언제까지 이렇게 땅속에 깊이 파묻어 놓고 모른 척하고 있을 것인가 하는 강렬한 問題意識과 더불어, 언젠가 기회가 주어진다면 나라는 사람이라도 이 문제를 제대로 한번 파헤쳐봐야겠다는 使命感 같은 것이 그것이었다. 그러나 그런 기회는 쉽게 찾아오지 않았다.

그러다가 停年으로 大學을 그만둘 때 이제 시간도 많을 테고 하니 마음속의 宿題를 풀어야지 하고 마음먹었으나 그 또한 바로 實踐으로 연결되지 못하였다. 身邊雜事에 휘말려 시간을 虛送하고 있다가 나이 칠십 줄에 들어서야 겨우 마음을 다져먹고 손을 대려고 하고 보니 엄두가 나지 않았다. 이 나이에 硏究는 무슨 연구며 冊은 또 무슨 책이냐 싶어 스스로 생각해도 너무나 한심스러웠다. 그럴 법도 한 것이 케케묵은 옛날 資料를 찾기 위해서는 무척 많은 발품을 팔아야 하고, 그것을 뒤지고 읽고 복사하고 하려면 視力도 꽤나 좋아야 하는데 글자가 두 개씩 겹쳐 보이는 이런 視力으로 무엇을 하겠다는 것이냐 싶어서였다.

어디 硏究所에 같은 데 상당한 硏究費를 支辦하여 委託硏究라도 할 수 없을까 하고 알아봤으나 그것도 여의치 않았다. 연구비가 문제가 아니라 研究 主題가 마음에 안 든다는 푸념이었다. 그럼 研究 助教라도 몇 사람 구해 도움을 받고자 하였으나 그 역시 쉬운 일이 아니었다. 그 옛날 漢字로 된 먼지투성이의 낡은 資料/文獻을, 그것도 대부분 日本語로 된 것을 다루어야 하는데 요즘 세상에 이런 고생스러운 일을 하려는 研究生을 만난다는 것은 결코 쉬운 일이 아니기 때문이었다. 결국 죽이 되든 밥이 되든 혼자 할 수밖에 없다는 생각으로 침침한 눈을 계속 비비면서 또 안경을 이것저것 바꿔가면서 컴퓨터 자판 앞에서 原稿와 씨름하기 시작한 지가 어언 4, 5년 전의 일이었다.

[3] 중요한 것은 처음 構想 단계에서 책의 기본 프레임을 어떻게 짤 것인가 하는 문제였다. 참고할 만한 先行 研究도 거의 없는 처지라 어떻게 해서든 스스로 만들어야 했다. 일단 研究의 領域을 크게 두 개의 분야로 나누었다. 지난 식민지 시대 일본인에 의해 歸屬財産이 어떻게 形成되었는가 하는 財産 形成의 領域과 그리고 그것이 해방 후 어떤 처지에 놓이고 또 누구에 의해 어떻게 관리/운영/처분되었는가 하는 管理의 領域이 그것이었다. 앞의 形成의 문제는 다시 財産 성질별로 크게 3가지 類型으로 다루었다. 국가가 완전 책임을 지는 公共財(public goods), 곧 治山治水 관련의 砂防-植樹-산림녹화-灌漑-水利사업 등과 教育-보건-衛生-예술-체육-文化 사업 등을 하나로 묶고, 둘째로 公共的 성격이 강하여 政府가 그 설립/운영에 깊이 관여하는 社會間接資本으로서의 鐵道-道路-항만-전신/전화 등과 셋째 제 1, 2, 3차 산업 전반에 걸친 대부분의 民間 企業群으로 분류한 것이다. 요약건대, ① 公益財産, ② 사회간접자본, ③ 민간 産業施設의 3가지 유형으로의 구분이 그것이다. 그리고 後者의 財産管理의

문제는 해방 직후 美軍政에 의한 관리와 1948년 한국정부에 移管된 이후의 관리의 두 단계로 나누었다.

이 가운데 실제로 어느 線까지 분석의 대상으로 잡을 것인가가 두 번째의 고민거리였다. 위에서 지적한 모든 분야를 분석의 대상으로 삼는다는 것은 사실상 불가능에 가까운 일이었다. 그렇다고 가능한 한 分析의 對象을 넓혀야 한다는 현실적 요구 또한 부정할 수 없는 일이라 결국 두 가지 요구를 適宜 조정하게 된 결과는 다음과 같았다.

①의 公益財産 분야에서는 山林綠化, 灌漑/水利, 敎育, 보건/위생을, ②의 사회간접자본에서는 鐵道, 도로, 항만, 전신/전화 정도, ③의 산업시설에서는 전기업. 鑛業. 제조업, 林業 정도는 마땅히 포함시켜야 한다는 생각이었다. 그러나 그것이 過慾임을 알게 되는 데는 오랜 시간이 걸리지 않았다. 一次 資料를 涉獵(섭렵)하는 과정에서 이미 그것을 모두 다룬다는 것은 도저히 力不及이란 사실이 드러났다. 그리하여 ①의 공익재산에서는 山林綠化 한 가지만을 건지고, ②의 SOC에서는 電信/電話를 버리고, ③의 산업시설에서는 林業을 버리기로 했다. 버릴 것이 이렇게 많고 보니 歸屬財産의 全體像을 있는 그대로 그리겠다던 당초 계획은 아예 물 건너가고만 셈이었다.

[4] 硏究의 대상을 이처럼 크게 축소시키게 되자 책의 구성은 총 7개 章으로 축소 조정되고 말았다. 거기에 귀속재산 관련 美軍政 法令(要約) 등 참고자료 몇 가지(8건)를 附錄으로 첨부하는 식으로 마무리했다. 여기 本文 각 章別 내용을 간추려보기로 한다.

序章에서는 '왜 歸屬財産인가' 하는 문제 제기와 함께, 解放된 지 70년이나 지난 지금 새삼스럽게 이 문제를 끄집어내는 이유가 어디 있는가? 하고 自問한다. 이에 대해서는 이렇게 대답한다. 유감스럽게도 지금까지 그 누구에 의해서도 이 문제가 한 번도 제대로 다루어진 일이 없기 때문에 어쩔 수 없이 나라도 나서지 않을 수 없었다는 것, 晚時之歎의 感은 있으나 이제라도 이 문제가 제대로 파헤쳐져 歷史 앞에 그 眞實이 적나라하게 밝혀져야 한다는 굳은 信念 때문이라 할 수 있다.

제2장에서는 이런 엄청난 규모의 歸屬財産의 形成을 위해서는 무엇보다도 누구에 의해, 그리고 그를 위한 資本과 技術이 어떤 메커니즘으로 調達/配分되었는가 하는 소위 開發의 主體 문제를 밝히고자 했다. 一角에서는 그를 위한 資本과 技術이 전적으로 식민지 시대 한국인에 대한 무자비한 收奪/搾取의 산물이라 하지만 그것은 語不成說이다. 剩餘價値가 없는 곳에 어떻게 수탈과 착취가 恣行될 수 있겠는가. 전적으로 일본 자본과 기술의 직접 流入에 의한 것임은 두말할 여지가 없다. 당시 朝鮮으로 유입된 일본자금은 다음 4가지 類型, 곧 일본정부 예산에서 나오는 ① 國庫資金을 비롯하여 ② 일본 大藏省 예금부자금, ③ 일반 會社資金, ④ 個人資金으로 갈라지고 있다.

식민지기(1905~1945년) 이들 일본자금의 총 流入實績은 128억 円 규모였는데, 그 用途別 구성을 보면 행정비 및 군사비 등 消耗性 자금 17.9%를 비롯하여, 家屋/垈地/店鋪 등 구입을 위한 일본인의 生計型 자금 3.2%, 경제적 投資資金 78.8%로 구성되어 총 유입자금의 거의 80% 정도가 바로 이 책에서 다루고자 하는 각종 歸屬財産의 형성을 위해 투입되었다고 말할 수 있다.

[5] 제3장(歸屬財産의 形成 Ⅰ: SOC 건설)은 SOC의 核心 분야라 할 鐵道-道路-港灣의 3가지 산업을 기본으로 하고 그 밖에 山林綠化사업을 '補論'으로 추가하였다. 1899년 京仁線 철도의 敷設(부설)을 始發点으로 하

여 그 후 한국 古來의 전통적인 交通網이 어떻게 근대적인 모습으로 탈바꿈하게 되는가를 연구의 주된 내용으로 삼았다. 이 중에서도 그 비중이 으뜸이라 할 鐵道의 경우, 1945년 해방 당시까지 韓半島의 기본 地形에 따라 X자 형으로 가로지르는 幹線 철도(國鐵)와 그를 둘러싼 수많은 支線網으로 이루어졌다.

道路의 경우는 '新作路'란 새 道路名의 등장이 말해주듯이 겨우 人/馬 통행을 위한 좁디좁은 구식 도로로부터 自動車가 다닐 수 있는 넓고 곧은 신식 도로로 어떻게 바뀌었는가 하는 점, 항만에 있어서도 일찍이 釜山-元山-仁川 등 11개의 開港(對外通商港)을 중심으로 항만의 지속적인 改築이 철도와 도로에 의한 陸路와 연결하는 海路의 발달이 동시적으로 이루어졌다. 그 밖에 山林綠化(보론)의 경우, 1907년 統監府 등장과 함께 놀랍게도 가장 먼저 서울 近郊 野山에 대한 砂防工事와 植樹 사업을 추진했다는 점, 그리하여 朝鮮 후기 들어 민둥산으로 변한 전국의 山林을 다시 靑山으로 만들기 위한 山林綠化정책이 얼마나 철저히 펼쳐졌는가를 다루고자 했다.

제4장(歸屬財産의 形成 II : 産業施設)에서는 대표적으로 電氣業과 鑛/工業의 3개 업종으로 국한했다. 우선 전기업의 경우, 조선총독부에 의한 水力發電의 包藏 能力 파악을 위한 前後 3차에 걸친 전국 水力電源에 대한 일제 조사를 통하여 겨울철 渴水期 發電에 있어 제기되는 문제점을 제외한다면 朝鮮은 거의 무한정에 가까운 水力發電能力을 보유하고 있음을 확인하게 된다. 특히 압록/두만 兩江에서의 流域變更 및 대규모 댐 건설에 의한 새로운 發電方式의 성공은 당시 세계적 규모의 압록강 水豊發電所의 건설을 가능케 했다. 나아가 이런 대규모 水力발전소의 연이은 건설은 1930~40년대 초반에 이루어진 비약적인 鑛/工業 발전의 중요한 기초

조건을 마련해준 셈이었다. 重化學工業 비중이 輕工業을 앞지를 정도의 早期 工業構造 高度化를 가져왔는가 하면, 특히 興南窒素의 電氣化學콤비나트의 偉容은 해방 후 북한에 進駐한 소련군이 일본의 이러한 尖端 기술수준에 驚愕(경악)을 금치 못하였다고 전해지고 있다. 北韓은 이들 공장을 돌리기 위해 해방 직후 歸國하는 일본 기술자를 강제로 抑留하고 기술지도를 받는 일까지 벌어졌다.

[6] 제5/6장(歸屬財産의 管理 I, II)는 우선 美軍政 시대 管理(I)와 한국정부에 의한 管理(II)로 갈라볼 수 있지만, 여기서는 두 시기에 있어 財産의 접수/관리/처분/拂下 등에 관한 법률적, 행정적 조치가 어떻게 이루어졌는가를 다루었다. 제5장에서는 美軍政이 성립 후 가장 먼저 처리한 課業이 조선 居住 일본인의 조속한 철수와 함께 그들의 財産을 '歸屬財産'이란 이름으로 접수하는 일이었다. 접수한 이들 財産의 규모가 너무나 방대하여 그것을 원활히 관리한다는 것이 보통 일이 아니었다. 한국인을 管理人으로 내세우는 간접 管理방식을 취하였으나 이 역시 여의치 않아 많은 기업이 法網을 빠져나가 일반기업으로 탈바꿈하거나 또는 管理 소홀을 틈타 시설의 파괴/流失 등을 가져오는 경우도 허다하였다. 美軍政은 하는 수 없이 소규모 企業과 도시 지역의 민간 住宅 그리고 農耕地의 3가지 재산에 대해서는 적당히 한국인에게 拂下하고, 殘餘 재산은 모두 1948년 9월 한국정부 수립과 함께 거기에 이관하게 된다.

제6장에서는 韓/美 간 協定에 따라 美軍政으로부터 이들 재산을 넘겨받은 한국정부는 李承晩 대통령의 自由主義 경제이념에 따라 가능한 한 빨리 財産을 민간에게 매각고자 하였다. 그 과정에서 多多益善 식으로 무리하게 매각하는 바람에 國有/國營으로 남겨야 할 금융기관이나 基幹

産業까지도 마구 매각하게 되고 또 特定人에게 特惠를 제공하는 식으로 부당하게 이루어져 나중에 不正蓄財 還收조치를 불러오게 되는가 하면, 1960년대 들어 民營化된 이들 금융기관과 기간산업을 다시 國營體制로 환원시키는 일 등이 벌어졌다. 이리하여 과거 일본인 財産은 美軍政으로 넘어갔다가 다시 國有財産으로 한국정부에 이관되고, 얼마 후 다시 대부분 민간에게 拂下(民營化)되었다가 나중에 다시 國營으로 바뀌는 등 수차례의 財産權 변동을 가져오게 된다.

제7장에서는 식민지 지배의 物的 遺産으로서의 귀속재산이 해방 후 한국경제 전개에서 어떤 역할을 담당하였는가를 알아본다. 1950년대 이들 철도, 道路, 전기, 水利施設 등이 나라 경제를 지탱하는 주춧돌 역할을 담당하였음은 물론이고, 특히 歸屬 鑛山에서 채굴되는 重石(텅스텐), 黑鉛, 철광석 등 광산물 수출이 1950년대 한국수출을 主導했다는 사실에 주목할 필요가 있다. 1965년 韓日協定 체결에 따라 請求權資金(?)이라는 이름의 대규모 일본자금의 신규 도입으로 기존의 歸屬財産은 그 殘餘 任務를 거기에 인계하고 조용히 역사의 뒤안길로 사라진다고 할 수 있다.

[7] 終章까지 일단 原稿를 마무리 짓고 보니 원고 분량은 예상 밖으로 많아졌으나 實質은 스스로 보기에도 초라하기 그지 없다. 이걸 가지고 어떻게 당초 계획한 대로 땅속에 埋葬된 歸屬財産을 끄집어내어 흙과 먼지를 털어내고 본래의 모습 그대로 백일하에 드러냈다고 말할 수 있겠는가. 그러나 어쩔 것인가? 자신의 力量이 고작인 것을! 그리하여 중간에 어려운 대목에서는 '이 문제는 筆者 역량으로는 도저히 풀 수 없으니, 안타깝지만 後世의 연구자에게 맡길 수밖에 없다…'는 식으로 군데군데 諒解를 구해 놓았다. 한 가지 바람이 있다면 이 小品을 하나의 징검다리로 삼아 가일층

홀륭한 後續 硏究가 줄을 이어 주었으면 하는 것이다.

[8] 그 밖에도 책 속에 많은 誤謬(오류)가 발견될 것으로 믿어 의심치 않는다. 같은 내용이 앞뒤 다른 章이나 文章에 중복 거론된다든가, 用語의 선택이 잘못되어 전체 意味 파악에 혼란을 초래한다든가, 또는 역사적 眞實을 너무 강조하다 보니 민족적 정서를 거역하게 됨은 물론, 誤/脫字 등도 심심찮게 散見될 것이기 때문이다.

끝으로, 식민지 시대는 물론 해방 후 1960년대에 이르기까지 入手하기 결코 쉽지 않은 각종 稀貴한 資料의 발굴/복사/분석/대출 등 과정에서 귀중한 시간을 내어 도와준 ㈜落星垈經濟硏究所의 朴煥斌, 李宇衍 박사를 비롯한 연구소 여러분의 적극적인 협조에 謝意를 표하고, 아울러 圖表나 사진 등 까다로운 原稿인 데다가 또 漢字 倂用이라는 著者의 글쓰기 고집에다가, 중간 校正 과정에서도 원고 내용을 숱하게 뜯어고치는 등 무리한 요구를 한마디 不平 없이 수용하여 이처럼 볼품 있는 근사한 作品으로 만들어준 이숲出版社의 林王俊 사장 이하 金汶映 실장, 朴惠林 편집 담당자의 그간의 勞苦에 진정으로 감사의 뜻을 표하고 아울러 이숲출판사의 無窮한 發展을 기원하는 바이다.

2015년 9월 30일
果川 牛眠山 기슭에서
著 者 識

【凡例】

1. 시기별 呼稱 문제 … 1876년 江華島條約 이후 1945년 8월 解放까지 韓國史 展開(韓國近代史)에서 이 기간의 特定의 小時期에 대한 呼稱에 대해 著者는 주변 여러분의 도움을 받아 일단 다음과 같이 정리코자 한다.
   - 1876년 개항~1910년 韓日倂合까지 : 開港期 또는 開化期
   - 1897년 10월 大韓帝國 선포~1910년 8월 韓日倂合까지 : 大韓帝國期
   - 1910년 한일병합에서~1945년 8월 解放까지 : 植民地期, 日政/倭政시대
   단, 言論 또는 學界 일각에서 사용되고 있는 '旧 韓末', '日帝强占期', '日帝시대', '韓日合邦 또는 倂呑' 등의 用語는 사용치 않는다.

2. 나라(國家) 呼稱 문제 … 朝鮮이란 國號는 1897년 大韓帝國으로 바뀌고 1910년 韓日倂合으로 일본의 植民地로 되고, 1945년 해방과 함께 南半部는 大韓民國(韓國)으로, 北半部는 조선민주주의인민공화국(朝鮮)의 두 가지 이름으로 바뀐다. 이 책에서는 기본적으로 1948년 8월 대한민국 성립 때까지는 朝鮮으로, 그 이후는 韓國으로 칭하되, 韓國史를 통틀어 나타낼 때는 韓國으로 표현한다.

3. 日本/中國 人名/地名 表記 문제 … 원칙으로는 外國語의 경우 原語民 發音으로 표기해야 하지만, 著者 스스로 동 原則에 同意하지 않을 뿐더러 일일이 그것을 확인하기도 어려운 일이므로 편의상 原 漢字名 그 자체로 표기하고, 後記 [參考文獻] 상에는 한국 漢字音 순서로 配列한다.

4. 南/北韓 관계, 戰爭 이름 등의 문제 … 國家 개념으로는 南韓(South Korea) 대 北韓(North Korea)으로 對稱하고, 領土 개념으로는 韓半島란 표현을 사용한다 (단, 韓國 대 北韓이란 對稱은 사용치 않음). 戰爭 이름은 승리한 나라를 앞세우는 慣行에 따라 日·淸전쟁, 日·러전쟁, 中·日전쟁, 美·日전쟁 등으로 하고, 美·日전쟁은 통상 太平洋전쟁으로 표현한다.

5. 貨幣 단위 呼稱 문제 … 開港期(1876~1910년)까지는 錢 또는 圓으로, 植民地시대는 円(또는 圓), 해방 후 1945. 8월~1953. 2월 제1차 通貨改革)까지는 圓, 그 이후 1962년 6월 제2차 通貨改革 때까지는 圜(환), 그 이후 지금까지는 원으로 각각 표현한다.

目 次

〈圖/表〉目 次

제1장

序論 : 왜 歸屬財産인가?

I. 植民地 遺産으로서의 歸屬財産

歸屬財産이란 무엇인가? 1945년 8월 해방 당시 韓國에 살던 일본인이 本國으로 돌아갈 때 한국에 두고 간 財産에 대해 새로 등장한 美軍政이 그 財産權을 미군정 산하로 '歸屬시킨다'(vested)는 뜻에서 붙은 이름이다. 따라서 '歸屬財産'(vested property)이란 이름은 해방 후 美軍政에 의해 붙은 新造語라 할 수 있다. 그러나 그 본질은 어디까지나 해방 당시까지 이 땅에 살던 일본(인)이 소유하고 있던 재산이라는 것이다. 그런데 놀라운 것은 이 귀속재산의 資産的 價値가 당시 조선의 총 國富(?)의 무려 80~85%에 이를 정도로 엄청난 규모였다고 하는 사실이다. 이런 엄청난 규모의 재산이 미군정 소유로 넘어갔다가 軍政 3년(1945. 9월~1948년 8월) 동안 그들에 의해 직접 소유-관리-운영되다가 1948년 8월 한국정부 수립과 함께 곧장 거기에 고스란히 이관되는 절차를 밟게 되고, 이관과 함께 한국정부 소유의 國有財産으로 그 성격이 바뀌게 된다.

이상이 歸屬財産의 實體에 대한 간단한 소개라면, 그것은 처음 '귀속재산'이라는 이름으로 이 세상에 태어나면서부터 胎生的으로 그 이름에서부터 많은 문제를 안고 있었다고 할 수 있다. 차후 제5장에서 구체적으로 살펴보겠으나, 처음 美軍政이 그것을 자기 산하로 귀속시킬 때부터 한국 측으로부터 그것은 심히 부당한 처사라며 강력한 반대여론에 봉착하였는가 하면, 美軍政이 붙여준 '歸屬財産'이라는 이름부터 마음에 들지 않는다고 하여 한국인들은 공공연히 '敵産'이라는 이름으로 고쳐 불렀다는 사실이 그러한 사정을 단적으로 말해준다. 日本은 한국의 敵國(?)이었으므로 그런 敵國 사람들이 남겨준 재산이니 敵産이라는 식의 주장이었다. 한국인들은 美軍政에 대해 일본인들이 두고 간 재산(敵産)을 미군정 산하로 넘길 것이 아니라, 당시 북한에서 그것을 (臨時)人民委員會 같은 것을 만들어 거기 넘기는 것처럼, 남한에서도 미군정이 그런 방식으로 남한 당국에 넘겨야 한다는 주장까지 펴고 있었다.

처음부터 사정이 이러하다 보니, 사람들이 이 歸屬財産의 實體나 형성 과정 등을 되도록 문제 삼지 않으려는 경향이 나타났는가 하면, 그것을 앞으로 原 소유자인 日本(人)과의 관계 등과 관련하여 어떻게 처리할 것인가 하는 문제에 대한 입장 表明 같은 것도 전혀 찾아보기 어려웠고, 나아가 그에 대한 객관적인 연구나 분석은 더더욱 이루어지지 않았다고 볼 수 있다. 해방 직후의 이러한 분위기는 해방 후 70년이 흐른 지금도 크게 변하지 아니하고 연면히 이어지고 있는 가운데, 이제 그것이 가지는 국민경제적 중요성은 말할 것도 없고 그것의 실태조차 제대로 파악할 수 없는 그런 실정에 이르렀다고나 할까, 한마디로 이제 귀속재산 문제는 사람들의 腦裏(뇌리)에서 사라진 지 이미 오래라 할 수 있다. 이런 마당에 이제 와서 왜 새삼스럽게 이 문제를 끄집어내어 문제 삼으려고 하는 것일까? 의아스럽게 생각하는 사람도 있겠지만, 저자는 그렇게 하지 않으면 안 될 연구자로서의 분명한 當爲性을 知覺하고 있음을 여기 밝히고자 한다.

우선 그 중요한 이유로 이 歸屬財産 문제가 한국 近/現代史 — 특히 근/현대 경제사적 측면에서 — 전개에서 가지는 意義가 너무나 중차대함을 지적하지 않을 수 없다. 규모 면에서 그것이 國富(?)의 80~85%를 차지하였다면, 우선 그것만으로도 나라 경제 자체가 이 귀속재산 덩어리로 이루어졌다고 해도 과언이 아니기 때문이다. 그것을 떼어놓고는 나라 경제 자체의 存立을 의심하지 않을 수 없는 처지라고 해야 마땅하다. 객관적 사실이 이러함에도 그것의 實體가 그동안 일반인에게는 말할 것도 없고 지식인층에 있어서까지도 올바로 인식되지 못하고 오늘에 이르고 있음은 자기 역사에 대한 無知의 所致요 知的 欺瞞(기만)이 아닐 수 없다. 그렇게 된 까닭은 지난 식민지 시대 일본이 식민지 조선에 대해 저질렀던 수탈과 착취의 실태를 중점적으로 조명하고, 또 그런 사실을 국민(학생)에게 가르쳐야 할 이념적 當爲性으로 말미암아 日本이 한국에 뭔가를 만들어놓고 갔다고 말하기에는 거북한 구석이 있기 때문이었다. 여기에 바로 애당초 귀속재산의 존재 자체까지도 부정하지 않을 수 없는 自家撞着의 陷穽(함정)에 스스로 빠져들 수밖에 없었던 역사적 所以然이 있다.

그간의 사정이 어떠했든 간에 이제 비록 晩時之歎의 감이 없지 않으나 지금이라도 이 귀속재산 문제에 대한 사람들의 잘못된 誤解와 偏見을 바로잡고 나아가 한국 근/현대사에 대한 올바른 歷史認識을 鼓吹하기 위해서는 무엇보다도 이 歸屬財産 실체에 대한 진실 규명이 先決 課題임을 강조하지 않을 수 없다는 것, 바로 이 점이 해방 70년의 세월이 흐른 지금에 와서 새삼스럽게 그것을 끄집어내어 때늦은 歸屬財産 문제에 주목하게 된 제일차적 까닭이라고 할 것이다. 이 점을 염두에 두고 그것이 구체적으로 어떤 성질의 財産인가를 보기로 하자.

소급해 보건대, 1945년 8월 15일 美-日 간의 태평양전쟁이 끝나고 그 결과 韓國이 바야흐로 日本 식민지로부터 벗어날 당시 日本(人)이 한국에 남겨두고 간 財産을 '歸屬財産'이라 칭한다면, 그것을 다른 말로 표현하자면 지난 식민지 시대 일본이 어떤 과정으로 식민지 조선에서 형성하게 된 재산을 이 땅에 남겨두었다는 점에서 그것은 한마디로 '植民地 遺産' (colonial heritage)이라는 개념으로 정의될 수 있다. 다만 경제적 가치를 가지는 物質的 측면에서의 식민지 遺産이라는 의미에서 말이다.

대저 植民地 遺産이라면 여러 가지 類型을 생각해 볼 수 있다. 우선 식민지적 지배/종속관계가 지속됨에 따라 식민지 사람들의 정신적 삶의 영역이라 할 意識構造에 가져다 준 영향이라든가, 둘째는 정치, 경제, 사회, 문화, 교육, 軍事 등 제반 분야에 있어서의 각종 法令이나 慣例 등 制度的 측면에 가져온 영향도 있을 것이며, 셋째는 學問이나 技術, 예술, 문화 등 전문 분야에서 식민지 시대 들어온 先進 理論이나 概念/用語 등은 물론 신규 學說이나 이데올로기 등도 식민지 遺産의 일환으로 간주할 수 있을 것이며, 넷째로는 사람들의 日常 衣/食/住 생활과 직결되는 물질적 측면에서 남겨진 각종 有/無形의 재산 역시 하나의 중요한 식민지 유산으로 규정될 수 있을 것이다. 이 마지막 넷째의 물질적 측면에서의 遺産을 통틀어 여기서 우리가 다루고자 하는 歸屬財産이라는 범주로 묶을 수 있다는 설명이다.

그럼 마지막의 이 물질적 遺産으로 남겨진 歸屬財産의 범주는 구체적으로 어떻게 설정될 수 있겠는가? 재산의 성질별로 다음과 같은 몇 가지 소 카테고리로 갈라볼 수 있지 않을까 한다.

① 道路, 철도, 항만, 電氣, 電信/電話, 干拓/水利시설 등 사회간접자본(SOC)에 속하는 각종 인프라스트럭처(下部構造) 시설
② 총독부 廳舍 등 정부청사를 비롯한 각종 公共건물. 軍部隊 관련 시설, 그밖에 주택, 학교, 병원, 寺刹, 극장, 도서관, 公會堂 등 일체의 公共施設
③ 農場, 漁場, 牧場, 공장, 광산이나 기타 운수, 창고, 상점 등 제1, 2, 3차 산업에 속하는 각종 산업시설
④ 은행, 증권, 보험, 부동산회사, 協會/組合/단체 등 金融 및 기타 個人 및 社會서비스업 분야의 모든 시설
⑤ 이상의 有形의 재산 이외에 無形의 재산으로, 株式, 債券, 證書, 特許權, 저작권, 商標權, 로얄티 등 경제적으로 價值 있는 모든 無形의 財産

등이 모두 이 歸屬財産이라는 카테고리에 묶일 수 있다고 해야 한다.

이처럼 지난날 일본(인)의 소유/지배하에 있던 이들 각종 有/無形의 재산은 1945년 9월 駐韓 美軍政廳에 의해 일제히 美軍政 산하로 '귀속되는' 절차를 밟게 됨은 앞에서 지적된 그대로이지만, 歸屬財産이라는 명칭도 바로 이들 재산의 所有權이 지난날 일본으로부터 미국, 곧 주한 美軍政廳 소유로 귀속된다고 하는 의미에서 붙은 이름임에 다름 아니다.[1]

---

1) 이 명칭 문제와 관련하여 한 가지 분명히 해둘 사항이 있다. 귀속재산(vested property)이란 1945년 9월 美軍政의 등장과 함께 한국 내에 있는 모든 일본(인) 재산은 전부 미군정에 '귀속된다'(vested)고 하는 미군정 法令 상의 공식적 명칭이다. 그러나 해방 후 한국 언론 등에서는 이를 배격하고 '敵産'이라는 이름으로 통용되었다. 이 때의 敵産이란 예컨대 일본을 한국의 敵國으로 간주하여 적국의 재산이라는 뜻에서 붙여진 이름이다. 그러나 당시 '敵産'이란 명칭은 日政 시대 미국, 영국, 프랑스 등 태평양전쟁에서 일본(식민지 朝鮮 포함)의 적대국이었던 나라(사람)들이 일본 내(朝鮮 포함)에 가지고 있던 財産에 대한 공식적 명칭이었다. 당시 일본은 '敵産管理法'을 제정하여 이들 적대국 재산을 강제로 凍結 조치하고 정부가 관리인을 두고 직접 관리한 바 있다. 따라서 이 두 가지 '敵産' 명칭은 구분되어야 마땅하고, 지난날 일본이 朝鮮에 두

미군정 소유로 넘어온 이 귀속재산은 軍政 3년(1945년 9월~1948년 8월) 동안 軍政長官의 지휘하에 미군정 法令에 의해 직접 관리, 운영되기에 이르고, 그중 일부는 중간에 한국 민간에게 매각(불하)되거나 또는 解體되는 경우도 있지만, 그 대부분은 1948년 8월 한국정부 수립과 함께 체결되는 韓-美 간 「最初協定」에 의해 그대로 한국정부에 이관되는 절차를 밟게 된다. 미군정 3년간 이 귀속재산에 대한 미군정의 管理가 매우 不實하였는가 하면, 그 틈을 타서 많은 재산이 流失되거나 또는 재산가치가 毁損(훼손)된 경우가 많았던 것으로 평가되고 있다(제5장 참조). 그러나 중요한 재산은 그래도 대부분 韓國 정부에 國有財産의 성격으로 일괄 이관되었다고 봐야 한다. 한국 정부에 이관된 이후에도 여전히 管理 不實과 재산의 파괴 및 가치 훼손이 일어났다고 봐야 한다. 대체로 1950년대까지 公共的 성격이 강하고 국민경제적으로 중요하다고 판단되는 基幹産業에 속하는 기업은 國/公營 형태로 남겨지고, 나머지 대부분 재산은 민간에게 매각(불하)되거나 처분되는 이른바 民營化 과정을 밟게 된다(이상 제5, 6장 참조).

이리하여 해방 후 오늘에 이르기까지 우리가 아무 생각 없이 매일 이용하고 있는 전국의 道路나 鐵道, 항만이나 공업단지, 貯水池와 水利시설, 電氣나 通信시설, 은행-보험-증권-典當鋪 등 금융기관과 그 밖에 학교-병원-도서관-公園 등 공공시설, 뿐만 아니라 鑛工業을 비롯한 제반 산업시설에 이르기까지, 그동안 무척 많은 파괴와 유실, 게다가 새것으로 交替되는 등 재산상의 허다한 변화를 겪게 된 것은 사실이지만, 그래도

고 간 재산은 어디까지나 美軍政의 규정대로 歸屬財産이라는 이름으로 불러야 한다. 그럼에도 한국인은 이를 배격하고 엉뚱하게도 처음부터 '敵産'이라는 이름으로 불렀으니 歸屬財産이라는 존재가 어떻게 사람들의 腦裏(뇌리)에서 사라지게 되는 기구한 운명에 처할 수밖에 더 있었겠는가?

또한 '일본(인) 財産'이라는 표현은 일본 國家(조선총독부), 軍隊, 공공기관, 사회단체, 法人, 自然人 등 모든 公/私 소유 재산이라는 의미이지만, 때로는 통칭 일본 국가재산, 軍用재산 등을 제외한 民間 베이스의 法人 및 個人재산만을 '일본인 재산'으로 나타내기도 하며, '귀속된다' (vested)라고 하는 표현도 실제로는 강제로 '몰수한다'(confiscated)고 하는 의미를 담고 있음을 부언해둔다.

엄격히 그 뿌리를 캐자면 그것의 대부분은 해방 전 식민지 시대 일본의
자본/기술에 의해 만들어지고 또 소유/운영되고 있던 재산, 바로 여기서
우리가 다루고자 하는 歸屬財産으로까지 소급된다는 사실을 잊어서는
안 된다.

II. 이제 와서 문제 삼는 理由

這間(저간)의 사정이 설령 그렇다고 하더라도, 사람들이 평소 생활에서 그런 사정, 예컨대 자기가 이용하는 鐵道가 귀속재산인지 아닌지 하는 사실을 의식하지 않고서도 삶을 영위하는 데 아무런 지장이 없었을뿐더러, 식민지 지배로부터 벗어난 지 70년 동안이나 아무 탈 없이 잘 지내왔는데, 이제 와서 새삼스럽게 眞實을 밝힌답시고 이 문제를 끄집어낼 필요가 있겠는가? 충분히 제기될 수 있는 의문이라고 할 수 있다.

그러나 이 문제에 대한 역사적 진실을 제대로 밝히지를 않고 적당히 은폐하자 땅속에 묻어 놓고 세월이 가기만을 기다린 것은 잘못된 처사였음이 드러나고 있다. 땅속에서 썩어 없어지기는커녕 이상한 형태로 되살아나 사회를 혼란스럽게 하고 있는 형국이라고나 할까. 구체적으로 진실에 대한 판단능력의 상실이나 價値觀의 顚倒(전도) 현상은 물론이고, 무엇보다도 자기 나라 역사에 대한 歪曲과 造作, 심지어 전적인 否定에 이르는 僞善(위선)적 史觀의 문제로 나타나고 있다. 앞에서 본 해방 후 그 많은 귀속재산에 대해 그 존재 자체를 인정 치 않으려는 처사가 그 단적인 事例라 할 수 있다. 지금이라도 歸屬財産 문제를 들고나와 이처럼 중요하게 다루고자 하는 까닭은 무엇보다도 그것을 이를테면 땅속에서 파내어 다시 原狀으로 復元시키고자 하는 데 그것의 참뜻이 있다.

해방 직후 모두들 理性을 잃고 들뜬 민족주의 熱風 속에서 엉겁결에 땅속에 파묻어버린 그것을 다시 地上으로 끄집어내어 原狀으로 복원하는 일이야말로 한국인의 자기 역사 否定의 弊習(폐습)으로부터 탈피하는 첫걸음이라고 판단하기 때문이다. 다시 말해 지난 식민지시대 일본이 이 땅에 남긴 것들의 내용과 성격을 제대로 파악하지 않고서는 오늘날 우리가 디디고 서는 각종 社會間接資本이나 産業施設, 나아가 사회제도의 근간이라 할 私有財産制度와 그에 근거하는 市場經濟制度가 어떻게 이루어졌는가를 제대로 설명할 수 없기 때문이다.

그럼 끝까지 이를 復元하지 않고 그대로 묻어둔다면 어떻게 될까? 그것은 진실을 외면한 채 잘못된 역사 인식으로 현실을 바라보며 살아간다는 것과 다를 바 없다. 또 한 가지 중요한 것은 이 문제를 계속 파묻어둔다면 次世代 젊은 韓國 近/現代史 연구자들로 하여금 역사적 진실에 접근할 수 있는 기회를 제공해주지 않는, 즉 학문의 '自由'를 계속 억압하는 형국이 되리라는 사실이다. 따라서 그들에게 뭔가 의미 있는 새로운 연구 과제를 제공해주기 위해서라도 하루빨리 그것을 地上으로 끌고 나와야 할 필요성을 切感하게 된다. 이런 취지에서 晚時之歎의 감이 없지 않으나 지금이라도 이 문제를 끄집어내어 그것이 갖는 역사적 의미를 있는 그대로 한 번 제대로 밝혀볼 필요가 있지 않겠는가 하는 저자의 소박한 知的 욕구의 발로에 다름 아니다. 여기에 바로 때늦은 귀속재산 타령을 벌이게 되는 그 첫 번째 이유가 있다.

둘째로는 비록 그것이 타 민족에 지배당한 수치스러운 역사라 하더라도, 분명 자신(先祖)의 歷史인 이상 터무니없이 그 존재 자체를 否定하고 나서거나 歪曲하고 捏造(날조)하는 知的 風土를 더 이상 용납해서는 안 된다는 지식인으로서의 使命感에 관한 문제다. 자신의 歷史를 통째로 부정하고 나서거나 또는 그것을 誇張(과장) 또는 축소하는 이런 지극히 잘못된 한국 사회의 知的 風土를 이제부터라도 마땅히 바로잡아 나가야 한다는 지적 욕구의 발로가 그것이다. 특히 지난 일본 식민지 시대 역사에 대한 한국인의 誤解와 偏見을 바로잡기 위해서는 무엇보다도 이 歸屬財産의 實體에 대한 올바른 이해가 우선되어야 한다고 생각되기 때문이다.

긴 역사의 흐름에서 보자면, 바로잡아야 할 오해와 偏見은 물론 이 식민지 역사에 대한 것만이 아니라고 할 수 있다. 이를테면 일찍이 '新羅의 삼국 統一'이라는 돌이킬 수 없는 命題로부터 고려 시대 몽골에 의한 오랜 식민지 통치 경험, 1592년 일본의 朝鮮 침략으로 觸發(촉발)된 '16세기 東

北亞 3國戰爭'(壬辰倭亂)의 경우, 1876년의 江華島條約의 성격과 開化思想, 日-淸/日-러 양 전쟁의 성격과 한국의 운명 등 역사의 굽이굽이마다 그동안 국민들이 잘못 인식하고 있는 허다한 誤解와 偏見도 함께 바로잡아야 할 일이다. 이런 류의 심각한 歷史歪曲에 대한 국민의 인식을 바로잡기 위해서는 무엇보다도 먼저 이 귀속재산을 본래의 原狀으로 복원하는 일이 그 무엇보다도 중요하게 요구되는 시대적 과업이라고 하지 않을 수 없다는 점이다.

셋째로는 韓國經濟가 해방 후 1950년대까지는 말할 것도 없고 1960년대 초까지만 하더라도 1인당 GNP가 겨우 62달러[2]에 불과하여, 이는 당시 우리와 유사한 東南亞의 필리핀이나 泰國 등은 물론이고 저 멀리 블랙 아프리카 여러 나라들에도 못 미치는 지구상에서 가장 가난한 最貧國이었다는 식의 주장이 공공연히 현실로 펼쳐지고 있다[3]. 정부나 언론 심지어 經濟學 교수 간에서까지 유포되고 있는 이런 주장이 과연 역사적 사실에 부합하는 것일까? 저자가 보기로는 어림없는 수작이다. 8·15 해방 당시 아니 1960년대에 들어서까지 한국경제가 東南亞나 아프리카 나라들보다도 뒤떨어진 지구상에서 가장 落後된 低開發 상태였단 말인가. 지난 식민지 시대 고도의 工業化와 經濟發展에 대한 전적인 無知의 산물이요 言語道斷이라 하지 않을 수 없다.

이런 주장은 주로 1960~70년대 朴正熙 시대 경제개발의 功績을 지나치게 부추기기 위한 정치적 의도에서 지어낸 터무니없이 誇張된 比喩(비유)라고 할 수 있다. 그게 아니라면 식민지 시대 일본에 의한 경제적 발전을 의도적으로 감추기 위한 것이거나, 또는 1950년대 李承晩(自由黨) 정부가 정치적으로 獨裁만 하고 경제적으로는 아무것도 해놓은 것이 없었다는

2) 이 62달러는 저자가 발견한 것 중 最低値이고 그 밖에 한국은행의 공식 추계로는 1961년 중 82 달러로, 기타 연구자들은 70~80달러 수준으로 다양하게 나타나고 있다.
3) 朴正熙시대(1960~70년대) 한국경제개발의 산 證人이나 다름없는 金正濂씨 까지도 1960년대 초 한국은 最貧國이었다는 주장을 펴고 있다. 그의 회고록의 書名이 『최빈국에서 선진국 문턱 까지』(랜덤하우스중앙, 2006)로 되어 있음이 바로 그것을 말해준다.

점을 강조하기 위한 3가지 부류의 1950년대 卑下論(비하론)이라 할 수 있다. 그 어느 것이든 부당한 정치적 요구에 의한 역사적 사실의 歪曲에 다름 아니다. 바꿔 말해 역사적 사실은 결코 그렇지 않았다는 것을 한번 제대로 밝혀보고자 하는 知的 慾求가 이처럼 때늦은 歸屬財産 문제를 들고 나오게 된 세 번째의 所以然이라 할 수 있다.

이 문제와 관련하여 한 가지 지난 역사적 사실에 대해 잠깐 언급해두고자 한다. 한국의 경우, 1945년 8·15 해방 당시 이 땅에 형성된 資本蓄積 수준이 과연 어느 정도였을까? 그것을 工業化 내지 重化學工業化의 수준으로 보든, 電氣/가스-電信/電話-철도-道路-항만 등 사회간적자본의 개발 수준으로 보든 간에, 2차 대전 후 新生 어느 제3세계 나라와도 비교할 수 없을 정도로, 그리고 아시아에서는 어느 모로 보더라도 日本 다음의 제2위의 경제 선진국의 모습이었음을 분명히 해두고자 한다. 더욱이 해방 후 1950년대 6·25전쟁 피해가 대단했다고는 하지만, 그래도 곧바로 이어지는 막대한 美國援助에 힘입어 그것을 조속히 복구하고 경제를 회복시킴으로써, 1950년대 말이면 이미 綿織物 등 공산품의 해외수출이 가능하게 될 정도의 공업화 수준에 이르게 된다.

이런 수준의 발전단계에 이른 경제가 1960년대에 들자마자 어떻게 하여 세계에서 가장 가난한 最貧國의 신세로 전락할 수는 없는 일이다. 1960년대 초라면 한국은 물론이고 선진국까지도 아직 國民所得 통계가 나오기도 전일뿐더러, 특히 후진국의 경우는 人口 통계마저 제대로 정비되지 못한 시대라고 할 수 있는데, 어떻게 國民 1인당 GNP(per capita income)라는 개념을 들고 나와 그것이 나라별로 몇 달러($) 씩이라는 수치 비교를 해서는 안 될 일이다. 推定에 推算을 거듭한 수치를 가지고 어떻게 감히 한 나라 경제발전 수준을 裁斷(재단)한단 말인가. 이런 식으로 세상을 속이고 국민을 誤導(오도)하는 잘못된 歷史歪曲을 바로잡기 위해서는 무엇보다도 그 역사적 反證 資料로서 그 무엇과도 비길 데 없는 歸屬財産의 實體에 대한 연구가 절실하다고 하지 않을 수 없다.

넷째로 들 수 있는 事例로는 1960~70년대 '請求權資金'이라는 이름으로 들어온 日本資本의 성격 문제와 관련해서이다. 주지하듯이 1965년 6월 세계 外交史에서 그 類例가 없는 장장 15년이라는 오랜 鎭痛(진통) 끝에 타결되는 韓日協定에 의거하여 도입되는 일본 請求權資金(無償 3억 달러, 有償 2억 달러)의 자금 성격에 대해 지금까지 사람들이 그것을 어떻게 이해하고 있는가. 대부분의 한국인은 그것이 지난날 36년간의 日本 식민지 지배에 따른 韓國人의 정신적, 육체적 고통과 경제적 수탈에 대한 '報償的' 차원에서 일본이 유리한 조건으로 제공한 有/無償의 자금으로 알고 있다. 그리하여 한국이 일본에 대해 마땅히 요구할 수 있는 權利 — '對日 請求權'의 뜻 — 행사로 받게 된 자금으로 지금까지 이해해온 것이 사실이다.[4] 그런 관점에서 한국 사회 一角에서는 36년간의 식민지 支配에 대한 報償치고는 5억 달러라는 금액이 너무 적다든가, 그 정도의 報償으로 일본에 합의해준 당시의 한국 정부(朴正熙)는 民族 反逆的이라는 식의 理念 攻勢를 펼치기도 하였다.[5]

그러나 제대로 알고 보면 이 請求權資金이라는 돈의 성격은 평소 우리가 알고 있는 내용과는 전혀 다르다. 이를 제대로 이해하기 위해서는 당시의 韓日會談 과정을 잠깐 들어다볼 필요가 있다.

1952년 제1차 회담에서부터 韓, 日 양측은 상대방에 대해 서로 다른 성격의 '財産 請求權'을 제기하는 것으로부터 출발하게 된다. 한국 측은 일본

---

4) 이 '請求權資金'이라는 용어는 한국 측 표현이고, 일본 측에서는 '경제협력자금'이라고 칭하고 있다. 그리고 무엇에 대한 '請求權'이냐 하는 문제에 있어서도 會談 도중에 韓, 日 양국 간에는 의견의 일치를 보지 못하였다. 청구권자금이라는 용어는 현재 부적절하게 사용되고 있다는 것, 즉 그것은 과거 일본의 植民地 지배에 따른 어떤 報償的 성격의 資金이 전혀 아니라는 사실에 유념할 필요가 있다. 단지 한국인의 일본에 대한 민족적 감정의 발로랄까 또는 당시 한국 측의 정치적 요구에 따라 적당히 그런 이름으로 줄곧 불러왔을 따름이다 — 拙著, 『現代韓國經濟論』, 한울, 2008, 제11장 참조.
5) 韓日會談이 막바지에 이르고 있던 1964년 6월 會談 반대운동을 벌리고 있던 한국 大學街에서는 당시 '金·大平 메모' 등으로 회담을 사실상 주도하고 있던 金鍾泌(당시 중앙정보부장) 씨에 대해 제2의 李完用으로 비유하면서 두 번째 나라를 일본에 팔아먹었다는 식으로 罵倒(매도)하기도 했다.

에 대해 과거 식민지 지배에 대한 報償的 성격의 請求權을 제기하게 되고, 반면 일본 측은 지난날 자기네가 한국에 두고 온 財産 — 특히 민간의 私有財産 — 에 대한 財産權 행사로서의 請求權을 제기하였다. 일본 측 청구권 주장의 논리는 이러했다. 해방 후 한국에 들어선 美軍政이 일본인의 私有財産까지를 몰수하여 그것을 1948년 9월 한국정부에 無償으로 이관한 것은 명백한 國際法 위반이므로 일본은 엄연히 이 재산을 돌려받을 권리가 있다는 것이었다. 양측의 주장이 팽팽히 맞서게 되자 會談은 결렬될 수밖에 없었다. 그 후 양측은 자신이 상대방에게 청구권을 주장하려면 그 정확한 금액을 제시해야 하는데, 실제로 그 정확한 금액을 算定한다는 것은 불가능하다는 점을 깨닫게 되자, 양측은 상호 상대방에 대한 請求權 주장을 포기하는 것으로 相殺(상쇄)하자는 데 합의하게 된다.[6] 양측이 상호 자신의 請求權을 포기함으로써 '請求權'이라는 용어도 협상과정에서 자동적으로 소멸하게 된 셈이었다.

한국 측은 그러나 이 請求權 용어를 계속 사용코자 하였다. 말하자면 국가적 차원에서의 植民地 지배에 따른 請求權은 비록 소멸되었다고 하더라도, 戰前에 일본 軍需산업이나 기타 일본 民間기업 등에 종사하던 한국인 노동자들의 未拂 賃金이나 기타 債權 등에 대한 민간의 개별적 請求權은 植民地 支配에 대한 청구권과는 상관 없이 계속 존재한다는 논리에 서였다. 그러나 이러한 논리도 현실적으로는 성립되기 어려웠다. 왜냐하면 개별적인 請求權의 행사를 위해서는 각각의 件別로 그 청구 금액을 산

---

6) 여기에는 미국 측의 居中 조정 역할이 크게 작용한 것으로 알려지고 있다. 말하자면 미국은 자기네가 일본인의 私有財産까지를 몰수한 것은 국제법 위반이라는 사실을 일단 수용하면서, 그 대신 일본에 대해서는 戰爭賠償을 요구하지 않느냐는 논리를 내세우고, 한국에 대해서는 그 많은 귀속재산을 '無償으로' 넘겨주지 않았느냐는 논리로 대응하여 양자를 相殺하는 방식으로 해결할 것을 慫慂(종용)했다는 後聞이다. 여기서 '慫慂'이라는 용어 사용의 근거는 한국이 1951년의 '샌프란시스코 講和條約' 제4조에 대한 有權 해석을 의뢰한 데 대한 1952년 4월 29일자 미국 측의 回信 내용이라 할 수 있다. 즉 한국의 對日 財産 請求權 행사에 있어서는 미국이 한국을 떠날 때 그 많은 歸屬財産을 한국정부에 '無償으로' 넘겨준 사실이 고려되어야 한다는 취지를 담고 있었기 때문이다 - 대한민국정부, 『한일회담백서』, 1965, p. 42, 47 참조.

정할 수 있어야 하는데 그를 위한 基礎 資料를 찾아낸다는 것은 사실상 불가능하다는 것을 양측이 양해하고 있었기 때문이다. 이것이 불가능하다는 전제 위에서, 양측은 그 代案으로 정치적 協商 — 소위 '金·大平메모' 방식 — 을 통한 一括打開방식으로 문제를 해결하는 길을 택하게 된 것이 바로 그것을 말해주고 있다. 양국 간에 최종적으로 결정된 '無償 3억 달러, 有償 2억 달러'의 資金은 바로 이러한 정치적 고려에 의한 一括打開方式에 의한 産物이라 할 수 있고, 그에 따라 자금의 성격도 당초의 請求權資金으로서의 名分은 사라지고, 양측이 상대방에 대해 요구할 수 있는 모든 유형의 자금을 포괄하는 것으로 자금의 성격이 완전히 바뀌었다고 해야 한다. 따라서 한국에서 그동안 慣行으로 사용해 온 '對日 請求權資金'(無償 3억 달러, 有償 2억 달러)이라는 용어는 그 자금의 본래의 성격을 제대로 반영하는 표현이라고는 할 수 없다.[7]

결론적으로 1965년 6월의 韓日協定에 의거하여 도입된 대규모 日本 資本의 성격에 대해, 韓國은 협정의 상대방(일본)이 '請求權資金'이라는 名目으로 준 것이 아니라 분명히 '經濟協力資金'으로 준 것이라고 주장하고 있음에도 한국은 처음 자기가 제기한 그 명칭을 그대로 고수한 셈이었다.[8] 뿐만 아니라 그것으로 日本이 과거 36년간의 植民地 지배에 대한

---

7) 용어 문제와 관련하여, 일본은 양측이 상호 請求權을 포기한 상태에서 '請求權'이라는 용어 사용은 잘못이라면서 자금 성격을 '經濟協力資金'으로 불러야 마땅하다는 주장을 폈다. 그러나 한국 측은 請求權 자체는 소멸했다고 하지만 그 용어만은 포기할 수 없다는 주장으로 맞서다가, 결국 최종적으로 韓日協定의 정식 명칭은 "財産 및 請求權 문제의 해결과 經濟協力에 관한 韓日協定"이라는 긴 이름으로 낙착되었다.

8) 한국 정부가 발간한 '請求權資金白書(경제기획원, 1976)에 의하면, 처음부터 동 韓日協定에 의해 도입된 일본자금에 대해, 請求權資金 무상 5억 달러, 유상 2억 달러, 도합 5억 달러 하는 식으로 공식적으로 '청구권'이라는 명칭을 사용하고 있다. 각 章別 명칭도 '청구권자금'의 도입 배경-사용 기준-도입 실적 등으로 되어 있다. 한국정부의 이 같은 명칭 사용은 한일회담 당시의 양측 간의 합의사항을 제대로 반영하지 않았을 뿐더러, 더욱 중요한 것은 국민들로 하여금 마치 일본이 식민지 지배에 대한 報償 조로 無償 3억 달러, 有償 2억 달러의 자금을 한국에 제공한 것처럼 誤解할 素地를 만들어주었다. 뿐만 아니라, 한국 측의 이러한 청구권자금이라는 용어의 공식적 사용은 지난날의 식민지적 관계에 대해 아직도 한국은 일본에 대해 뭔가를 추가

어떤 금전적 報償을 해준 것으로 잘못 이해해 온 것이 사실이다. 상대방인 일본은 과거 식민지 지배에 대한 보상은 이 5억 달러의 請求權資金으로서가 아니라, 8·15 당시 그들이 한국에 두고 온 재산(歸屬財産)과 맞바꾸는 식으로 끝냈다고 생각하고 있다. 이런 양측 간의 誤解를 불러오게 된 데에는 한국정부 측의 책임이 크다고 할 수밖에 없다.

당시 朴正熙 정부는 韓日協定 체결 당사자로서 이러한 사실을 있는 그대로 국민에게 정확히 알리고 충분히 納得시켜 정부 스스로 用語 사용에 신중을 기했어야 함에도 불구하고, 당시 국내 회담 반대여론을 너무 의식한 탓인지는 모르겠으나 전혀 그렇게 하지를 못하였다. 이 점이야말로 朴正熙 정권 18년에 있어서의 대표적인 失政 케이스의 하나라고 평가하지 않을 수 없다. 왜냐하면 바로 이 용어의 혼란으로 말미암아 그 후 韓日協定 체결로 國交가 正常化된 이후에도 韓·日 간 過去史 청산을 제대로 하지 못한 것처럼 여지를 남겼을 뿐만 아니라, 오히려 양국관계를 더욱 악화시키는 방향으로 逆行시키는 중요한 단서를 제공하였다고 봐야 할 것이기 때문이다.[9]

이는 하나의 비근한 事例에 지나지 않지만, 올바른 역사인식을 해치는 이러한 잘못된 用語 사용 한 가지라도 바로잡기 위해서는 晩時之嘆의 感은 없지 않으나 우선 지난날 식민지 지배의 경제적 遺産이라고 할 이

로 청구할 권리가 있고, 일본은 그것을 報償해 줘야 할 의무가 있는 것처럼 인식하게끔 만들어 놓았다. 1965년 韓日協定 체결로 양국 간에 1876년 강화도조약 이후 역사적으로 얽힌 모든 懸案이 타결되고 國交가 정상화된 이후에도, 계속하여 식민지 지배에 대한 일본 측 謝罪 문제와 아울러 야스쿠니神社 參拜 문제, 從軍 위안부 문제, 獨島 문제, 심지어 일본 교과서 歪曲 문제에 이르기까지 양국 간에 계속 문제를 제기할 수 있는 결정적인 계기가 주어진 것이 바로 이 請求權이라는 용어 사용 때문이라고 함을 잊어서는 안된다.

9) 이 점과 관련하여 저자는 평소 이렇게 생각한다. 天下의 朴正熙도 이 문제에 있어서만큼은 자기 所信대로 일을 처리하지 못하고 국내 여론을 너무 의식한 나머지 '請求權 資金'이라는 용어 사용을 허용함으로써, 그 후 한국인의 反日 민족주의 감정을 더욱 부추기고 나아가 韓日관계를 날이 갈수록 개선은 커녕 오히려 더욱 악화시키는 빌미를 제공하였다는 관점에서, 저자는 1968년의 '한글 專用主義' 채택과 더불어 이 '請求權資金' 용어 문제를 朴正熙 治績에서의 양대 失政 케이스로 꼽아야 하지 않을까 생각한다.

歸屬財産에 대한 사람들의 인식을 바로잡아야 하고, 그를 위해서는 또한 이제라도 귀속재산의 實體를 땅속에서 끄집어 내어 국민들에게 널리 알리는 것이 무엇보다 중요한 先決 課題라고 하지 않을 수 없다.

Ⅲ. 지금까지 硏究가 不實한 理由

그렇다면 그동안 歸屬財産에 대한 學界의 연구가 그처럼 不實하다 못해 不毛地나 다름없는 상태에 빠져들게 된 까닭은 어디에 있는가? 단순한 不實의 정도가 아니라 그 누구도 아예 거기에는 접근조차 기피하는 마치 '禁斷의 열매'처럼 다루었다고나 할까, 그런 不可思議한 현상이 지금까지 연면히 이어져온 까닭은 도대체 무엇 때문일까? 무엇보다도 그것은 연구자들의 연구 자세에서 찾을 수밖에 없다.

韓國史를 대하는 연구자들의 입장이 너무나 오랫동안 편협한 民族主義 史觀에 빠져 연구의 客觀性을 상실했다는 점을 지적하지 않을 수 없다. 몇 가지 비근한 예를 들어보자. 우선, 韓國史 연구자들이 일찍부터 '韓國史'라는 객관적인 명칭을 버리고, 민족주의 理念으로 무장한 '國史'라는 이름을 공식 명칭으로 하고, 韓國史 교과서를 비롯한 모든 저서/논문 등이 대부분 國史라는 이름으로 되어 있을뿐더러, 심지어 大學의 學科 이름이나 硏究所 이름(예; 國史編纂委員會)까지도 國史라는 이름을 달고 있음이 단적으로 그것을 말해준다.[10] 이런 분위기에서 과연 客觀性이 보장되는 한국사 연구가 제대로 이루어질 수 있겠는가. 여기에 바로 해방 후 한국사 연구가 그 올바른 方向性과 方法論을 상실하고 死境을 해매는 딱한 처지로 빠져들게 되었다고 해야 한다. 이상의 귀속재산을 땅속에 파묻은 것도 바로 이런 사회 분위기가 낳은 일종의 私生兒라고 할 수 있다.

참고로 1876년의 江華島條約 이후 한국 近/現代史 전개에 대한 한국사

---

10) 이 밖에도 韓國語(文學)을 國語(文學)으로, 韓國音樂을 國樂으로 부르고 있는 것이나 또는 漢醫學(漢方)을 韓醫學(韓方)으로 부르고, 심지어 漢江을 韓江으로 하자는 등의 주장은 모두 이 같은 맥락으로 이해 할 수 있다. 이래서야 어떻게 한국 人文學 연구가 그 客觀性을 보장 받을 수 있겠는가?

연구자들의 기본적 인식 틀을 보자. 한국 역사상 外國과 맺은 최초의 근대적 條約이라는 점에서 그 역사적 의미가 대단히 크다고 할 수밖에 없는 이 江華島條約을 놓고 연구자들은 이를 어떻게 인식했는가. 일본의 무력적 强壓에 의한 세계에서 그 類例를 찾아볼 수 없는 不平等條約이요, 한국에 대한 영토적 야심과 경제적 수탈을 위한 첫발을 내딛고자 올가미를 씌운 제도적 조치로 인식하였다. 그 후 日/淸, 日/러의 兩次 전쟁을 치르고, 乙巳條約과 韓日倂合에 이르기까지 한국근대사는 오로지 일본에 의한 侵略과 收奪의 연속이요, 오로지 그 심화과정으로만 설명하고 있음이 엄연한 현실이었다. 과연 그러한 설명이 그 時代相을 있는 그대로 반영하고 있는 것일까. 또는 그 시대 사람들도 後世의 이들 연구자들처럼 과연 그렇게 생각하였을까 하는 의문이 제기되지 않을 수 없다.

만약 그 시대 사람들이 오늘의 연구자들처럼 그런 식으로 생각하고 있었다면 당장 한 가지 풀리지 않는 문제에 부딪히게 된다. 그렇다면 어떻게 당시 朝廷에서는 1876년 江華島條約 체결 직후 곧바로 일본에 대규모 修信使節團(修信使 金綺秀 외 76명)을 파견하였으며,[11] 그 후 계속하여 앞선 日本文物을 도입하기 위해 紳士遊覽團(신사유람단)이나 留學生을 그토록 많이 일본에 파견하였는가 하는 의문이 그것이다. 그뿐 아니라 동 條約(一名: 朝日修好條規)의 체결이 오로지 한국에 대한 일본의 침략과 수탈을 위한 前奏曲쯤으로 간주하였다면, 어떻게 불과 몇 년 후인 1882년에 미국과의 對美修好通商條約을 체결하고, 곧이어 淸이나 영국, 러시아 등과도 유사한 내용의 講和條約을 자발적으로 체결하는 일이 벌어졌겠는가. 미국이나 영국, 淸, 러시아 등도 동일하게 침략과 수탈을 위해 한국 측의 의사와는 아무 상관없이 강압적으로 체결했다는 얘기나 다름없는데 과연 그

---

11) 1876년 1월에 條約을 체결하고 3개월 후인 4월에 곧바로 대규모 對日 使節團을 파견한다. 당시 使節團 단장(修信使)으로 파견된 金綺秀는 귀국 후 「日東記游」라는 日本 見聞記를 남기는데, 그는 이 책에서 그가 접한 당시 일본의 갖가지 先進 文物에 감탄을 금치 못하였음은 물론, 朝鮮은 언제 이렇게 일본처럼 될 수 있을까 하는 진솔한 念願을 담고 있음을 볼 수 있다 – 金綺秀, 『日東記游』(手記本, 1877 : 釜山大 韓日文化硏究所 譯註本, 『譯註 日東記游』, 1662) 참조.

렇게만 볼 수 있겠는가?

이런 관점에서 본다면, 後世 史家들의 그 당시 時代相의 해석은 當代人의 인식과는 너무나 동떨어진 자의적인 推論에 불과할 따름이라 할 것이다. 朝廷을 포함하여 그 시대 사람들은 외국과의 修好通商條約의 체결을 단지 침략과 수탈의 올가미를 씌우기 위한 첫걸음으로만 보지 않았을 수 있고, 오히려 일본의 앞선 文物을 憧憬하고 그것을 빨리 習得하려는 念願을 담고 있었다고도 볼 수 있다. 거꾸로 後世의 史家들이 자기네 口味에 맞게끔 史實을 멋대로 解釋하여 마치 그것이 역사의 진실인양 記錄으로 남겨 後世에 전하는 것은 아닌지 의심해봐야 한다.

1910년 日政 시대에 들어서도 사정은 마찬가지였다. 이를테면 植民地 권력과 그리고 전적으로 일본 資本과 技術에 의한 조선의 産業化 과정과 그를 통한 획기적인 經濟成長과 구조변동 등 눈앞에 전개되는 엄청난 실제적 변화 모습에 대해서는 의도적으로 눈을 감고, 오로지 침략과 수탈/착취에만 주목하다 보니, 1945년 8월 한국을 떠나는 일본(인)이 이 땅에 남기고 간 엄청난 규모의 歸屬財産의 존재가 그들의 眼中에 들어올 리 없었을 것이다. 당장 눈에 보이지 않는데, 아니 의도적으로 보지 않으려고 하는 마당에 어떻게 그것을 연구의 대상으로 삼을 수가 있으며, 더욱이 그것에 대한 올바른 평가를 내릴 수 있겠는가. 사람들에게 歸屬財産이라는 이름조차 生疎하게 들리는 까닭은 바로 그들 연구자가 처음부터 그것의 존재 자체를 부정하고 나섰기 때문이라 할 수 있다.

귀속재산에 대한 연구가 제대로 이루어지지 않은 둘째 이유로는 귀속재산 그 자체에 대한 故意的인 曲解에서 찾아볼 수 있다. 연구자들이 설령 歸屬財産의 존재 자체는 인정하더라도 그것이 일본인의 자본과 기술에 의해 형성된 것이 아니라, 오로지 조선인의 피와 땀으로 이루어진 것이라는 주장을 편다든가, 또는 일본이 식민지 朝鮮에 대해 실제로 많은 資本을 투입하고 또 괄목할 만한 실적을 가져온 것을 인정하더라도, 그들이 그렇게 한 목적이 조선인을 위해서가 아니라 오로지 일본인 자신들을 위한 것이라는 주장, 다시 말해 그것은 장래의 식민지적 收奪과 착취를 위한 일종의 先行 投資에 불과하다는 식으로 해석하고 있다는 점이다. 이러한 논리에 따르는 한 비록 귀속재산이 그러한 일본인 투자의 産物이라고 하더라도 거기에 무슨 긍정적 의미를 부여할 것이며 나아가 그것을 애써 연구할 필요가 어디 있겠는가 하는 결론에 이르게 된다. 이는 비록 歸屬財産의 존재 자체를 부정하려는 前者의 입장보다는 진일보한 것이기는 하나 이 역시 귀속재산에 대한 연구의 불필요성을 내세우고 있다는 점에서는 앞의 경우나 마찬가지라고 해야 한다.

셋째로는 이상의 두 가지 입장과는 달리 귀속재산의 존재 자체나 또는 그것의 경제적 意義에 대해서는 일단 인정하면서도 그것에 대한 연구의 필요성이 없어졌다고 하는 주장이 있다. 말하자면 해방 政局의 대혼란과 南/北 分斷 그리고 美軍政 하에서의 이들 재산에 대한 管理 불철저 등으로 그것의 資産的 가치가 크게 훼손되었을 뿐만 아니라, 곧이어 발발하는 6·25전쟁으로 또 한 차례 격심한 재산 파괴와 流失 과정을 겪게 된다는 점에서 귀속재산의 당초 價値는 대부분 소멸된 것이나 다름없다는 주장이다. 한마디로 해방 당시의 歸屬財産의 경제적 가치가 그 후에까지 이어지지 못하고 중간에 소멸되고 말았다는 주장이 그것이다. 이 입장도 결국 앞의 두 가지 경우와 마찬가지로 歸屬財産에 대한 연구의 필요성에는 역시 부정적이라고 하지 않을 수 없다. 식민지 시대 일본이 이 땅에 많은 재산을 형성해놓은 사실 자체는 인정하면서도, 그러한 재산은 8·15 해방과 6·25전쟁 등의 激動期를 겪으면서 그 경제적 가치가 이미 상실된 이상, 그것에 대한 연구에 현실적으로 무슨 의미를 부여할 수 있겠느냐는 주장이 이런 범주에 속한다고 할 수 있다.

IV. 結語 : 硏究의 필요성

결론적으로 이상의 세 가지 입장을 놓고 볼 때, 歸屬財産에 대한 그러한 관점이 과연 역사적 사실에 부합하는 것인가, 또는 귀속재산에 대한 연구가 현실적으로 불필요하다는 세 번째 주장이 과연 논리적 타당성을 지닐 수 있는가에 대해 저자는 전혀 생각을 달리한다. 저자는 다음과 같은 事例를 통해 이상에서 소개한 歸屬財産에 대한 몇 가지 관점이 역사적 사실과는 전혀 다른 하나의 터무니없는 詭辯(궤변)에 지나지 않는다고 함을 먼저 밝혀두고자 한다.

개항기(高宗 시대), 조선이 일본 식민지로 전락하기 이전에 이미 京仁線이나 京釜線 등 철도가 개통되고, 서울 市內에 電車가 다녔는가 하면 일부 王宮에는 전깃불이, 시내 주요 街路에는 街路燈이 켜진 놀랄 만한 일들이 벌어졌다. 이러한 일들이 과연 누구에 의해, 누구의 資金과 技術에 의해, 그리고 어떤 정치적, 경제적 목적을 띠고 이루어졌는가를 한번 냉철히 생각해볼 필요가 있다. 두말할 여지없이 그것은 당시 조선 朝廷의 國際入札 公告에 따라 양측의 국제적 건설 特許契約에 의거하여 미국인 및 일본인에 의해 만들어졌다. 前者의 京仁/京釜線의 敷設(부설)은 일본인에 의해, 後者의 電車/電燈 架設사업은 미국인에 의해 이루어졌음은 두말할 여지가 없다. 이런 역사적 사실에 대한 이해가 있는 사람이라면, 8·15 해방 후 한국인이 타고 다닌 京仁線, 京釜線 열차가 지난날 일본인에 의해 만들어진 것이고, 처음 미국인에 의해 만들어진 후자의 電車/電燈 사업도 나중에 그 事業權이 미국에서 일본으로 넘어가게 됨으로써, 해방 후 서울 시내를 달리는 電車나 각기 家庭이나 市內 街路를 밝히는 전깃불 역시 지난날 미국인 및 일본인에 의한 것이라는 사실쯤은 알고 있어야 하는 것 아닌가. 이러한 역사적 사실에 대한 아무런 예비 지식 없이 그리고 객관적 사정이 이러함에도 歸屬財産에 대한 연구는 말할 것도 없고, 그것의 實體조차도 인정하지 않으려는 태도에는 문제가 있을 수밖에 없다.

게다가 그러한 철도나 전기 등의 産業施設이 오로지 한국에 대한 침략과 수탈을 목적으로 만들어진 것이었다면, 해방 후 한국인은 그것을 모두 파괴하여 흔적조차 남기지 않았어야 했다. 왜냐하면 침략과 수탈의 수단이요 裝置를 그대로 남겨둔 채 영광스러운 새 祖國을 건설할 수는 없는 일이었을 테니 말이다.

그러나 현실은 유감스럽게도 歸屬財産의 實體 자체를 부정하는 측이든 아니면 실체는 인정하더라도 그것의 경제적 意義를 부정하는 측이든, 그렇게 주장한 사례를 볼 수 없었다. 한편으로는 그것이 일제 殘滓(잔재)의 총본산임을 제대로 의식하지 못한 채 일상적으로 그것을 잘 이용하면서도, 다른 한편으로 '日帝 잔재 청산', '倭色 일소'를 외쳤으니 한마디로 이율배반적인 태도를 보인 셈이다. 이런 현상은 비단 鐵道나 電氣 등의 한두 가지 분야에 국한되지 않는다. 식민지 시대, 아니 그 이전의 개항기 시절부터 전개되어 온 社會間接資本이나 광공업 등 産業化 과정에서 형성된 사회 전반에 걸친, 즉 한국인의 생활 자체를 규정하는 현상으로 해석해야 할 것이다.[12]

그렇다면 왜 이런 엄연한 역사적 사실을 외면하고, 歸屬財産의 존재 자체도 부정하는 일이 벌어졌을까? 이 문제에 대한 解答을 찾는 것이 바로 이 不可思議한 귀속재산 문제를 풀 수 있는 핵심적 關鍵이라 할 수 있다. 저자는 그것이 1945년 8월의 解放을 우리가 자주적인 民族力量으로 스스로 爭取한 것이 아니라, 연합국(미국) 측의 對日 전쟁의 勝利의 결과 外勢

---

12) 선진국 일반이 그러하듯이, 일본도 外交 용으로 自國人이 가장 選好하는 국가(국민)와 가장 嫌惡(혐오)하는 국가(국민)에 대한 앙케이드 조사를 매년 실시한다고 한다. 그런데 가장 혐오하는 나라 첫 번째로 언제나 한국(인)이 꼽힌다고 한다. 그 이유가 첫째로 은혜를 원수로 갚는 나라(사람)라는 것이고, 둘째로 信用이 없는 나라(사람)라는 것이라고 한다. 인터넷상에 떠도는 정보이므로 그 신뢰성이 높지는 않겠으나 그게 사실이라면 아마도 그 밑바닥에는 지난날 한국인의 이 귀속재산에 대한 인식 문제가 깔려있는 것이 아닌가 싶기도 하다.

에 의해 타율적으로 주어졌다는 사실과 무관하지 않다고 생각한다.[13] 이처럼 타율적인 민족해방을 성취함과 더불어 일본인이 남기고 간 엄청난 규모의 財物, 곧 귀속재산도 획득하게 되었다. 그리고 당연히 이 귀속재산의 처분 문제가 擡頭할 수밖에 없었다. 당초 그것을 자기 소유로 강제 접수하는 미군정도 깊은 고민에 빠졌는가 하면, 그것을 쳐다보고만 있어야 하는 한국인도 고민스럽기는 마찬가지였다. 아무리 일본이 미국에 대해 '無條件 降服'한 처지라 하더라도 언젠가는 미국에 沒收당한 자기네 재산에 대한 所有權 문제로 異議를 제기할 터이고, 한국으로서도 미국이 한국을 떠날 때 그것을 無償으로 한국에 이관하기로 결정했다고는 하지만, 그 결정을 額面 그대로 믿을 수 있느냐는 의문과 더불어 설령 그렇게 되더라도 事後에 또한 일본이 자기 財産權을 주장하고 나온다면 과연 어떻게 대처할 것이냐는 등의 문제가 뒤따르고 있었기 때문이다.[14]

귀속재산의 처리 문제를 놓고 뜻있는 사람들의 고민이 깊어가는 가운데, 다른 한편 사태는 전혀 예상치 못한 방향으로 흘러갔다. 어제까지 일본의 식민지 상태에서 일본과 한패가 되어 美, 英 등 연합국과의 전쟁을 치른 처지였건만, 일본의 갑작스런 降伏으로 '카이로 宣言' 등에 의해 식민지 상태로부터 벗어나는 것이 확실해지자 한국 사회의 분위기가 하루아침에 백팔십도로 바뀌었다. 지금까지 일본인들과 한솥밥을 먹고 직장생활을 같이하던 사람들까지도 하룻밤 사이에 지난날 抗日 獨立鬪士처럼 행세할 정도로 사회가 온통 극렬한 反日 민족주의 분위기로 突變하였으니 말이다. 그런 분위기에서 지난날 일본이 식민지 朝鮮을 수탈만 해간

---

13) 8·15해방이 이처럼 外勢에 의해 타율적으로 주어진 것이라는 관점에 서면, 그것은 주체적 成就의 의미를 담는 '光復'이 아니라 타율적 힘에 의해 억압으로부터 벗어난다고 하는 의미의 '解放'이 적합한 표현이라 할 수 있다. 아울러 1945년 8월 15일은 국가가 '光復節'로 지정하여 성대히 기념할 그런 날이 아니라 '解放日' 정도로 축소하여 불러야 하지 않을까.

14) 1948년 8월 정부 수립 후 歸屬財産을 취급하는 공무원들에게 당시 李承晩 대통령은 언젠가 일본 사람들이 자기 재산을 찾으러 올 날이 있을 테니 우리는 항상 그 때를 잘 대비해야 한다는 지시가 있었다고 한다.

것이 아니라 다른 한편 재산을 남겨놓고 사실을 언급했다가는 親日派나 民族반역자로 몰릴 형국이었다. 그런 마당에 누구도 일본이 植民地 遺産으로 이 땅에 엄청난 규모의 재산을 남겨놓고 갔다는 사실에 주목할 수는 없었을 것이다. 여기에 바로 해방 후 일본인 재산(귀속재산)에 대한 논의가 失踪(실종)되고 마는 사회적 여건이 마련되었다고 할 수 있다.

그것의 사회적 여건이란 바로 해방과 더불어 밀려온 거센 反日主義 물결이었다. 당시 反日 민족주의 물결이 한국 사회를 휩쓸고 있었던 만큼, 일본인이 남겨놓고 간 歸屬財産도 온전히 보존될 수 없었다(※제5장 각주 84) 참조). 어언 해방 70년의 세월이 흐른 지금 歸屬財産이라는 이름의 역사적 遺物은 이제 그 누구의 視線도 끌지 못한 채, 사람들의 腦裏(뇌리)에서 영원히 사라지고 말 運命에 처해졌다. 그러나 우리는 이 점과 관련하여 한 가지 반드시 잊어서는 안 될 일이 있다. 그것은 오늘날 한국 사회가 자기 나라 歷史를 恣意的으로 해석하고 조작하고 歪曲하게 된 출발점이 바로 해방 후 귀속재산을 땅속에 묻어버린 그날이라는 역사적 사실이다.

〈補論 1〉韓國 現代史 연구와 歸屬財産[15)]

1. 몇 가지 問題意識

첫째, 資本蓄積論의 관점에서 韓國現代史 특히 經濟史 연구에서는 무엇보다도 일본 식민지 유산으로서의 이 歸屬財産의 實體를 올바로 파악하는 일로부터 출발해야 한다는 점.

둘째, 한국인의 近/現代史에 대한 엄청난 역사 歪曲이나 식민지 遺産에 대한 잘못된 意識構造는 무엇보다도 이 歸屬財産의 實體에 대한 올바른 이해가 缺如되어 있기 때문이라는 점.

셋째, 1960년대 이후 이른바 開發年代에 있어서 한국경제의 高度成長 요인에 대한 여러 가지 誤解와 偏見도 따지고 보면 이 귀속재산의 實體에 대한 否定的 시각에 그 뿌리를 두고 있다는 점.

2. 歸屬財産의 實體

財産의 카테고리 : 歸屬財産이란 해방 당시 日本人 소유/관리 하에 있던 國/公/私有의 모든 재산상의 價値를 총칭하는 표현이다. 이를테면, ① 정부청사, 공공단체, 학교, 病院 등 공공건물, ② 道路, 철도, 항만, 電力/가스 등 SOC, ③ 공장, 광산, 漁場, 牧場 등 사업체, ④ 토지, 가옥, 과수원, 商店, 寺刹 등 個人 재산, ⑤ 자동차, 船舶, 기타 家財道具 등 動産, ⑥ 有價證

---

15) 本稿는 2011년 7월 23일 (社)낙성대경제연구소 月例 세미나에서 "韓國現代史 연구와 歸屬財産의 意義'라는 제목으로 발표한 내용으로, 本論과는 중복되는 부분도 있지만, 귀속재산에 대한 讀者의 문제의식을 고취시킬 수 있을 것으로 믿어 여기 약간의 修正을 거쳐 '補論'으로 轉載하는 바임 − 著者

券 등 금융자산, 商標權, 특허권 등 無形재산이 모두 여기에 포함된다.

財産의 형성과정 : 대체로 다음 3가지 루트로 형성되었다. ① 開港 후 식민지 시대를 통틀어 각종 일본자본의 직접 유입, ② 일본정부 및 조선총독부에 의한 國庫/財政資金의 지출, ③ 投資收益의 再투자 등이 그것이다. 그중 대표적인 것은 물론 ①의 일본자본의 직접 流入이라고 할 수 있고, 이는 1941년 말 현재 가치로 약 73억円에 달하였다(京城商議 조사).

財産規模(실물적 價値) : ① 1931년 말 기준 朝鮮銀行조사부 추정에 의하면, 당시 朝鮮의 總富力(國富 개념)을 70~80억円 정도로 잡고, 그중 官/公有 17억円(24%), 民有 53억円(76%)로 구성, 다시 民有는 日本人 30억円(60%), 朝鮮人 23억円(40%)으로 구성, ② 1946년 日-美 합동조사단은 해방 후 일본이 한국에 두고 간 私有財産의 價値를 法人재산 500~550억円, 個人재산이 250억円, 도합 750~800억円 규모(달러 베이스 52억 달러)로 추정. ③ 해방 후 國內 각종 통계자료에 의하면, 지난날 日人 소유의 歸屬財産 비중이 국내 총재산(國富 개념과 유사)의 무려 80~85%에 달한 것으로 알려지고 있다.

3. 해방 후 歸屬財産의 運命

美軍政 法令(제2호, 제33호) : 1945년 9월 25일 자 제2호는 모든 日人 財産의 移轉 금지, 12월 6일 자 제33호는 모든 재산을 미군정으로 移管 또는 沒收하는 조치를 내리는데, 여기에는 國/公有 재산은 물론 민간(개인)의 私有財産까지도 포함되었다.

民間 拂下(民營化) : 중소기업, 민간 주택, 歸屬農地를 중심으로 美軍政期에 일부 민간에게 불하되고, 나머지는 1948년 8월 한국정부 수립과 함께 이관('韓-美간 最初協定'에 의거), 1950년대 들어 한국정부가 직접 민간 불하를 개시한다. 그 과정에서 이른바 情實拂下, 政經癒着(정경유착), 不正蓄財, 稅金逋脫(세금포탈) 등 不美스러운 新造語의 등장과 함께 정부 및 기업

경영에서의 不信 풍조가 만연하기에 이르렀다.

　　財産의 파괴와 毁損 : 歸財의 실물적인 價値는 해방 직후의 정치적 激變, 6·25전쟁을 겪으며 많은 파괴와 毁損(훼손)을 가져오지만, 1960년대 후반 外國借款이나 直接投資 형태의 신규 外資기업이 등장할 때까지는 그래도 한국산업의 骨格을 이루고 있었다.

　　財産의 탈바꿈 : 점차 위축/소멸의 과정을 걷던 귀속재산은 1965년 韓日協定에 의한 일본자본의 신규 도입으로 다시 再建의 과정을 밟게 되고, 1960∼70년대 한국경제의 고도성장, 이른바 漢江의 奇蹟은 바로 이 新/旧 일본자본의 交替과정에서 일어난 고도의 産業化현상이라고 할 수 있다. 즉 戰前의 제국주의 시대에 이루어진 급속한 工業化과정은 戰後 냉전체제 하에서의 제2단계 高度成長과정으로 탈바꿈하게 된다는 주장이다.

4. 샌프란시스코講和條約과 歸屬財産

　　'샌'條約이란? : 1951년 9월 연합국은 '샌프란시스코강화조약'(一名 : 對日평화조약)의 체결로 美國을 비롯한 모든 연합국의 日本과의 外交관계 회복과 아울러 大東亞戰爭에 따른 戰後問題 처리를 종결짓게 된다.

　　韓國 관련 4개 條項 : 동 條約상의 한국 관련 조항은 다음 5가지이다.

　① 제2조(가) : 日本은 한국의 獨立을 승인하고, 한국에 대한 1876년 이후에 맺어진 모든 權利, 權能, 請求權을 포기한다.

　② 제4조(나) : 일본은 한국 내의 美軍政이 실행한 財産(귀속재산)의 접수, 처리 등에 따른 모든 행정조치를 승인한다.

　③ 동 (가) : 韓國에 대한 일본인의 재산청구권과 한국인의 日本에 대한 재산청구권은 이후 양국 간의 개별 協定에 의해 처리한다.

　④ 제9조 : 일본은 公海 상의 漁業 문제 해결을 위해 각 연합국과의 조속한 교섭을 개시한다. 여기에는 한국도 포함한다.

　⑤ 제12조(가) : 일본은 각 연합국과의 정상적인 貿易, 海運, 통상관계 수립을 위한 조속한 協商을 개시한다. 여기에는 한국도 포함한다.

歸財 처리와 美/日 갈등 : 귀속재산에 대한 美軍政의 몰수-불하-한국정부에의 移管 등의 제반 단계별 조치는 위 ②번의 '샌'조약 제4조 (나)항에 의거 일본이 일단 사후적으로 승인한 바 있으나, 단지 美軍政 초기 한국 내 일본인의 私有財産까지 몰수한 것은 1907년의 '헤이그陸戰條規' 제46조[16]를 정면으로 위반한 것이라고 하여 미국에 대해 강력히 항의했다. 이에 대해 미국 측은 戰後 미국이 일본에 대해 戰爭賠償을 완전히 포기하였으므로 그것을 일본이 미국에 치러야 할 戰爭賠償 條로 간주하라는 식으로 설득했다고 한다. 아무튼 美/日간의 이러한 한국에 대한 戰後처리 문제를 놓고 對立과 葛藤(갈등)을 겪고 있는 사이, 그 副産物 격으로 한국은 엄청난 규모의 財産을 無償으로 취득하는 幸運을 누리게 된 셈이었다.

5. 韓日會談과 歸屬財産

會談의 배경 : '샌'조약 상의 漁業 문제 해결과 그리고 양국 간의 상호 財産請求權 문제 해결을 위해서 한, 일 양국은 會談을 조속히 열어야 하였으나, 당시 양국의 국내 사정은 결코 그것을 허용할 형편이 아니었다. 그러나 미국으로서는 韓國戰爭 발발과 함께 東北亞 지역에 대한 集團安保體制의 再編이 시급히 요구되고 또 그를 위해서는 先決조건으로 한, 일 양국 간에 國交정상화를 위한 會談이 조속히 개최되어야 할 입장이었다.

---

16) 헤이그 國際陸戰條規 제46조 : 1907년 헤이그 萬國平和會議에서 체결된 "陸戰條規"의 구체적 내용은 다음과 같다. 즉 ① 동 條規 46조는 어떠한 경우에도 점령군은 敵地의 私有財産에 대해서는 절대 손 댈 수 없다는, 소위 '私有財産 不可侵 조항'을 말한다. 1945년 9월 美軍의 한국 점령 당시 일본의 國/公有 재산만이 아니라 일본인의 私有財産까지 몰수한 것은 동 46조를 正面으로 위반했다는 것이 일본 측 주장의 핵심이었다. ② 美軍政은 당초 法令 제2호(1945. 9. 25일 자)로 日人 私有財産에 대해서는 讓渡와 처분을 인정하는 등 법적인 보호조치를 취했다. 그 후 法令 제33호(1945. 12. 6일 자)에 의해 다시 1945년 8월 9일 자로 소급하여 私有財産까지를 포함하는 모든 日人 財産을 접수하는 相反된 조치를 취하였다. 미군정의 이 법령 제33호 발동으로 그후 美/日 간 또는 韓/日 간에 줄곧 이 문제를 두고 일어나는 紛爭의 素地를 만들어준 셈이었다(이 법령 33호 발동 배경에 대해서는 제5장 제2절 참조).

會談의 개시 : 이러한 미국 측의 요구에 따라 '샌'조약 체결 이후 한 달 만에 곧장 개최되는 韓日會談은 처음부터 미국 측의 刻本에 의한 것이라 할 수 있다. 1951년 10월 東京 미군사령부 회의실에서 열린 제1차 예비회담은 駐日 美軍司(GHQ) 외교국장 시볼드(W. J. Sebald) 司會로 개최되었는데, 이 때 시볼드 국장이 심지어 開會辭까지 할 정도로 회의는 완전한 미국 主導의 분위기였다. 당시 제1차 회의에서 행한 한국 측 梁裕燦 수석대표(당시 駐美 대사)의 "우리 서로 和解합시다"(Let us bury the hatchets)라는 첫 인사말에,[17] 일본 측 수석대표 千葉 皓는 "무슨 和解할 거리라도 있단 말입니까?"(What are the hatchets to bury)라고 되받아, 피차 가시 돋친 인사말을 주고받을 정도로 처음부터 아주 냉랭한 회담 분위기를 자아내고 있었던 것으로 전해지고 있다(兪鎭午 대표 회고록).

會談의 議題 : ① 基本權 문제 : 在日 僑胞의 法的地位 문제, ② 청구권 자금 문제, ③ 漁業 문제, ④ 文化財 반환 문제, ⑤ 船舶 반환 문제, ⑥ 平和線/獨島 문제의 6가지로 크게 나누어졌다. 이 가운데서 특히 중요한 議題는 ②의 請求權資金 문제와 ⑥의 平和線/獨島 문제였다고 할 수 있다.

請求權 문제 : 우선 청구권자금 문제를 보면, 당초 한국이 일본에 대해는 지난 35년간의 식민지 지배에 대한 報償 조의 '請求權'을 제기하자, 일본은 거꾸로 한국에 대해 자기네가 한국에 두고 온 財産에 대한 '逆청구권'을 들고나옴으로써, 곧장 회담이 결렬되는 등 論難을 거듭한 끝에 양국이 상호 請求權 주장을 포기하는 데 합의했다. 여기에는 미국 측의 居中 調整이 크게 작용한 것으로 볼 수 있다. 어쨌든 한국은 '請求權'이라는 용어의 사용만은 계속하자는 입장이었고, 日本은 자금의 성격대로 '經濟協力資金'이라는 명칭을 사용하자고 주장했다. 한국이 지금까지 무심코 사용해온 '청구권자금'이라는 용어는 사실상 자금의 原來 성격을 제대로 나타낸

---

17) 이 말은 미국의 俗語로서 옛날 美 대륙 移住民이 土着 인디언과의 싸움에서 도끼를 들고 싸우는 인디언들이 그 도끼를 땅에 파묻을 때에는 우리 그만 싸우고 '和解하자'는 의사를 나타내는 행동이라는 데서 由來되었다고 한다.

것이라고는 할 수 없다. 군이 거기에 의미를 부여하자면 지난 植民地 통치에 대한 報償이 아니라, 지난날 한국 노무자들에 대한 일본정부나 기업의 未拂 賃金이나 한국인이 갖고 있던 일본 國/公債의 償還 등에 대한 한국측의 '請求權' 정도의 개념에 불과하다고 할 수 있다.

獨島 문제 : 다음에는 ⑥의 平和線/獨島문제를 보자. 한국이 1952년 1월 平和線(국제적 명칭은 Lee-Line, 原名 : 隣接海洋에 대한 主權 선언)[18]을 설치하고 그 안에 獨島를 포함시키게 되자, 일본은 즉각 반대하고 나섬은 물론, 회담이 열리자마자 제일 먼저 平和線/獨島 문제 해결을 회담의 선결조건으로 내걸었다. 처음부터 일본은 獨島 문제가 국제적 영토분쟁인 이상國際司法裁判所에 제소하여 그 判決에 따르자는 입장이었고, 한국은 제3자(미국)의 居中 調整에 맡겨 해결하자는 식이었다. 한일회담은 또한 제3차 회담의 일본 측 수석대표 久保田貫一郎에 의한 소위 '구보다 발언'[19] 등

---

18) 平和線(국제적 공식 명칭은 "Syngman Rhee Line")은 1952년 1월 18일 한국정부가 "인접 海洋의 主權에 대한 대통령의 宣言"이라는 이름으로 지금의 '排他的經濟水域' 개념과 비슷한 주변海洋에 대한 主權 水域을 선포한 조치를 가리킨다. 대체로 한반도 海岸 50~100해리 水域으로 하여 이 지역에 들어오는 모든 선박(어선)은 무조건 拿捕(나포)한다는 것과, 특히 그 안에 '獨島'를 포함시켰다는 점이 중요한 내용이다. 이 두 가지 조치는 일본을 겨냥한 것이었음은 물론이다. 이에 일본은 물론이고 기타 미국, 영국, 중국 등도 한목소리로 '리 라인' 설치는 명백한 국제법 위반이라 하여 강력히 항의했다. 그러나 한국은 이를 무시하고 계속 강경한 자세를 취하고, 이 線을 넘는 일본 漁船과 漁夫를 무조건 나포, 구금하는 조치를 취하였다(※1965년 6월 韓日協定 체결 당시까지 총 328척의 일본 漁船과 3,929명의 漁夫를 나포 구금함). 그 후 韓日協定 체결과 함께 협정의 주요 의제였던 漁業協定이 타결됨으로써 이 平和線(리 라인)은 철거되었으나, 그 속에 포함된 獨島는 제외되어 그 후 계속 紛爭상태로 남게 되었다.

19) '구보다 발언'이란 1953년 10월 제3차 韓日會談 때 있었던 일본 측 수석대표 구보다(久保田貫一郎)의 발언 내용을 말한다. 이는 久保田 대표가 공식 席上에서 발표한 것이 아니라, 한국 측이 일본 식민지 지배에 따른 被害를 강조하자 그에 대응하기 위한 자신의 私見을 밝힌 것으로, 상호 간 攻防戰을 벌이는 사이에 그 내용이 상당히 변질되었지만, 아무튼 이를 종합해 보면 대체로 다음의 5가지로 요약된다.

　①日本의 36년간 韓國 지배는 한국인에게 유익한 점도 있었다는 것

　②카이로선언에서 '한국인의 奴隸化' 운운은 戰時 하의 흥분상태에서 나온 감정적 표현에 불과하다는 것

　③終戰 후 美軍政의 한국 내 일본 私有財産 몰수는 국제법 위반이라는 것

　④對日講和條約('샌' 條約)체결 전에 한국이 독립한 것은 국제법 위반이라는 것.

으로 회담의 중단과 續開 등 難航을 거듭하다가, 1965년 마지막 단계에 이르러, 一說에 의하면 1965년 1월 양국의 秘線 라인에 의한 "獨島密約"[20]이라는 형태를 빌어 便法으로 일단 문제를 縫合(봉합)하는 식으로 처리한 다음, 동년 6월 22일 장장 14년간이나 끌어온 韓日會談은 마지막 타결을 보게 되어 비로소 역사적인 協定 調印式을 갖기에 이르렀다.

6. 結 言

제2차 대전 후 남의 植民地였던 나라가 식민지 상태로부터 벗어날 때 植民母國(人)의 公/私有 財産을 완전히 沒收하는 조건으로 해방을 맞은 事例는 아마도 한국 외에는 없었던 것으로 생각된다. 이런 관점에서 1945년 8·15 해방을 맞은 한국과 일본 간의 관계는 세계사적으로 보아 지극히 예

---

⑤ 終戰 후 美軍政이 한국 거주 日本人을 강제 송환시킨 것은 국제법 위반이라는 것

이 가운데, 첫 번째 발언 ①의 한국인에게 유익한 점도 있었다는 내용으로 일본 측이 든 事例는, ⅰ) 민둥산을 푸르게 만들어 주고, ⅱ) 鐵道, 港灣, 道路 등을 부설했으며, ⅲ) 水田(논)을 상당히 늘렸고, ⅳ) 學校를 많이 지어준 것 등이었다.

이에 대해 한국 측은 '그럼 한국인은 그 시대 아무 일도 안 하고 두 손 덩겨 매놓고 있었단 말인가'(洪璀基 대표)라고 반박했다고 한다. 아무튼 이 구보다 發言으로 會談은 곧장 破鏡(파경)을 맞게 되고, 이를 계기로 일본 내에서는 駐日 韓國代表部의 즉시 폐쇄, 한국 水産物의 수입 금지 등 8개 항의 對韓 强硬 조치를 취해야 한다는 주장이 강력히 제기되었으나, 당시 平和線 침범 건으로 한국에 억류되어 있던 500여 명의 일본 漁夫의 安危가 염려되어 중도에 그만두었다고 전해지고 있다 – 이원덕, 앞의 책, p. 72 참조.

20) ㅁ ダニエル,『竹島密約』, 草思社, 2008(『독도밀약』, 김철훈 역, 한울, 2011)을 참조할 것. 이 책에 의하면, 양측은 '앞으로 해결해야만 한다는 데 합의한 것을 가지고 일단 해결된 것으로 간주한다. 따라서 조약문에는 넣지 않는다'(解決せざるをもって解決したとみなす. 從って條約では觸れない)는 기본 원칙 아래, 다음 4개 조항에 양측이 합의한 것으로 알려지고 있다(책 p. 272).

① 兩國이 자국의 영토라고 주장하는 것을 서로 인정하며, 동시에 상대방의 주장에 反論하는 것에 대해서도 異論이 없다.

② 그러나 장래 漁業 구역을 설정할 경우, 쌍방이 모두 獨島/竹島(다케시마)를 自國領으로 간주하여 선을 긋고 중복되는 부분은 共同水域으로 한다.

③ 韓國은 현 상태를 유지하며, 경비병의 增員이나 시설의 新/增設을 하지 않는다.

④ 이 合意는 이후에도 계속 지켜나간다.

외적인 케이스라고 하지 않을 수 없다. 한국은 미국의 對日 戰後 처리과정에서 야기된 特段의 조치에 의하여 막대한 규모의 歸屬財産(旧 日本人 재산)을 물려받아 無償으로 자기 소유로 만들 수 있었다. 이런 관점에서도 한국 근/현대사 특히 韓國經濟史 연구는 무엇보다도 이 歸屬財産 연구로부터 출발해야 한다. 특히 경제사적 관점에서는 한국경제의 本源的 축적과정으로서의 이 歸屬財産 형성에 관한 연구가 先行되지 않은 모든 연구는 한낱 속 빈 강정에 불과하다고 해야 한다.

객관적 사정이 이러함에도, 해방 후 한국의 근/현대사 연구 동향은 어떠했는가. 反日 民族主義 정서가 고조되자, 그 바람에 사람들의 지금까지의 삶의 방식이나 價値觀은 완전히 뒤틀리고 말았다. 日政 시대 反日 獨立鬪士 아닌 사람이 없을 정도로 사람들을 철저한 反日主義者로 만들어놓았다고 해야 한다. 似而非 愛國者로라도 행세할 수 있는 그런 사회 분위기로 세상이 바뀌었다. 이런 시대상황에서 日本이 제법 쓸만한 물건을 한국에 남겨놓고 갔다든가, 또는 그것이 한국경제 발전에 크게 기여하게 되었다는 등의 소리를 감히 입 밖에 낼 수 있었겠는가.

결론적으로, 歸屬財産 문제에 대해 그동안 政府는 정부대로 言論은 언론대로 學界는 학계대로 그것의 實體에 대한 진실을 밝히려 하지 않고 굳게 緘口(함구)한 채 어느덧 70년이라는 세월이 흘렀다. 이제라도 땅속 깊이 묻혀 있던 귀속재산 문제를 끄집어내어 먼지를 털어내고 본래의 모습으로 復元하는 것이 한국 近/現代史 연구자에게 주어진 최대 당면 과제임을 밝혀두고자 한다.

제2장

日本資金의 流入過程

I. 序論 : 資料-槪念-用語 문제

1. 初期 倂合 이전의 資金流入

역사적으로 언제부터 한국에 일본자금이 들어오기 시작하고, 또 들어온 일본자금이 한국에서 어떻게 투자활동을 전개하였는가 하는 등의 初期 일본자금 流入에 대해서는 아직 충분한 硏究가 되고 있지 않다. 1876년의 開港 以前을 일단 論外로 한다면, 아마도 같은 해 江華島條約 체결을 계기로 釜山, 元山, 仁川 등 3港의 開港과 그를 통한 일본과의 通商관계가 이루어지고, 또한 이들 開港場을 중심으로 일본 민간인의 往來는 물론 일시적인 居住까지도 가능해짐으로써 그들 商人 내지 居留民을 통한 일본자금의 流入에서 그 始初가 주어지는 것이 아닐까. 그러나 이 무렵 일본 商人 내지 居留民을 통해 유입되는 자금이라야 소규모 生計型 소비자금이거나 제한된 商品去來를 위한 流通資金 또는 일부 조선에서의 不動産 買入이나 또는 그것을 담보로 한 高利貸金業 등을 위한 투기적 資金의 세 가지 정도 갈래로 이루어지지 않았을까 생각되지만, 여기서 특히 우리의 관심을 끄는 것은 마지막 투기적 성격의 土地 매입이나 高利貸 성격의 자금 유입이다.[1] 왜냐하면 그러한 성격의 資金流入은 다른 경우보다도 당시 전통적인 조선인에게는 물론 조선사회 자체에 대해 크나큰 외부적 충

---

[1] 이 무렵 투기적 성격의 일본자본 流入은 주로 한국 農民 상대의 高利貸金業이거나 土地 投機의 형태로 이루어진 것으로 볼 수 있다. 농민들에게 土地를 담보로 한 高利의 融資를 해주고 나중에 償還이 여의치 않을 경우 그 담보물(토지)을 가로채는 등의 手法으로 한국 농민들에게 적지 않은 피해를 가져온 것으로 알려지고 있다. 이런 투기자금의 流入규모가 어느 정도였는지는 잘 알 수 없으나 상당한 규모에 달하였던 것으로 추정되고, 특히 그중에는 白手건달로 조선에 건너와 一攫(일확)千金을 노린 악질적인 투기꾼의 경우도 적지 않았던 모양이다(後記 각주 11)의 「자료 1」 참조). 그러한 사정은 그 후 1910년대 총독부에 의한 土地調査事業 당시에 土地의 실제 所有관계의 확인과정에서 그 眞相이 어느 정도 드러나게 되었다고 한다.

격으로 받아드려졌을 것으로 보이기 때문이다.

이러한 初期 유입과정을 거쳐 어느 정도 규모를 갖추고 정상적인 利潤 追求를 목적으로 들어오는 일본 資金의 도입은 아무래도 19세기 후반부터 라고 해야 한다. 당시 朝鮮 朝廷에 의해 공식적으로 發注되는 鐵道 부설이 나 鑛山 개발 등의 利權사업의 개발프로젝트에 대해 일본 역시 미국, 프랑 스, 러시아 등 다른 서구 열강과 함께 경쟁적으로 참여하면서부터라고 할 수 있고, 이런 開發 프로젝트에 대한 조선 朝廷의 國際入札에 일본도 동시 에 참여하게 되었기 때문이다. 그리고 일본 政府 차원에서의 公的資金의 유입 역시 당시 朝鮮 조정에 의한 외국으로부터의 國庫 借入과정에 일본 도 공동 참가하는 방식으로 이루어졌다. 당시 財政難 해소를 위한 조선 조 정의 외국으로부터의 國庫借入은 역사적으로 朝鮮과 특수한 관계라고 할 淸으로부터의 借款을 먼저 추진하였으나, 당시 淸의 세력 약화와 더불어 어쩔 수 없이 신흥 日本으로 借入 대상국을 전환하지 않을 수 없었다. 물 론 이들 두 나라 이외에 미국, 독일, 러시아, 프랑스 등 서구 나라들로부터 의 借款도 추진코자 하였으나 객관적 사정의 不如意로 實行에 옮기지 못 하였다.

20세기 들어 日露戰爭에서의 일본 승리로 조선에 대한 갖가지 경제적 實權이 일본으로 넘어가게 되고, 그에 따라 조선 조정의 對外借入도 자연 히 일본으로 一元化되는 과정을 겪게 된다. 1905년 일본에 의한 朝鮮統監 府 설치를 계기로 조선 조정이 겪고 있던 財政難 문제는 곧바로 일본으로 부터의 財政借款 도입으로 해결되기에 이르렀다. 참고로 이 무렵 일본정 부의 조선에 대한 財政的 지원의 실태를 보면, 開港 후의 이런저런 名目의 재정차관이 총 1,578만 2천 円에 달하였고, 그 밖에 1907~09년간에 있어 軍事費 조로 4,621만 3천 円, 일반 行政費(補助金) 조로 4,322만 8천 円 도합 8,944만 1천 円의 특별 자금 지원이 일본정부에 의해 이루어졌다.[2]

---

2) 1905년 조선 통감부 설치 이전, 멀리 잡으면 이미 1880년대부터 民間 금융기관에 의한 借款 형태의 일본자금 유입이 상당히 활발하였던 것으로 알려지고 있다. 즉 조선에 진출해 있던 일

1910년 倂合 이후 일본자금의 流入 추세를 보면, 각 시기별로 정도의 차이는 있으나 전반적으로 매우 활발하게 이루어졌다고 할 수 있다. 그러나 시기적으로 본다면 1910년대에는 일본정부가 會社令[3]의 公布 등으로 일본자금의 朝鮮으로의 流出을 극력 억제코자 하였다. 그것은 당시 일본 스스로 해외(서구)에서 국내 開發資金을 차입하지 않을 수 없는 자본수입 국의 처지에 놓여 있었기 때문에, 가능한 利潤 동기에 의한 민간자본의 海外流出(朝鮮 등)을 억제함으로써 그것을 일본 국내 투자로 돌리기 위한 戰略의 일환이었다고 할 수 있다.

1920년대 들면서 일본정부는 前記 會社令의 철폐와 더불어 朝鮮으로의 일본 민간자본의 流出을 어느 정도 허용하는 쪽으로 방향을 바꾸었다. 그러나 이 무렵까지도 일본자본의 유입대상은 조선에 대한 일본 식민정책의 우선순위가 주로 조선의 米作 農業의 개발에 있었기 때문에 灌漑/水利사업과 같은 농업 관련 투자를 중심으로 이루어졌다고 해야 한다. 아울러 일본자본이 제2차 산업이라 할 鑛工業 개발을 위하여 본격적으로 유입되기 시작한 것은 적어도 1931년의 滿洲事變 이후 일본이 朝鮮반도와 滿洲지역 개발을 한데 묶는 大陸經營이라는 기치를 내걸면서부터라고 할 수 있다. 즉 일본 산업자본의 대규모 朝鮮流入은 1930년대부터라고 할 수 있지만 그것이 본격적으로 이루어진 것은 아마도 1930년대 후반부터라고 해야 할 것으로 판단된다.

본 민간은행인 第一銀行에 의한 借款 등이 그런 류의 대표적인 사례였다. 개항 후 대체로 1882년부터 統監府가 설치된 1905년까지의 실적을 보면 총 21건에, 금액은 정확하지는 않지만 약 1,500만 円 이상의 日本借款이 조선에 들어온 것으로 알려지고 있다 − 大森とく子, "日本の 對朝鮮借款について, 朝鮮開港から「韓國倂合」まで", 『日本植民地硏究』4, 日本植民地硏究會, 1991. pp. 14~15 참조.

3) '會社令'이란 당시 朝鮮에서 신규 회사를 설립하려면 누구나 반드시 일본정부의 事前 許可를 받아야 한다는 내용으로 되어 있어 전적으로 일본자본의 海外投資 억제 목적의 법령이라 할 수 있고, 이 法令에 의해 朝鮮人이든 日本人이든 조선에서의 투자 사업이나 會社 설립이 상당히 억제될 수밖에 없었음은 물론이다.

2. 工業化를 위한 財源調達

식민지 조선경제를 다룸에 있어 가장 중요한 논쟁거리로 등장하는 '植民地 工業化' 문제만 하더라도, 그것이 가지는 실체적 내용은 결국 그 시대 일본의 産業資本이 그때그때 얼마나 큰 규모가, 어떠한 조건으로, 또 어떤 분야에 朝鮮으로 유입되었는가 하는 자금 흐름의 實態 如何라고 할 수 있다. 공업화를 위한 投資財源 조달이라는 측면에서 살필 때, 당시 일본 산업자본이 일정 규모 이상으로 조선에 유입되었다는 사실을 확인할 수 있다면, 1930년대 植民地 하에서의 조선의 工業化가 그만큼 활발하게 전개되었다고 주장할 수 있는 그 나름의 論據를 확보하는 셈이 된다. 식민지 공업화의 실태를 제대로 파악하기 위해서는 무엇보다도 먼저 그 일차적 필요조건으로서의 投資財源의 조달 문제, 바꿔 말하면 당시 일본 산업자본의 조선 유입에 대한 올바른 實態 파악이 우선되어야 한다는 주장이 그것이다. 일본자본의 유입이 어느 정도 규모로, 어떤 산업 분야에, 그리고 어떤 투자조건으로 이루어졌는가 하는 점부터 제대로 알아야만 그 산업자본 활동의 歸結로서의 工業化의 사실 여부를 제대로 평가할 수 있을 것이기 때문이다.

그러나 식민지기 日本資本의 유입을 정확히 파악한다는 것은 결코 간단한 문제가 아니다. 거기에는 양자 간에 식민지적 特性이 복잡하게 얽혀 있기 때문이다. 그런 점에서 여러 가지 복잡한 문제가 따르겠지만, 여기서는 그중에서도 식민지 사회가 가지는 다음 두 가지 문제를 특히 강조해 두고자 한다. 먼저 들어야 할 것은 당시 일본이 '一視同仁', '內鮮一體' 등의 구호 아래 일본과 조선 사이에 國境을 허물고 하나의 나라로 만들고자 하는 同化主義를 식민정책의 根本으로 삼았다는 사실이다. 이런 同化主義 정책기조에 따라 商品이든 資本이든 두 나라 간의 이동이 갈수록 자유로워지고, 그에 따라 우리가 여기서 파악하고자 하는 '日本→朝鮮으로의 資本의 지역적 移動'이라는 개념이 갈수록 희미해질뿐더러, 그에 따른 관련 통계를 파악하기도 매우 어려워졌다. 다시 말해 당시의 일본-조선 간 資金의 이동은 예컨대 主權을 달리하는 독립국가 간의 자본의 이동, 곧 통상 얘기하는 '資本의 국제적 移動'의 개념과는 상당한 거리가 있을 수밖에 없을뿐더러, 그렇다고 해서 그것을 일본 내의 타 지역 간의 國內的 이동의 일환으로 다루기도 곤란한 二重的(dualistic) 성격을 띠고 있다는 것이다. 예컨대 정부의 國庫資金과 같은 경우는 그 흐름이 분명히 구별된다고 하겠으나, 市場論理에 따라 자유롭게 움직이는 民間資金의 경우는 그것을 정확하게 구분하기가 매우 어려울 수밖에 없다는 점을 우선 언급하지 않을 수 없다.

두 번째 문제는 다음과 같은 사실에서 찾아볼 수 있다. 즉 일본자금의 조선 유입이라고 할 때 거기에는 보통 두 가지 다른 성격의 자금이 포함될 수밖에 없다. 당초에 일본으로부터 조선으로 들어오는 初期 유입자금, 곧 '原初的 資本'(primary capital)과 그것이 朝鮮에 건너와 영업활동을 개시한 이후 올리게 되는 收益/所得이 축적되어 일정한 시간이 경과한 후 다시 자본으로 轉化하는 '派生的 資本'(derived capital)이 있는데 이 두 자본 간의 카테고리 구분이 결코 쉽지 않다. 소위 일본 '內地資本'이라 할 때, 그것을 前者의 原初的 資本만을 가리키는 좁은 개념으로 볼 것이냐, 아니면 '日本人 소유 내지 경영 하의 資本'이라는 의미에서 후자의 派生的 資本까지를 포함하는 넓은 개념으로 볼 것이냐 하는 문제가 제기될 수 있다는 것이다. 전자의 原初的 자본만을 다루고자 할 때에는 별 어려움이 없겠지만, 후자의 派生的 資本까지를 함께 다루어야 할 경우에는 그것의 實體를 구분하여 제대로 파악한다는 것은 무척 어려운 작업이 아닐 수 없다.

이밖에도 또 한 가지 고려의 대상으로 삼아야 할 문제가 있다. 일본인의 조선에서의 投資사업이 크든 작든 간에 土着의 朝鮮人(자본)과의 合作 내지 提携관계를 맺으면서 전개되는 경우가 빈번하였으리라는 점이다. 투자자본의 全額(100%)을 직접 일본으로부터의 流入으로 충당하는 경우가 초기에는 보편적이었으나, 시간이 흐름에 따라 어떠한 형태로든 現地

人과의 제휴가 불가피하게 될 경우가 늘어날 수밖에 없었다고 한다면, 이 경우 現地人의 참여는 직접적인 出資방식과 단순한 경영 참여의 두 가지 형태가 있을 수 있고, 前者의 경우는 대부분 少額 出資가 대부분일 것이므로 굳이 현지인의 몫을 따로 떼 내어 다룰 필요 없이 투자 전액을 일단 일본에서의 流入資金으로 간주해도 큰 무리는 없을 것으로 볼 수 있다. 그뿐 아니라, 1940년 創氏制度의 도입 이후에는 株主名簿 상의 姓名을 가지고 그것이 朝鮮人인가 日本人인가의 여부를 가리는 일이 實際와는 상당한 차이가 있을 수 밖에 없다는 점도 지적해두고자 한다.

3. 典據 資料와 資金 카테고리

이상에서 살펴본 몇 가지 어려움을 전제하고서, 일본에서 조선으로 직접 유입된 原初的 자금이나 또는 그것이 조선에 건너와 2, 3차적으로 增殖된 派生的 자금의 규모와 실태를 파악한다고 할 때, 우리가 可用할 수 있는 기초 자료로서 지금까지 발견된 것으로는 다음 4가지 정도가 있다고 볼 수 있다.

첫째, 그 조사 및 발표 시기를 기준으로 열거하자면, 가장 먼저 이루어진 최초의 자료는 朝鮮銀行 調査課에서 1931년 말 기준으로 조사한 결과를 1933년에 발표한 「朝鮮에서의 內地資本의 流出入에 관하여」(日語)[4]라는 자료이다(이후 「자료 1」로 약칭). 이 자료는 당시 併合 22년째를 맞는 시점에서 일본의 조선 식민지정책의 基調라고 할 '內地延長主義'가 경제적으로 얼마나 많은 성과를 가져오고, 그 결과 얼마나 많은 朝鮮의 산업발전을 가져왔는가를 알아보기 위한 기초조사로 알려지고 있다.

둘째, 朝鮮殖産銀行 調査部에서 1938년 말 기준으로 조사하여 1940년

---

4) 朝鮮銀行京城總裁席調査課, 『朝鮮に於ける內地資本の流出入に就いて』(八年調査 第60號), 昭和8年 11月.

에 그 결과를 발표한 「朝鮮投下 內地資本과 그것에 의한 事業」(日語)[5]이라는 자료이다(이후 「자료 2」로 인용). 이는 당시 조선경제의 비약적 발전을 무엇보다도 조선 내의 풍부한 天然資源과 內地에서 건너온 풍부한 자본과 기술이 서로 잘 결합된 所産으로 해석하면서, 그렇다면 그동안 얼마나 많은 內地資本이 조선으로 건너왔는가를 파악해보기 위한 목적으로 진행한 조사라고 한다.

셋째, 그 3년 후인 1941년 말 기준으로 京城商工會議所 調査課에서 다시 한 번 이에 대한 실태조사를 벌였는데 1944년 1월에 발표한 「朝鮮에서의 內地資本의 投下現況」(日語)[6](이후 「자료 3」으로 인용)이 그것이다. 이는 앞의 두 先行 자료를 토대로 관련 데이터의 시점을 가능한 한 최근까지로 연장하고 또 그 내용도 앞의 두 가지 조사 내용을 보완한다는 의미에서 보다 상세하게 다루어져 그 내용이 비교적 풍부하다고 할 수 있다.

넷째, 전후에 들어 1947년에 일본 정부(大藏省管理局)에서 펴낸 「日本人의 海外活動에 관한 歷史的 調査」- No. ③ (朝鮮編, 第七分冊 第十六章 第五節)[7]이라는 이름의 일본정부 자료(이후 「자료 4」로 인용)가 그것이다. 이 자료는 과거 식민지 시대 일본이 행한 海外 각 植民地(屬領 포함)에서의 활동을 지역별로 총정리하여 총 12권으로 集大成한 정부 刊行의 방대한 자료집(對外 秘)이다. 이 자료는 朝鮮을 비롯하여 대만, 만주, 기타 중국, 사할린, 南洋群島 등 戰前에 일본이 지배 또는 장악하고 있던 모든 지역을 총망라한 것으로, 그중 '朝鮮編'은 총 12권 중 3권으로 구성되어 있다. 그 가운데 제7분책 제16장(金融의 發達 편)에 여기서 우리가 다루고자 하는 내용이 상당히 구체적으로 담겨 있다. 이 자료의 특징은 앞의 京城商議 자료(「자료 3」)에서 1941년 말까지의 관련 통계를 커버하고 있는 것을 조선총독부 자료 등을 이용하여 다시 1944년 말까지 연장시켜 놓았다는 점에

---

5) 朝鮮殖産銀行調査部,「朝鮮投下內地資本と之による事業」,『殖銀調査月報』, 第25號, 昭和15年.
6) 京城商工會議所調査課,『朝鮮に於ける內地資本의 投下現況』, (調査資料 第9輯), 昭和19年 1月.
7) 大藏省管理局,『日本人の海外活動に關する歷史的調査』③ (朝鮮編, 第十六～十九章), 1947.

서 찾아볼 수 있고, 그런 점에서 자료적 가치가 그만큼 높다고 할 수 있다. 그 밖에도 당시 朝鮮 내의 각 산업자금의 조달 내역이나 해외에 파견된 조선인의 本國 送金額 등의 데이터가 새로 추가된 대신, 朝鮮에 거주한 일본 민간인의 個人資金(주로 生計型 자금) 유입에 대한 조사는 아예 제외시켰다는 점이 아쉬우면서도 또 하나의 특징이라면 특징이라 할 수 있다.

이상 4가지 기초 자료는 그 조사의 主體와 時期는 다르지만, 조사의 목적이나 방법 등 조사내용에 있어서는 크게 다르지 않다고 할 수 있다. 더욱 이 조사의 항목 설정에 있어서 이들 4가지 자료가 거의 동일한 패턴으로 이루어져 있어 수치의 時系列 비교가 가능하다는 점에서 특히 그러하다고 할수 있다. 이상 4가지 자료가 다같이 유입되는 內地資本의 카테고리를 구체적으로 다음 4가지 성격의 자금으로 類型化하고 있다는 점에서 그러하다.[8]

첫째, 國庫資金이다. 이는 일본정부가 조선총독부 財政을 보충하기 위하여 처음부터 정부 豫算에 책정해 놓은 公的 資金이다. 朝鮮統治 명목으로 책정된 일본정부의 一般會計 예산에서 나오는 일종의 財政資金이라 할 수 있다. 이 자금은 두 가지 목적으로 사용하게끔 되어 있었는데, 하나는 조선 내에 주둔하는 일본군의 軍事費 및 총독부의 行政費(보조금)의 2개 항목으로만 支辨되는 消費性 자금이고, 다른 하나는 조선총독부가 발행하는 國債를 일본정부가 인수하여 조선의 산업개발을 위해 투자하는 生産性 자금의 두 가지가 그것이다. 前者는 조선 통치에 따른 일종의 植民地 經營費 성격의 자금이라 할 수 있고, 後者는 총독부가 벌이는 鐵道, 도로, 山林綠化, 水資源의 개발 등과 電信/電話, 發電所 건설 등 주요 國策사업을 지원하기 위한 경제적 投資資金이라 할 수 있다.

둘째, 大藏省 預金部資金이다. 일본 全國(식민지 포함)의 郵便貯金은 제도적으로 무조건 大藏省 預金部에 설치된 특별 計定에 예치하게끔 되어

---

8) 다만 「자료 2」 및 「자료 4」에서는 조선 居住 일본인(개인)을 資金 이동의 主體로 하는 本文 넷째(개인자금) 카테고리를 조사 대상에서 제외하고 있는 대신에, 셋째의 민간 베이스 會社資本의 이동을 중심으로 조사하고 있음을 지적해둔다.

있는데, 이를 '大藏省 預金部資金'이라 칭한다. 그런데 이 예금부자금은 일본 내에서도 주로 公共的 목적의 사업에만 한정하여 長期/低利의 유리한 조건으로 공급하는 자금이다. 일본정부는 이 자금을 朝鮮 내의 각 道-府-郡-邑/面의 지방정부가 발행하는 각종 公債나 또는 殖銀, 東拓 등 공공기관이 발행하는 債券을 인수하는 자금으로 사용할 수 있도록 특별히 배려한 케이스라고 할 수 있다. 이는 長期 施設資金의 공급 爲主라고 할 수 있으나, 때로는 이들 시설자금 공급기관에 대해 관련 시설의 원활한 운영을 돕기 위한 일부 短期 運轉資金 대출도 병행하고 있었다.

셋째, 會社資金이다. 이는 朝鮮에 本店 회사를 새로 설립하거나 또는 支店을 설치하는 일본회사(法人 또는 개인)가 자기 회사에 대한 出資나 또는 다른 회사에 대한 出資나 融資 및 債券引受 등 여러 루트를 통해 공급하는 자금이다. 이는 일본 민간 産業資金 流入의 가장 전형적인 형태라고 할 수 있을뿐더러, 資金 규모면에서도 朝鮮에 유입되는 일본자금의 大宗을 이루고 있었다는 점에서, 경제적으로 이 會社資金[9]이 가지는 중요성이 다른 자금과는 비교할 수 없을 정도로 크다고 할 수 있다.

넷째, 個人資金이다. 이는 주로 조선에 移住하는 일본 민간인이 조선에서의 생활터전 마련을 위한 垈地와 家屋, 그 밖에 거기에 부속된 소규모의 商店이나 業所 등의 구입자금이나 또는 소규모의 농장-漁場-목장-工作所-전당포 등 生業 터전을 마련하기 위한 사업 목적의 투자라든가 또는 銀行 預/貯金이나 有價證券 매입 등 금융자산의 확보를 위한 개인 베이스 자금의 유입이라 할 수 있다. 이 個人資金의 성격은 크게 보면 당장의 삶의 조건을 해결하기 위한 '生計型 자금'과 未來의 투자수익을 목적으로 하는 '投資型 자금'의 두 가지 유형으로 갈라볼 수 있겠으나 현실로는 이 두 가지 자금 성격이 서로 混在되어 나타나고 있다.

---

9) 저자는 이 會社資金의 경우는 國庫資金이나 個人資金 등 다른 資金의 성격과는 달리 처음부터 利潤 추구를 목적으로 하는 私的 자본의 移動이라는 관점에서 특별한 경우를 제외하고는 모두 '會社資本'으로 표현하고자 한다.

4. 槪念 상의 留意事項

식민지 시대 일본 內地資金의 流入 문제를 논함에 있어 그 자금의 類型을 이상과 같은 4가지 카테고리로 나누어 다루는 데는 별반 異論의 여지가 없겠지만, 실제 분석과정에서는 이런저런 槪念상의 혼란을 가져오는 경우가 허다하다는 점, 아울러 유사한 用語/槪念에 대한 올바른 용어선택의 어려움에 부딪히게 된다는 점을 지적하지 않을 수 없다. 이런 용어상의 혼란을 미연에 방지하기 위해서는 최소한 다음과 같은 몇 가지 기본용어의 대해서 미리 그 개념상의 차이를 분명히 하고, 그에 따른 용어의선택 역시 확실하게 할 필요가 있다.

1) 資金과 資本

資金(fund)이라는 말은 보통 특정 用途에 사용될 때 所要 資金의 의미로 사용된다. 예컨대 사업자금, 건축자금, 소비자금, 學資金, 여유자금 등에서 보는 바와 같은 用例이다. 반면 資本(capital)이란 위의 事業(所要)資金 가운데서 특히 利潤(profit) 추구를 목적으로 하는 營業 목적의 사업에 소요되는 資金을 가리킬 때 주로 사용된다. 예컨대 自己자본, 他人자본, 固定資本, 拂入자본, 公稱자본 등의 用例가 그것이다. 따라서 앞에서 본 4가지 資金 카테고리 별로 그 올바른 用例를 찾는다면 대체로 이러하다. 國庫資金이나 大藏省 預金部資金의 경우는 틀림없이 '資金'이라는 용어가 적합하고, 會社資金의 경우는 그것이 어떤 용도로 쓰이든 통칭 '資本'이라는 표현이 거기에 적합하다고 생각한다. 끝으로 個人資金의 경우는 그것이 家屋이나 垈地 등의 구입에 따른 이른바 生計型 자금은 '資金'으로, 農場이나 漁場 또는 소규모 工作所나 商店 등의 구입에 따른 投資型 자금의 경우는 '資本'으로 분리하여 사용하는 것이 보다 합리적이라고 생각한다.[10]

---

10) 本稿에서 인용하는 原 자료, 즉 「자료 1」, 「자료 2」, 「자료 3」 등에서는 모두 '內地資本의 流出入…' 등으로 '資本' 표현으로 하였으나, 저자는 이에 따르지 않고 별도의 원칙에 따라 두 가지

2) 原初的 資金과 派生的 資金

둘째로 앞에서도 언급된 바이지만 당초 일본에서 직접 유입된 '原初的 자금'(primary fund)과 그것을 元本으로 하여 이차적으로 조선에서 거두게 되는 利潤의 再投資를 통한 '派生的 자금'(derived fund)의 개념 구분을 확실히 하는 문제다. 현실적으로 이 두 가지 성격의 資金을 정확히 구분하기란 매우 어려운 일이다. 예컨대 一定 시점에서의 內地資金의 流入(投下)실적이라고 할 때, 용어상으로는 그것이 전자의 원초적 자금의 '累積' 개념으로 이해할 수 있겠지만, 그 기간이 길어짐에 따라 거기에는 인플레이션에 의한 價値 변동 등이 있을 수 있음으로 長期間에 걸친 단순 累積일 경우 그것은 資金의 현재적 가치를 제대로 반영하지 못하게 된다고 할 수 있다. 따라서 累積 개념으로서의 原初的 자금의 유입실적이라고 하면 현실적으로 그것이 무엇을 의미하는지 분명하지 않을 수 있다.

이런 관점에서 통상 內地資金의 流入실적이라고 할 때 거기에는 그 기간에 일어난 派生的 자금까지도 포함시키는 넓은 개념으로 사용하게 되고, 그 대신 그 기간에 일어난 원초적 자금에 대한 償還실적은 거기서 제외시키게 된다. 이처럼 派生的 자금을 포함시키는 대신에 기존의 元金에 대한 상환분을 제외하는 相殺과정이 이루어진 이후의 유입실적이라면, 그것은 결국 일정 시점에서의 일본인 소유 내지 지배하에서 總資産의 評價額(時價)으로 정의되고, 아울러 그것은 당초의 原初的인 유입자금의 규모와 아무런 관련이 없는 別個의 개념으로 탈바꿈하게 된다는 점을 지적해둔다.[11]

를 가급적 구분하여 사용코자 하지만, 그 뜻이 애매한 경우에는 어쩔 수 없이 두 가지를 混用할 수밖에 없었음을 미리 밝혀둔다.

11) 이 原初的 자금, 派生的 자금이라는 용어 문제와 관련하여, 前記 朝鮮銀行 자료(「자료 1」, 1933년)에서는 이를 '內地資金' 및 '內地人資金'이라는 개념으로 구분하여 사용할 것을 제안한다. 즉 原初的 資金을 內地에서 들어온 자금이라는 뜻에서의 '內地資金', 그리고 조선에 거주하는 일본인이 벌어드린 자금까지를 포함하는 일본인(내지인)에 의한 자금이라는 뜻으로서의 '內地人資金'으로 각각 구분하여 부르자는 주장이 그것이다(「자료 1」, pp. 4~5 참조).

이 점과 관련하여, 앞의 4가지 유형별 유입자금에 대해 이를 어떻게 적용할 것인가를 생각해보자. 우선 國庫資金과 大藏省 예금부자금의 경우는 그 자금의 성격상 原初的 자금의 투하실적(累計) 개념으로 다루어도 큰 문제가 없겠지만, 會社資本과 個人資金의 경우는 派生的 자금까지를 포함하는 총자산의 평가액(時價) 개념으로 해석하는 것이 마땅하다고 생각한다. 왜냐하면 前者의 公的資金은 그것이 朝鮮에 들어와 얼마나 많은 파생적 收益을 올렸는가 하는 문제보다는 지금까지 얼마나 많은 자금이 유입되었는가 하는 資金의 규모 자체에 중요한 의미가 있겠지만, 반면에 後者의 民間資金의 경우는 당초 유입되던 시점보다도 유입된 이후 규모로 얼마나 많은 收益을 올리고 또 元本 자체를 얼마나 많이 불렸느냐는 문제에 더욱 중요한 의미가 있기 때문이다.

후자의 경우, 이런 사정은 會社資本보다도 個人資金의 경우 더욱 두드러지게 나타난다고 할 수 있다. 개인자금의 경우는 당초 조선으로 건너올 때 本人이 所持하고 온 원초적 자금의 규모가 시간이 흐를수록 많은 변화를 겪게 되므로 사실상 그 규모에는 별 의미가 없다. 바꿔 말하면 현실의 營業店 평가액(時價)이 당초의 투자규모를 월등 초과하게 될 가능성이 얼마든지 있기 때문이다. 이런 관점에서 이 개인자금 유입과 관련하여서는 다음과 같은 특수한 케이스도 상정해볼 수 있다.

이를테면 일본 移住民 중에는 당초 朝鮮으로 건너올 때, 原初的 사업자금 같은 것은 전혀 所持하지 않고 단순한 막 노동자 신분으로 건너오거나 또는 심하게 말하면 백수건달(失業者)로 건너와 온갖 不法 및 不正한 방법으로 一攫千金(일확천금)의 財産을 모았다고 하면, 이 역시 前述한 바와 같은 정상적인 방법으로 이룩한 派生的 資金과 동일한 성격으로 취급해도 좋을 것인가 하는 문제가 바로 그것이다.[12]

---

12) 上記 朝鮮銀行의 「자료 1」에 의하면, 이런 內地資金과는 직접 관련 없는 內地人資金의 존재가 1933년 시점에 이미 상당한 규모에 달한 것으로 보고 있는가 하면, 또한 內地資金의 유입액을 가지고 일본의 조선에 대한 직접 투자액으로 간주하려는 경향이 있지만 그것은 잘못된 해석

3) 流入資金과 流出資金

일반적으로 內地資金의 유입이라 할 때, 그 '流入'의 성격은 사실상 두 가지 개념으로 사용되고 있다. 먼저 本稿에서 사용하고 있는 식으로 일본 (內地)에서 조선으로 들어오는 소위 '流入(inflow)자금'만을 가리키는 경우와, 이와 달리 일정 기간의 이 유입자금과 같은 기간에 조선에서 일본으로 유출되는 '流出(outflow)자금'을 相殺하고 남는 '收支差額(balance)'을 內地資金의 流入(밸런스 상 黑字일 경우이고, 赤字의 경우는 流出), 곧 流入資金으로 간주하는 경우가 그것이다. 후자의 경우 1930년대 內地資金의 조선유입이라고 하면, 이 기간에 일본과 조선 간에 들어오고 나간 資本收支상의 差額(조선 측의 黑字)을 일본으로부터의 자금유입(투자) 개념으로 보는 관점에서 비롯한다.

그러나 여기서 중요한 의미를 갖는 것은 어디까지나 前者의 유입자금 자체이지, 後者와 같은 收支差額으로서의 (純)유입자금의 성격이 결코 아니라는 점이다. 왜냐하면 産業資金 조달이라는 관점에서 자금유입의 규모를 논하는 마당에 기간 중 산업활동의 결과로서의 國際收支 상의 밸런스는 완전히 다른 개념이기 때문이다. 다시 말해 植民地 工業化 문제를 다룸에 있어, 식민지 母國資本이 被식민지로 얼마나 이동하는가 하는 소위 資本輸出의 문제는 어디까지나 공업화를 위한 所要 資金의 조달이라는 관점에서 다루어야 하고, 그것은 또한 金融資本의 흐름보다는 實物資本(資本財)의 유입이라는 관점에서 다루어야 한다는 점이 더욱 중요시되어야 하기 때문이다.

그럼에도 불구하고 지금까지 일부 論者들이 식민지 경제 내지 식민지 공업화 문제를 다룰 때 식민지와 그 母國(일본) 간의 資金의 흐름을 國際

으로 보아야 한다는 것, 오히려 이런 內地資金보다는 派生的 자금까지를 포함하는 廣義의 內地人資金을 가지고 당시 조선경제의 발전을 위한 일본인에 의한 總投資 개념으로 보아야한다는 주장을 펴고 있다(동 자료, pp. 3~5 참조).

收支論的 입장에서 다루는 경우를 흔히 볼 수 있다.[13] 그러나 이러한 접근 방법은 잘못됐다고 하지 않을 수 없다. 왜냐하면 보통 국제경제학에서 말하는 資本收支 개념은 상품교역의 결과로서 貿易收支상의 밸런스를 사후적으로 決濟하기 위한 금융자본의 이동(商品移動과는 반대방향)이라는 성격을 갖기 때문이다. 다시말해 貿易收支상의 赤字를 메우기 위해 들어오는 資本收支상의 黑字를 가지고 바로 그것을 식민지 工業化를 위한 투자 재원으로 간주할 수는 없다고 해야 할 것이기 때문이다.

그뿐 아니라, 식민지 母國 대 식민지 간의 제반 경제적 去來 냉용이나 그 결과로서 성립되는 貿易/資本收支 관계라는 것은 정상적인 獨立國家의 국민경제 상호간의 그것과는 처음부터 그 성격이 완전히 다를 수밖에 없다는 점을 잊어서는 안 된다. 특히 조선과 일본 간에는 소위 '內鮮一體論'이다, '內地延長主義'다 하여 실제 일어나는 상품 및 資本 去來의 규모와 國際收支상에 잡히는 공식적인 규모 간에는 현저한 갭이 있을 수밖에 없다. 이점을 무시하고 지난날 식민지 시대 대외거래 관계를 분석함에 있어 무조건 國際收支 一般論으로 접근하는 데는 '植民地性'에 대한 문제의식이 결여되어 있다고 하지 않을 수 없다.

4) 內地(人) 資本과 日本(人) 資本

식민지 시대 일본으로부터 유입되는 資金을 말할 때 일반적으로 內地資本 내지 內地人資本이라는 용어를 사용하고 있었는가 하면, 이 內地(人)자본이라는 용어와 함께 일본(인)자본이라는 용어도 거의 같은 뜻으로 混用되고 있었다. 그러나 엄격히 따지자면 이 두 가지 용어는 같은 개념으로 볼 수 없는 측면이 있음을 알아야 한다.

이를테면 內地/內地人/內地人資本이라는 등의 표현은 일종의 領土를 기준으로 한 개념이라 할 수 있으며, 즉 일본 본토와 海外 식민지(屬領)와

---

13) 이런 경향은 한국의 식민지경제 연구자들에게 있어 공통적 현상이라 할 수 있으며, 일례로 金洛年, 『日本帝國主義下の 朝鮮經濟』, 東京大學出版會, 2002, 제2장 및 제5장 참조.

의 구분을 위해 만들어진 用語라고 할 수 있다. 조선과의 관계에 있어서는, 예컨대 半島/半島人/半島人資本이라는 개념과 대칭되는 용어라 할 수 있다. 따라서 內地資本이라고 하면 일본이라는 領土 안에 있는 자본이라는 의미 또는 일본(內地)으로부터 건너온 자본을 의미한다고 볼 수 있다. 반면 日本(人)資本이라고 하면 그것은 資本(家)의 민족별 所有 개념으로, 해외 植民地(조선 등)에 있는 자본의 성격을 구분함에 있어 內地에서 건너온 日本人자본과 現地人(조선인)자본을 대칭시키는, 즉 資本(家)의 民族性을 기준으로 한 개념이라 할 수 있다. 그러나 日政 시대에는 보통 일본(인)자본이라는 표현보다는 그냥 內地(人)資本으로 通用되었음을 밝혀둔다.

이상과 같이 일본 流入資金 문제를 다룰 때 어쩔 수 없이 제기되는 몇 가지 용어/개념상의 難點이 있음을 일단 전제하고, 형태별 자금유입의 실태를 살펴보도록 하자. 우선 앞에서 든 4가지 조사 자료(「자료 1」~「자료 4」) 가운데서 그래도 그 포괄하는 영역이 가장 넓고 또 最近値(1941년 말)까지 포함한 조사일 뿐 아니라, 내용 면에서도 상대적으로 충실하다고 할 京城商工會議所의 「자료 3」에 주로 의거하되, 1942년 이후 수치에 대해서는 「자료 4」(日本 大藏省管理局)를 참고하여 그것을 업데이트하는 방식으로, 日政下 일본(인)자본—原 자료상의 명칭은 대부분 內地(人)資本으로 되어 있음—의 식민지 조선으로의 流入[14] 실태와 그것을 元本으로 하여 조선 내에서 이루어지는 제2단계 資本蓄積의 실태까지도 가능한 한 함께 파악해보고자 한다.

---

14) '流入'이라는 용어도 들어오는 일본자본의 성격을 나타냄에 있어 그 의미하는 바가 曖昧(애매)한 측면이 없지 않다. 이에 혹자는 流入이라는 용어와 함께 導入이나 收入 또는 輸入, 때로는 侵入 등의 표현을 쓰기도 하였다. 그러나 導入은 자금 수취 측의 정부 당국이 의도적, 계획적으로 밖에서 끌어왔다는 의미에서, 收入/輸入은 支出/輸出에 대응하는 收支(輸出入)計定 상의 개념이라는 뜻에서, 그리고 侵入 또는 侵略 등의 표현은 정치적 의도가 담긴 非경제적 용어라고 하는 점에서 각기 그 나름의 한계를 지니고 있다. 그나마 流入이라는 용어가 가장 사실에 適合하다고 판단하여 本稿에서는 이를 채택하였음을 밝혀둔다.

II. 資金의 유형별 流入實績

1. 國庫資金의 流入

國庫資金은 크게 두 가지 성격으로 나눠볼 수 있다. 하나는 일본 정부의 一般會計 예산에서 支辨되는 軍事費 및 일반 行政費(부족분의 보충) 항목으로 들어오는 經費性 자금이고, 다른 하나는 조선총독부 特別會計에 올라와 있는, 즉 총독부가 발행한 國債를 매입해주는 事業性 자금이 그것이다. 前者는 경제적 의미에서 投資 개념이라고 할 수 없는 日常의 소모성 經費 성격의 자금이고, 후자의 國債 매입자금은 경제적 의미에서 長期的 投資 성격의 자금이라 할 수 있다. 다만 전자의 軍事費나 治安費 등의 經費性 자금은 기실 倂合 이전의 統監府 시절부터 이미 조금씩 들어왔음을 지적해둘 필요가 있다(前記 각주 2) 참조).

1910년 병합 이후 유입된 일본정부의 國庫資金은 그 규모가 과연 얼마나 되었을까? 앞의 京城商議 조사(「자료 3」)에 의한 1941년 말까지의 총 유입액을 보면, 軍事費 명목으로 4억 6,400만 円(1937년도까지의 실적, 그 후는 未공개), 行政費 명목으로 3억 9,600만 円(1941년도까지의 실적), 합계 8억 6,000만 円에 달하는데(「자료 3」, pp. 7~9), 이는 일본 大藏省 管理局 자료(「자료 4」)에 의거하여 1938년 이후 수치를 보완해야 할 필요가 있다.

우선 군사비의 경우, 「자료 3」에서 밝힌 1937년까지의 실적 4억 6,400만 円에다가 「자료 4」에서 밝힌 1938~44년의 군사비 유입실적 약 12억 円(추계치)을 보태면 1944년 말까지 총 군사비 유입규모는 16억 6,400만 円으로 놀랄 정도로 확대된다. 그리고 행정비(보조)의 경우도 「자료 3」에서 밝힌 1941년 말까지의 유입실적 3억 9,600만 円에다가 「자료 4」에서 밝힌 1942~44년의 실적을 합하면 행정비 유입총액도 5억 3,800만 円으로 늘어난다(〈도표 2-1〉 참조). 이리하여 병합 후 1944년 말까지 이상 두 가지 經費性 일본 國庫資金의 조선 유입총액은 22억 2백만 円 규모에 달하는 것으로 추정된다(「자료 4」(제16장), pp. 93~95).

식민지 경영과 관련한 일본 國庫자금은 이처럼 軍事費와 行政費(보조)의 두 가지 항목으로 갈라진다. 그중 군사비가 약 16억 6,400만 円으로 전체의 75.6%에 이르고, 나머지 24.4%(5억 3,800만 円)가 총독부 행정비(補助)를 위해 들어와 양자 간의 비율은 약 4 : 1을 보여준다. 따라서 軍事費가 行政費보다 무려 3배 이상으로 월등히 많았음을 알 수 있다. 그렇다면 군사비가 왜 이처럼 많이 들어왔을까 하는 의문이 제기된다. 그것은 1930년대 후반, 곧 1937년의 中日戰爭 발발과 그 후 곧장 이어지는 太平洋戰爭이라는 전시하의 시대상황을 그대로 반영한 것이라 할 수 있다. 구체적 수치를 통해 보더라도 전쟁 이전 시기, 곧 1910년 병합 이후 1936년까지(27년간)의 군사비 지출액이 연평균 1,500만 円 수준이었던 데 비해 中日戰爭이 발발한 1937년에서 44년까지(8년간)의 지출액은 연간 무려 1억 5,800만 円으로 10배 이상 급증하고 있음은 당시의 상황을 말해준다(〈도표 2-1〉 참조).[15] 따라서 이런 군사비 지출의 성격에 비춰본다면, 지난 식민지기 國庫資金에 의한 군사비 지출을 조선에 대한 일본의 식민지 통치자금의 성격으로 간주해서는 안 된다는 사실을 확인할 수 있다.

다음으로 총독부의 行政費 보조를 위한 일본 國庫資金 유입 추이를 보자. 다음 〈도표 2-1〉에서 보듯이, 1910년대 병합 초기에는 行政費 보조금이 대체로 연간 1천만 円에서 1천 5백만 円대를 유지하다가, 1914년부터는 오히려 9백만 円에서 무려 3백만 円대까지 크게 감소하고, 1919년의 3·1운동을 계기로 1920년대부터 다시 1천만 円~1천 5백만 円대로 회복하였다가, 1930년대에는 다시 1천 2백만 円대로 감소하는 長期 추세를 보여주었다. 그 후 1940년대 본격적인 戰時체제로 들어가면서 그것은 다시 3천만

15) 「자료 4」(제16장), pp. 93~94 참조.

〈도표 2-1〉 國庫資金의 목적별, 연도별 流入 추이 (1910~1944)

(단위 : 100만 円)

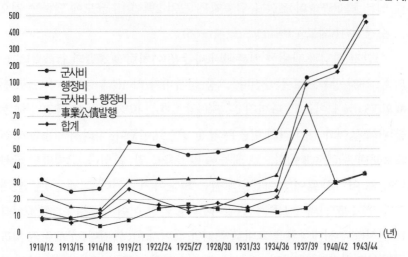

	군사비	행정비 (보조)	소 계 (일반 회계)	事業公債 발행 (特計)	합 계		군사비	행정비 (보조)	소 계 (일반 회계)	事業公債 발행 (特計)	합 계
1910	10.2	15.6	25.8	6.3	32.1	1928	15.9	15.0	30.9	17.8	48.7
1911	9.7	12.4	22.0	10.0	32.0	1929	18.6	15.0	33.6	16.2	49.8
1912	9.0	12.4	21.3	11.0	32.0	1930	18.6	15.5	34.1	12.5	46.6
1913	8.2	10.0	18.2	11.1	29.3	1931	15.1	15.5	30.5	13.2	43.7
1914	7.1	9.0	16.1	7.6	23.7	1932	14.2	12.9	27.1	23.0	50.1
1915	7.0	8.0	15.0	8.9	23.9	1933	16.6	12.9	29.5	32.6	62.1
1916	8.7	7.0	15.7	10.6	25.3	1934	18.1	12.8	30.9	27.9	58.8
1917	10.5	5.0	15.5	12.8	28.3	1935	21.7	12.8	34.5	20.9	55.4
1918	11.2	3.0	14.2	13.0	27.2	1936	26.0	12.9	38.9	26.1	65.0
1919	15.8	–	15.8	14.4	30.2	1937	60.4	12.9	73.3	51.0	124.3
1920	17.9	10.0	27.9	27.4	55.3	1938	–	16.4	16.4	86.3	102.7
1921	24.6	15.0	39.6	37.2	76.8	1939	–	16.4	16.4	134.0	150.4
1922	19.6	15.6	35.2	21.1	56.3	1940	–	32.6	32.6	156.9	189.5
1923	17.4	15.0	32.4	26.5	58.9	1941	–	32.9	32.9	149.1	190.7
1924	15.2	15.0	30.3	10.9	41.2	1942	–	24.0	24.0	166.7	190.7
1925	15.8	16.6	32.3	10.9	43.2	1943	–	25.1	25.1	366.5	391.6
1926	15.8	19.4	35.2	13.4	48.6	1944	–	45.4	45.4	538.3	583.7
1927	15.4	15.0	30.4	18.4	48.8	합계	464.0*	538.1**	1,002.1	2,165.7	3,167.8

자료 ; 「자료 3」, pp. 7~9, 「자료 4」(제16장 : 金融の發達), pp. 93~95에서 작성함.

円대까지 急增하고 있음을 알 수 있다. 이러한 식민지기 長期 추세를 통해
우리는 다음과 같은 몇 가지 특징적 사실을 도출할 수 있다.

　첫째, 합병 이후 1945년 식민지 統治가 끝날 때까지 일본정부가 조선
총독부에 대해 조선 統治의 비용을 보조해주지 않은 해는 한 번도 없었다
는 사실이다. 즉 총독부는 자신이 필요로 하는 조선 통치비용을 全額 조
선 내에서 조달하지를 못하고 매년 本國으로부터 일정한 재정적 지원(보
조금)을 받아왔다는 사실이 그것이다.[16] 둘째, 그 지원의 규모는 시기별로
상당한 增減을 보이고 있는데, 그것은 조선 내의 治安 사정 등 식민지 시
대상황 변화에 따른 총독부 업무의 성격 변화와 朝鮮 내에서의 자체적인
財源調達의 비중 변화 등을 반영한 것으로 해석할 수 있다. 셋째, 앞의 軍
事費 지출에서와 마찬가지로 1940년대 들어 戰時體制로의 전환과 함께
이 行政費 지원규모도 현저히 증가하는 추세를 보인다는 사실이다.

　이상의 군사비 및 행정비 지원이라는 두 가지 國庫資金 이외에 또 한
가지 중요한 일본 國庫資金의 유입이 있었다. 조선총독부 특별회계상에
나타나는 國債 發行에 따른 일본정부의 引受資金이 그것이다. 총독부는
스스로 중요한 官業사업을 벌일 때 그를 위한 所要 資金을 자체적으로 조

16) 식민지 시대 총독부 財政의 經常支出 가운데 이 일본 國庫資金에 의한 행정비(보조)가 차지
   하는 비중을 보면, 1911년에는 그 折半에 가까운 48.4%였으나, 해를 거듭할수록 점차 줄어들
   어 1915년에는 23.9%, 20년 15.6%, 30년 9.9% 그리고 38년에는 8.7%까지 내려가는 감소주
   세를 보여주고 있다-溝口敏行/梅村又次, 『舊日本植民地經濟統計』, 東洋經濟新報社, 1988, p.
   292 및 〈도표 2-1〉 수치 참조.

달할 수 있는 제도적 장치가 마련되어 있지 않았다. 어쩔 수 없이 國債를 발행하여 그것을 일본정부가 인수하게 하는 방법에 의존할 수밖에 없는 처지였다. 총독부가 추진한 國策사업이란 鐵道-도로-電信/電話-稅關 설치-교육시설 등 대부분 주요 公共事業을 포괄하는 사업이었다. 그리고 그런 시설의 新設은 대체로 총독부가 책임을 맡고, 改/補修사업은 市-道-郡 등 지방 관청 所管으로 그 역할이 나뉘어 있었다.

그렇다면 이들 사업을 위한 國債 발행 규모는 어느 정도였을까? 앞의 「자료 3」에 의하면, 1910년 총독부 설치 이후 1941년 말까지 총독부 특별회계상 이 國債발행잔고는 총 11억 600만 円에 이르고 있다(동 자료, p. 9). 그런데 이 규모는 그때까지 총독부에 의한 총 국채발행고(累計)를 가리키는 것이 아니라, 거기에서 그동안의 償還을 差減한 다음의 殘額(상환해야 할 債務) 개념임을 확실히 해둘 필요가 있다. 또한 「자료 4」에 의거하여 병합 후 1944년 말까지의 동 국채발행누계를 보면 총 21억 6,600만 円에 달하고 있는데(「자료 4」, p. 94). 이 금액이야말로 경제적으로 매우 중요한 의미를 지니고 있다. 왜냐하면 이 금액이 바로 식민지기 조선에 대한 일본정부의 國庫資金의 총 流入實績이라고 할 수 있기 때문이다.

이상의 설명을 종합해보면, 병합 후 1944년 말까지 조선에 대한 일본 國庫資金의 유입실적은 대체로 다음과 같이 정리할 수 있다. 즉 ① 군사비 및 행정비 지원 名目의 식민지 경영을 위한 經費 條의 자금이 22억 200만 円, ② 총독부 발행 國債 인수자금이 21억 6,600만 円, ③ 統監府 시절에 이미 유입되어 總督府로 이월된 자금 1억 500만 円으로 이를 모두 합하면 총액 44억 7,300만 円에 이르는 대규모 일본 國庫資金의 유입이 이루어졌다고 할 수 있다. 이 가운데 ③의 1억 500만 円은 다시 군사비 4,621만 3천 円, 행정비(보조) 4,322만 8천 円, 한국정부의 借入金 1,578만 2천 円으로 구성되어 앞의 두 가지는 식민지 경영비 성격이고, 세 번째 借入金은 경제적 開發費 성격으로 보고, 이를 다시 앞의 ①, ②의 자금 성격에 포함시키면, 식민지 경영비(治安 유지 및 일반 行政費)와 경제개발비(産業投資) 간의 비율은 51.2%(2,292백만 円) 대 48.8%(2,182백만 円)으로 나타나, 이 두 가지 자금이 거의 절반씩으로 半分되고 있음을 알 수 있다.

식민지 經營費가 이렇게 큰 비중을 차지하게 된 이유는 前述한 바와 같이 1937년의 中日전쟁과 그 후 1941년의 太平洋戰爭으로 이어지는 戰時하의 軍事費 지출 때문이라고 할 수 있다. 만약 여기서 조선에 대한 식민지 경영과는 직접적인 관련이 없다고 할 軍事費 항목을 제외한 나머지 일반 행정비(보조)와 경제적 개발비 간의 비율을 보면, 前者 21%에 後者 79%로 경제적 投資 비중이 압도적으로 높다는 사실을 확인할 수 있다. 이렇게 보면 일본정부 예산으로 支辨된 國庫資金의 약 80%가 식민지 조선의 사회경제적 개발을 위한 投資資金으로 투입되었다는 것을 알 수 있고, 이런 사실은 지난날 일본의 조선 植民地政策에 대한 지금까지의 사람들의 고정관념을 이제 마땅히 수정해야 할 필요가 있다는 것을 말해주고 있다.

2. 大藏省 預金部資金의 流入

둘째로 일본 大藏省 내에 특별 計定으로 설치되어 있는 預金部資金이 어떻게 그리고 얼마나 많이 식민지 朝鮮으로 유입되었는가를 살펴보자. 이에 앞서 이 預金部資金이라는 용어와 그 성격에 대해 약간의 설명을 덧붙일 필요가 있다. 전통적으로 일본 국민의 평소 貯蓄메커니즘은 두 가지 유형으로 갈라진다. 하나는 도시지역에서 주로 이루어지는 금융기관(銀行)을 통한 預金 방식이고, 다른 하나는 농촌지역에서 주로 郵遞局을 통해 이루어지는 貯金 방식이 그것이다. 일본의 貯蓄 財源을 보통 '預貯金'이라고 부르는 이유가 여기에 있다. 이 가운데 후자의 농촌지역에서 우체국을 통해 이루어지는 貯金 방식의 저축 財源은 은행을 통한 일반 預金 財源과는 달리 법적으로 大藏省 預金部로 강제 納入하게끔 규정되어 있고. 이를

재원으로 하는 자금을 통상 '大藏省 預金部資金'이라고 부르고 있다.[17]

일본정부는 이 자금이 사회적으로 보호받아야 할 가난한 農民들에 의한 少額 저축으로 이루어진다는 점에서, 이 예금부자금의 運用에 자금의 安全性 보장을 최우선으로 하고 또한 그를 위한 특별 조치를 취하고 있다. 즉 大藏省 내에 동 자금의 효율적인 運用을 위한 運營委員會를 설치하고 이 委員會를 통하여 安全性 위주의 견실한 운용 원칙을 제정하여 누구나 이를 준수하도록 요구하고 있음이 그것이다. 함부로 아무에게나 빌려주는 식의 방만한 자금운용은 용납되지 않을뿐더러 지금운용에 따른 세부 사항까지도 법적으로 엄격히 규정하고 있음은 물론, 다른 한편으로 資金 需要者에게도 의무적으로 까다로운 원칙과 절차에 따를 것을 요구하고 있어 함부로 자금 需要者로 선뜻 나설 수도 없는, 그런 처지였다고 할 수 있다.

이런 취지에서, 예금부자금의 運用은 일단 정부기관이 발행하는 國債나 地方債, 또는 믿을만한 國策會社가 발행하는 公共的 목적의 社債 등을 인수하거나, 기타 공공단체가 추진하는 公益事業을 위한 자금으로, 그것도 대개의 경우 제한된 범위 내에서 일부만을 공여하는 까다로운 조건으로 되어 있다. 아울러 공공적 성격의 사업자금이므로 대체로 건당 자금규모가 대단히 클 뿐 아니라, 또한 長期/低利의 매우 유리한 조건으로 공급되고 있음이 특징적이라 할 수 있다. 어쨌든 일본 정부가 이런 특수한 성격의 대장성 預金部資金을 당시 식민지 朝鮮에 매년 상당한 규모로 할당하였다는 사실은 무엇을 의미하는가? 이는 당시 日本 정부가 식민지 朝鮮의 地位를 정치적으로 얼마나 중시하였는가를 말해주는 단적인 徵表라고 하지 않을 수 없다.

그렇다면 얼마나 많은 大藏省 預金部資金이 그동안 朝鮮으로 유입되

---

17) 이 郵便貯金 외에 簡易생명보험이나 郵便年金을 통한 저축 재원도 이 대장성 預金部資金 계정으로 納入되지만, 그 비중이 극히 작은 편이라서 보통 예금부자금이라고 하면 바로 이 郵便貯金으로 이루어지는 財源을 가리키는 것으로 이해하고 있다.

었을까? 여기서 한 가지 먼저 밝혀둘 사항은 당시 朝鮮의 농촌지역에서 이루어지는 郵便貯金도 제도적으로 일단 이 일본 대장성 預金部에 일괄 納入하게끔 되어 있었다는 사실이다. 그를 통해 당시 조선에서 일본 대장성 예금부에 납입한 貯金실적은 1941년말 기준으로 총 1억 6,100만 円이었다. 반면 조선(총독부)에서 대장성 預金部로부터 引出, 사용한 실적은 총 3억 1,800만 円이었으므로 引出額이 納入額의 약 두 배에 달하는 규모였다. 그러나 여기서 한 가지 놓쳐서는 안 될 것은 당시 조선에서 이루어진 위의 대장성 納入額 1억 6,100만 円은 대부분 朝鮮에 거주하던 일본 민간인에 의한 것이고, 실제로 조선인에 의한 貯金은 얼마 되지 않았다는 사실이다. 결국 조선에서 인출한 3억 1,800만 円의 예금부자금은 그 대부분이 일본인에 의한 郵便貯金을 財源으로 한 것과 다름없다고 할 수 있다. 그렇다면 이 예금부자금은 당시 朝鮮 내의 어떤 사업에 주로 사용되었을까? 그것은 다음 5가지 公共사업에 주로 投入된 것으로 알려졌다.

① 道-府-郡-邑 등 지방정부가 추진하는 官業사업
② 水利組合이나 漁業組合 소관의 災害 복구사업
③ 자연적 風水害 복구사업 및 治山/治水 관련 사업
④ 농촌의 産米增殖이나 肥料供給을 위한 農家 지원사업
⑤ 高利債 정리사업, 中小 商工業者 지원 사업, 簡易生命保險 積立金 관련 사업

대장성 예금부자금은 어떤 金融메커니즘을 통해 조선으로 유입되었는가? 주로 조선 내의 國策 금융기관이나 地方政府에서 발행하는 債券을 引受하는 형식으로 이루어졌다. 때로는 거기에 단기적인 운영자금 공급을 위해서는 일부 融資방식도 곁들어졌다. 이 채권인수방식은 주로 長期 시설자금 조달을 위한 것이었음은 두말할 필요가 없거니와 채권발행의 主體는 당시 조선의 대표적인 國策 금융기관이었던 殖産銀行과 東洋拓殖 (주)이었다. 이 두 기관이 발행하는 殖銀債와 東拓債를 일본정부(대장성)가 인수하는 방식으로 예금부자금의 조선 流入이 이루어졌다고 보아야 한다. 이 두 기관에 의한 채권 발행 이외에 또한 道-府-邑-面 등 조선의 지

방관청에서 벌이는 道路/橋梁의 건설을 비롯한 土木사업, 각급 學校의 설립 등 敎育사업 등을 위해 발행하는 公債, 곧 道債·府債·邑債 등은 물론이고 기타 주요 國策기관이라 할 朝鮮금융조합연합회, 朝鮮住宅營團, 朝鮮重要物資營團, 朝鮮電業(주) 등과 같은 특수기관에서 발행하는 債券도 거기에 포함되었다. 이렇게 보면 일본정부(대장성)의 예금부자금은 조선 내의 지방정부나 國策 금융기관에서 발행하는 公債 및 社債를 인수하는 방식으로 이루어졌는데, 그 지원 대상은 무엇보다도 공공적 성격이 강하고 민간에게 맡기기 곤란한 특수 분야의 사업이라 할 수 있다. 또한 그 지원 조건은 한마디로 長期/低利의 特惠金融이라 할 만한 수준이었다.

이런 까다로운 원칙하에 이루어지는 大藏省 예금부자금의 실제 朝鮮 유입규모는 어느 정도나 되었을까? 여기서는 일본 大藏省의 「자료 4」에 의거하여 1946년 11월 기준(〈표 2-2〉 주2) 참조)의 유입실적을 살펴보기로 하자. 먼저 주요 자금 수요자별로 施設資金 공급을 위한 債券引受額과 運轉資金 공급을 위한 융자(貸與金)로 나누어 그 유입실적을 정리해보면 다음 〈표 2-2〉와 같다. 동 표에서 보듯이, 1946년 11월 당시까지 채권인수를 통한 長期 시설자금 공급이 4억 9,500만 円이고, 短期 운전자금 融資가 1억 8,900만 円으로 도합 6억 8,400만 円에 달하였다. 그리고 단기 융자의 경우는 대체로 채권인수에 의한 시설자금 공급이 이루어진 기관이나 기업에 대해 그 시설의 운영을 지원하는 목적 아래 後續的으로 이루어졌다.

우선 기관별 시설자금 조달을 위한 債券의 인수실적부터 보자. 1946년 11월 기준으로 총 채권인수실적은 4억 9,500만 円이었는데, 그중 殖産銀行의 殖銀債가 1억 9,500만 円으로 총액의 39.5%라는 압도적 비중을 차지하고, 그다음 東拓債가 7,200만 円으로 14.5%, 금융조합연합회 債券이 3,100만 円으로 6.2%로 구성되어, 이들 3개 금융기관이 전체의 약 60%를 차지하고 있다. 그다음 住宅營團, 食糧營團 등 5개 정부 산하기관이 도합 7,100만 円으로 전체의 14.4%를, 각 道·府(市)·邑 등 지방자치단체가 도합 1억 2,600만 円으로 25.5%를 점하는 구조로 되어 일종의 3각 構圖를 형

<표 2-2>　　　預金部資金의 기관별, 형태별 유입실적 (1946년 11월 8일 기준)*

(단위 : 천 円, %)

	債券 引受		短期 融資		합　계	
朝鮮殖産銀行	195,424	39.5	14,128	7.5	209,552	30.6
조선금융조합(聯)	30,912	6.2	30,942	16.2	61,854	9.0
東洋拓殖(주)	71,639	14.5	14,744	7.8	86,383	12.6
조선주택영단	42,767	8.6	-	-	42,767	6.3
朝鮮農地개발영단	16,000	3.2	25,000	13.2	41,000	6.0
조선중요물자영단	5,000	1.0	5,000	2.6	10,000	1.2
朝鮮食糧營團	-	-	40,000	21.1	40,000	5.8
조선전업(株)	7,383	1.4	-	-	7,383	1.1
道(債券+융자)	96,605	19.5	52,079	27.5	148,684	21.7
府/市 (債券+융자)	29,313	5.9	3,133	1.7	32,446	4.7
邑(융자)	-	-	4,122	2.2	4,122	0.6
합　계	495,043	100.0	189,148	100.0	684,191	100.0

자료 : 「자료 4」(제16장), p. 96 참조.
주 : 1) 原 資料 상의 합계치는 684,156천 円으로 되어 있으나, 실제 항목별 합계와는 맞지 않아 필자가
　　　임의로 684,191천 円으로 고쳤음을 밝혀두는 바임.
　　2) *1946년 11월 8일 자는 통계처리상의 일자일 뿐, 실제로는 1945년 8월 15일 자로 보아도 무
　　　방할 것임. 왜냐하면 그 이후에는 관련 資金移動이 없었을 것으로 볼 수 있기 때문임.

성하고 있는 셈이다. 여기서 앞의 殖銀이나 東拓 등 금융기관의 경우는 그 인수자금을 財源으로 하여 다시 조선 내 다른 기관(기업)에 대한 株式 매입이나 債券 인수 등의 용도로 재차 공급되었겠지만, 그 마지막 實需要者를 밝혀내기란 무척 어려운 일이 아닐 수 없다. 그리고 전체의 4분의 1이라는 매우 큰 비중을 차지하는 지방자치단체의 경우, 자금이 그들의 地方行政과 관련한 道路, 治山治水, 敎育 등 여러 公益事業資金으로 사용되었을 것이 분명하다.

다음으로 예금부자금의 단기 융자실적은 위의 <표 2-2>에서 보듯이 거의 債券 인수기관과 겹치고 있음을 알 수 있다. 1946년 11월 기준으로 총 1억 8,900만 円의 융자가 이루어졌는데, 그중에서 각 道의 官業사업에 대한 운영자금 공급이 전체의 27.5%인 5,200만 円이고, 殖銀, 東拓 등 3대

금융기관의 비중이 30%를 약간 초과하는가 하면, 食糧營團 21.1%, 農地開發營團 13.2% 등으로 정부 산하기관이 시설자금 비중에 비해 상대적으로 많은 운영자금 비중(37%)을 보여주고 있다.

3. 會社資本의 流入

商法상의 민간 會社 조직을 통해 조선으로 유입된 일본자금의 경우를 살펴보자. 우선 여기에는 두 가지 성격의 회사를 생각해볼 수 있다. 하나는 일본인 자본으로서 조선에 신규로 本店 회사를 설립하는 경우이고, 다른 하나는 일본에 本店을 둔 회사가 조선에 支店을 설치하는 경우가 그것이다. 앞의 本店 회사의 경우는 다시 조선에 신규로 本店 회사를 설립할 때 株主(出資) 구성 등에서 全部 일본인만으로 하는 경우와 어떤 형태로든 조선인과의 合作(또는 提携)하는 방식으로 이루어지는 두 가지 경우를 想定해볼 수 있다. 이 가운데 後者의 朝/日 合作 경우는 수적으로나 금액 면에서 그렇게 많지는 않겠지만, 자본구성이나 기술제휴 또는 경영형태 등의 측면에서 상호 合作하는 것이 보다 유리할 것으로 판단되는 경우가 흔히 있었을뿐더러 또 그렇게 되었을 것이다. 이러한 점을 염두에 두고 여기서는 朝鮮에 本店을 둔 경우와 支店을 설치한 경우로 갈라서 日本 회사자본의 朝鮮 유입실태를 살펴보기로 한다.

1) 本店 會社의 경우

前記 京城商工會議所의 「자료 3」에 의하면, 1941년 말 현재 朝鮮에 本店을 둔 총 회사 수는 6,258社에 이른다는 것과 이들 회사의 총 公稱자본금(26억 1,500만 円) 및 拂入자본금(19억 2,200만 円)의 규모에 대한 간략한 정보만을 알 수 있을 뿐, 이들 회사 및 자본금 가운데 일본인 소유 회사의 수나 자본금 비율 등 좀 더 구체적인 내용에 대해서는 아무것도 보여주지 않고 있다(「자료 3」, pp. 16~17). 이런 구체적인 데이터를 알기 위해서는

어쩔 수 없이 3년이라는 시간을 뒤로 후퇴시키는 짓이기는 하지만, 1938년말 기준의 「자료 2」를 원용하여 간접적으로 알아내는 수밖에 없다.

「자료 2」에 의하면, 1938년 말 당시 조선 내의 총 本店 회사 수는 5,413개이고, 그중 일본인이 대표자(社長)인 회사가 3,114개로 전체의 57.5%, 조선인이 대표자인 회사가 2,273개로 전체의 42.0%를 차지한다. 불입자본금 구성에서는 총 10억 8,100만 円 가운데 일본인 대표자 회사의 비중이 전체의 88.4%(9억 5,600만 円)이고, 나머지 11.4%(1억 2,300만 円)가 조선인 대표자 회사의 몫으로 구성되었다.[18]

이상 1938년 말 당시의 일본인/조선인 간의 두 가지 비율이 그 후 3년(1938~41년)간 큰 변동이 없을 것으로 간주하고, 이 비율을 그대로 1941년 말 실적에 적용해보면, 일본인 대표자 명의의 회사는 우선 회사 수에서 3,630사(전체의 58% 적용), 불입자본금에서 16억 9,200만 円(전체의 88% 적용)이라는 수치를 얻을 수 있다. 그러나 이것으로 일본인 회사의 몫이 바로 결정된다고는 말할 수 없다. 왜냐하면, 실제로 일본인 대표자 회사 중에도 조선인 株主의 持分이 있을 수 있고, 또 조선인 대표자로 되어 있는 회사 중에서도 일본인 株主의 持分이 있을 수 있으므로, 이를 서로 조정해야 할 필요가 있기 때문이다. 좀 낡은 자료이지만 1934년 6월에 발간된 殖産銀行의 관련 자료를 가지고, 이 두 가지 朝/日 合作회사에 대한 일본인 株主의 持分을 계산하여 이를 조정해보면, 일본인 자본계열의 총 투자액은 위에서 본 일본인 대표자 회사만의 1941년 말 拂入자본금 16억 9,200만 円보다 약간 더 많은 17억 400만 円 정도로 상향 조정하게 된다.[19]

---

18) 『殖銀調查月報』, 제25호, 1940년(「자료 2」, pp. 32~34 참조). 여기서 두 가지 회사를 보탠 합이 100%가 안 되는 이유는 外國人(제3국) 소유 회사(회사 수 11개, 拂入자본금 293만 円)가 빠져 있기 때문이다.

19) 1934년 6월에 나온 殖銀 조사부의 자료, 「朝鮮に於ける工業會社の資本構成調查」에 의하면, 일본인 대표가 있는 회사의 불입자본금 중 일본인에 의한 拂入 비율은 99.2%이고, 반면 조선인 대표가 회사의 불입자본금 중 일본인에 의한 拂入 비율은 11.4%로 나타난다. 1941년 말까지 이 비율에 큰 변동이 없을 것으로 보고, 이를 위의 수치에 적용해보면 일본인 대표 회사의 일본인 불입자본금은 1,678백만 円(1,692백만 円 × 99.2%)이고, 조선인 대표로 된 회사의 일

둘째로 본점 회사의 積立金 가운데 일본인 株主의 몫이 얼마나 되는가를 알아보자. 당시 조선에 본점을 둔 회사의 社內 積立金의 규모를 알 수 있는 직접적인 자료는 구할 길이 없다. 그러나 몇 개의 간접적 자료를 이용하여 1941년 하반기에 이들 본점 회사의 불입자본금에 대한 적립금 비율을 추정해본 바로는 대체로 불입자본금의 14% 정도일 것으로 짐작된다.[20] 이 비율을 당시 불입자본금 19억 2,200만 円에 적용하면 이들 회사의 총 적립금 규모는 약 2억 6,900만 円으로 추산되고, 다시 여기에 총 불입자본금 중 일본인 持分 88.6%를 적용하여 일본인 몫을 산정해보면 약 2억 3,800만 円으로 축소 조정된다.

셋째로는 이들 本店 會社가 보유하고 있는 對外負債 중에서 일본인에 의한 負債 몫이 얼마나 되는가를 알아보자. 기업의 대외부채는 여러 가지 형태로 나타나겠지만, 그중 가장 대표적인 것이라면 금융기관 借入金과 社債發行代錢의 두 가지일 것이므로 이 借入金 및 社債發行 실적 중에서 일본인의 몫이 각각 얼마인가를 알아보아야 한다.

우선 借入金의 경우를 보면, 여기에는 두 가지 借入 형태를 들 수 있는데, 하나는 朝鮮 내의 금융기관을 통하여 그들이 일본 금융기관으로부터 차입하여 기업에 다시 轉貸하는 경우와 다른 하나는 조선 내의 회사가 직접 일본에 있는 금융기관을 통하여 차입하는 경우가 그것이다. 前者는 주로 朝鮮銀行과 朝鮮殖産銀行이라는 양대 국책은행으로부터의 차입이 그 대부분을 이루는데, 1941년 말 기준으로 본 두 은행으로부터의 借入殘高는 鮮銀 9,000만 円, 殖銀 8,600만 円으로 합계 1억 7,600만 円에 이르고 있다.[21] 그리고 후자의 경우는 당시 朝鮮 내 회사가 조선 내 금융기관에서 차

본인 불입자본금은 26백만 円(231백만 円×11.4%)으로 되어, 이를 보탠 일본인 자본계열은 이 두 가지를 보탠 17억 4백만 円으로 상향 조정된다 − 「자료 3」, p. 18 참조.

20) 이 비율 14%는 1931년 말 기준의 조선은행 조사(「자료 1」)에 나타난 적립금 비율 7.1%의 2배 및 殖産銀行에서 1941년 하반기 決算 자료를 가지고 조사한 비율 28.5%의 절반 수준으로 任意로 잡은 것임을 밝혀둔다 − 「자료 3」, pp. 18~19 참조.

21) 기타 은행으로부터의 借入 5,766천 円이 있었으나, 이는 대부분 鮮銀, 殖銀으로부터의 再借入

입하지를 않고 일본 내 은행으로부터 직접 차입하려는 경향이 흔히 있었는데, 이는 평소 일본 내 은행과의 개별적인 去來 관계 때문이기도 하지만, 그 밖에 당시 조선 내의 금융사정이 무척 逼迫(핍박)하여 조선에 있는 일본인 회사로 하여금 그렇게 일본 내 금융기관으로부터의 직접 차입을 선호하게끔 만들었다고도 할 수 있다. 아무튼 이 일본에서의 직접 借入실적이 1941년 말 기준으로 약 3억 円에 이를 정도로 결코 작은 규모가 아니었는가 하면, 이를 앞의 鮮銀, 殖銀에 의한 借入실적 1억 7,600만 円과 합한 일본으로부터의 총 借入金 규모는 무려 4억 7,600만 円에 달하는 셈이다.

다음 社債發行의 경우를 보자. 조선 내의 회사가 社債를 발행하려면 우선 殖産銀行 같은 조선 내 굴지의 정책금융기관으로 하여금 이를 인수케 하거나, 아니면 일본 내 債券市場에서 직접 소화시키는 두 가지 길이 있었다. 이 가운데 殖銀 인수의 경우는 대부분 그 引受資金을 殖銀이 다시 자신의 債券을 일본 자본시장에서 매각하여 조달한 자금일 것이므로, 이는 결국 殖銀을 매개로 한 일본자금의 유입이라고 보아야 한다. 당시 조선 내 회사 가운데 社債를 발행할 수 있었던 회사는 朝鮮鐵道(주), 경부철도(주), 京春鐵道(주), 京城電氣(주), 조선전력(주) 등 굴지의 몇몇 대기업에 국한되었으므로, 이들 대기업의 社債 발행은 어떤 형태로든 일본자금의 조선 流入을 의미하는 것으로 볼 수밖에 없다. 다만 중간에 殖銀이라는 금융기관을 매개로 하느냐 안 하느냐의 두 가지 선택의 길이 있었을 뿐이다. 어쨌든 1941년 말 현재 이 두 가지 루트를 통한 채권인수실적은 총 6억 5,413만 円에 달하였는데, 그 92.5%(605,330천 円)가 殖銀을 통한 간접 인수 방식이었고, 기업 스스로 일본자본시장에서 직접 債券을 소화시킨 실적은 겨우 7.5%(48,800천 円)에 불과한 실정이었다. 이렇게 보면 당시 조선 내 회사의 社債발행은 대부분 殖銀이라는 거대한 國策 금융기관을 매개로 한 일본자본의 유입이었다는 결론에 이르게 된다.

성격이므로 여기서는 일단 제외코자 한다.

이상을 종합해보면, 朝鮮에 本店을 둔 일본회사의 경우 일본 內地資金의 유입형태는 대체로 出資-積立金-借入金-社債發行의 4가지 형태로 갈라볼 수 있고, 그 형태별 유입실적은 아래와 같이 구성되어 있음을 알 수 있다.

① 당해 회사에 대한 일본인 株主의 出資　　　　　　17억 400만 円(55.5%)
② 회사 積立金 중 일본인 持分　　　　　　　　　　2억 3,900만 円(7.8%)
③ 일본 내 금융기관 등으로부터의 借入金　　　　　4억 7,600만 円(15.5%)
④ 일본 내 금융기관 등에 의한 社債發行　　　　　6억 5,400만 円(21.2%)
　　　　　　　　　　　　　　　　　합계　30억 7,300만 円(100.0%)

이상 4가지 財源을 모두 합한 1941년 말 현재 조선 내 本店社에 의한 일본자본 유입실적은 총 30억 7,300만 円에 달하는 것으로 집계된다. 그중에서 가장 큰 財源은 역시 전체의 55.5%를 차지하는 ①번의 일본인 株主에 의한 出資(1,704백만 円)였다고 할 수 있다(「자료 4」, pp. 97~104).

2) 支店 會社의 경우

1931년 滿洲事變 이후 滿洲지역을 중심으로 불어 닥친 두드러진 현상의 하나는 時勢에 편승한 일본인(기업)의 大陸進出 붐이었다. 이런 滿洲 붐을 타고 대륙진출의 關門이나 다름없는 朝鮮에 대해서도 일본기업의 支店 설치 등을 통한 기업 진출 역시 일대 붐을 이루었다. 이를테면 朝鮮銀行 조사(「자료 1」)에 의한 1931년 말 당시의 조선에 支店을 설치한 일본인 회사 수는 모두 97개사였는데, 10년 후인 1941년 말 기준의 京城商議 조사(「자료 3」)에는 248개사로 무려 2.6배로 늘어났다. 물론 여기에는 조사 방법상의 차이에서 오는 영향도 어느 정도 감안해야겠지만, 어쨌든 1941년 말 기준의 248개 支店社에 대한 업종별 구성을 살펴보기로 하자.

다음 〈표 2-3〉에서 보는 바와 같이, 우선 회사수 기준으로 商業이 95사(38.3%)로 가장 많고, 그다음 공업 54사(21.8%), 금융/보험업 35사(14.1%), 농림업 19사(7.7%) 등으로 이루어졌다. 그리고 같은 시기 이들 支店社의 총 불입자본금은 22억 1,900만 円이었는데, 그것도 이상 3대 업종

〈표 2-3〉　　　支店社의 업종별 구성 : 會社 數 및 資本金 (1941년 말 현재)

	회사수(社, %)		公稱자본금 (천 円, %)		拂入자본금 (천 円, %)	
農林業	19	7.7	43,111	1.5	37,321	1.7
수산업	5	2.0	122,460	4.4	80,945	3.6
鑛　業	11	4.4	145,475	5.2	117,370	5.3
공　업	54	21.8	1,037,880	36.9	893,621	40.3
運輸業	9	3.6	142,220	5.1	118,403	5.3
금융업	11	4.4	452,735	16.1	315,485	14.2
保險業	24	9.7	127,350	4.5	38,013	1.7
상　업	95	38.3	687,036	24.4	578,877	26.1
기　타	20	8.1	52,480	1.9	39,379	1.8
합　계	248	100.0	2,811,077	100.0	2,219,385	100.0

자료 : 「자료 3」, pp. 25~26에서 작성.

(상업, 공업, 금융/보험업)이 무려 전체의 82.3%를 차지할 만큼 압도적인 비중을 나타내고 있다. 그중에서도 특히 工業이 회사 수에 있어서와는 달리 총 불입자본금의 40.3%를 차지할 만큼 높은 비중을 나타내고 있다. 그렇다면 일본회사로 하여금 이와 같은 조선에 대한 支店 설치 붐을 불러오게 한 시대적인 배경은 어디에 있었는가. 바꿔 말해 현실적으로 일본자본의 왕성한 朝鮮 진출을 불러온 조선 내의 유리한 投資誘因, 곧 투자메리트는 무엇이었는가 하는 물음이다.

이 물음과 관련하여, 當代 사정을 잘 반영한다고 볼 수 있는 1939年 版의 어느 時事 雜誌에 실린 내용을 소개하고자 한다. 이 잡지에 의하면, 1930년대 말 당시에 일본보다 조선에서 기업하기 좋은 유리한 메리트로 다음과 같은 사항을 들고 있다. 즉 당시 조선이 일본(內地)보다 오히려 기업하기 좋은 조건으로 다음 6가지 사항을 골고루 갖추고 있음을 강조하고 있는 것이다.

① 유능하면서도 저렴한 勞動力을 풍부히 보유하고 있다는 점
② 각종 공업용 地下資源이 풍부하여 原料 조달조건이 유리하다는 점
③ 電力, 石炭 등 에너지源이 무척 풍부하다는 점

④ 內地에 비하여 朝鮮이 營業稅 등 관련 稅金 부담이 적다는 점

⑤ 朝鮮에는 일본 국내에서의 工場法 적용이 排除되어 영업하기 수월하다는 점

⑥ 朝鮮總督府는 그 행정조직이 單一化되어 있어 그것이 복잡한 內地에 비해 각종 認/許可 사무가 매우 간편하다는 점

등이 그것이다.[22]

이처럼 기업하기 좋은 객관적 조건을 배경으로 1930년대 후반 일본기업은 조선 내에 本店 회사의 설립은 물론이고, 그것이 여의치 않는 경우에는 支店 설치를 통해서라도 조선 진출에 열을 올렸다. 1930년대 들면서 이렇게 왕성해진 일본기업의 朝鮮支店 설치 붐은 구체적으로 어떤 프로세스로 이루어졌을까? 말하자면 조선에 대한 支店 설치의 목적이 어디에 있었으며 어떤 유형으로 이루어졌는가 하는 물음이다. 여기에는 대체로 다음 3가지 유형의 支店 성격으로 구분해볼 수 있다.

첫째, 朝鮮 내의 支店 설치를 통한 事業이 실제로 그 회사 사업의 전부이고, 일본 내 本社 업무는 단순한 행정적 관리 기능에 불과한 경우이다. 이는 앞서 본 本店 회사 설립의 경우와 그 성격이 크게 다를 바 없다고 할수 있다. 1941년 말 기준으로 전체 支店社 248사 중 24사(9.7%) 정도, 그리고 拂入자본금 기준으로는 총액 22억 1,900만 円의 3.45%(7,660만 円) 정도가 이 부류에 속하는 경우라 할 수 있다(「자료 3」, p. 26). 이 유형은 拂入자본금 7,660만 円 자체를 그대로 일본자본의 조선에 대한 유입실적으로 간주해도 무방하다고 할 수 있다.

둘째, 조선 내 支店 설치를 통한 사업이 당해 회사의 전체 사업 중에서 매우 중요한 몫을 차지하는 경우이다. 여기에는 당시 朝鮮, 滿洲 등에서 이름을 떨치고 있던 東洋拓植(株)이 그 대표적 케이스라고 할 수 있다. 東

---

22) 이는 1939년 당시 朝鮮 문제 專門의 한 時事 잡지에 게재된 "약진하는 朝鮮 工業"이라는 제목의 時論에서 당시 일본기업이 왜 그렇게 열심히 조선으로 건너오려고 하는가에 대한 원인을 설명하고 있는 대목을 그대로 옮긴 것이다 -『モダン 日本』: 「朝鮮版」, 1939년판 (『모던 일본』, 한일비교문화연구센터 역, 어문학사, 2009, p. 168 참조).

拓은 당시 그 사업영역이 朝鮮을 비롯하여 滿洲, 中國, 南洋州 등지에까지 걸친, 그야말로 東아시아 全域을 아우르는 일본의 海外開拓을 위한 가장 큰 國策 開發會社였다. 공칭자본금이 무려 10억 円(불입자본금 6억 2,500만 円)에 달하고 또 불입자본금의 15배까지 社債 發行을 할 수 있는 권한을 갖고 있었다. 이른 特權을 누리는 東拓은 총사업규모 6억 5,500만 円 가운데 무려 그 68%에 해당하는 4억 4,500만 円이 朝鮮에서 이루어지고 있었다. 따라서 조선으로서는 本店 회사나 다름없었으나 제도적으로는 어디까지나 支店 회사의 성격을 갖추고 있었다.

셋째로는 조선 내 지점사업이 그 회사 사업의 단순한 일부에 불과한 경우이다. 당시 조선에 설치된 支店社의 대부분은 이 유형에 속하였다. 이 제3유형의 支店社에 대한 일본 本社의 투자규모가 어느 정도였는지는 잘 알려져 있지 않으나, 1931년말 기준의 「자료 1」에 의거하여 그것을 한 번 추정해보면 다음과 같다. 동 조사에 의하면, 1931년말 당시 조선 내 97개 支店社에 대한 일본 本社의 투자실적은 생산시설 등에 대한 固定資産 투자로 9,538만 円, 회사 운영과 관련한 流動資産 투자(支店 운영자금의 貸與, 商品借越殘額 등)로 1,565만 円으로 도합 1억 1,103만 円 규모로 추정되고 있다(동 자료, pp. 39, 42), 이 1931년 말 기준의 추정치를 가지고, 1941년말의 248개사, 불입자본금 22억 1,938만 円에다 양자 간의 불입자본금 倍數(3.2배)를 적용하여 확장시켜보면 다음과 같다. 즉 1941년말 기준으로 조선 支店社에 대한 일본 본사의 固定資産 投資額은 3억 520만 円, 流動資金의 借越殘額은 5,008만 円으로 늘어나게 되고, 이를 보탠 ③유형의 支店社에 대한 일본 本社의 총 투자액은 3억 5,528만 円으로 늘어나게 된다(「자료 3」, pp. 27~28).

이상 세 가지 유형의 支店社에 대한 각종 수치의 정확성에는 그 나름의 문제가 없지 않겠으나, 그런 전제하에 3가지 유형별 支店社에 대한 일본자금의 유입실적을 정리해보면 다음과 같다.

① 제1유형 : 조선 支店社에 대한 일본 本社의 불입자본금   7,660만 円(8.7%)
② 제2유형 : 대표적 케이스로서의 東洋拓植(주) 사업
　　　　　　가운데 朝鮮 관련 투자액　　　　　　　　4억 4,500만 円(50.7%)
③ 제3유형 : 조선 내 支店에 대한 일본 本社의
　　　　　　추가 투/융자액　　　　　　　　　　　3억 5,500만 円(40.5%)
　　　　　　　　　　　　　　　　합계　8억 7,660만 円(100.0%)

　　이상과 같이, 1941년 말 기준으로 회사 조직을 통한 일본자본의 조
선 유입실적을 보면, 앞서 본 조선 내 本店社 설치에 따른 유입실적 30억
7,328만 円에다 이 支店社를 통해 들어온 8억 7,660만 円을 합하면 총 39억
5,160만 円 규모에 이르는 셈이다. 물론 이 금액은 어디까지나 1931년 수
치를 가지고 1941년까지 연장, 추정한 수치이다. 따라서 회사자본 유입의
全體像을 그리기 위해서는 1942년 이후 1945년 8월 해방될 때까지의 3, 4
년간의 유입액을 추가하지 않으면 안 된다. 왜냐하면 이 시기에 일본 민간
회사에 의한 資金流入이 이전 시기와 비교할 수 없을 정도로 격렬하게 이
루어졌기 때문이다. 이 점을 고려하면 사실상 이상에서 살펴본 1941년 말
까지의 자금유입실적은 하나의 단순한 참고자료에 지나지 않는다고 볼
수 있다. 시기적으로는 비록 단기간이지만 1942년 이후 회사자본의 流入
實績이 절대 규모 면에서 너무나 클뿐더러 내용상으로도 무척 중요한 의
미를 담고 있기 때문이다.

3) 1942년 이후의 會社資本 流入實績

　　그렇다면 1942년 이후 3, 4년간 일본 회사자본 유입실태가 과연 어떠
하였는가를 알아보자. 앞의 「자료 4」(大藏省管理局 자료)에 의하면, 1942
~44년간 조선의 산업자금 조달실적은 총 48억 1,800만 円에 달하는데, 그
중 56%에 해당하는 26억 9,300만 円이 일본 內地로부터 유입된 것으로 되
어 있다. 다음 〈표 2-4〉에서 보는 것처럼, 연도별로 1942년에 5억 3,500만
円, 43년에 8억 600만 円, 그리고 44년에는 무려 13억 5,200만 円에 이르러

〈표 2-4〉 戰時 下 産業資本 조달실적과 日本 流入資金의 비중 (1942~44년)

(단위 : 백만 円, %)

	生産力확충 (계획)산업		非계획산업		軍需산업		합 계		(중) 일본유입자금 (비중, %)	
1942	678.5	64.2	332.8	31.4	45.6	4.63	1,056.9	100	534.9	50.6
1943	1,104.4	70.5	429.7	27.4	32.9	2.1	1,566.9	100	805.6	51.4
1944	1,372.9	62.6	749.1	34.1	72.3	3.3	2,194.4	100	1,352.2	61.7
합계	3,155.9	65.5	1,511.6	31.4	150.8	3.1	4,818.3	100	2,692.7	55.9

자료 : 「자료 4」(제16장), p. 107 참조.

연평균 8억 9,800만 円씩 유입된 셈이다. 이 3년간의 유입실적 26억 9,300만 円은 지난 1910년 병합 이후 1941년까지(32년간)의 유입실적 39억 5,000만 円의 무려 68.2%에 달하고, 또 연평균으로 보더라도 전자의 1억 2,300만 円 대비 8억 9,800만 円으로 무려 7.3배에 이르는 그야말로 破格的으로 높은 실적이라 하지 않을 수 없다. 물론 이러한 시기별 비교는 그간의 인플레 요인을 감안하지 않고 있어 그 기간에 있어서의 유입자금의 實質價値를 그대로 반영하는 것이라고는 할 수 없지만, 어쨌든 太平洋戰爭期라는 이 시기에 이렇게 엄청난 규모의 일본 회사자본이 밀물처럼 조선으로 밀려들었다는 사실은 어떻게 보든 도저히 정상적이라고는 할 수 없는 '奇蹟' 자체라고 해야 할 일이었다. 이는 戰爭이라는 특수 사정을 배제하고서는 어떻게 달리 설명할 방도가 없음은 물론이다.

이러한 파격적인 일본 회사자본의 流入 추세가 전쟁 자체와 밀접한 관련이 있을 수밖에 없다는 해석은 〈표 2-4〉에 의해서도 어느 정도 뒷받침되고 있다. 동 표에서 보듯이 당시 총독부는 산업정책상의 필요에 따라 전체 산업을 다음 3가지 카테고리로 구분하여 다루었다. 우선 ① 정부가 정책적으로 특별히 육성코자 하는 生産力 擴充(계획)산업[23], ② 그렇지 않은

___
23) 中日戰爭이 본격화되는 1938년 9월에 개최된 총독부의 時局對策調査會에서는 당면의 군수 공업의 비약적인 발전이 긴요하다는 결론과 함께, 그 계획목표연도인 1941년까지 擴充해야 할 업종의 생산목표량을 구체적으로 하나하나 결정하였는데, 그 擴充대상 업종으로는 경금

보통의 非계획산업, ③ 軍需 관련 산업으로의 구분이 그것이다. 이 중에서 정부가 적극 육성코자 하는 첫째의 生産力확충산업 및 軍需산업에 대한 산업자금 조달실적이 전체의 68.6%(33억 700만 円)로 압도적으로 높다는 사실이 바로 그것을 말해준다. 이리하여 식민지 시대 35년간을 통틀어 회사조직을 통한 일본 민간 베이스 산업자금의 총 유입실적은 1910~41년 (32년)간의 39억 5,000만 円에다 이 1942~44년(3년)간의 26억 9,300만 円을 합한 66억 4,300만 円이라는 엄청난 규모에 이른다는 사실을 확인하게 된다. 물론 후자의 1942~44년간 총 산업자금 조달실적 48억 1,800만 円 가운데 일본에서 유입된 26억 9,300만 円을 뺀 나머지 21억 2,600만 円 역시 대부분 조선 居住 일본인(기업)에 의해 조달되었을 것으로 보아야 함은 두말 할 것 없다.

4. 個人資金의 流入

日政 시대 일본인이 이런저런 목적으로 個人 자격으로 朝鮮에 건너오고, 또 그 과정에서 직접 삶의 밑천으로 상당한 資金을 소지하고 건너오는 경우도 있었다. 여기서 '個人' 자격이라 함은 어떤 성질의 조건을 말하는가? 이를테면 일본 정부나 조선총독부 및 공공기관의 직원 또는 일반 기업(회사)이나 사회단체(法人) 직원 등으로 特定 機關이나 組織에 소속되지 않는다는 의미로, 바꿔 말해 오로지 한 사람(個體)의 自然人(또는 그 家族)으로서의 獨自的인 신분을 지칭하는 용어라 할 수 있다. 어쨌든 이들 개인 신분으로 조선에 건너오는 목적이나 형식은 가지각색이라 하겠으나, 그 중에서 대표적인 경우는 아무래도 한 가족이 率家하여 長期 또는 永久 거

속·石油/代用品·소다·硫安·爆藥·공작기계·자동차·철도차량·선박·항공기·皮革·기타 업종 등으로 지정하고, 그 확충방법과 지원책까지를 구체적으로 제시하고 있다. 다분히 軍需 관련 산업이라 할 이들 업종을 당시에는 '生産力 확충계획산업'이라는 이름으로 칭하였다 - 金洛年, 『日本帝國主義下의 朝鮮經濟』, 2002, p. 125 참조.

주를 목적으로 하는 소위 '率家型 移住' 형식이라 할 것이다. 個人 자격의 의미를 이렇게 규정하고 보면, 그들이 처음 所持하고 오는 資金의 성격은 어떻게 규정할 수 있을까?

그것은 조선에서의 삶의 터전을 마련하기 위한 '生計型 투자'를 위한 자금으로서의 성격을 가질 것이 분명하다. 우선 住居 목적의 家屋이나 垈地 등의 구입자금으로서의 성격을 가질 것이고, 生計를 위해서 남의 會社에서 일하는 직장생활을 고려하지 않는다면 무슨 사업이든 일단 個人事業을 해야 할 것이고, 이를 위해서는 生業을 위한 사업자금으로서의 성격도 동시에 갖춰야 할 것이다. 여기에는 각자 일본에서의 前職이나 그 職能 등에 따라 商業을 위한 店鋪나 제품을 만드는 工作所, 農場이나 漁場, 소형 운수시설(차량)이나 기타 이발소, 목욕탕, 雜貨商 등 각종 서비스 관련의 시설(營業場)을 매입하거나 자신이 직접 설치하기 위해 투자를 하였을 터인데, 이 모두가 生計型 자금의 성격이라 할 수 있다.

물론 그들은 초기 소지하고 온 자금 규모가 이런 生計型 투자를 충분히 감당할 정도로 클 경우는 그렇게 많지 않았을 것이고, 조선에 건너온 다음 사후적으로 금융기관이나 知人 등으로부터 필요한 追加 資金을 차입하거나, 아니면 조선인 同業者와 合作하는 방안 등을 모색하지 않았을까. 아무튼 조선에서의 居住 年輪이 쌓일수록 당초 生業을 위한 투자를 元本으로 하여 收益을 올리게 되면 다시 그것을 再투자하는 방식으로 나아갈 것이고, 때로는 일정 규모 이상의 企業型 단계로까지 발전하게 되는 경우도 없지 않았을 것으로 보아야 함은 물론이다. 아무튼 개인 자격으로 조선에 건너오고 또 조선 移住民으로 살아가는 일본인의 경우, 조선에서의 生業을 위한 그들의 投資 형태는 대체로 다음과 같은 5가지 정도로 갈라볼 수 있다.

① 삶의 터전 마련을 위한 垈地나 家屋의 구입, 또는 家屋 新設을 위한 宅地 구입 및 관련 소규모 不動産에 대한 투자
② 農/畜産/漁業을 영위하는 경우, 田畓이나 과수원, 漁場 등의 사업장 買入이나 또는 신규 사업장의 개척을 위한 투자

③ 商工業을 영위하는 경우, 개인 商店이나 점포 또는 家內工場이나 個人鑛
   山 등 소규모사업장의 買入 또는 신규 創設을 위한 투자
④ 금융기관에의 각종 預/貯金이나 株式/債券 등의 매입, 典當鋪/私金融 등
   庶民 금융(대출) 업소의 매입 또는 창설을 위한 투자
⑤ 流通/서비스업 분야에서의 食堂, 酒店, 유흥업소, 목욕탕, 이발소, 극장, 書
   店, 代書所, 유치원 등 3차 산업에서의 각종 雜業 운영을 위한 영업장 구입
   내지 시설 투자

등이 그것이다. 이러한 점을 염두에 두고, 다음에는 個人 자격으로 조선에
건너온 일본 移住民의 資金 流入의 대체적인 규모와 조선에 대한 그들의
투자 영업활동이 얼마나 활발하게 이루어졌는가를 항목별로 좀 더 살펴
보기로 하자.

1) 土地/家屋 등 不動産 投資

일찍이 조선으로 건너오는 日本人은 그것이 生計型이든 投資型이든
처음부터 부동산 투자에 무척 강한 의욕을 보인 것으로 알려져 있다. 不動
産 투자에 특히 의욕을 보인 까닭은 家屋이나 店鋪 등 삶의 터전을 마련해
야 한다는 당장의 生計수단 때문이기도 하였겠지만, 당시 일본인에게는
朝鮮이라는 땅이 무척 收益性 높은 투기의 대상이랄까, 아니면 奇蹟을 낳
게 하는 일종의 '뉴 프런티어'와 같은 유망한 투자처로 인식되고 있었기 때
문이다. 이런 이유로 초기 일본 移住民들은 土地(農耕地)나 山林, 광산 등
부동산에 대한 무조건의 買占(사재기) 현상을 일으켰고, 이러한 격심한 投
機的 현상은 일본 移住民 가운데 때이른 大地主 층이나 유력한 不動産 資
産家가 등장하는 경우도 흔히 있었던 것으로 알려지고 있다.[24]

---

24) 鈴木武雄(前 京城帝大 교수)에 의하면, 19세기 말 조선에 건너오는 초기 일본 居留民의 제일
   차적인 투자대상은 農耕地 중심의 부동산이었다는 것이다. 그 이유는 앞으로 조선에서의 土
   地 값의 상승 전망과 함께, 당시 조선의 봉건적인 高率 小作料에 魅了(매료)된 때문이라고 한
   다. 그들은 韓日병합 당시까지 상당히 많은 토지를 부당하게 매수하였는데, 이는 1910년대 총
   독부가 土地調査事業을 추진할 때 조선의 봉건적인 高率 小作制를 근대적인 土地私有制에

아무튼 이 不動産 문제와 관련하여서는 무엇보다도 당시 일본인들이 소유하고 있던 不動産에 대한 時勢 평가를 어떻게 할 것인가 하는 문제가 중요하게 제기된다. 보통 부동산 가격에는 당국의 租稅行政에 따라 정부가 책정하는 公示地價와 실제로 市場에서 不動産이 거래될 때 매겨지는 賣買價格(時價)의 두 가지가 있다. 그러나 公示價格과 賣買價格 간에는 언제나 상당한 갭이 있게 마련이고, 그것은 보통 前者의 公示地價가 後者의 매매가격에 비해 低評價되는 것이 常例라 할 수 있다. 그뿐 아니라 부동산의 경우는 그 位置나 地質 등에 따라 토지의 等級이 매겨지고, 이 等級에 따라 부동산의 가격 결정이 크게 달라질 수밖에 없다는 특성이 있다. 이런 점들을 고려한 다음, 일본인들이 소유하였던 3가지 不動産(土地)의 기본 種目이라 할 田-畓-垈地 별로 그 價額을 평가해보기로 한다.

당시 조선 거주 일본인들의 토지 소유에 대한 기초 자료는 아직 발견된 바가 없다. 단지 民有地에 대한 課稅 관련 자료를 가지고 간접적으로 1941년 당시 일본인(개인) 소유 토지 면적이 어느 정도인가를 알아보면, 대체로 부동산 種別로 보아 田 11만 정보, 畓 40만 정보, 垈地 6.5만 정보 정도로 추산되고 있다(「자료 3」, pp. 30~31). 이 3가지 地目別 토지면적을 가지고 당시의 土地 시세를 적용하여 그 價額을 산출해보면 다음과 같다.

첫째, 田 11만 정보의 市勢 평가액은 6,390만 円, 둘째, 畓 40만 정보는 3억 9,480만 円, 셋째, 垈地 6.5만 정보는 3억 9,000만 円으로 각각 평가되어 총 토지평가액은 8억 4,519만 円에 달하고 있다.[25] 우리는 일단 이 금액을 1941년 당시 일본 居住者(개인)의 소유 부동산에 대한 투자규모 내지 그들의 실제 재산규모로 간주할 수 있겠으나, 여기에는 한 가지 고려되어야 할 사항이 있다. 그것은 당시의 시대상황에 비추어 보아 이들 부동산

의한 自作農 체제로 전환하고자 하였던 당초의 사업목적을 계획대로 실현하지 못하게 한 하나의 중요한 걸림돌로 작용하였다는 주장을 펴고 있다 —「자료 4」, 鈴木武雄, 「朝鮮統治の性格と實績」, pp. 25~29 참조.

25) 단 여기서 垈地의 경우는 실제로 賣買된 實例를 찾을 수가 없어 당시의 시세를 감안하여 일률적으로 坪當 20圓을 적정 가격으로 삼았음을 밝혀둔다 —「자료 3」, p. 32 참조.

중에는 금융기관에 담보(根抵當 설정)로 잡혀 있는 경우가 상당히 많았을 것이라는 점이다. 당시의 실제 재산규모를 算定할 때 반드시 이를 控除해야 할 필요가 있다는 점을 지적하지 않을 수 없다. 만약 그것을 넉넉하게 80%로 잡는다면, 나머지 20%에 해당하는 1억 6,904만 円(8억 4,519만 円× 20%)을 진정한 의미에서의 일본인 소유 부동산의 實際 평가액으로 보아야 한다.

이상의 3가지 地目 이외에 또 한 가지 중요하게 평가되어야 할 부동산이 있다. 民間 家屋(住宅)이나 그 부속 建物에 대한 평가가 그것이다. 여T와 기에는 조선 내 거주 일본인이 직접 살고 있는 住宅이나 부속 건물 등이 속하지만, 이들의 경우도 앞서 말한 부동산의 경우와 마찬가지로 銀行貸出을 위해 담보로 들어가 있는 몫이 꽤 많을 것이므로 이를 조정해주어야 함은 물론이다. 그러나 현재로서는 그를 위한 관련 자료를 구할 수가 없으므로 단순 추정에 맡길 수밖에 없는 실정이다. 그 비근한 사례로 前記京城商議 조사에서는 자의적으로 1941년 당시 이들 일본인 소유 家屋/건물 등의 평가액을 줄잡아 10백만 円 정도로 추정하고 있는데(「자료 3」, p. 32), 이는 당시 주택의 은행담보 경향이 아무리 높다고 하더라도 너무나 低評價한 것이라는 비판을 면하기 어렵다고 보아야 한다. 왜냐하면 앞의 土地 평가의 경우처럼 은행담보 비율을 동일하게 80%로 잡는다고 하더라도, 이들 家屋/建物 평가액이 위의 3가지 土地평가액 1억 6,904만 円의 겨우 17분의 1에 불과하고, 또는 그중에서 垈地 평가액 7,800만 円(3억 9,000만 円× 20%)의 8분의 1 수준에 불과하다는 것은 일반적인 대지/건물 간의 時勢 형성 慣例에 비춰볼 때 너무 저평가되었다고 할 수밖에 없기 때문이다.[26] 그럼에도 불구하고 이 1,000만 円 평가액을 앞의 3가지 토지 평가액(1억 6,904

---

26) 가옥/건물의 경우 그 면적, 위치, 건물의 구조/건축자재, 건축연도 등에 따라 평가방법이 각양각색이겠지만, 도시 지역 住宅의 경우 대체로 垈地 가격과 건물 가격을 비등하게 평가하는 것이 오랜 慣例라고 함을 감안한다면, 이 가옥/건물의 평가액은 적어도 垈地 평가의 最低値인 7,800만 円 정도는 되어야 한다고 말할 수 있다. 이렇게 보면 부동산(垈地+建物) 총 평가액은 최소한 1억 7,904만 円에서 2억 4,704만 円 수준으로 크게 上向 조정되어야 할 필요가 있다.

만 円)에 보태면 이들 개인 소유 부동산의 총 평가액은 최소치로 1억 7,904만 円에 달하는 셈이고, 이는 사실상 건물에 대한 재산 가치는 아예 평가의 대상에서 제외한 것이나 다름 없다는 해석까지를 가능케 하고 있다.

2) 商店/工場 등 事業場에 대한 投資

朝鮮 전체의 일본인(개인) 소유 商店이나 店鋪, 工作所 등에 대한 실태 파악을 위한 관련 자료는 현재로서는 구하기 어려운 실정이므로, 어쩔 수 없이 다음과 같은 便法을 쓸 수밖에 없는 노릇이다. 비교적 손쉽게 관련 통계를 구할 수 있는 京城府 내의 데이터를 먼저 파악한 다음 그것을 전국으로 확대하는 방법이 그것이다. 이를테면 1941년 말 기준 京城府 내 총 공장 수는 2,774사이고, 그중 개인 소유 공장은 전체의 89.3%인 2,478사에 달하고 있는데, 이 개인 소유 공장 가운데 39.3%인 973사가 일본인 소유 공장으로 되어 있다. 그리고 일본인 개인 소유 공장 973사는 京城府 내 총 공장 수 2,774사의 약 35.1%에 해당하는 셈이므로, 이를 가지고 1941년 말 전국 공장 수 7,142사 가운데 일본인(개인) 공장수를 類推(유추) 해석해 보면 대략 2,507사에 이르는 것으로 된다. 물론 여기서 京城府 수치를 전국으로 단순 확대하는 데는 문제가 없지 않겠으나, 이를 일단 받아들이고 이 2,507개 일본인(개인) 소유 공장에 대한 실제 투자규모가 어느 정도인가를 한번 추정해 보기로 하자.

이 무렵 京城商議에 의한 또 다른 관련 자료인 「京城府 내 中小工業 금융실태조사」에 의하면, 당시 중소기업의 평균 자기자본 투자액이 42,563円 수준인 것으로 나타나고 있다. 이를 전국으로 확대하는 데는 앞의 공장 수에 있어서처럼 무리가 따를 것이지만, 일단 이를 무시하고 위의 전국 일본인(개인) 공장 수 2,507사에다 이 수치(42,563円)를 적용하여 일본인 개인 소유 工場의 총 투자액을 산정해보면 약 1억 670만 円 규모에 이르게 된다.[27]

---

27) 일본인 개인경영 공장 수 2,607개(原 자료상에는 2,429로 나옴)에 건당 투자액 42,563円을 곱하면 투자액은 106,705천 円(原 자료상에는 102,000천 円)으로 된다. 그러나 原 資料 상에 계산

한편, 일본인(개인) 소유 商店의 경우는 어떠한가? 1940년 당시 京城府 거주 일본인은 32,807 戶에 약 15만 1천 명에 이르는 것으로 파악된다. 이 중 상업에 종사하는 戶數는 전체의 26.7%인 8,629호였다. 이 수치가 1년 사이에 크게 변동하지는 않았을 것으로 보고, 이를 전국 단위로 확대하게 되면 1941년 말 전국 일본인의 商業 종사자는 약 4만 3천 戶에 달하는 셈 이다. 물론 여기에도 단순 확대에 따른 문제가 없지 않겠지만, 이들 4만 3천 戶의 상업종사자 중에는 단순한 仲介業 등 실제로 店鋪를 가질 필요가 없는 경우도 많이 있을 것임으로 이를 대체로 3천 戶 정도로 보면 실제로 店鋪를 가진 商家 戶數는 4만 개 정도로 조정된다.

한편 京城府 내 店鋪에 대한 자기자본 투하액 조사 결과에 의하면, 대 체로 점포 당 평균 2만 円 정도를 나타내고 있다. 그러나 전국적 규모는 아 무래도 이 京城府 규모보다는 적을 것으로 판단되므로 그 규모를 절반 정 도로 줄여서 점포 당 평균 1만 円 정도로 하향 조정하고, 이를 일본인(개인) 이 경영하는 전국 점포수(약 4만개)에 적용하게 되면 전국 상점에 대한 총 투자액은 약 4억 円(점포 4만 개 × 점포 당 1만 円) 정도로 추정해볼 수 있다.

3) 金融機關 預/貯金

일본의 個人 居住者가 평소 조선에서 활용하게 되는 金融去來는 주로 다음 4가지 형태로 갈라볼 수 있다. ① 은행예금, ② 금전신탁, ③ 금융조 합에의 預/積金, ④ 郵便貯金이 그것이다.

이 가운데 ①의 은행예금은 여러 가지 종류가 있겠지만 그 가운데는 兩建預金처럼 서로 중복되는 경우도 흔히 있을 수 있으므로, 이를 제외한 나머지 個人 名義로 된 은행예금실적은 1941년 말 기준으로 약 1억 889만 円에 달하고 있다. 나머지 3가지 거래에 대해서도 이와 같은 방식으로 추 정해보면, ②의 金錢信託이 2,988만 円, ③의 금융조합예금 9,334만 円, 그

착오로 생각되는 誤謬(오류)가 여러 군데 散見되고 있어 이 역시 그런 誤謬의 일환으로 생각되 어 著者가 일본인 기업체 수와 투자액을 任意로 수정하였음을 밝혀둔다 - 「자료 3」, p. 35 참조.

리고 ④의 우편저금이 1억 2,084만 円으로 각각 평가되고 있다. 이 중에서 ④의 우편저금은 법적으로 일본 大藏省 預金部資金으로 강제 납입되게 되어 있기 때문에 二重 계산을 피하기 위해 여기서는 제외시켜야 마땅하다. 이를 제외한 나머지 3가지 종류의 일본인(개인) 預/貯金 실적을 합하면 1941년 말 기준으로 총 2억 3,211만 円 규모에 달하게 된다.

4) 個人 貸出/有價證券의 매입

日政 시대 조선에 거주한 일본인의 자금사정은 비교적 풍족한 편이었던 것으로 알려지고 있다. 그들은 私的으로 이웃 사람에게 信用으로 돈을 빌려주거나(개인 貸出) 또한 각종 有價證券에 투자하는 방식(債券의 매입이나 轉賣)등으로 私金融 시스템이 생각보다 훨씬 널리 보급되어 있었다고 한다. 이를테면 私的 대출의 경우, 그것이 일본인들 상호간에서든 조선인을 상대로 한 것이든 간에, 이를테면 간편한 절차와 방법, 少額 단위의 急錢 이용의 便宜性 등 利點을 앞세워 그러한 금융거래가 상당히 광범하게 이루어진 것으로 판단되지만, 단지 그에 대한 관련 통계를 구할 수 없다는 사실이 안타까울 따름이다. 上記 京城商議 조사에서도 이에 대한 妙案(묘안)을 찾지 못하고 결국 그 규모를 最低 수준으로 잡는다는 전제하에 자의적으로 줄잡아 3,000만 円 규모로 추정하고 있다.

한편 有價證券 매입의 경우는 그것이 銀行 대출을 위한 擔保로 이용될 가능성이 높기 때문에, 이 담보용 證券을 제외한 나머지 純자산으로 보유하는 유가증권의 규모는 그렇게 크지 않을 것으로 판단되어, 이 역시 앞의 개인대출의 경우에서와 마찬가지로 대충 3,000만 円 규모로 잡고 있다. 이리하여 1941년 말 기준 이 두 가지 금융활동, 곧 개인 베이스의 융자(대출) 및 有價證券 매입을 통한 일본인(개인)의 조선 내 투자액은 貸出 잔액 3,000만 円, 유가증권 매입 3,000만 円으로 합계 6,000만 円 규모로 추정되고 있다. 이 역시 앞의 가옥/건물의 경우처럼 그야말로 매우 소극적인 最低値 평가액이라는 느낌을 지울 수 없다.

5) 個人資金 유입의 綜合

이상에서 살펴본 당시 조선 거주 일본인(個人)에 의한 4가지 형태의 朝鮮에 대한 투자실적을 종합해보면 대체로 다음과 같다(단위: 천 円).

① 土地 등 不動産 투자 : 土地(田-畓-垈) 169,000, 건물,
　　　　　　　　　　 가옥 등 10,000　　　　　　　　소 계　179,000
② 商店/工場 등 투자 : 商店 경영 400,000,
　　　　　　　　　　 工場 경영 106,700　　　　　　소 계　506,700
③ 금융기관 預/貯金 : 은행예금 108,885, 금전신탁 29,882,
　　　　　　　　　　 금융조합예금 93,341　　　　　소 계　232,108
④ 貸出/有價證券 투자 : 대출 잔고 30,000,
　　　　　　　　　　 유가증권 매입 30,000　　　　　소 계　 60,000
　　　　　　　　　　　　　　　　　　　　　　　 합 계　977,808천 円

　이상과 같이, 조선에 살던 약 70여만의 일본인(개인)에 의한 식민지기 (1910~41년) 조선 투자액은 총 9억 7,780만 円에 달하는 것으로 추산되지만, 이 個人 베이스 투자란 것은 원래 사사로운 去來의 성격을 띠게 되므로 公式的 통계에 잡히지 않는 경우가 많다는 사실을 인정하지 않을 수 없다. 그런 점에서 조사과정에서 불가피하게 漏落(누락)되는 경우 또는 담당자의 일시적 판단에 맡길 수밖에 없는 경우가 있으리라는 점 등을 감안한다면, 그 실제 투하된 자금규모는 이상의 推定値를 훨씬 상회하리라는 것을 특별히 지적해둔다. 바꿔 말하면, 위에서 든 총 투자규모(977,808천 円)는 本文의 각 해당 항목에서 누차 언급하였듯이 상식적으로 도저히 믿을 수 없을 정도로 低評價된 수치라는 점을 더불어 지적해두지 않을 수 없다.

Ⅲ. 流入資金의 綜合과 評價

1. 資金流入의 형태별 구성

　이상으로 1941년 말(일부 1944년 말) 기준으로 1910년 병합 이후 정부/민간 등 여러 루트를 통해 조선에 유입된 日本資金이 과연 어느 정도였는지를 그런대로 살펴본 셈이다. 그러나 세부적인 항목이 워낙 복잡하게 구성되어 있어 어떤 항목은 그래도 상당히 정확한 實績値를 파악할 수 있었으나, 그렇지 않는 항목은 결국 조사담당자의 裁量이나 恣意的 판단에 의존하게 된 개략적 推定에 만족할 수밖에 없는 경우도 많이 있었다. 그 이유로는 우선 관련 통계를 구할 수 없는 경우가 적지 않았다는 점을 들어야 하고, 그 밖에 當代 자료 가운데 이를테면 內地資金의 流入이라는 표현의 개념상 모호함으로 말미암은 사정도 결코 무시할 수 없었던 점도 들어야 할 것이다. 무엇을 內地資金이라 하고 또 어디서 어디까지를 流入으로 볼 것인가 하는 資金의 성격이나 카테고리 설정에서 처음부터 이런저런 난관에 봉착하지 않을 수 없었다.
　앞에서도 수차 지적된 바이지만, 애초에 사람들이 일본에서 조선으로 건너올 때 所持하고 오는 原初的 자금만을 분석의 대상으로 삼는다면 문제는 간단하겠지만, 그렇지 않고 유입된 初期資金을 元本으로 하여 朝鮮 내에서 제2, 제3단계로 나아가는 추가적 派生資金까지를 모두 內地資金의 카테고리에 포함시킨다고 하면 그야말로 갈수록 첩첩산중으로 빠져들 수 밖에 없는 형편이다. 결국 현실적으로는 위의 두 가지 개념을 적절히 혼합하여 다룰 수밖에 없는 실정임을 어찌하랴. 軍事費나 大藏省 예금부자금 같은 國庫資金의 경우는 일본자본이 조선에 얼마나 건너왔는가를 말해주는 자금유입의 규모 개념을 취하지만, 민간 베이스의 會社資本

이거나 個人資金의 경우는 그 성격상 어쩔 수 없이 조사 시점에서의 일본인 소유 내지 지배하에 있는 資産규모가 얼마나 되는가를 나타내는 評價額(時價) 개념으로 다룰 수밖에 없다. 다시 말해 前者는 조사 시점에서 그동안 유입된 자본의 '累積' 개념을 말하고 있다면, 후자의 資産규모는 그동안 이루어진 元金 상환을 差減함은 물론, 인플레 효과까지를 반영하는 등 조사 시점에서의 '評價額'(時價) 개념이라는 것이다. 후자의 평가액 개념은 달리 표현하면 동 시점에서 朝鮮의 총 國富(wealth of nation) 또는 國民所得(GDP) 중에서 日本人(정부+기업+개인)의 소유 내지 지배 몫이라고 定義할 수 있다.[28]

이러한 점을 염두에 두고, 1907년 조선통감부 설치 이후 1944년에 이르기까지 조선에 투하된 일본(인)자금에 대하여, 그 자금의 성질별 및 투자 항목별 流入實績이 어떻게 구성되어 있는가를 종합해보면 대체로 다음과 같은 내용으로 정리된다(단위 : 천 円).

---

28) 1941년 당시는 아직 國民所得 내지 國富 관련 통계가 없었던 시절이라, 당시 조선의 國民所得 내지 國富에서 일본인 소유 몫이 얼마나 되는지는 전혀 알 길이 없다. 다만 1931년 말 당시 조선에 대한 일본자본의 투하실적을 조사한 앞의 「朝鮮銀行調査課 資料」(「자료 1」)에 의하면, 1931년 당시 全 조선의 富力(國富 개념과 유사한)을 약 70~80억 円으로 잡고, 그중 최소치인 70억 円을 기준으로 하여, 정부 사이드의 官/公有 富力을 약 17억 円(약 24.3%), 민간 사이드의 私的 富力을 약 53억 円(75.7%)으로 가른 다음, 다시 이 私的 富力 53억 円 가운데, 60% 내외(30억 円)를 일본인 소유로, 나머지 40%(23억 円)를 조선인 소유로 구분하였다. 그리고 前者의 公的 富力 17억 円은 전액 일본 정부(총독부)에 귀속된다고 보아, 결국 일본인 대 조선인 간의 國富 구성은 47억 円(67%) 대 23억 円(33%)의 비율로 조정된다. 이리하여 총 富力의 3분이 2 정도가 일본 몫으로, 나머지 3분의 1이 한국인 몫으로 구성되어 있는 셈이다(동 「資料 1」, p. 26).

그로부터 10년 세월이 흐른 1941년의 이 조선인 대 일본인의 國富 구성은 어떻게 변하였을까? 물론 정확한 수치라고는 할 수 없지만, 지금까지 살펴본 일본자본의 엄청난 朝鮮 流入추세라는 단 한 가지 사실만을 보더라도, 위의 1931년의 수치, 즉 일본인 67% 대 조선인 33%(朝鮮銀行 등 자료)보다는 훨씬 더 일본 쪽으로 기울어졌을 것이 분명하다. 그렇다면 8·15 직후 공식적인 자료나 언론 등에서 通用되고 있던 수치, 곧 해방된 조선의 富力(國富)의 약 80~85%가 지난날 일본인 소유 재산, 곧 歸屬財産이라는 주장은 전혀 근거 없는 얘기는 아니라고 할 만하다.

가. 國庫에 의한 투자(1944년말 기준)

1) 統監府 시대   (105,223)

① 조선 경영비(군사비)   46,213
② 기타 경영비(행정비 등)   43,228
③ 韓國政府 借入金   15,782

2) 總督府 시대   (4,368,049)

① 군사비 지출   1,663,957
② 행정비(보조금)   538,096
③ 총독부 특별회계 國債發行 잔액   2,165,656
④ 총독부 특별회계 借入金[29]   340

소 계(1 + 2)   4,473,272 (35.0%)

나. 대장성 預金部資金에 의한 투자(1946. 11월 기준)

① 朝鮮 내 주요 기관 발행의 債券 引受   495,043
② 朝鮮 내 주요 기관에 대한 대여금   189,148

소 계   684,191 (5.4%)

다. 會社資本에 의한 投資(1944년말 기준)

1) 朝鮮 내 本店 회사에 대한 일본인 투자   (3,073,279)

① 불입자본금 중 일본인(株主) 持分   1,704,498
② 積立金 중 일본인(株主) 귀속분   238,628
③ 借入金 중 日本銀行/會社 借入金   476,023
④ 社債발행 중 일본 금융기관 인수액[30]   654,130

2) 朝鮮 내 支店을 통한 일본 本社의 투자   (876,600)

① 東拓의 朝鮮에 대한 투자   445,000
② 朝鮮 내 支店사업을 위한 本社의 투자   355,000
③ 朝鮮 내 사업이 전부인 本社의 투자   76,600

---

29) 이는 병합 당시 조선의 舊 皇室 가족 및 조선 貴族 등을 위한 報勳的 의미로 일본 皇室 예산에서 제공된 恩賜金(은사금)을 가리킨다. 한 자료에 의하면, 한국 倂合에 따른 일본 天皇의 마땅한 道理라는 취지에서 다음 3가지 특수한 목적을 띤 약 1,740천 円의 天皇 恩賜金이 총독부에 하달되었다. 총독부는 이를 각 道/府/郡/面 등 지방자치단체에 배분하여 그들 책임하에 운영토록 하였다. 그 3가지 使用處란, ① 倂合으로 生計가 곤란해진 조선의 兩班/귀족/儒生들에게 일자리를 마련해주기 위한 '授産事業', ② 보통학교 新/增設을 중심으로 한 교육진흥사업, ③ 凶年 등 災難을 당하였을 때 救恤(구휼)을 위한 凶歉(흉겸) 구제사업이 그것이었다. 이 3가지 목적별 자금사용 비율은, ①의 授産사업에 3/5, ②의 교육진흥사업에 전체의 1.5/5, ③의 救恤사업에 0.5/5로 하여 이를 정확히 지키도록 규정하였다 — 「最近朝鮮事情要覽」, 조선총독부, 日字 未詳.

30) 이는 그 대부분이 朝鮮殖産銀行 발행 債券을 일본 내 각종 금융기관에서 인수한 실적이다.

3) 1942～44년간 會社資本에 의한 투자 (2,692,747)

소계 (1 + 2 + 3) <u>6,642,626</u> (52.0%)

라. 日本人(個人) 資金에 의한 투자(1941년말 기준)

① 土地, 家屋, 建物 등에 대한 투자 179,000
② 은행, 금융조합 등 預金 202,226
③ 금전신탁 29,882
④ 工場, 商店 등에 대한 투자 506,700
⑤ 個人 대출 잔고, 有價證券 투자 60,000

소계 <u>977,808</u> (7.6%)

마. 기 타[31] 1,989 (0.0%)

합 계 (가+나+다+라+마) <u>12,779,886</u> (100.0%)

이상의 日本資金의 종별 조선 유입 및 특히 일본 政府資金(대장성 예금부 자금 포함)의 각 목적별 流入구성을 알기 쉽게 일목요연하게 圖示해보면 아래 〈도 2-1〉 및 〈도 2-2〉에서 보는 바와 같다.

〈도 2-1〉 日本資金의 종별 流入 구성 (%) 〈도 2-2〉 政府資金의 목적별 流入 구성 (%)

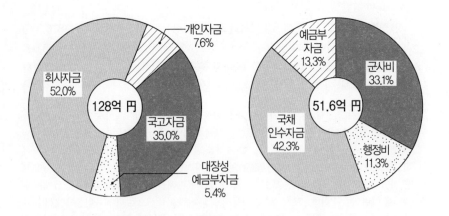

---

31) 이는 朝鮮의 地方公共단체가 발행한 公債를 일본 내 금융기관이 인수한 것 중에서 1941년 말 당시까지 상환되지 않은 잔액을 가리킨다.

2. 流入資金의 목적별 구성

1) 公共/民間 자금별 구성

이상으로 식민지기 朝鮮에 대한 日本 內地資金의 총 유입액은 줄잡아 128억 円 규모에 달하는 것으로 추정된다. 이 금액이 얼마나 사실에 부합하는가는 일단 접어두고서, 이를 기준으로 일본 流入資金의 성격을 우선 분석해보고 또 그것의 유형별, 목적별 구성이 어떻게 이루어졌는가를 한번 살펴보기로 하자.

우선 유입자금의 公共/民間別 성격이 어떻게 구성되었는가를 보면, 위의 통계에서 알 수 있듯이 일본 정부의 國庫資金 및 大藏省 預金部資金으로 이루어지는 公的資金이 전체의 40%를 차지하는 51억 5,700만 円이고, 나머지 60%에 해당하는 76억 1,700만 円이 이런저런 일본 회사(기업)나 또는 個人에 의한 민간 베이스 자금으로 이루어지고 있다. 이로써 우리는 크게 보아 植民地 통치라는 정치적 목적과 직/간접으로 관련되는 公的資金의 유입이 전체 유입액의 약 40% 수준에 달한다는 점, 그리고 일반 회사(기업)의 경제적 투자활동이나 일본인의 生計를 위한 실제 生業과 관련되는 민간자금의 유입이 전체의 60% 정도를 각각 점하고 있음을 알 수 있다.

둘째로 다시 공적자금 51억 5,700만 円의 내부 구성을 보면, 그중 일본 정부가 담당하는 國庫자금이 압도적으로 많아 전체의 86.7%(44억 7,300만 円)를 차지하고, 나머지 13.3%(6억 8,400만 円)가 대장성 預金部資金으로 이루어지고 있다. 國庫자금 44억 7,300만 円은 다시 조선총독부의 國策事業 추진을 위한 國債 인수액 등이 21억 8,100만 円으로 전체의 48.8%를 차지하고, 그보다 약간 많은 51.2%(22억 9,200만 円)가 대체로 식민지 경영과 관련되는 군사비/행정비 지출 등 소모성 經費 항목으로 이루어지고 있다. 그런가 하면 후자의 大藏省 예금부자금 6억 8,400만 円은 전액 총독부 산하 공공사업 개발을 위한 投資 명목으로 볼 수 있음으로, 이를 앞의 총독부 國債 발행액 21억 8,100만 円과 합하게 되면, 그것은 전체 공적자금 유입액(51억 5,700만 円)의 55.5%인 28억 6,500만 円에 이른다. 따라서 公的資金 유입의 절반 이상이 식민지 경제사회 건설을 위한 投資 목적으로 이루어졌다고 말할 수 있다.

셋째로 민간자금 유입의 경우를 보자. 민간자금은 크게 회사(기업)자금과 개인자금으로 구성된다고 할 수 있는데, 총 유입액 76억 2,043만 円 가운데 87.2%인 66억 4,300만 円이 會社資金으로, 나머지 12.8%에 해당하는 9억 7,800만 円이 개인자금으로 이루어졌다. 그런데 회사자금은 그 전액을 모두 경제적인 投資 개념으로 볼 수 있겠지만, 個人자금의 경우는 경제적인 投資 개념과 함께 앞에서 지적한 바의 生計型 자금의 성격도 동시에 갖는다고 할 수 있다. 이 두 가지 자금의 엄밀한 구분은 사실상 어려운 일이라 하겠으나, 대체로 최소한의 垈地나 家屋 등 기본적인 삶의 터전 마련을 위한 初期 定着資金을 비롯하여 은행예금이나 금전신탁 등 일부 여유자금을 일단 生計型 자금으로 보고, 개인자금 중에서도 물론 회사가 아닌 個人 자격으로 商店이나 공장, 漁場, 광산 등을 중심으로 事業場(營業店)의 구입 내지 新設에 따른 자금이나 또는 개인적인 경영 방식의 소액 賃貸借 행위나 有價證券 구입 등을 위한 자금은 모두 投資型 자금으로 간주하고 보면, 개인자금 9억 7,780만 円은 다시 生計型 자금이 4억 1,110만 円 (42.2%), 投資型 자금이 5억 6,670만 円(57.8%)으로 일단 구분해볼 수 있다.

2) 流入 目的別 구성

日政 시대 조선으로 유입된 이상의 일본자금에 대해 그 유입의 目的에 따라 가른다면 크게 다음 세 가지 갈래로 나눠볼 수 있다. 세 가지 갈래란 다음 〈표 2-5〉에서 보듯이, ① 총독부 등 정부 기관의 일반 行政을 위한 經費 개념의 消耗性 자금, ② 조선 거주 일본인을 위한 生計型 자금, ③ 일본의 정부-회사-개인 등 모두에게 해당되는 경제적 목적의 投資型 자금으로의 구분이 그것이다. 이들 세 가지 목적별 분류에 있어서는 항목별로 다음과 같은 특징을 찾아볼 수 있다.

<表 2-5>　　　日本資金 流入의 유형별/목적별 구성 (1944년 말 기준)

(단위 : 백만 円, %)

	消耗性 자 금	生計型 자 금	投資型 자 금	합 계
가. 國庫資金				
1) 군사비	1,710.2			1,710.2
2) 행정비, 기타	581.3			581.3
3) 債券引受, 대여금			2,181.8	2,181.8
소 계				4,473.3 (35.0)
나. 預金部資金				
1) 채권인수			495.0	495.0
2) 융 자			189.2	189.2
소 계				684.2 (5.4)
다. 會社資金				
1) 本店社를 통한 투자			3,073.2	3,073.2
2) 支店社를 통한 투자			876.6	876.6
3) 1942-44년간 투자			2,692.7	2,692.7
소 계				6,642.6 (52.0)
라. 個人資金*				
1) 가옥, 垈地, 예금 등		411.1		411.1
2) 商店, 공장, 農場, 광산 등			566.7	566.7
소 계				977.8 (7.6)
합 　 계	2,291.5 (17.9)	411.1 (3.2)	10,075.3 (78.8)	12,779.9** (100.0)

자료 : 「자료 3」, 「자료 4」에 의함.
주 : 1) *은 1941년 말 기준임.
　　2) 합계(**)에는 기타 자금 1,989천 円이 포함됨.

　첫째로 ①의 일반 行政을 위한 消耗性 자금과 관련해서이다. 동 자금
의 규모는 대체로 총액의 18% 정도인 22억 9,149만 円(통감부 시절 유입액
8,944만 円 포함)에 달하는데, 이는 다시 군사비 명목으로 17억 1,017만 円
(74.6%), 행정비 지원 등 명목으로 5억 8,132만 円(25.4%)으로 갈라진다.
여기서 留念해야 할 문제는 전체의 4분의 3을 차지하는 軍事費 항목과
관련해서이다. 이 군사비 항목이 과연 조선 식민지 경영과 직결되는 消
耗性 자금으로 볼 수 있느냐 하는 점이다. 1937년 中日戰爭이 일어나기
전까지의 연간 군사비 지출규모가 1,500만 円에서 2,000만 円 수준일 당
시에는 어느 정도 그렇게 볼 수도 있을지 모르지만, 그 후 군사비 규모가

연간 6,000만 円 이상으로 크게 팽창한 1937년 이후에는 이 군사비 지출이 朝鮮이라는 지역적 領域을 크게 벗어나는, 이를테면 일본 자체의 大陸經營이라는 원대한 목적을 띠고 있었다고 보아야 한다. 따라서 순수한 식민지 경영비라고 하면 그것은 이 시기 行政費 지원 명목으로 들어온 5억 8,132만 円(통감부 시절 유입된 44,228천 円 포함) 정도라고 해야 하지 않을까? 이런 관점에서 식민지 경영과 관련되는 經費 항목의 비중은 廣義(군사비 포함)로 해석하면 전체 유입액의 18.0%이지만, 狹義(군사비 제외)로는 4.5%에 불과하다는 사실에 특별히 주목할 필요가 있고, 아울러 이 두 가지 資金의 성격은 마땅히 구분해 다루어야 한다는 점도 강조해두고자 한다.

둘째로는 ②의 生計型 자금의 경우이다. 1944년 5월 당시 조선에 거주한 일본인이 지난날 조선으로 移住하고 정착하는데 소요된 자금 규모는 총 유입액의 3.2%인 4억 1,100만 円 규모에 불과하였다. 이를 당시 居住者 713천명을 기준으로 1인당 生計型 자금의 규모를 산출해보면 겨우 576円에 불과하다는 계산이다. 아무리 그것이 初期 투입자금이고 또 평가 당시까지의 物價 上昇效果 등으로 그동안 많은 자산가치 증가가 있었을 것이라는 점을 감안하더라도, 이 生計型 자금 4억 1,110만 円이라는 규모는 너무나 현실과는 동떨어진 낮은 수치라고 하지 않을 수 없다. 개인자금의 경우 특히 관련 통계가 더욱 부실하다는 점을 감안할 때 前記 항목별 推計과정에서 이미 지적된 바이지만, 이를테면 垈地, 家屋, 土地, 店鋪 등 관련 부동산의 時勢, 곧 그것의 實資産의 價値가 너무나 過少평가되었음을 다시 한번 확인하게 된다.

셋째로 강조되어야 할 사항은 이상 두 가지 자금을 제외한 나머지 ③의 경제적 投資型 자금과 관련해서이다. 우선 들어야 할 것은 이 投資型 자금규모가 무려 100억 7,530만 円에 달하여, 만약 군사비를 제외한 총 유입액 기준으로 본다면 전체의 92.3%를 차지할 정도이고, 또한 비록 군사비를 포함하고 보더라도 총 유입액의 78.8%를 차지할 정도로 압도적인 비중이라는 사실에 각별히 주목할 필요가 있다. 즉 그 어느 경우라도 投資型 資金이 유입자금의 비중이 80~90% 수준이라는 사실을 강조해두지 않을 수 없다.

결과적으로 이상에서 살펴본 막대한 규모의 일본자금 유입은 결국 그 대부분이 식민지 朝鮮의 生産力 발달의 源泉으로 되고, 또 그를 통한 사회간접자본(SOC) 개발이나 광공업을 비롯한 각종 산업의 개발과 확충, 나아가 전반적인 국민경제 발전을 가져오게 한 밑거름으로 되었다는 사실을 결코 부정할 수 없다. 비록 그것이 유입되는 일본자본 입장에서는 私的 資本의 이윤추구를 위한 해외 植民地 投資의 一環으로 이루어진 것이라 하더라도, 다른 한편 조선경제 입장에서는 경제개발을 위한 일차적 조건이라 할 所要 資金 조달이라는 측면에서 그것이 초기 原始的 자본축적 단계에서 매우 중요한 投資財源으로서의 주어진 역할을 충분히 수행하게 된 것으로 높이 평가되어야 마땅하다.

3. 流入 시기별 特性

그렇다면 막대한 규모의 일본자금이 유입 시기별로는 어떤 특징을 띠고 이루어졌을까? 이를 제대로 살피기 위해서는 먼저 각 시기별 자금의 유입추세부터 살펴볼 필요가 있다. 시기별 자금의 유입추세는 각 조사시점을 달리하는 4개 조사기관, 즉 ① 1931년 말 기준의 朝鮮銀行 조사(A), ② 1937년 말 기준의 殖産銀行 조사(B), ③ 1941년 말 기준의 京城商工會議所 조사(C), 그리고 ④ 1944년 말 기준의 일본 大藏省管理局 조사(D)의 4가지 실적치를 가지고 각 시기별 상호 비교표를 만들어 보면 다음 〈표 2-6〉에서 보는 바와 같다.

이상 4가지 조사결과를 통해 일본자금 유입과정에서 각 시기별로 어떤 특징을 나타내고 있는가를 알아보기 전에 먼저 4가지 조사 기간별 증가추세를 간략히 정리해보자.

<표 2-6>　　　　　　　日本資金의 조사 時點別 流入規模 추이

(단위 : 백만 円, %)

	朝鮮銀行 조사 (A) (1931년말 기준)	殖産銀行 조사 (B) (1938년말 기준)	京城商議 조사 (C) (1941년말 기준)	大藏省 조사 (D) (1944년말 기준)
國庫資金	898 (100.0)	1,300 (144.8)	2,071 (230.6)	4,473 (498.1)
大藏省 예금 부 자금	–	288	342	684
회사자금+流動資金*	1,086* (100.0)	1,883 (173.4)	3,941 (362.9)	6,643 (611.7)
개인자금	145	233**	976***	976***
합 계	2,129 (100.0)	3,704 (174.0)	7,330 (344.3)	12,776 (600.1)

자료 : 本文 각주 2), 3), 4) 참조.
주 : 1) ( )내는 조사기간(A) 1931년 말 기준의 증가율(%)임.
　　2) *는 朝鮮銀行 조사(A)에서만 나타나는 '流動資金'이란 항목으로 1,086백만 円은 회사자금 434 백만 円 +유동자금 652백만 円의 합계임. 流動資金은 그 개념이 확실하지 않으나 회사의 運營 資金과 깊은 관련이 있을 것으로 보아 일단 會社資金에 포함시킴.
　　3) 殖産銀行 조사(B)에서는 個人資金 항목이 빠져있어, 233(**)은 조선은행 조사치(A)에다 기간 중 國庫資金 및 회사자금 증가율 60.4%를 적용, 추산한 수치임.
　　4) 976(***)은 기타 항목 2백만 円이 포함되고, 특히 大藏省(D)에는 1944년 말 기준의 개인자금 조사가 제외되었으나, 이 기간에 개인자금 신규 流入은 별반 없었을 것으로 간주하여 京城商議 (C)수치를 그대로 인용함.

제1시기(조사 A) : 1931년 말 유입실적 21억 2,900만 円은 1910년 8월 韓 日병합 이후 1931년까지의 약 21년간 연평균 1억 100만 円 씩 각종 일본 (인)자금이 유입된 것으로 볼 수 있다.

제2시기(조사 B) : 1931~38년의 7년간에 있어서는 前期의 21억 2,900만 円에서 37억 400만 円으로 유입실적이 증대되어, 연간으로는 약 10%의 증 가율, 금액으로는 약 2억 2,500만 円 규모로 前期 대비 약 2.2배의 유입 증 가세를 나타낸 것으로 볼 수 있다.

제3시기(조사 C) : 1938~41년까지의 3년간에는 37억 400만 円에서 73억 3,000만 円으로 불과 3년 동안에 약 2배로 늘어나는 폭발적인 증가세를 나 타내었다.[32] 이는 연평균 증가율이 32.7%, 금액으로는 12억 900만 円씩의

---

32) 특히 개인자금의 경우는 이 기간에 무려 3.4배의 놀라운 증가세를 나타내고 있는바, 이는 실 제로 그 정도의 증가가 있었다고 보기 보다는 두 조사기관(殖銀과 京城商議)간의 조사방법

놀라운 증가세라 할 수 있다.

제4시기(조사 D) : 1941~44년의 3년간에는 다시 73억 3,000만 円에서 127억 7,600만 円으로 기간 중 74.3%, 연간으론 24.8%, 금액으로는 무려 18억 1,500만 円에 이르는 엄청난 暴增勢를 가져왔다고 할 수 있다.

이상과 같은 일본자금의 각 시기별 유입추세를 통하여 우리는 그 속에서 과연 어떤 특징을 찾아볼 수 있겠는가. 첫째로, 1910년 병합에서 1930년대 초까지의 21년간(제1시기)에는 일본자금이 연평균 1억 円 정도의 그야말로 미미한 流入에 불과하였다는 점이다. 이 시기에는 일본이 조선에 대한 식민지 開發을 위한 前단계 조치로 조선에 부존되어 있는 각종 水資源이며 鑛物자원 등에 대한 기초 조사와 함께 貨幣經濟 내지 市場經濟 도입을 위한 사회경제 제도적 측면에 대한 실태 조사 등이 정부 차원에서 적극적으로 이루어졌으나,[33] 민간 베이스에서의 광공업 등에 대한 투자는 이 시기에는 아직 매우 소극적이었다고 말할 수 있다.

둘째로 1931~37년간(제2시기)의 1930년대 초/중반의 시기, 다시 말해 滿洲事變에서 中日戰爭이 일어나는 이 시기에는 연간 약 2억 円 정도의 유입실적을 보였다는 것, 이는 곧 제1시기 대비 2倍 정도 증가한 실적이기는 하지만 그렇다고 民間 차원에서의 長期 비즈니스投資까지도 그렇게 현저한 증가세로 돌아섰다고 할 처지는 아니었다고 보아야 한다.

셋째로 1938~41년간(제3시기)의 1930년대 후반/40년대에 들어오자 이때부터 일본자본의 流入은 예상 밖의 急增勢로 돌변하게 된다. 하루아침에 연간 流入규모가 이전 시기에 비해 무려 6배에 달하는 12억 円 이상의 破格的인 증가세로 돌아섰다는 것은 이유야 어디 있든 일단 경이로운 현상이라 하지 않을 수 없다. 마지막으로 1941~44년간(제4시기)의 太平洋

상의 차이에서 오는 영향이 더욱 컸을 것으로 판단된다.

33) 여기에는 1910년대의 土地調査사업 및 林野調査사업을, 그리고 1920년대의 兩次에 걸친 전국적인 電源調査사업 및 농업에서의 産米增殖계획과 깊은 관련이 있는 水利灌漑(관개)사업 등을 그 대표적인 사례로 들 수 있다.

戰爭期에는 그야말로 國運이 걸린 戰時期임에도 불구하고 이전보다 무려 50% 이상 증가한 18억 円에 달하는 엄청난 유입규모를 나타내었다는 사실에 대하여, 그 이유가 어디 있든 간에 다시 한 번 크게 놀라지 않을 수 없음을 지적하게 된다.

이상을 종합컨대, 우선 1910~44년의 식민지기를 통틀어 일본자금의 朝鮮流入이 드러내는 가장 큰 특징이라면, 시간이 흐름에 따라 유입자금의 규모가 갈수록 놀라운 증가세를 나타내었다는 사실이다. 그 가운데서도 특히 1930년대 後半에 들면서 그것은 가일층 파격적인 增加勢를 나타내었다는 사실에 특별히 주목하지 않을 수 없다. 더욱이 그런 폭발적인 증가세가 바야흐로 國運이 걸린 致命的인 전쟁에서 敗北할지도 모른다는 비관적인 전망에도 불구하고, 그런 일이 벌어졌다는 사실은 참으로 이해하기 어렵다.

다른 한편, 이러한 日本資金의 시기별 유입추세의 변화는 朝鮮에 대한 일본 식민지정책의 基調가 시기별로 크게 변화하고 있음을 말해준다는 점에서 또 다른 특징을 찾아볼 수 있다. 적어도 1920년대까지는 일본 식민지정책의 基調가 이른바 농업에서의 '産米增殖計劃' 등을 통한 食糧 및 原料 조달을 위한 제1차 산업의 집중적 개발에 있었다면, 그 후 1931년의 만주사변을 계기로 그것은 이상의 제1차 산업 개발로부터 工業도 동시적으로 개발하는 農/工竝進정책으로의 基調 전환과 더불어, 에너지源의 확보를 위한 北鮮 지방에서의 電源 개발사업과 함께 전국적인 金鑛, 石炭礦 등의 개발에도 力點을 두는 방향으로 바뀌었다. 당시 가장 先驅的인 綿紡공업을 비롯하여 肥料, 화학, 시멘트 등 전반적인 공업화계획에 始動이 걸리면서 일본 産業資本의 조선 진출이 비로소 활기를 띠기 시작하였다고 할 수 있다. 다시 1937년의 中日戰爭을 계기로 일본의 대륙진출을 위한 조선의 전략적 중요성이 강조됨과 함께, 조선에 대한 식민지 공업화의 基調가 重化學工業化 내지 軍需공업화 방향으로 바뀌었다는 것, 그에 따라 1930년대 후반(제3시기)에 들어 일본 産業資本의 본격적인 朝鮮 진출러시를 불러오게 되었다고 평가할 수 있다.

셋째로 들어야 할 특징은 이상의 1930년대 후반 들어 본격화되는 일본 자금의 急增 추세를 불러오게 된 시대적 배경이다. 두말할 것도 없이 그것은 경제적 요인이라기보다는 中日/태평양전쟁이라는 兩次의 대규모 전쟁의 非경제적인 要因이 그 배경에 짙게 깔려있다는 점을 들어야 한다. 여기에는 다시 兩次의 전쟁 성격에 따라 각기 다른 두 가지 특징을 찾아볼 수 있다. 하나는 1937년 中日戰爭 발발과 더불어 조선에 대한 일본 정부의 軍事費 지출이 급증하기 시작하였다는 점이고, 다른 하나는 군수공업의 육성과 관련한 민간 회사자본의 진출러시를 불러왔다는 점이다. 그중 前者의 군사비 지출 확대 자체는 곧바로 경제적 投資 개념으로 볼 수는 없기 때문에 일단 論外로 하더라도, 여기서는 후자의 민간 會社資金의 유입 증가를 좀 더 구체적으로 살펴보기로 하자.

앞의 〈표 2-6〉에서 보는 바와 같이, 다른 유형의 資金에 비해 會社資本의 유입 증가세는 훨씬 높을 뿐 아니라, 1941년 말 기준으로 그것이 총 유입액의 53.8%로 過半을 차지하였는가 하면, 1930년대 후반에 격렬하게 전개되는 중화학공업화 과정에서 그것은 다시 자본, 기술의 양 측면에서 모름지기 中樞的 역할을 담당하였음은 두말할 여지가 없다. 더욱이 太平洋戰爭 기간이었던 1941년 이후 몇 년간 일본 민간자본의 朝鮮 진출러시는 그 이전에 비해 가일층 高潮(고조)되었다는 사실도 일본자금의 시기별 유입을 다룸에 있어 또 하나의 不可思議한 일이라 하지 않을 수 없다.

4. 1940년대 前半 대규모 資金流入의 性格

이상 일본자본 유입과정에서 나타난 몇 가지 특징적 양상은 1940년대 전반, 다시 말해 太平洋戰爭期에 있어서의 新規 會社 설립동향을 통하여 여실히 드러나고 있다. 1944년 8월 말 현재 공칭자본금 100만 円 이상의 일본인 회사 585개 가운데 그 40%에 해당하는 235사가 바로 이 1940~44

년 8월 사이에 新設되었다는 사실을 우선 지적하지 않을 수 없다. 아울러 이 新設회사의 연도별 흐름에서도 1940년에는 32사에 불과하다가 41년 54사, 42년 57사, 43년 56사 그리고 44년 8월까지 36사 등으로 해를 거듭할수록, 다시 말해 전쟁이 더욱 가열될수록 新規 회사 설립 붐이 더욱 활발해졌다는 사실을 또한 강조해두지 않을 수 없다.[34]

이 시기 민간회사 설립 붐은 다음 두 개 시기, 곧 앞의 〈표 2-6〉상의 1938년 말(조사 B) 대비 1941년 말 (조사 C)의 3년간 시기와 1941년 말(조사 C) 대비 1944년 말(조사 D)의 3년간 시기에 있어서의 민간자본 유입실적 비교를 통해서도 양자 간의 성격 차이가 여실히 드러난다고 할 수 있다. 즉 앞의 3년간에는 민간자본 유입증가액이 총규모 20억 5,800만 円에, 연평균 6억 8,600만 円이었지만, 뒤의 3년간에는 총 27억 200만 円에, 연평균 9억 100만 円으로 전자보다 무려 30% 이상이나 증가하였다는 사실은 후자의 시기에 그만큼 민간회사의 新規 設立붐이 더욱 격렬하게 이루어졌음을 여실히 말해주고 있다.[35]

1940년대 들어 일본이 미국과 치열한 전쟁을 치르는 중이었음을 감안한다면 마땅히 일본 산업자본의 조선 진출이 中斷되거나 크게 감축되었어야 했지만, 현실은 전혀 그렇지 않았고 오히려 확대일로에 있었다는 사

---

34) 당시 전쟁의 흐름과 밀접한 관련이 있다고 여겨지는 이러한 민간회사 설립 붐에 대한 구체적인 자료는, 京城商工會議所, 「朝鮮主要會社表」, 1944년 8월 현재 및 拙著, 『現代韓國經濟論』, 한울, 2008, p. 212 〈표 4-2〉 등을 참조할 것.

35) 이 점과 관련하여 참고할만한 중요한 한 가지 자료가 있다. 終戰 후 일본정부는 한국을 포함하는 해외 식민지 및 屬領에 두고 간 일본(인) 財産이 과연 어느 정도 규모인가를 알기 위해 駐日 美軍 측(GHQ/SCAP)과 합동으로 지역별(국가별) 및 재산 종별 광범한 일제 조사를 벌린 바가 있다. 물론 일본 측이 조사 작업을 주도하였겠지만, 그 조사결과를 놓고 지난날 조선총독부 財務局長이었던 미즈다(水田直昌)씨는 美軍政 측에 대해 1945년 8월 9일 당시 화폐가치로 日本이 朝鮮에 두고 온 총 財産價値를 法人財産 500~550억 円, 個人財産 250억 円, 합계 750~800억 円 규모에 달하는 것으로 보고하자, 이에 대해 美軍 측은 法人財産의 경우는 租稅 徵收 등 근거 자료가 확실하므로 그대로 인정하지만, 個人財産에 있어서는 근거 자료의 未備로 약 90억 円 밖에 인정할 수 없다면서 끝내 수용하지 않았다고 한다 - 日本 大藏省, 「在外日人財産 調査會」 자료에 의함.

실을 어떻게 이해해야 할 것인가? 솔직히 戰時하의 격심한 사회적 혼란 등을 생각하면 국내외를 막론하고 새로 무슨 사업을 벌인다는 것은 극히 무모한 일이었음에도, 더욱이 조선과의 식민지적 관계가 거의 끝나갈 무렵이었음에도, 게다가 정부 당국의 정책적 요구에 따라 강제로 움직이는 公的資金이 아니라, 자유롭게 市場 법칙에 따라 이동하는 민간의 企業資本이 이처럼 식민지 조선으로 계속 흘러들어왔다는 것은 정말 이해하기 어려운 '特異 현상'이라고 하지 않을 수 없다. 이 特異 현상을 어떻게 해석해야 할 것인가 하는 문제가 日政 시대 일본자본의 식민지 朝鮮으로의 流入을 다루는 이 글에서 못내 그 해답을 얻지 못하고, 後世의 연구자에게 넘기지 않을 수 없는 '未해결의 課題'로 남겨두어야 함은 안타깝기 그지 없는 일이다.

5. 종합적 評價

이상과 같이 1940년대(제4시기)에 들어 특히 엄청난 규모의 일본 産業資本이 조선에 막바지로 유입된 현상을 우리는 결론적으로 어떻게 평가해야 할 것인가? 그것이 보통의 國際收支, 특히 資本收支 상의 플러스 計定으로 나타나는 貨幣資本의 형태로 들어온 것이 아니라, 사회간접자본이나 鑛工業 등을 비롯하여 각종 산업시설의 도입이라는 實物資本(capital goods)의 형태로 들어왔다는 점에 우선 유의해야 할 필요가 있다. 그중에는 또한 건설공사가 遲延(지연)되어 마지막 操業단계에 이르지 못하고 건설 도중이거나 아니면 그냥 倉庫에 所藏(소장)된 채로 해방을 맞은 케이스도 많았다고 한다. 操業 단계에까지는 이르지 못하였다고 하더라도 산업시설 자체는 어디까지나 그대로 이 땅에 남겨진 것이 엄연한 사실이라면, 그것은 언젠가 다음 단계(해방 후)에 새로운 형태로 다시 活用될 것이라는 점에서 식민지 시대의 마지막 단계에서 그처럼 예상 밖의 막대한 산업자본 축적이 이루어졌음을 인정하지 않을 수 없다. 이러한 산업자본의 축적

과정은 엄격히 말하면 1941년 이후 태평양전쟁기(제4시기)의 마지막 3년 간에만 있었던 일이 아니라, 적어도 1937년 中日戰爭 이후 1944년까지의 8년간 진행되었다고 확대 해석해야 한다고 생각한다. 아울러 이 시기에 일어난 일본 산업자본의 대거 조선 진출이 이를테면 해방 후의 한국경제 전개과정에서 어떤 역할을 하게 되었는가 하는 측면에 대해서도 이제 70년의 세월이 흐른 만큼 經濟學의 기본 命題라 할 資本蓄積論의 관점에서 마땅히 그에 대한 올바른 평가가 내려져야 할 것으로 믿어 마지 않는다.[36]

다시 한 번 강조해두는 바이지만, 1940년대 초 식민지 시대 마지막 단계에서 일본 산업자본의 대규모 朝鮮 進出러시가 일반의 상상을 초월할 정도로 격렬하게 일어났다는 것은 누구도 부정할 수 없는 역사적 사실이다. 그리고 그것이 이를테면 일반적으로 얘기되는 조선의 유리한 투자조건, 예컨대 풍부한 지하자원의 賦存, 水力資源이나 石炭 매장량 등 풍부한 動力源의 확보, 저렴하고 유능한 노동력의 존재 등과 같은 강력한 投資誘因 조건으로 말미암은 것이든, 또는 그 당시 한때 유행하던 일본 기업의 朝鮮에 대한 장밋빛 뉴 프런티어로서의 投資 選好 경향 때문이든, 아니면 일본이 미국과의 벅찬 전쟁을 치르는 과정에서 軍需戰略的 측면에서의 요구에 따라 安全地帶 조선으로 주요 軍需産業시설을 불가피하게 疏開(소개)시키게 된 것이든 간에, 일단 그 이유를 不問하고 우리는 이 시기

---

36) 그럼에도 이 시기 일본자본 유입에 따른 産業資本 축적과정에 대한 올바른 평가는 지금까지 제대로 이루어지지 못하였다. 거기에는 植民地라는 특수한 상황에서 이루어진 것이라는 그 것의 特性 때문이기도 하겠지만, 어쨌든 일본자본 도입에 의한 식민지 시대 자본축적과정은 그 후 정확히 20년이 지난 1965년 6월 韓/日 두 나라간의 國交를 다시 正常化하기 위한 韓日 協定이 체결되고, 이에 따라 다시 제2차로 대규모 일본자본이 도입됨으로써 한국경제의 자본축적과정은 또 한 차례 새로운 轉機를 맞게 된다고 할 수 있다. 이 제2차 대규모 일본자본의 도입으로 1960~70년대 한국경제의 유례없는 高度成長(이른바 '漢江의 기적')을 가져오는 계기를 마련하게 되어 한국경제로 하여금 국제적으로 '新興工業國'(NICs ; Newly Industrializing Countries)으로 跳躍(take-off)할 수 있는 제2차 자본축적과정으로 규정될 수 있다. 아울러 1970년대 한국경제가 대표적인 NICs 경제의 일원으로 등장함과 더불어 비로소 지난날 식민지 조선경제의 급속한 工業化과정과 구조변동에 대한 그간의 잘못된 인식도 바로잡게 될 중요한 계기를 마련하게 된 셈이다.

일본 산업자본의 예기치 않은 對朝鮮 진출러시 현상에 대해 적어도 경제사적으로는 거기에 중요한 역사적 의미를 부여해야 한다. 왜냐하면 그것이 어떤 산업 분야에, 어떤 조건으로, 얼마나 많이 들어왔는가 하는 등의 문제는 차치하고, 총체적으로 그것이 얼마 후 곧장 植民地 상태로부터 벗어나는 新生 한국경제에 이른바 '原初的 資本蓄積'(primary accumulation of capital)이라는 측면에서 가지는 경제사적 意義는 결코 가볍지 않다는 점에서 그러하다. 더욱이 8·15해방과 더불어 이들 物的 자산(資本財)은 소위 '歸屬財産'이라는 이름으로 美軍政에 의해 沒收되었다가 그 후 또다시 고스란히 한국 정부에 이관되는 또 하나의 特異 현상을 불러왔다. 이는 앞에서 지적한 일본자본의 破格的인 進出러시라고 하는 '제1차 特異 현상'과 더불어 '제2차 特異 현상'이라 부를 수 있으리라. 이 글을 마무리함에 있어 저자의 능력 부족으로 이 두 가지 特異 현상에 대해 어떤 해석을 내려야 할 것인가에 대한 적절한 解答을 찾지 못하고, 결국 後世의 연구자에게 그 책임을 떠넘기게 되는 또 하나의 중요한 '未解決의 課題'로 남기는 안타까움을 금할 수 없다.

제3장
歸屬財産의 形成過程(Ⅰ)
: SOC 건설

I. 鐵 道

1. 草創期 鐵道 부설계획

1876년 開港과 더불어 각종 외국 文物의 도입이 자유로워지고, 아울러 외국과의 人的 往來는 물론 物的 去來가 갈수록 확대됨에 따라, 이 땅에도 근대 교통수단의 寵兒(총아)라고 할 鐵道를 敷設(부설)해야 한다는 요구가 강하게 일기 시작했다. 그러나 19세기 말 당시 철도 부설을 감당할 스스로 의 力量을 갖추지 못한 朝鮮으로서는 어쩔 수 없이 철도 敷設權(부설권)을 特許契約에 의해 다른 나라에 委託하여 건설하는 길밖에 다른 방도가 없 었다. 그로부터 6년 세월이 흐른 1882년 들어 여러 列强 가운데서도 한발 먼저 한국에 건너온 日本과 英國이 조선 皇室 朝廷에 대해 철도 부설권을 자기들에게 맡겨주기를 요구하고 나섰다. 특히 日本은 이 문제에 機先을 잡고자 향후 건설하게 될 鐵道 線路를 어떻게 劃定할 것인가 하는 문제와 관련하여 그 준비작업의 일환으로 朝鮮의 地形地貌에 대한 실제 踏査(답 사)에 나서는 등 발빠른 움직임을 보이기도 하였다.

그러나 막상 최초의 철도(京仁線) 부설권은 일반의 예상을 뒤엎고 1896 년 3월 미국인 모스(J. R. Morse)라는 한 민간인에게 넘어갔다. 그러나 이 조치는 그 이전의 1894년 8월 朝鮮과 日本 사이에 체결된 소위 '朝-日暫定 合同條款'[1]의 규정을 조선이 일방적으로 무시한 處事라 하여 일본의 강력

---

1) 1894년 8월 日淸戰爭 중에 체결된 이 '朝-日暫定合同條款'은 한국의 각종 內政 개혁 관련의 全 文 7개 항 가운데 그 제2항이 바로 京釜/京仁線 철도 부설권 관련 내용으로 되어 있다. 앞으로 이 두 路線의 철도 부설권은 일본정부 또는 일본 민간 회사에 맡기는 데 잠정 합의하고, 당시 劣 惡한 한국정부의 財政 상태가 호전되면 그 實行계획을 수립한다는 정도의 내용이었다. 이 條款 의 체결이 알려지자 한국정부에 대한 서구 列强의 항의가 드세진 가운데 1895년 러시아의 主 動으로 독일, 프랑스와 함께 日本에 대한 이른바 '3국 간섭' 사건을 불러오게 된다 ― 朝鮮鐵道

한 항의에 부딪쳤다. 그럼 왜 朝鮮 朝廷은 일본과의 이런 앞선 協約에도 불구하고 京仁鐵道 부설권을 미국인 J. R. 모스에게 넘겼을까? 여기에는 1894년의 日淸전쟁 후 新興 日本에 대한 서구 열강의 국제적 압력이라 할 '3國干涉'[2]이라는 사건이 크게 작용한 탓이라고 할 수 있다.

京仁線 부설권이 이처럼 미국의 일개 個人에게 넘어가는 예상 밖의 사건이 발생하자, 이를 계기로 당시 일본을 포함하는 다른 列强 간의 한국철도 부설권을 둘러싼 爭鬪는 더욱 치열해질 수밖에 없었다. 예컨대 1896년 서울-公州 간(京釜線 철도의 일부 區間) 및 서울-義州 간의 京義線 철도의 2개 線路 부설권이 프랑스의 피브-릴(Fives-Lille)이라는 회사에 넘어가고, 당시 조선에 세력을 강하게 뻗치고 있던 러시아는 철도 부설권 대신에 咸鏡道 내의 주요 鑛山 開發權과 압록강 유역 및 울릉도 내의 森林 伐採權 (벌채권)을 따내는가 하면, 국내에서 가장 큰 幹線 철도라고 할 서울-釜山 간의 京釜線 부설권은 최종적으로 日本에게 넘어가는 등 이 시기 조선철도 부설권을 둘러싼 열강 간의 角逐戰(각축전)은 치열하기 그지없었다. 그런 가운데 1894년의 日淸전쟁을 승리로 이끈 일본은 조선에 대한 排他的인 우월권을 확보함에 따라 鐵道만이 아니라 당시 조선에서 이루어지고 있던 각종 利權 쟁탈전에서 한층 유리한 高地를 先占하기에 이르렀다.

다른 한편, 조선 朝廷은 한때 프랑스의 건의를 받아들여 스스로 '西北 鐵道局'이라는 특별 기구를 설치하고, 이 기구를 통해 프랑스 후원 아래 自力으로 철도를 부설한다는 의욕적인 계획을 세우기도 하였다. 그러나 自

史編纂委員會, 『朝鮮鐵道史』, 제1권(創始時代), 朝鮮總督府鐵道局, 1937, pp. 33~38 참조.

2) 1895년 日淸전쟁의 사후 처리를 위한 '下關條約'의 내용(제2조 3항) 가운데, 중국 遼東半島에 대한 일본의 지배권 확보 조항이 들어 있었는데, 이 조항이 자신의 南進政策에 매우 불리하다고 판단한 러시아가 독일과 프랑스의 협력을 얻어 3국 공동으로 일본에 대해 遼東半島 지배권을 다시 淸國에 돌려주도록 압력을 가한 사건을 일컫는다. 이 3國 간섭에 굴복하여 일본은 눈물을 머금고 요동반도를 淸國에 다시 반환하게 되고, 그를 계기로 일본은 滿洲지역에서는 물론 韓半島에서까지 그 영향력이 급속히 퇴조하는 상황에 놓이었다. 당시 조선이 京仁線 부설권을 일본을 배격하고 미국인 J. R. 모스에게 넘기게 된 것은 바로 이런 한반도에서의 일본 세력의 退潮와 결코 무관하지 않다고 할 수 있다.

122　歸屬財産 硏究 – 植民地 遺産과 韓國經濟의 進路 –

力으로 철도를 부설한다는 것은 말처럼 그렇게 쉬운 일이 아니었다. 당시 조선의 財政상태나 技術수준 등에 비추어 무슨 재주로 막대한 所要 資金을 조달하고 技術 문제를 해결할 수 있었겠는가. 한낱 프랑스의 弄奸(농간)에 놀아났을 뿐으로 처음부터 실천에 옮길 수 없는 허울 좋은 계획에 불과한 것이었다. 그런 가운데, 淸으로부터 이미 滿洲지역의 鐵道 부설권을 획득한 러시아가 한걸음 앞서 조선에 대해서도 이미 프랑스 측에 넘어간 京義線 부설권을 다시 자신에게 넘겨줄 것을 요구하고 나섰다. 이러한 러시아 측의 무리한 요구는 日淸전쟁 후 조선의 철도사업에 대한 우월권을 이미 확보한 일본에게는 노골적인 挑戰으로 간주되고, 이에 두 나라는 朝鮮鐵道 부설권을 놓고 利害관계가 정면으로 충돌하게 되었다. 1904년의 日러전쟁은 바로 이러한 시대적 배경에서 발발하게 된 동북아 지역 覇權(패권)싸움이라고 할 수 있다. 戰爭은 일반의 당초 예상과는 달리 日本의 승리로 귀결되고, 이를 계기로 일본은 조선에 대한 외교적 主導權을 확보하게 된다. 또한 그를 통해 鐵道 사업만이 아니라 기타 朝鮮에서의 모든 利權事業이 전적으로 일본으로 一元化되는 시대상황으로 돌아갔다.

2. 京釜鐵道(株)의 설립과 朝鮮鐵道

1897년 朝鮮 최대 규모의 京釜線 철도 부설권이 일본으로 넘어가게 되자, 이를 계기로 당시 일본 국내에서는 朝鮮 철도사업에 대한 일대 투자붐이 일었다. 조선 철도사업을 담당할 경영주체로서의 '京釜鐵道株式會社'의 설립이 결정되고, 일본 財界를 중심으로 회사 설립을 위한 發起人會의 구성과 또한 資金募金運動이 활발히 일어났다(발기인 대표 澁澤榮一)[3].

---

3) 발기인 대표 시부자와 에이이치(澁澤榮一, 1840~1931)는 19세기 후반~20세기 前半에 걸쳐 초기 일본 산업의 勃興에 크게 공헌한 인물로서 일본 초기 '産業化의 아버지'라고 불릴 정도의 혁혁한 업적을 남긴 실업가이자 은행가이다. 그는 일생 동안 500여 개의 대규모 신규 회사 및 은행을 創設하였다고 한다. 한국과의 관련은 이 京釜鐵道(주)의 발기인 대표 및 사장을 맡게 된 것 이외에, 1902년 大韓帝國(高宗)은 일본의 諮問으로 紙幣(지폐) 발행계획을 세우고, 일본 第一銀行 釜

이리하여 京釜鐵道(주)는 1902년 5월 일본 遞信部에 의한 최종 설립 認可를 받게 되는데, 참고로 同社의 당초 所要 자금조달계획을 살펴보면 대체로 다음과 같았다.

우선 公稱자본금 2,500만 円 규모에 최초 拂入자본금 500만 円으로 정하고, 株当 가격은 50円으로 하여 일차로 총 주식 10만 株 발행계획을 세우고 있었다. 株式 발행과 함께 擧國的인 모집운동을 전개하면서, 朝/日 양국 간의 이 역사적인 사업을 특별히 기념하는 뜻에서 朝鮮 皇室에서 3,500주, 日本 皇室에서 1,000주를 각각 優先株로 인수토록 특별히 배려하는 조치까지 취하였다. 이런 상징적인 조치 등에 힘입어 株式 모집계획은 예상 밖으로 좋은 성과를 올리게 되어 모집기한 내에 총 609,251주에 달하는 應募실적을 거양하였다. 물론 超過 주식에 대해서는 각기 按配하는 방식으로 처리하였는데 우선 發起人 引受 33,035株, 일반 公募 171,716株로 각각 결정되었다.[4]

일본 국내의 많은 관심과 기대 속에 官/民 合作사업으로 어렵사리 출발한 京釜鐵道(주)는 설립과 동시에 곧장 본격적인 건설공사에 착수코자 하였으나 여의치 않았다. 왜냐하면 그 이전에 정치적으로 해결해야 할 중요한 문제가 가로놓여 있었기 때문이다. 일본으로서는 당시 朝鮮 정부에 의해 이미 다른 나라에 그 부설권이 넘어간 京仁線이나 京義線 등에 대한 敷設權 역시 넘겨받지 않는다면, 다시 말해 이 京釜線 하나 만의 단독 敷設 조건으로서는 조선 철도사업에 대한 전망이 없다는 자체 평가가 내려졌기 때문이었다. 즉 조선의 모든 철도사업이 일본으로 一元化되지 않는 한 조선 철도사업에 대한 장래의 效率性이나 採算性 등을 보장할 수 없다는 판단을 내리게 된 것이 그것이었다.

山支店을 통해 '第一銀行券'을 발행하게 되는데, 이 때 발행한 朝鮮 최초의 지폐인 '第一銀行券'에 실린 肖像 인물이 바로 일본 第一銀行 設立者인 이 澁澤榮一였다고 한다.

4) 여기서 朝鮮 皇室 3,500株는 皇帝 2,000주, 皇太子 1,000주, 英親王 500주로 각각 나뉘었다 – 朝鮮鐵道史編纂委員會, 『朝鮮鐵道史』, 제1권(創始時代), 1937, pp. 188~190 참조.

그렇다고 하여 이미 다른 나라로 넘어간 鐵道 부설권을 다시 넘겨받는다는 것은 결코 쉬운 일이 아니었다. 우선 한국정부에 대해 그것의 필요성을 납득시키고 허락을 받아야 할뿐더러, 구체적으로 미국인 몰스(J. R. Morse)에게 넘어간 京仁線 부설권과 프랑스 피브-릴社에 넘어간 京城-新義州 간의 京義線과 京城-公州 간의 철도(京釜線 일부 구간) 부설권을 다시 넘겨받아야 하는 문제는 무척 어려운 일이 아닐 수 없었다. 그러나 일본은 여기서 결코 물러설 입장이 아니었다. 조선과의 특수성을 고려할 때 기존의 京釜線 敷設權을 포기할 수 없는 이상 어떠한 희생이나 代價를 치르더라도 여타의 철도 부설권을 넘겨받지 않으면 안 될 처지였다. 京釜鐵道(주) 측은 그야말로 수많은 우여곡절 끝에 한국정부의 同意를 얻어내고, 또 이들 미국 및 프랑스 두 나라 利害 당사자와의 끈질긴 協商도 結實을 맺게 되어 1899년에 조선에서의 모든 철도 부설권을 일본으로 一元化시키는 데 성공하게 된다.[5]

일본 정부는 당초 부설권을 획득한 京釜線과 새로 J. R. 몰스로부터 인수한 京仁線의 경우는 민간 회사인 京釜鐵道(株)가 그 부설책임을 맡는 한편, 京義線 및 馬山浦線(三浪津-馬山 간)의 부설은 당시 급박하게 돌아가는 東北亞 국제정세를 고려하여 建設工期를 최대한으로 단축시켜야 한다는 일본 軍部 측 요구를 반영하여 일본 軍部(工兵隊)가 직접 공사를 담당하도록 조치했다. 즉 전자는 民間鐵道의 성격으로, 후자는 軍用鐵道 성격의 二元體制로 건설공사가 추진되었다. 후자의 군용철도는 군대 병력을 대거 투입하여 最短期의 速成계획으로 공사를 완성시켰는가 하면, 前者의 민

---

5) 일본의 美國, 프랑스 양측과의 부설권 引受 협상은 프랑스 측보다는 미국인 J.R. 몰스 측과의 京仁線 협상이 특히 難航을 겪었다. 일본은 미국인 몰스 측과의 合作으로 1897년 京仁鐵道引受組合을 설립하고 당시 정부의 外務省까지 동원하는 적극적인 引受 작전을 전개하여 장래의 對美외교관계까지를 고려하여 무척 高價의 引受代金을 지불하는 조건으로 협상을 타결 하게 된다. 1899년 일본은 京仁鐵道合作會社를 설립한 다음 곧바로 京釜鐵道(주)와의 합병을 통해 비로소 조선에서의 철도사업 一元化 계획을 실현하게 된다 ─『朝鮮鐵道史』, 제1권(創始時代), pp. 196 ~225 참조.

간철도 역시 거기에 맞추어 가능한 한 工期를 단축시키는 방향으로 추진
되어 초창기 한국철도의 건설계획은 일본 측의 東北亞 지역으로의 진출
이라는 시대적 요청에 부응키 위해 최단시일 내에 완성하게 된 놀라운 성
과를 가져왔다고 할 수 있다.

이처럼 민간철도와 군용철도 두 가지 방향으로 추진된 일본의 조선철
도 건설계획은 어느 쪽이든 사실상 정부 책임 하에 또한 그것도 정부에 의
한 강력한 速成計劃으로 추진되었다는 점에서 정부사업이라 할 수 있다.
즉 조선의 초기 철도사업은 大韓帝國의 말기(1899~1909년) 약 10년 동안
에 다음 〈표 3-1〉에서 보는 바와 같은 놀라운 성과를 가져왔다. 그것은 당
시 韓半島를 둘러싸고 급박하데 돌아간 東北亞 정세의 영향으로 일본 정
부가 군대까지 동원한 最短의 速成계획으로 추진한 결과였다.

〈표 3-1〉　大韓帝國期 조선 鐵道의 路線別 준공실적 (1899~1909년)

	區 間 - 거 리	竣工 년/월	참 고
京仁線	1) 서울(노량진) - 仁川(제물포), 33.8km 2) 서울(노량진) - 西大門, 8.5km	1899. 9월 1900. 7월	京仁線 全線 (42.3km)
京釜線	1) 서울(영등포) - 釜山(草梁), 431.2km 2) 草梁-釜山鎭 1.6km 계 432.8km	1905. 1월 1908. 4월	京釜線 全線 (465.9km)
京義線	서울(龍山) - 平北(新義州), 527.8km	1906. 8월	군용철도
馬山浦線	慶南(삼랑진) - 馬山, 40.4km	1905. 10월	군용철도
京元線*	서울(龍山) - 咸南(元山), 222.3km 1905년 起工 後, 工事 中斷	1914. 9월	군용철도
합 계	5개 路線　1,043.3km		

자료 : 철도청,『한국철도100년사』, 1999, P. 1041, 기타 자료.
주 : * 京元線은 1905년 起工 後 土地 買入難과 산악지대의 難工事 등이 중첩되어 계획대로 추진되지를
　　못하고, 1914년 총독부 시대에 와서야 준공하게 되어 합계에는 포함시키지 않았음.

이 표에서 보듯이, 19세기말에서 1910년 韓日倂合이 이루어지기까지
약 10여 년간 한국철도는 외국인의 손에 의해 사업 草創期에 이미 주요 幹
線 철도의 건설을 완료하는 놀라운 성과를 가져왔다. 1899년에서 1909년
의 11년간에 총연장 1,043km, 연간으로는 약 95km 씩의 철도 線路를 계속
닦았다고 볼 수 있기 때문이다. 이러한 사실은 앞에서도 지적된 바이지만,

당시 일본이 이 지역에서의 군사적 목적에 따른 軍用鐵道의 부설 필요성에 따라 최대한의 工期 단축을 목표로 한 비상체제 하의 速成계획으로 추진한 결과에 다름 아니었다.

한편 여기서 우리가 중요하게 다루어야 할 문제는 그처럼 대규모 공사에 들어가는 막대한 所要 資金을 과연 어떻게 조달할 수 있었는가 하는 점이다. 이 所要 자금의 조달문제가 특히 우리에게 중요한 의미를 갖는 것은 그러한 長期 시설자금의 조달을 위해서는 무엇보다도 장래의 元利金 상환을 보장하는 신뢰성 있는 擔保(담보) 조건이 충족되어야 할 것이라는 점, 그를 위해서는 또한 鐵道 서비스 수요자인 한국정부와의 사이에 가장 중요한 事案이라 할 料金 책정문제 등 철도 이용에 따른 約款 같은 것도 사전에 구체적으로 약정되어야 할 것이기 때문이다. 그러나 유감스럽게도 당시 양국간의 관련 約款 속에는 이러한 내용이 전혀 들어있지 않았던 것으로 알려지고 있다.[6]

특히 당시의 韓, 日 두 나라 간의 정치적인 특수 관계를 고려할 때, 이 鐵道 건설자금의 조달과 그리고 그에 대한 장래의 元利金 償還 문제는 그만큼 복잡한 성격을 띠지 않을 수 없었을 것이라는 점에서 그것이 가지는 시대사적 의미는 더욱 중요하다고 하지 않을 수 없다. 보통의 경우라면 所要 資金을 두 나라 간에 어떤 형태로든 分擔하는 合作方式을 상정하게 되거나, 아니면 施工者 측에서 發注者에게 일정 규모의 借款을 제공하고 그것을 토대로 工事를 진행한 다음 나중에 준공 후 철도운영에서 나오는 運賃을 담보로 하여 借款 元利金을 회수하는 방식 등을 생각해볼 수 있다. 이들 사항에 대한 당시의 양국간의 구체적인 계약 내용은 잘 알려지지 않고 있으나, 예컨대 기본적인 鐵道敷地(철도부지)의 買收 등에 대한 책임은

---

6) 이와 관련하여, 일례로 京釜線 철도 부설에 따른 韓, 日 양국 간에 맺은 協約 내용을 보면, 1898년 8월 韓, 日 양국은 '京釜鐵道合同條約'을 체결하게 되는데, 그 15개 조항 가운데 일본 측(민간 철도회사)의 투자자금(元利金)에 대한 장래의 回收 계획 등 財政 관련 내용은 전혀 들어있지 않음을 발견할 수 있다 — 『朝鮮鐵道史』, 제1권(創始時代), 1937, pp. 90~96 참조.

한국정부가 지도록 하고, 기타 건설공사에 따른 제반 소요 資金의 조달은 전적으로 일본 측이 책임지는 방식으로 결정되고, 또한 投資 元利金의 회수는 우선 建設社 측이 일정한 期間 직접 철도 운영을 담당하고 그 운영 수입에서 그것을 커버하는 식으로 이루어지지 않았을까 하는 추측을 낳게 할 뿐이다.

민간철도로 건설된 京釜線/京仁線의 경우는 그나마 이상과 같은 철도 운영을 통한 運賃 수입을 擔保로 한다는 조건이 성립할 수도 있겠지만, 다른 편으로 軍用鐵道로 건설된 京義線/馬山浦線/京元線 등의 경우는 그럼 어떻게 처리되었을까. 이와는 다른 별도의 방안이 강구되지 않으면 안 되었을 것이다. 여기서 한 가지 중요한 사실은 이 무렵 바로 일본정부의 철도 관리정책의 基調가 기본적으로 바뀌기 시작했다는 점이다.

말하자면 기존의 민간철도로 건설된 京仁/京釜線 철도까지도 모두 國有化시키는, 곧 일부 소규모의 支線 중심의 私設鐵道를 제외하고는 모든 철도를 國有/國營체제로 一元化함으로써, 민간철도의 경우 항상 어려움에 부딪히는 所要 자금의 조달이나 元利金 回收 등 財政 문제를 일단 정부가 책임지는 식으로 해결코자 한 것이다. 다만 한 가지 중요한 사항은 민간철도와 軍用철도 간에는 처음부터 건설비용 상에 현저한 차이가 있었을 것이라는 점이다. 鐵道敷地의 買收 등에 따른 기초 비용 측면에서는 큰 차이가 없을 것으로 보지만, 건설공사에 소요되는 人件費와 物件費 등 실제 工事費 측면에서는 후자의 경우 軍隊 兵力을 최대한 동원하고 또 각종 建設資材의 조달도 軍의 자체 예산(陸軍省 예산)으로 구입하게 된다는 점을 감안한다면, 모든 비용을 市場原理에 따라야 하는 민간철도 경우와는 비교할 수 없을 정도로 현저한 經費 감축이 가능했을 것이라는 점이 그것이다.

우선 前者의 경우를 보자. 京釜/京仁線의 건설 주체였던 京釜鐵道(株)는 그 막대한 건설자금을 어떻게 조달하였는가. 회사의 당초계획은 株式 발행을 통한 自己資金의 조달을 우선하고, 부족할 때에는 社債발행을 통하여 조달하는 두 가지 방안을 기본으로 하였다. 나중에 사업의 급팽창과 더불어 급증하는 資金需要를 스스로의 出資 방식으로는 도저히 커버할 수 없게 되고, 결국 후자의 社債발행을 통한 조달에 더욱 크게 의존하지 않을 수 없었다. 구체적으로 京釜線 부설공사가 한창이던 1903~05년간의 자금조달계획을 보면, 增資(持分 불입)를 통해 732만 2천 円, 社債 발행으로 1,000만 円, 도합 1,732만 2천 円으로 이루어져 양자 간의 비율이 자기자본(增資) 42% 대 타인자본(社債 발행) 58%로 될 만큼 社債발행 쪽이 더 많았음을 보여주고 있다.[7] 그렇다면 후자의 社債발행의 경우 과연 社債市場에서 自力으로 전액 소화시킬 수 있었는가 하는 점이 중요하게 제기된다. 이는 당시의 京釜鐵道(주)의 대외신용도와 관련하여 중요한 의미를 갖는다고 하겠지만, 어쨌든 그것을 自力으로 全額 소화시킬 수는 없었던 것으로 알려지고 있다.

京釜鐵道(주)는 당시 일본 내에서 未知의 땅(New Frontier) 개척이라는 의미에서의 韓國進出이 가지는 그야말로 최고로 유망한 新興會社로 인정받고 있었다. 그럼에도 실제로는 경제외적 여건 등으로 장래의 收益性에 대한 리스크가 무척 크다고 인식된 데다가, 더욱이 당시 일본 금융시장 사정이 또한 매우 逼迫(핍박)한 실정이어서 同 社가 발행하는 社債를 자력으로 소화시킬 정도의 對外信用을 얻지 못하고 있었다고 해야 한다. 自力으로 소화시키지 못하는 한 결국 일본정부의 支拂保證을 필요로 하고, 게다가 일본정부의 保證附 발행이라 하더라도 당시의 일본 社債市場의 형편으로는 보통의 一般公募방식으로 그것을 원활하게 소화할 수 있는 그런 처지도 아니었다. 일본정부는 하는 수 없이 정부 산하의 日本興業銀行으로 하여금 경부철도(주) 발행 債券 일체를 一括 인수케 하는 특단의 조치를 취하지 않을 수 없었다. 구체적으로 京釜鐵道(주)가 1903~05년(3년) 간 총 1,000만 円 상당의 社債를 발행함에 있어 일본정부는 그 元利金 지불보증을 하는 조건으로 日本興業銀行으로 하여금 전액 인수케 하는 방식으

---

7) 朝鮮鐵道史編纂委員會, 『朝鮮鐵道史』, 제1권(創始時代), 1937, pp. 309~310 참조.

로 가까스로 소화시킬 수 있었다. 京釜鐵道(株)에 대한 일본정부의 이러한 파격적인 特惠조치는 당시 일본이 정책적으로 경부철도(주)를 얼마나 중요하게 생각하고 있었는가를 나타내는 단적인 徵表라고 할 수 있다. 그 대신 이러한 엄청난 特惠 조치를 베풀어준 代價로 일본정부는 京釜鐵道(주)에 대해 다음과 같은 매우 까다로운 社債 발행조건을 요구하고 있었다.

① 上記 1,000만 円의 社債발행은 年利 6% 이내, 10년 거치 30년 분할상환을 기본 조건으로 할 것
② 금융시장에서의 一般公募의 어려움을 감안하여 日本興業銀行을 통한 一括 引受방법을 택하도록 할 것
③ 정부가 元利金 상환을 보증하는 조건으로, 회사는 회사 소유 鐵道施設을 비롯한 총 재산을 정부에 抵當 잡히고, 또 회사는 정부의 事前 허가 없이 제3자로부터 다른 借入을 하지 않을 것
④ 중요한 사항은 별도의 法令에 의해 정부의 認可를 받도록 할 것

등이 그것이다. 여기서 중요한 조항은 ③항의 회사 총재산에 대한 일본정부의 抵當權 설정이라 할 수 있고, 따라서 京釜鐵道(주)는 사실상 일본정부의 관리기업적 성격으로 전락했다고 할 수 있다. 이러한 요구 조건이 너무 타이트하다는 일반의 비판 여론에 따라 일부 내용을 사후적으로 완화시켜주는 조치를 취하지만, 그런 가운데서도 여전히 회사가 社債의 元利金 상환을 게을리 하거나 또는 경영을 잘못한다는 情況이 포착될 때에는 가차 없이 會社財産을 처분하거나 또는 회사경영 자체를 정부가 接收하는 등의 강력한 조치를 취할 수 있게 한 데에는 변함이 없었다.

이밖에도 일본정부는 京釜鐵道(주)에 대하여 다음과 같은 요구사항을 통하여 회사경영에 직접적으로 관여코자 하였다. 이를테면 ① 회사가 조달하는 건설 관련 資材類는 가급적 國産으로 해야 하고, ② 全 路線에 대해 速成目標를 달성하기 위한 공사 進陟(진척)계획을 수립하고, ③ 사업의 進陟상황에 부합하는 회계사무의 정확성을 기함은 물론 모든 事務 처리를 민첩하게 행할 것 등을 지시하고 있다는 점에서 경부철도(주)는 사실상 정부기업으로 다루어야 한다는 지적이 나올 정도였다(앞의 책, p. 312).

이상의 민간회사에 의한 京釜/京仁線 경우와는 달리, 軍隊 병력에 의해 건설하는 軍用철도인 京義線과 馬山浦線의 경우는 처음부터 工事費 일체를 일본정부(국방부) 예산으로 커버하는 방식으로 이루어졌다. 그것은 軍部에서 소요 건설비를 구체적으로 책정하여 그것을 豫算 당국에 요청하는 방식이었다. 1907년 말까지 지출된 공사비 내역을 보면 京義線이 2,912만 円, 馬山浦線이 226만 3천 円으로 도합 3,138만 3천 円의 資金을 일본정부가 직접 부담하는 식으로 이루어졌다(같은 책, pp. 582~583).

결론적으로 1910년 韓日倂合 이전 시기, 곧 大韓帝國期에 있어 일본자금에 의한 한국철도 건설 계획은 그것이 민간회사에 의한 것이든, 軍部에 의한 軍用철도의 경우든 그 건설비용은 일본정부에 의한 직접적인 財政資金 지출이거나 또는 일본정부 보증 하의 會社債 발행 등으로 조달되는 金融資金이라는 두 가지로 이루어졌다고 할 수 있다. 처음부터 한국철도는 일본정부가 직접 정부 예산으로 건설을 담당하거나 또는 정부 보증 하에 민간회사로 하여금 건설을 代行케 하는 두가지 방식으로 이루어졌다. 이런 방식의 한국철도 건설계획은 병합 이전에서만이 아니라 병합 이후의 총독부 시절에 들어서도 크게 변하지 않았다고 할 수 있다. 당시 殖産銀行調査部의 한 자료에 의하면, 1938년 말 현재 조선총독부 특별회계 상의 國債 발행규모는 총 6억 3,355만 円이었는데, 그중 78.2%인 4억 9,565만 円이 鐵道의 부설 및 개량비 조로, 그리고 4.2%인 2,675만 円이 정부의 私設鐵道 買入費로 각각 투입되어 당시 국채발행액의 무려 82.5%가 鐵道 관련 사업비로 들어갈 정도로 절대적인 비중이었다.[8]

이를 통해 당시 조선총독부가 조선의 철도사업에 얼마나 많은 공을 들였는가를 짐작하고도 남음이 있다. 그 일례로 조선총독부 내에 交通局이 설치되어 있었음에도 불구하고 별도로 鐵道局을 신설하여 특별 시스템으로 운영하게 된 조치 등이 그것을 말해준다. 총독부가 직접 운영하는 國策

---

8) 朝鮮殖産銀行調査部(1940), 「자료 2」, pp. 17~18 참조.

사업의 大宗이 바로 조선 철도사업이었다고 해도 당시로써는 결코 과장된 표현이 아닐 정도였다.

3. 朝鮮鐵道 運營體制의 변천

1) 鐵道사업의 一元化

1905년 日러戰爭의 결과는 일본으로 하여금 朝鮮에 統監府를 설치케하고, 그를 통해 朝鮮의 內政에 깊이 관여하는 길을 트게 했다. 이를 계기로 일본은 또한 조선의 철도사업에 대해서도 그 운영체제에 현저한 변화를 불러왔다. 당시까지 조선철도를 부설하거나 운영해 온 일본 측의 主體는 민간의 京釜鐵道(주)와 政府(軍部) 두 곳이었다. 즉 민간철도사업에서는 京仁線과 京釜線 건설을 담당한 경부철도(株)이고, 軍用철도사업에서는 京義線과 馬山浦線 그리고 京元線까지 건설한 일본 軍部의 臨時鐵道監部의 두 개 기관이 바로 그것이다.

이와 함께, 1905년 日러戰爭 승리를 계기로 자신감을 얻은 일본은 이른바 '大陸經營'이라는 원대한 정책 슬로건을 내걸고, 그에 부응하는 제일차적인 조치로 기존의 鐵道시스템을 하나로 통합하는 계획을 추진하였다. 일본 국내 철도를 비롯하여 朝鮮鐵道, 만주의 東清鐵道 등의 운영을 한데 묶는, 이른바 철도사업의 一元化 계획이라는 이름 하에 이상의 日-鮮-滿 3개 지역의 모든 철도를 일본정부(遞信省)에서 직접 통합, 운영한다는 획기적인 조치를 취한 것이 그것이다. 이를 위해서는 먼저 정부가 京釜鐵道(주)와 같은 민간 철도회사를 조속히 매수하여 國有化할 필요성이 있었다. 철도사업의 一元化 계획은 곧 모든 철도사업의 國有/國營化를 의미하는 것에 다름 아니었다.

이 철도사업의 一元化 계획을 제도적으로 뒷받침하기 위해서는 무엇보다도 먼저 당시 朝鮮의 대표적 민간철도회사인 京釜鐵道(주)를 국유화조치하는 일이었다. 그를 위해 일본정부는 1906년 3월 특별히 '京釜鐵道

買收法'을 제정, 공포하고 그 買收 및 운영 담당 기구로 동년 6월 조선통감부 내에 '鐵道管理局'을 설치함과 동시에 이를 통해 먼저 京釜鐵道(株) 소속의 京釜/京仁線의 2개 노선을 함께 매수하는 조치를 취하였다.[9] 아울러 동년 9월에는 軍部(육군) 臨時鐵道監部에서 관리해오던 두 개 노선 京義線 및 馬山浦線, 그리고 공사 중인 京元線에 대한 재산 및 운영권도 모두 정부가 인수하게 됨으로써, 조선의 철도사업은 民間 및 軍用鐵道 할 것 없이 모두 국유/국영체제로 넘어갔다. 이로써 1905년 日露전쟁의 대가로 넘어온 만주의 東淸鐵道를 포함하여 기존의 일본 국내 철도와 朝鮮鐵道, 이렇게 3개 철도의 통합조치를 단행하였는데, 이것은 바로 日本帝國 내의 모든 철도의 國有/國營체제로의 일대 전환을 의미하는 것으로, 이는 당시 일본정부가 내세운 철도사업의 一元化 곧 철도 國有化 조치의 完結을 의미하는 것이었다.

鐵道 통합조치를 완성한 다음 일본은 다시 철도운영의 합리화를 기한다는 명분으로 1909년 3월 불과 몇 년 전에 설치한 統監府 내의 鐵道管理局을 다시 鐵道廳으로 승격시켜 독립기구로 확대, 개편했다. 그 후 6개월 후인 1909년 12월에는 다시 일본정부(遞信省) 내에 日本鐵道院이라는 기구를 새로 만들어 朝鮮의 鐵道廳 기능을 이곳으로 이관하는 조치가 취해졌다. 日露전쟁 후 불과 4~5년 사이에 일본정부/조선통감부는 유독 朝鮮에 대한 鐵道行政에 있어서만 왜 이처럼 朝令暮改 식의 조직 개편작업을 서둘러 반복하였을까 하는 데 대해서는 선뜻 이해하기 어려운 바가 없지

---

9) 1906년 3월의 '京釜鐵道買收法'에 의한 이들 철도의 買收조건은 從事員(1,791명) 등 일체의 조직을 朝鮮統監府가 인수함은 물론, 매수가격은 당시의 京釜/京仁線 총 369.8km에 대한 資産평가액은 2,012만 円이지만, 실제로는 그밖에 일본 정부가 速成공사비 보조금으로 지급한 2,200천 円, 정부 대여금 158만 円, 社債 引受 보증금 1,000만 円, 그리고 京仁線에 대한 대여금 97만 円 등의 負債를 탕감하는 식으로 처리되어, 이를 합하면 통감부의 총 매수대금은 약 3,500만 円에 이르는 셈이었다. 그리고 京義線과 馬山浦線에 대해서는 각각 1,091만 円 및 91만 円으로 책정하여 臨時軍用鐵道監部로부터 조선통감부로 이관토록 했다. 따라서 당시 조선통감부의 조선철도 4개 노선에 대한 총 인수대금은 약 4,700만 円 규모에 이르렀다 − 『朝鮮鐵道史(1)』(創始時代), pp. 538~545, 582~583 및 『한국철도100년사』, pp. 293 참조.

않다고 해야 한다.

이를테면 일본으로서는 당시 大陸進出이라는 원대한 역사적 課業을 앞에 놓고 과연 무슨 일부터 먼저 손댈 것인가를 고민한 나머지, 아마도 그것이 앞으로 급속히 늘어나게 될 人的/物的 수송(軍事的 목적 포함) 문제일 것으로 보고, 여기에 효율적으로 대처하기 위해서는 무엇보다도 鐵道에 대한 管轄權을 중앙으로 통합하는 것이 急先務라고 판단하게 된 것이 아닌가 싶기도 하다. 아무튼 일본정부의 철도행정이 이처럼 우왕좌왕 하는 사이 얼마 후 1910년 8월 갑작이 韓日倂合이라는 일대 정치적 變革을 맞게 되자, 日本은 다시 朝鮮總督府 내에 독자적인 鐵道局을 설치하고 지난 해 12월 일본정부(遞信省) 直轄체제로 넘어간 지 불과 몇 달 만에 그것을 다시 總督府로 환원시키는 조치가 취해질 수밖에 없었던 것이 아닌가. 이러한 還元조치는 일본정부 직속의 日本鐵道院으로 조선철도 관할권이 넘어간 지 불과 8개월 만의 일이었다.[10]

아무튼 鐵道 관할권이 다시 독자적인 총독부 관리체제로 넘어오면서 朝鮮鐵道는 발 빠른 성장을 가져왔다. 조속한 국유철도 路線의 新/增設에다가 기타 私設 철도의 新設까지 크게 보태졌기 때문이었다. 이를테면 1910년에 平壤-진남포 간의 平南線(55.3km) 개통을 비롯하여, 1911~14년간에 湖南線(88.5km)과 京元線(222.3km)의 2개 幹線 路線이 개통되고, 1915~17년간에는 咸鏡南部線과 北部線 등이 연달아 개통됨으로써 1910년대 곧 식민지 初期 불과 10년 사이에 이미 국내 주요 幹線 鐵道網은 거

---

10) 이러한 철도행정의 拙速性(졸속성)에는 쉽게 납득하기 어려운 바가 없지 않다. 여기서 한 가지 중요한 의문을 제기해봄직 하다. 1906~09년 統監府 시절까지만 하더라도 일본은 한국을 식민지로 완전히 병합할 계획을 세우고 있지 않았던 것이 아닌가 하는 의문이 그것이다. 1905년 乙巳條約 체결 당시에 이미 머지않은 장래 朝鮮을 완전한 植民地로 만들 계획이었다면, 굳이 1909년에 일본정부(遞信省) 내에 부랴부랴 日本鐵道院을 신설하여 조선통감부 산하의 鐵道廳 기능을 그처럼 조급하게 이관시킬 필요성이 있었겠는가? 그뿐 아니라 1910년 한일병합과 동시에 이 鐵道 관리권을 다시 日本鐵道院으로부터 조선총독부로 넘긴 것도 쉽게 이해하기 어렵지 않은가. 아무튼 철도 管轄에 대한 이런 拙速 行政이 당시 일본의 조선 倂合 결정의 타이밍과 어떤 관련이 있을 것이라는 추측을 낳게 하고 있다.

의 대부분 구축되기에 이르렀다.[11]

2) 倂合 이후의 鐵道管理體制

이러한 超스피트의 속한 개발과정을 거쳐 1915년에 이르면 日本-朝鮮 -南滿洲간의 3지역 철도연결망이 구축되고, 그를 계기로 1917년에는 조선철도의 운영권을 상대적으로 시설규모가 큰 南滿洲철도(株)에 넘기는 이른바 委託經營體制로 넘어가게 된다. 이는 당시 일본정부의 소위 朝鮮과 滿洲를 철도로 연결한다는 '鮮滿一如'의 정치적 슬로건에 부응하여 우선 철도행정에서부터 실천에 옮긴다는 취지에서 이루어진 파격적인 조치였다. 그러나 이 委託경영체제는 오래 가지 못하였다. 그 후 7년이 지난 1924년에 이 위탁경영체제는 그간의 여러 가지 운영상의 문제점이 露呈됨으로써 더 이상 지속되지 못하고 다시 과거의 총독부 直營體制로 환원되었기 때문이다. 이러한 조기 還元조치가 불가피하게 된 배경에는 무엇보다도 朝鮮과 滿洲를 하나로 묶는다는 鮮滿一如 정책 자체에 무슨 근본적인 문제점이 있었던 것으로 보아야 하고, 조선철도의 관리문제는 어디까지나 朝鮮에 대한 총체적인 식민지정책의 일환으로 다루어져야 한다는 현실적 요구가 강하게 제기되었기 때문이라 할 것이다. 이로써 식민지 조선의 鐵道 관리권을 법적으로 일본의 완전한 植民地로 볼 수 없는 滿洲의 南滿洲鐵道(주)에 맡기겠다는 당초의 정책적 판단이 크게 잘못된 것이었다는 사실이 드러난 셈이다.

4. 鐵道의 路線 확장과 資金調達

1) 鐵道의 增設과 확장계획

앞의 〈표 3-1〉에서 보았듯이, 1910년 8월 병합 당시 조선철도의 총연

---

11) 철도청, 『한국철도 100년사』, p. 187 참조.

장은 1,053km(私設철도 10km 포함)에 달하였다. 이는 병합 이전의 大韓帝國期에서부터 1905~1910년간의 통감부 시절에 걸쳐 일본의 민간회사 및 軍部에 의해 부설된 京仁線, 京釜線, 京義線, 馬山浦線 등으로 이루어지는 총연장의 線路 길이였다. 그러나 이들은 1906년에 통감부에 의해 民營철도(私鐵)도 모두 國有化 조치됨으로써 조선철도는 일찍부터 국유/국영체제로 바뀌었다는 사실을 잊어서는 안 된다.[12] 그럼 국영체제로 바뀐 이후에 조선철도 사업은 어떻게 전개되었는가?

1910년 병합 이후에도 조선총독부의 철도사업에 대한 熱意는 지난 統監府 시절의 그것에 비해 조금도 수그러들지 않았다. 총독부는 당시 "國防共衛/經濟共通"의 슬로건 아래 國防을 강화하고 經濟를 발전시킨다는 두 가지 기본 목표를 동시적으로 추진하기 위해서는 무엇보다도 조속한 鐵道網의 확충이야말로 그를 위한 先決조건이라고 믿고 있었다. 그리하여 병합 이후에도 총독부는 계속하여 조선철도의 新設 및 확장을 위해 많은 노력을 기울였다. 이를테면 「朝鮮國有鐵道 12개년계획」이나 「鐵道增強 5개년계획」 등의 대규모 中/長期 철도확충계획을 수립하고 강력히 추진한 사실이 바로 그것을 말해준다. 統監府 시대까지를 포함하는 약 40년간의 植民地 통치기간이 끝나는 1945년 8월 당시 조선철도의 총 延長(營業線 기준)은 國鐵 5,038km, 私鐵 1,368km로 도합 6,406km에 이를 정도였다. 여기에 또한 이미 開通은 되었으나 여러 가지 사정으로 임시 休業 중인 休止線이 國鐵 80km, 私鐵 90km까지를 보탠 開通線 개념으로 본다면, 국철

---

12) 이 무렵 京釜鐵道(주)에 의해 건설된 京仁線, 京釜線과는 완전히 성격이 다른 순수한 의미의 민간자본에 의한 私設鐵道도 동시적으로 등장하게 된다. 이는 일찍부터 일본과의 관계가 밀접했던 釜山 지역에서 먼저 시작되었는데, 그 대표적 케이스로 釜山鎭-東萊溫泉 간을 연결하는 9.9km의 철도 부설을 위한 釜山軌道(주)(자본금 10만 円, 社長 일본인 大池忠助)의 경우를 들 수 있다. 同社는 1909년 大韓帝國 內務部로부터 설립허가를 받고 곧장 建設工事에 착수하여 동년 12월에 공사를 끝내고 영업을 개시하게 되는 한국 최초의 私鐵이라 할 수 있다. 또한 1906년에는 釜山 市內의 電車 영업을 위한 韓國瓦斯電氣(주)가 한국정부에 설립허가를 신청하였으나 객관적 사정이 여의치 않아 계속 지연되다가 1910년에 가서야 겨우 허가를 받게 된 사실도 있다. - 『한국철도100년사』, pp. 433~434 참조.

	國 鐵	私 鐵	합 계	주 요 開 通 線
1899~1909	1,044	10	1,054	京仁線 (42.3), 경부선 (432.8), 경의선 (527.8), 馬山線 (40.4)
1910년대	780	375	1,155	호남선 (88.5), 京元線 (222.3), 平南線 (55.3), 함경선 (217.2),
1920년대	896	537	1,433	함경선 (226.1), 鎭海線 (22.6), 전라선 (134.6), 平元線 (67.0), 慶東線 (115.5)*
1930년대	1,339	647	1,986	동해선 (265.6), 滿浦線 (230.0), 중앙선 (92.6), 전라선 (112.9), 惠山線 (247.0), 白茂線 (136.8), 京春線 (87.3)*, 長項線 (44.2)*, 水仁線 (52.0)*
1940~45 8월	923	-136	787	중앙선 (252.6), 白茂線 (54.8), 황해선 (41.7), 平元線 (212.6), 영동선 (143.5)
합 계	4,982 (5,038)	1,433 (1,368)	6,415 (6,406)	※ 합계의 ( )수치는 해방 당시 각 노선별 營業 線의 총연장임.

자료 : ① 철도청, 『한국철도100년사』, 1999, pp. 1041~1045, ② (財)鮮友會, 『朝鮮交通史』(本文編), 1986, pp. 4~7, ③ 같은 책(資料編), pp. 39~41, ④ 기타 자료에 의함.
주 : 1) 합계는 해방 당시 營業線의 총연장을 가리키는 것이나, 각 연대별 개발실적 합계와 각 노선별 개발실적(괄호 내 수치) 간에는 약간의 차이가 있다. 여기에는 ① 국가에 의한 私鐵의 買收(國有化)조치가 빈번히 일어나고, ② 國鐵이 私鐵을 임시借用하거나, 반대로 國鐵 운영을 私鐵에 일시 위탁하는 경우 등이 흔히 있어, 國鐵/私鐵 간의 거리 계산 등에 錯誤(착오)를 가져오거나, ③ 開通線, 영업선/假영업선, 休止線, 未개통선 등 다양한 이름에서 오는 線路 개념의 혼란이 통계작성에 혼란을 가져온 경우도 있기 때문임.
2) *표는 어느 정도 규모 이상의 私鐵을 가리킴.

5,118km, 사철 1,458km에 이르러 총연장 6,576km에 달하였다. 또한 당시 敷設工事 중이거나 공사 중단 중인 未開業線이 8·15 당시 國鐵 875km, 私鐵 199km에 달하고 있음을 감안한다면,[13] 총 철도 연장길이는 그만큼 더 늘어날 것으로 볼 수 있다. 이 未開業線과 임시 休止線을 제외한 營業線 (6,406km)만을 기준으로 하더라도, 8·15 당시의 조선철도 연장길이는 1910 년 병합 당시의 1,053km 대비 무려 6배 이상 확장되었다고 할 수 있고, 이 한 가지 사실만으로도 식민지기 조선 철도사업이 얼마나 활발하게 추진 되었는가를 충분히 가늠해볼 수 있다.

---

13) 이 未開業線에는 國鐵의 경우 東海線 일부(襄陽-浦項 273km)이나 慶全線 일부(晉州-順天 등 116km), 그리고 私鐵의 경우 忠北線(충주-영월 84km) 등이 포함된다 - (財)鮮交會, 『朝鮮交通史』, 1986, pp. 4~7(朝鮮鐵道一覽表) 참조.

철도사업의 이러한 發展相에 대해 1910년대부터 1945년 해방 당시까지 연대별로 國鐵 중심의 신규 선로의 확장 추이를 좀 더 구체적으로 살펴보자. 일찍이 통감부 시대 軍用철도로 착공된 京元線(京城-元山)이 土地 구입난, 岩壁(암벽)으로 인한 터널 工事難 등 그동안 숱한 우여곡절을 겪고 1914년에야 어렵게 준공을 보게 되었는가 하면, 1912년에는 호남선(大田-裡里)이, 1916년에는 함경남부선(元山-영흥)이, 1917년에는 함경북부선(淸津-회령)이 일부 구간씩이나마 준공을 보게 되었다. 이들을 포함하여 1910년대에 개통된 線路 총 연장은 私鐵 375km를 포함하여 모두 1,155km에 달하였다.

1920년대에 들어 일본은 강력한 朝鮮鐵道 장기개발계획과 함께 鐵道 확충계획을 세우고 적극적으로 추진하였다. 1925년 조선철도에 대한 관할권이 다시 滿洲鐵道로부터 총독부로 환원되자, 이를 계기로 자체적인 개발이 가능하게 된 총독부는 더욱 강력한 長期 鐵道開發計劃을 수립하였는바, 그것이 이른바 「朝鮮國有鐵道 12개년계획」(1927~38년)이라는 이름으로 나타났다. 동 「12개년계획」은 총 소요자금 3억 2천만 円을 투입하여, ① 총 1,706km의 국유철도 신설과 338km의 기존 私設철도를 매수(국유화)하고, ② 모든 철도노선의 標準軌道로의 一元化 조치, ③ 주요 幹線鐵道의 複線化 사업 추진 등 그야말로 매우 거창하고 의욕적인 내용으로 편성되어 있었다.[14]

이 「12년계획」에 따라 부설된 대표적인 線路를 들라면, 우선 北鮮 지방에서는 ① 最北端의 雄基-潼關鎭(동관진) 간을 잇는 圖們線(도문선, 156km)을 비롯하여, ② 그 아래 吉州-惠山鎭간을 잇는 惠山線(142km), ③ 平北 內陸을 관통하여 滿洲 국경에 이르는 滿浦線(順川-滿浦鎭, 286km)의 3개 노선을 들 수 있다. 이들 노선은 비록 幹線철도라고는 할 수 없는 支線으로 취급되지만, 우선 鮮/滿 국경을 연결한다는 군사적 중요성은 말할 것

---

14) 철도청, 『한국철도100년사』, 1999, pp. 96~99 참조.

도 없고, 그밖에 이 지역의 풍부한 地下자원과 山林자원의 개발과 이용이라는 경제적 측면에서의 그것의 중요성은 매우 크다고 하지 않을 수 없다. 그 대신 南鮮 쪽에서는 ④ 東海岸을 가로지르는 元山에서 慶北 浦項을 잇는 東海線(549km), ⑤ 경남 晉州에서 全北 全州를 잇는 慶全線(251km) 부설 계획을 「12년 계획」의 대표적인 케이스로 들 수 있다.

이상 「12년계획」에 의한 5개 주요 신규 철도부설계획의 성과는 어떠했는가? 앞의 北鮮 지방의 3개 노선(①, ②, ③)는 비록 약간의 工期 연장은 있었으나 대체로 계획대로 준공을 보았다고 하겠으나, 南鮮 지방의 2개 노선(④, ⑤)은 예정대로 추진되지를 못하고 도중에 중단되고 말았다. 그럼 어떻게 하여 南/北鮮 간의 철도개발에 있어 이러한 현저한 성격 차이를 가져왔을까? 北鮮의 3개 노선은 地下資源 개발이나 대외무역(滿洲-日本을 잇는) 등 뚜렷한 개발의 목적이 주어지고 있어 철도개발에 박차를 가할 수 있었으나, 반면 南鮮의 2개 노선은 경제적으로 뚜렷한 이익이나 목적을 찾아 볼 수 없는 단순히 旅客 수송이라는 소비성 철도에 불과했다는 점이 크게 영향을 미치게 되었을 것이며, 그밖에도 당시 상대적으로 落後된 北鮮 지역에 대한 우선적 개발이라는 정치적 요구도 또한 그 나름의 영향을 미쳤을 것으로 볼 수 있다.

이 「12개년계획」의 계속적인 추진과 더불어, 1930년대 후반 총독부가 강력히 추진한 또 하나의 철도개발계획이 있었다. 所要 자금 6,500만 円이라는 막대한 예산을 투입하여 京城(청량리)에서 慶州를 잇는 全區間 382.5km에 이르는 대규모 사업으로 中央鐵道부설계획(1936~40년)이 그것이다. 당시 '中央線 계획'[15]으로 알려진 이 프로젝트는 「12개년계획」과 동시적으로 추진한다는 방침 아래, 기존의 京釜線 철도를 보완하는 기능

---

15) 처음 路線名을 가존의 京釜線과 건설 중인 東海線의 중간을 관통한다고 하여 '中央線'으로 命名하였으나, 東海線의 건설이 부진한 가운데 1939년 일찍 준공된 線路의 임시 개통을 앞두고 京城-慶州 간의 철도라 하여 일단 이름을 '京慶線'으로 바꾸었다가, 1945년 해방 후 다시 원래의 이름인 '中央線'으로 고쳐 부르게 되었다.

을 가지면서도, 다른 한편 경기-충북-강원-경북 등 4개 道에 걸친 農/山村 奧地(오지)의 交通과 物産(자원 개발)의 振興을 위한 순수한 경제적 목적을 띤 개발이었다는 점이 특징적이라 할 수 있다. 1936년에 착공하여 南/北으로 여러 工區로 나누어 동시적으로 추진되었는데, 그럼에도 중간에 竹嶺터널 등 山岳지대를 통과하는 難工事가 허다하여 6년 후인 1942년에야 마지막 工區(原州-安東)까지 준공할 수 있었다. 이밖에도 「12개년계획」과 관련하여 총독부는 京釜線, 京義線 등 주요 幹線의 複線化 사업을 추진함은 물론, 狹軌(협궤)의 私設철도를 매수하여 標準軌로 바꾸는 改軌(개궤)사업 등도 적극적으로 추진했다. 이 改軌사업으로 철도의 積載量을 늘림은 물론 運行速度의 스피드 업, 運行回數의 증가 등을 통해 철도운영의 효율성을 크게 향상시킬 수 있었다고 봐야 한다.

다른 한편, 총독부는 이 「12개년계획」기간에 私設鐵道의 매수를 통한 철도의 國有化사업을 더욱 적극적으로 추진했다. 私鐵 가운데 예컨대 國鐵 幹線과의 연결을 보완하거나 확장하는 기능을 갖는 등 중요하다고 생각되는 私鐵의 경우는 총독부가 이를 적극적으로 매입하여 國鐵體制 속으로 편입시키는 계획을 추진했다. 그런데 문제는 이러한 私鐵의 國有化계획 이전에 어떻게 하여 당시 강력한 國鐵 중심의 조선철도 개발체제하에서 私鐵이 그 정도로 활발히 개발될 수 있었으며 또한 國鐵과의 힘든 경쟁관계를 어떻게 유지할 수 있었는가 하는 의문이 중요하게 제기된다는 점이다.

돌이켜 보면, 1890년대, 당시 처음 조선철도가 개발되기 시작할 때는 京仁線, 京釜線 등에서 보듯이 대부분 민간자본에 의한 私鐵 성격이었다고 할 수 있으나, 그 開發權이 전적으로 일본정부로 넘어가면서 國鐵 방식으로 바뀌었다고 말할 수 있다. 일본이 1906년 鐵道國有化法을 제정하면서 정책적으로 國鐵시스템을 채택하게 되자, 병합 이후의 조선철도 역시 기본적으로 國鐵體制로 넘어가지 않을 수 없었다. 그러나 國鐵 중심 체제라 하더라도 거기에는 막대한 소요 자금을 정부 豫算으로 충당해야 하는 부담이 따를 뿐 아니라, 경우에 따라서는 私鐵의 필요성을 완전히 무시할 수 없음도 또한 현실적인 요구였다는 점이다. 이를테면 線路의 성격에 따라서는 國鐵의 代行的 또는 補完的 기능을 행사할 私鐵의 필요성은 계속 인정되어야 할 것이며, 또한 각종 지원책을 동원해서라도 민간자본에 의한 私鐵 건설을 장려하는 정책도 동시에 강구하지 않을 수 없었다고 해야 한다. 여기에 건설비의 일부 보조, 借入金의 알선 및 利子 보조, 株主에 대한 一定率 이상의 配當 보증 등의 지원책을 앞세워 철도사업에 보다 많은 민간자본을 끌어들이고자 하였다.

적극적인 정부 지원에 힘입어 1910년대에 이미 全北輕便철도(주)(裡里 -全州 간 25km), 조선중앙철도(주)(大邱-鶴山, 104km) 등을 비롯하여, 1918년 현재 모두 6개 私鐵 회사에 총 영업노선 227km에 이르게 되고, 그 후 1920 ~30년대 들어서는 私鐵의 확장사업이 더욱 활기를 띠게 되었다. 물론 이 시기 정부의 國鐵 중심의 「12개년계획」사업과 맞물려 주요 私鐵 5개 노선의 國有化 조치가 이루어짐으로써, 일시적인 私鐵 萎縮(위축) 현상을 보이기도 하지만 1940년대 太平洋戰爭期에 들면서 시대적 요구에 부응하여 國鐵과 마찬가지로 私鐵의 경우도 계속 시설확장을 멈추지 않았다고 해야 한다. 이러한 사실은 당시 조선의 철도사업이 민간에게 있어서도 각종 정부(총독부) 지원에 힘입어 매우 매력적인 투자대상이었음을 말해주고 있을뿐더러, 그 건설의 主體는 어디까지나 1909년의 釜山軌道(주) 사례를 통해서도 알 수 있듯이, 그 대부분이 조선 居住 일본인(기업가)에 의한 철도투자였음은 두말할 나위도 없다.[16]

당시 私鐵의 영역 확대가 활발하게 이루어지는 가운데, 총독부에 의한 私鐵의 買收(국유화)계획 역시 적극적으로 추진되었다. 우선 「12개년계획」의 일환으로 매수된 케이스를 들면, ① 慶南線(마산-晉州, 70km), ② 全南線(松汀里-담양, 37km), ③ 慶東線(대구-鶴山, 西岳-울산, 148km). ④ 圖

---

16) 朝鮮人 資本에 의해 건설된 예외적인 케이스는 京春線(청량리-春川)과 朝鮮平安철도(진남포-용강온천)의 2개 정도였던 것으로 알려지고 있다 - 전게서, p. 465 참조.

們철도(會寧-潼關鎭, 58km), ⑤ 全北철도(裡里-전주, 25km)등이 그 대표적인
線路들이다. 또한 이러한 國有化 조치는 1930년대 들어서도 계속되었는
데, 1933년에 价川철도(新安州-泉洞, 36.9km), 1936년에 南朝鮮철도(順天-여
수, 寶城-光州, 160km), 1940년에 조선철도 소속의 慶北線(金泉-店村, 60km),
1943년에 多獅島철도(신의주-多獅島, 39.3km), 1944년에 조선철도 소속의
黃海線(沙里院-하성, 41.7km), 釜山臨港철도, 西鮮中央철도, 北鮮拓殖철도
등이 순차적으로 정부에 의해 매수되어 國鐵체제에 편입되었다(철도청,
1999 ; 477~478), 이리하여 私鐵의 경우 한편으로는 활발한 신규 건설이 이
루어지면서도, 다른 편으로는 정부에 의한 계속적인 買收(국유화)조치가
동시에 이루어짐으로써, 私鐵의 영업선로는 시기별로 크게 起伏을 보이
었다. 즉 1939년까지는 약간의 기복은 있었지만 그래도 줄곧 증가추세를
나타내어 영업선이 1,957km에 이르렀으나, 그 후 1940년에는 1,749km로
줄었다가 1943년에는 다시 1,853km로 회복되었다가 1945년 해방 당시는
1,368km로 현저히 줄어드는 추세를 나타내었다.[17] 결과적으로 私鐵의 영
업선 축소는 반드시 동일 규모로는 아니라 할지라도 거의 그대로 國鐵의
영업선 확대로 이어졌다고 말할 수 있다.

종합컨대, 일찍이 일본인에 의해 1899년 최초로 京仁線이 개통된 이래
1945년 8월 일본 통치로부터 해방될 때까지의 약 45년이라는 기간에 한국
철도는 無에서 有를 창조했을 뿐 아니라 엄청난 발전상을 시현하여 해방
당시 開通線 기준으로 철도연장선이 6,576km에 달하였다. 이는 대부분
國鐵 중심의 基幹線이 5,118km로 전체의 약 78%를 차지하고, 나머지 22%
에 해당하는 1,458km가 私鐵 중심의 支線으로 구성되었다. 따라서 식민
지기 조선철도는 어디까지나 國鐵 중심으로 개발되었음을 분명히 해 둘
필요가 있다.[18] 아무튼 해방 당시 한국철도의 총연장 6,576km는 지난 철

---

17) (社)鮮交會, 『朝鮮交通史』(資料編), 1986, p. 56 참조.
18) 당시 만주국과 일본 內地와의 연락망 구축을 위해 1935년 北鮮 지역의 철도 일부를 滿洲鐵道
에 委託經營하는 제도를 채택하여 총 328.5km (그 후 329.2km로 변경)를 20년간 경영을 위탁

도개발기라 할 45년 동안 매년 평균 146km씩의 新規 線路를 건설한 셈이다. 식민지기라는 특수 사정 속에서 그리고 당시 일본(총독부)의 철도개발의 목적이 어디에 있었든 간에, 이처럼 단시일 내의 비약적인 철도 건설업적은 世界鐵道 개척사에 있어서도 쉽사리 그 先例를 찾아보기 어려운 특수한 경우라고 할 수 있다. 그리고 이렇게 만들어진 조선의 철도망은 해방과 더불어 南/北韓에 반쪽 식으로 갈라지는 절름발이 모습으로나마 대단히 중요한 植民地 遺産으로 이 땅에 남겨졌다고 할 수 있다.

2) 鐵道事業을 위한 資金調達

初期 조선 철도사업의 일본 측 主體는 민간 사이드에서의 京釜鐵道(주)와 정부 사이드에서의 臨時軍用鐵道監部의 두 개 기관이었으며, 前者가 京仁線과 京釜線을, 後者가 군사적 목적의 京義線과 馬山浦線을 각각 부설하였음은 이미 살펴본 바 있다. 그러나 초창기의 이 두 개 철도개발의 主體는 그 수명이 오래가지 못하였다. 前項의 철도사업 一元化란에서 이미 살펴본 것처럼, 일본정부가 모든 철도의 一元化, 곧 國有化 조치를 단행하는 바람에 이들 기관이 모두 정부에 흡수, 통합되었기 때문이다(각주9 참조). 이를 사람들은 철도사업의 一元化 조치라고 부르지만 알고 보면 國有化 조치에 다름 아니었고, 따라서 이후부터는 지방별 소규모 支線 건설을 위한 私設鐵道의 경우를 제외한 나머지 대부분의 철도사업이 모두 國營으로 이루어짐으로써 거기에 들어가는 所要 資金 역시 일본정부에 의한 國庫資金으로 支辨되는 방식으로 바뀌었다.

그렇다면 주로 일본정부의 國庫資金으로 조선철도사업에 투입된 자금 규모는 어느 정도나 되었을까. 1910년에서 1943년 말까지 투입된 자금규모를 연대별로 정리해보면 다음 〈표 3-3〉에서 보는 바와 같다. 이 기간에 대체로 총액 14억 8,000만 円에 달하는 資金이 철도사업에 투입되었다고

한 일이 있다. 이를 위해 滿鐵은 1936년 국경 도시 咸北 羅津에 北鮮鐵道사무소를 설치하고 직접 경영을 담당하기도 하였다 – 같은책, pp. 83~84 참조.

할 수 있는데, 그중 90.8%에 해당하는 13억 4,500만 円이 총독부 투자에 의한 것으로 되어 있다. 더욱이 초기 1910~11년간에 들어간 1억 500만 円은 그 이전의 일본 정부(국방부) 예산 또는 京釜鐵道(주)에 의한 것이었음으로 이 기간에는 총독부 지원이 총 투자의 겨우 8.6%에 불과했다. 이 기간을 제외한 1912년부터 1943년도까지는 총독부 투자의 몫이 항상 96~97%에 달할 정도로 압도적이었다. 이렇게 볼 때, 日政 시대 조선의 철도사업을 위한 所要 자금은 거의 전적으로 총독부 예산에 의한 일본정부의 國庫 資金으로 충당되었다고 해도 과언 아니다.

조선총독부는 그럼 이 거액의 철도사업자금을 어떤 방식으로 조달하였는가? 이전의 統監府 시절에는 일본정부의 일반회계에서 넘어오는 일종의 철도사업용 財政資金으로 충당하는 식이었으나, 그 후 철도업무가 총독부로 이관된 이후에는 총독부가 직접 소요 자금을 조달해야 할 시스템으로 바뀌었다. 이 막대한 자금을 총독부가 그 해 일반예산에 포함시켜 하나의 예산 항목으로 편성한다는 것은 사실상 불가능한 일이었다. 어쩔 수 없이 총독부는 소요 자금의 대부분을 鐵道公債를 발행하여 조달하는 방식을 취하지 않을 수 없었다. 즉 철도의 新/增設이나 改良에 따른 시설 확충을 위한 비용을 비롯하여 私設철도의 買收費 등에 이르기까지 모든 비용을 이 公債발행을 통해 조달하는 길 외에 다른 방도가 없었다. 이를테면 1938년도 말 현재의 총독부 事業公債 발행실적 총 6억 3,400만 円 가운데 철도 건설 및 개량비로 4억 9,600만 円, 私鐵 買收費로 2,700만 円, 도합 5억 2,300만 円으로 되어, 철도사업 관련 資金이 전체 公債 발행액의 무려 82.5%를 차지할 정도였다.[19]

이 5억 2,300만 円은 또한 1938년도 말 당시까지의 철도 관련 총독부 총 투자액 5억 9,500만 円의 87.8%를 차지하는 비중이다. 이러한 현상은 다음 〈표 3-3〉에서 보는 것처럼, 1938년 이후에 들어서도 그대로 지속되

---

19) 朝鮮殖産銀行調査部, 『殖銀調査月報』, 제20호, 1940, pp. 17~18 참조.

<표 3-3>   연대별 鐵道事業 投資額 中 總督府 投資 비중

(단위 : 千 円)

	총 투자액 (A)	總督府 투자액 (B)	B/A (%)
1905 ~ 11년	36,521*	9,013**	24.7
1912 ~ 19년	74,644	71,520	95.8
1920 ~ 29년	192,046	184,334	96.0
1930 ~ 39년	488,518	475,703	97.4
1940 ~ 43년	618,915	604,038	97.6
합 계	1,480,100	1,344,609	90.8

자료 : 朝鮮總督府鐵道局,『朝鮮鐵道四十年略史』, 1940, pp. 578~579, (財)鮮交會,『朝鮮交通史』, p. 735.
주 : 1) 합계는 1943년 말 현재의 年間 투자액의 累計이므로 각 항목의 합계와는 차이가 있음.
   2) * 는 통감부 시대의 투자액이고, ** 는 1911년의 총독부에 의한 투자액임.

었을 것으로 볼 수 있으므로 당시 조선철도사업에 대한 총투자의 대부분
(90.8%)이 총독부에 의한 투자라고 하면, 이는 곧 그 投資財源의 대부분을
鐵道公債 발행을 통해 조달한 것으로 해석할 수 있다.

鐵道公債를 비롯한 이들 총독부 발행의 각종 公債는 그럼 어떤 방식으
로 소화시켰는가? 예컨대 금융시장을 통해 민간 투자가에게 매각하는 보
통의 방법으로 소화시킬 수 있었으면 좋으련만, 당시의 사정으로는 그런
消化방법을 기대할 수 있는 형편은 아니었다. 결국 그것은 정책적으로 일
본정부에 의해 정부 예산(國庫資金)으로 일괄 인수하는 방식으로 해결할
수밖에 없는 입장이었다.

日政 시대 일본 國庫資金의 朝鮮 流入 루트는 대체로 다음 세 가지였
다. 하나는 식민지 경영과 직접 관련되는 총독부 行政費를 지원하는 보조
금 성격의 자금, 둘째는 조선에 대한 식민지 경영 보다는 오히려 일본의
大陸經營과 밀접히 관련되는 軍事費, 셋째로는 조선에 대한 경제적 개발
을 목적으로 하는 총독부 발행의 각종 公債 買入을 위한 자금이 그것이었
다.[20] 바로 이 세 번째의 일본정부가 일괄 인수하는 총독부 발행의 公債 가
운데 가장 중요한 몫을 차지하는 것이 바로 이 鐵道公債였다고 할 수 있

20) 제2장 제2항(國庫資金 란), pp. 60~61 참조.

다. 따라서 日政 시대 그처럼 활발하게 추진된 조선의 철도건설 사업은 따지고 보면 밖으로 들어난 개발 및 관리 등에 따른 일반 행정적 업무는 조선총독부 所管이었다고 할 수 있지만, 실제로 그에 대한 支配 내지 所有에 따른 오너십은 사실상 일본정부에 歸屬되어 있었다고 보아야 한다. 이런 관점에서 식민지 시대 조선의 鐵道業은 여타의 산업과는 뚜렷이 구별되는 특수한 성격의 國營사업이었다고 말할 수 있다.

5. 解放 당시의 鐵道 사정

1945년 8월 해방 당시 한국철도의 全體像은 과연 어떤 모습이었을까? 〈사진 3-1〉에서 보는 바와 같이, 그것은 全국토를 X자형으로 가르는 4개의 幹線을 主軸으로 하고, 그로부터 다시 수많은 支線으로 갈라지는 그야말로 전국적으로 놀라울 만큼 촘촘한 鐵道網을 구축해놓았음을 볼 수 있다. 이 地圖만을 놓고 보더라도 日政 시대 다른 산업, 예컨대 농수산업이나 광공업, 건설업이나 금융업, 流通業 등 그 어느 분야와 비교하더라도 이 鐵道業 만큼 비약적인 발달을 가져온 산업은 결코 찾아보기 어렵다고 해야 한다. 다시 말해 철도업의 발달은 그 어느 산업보다 항상 몇 걸음 앞질러 나아갔다고 할 수 있다.

조선에 대한 일본 식민지정책은 애당초부터 두 가지 기본 목표를 동시에 추구한 것으로 알려지고 있다. 하나는 식민지 朝鮮의 開發이라고 하는 일반론적인 植民地政策 그 자체라고 할 수 있고, 다른 하나는 일본의 大陸進出/經營이라는 원대한 비전의 실현을 위한 정치적, 군사적 목표가 그것이었다. 이 두 가지 목표를 실현하기 위해서는 무엇보다도 먼저 人的/物的인 교통수단의 해결이 전제되어야 하고, 또 그를 위해서는 먼저 近代 교통의 寵兒(총아)로 불리는 鐵道의 부설과 확장이 필수적 조건이라고 하지 않을 수 없다. 이런 시대적 요구를 반영하여 지난 식민지 통치 기간에 있어 일본정부/조선총독부는 한 시도 빠짐없이 조선 철도업의 육성을 위해 최대한의 心血을 기울였다고 할 수 있다. 그리하여 1945년 해방 당시의 朝鮮의 鐵道 사정은 전후 정치적 독립을 가져오는 新生 開途國 중에서는 물론이고, 적어도 아시아지역에서는 日本 다음으로 제2의 鐵道 선진국으로 올라섰다고 해도 좋을 것이다.[21]

이상과 같은 해방 당시의 조선철도의 實狀은 두말할 것 없이 일본에 의한 강력한 식민지 철도개발정책의 産物이라고 할 것이지만, 더욱 중요한 것은 이러한 鐵道 관련 시설 일체의 財産이 해방과 함께 美軍政을 거쳐 植民地 遺産의 일환으로 고스란히 이 땅에 남겨졌다는 사실이다.[22]

물론 美軍政 3년을 거치는 동안 鐵道시설 면에서 재산 상의 상당한 價值 毁損(훼손)을 가져온 것은 사실이나, 그래도 철도의 線路나 車輛, 驛舍 등의 기본 시설만은 대부분 그대로 존속된 것으로 볼 수 있고, 그것은 1948년 9월 한국정부 수립과 함께 現狀 그대로 美軍政으로부터 한국정부에 이관되었다고 말할 수 있다. 혹자는 일본이 남겨준 귀속재산이 미군정 기간에 대부분 亡失되거나 못쓰게 되는 것으로 주장하지만, 그것은 일부 鑛工業 시설과 관련된 얘기이고, 이 철도 시설과 관련해서는 상관 없는 얘기라 할 수 있다. 예컨대 땅위에 설치된 철도 線路나 車輛 등이 저절로 한

---

21) 참고로 1945년 해방 당시 國土 면적 1,000km² 당 각국의 철도 線路 길이를 비교해 보면, 세계 철도 宗主國이라 할 영국의 12.7km를 최고로, 프랑스 7.8km, 미국 5.0km, 일본 5.9km 등으로 되어 있는가 하면, 한국은 2.9km로 일본의 절반 수준이었다. 이 무렵 다른 개도국의 鐵道 관련 통계를 구하기 어려워 직접 비교할 수는 없으나, 아시아 지역에서는 분명히 일본 다음의 두 번째 鐵道 선진국이었다고 해도 결코 과장된 표현이 아닐 것이다 – 朝鮮銀行調査部, 『朝鮮經濟年報』– 1948년판, p. Ⅰ-157.

22) 해방과 함께 朝鮮으로 넘어온 식민지 鐵道 遺産의 실물적 가치는 어느 정도나 되었을까? 일본 정부(大藏省管理局)에서 나온 한 자료에 의하면, 1945년 8월 당시까지 일본정부/조선총독부가 철도사업을 위해 투자한 총 투자액(누계)이 18억 5,000만 円에 달하는 것으로 추계하고 있다. 그리고 이것을 자료 작성 당시인 1947년 12월말 時價로 환산한다면 무려 1,200억 円에 달하게 된다고 한다. 여기에 또한 해방 당시 일본인이 운영하고 있던 16개 私設 철도회사에 의한 투자액이 약 2억 円으로 집계되어 이를 보태면 해방과 함께 조선에 남겨진 鐵道 재산의 실제 가치는 줄잡아 1,330억 円에 이르게 된다고 할 수 있다 –「자료 4」(제18장 :「交通通信の發達」, 鐵道), pp. 40~43 참조.

국 영토 바깥으로 빠져나갈 수 없는 이상, 약간의 故障이나 또는 老朽(노후)되어 쓰지 못하게 된 경우는 있을 수 있겠으나 그것이 통째로 못쓰게 되는 경우는 있을 수 없는 일이기 때문이다. 좋든 싫든 그것이 쓸모 있는 상태로 국내에 남아 자기 기능을 행사하고 있는 이상, 韓國이 그것을 그 누구로부터 물려받은 일종의 遺産으로 되었다는 것은 부정할 수 없는 현실임에 틀림없다.

다만 한 가지 극히 유감스러운 바는 이러한 중요한 식민지 遺産이 해방과 동시에 나라가 南/北으로 갈라지는 바람에 鐵道 역시 남과 북으로 반동강이 나게 되고, 철도의 기능도 자연히 반쪽 씩 갈라지는 절름발이 신세로 전락하고 말았다는 사실이다.[23] 半身不隨의 신세로 전락한 식민지 조선철도는 구체적으로 어떤 양상으로 갈라졌는가?

日政 시대 총독부에 의한 조선철도사업은 정책적으로 南韓보다는 北韓 쪽에 더욱 큰 비중이 놓이게 되었음은 이미 앞에서 지적한 바이지만, 그 이유는 우선 면적이 북한이 남한보다 더욱 넓을뿐더러 또한 大陸진출이라는 군사적 필요성도 더욱 강하였고, 그밖에 山林資源이나 地下資源의 개발 등 경제적 측면에서도 북한이 남한에 비해 鐵道의 필요성이 한층 더 높았다고 할 수 있기 때문이다. 이런 여러 사정을 감안하고 8·15 당시 南/北韓 간의 각종 철도 施設의 분포상황을 비교해보자.

다음 〈표 3-4〉 상의 총 영업선로 6,362km 가운데, 그 58.5%(3,720km)가 북측에, 나머지 41.5%(2,642km)가 남측에 각각 분포되어 6：4 정도의 북측 우세를 나타내었고, 鐵道驛 수에 있어서도 총 762개 驛 가운데 462개 (60.6%)가 북측에, 나머지 300개(39.4%)가 남측에 남게 되어 시설면에서 북측이 상당히 우세한 실정이었다. 그러나 客車나 貨車의 보유대수에 있어

---

23) 國土가 남/북으로 갈라짐으로써 철도의 본래적 기능을 행사할 수 없게 된 대표적 線路는 京義線과 京元線 그리고 東海線이라 할 수 있다. 이 중 東海線은 完工되지 않은 탓으로 그나마 큰 영향은 없었다고 할 수 있으나, 이른바 X자형으로 南北을 가로지르는 京義線과 京元線의 2개 幹線은 38선을 경계로 완전히 그 기능을 상실하고 만 셈이다.

	단 위	남 한		북 한		합 계	
영업선로 길이	km	2,642	41.5	3,720	58.5	6,362*	100.0
驛 數	개	300	39.4	462	60.6	762	100.0
機關車 보유대수	대	488	41.9	678	58.1	1,166	100.0
客車 보유대수	대	8,424	54.9	6,928	45.1	15,352	100.0
貨車 보유대수	대	1,280	63.1	747	36.9	2,027	100.0
종업원 수	명	56,960	56.7	43,567	43.3	100,527	100.0

자료 : 철도청,『한국철도100년사』, pp. 518~519 참조.
주 : 1) * 영업선로 6,362km는 本文 〈표 3-2〉 상의 수치 6,415km(또는 6,406km)와는 40~50km 정
　　　도의 차이가 나고 있다. 그 이유는 정확히 알 수 없으나, 아마도 북한지역에서의 南滿洲鐵道에
　　　위탁경영하고 있던 線路 등이 제외된 탓이 아닌가 생각한다.

서나 철도 관련 종업원 수의 분포에 있어서는 남한이 북한보다 훨씬 높았
다. 그것은 철도차량 製作工場을 비롯한 철도 관련 각종 부대시설이 남쪽
중심으로 만들어졌기 때문이겠지만,[24] 아무튼 日政 시대 조선철도는 線路
나 驛 등 기본 施設 면에서는 아무래도 국토면적이 더욱 넓은 북한 지역
중심으로 되고, 반면 工作廠(공작창)을 비롯한 연구소, 교육/훈련원, 창고,
小貨物 운송 등 각종 부대시설이나 그밖에 철도 업무 가운데 종합적인 企
劃, 運營 등 行政 관련 업무는 아무래도 철도 本部가 있는 남한 중심으로
이루어졌다고 해야 한다.

6. 結 : 朝鮮鐵道가 남긴 것

개항 이후 일본의 (半)식민지 시대를 거치면서 한국철도는 비록 처음
부터 外國 자본과 기술에 의한 他律的인 개발방식에 의존하는 것이긴 하

---

24) 철도 관련 부대시설이란, 우선 電氣, 통신, 건축, 운수(자동차) 등 鐵道 운영과 직접 관련되는
　　시설은 물론, 그밖에 鐵道病院, 철도도서관, 철도박물관, 철도인쇄소, 鐵道人 양성을 위한 교
　　육/훈련소 등의 설치, 운영을 위한 각종 敎育-문화-보건-厚生 관련 시설 등을 가리킨다 -『한국
　　철도100년사』, pp. 272~284 참조.

지만, 매우 짧은 기간에 그야말로 경이로운 발전을 가져왔다고 해도 좋을 것이다. 앞에서도 지적된 바이지만, 1945년 8월 太平洋戰爭이 끝날 시점에서 서구 선진제국이나 日本 등 일부 선진국을 제외하고는 戰後 정치적 獨立을 가져온 제3세계 新生 開途國 가운데서는 韓國 만큼 자기 영토 안에 근대적 鐵道網을 촘촘히 구축하게 된 경우는 실로 찾아보기 어렵다고 해야 한다. 대표적 근대 교통수단이라 할 鐵道의 이같은 발달은 한국의 초기 근대화과정에서 사회경제적 변화를 불러일으키는 데 하나의 리딩섹타로서의 역할을 충분히 담당했다고 할 수 있다. 그렇다면 이러한 근대적 철도의 발달이 구체적으로 어떠한 사회경제적 역할을 담당해 왔는가를 간략히 짚어보기로 하자.

첫째, 鐵道의 등장은 무엇보다도 한국의 전통적인 구식 道路 사정에 일대 運輸革命을 불러일으켰다고 봐야 한다. 이를테면 사람이나 牛馬車 정도가 겨우 다닐 정도의 좁은 路幅에다가 그것마저 구불구불한 曲線 道路가 대부분인 실정에서, 게다가 自動車가 다닐 수 있을 정도의 新式 道路(소위 新作路)조차 제대로 만들어지기 이전에, 鐵製 발통의 汽車가 다닐 수 있는 鐵路가 먼저 부설되었다고 하면 여기에 놀라지 않을 사람이 어디 있겠는가. 이것 한 가지만으로도 철도의 등장이 당시 사람들의 의식혁명에 가져온 영향이란 감히 상상하고도 남을만 한 일이다. 더욱이 新作路 이전에 鐵路가 먼저 만들어졌다는 것은 지금까지 역사적으로 그 先例를 찾아 볼 수 없는, 그야말로 한국적 특수 현상일 뿐더러 이는 마땅히 하나의 '交通革命'이요, '運輸革命'이라고 칭해야 하지 않겠는가.

둘째, 철도의 등장은 牛馬車 등을 비롯한 기존의 교통수단과 비교하여 運送時間을 엄청나게 단축시키게 됨은 물론 運送料金도 무척 저렴하게 만들었다는 점에서 종전의 구식 交通시스템을 근본적으로 붕괴시켰다는 점을 들어야 한다. 이를테면 釜山에서 서울行 貨物 수송의 경우, 종전에는 釜山에서 仁川까지는 船便을 이용하고 仁川에서 서울까지는 다시 牛馬車나 自動車를 이용해야 하는 2단계 운송시스템이 보편적이었다면, 京釜線

철도의 개통과 더불어 이는 곧장 釜山에서 서울까지 汽車로 한 번에 直行하게 만들었다. 이 얼마나 많은 운송시간의 단축과 料金의 절약을 가져올 수 있었겠는가. 여기에서 우리는 철도 등장이 가져오는 또 하나의 혁명적인 의미를 찾아볼 수 있다.

셋째, 철도의 발달로 말미암아 지금까지는 그 개발, 採取가 불가능하던 奧地(오지)나 僻村(벽촌) 등에서의 채취하기 어려운 山林자원이나 鑛物자원 등의 개발이 비로소 가능하게 되었다는 점이다. 예컨대 北鮮 지방의 압록강/두만강 流域의 경우, 이 지역의 수 천년 동안 天然 그대로 잠자고 있던 原始林을 비로소 일종의 森林자원으로 개발하게 되고, 그것을 경제적으로 이용 가능케 하는 林業의 발달을 가져오게 되었는가 하면, 또는 高山峻嶺에 자연 상태 그대로 매장되어 있는 각종 地下자원을 비로소 채굴, 이용할 수 있게 된 것 등은 오로지 이 지역을 관통하는 鐵道의 등장을 통해서 가능해졌다. 함경도 지역의 咸鏡線, 慧山線, 白茂線 등이나 平安道 지역의 만포선, 平北線(私鐵) 등의 철도 부설은 처음부터 이런 天然資源 개발을 목적으로 하여 이루어졌다고 할 수 있다.

넷째, 철도의 발달이 유통의 원활화를 통해 市場經濟의 발달을 촉진시키는 효과를 갖는다는 점을 들어야 한다. 遠거리 지역 간에 사람과 財貨의 유통을 활발하게 하고 나아가 遠거리 상업(무역)까지도 가능케 함으로써 종전의 자급자족적인 폐쇄경제체제로부터 근대적인 개방경제체제로의 일대 國民經濟의 체질 변화를 불러일으킨다는 점이 그것이다.

다섯째, 철도 沿邊지역에 대한 교통의 便宜性 제고를 통한 立地的 조건을 크게 바꾸어 놓는다는 점, 나아가 그것은 人口의 지역 간 이동을 통한 都市化 현상을 촉진시키게 된다는 점도 중요하게 들어야 한다. 특히 조선철도의 전형적인 X자형 模型으로서의 특징은 한국사회 각 지역 간의 異質性 극복과 사회통합의 效果를 가져오게 하는 부차적 영향도 중요하게 다루지 않을 수 없다는 점이다.

여섯째, 鐵道의 발달이 사회적, 문화적 관점에서 사람들의 공동체적 삶의 視野를 넓히고, 또한 事物에 대한 사람들의 인식 틀(프레임)도 넓히게 된다는 것, 이를테면 처음 지역사회(local) 차원에서 全國的(national)인 차원으로, 다시 國際的(international)인 차원으로 視野를 확대시키게 된다는 점이다. 특히 식민지 시대 한국철도의 발달은 당시 朝鮮이라는 일국적 차원에서 이루어진 것이 아니라, 적어도 日本(內地)-朝鮮-滿洲(中國) 간을 잇는 3자 결합의 국제적(?)인 廣域 철도망의 構築으로 이루어졌다는 점에서 그것이 당시 폐쇄적인 국민의식의 開放化/國際化에 가져다준 意義는 무척 크다고 하지 않을 수 없다.

끝으로 日政 시대 조선철도의 발달은 당시 韓, 日 두 나라 간의 식민지적 統合의 차원을 넘어서, 19세기 이후 西勢東漸의 시대적 배경 아래 韓-中-日을 묶는 東北아시아 地域統合을 부추겼다는 점에서도 그것이 갖는 중요한 역사적 의미를 오늘에 되새겨보게 한다는 점이다. 戰前의 이러한 식민지적 遺産은 戰後에 들어 불행히도 韓半島가 남/북으로 갈라지고 또한 한반도의 38선을 경계로 戰後 東/西 양 진영 간의 이데올로기적 對立 構圖가 형성됨으로써, 그 '本來的 기능'[25]을 상실하고 만 셈이지만, 언젠가 머지 않는 장래 이 지역에도 낡은 역사적, 이념적 대립구도 또는 지금과 같은 自國 중심의 폐쇄적 민족주의 장벽이 허물어지는 날이 온다면, 이 지역에서도 역시 域內 自由貿易이나 경제적 統合(共同體)의 바람이 불게 될 것이고, 그 때쯤에는 아마 한국철도가 이 지역의 統合을 일궈내는 데 中間者로서의 中心的 역할을 충분히 감당해 낼 수 있을 것으로 믿어 의심 치 않는다.

---

25) 여기서 말하는 '本來的 기능'이란 무슨 의미일까? 지난날 1930년대 당시 滿鐵(南滿洲鐵道(주))의 초특급 列車 '아시아號' 개발의 理想에서 그 역사적 發端을 찾아볼 수 있지 않을까? 전후 1960년대 일본 '新幹線' 열차의 초기 模型이라고 할 과거 滿鐵의 이 '아시아號' 개발의 원대한 理想은 결코 일본 한 나라만을 위한 것은 결코 아니라는 것, 그렇다고하여 일본-조선-만주(중국)를 잇는 東北亞 지역을 貫通하는 수준에서의 그것도 아니라는 것, 말하자면 그런 수준을 뛰어 넘어 아시아와 유럽을 연결하는 汎 大陸 간 鐵道網 구축이라는 데 있었던 것이 아니었을까 하는 생각을 뿌리칠 수 없게 하고 있다 - 小林英夫,『滿鐵』-知の集團の誕生と死-, 吉川弘文館, 1996 (임성모 역,『만철』-일본 제국의 싱크탱크-, 산처럼, 2008, pp. 242~244 참조).

〈凡例 1〉

線 別		廣軌	狹軌
國鐵	開業線		
	休止線		
	未開業線		
私鐵	開業線		
	休止線		
	未開業線		

〈凡例 2〉

線 別	國　　鐵
開業線	①경부선(本線, 支線) ②경의선 (본선, 지선) ③호남선 ④京元線 ⑤함경선(본선, 지선) ⑥慶全線 (남부/서부선) ⑦전라선 ⑧동해선 ⑨慶京線 ⑩황해선 ⑪平元線 ⑫滿浦線 ⑬혜산선 ⑭백무선
休止線	①경북선 ⑥광주선
未開業線	⑤청라선 ⑥慶全線 ⑧동해선 ⑮大三線
線 別	私　　鐵
開業線	①충북선, 경동선 ②장항선 ③경 춘선 ⑥평북선 ⑧금강산전철 ⑩신 흥철도 ⑪삼척철도 ⑭남만철도
休止線	②조선경남철도 ⑧금강산전철
未開業線	①충북선 ②조선경남철도

(出處 : 철도청, 『한국철도 100년사』, p. 1052)

II. 道 路

1. 近代 사회의 開幕과 治道論의 대두

1) 한국 傳統社會의 道路 사정

1876년 江華島條約의 체결을 계기로 한국사회가 드디어 대외적으로 門戶를 개방하게 되고, 門戶 개방을 통해 비로소 외국의 商品과 文物이 도입되기 시작한다는 것은 두말할 여지가 없다. 여기서 중요하게 제기되는 문제가 있으니 그것은 바로 이렇게 도입된 외국 상품이나 文物이 그 의미를 가지려면 무엇보다도 그것의 국내 流通을 위한 道路가 닦여져 있어야 한다는 점이다. 그렇다면 1876년 開港 당시 韓國의 道路 사정은 과연 어떠하였는가.

開港 이전, 그러니까 19세기 후반 아직 전통사회라고 할 당시의 韓國 道路 사정은 어떠했는가. 한마디로 牛馬車의 통행은 말할 것도 없고 맨 몸의 사람 하나까지도 서로 비켜 다니기가 어려울 정도의 좁디좁은 골목길이 대부분이었다. 또한 그것마저도 무척 꼬불꼬불하고 路幅이 일정하지 않을 뿐 아니라 군데군데 道路가 움푹움푹 패어 다니기가 여간 불편하지 않았다. 거기다가 어쩌다 눈/비라도 오게 되면 道路가 곧바로 웅덩이로 변하기 일쑤여서 그마져도 다닐 수가 없는 상태였다고 해야 한다. 人工으로 닦은 道路라기보다는 사람들이 계속 다님으로 하여 저절로 만들어진 자연 상태 그대로의 길(道路)이 대부분이었다고 해야 할 실정이었다.

사정이 이러하거늘 아무리 遠行이라 하더라도 사람의 경우는 步行이 아니면 가마(駕)나 牛馬車를 이용할 정도였고, 貨物의 경우는 직접 사람의 어깨나 등에 매고 다니거나(褓負商 : 보부상), 또는 牛馬의 등(背)에 싣고 가는 정도가 고작이었다. 그리고 덩치가 큰 貨物의 遠距離 이동은 대체로 陸

運보다는 水運(海運이나 江運)에 의존하는 경우가 더욱 많았다고 할 수 있다. 그런데 이 水運의 경우는 한 가지 결정적인 弱點을 가지고 있었다. 바로 겨울철에 水量이 적거나 얼음이 얼거나(結氷) 하면 — 여름철에도 降雨量이 적을 때는 마찬가지지만 — 어쩔 수 없이 그 이용이 불가능하게 된다는 사실이다. 반대로 陸運의 경우는 거꾸로 여름철 비가 많이 오면 道路가 流失되거나 심하게 땅이 패여 牛馬車의 通行까지도 어렵게 되는 경우가 흔히 있어 위의 水運의 경우와는 또 다른 문제를 유발시키기는 마찬가지였다.

이렇게 계절의 변화나 氣候 조건에 따라 陸運과 水運 간에는 어쩔 수 없이 트레이드 옵(trade-off) 관계가 성립되는 구조적 矛盾을 드러내고 있음이 한국 道路의 特性이었다고 해야 한다. 결국 한국 傳來의 貨物 輸送시스템은 이러나저러나 季節에 상관없이 항상 어려움에 처할 수밖에 없는 구조적 문제점을 지니고 있었다는 얘기에 다름아니다. 어디 그 뿐인가. 漢城을 비롯한 몇몇 都邑의 길은 그나마 어느 정도 直線 도로에 路幅이 넓은 곳도 더러 있기는 하였으나, 이 경우 자연적으로 주어진 여건에서가 아니라 사람들에 의해 人爲的으로 路幅(노폭)이 좁아지거나 길이 못쓰게 되는 경우가 많아지고 있었다고 할 수 있다.

이를테면 사람의 通行이 비교적 많은 도로의 경우, 沿邊의 民家에서는 자기 가게(商店)를 임의로 도로 쪽으로 내어 짓거나 또는 기타 생활상의 목적을 위해 도로를 無斷 蠶食(잠식)하는 경우 등이 茶飯事로 이루어져 道路의 실제 幅이 줄어들어 그 效率을 크게 감퇴시키고 있는가 하면, 그밖에도 사람들이 路上에 자기 집 쓰레기나 汚物을 함부로 投棄함으로써 통행에 많은 支障을 초래하게 된다는 점, 그나마 협소한 도로를 더욱 좁고 불결하게 만들어 사람들의 도로 이용을 가일층 어렵게 만들고 있다는 사실 등이 19세기 후반 開港 이후의 한국 道路의 실제 모습이었다고 해야 한다. 사정이 이러하고 보니 개항 후 처음 한국에 들어오는 외국인, 이를테면 商人이나

특히 領事(공무원), 傳道師 등의 한국에 대한 첫 인상이 어떠했을까.[26]

2) 開港 이후 治道論의 대두

19세기 후반 對外 門戶 개방과 더불어 늘어나는 外國 상품이나 文物의 도입과 더불어 時急을 요하는 당면의 최대 課題로 떠오른 것이 바로 제대로 된 新式 道路를 만드는 일이었다. 1876년 2월 최초로 일본에 대한 開港이 이루어지자마자 朝廷에서는 곧장 그 해 4월에 일본의 앞선 文物을 시찰하기 위한 修信使節團[27]을 파견하게 된다. 이 때 사절단장으로 일본을 다녀온 金綺秀는 그의 日本見聞錄이라 할 '日東記游(일동기유)'라는 책에서 그 당시 일본 道路 사정에 대해 다음과 같이 描寫하고 있다.

'… 길과 거리는 평평하고 곧고 반듯해서(平直正) … 마치 木手가 먹줄을 쳐놓은 것과 같고, 그 淨潔(정결)함이란 맨발로 다녀도 발이 더럽혀지지 않을 정도이고, 道路 밑에다 강변에서 채취해 온 작은 자갈을 깔고 그 위에 모래(沙土)를 덮어놓았기 때문에 큰 비가 내린 후에도 금방 물이 빠져 진흙탕이 되지 않는다.'[28]

그로부터 5년 후인 1881년 다시 紳士遊覽團으로 일본을 다녀온 朴定

---

26) 참고로, 19세기 말 당시 몇몇 외국인의 눈에 비친 당시의 韓國 道路 모습에 대한 寸評을 들어보자. 미국 선교사 헐버트(Hormer B. Hurbert)는 '… 사람들이 자기 집 담이나 굴뚝을 고치기 위해 道路 상의 흙을 마구 파가는 바람에 도로가 움푹움푹 구멍이 날 판'이라고 적고 있고, 같은 미국 선교사 길모어(George W. Gilmore)는 '… 사람들이 道路 연변에 商店이나 假건물 등을 마구 짓는 바람에 그나마 좁은 道路를 더욱 비좁게 만들고, 나중에는 그것을 旣定 사실화 하여 商店/건물 등으로 점거한 땅을 자기 소유로 만드는 실정'이라고 개탄하고 있다-H. B. 헐버트, *The Passing of Korea*(『대한제국의 멸망』, 신복룡 역), G. W. 길모어, *Korea from its Capital*(『서울風物誌』) 등 참조.

27) 개항 후 제1차 修身使節團(단장 金綺秀)은 1876년 4월 76명의 수행원을 거느리고 일본을 방문하여 일본정부의 각 部處를 巡訪하고 당시 일본의 정치-경제-문화 등 각 분야에 걸쳐 開化의 실상을 몸소 겪고 돌아와 그 내용을 "日東記游", "修信使日記" 등으로 상세한 日本見聞錄을 남겼다. 1880년에는 제2차 수신사절단(단장 金鴻集)을 파견하고, 1881년에는 紳士遊覽團 등을 연달아 파견하였다. 이처럼 朝廷(高宗)은 당시 앞선 일본의 文物을 조속히 받아드리고자 對日 使節(視察團)을 적극 파견하여 일본을 통한 開化의 길을 모색했다고 할 수 있다.

28) 金綺秀, 『日東記游』(手記本, 1877 : 釜山大 韓日文化研究所 譯註本, 『譯註 日東記游』, 1662, p. 154 참조).

陽, 魚允中, 洪英植 등의 보고에서도 이와 비슷한 얘기가 나오는가 하면, 그 이듬해인 1882년 역시 일본을 巡訪하게 된 先覺者 金玉均에 의하여 이 道路 改築 문제는 당시 최우선적으로 다루어야 할 焦眉(초미)의 시대적 과제로 제기되었다.

당시 대표적 개화파인 金玉均은 1882년 일본으로부터 귀국하는 즉시 「漢城旬報」에 '治道略論'이라는 글을 게재하고, 가장 시급한 국가적 課題로 전통적인 舊式 道路의 시급한 改築 필요성을 제창하고 나섰다. 金玉均은 당시 조선이 처한 3가지 우선적 해결 과제로, ① 衛生 문제, ② 農桑(농상 ; 농업과 蠶業=누에고치)의 진흥, ③ 道路의 改築을 들고, 마지막의 이 도로 개축 문제와 관련해서는 무엇보다도 관련 法規의 제정과 담당 機構의 설치가 긴요하다고 주장하면서 이 治道 문제에 대해 구체적으로 다음과 같은 解說을 덧부치고 있다.

治道를 잘 하면 농업 생산물을 운반하기가 편리해져서 지금까지 열 사람이 하던 일을 한 사람이 할 수 있으므로 나머지 아홉 사람은 工作이나 技術 분야 등 다른 산업에 대신 취업할 수 있게 됨으로써, 지금까지의 遊食之徒(놀고먹는 무리)일 사람들이 드디어 職業을 갖게 되며 나아가 그것으로 國利民福을 가져오게 될 것이라고 설명하고 있다. 또한 나라를 富强시키려면 산업을 개발해야 하고, 산업을 개발하려면 먼저 治道부터 해야 한다는 주장도 펴고 있다.[29] 여기서 우리는 당시 선각자 金玉均의 開化思想 곧 한국 特有의 鎖國(쇄국)주의를 버리고 하루빨리 외국에 대해 문호를 개방하고 外來 文物을 도입해야 한다는 그의 開化思想의 한복판에는 바로 이같은 全國 도로의 시급한 改築 문제라고 할 '治道論'이 중요하게 자리잡고 있었음을 찾아볼 수 있다.[30]

---

29) 韓國道路公社, 『韓國道路史』, pp. 175~176 참조
30) 이 무렵 한국정부의 財政 및 外交 담당 고문관으로 와 있던 독일인 묄렌도르프(Paul G. von Möllendorf, 한국명 穆麟德)도 당시 한국이 당장 추진해야 할 改革 課題 가운데 가장 우선해야 할 것이 바로 道路와 橋梁의 개축 문제라고 했다. 그는 이 외에도 敎育의 중요성을 강조하여 學校 설립계획을 수립하는 등 당시 조선의 조속한 開化를 위해 헌신적인 노력을 아끼

金玉均 등에 의한 道路개축 문제에 대한 이러한 시대적 요구는 세월이 한참 흐른 후인 1894년 甲午改革을 계기로 비로소 관련 法制化를 시도하기에 이른다. 적어도 首都 漢城府 내의 도로에 대해서는 路幅을 어느 정도 크기로 하고 沿邊의 商家에 대해서는 가게의 크기나 모양 그리고 지붕 등에 대한 법적 規制를 그 주요 내용으로 하였다. 그러나 한국정부 스스로에 의한 이러한 道路改築 계획은 기본적으로 財政 및 技術 문제를 해결할 길이 없어 제대로 실행할 수가 없었다. 그러다가 1905년 乙巳條約의 체결 이후 일본의 적극적인 지원 아래 비로소 그것은 實行에 옮길 수 있게 된다고 말할 수 있다.

3) 新作路의 등장

1905년 일본은 統監府 설치와 함께 시급한 과제의 하나로 기존 道路의 改築 문제를 들고, 이를 위해 우선 정부내에 '治道局'이라는 기구를 설치토록 조치하고 일본 기사를 파견하여 전국적으로 가장 중요하다고 생각되는 다음 4개 路線을 선정하여 시범적으로 근대적인 道路改築사업을 추진하게 된다. 4개 路線이란 ① 平壤—진남포 간, ② 全州—군산 간, ③ 光州—목포 간, ④ 大邱—慶州 간으로 총연장 256km에 달하는 대표적인 국내 주요 지역의 中心 路線에 해당하는 것이었다.[31]

그 후 1908년에는 제2기 사업으로 7개 노선에 총 연장 198km에 달하는 도로 개축사업이 추진되었다. 이는 韓日倂合 후인 1911년까지 계속사업으로 이어졌는데 1907~1911년 사이에 이루어진 新式 도로의 개축실적을 보면 대소 약 20개 노선에 총 연장 804km에 이르렀다. 이리하여 통감부 설치

지 않았으나, 유감스럽게도 그에 대한 기록이 제대로 남아 있지 않다. 저서로는 *Rossalie von Möllendorf*(『묄렌도르프의 自傳』, 신복룡 외 역, 1999)이 있다.

31) 韓國道路公社, 앞의 책, p. 181. 최초의 근대적 도로 개축이라 할 이 4개 路線의 준공과 함께 한 가지 特記할 사항은 이 무렵에 한국 사회에는 '새로 만들어진 길'이라는 의미에서의 '新作路'라는 이름이 舊式 道路와 대칭되는 新式 道路 내지 自動車가 다닐 수 있는 넓은 道路를 가리키는 공식 명칭으로 사용되기 시작했다는 사실이다.

이후 韓日倂合 당시까지 약 5년간에 이미 일부 지역에 국한된 바이기는 하지만 그래도 상당한 범위의 근대적 道路網의 구축이 이루어지게 된다.[32]

이상 道路의 개축과 함께 도로의 구조와 성질을 改良하는 작업도 동시에 추진되었다. 우선 도로 양쪽에 1m 넓이의 側溝(측구 ; 도로 양쪽 끝자락에 排水를 위해 파놓은 도랑)를 만들고, 도로 沿邊에는 街路樹를 심어 햇볕과 바람을 막아 사람들의 도로 步行을 편리하게 할 뿐더러 또 景觀을 아름답게 만드는 등 이른바 도로의 幅을 단순히 넓히는 것만이 아니라 도로의 모습 자체를 완전히 근대적인 것으로 바꾸어 놓았다.

이러한 일반 道路(자동차 도로)의 改築 이외에 1899년에는 史上 처음으로 京仁線 鐵道의 개통을 가져오게 되어 自動車 운송의 보급 이전에 먼저 汽車 운송이 이루어졌는가 하면 또한 같은 해 漢城 시내에는 電氣로 움직이는 電車(서대문-청량리 간 왕복)가 그 모습을 드러내게 되었다. 이렇게 보면 19세기를 마감하고 20세기에 進入하는 이 1899년이라는 해는 한국 역사상 가위 '交通革命의 해'로 규정할 수 있을 정도로 運輸/交通과 관련한 획기적인 사건들이 덩달아 일어난 기념할만한 해라고 하지 않을 수 없다.

근대적인 道路의 등장은 자연히 사람들로 하여금 근대적 自動車 文明에 접할 수 있는 기회를 가져왔다. 首都 漢城을 비롯한 仁川, 大邱 등 대도시의 道路 교통사정이 새로이 급속하게 변해가고 있을 무렵, 한국에도 이러한 신규 도로를 이용할 새로운 교통수단으로서의 自動車가 등장하게 된다. 1903년 史上 최초로 미국으로부터 高宗皇帝가 탈 승용차(리무진) 1대가 도입된 것이 그 始初였다. 이처럼 자동차가 다닐 수 있는 근대적 道路(新作路)의 개축과 함께, 사람들이 自動車나 電車를 이용할 수 있게 되는 근대적 운송수단의 등장은 비록 지역적으로는 首都 漢城을 중심으로 한

---

32) 韓國道路公社, 앞의 책, 1981, p. 182, 「자료 4」(제9장 ; 土木 及 治水), pp. 131~132 참조. 여기에 의하면, 1907년 조선통감부는 총 390만 円의 예산을 투입하여 32개 노선에 총연장 800km의 道路 改修工事에 착수하였는데, 이것이 바로 한국에 있어서의 근대적 治道事業을 알리는 첫걸음이나 다름 없었다.

데 불과하지만, 시민들의 도로교통에 대한 인식을 근본적으로 바꾸어 놓게 되고, 실제 생활상에 있어서도 이런저런 便益을 도모하게 되었다는 점에서 그것은 가위 혁명적인 役事라고 하지 않을 수 없었다.

2. 日政 시대의 道路建設

1) 道路規則의 制定과 건설계획

1910년 總督府 체제로 넘어오자, 이전의 統監府 시절부터 추진해 온 도로개축사업은 한층 더 적극적으로 추진되기에 이르렀다. 총독부는 본격적인 道路건설사업에 들어가기 전에 먼저 도로의 等級과 管理의 기준 그리고 所要 건설비용의 책정 등 관련 사항에 대한 기본 規則을 마련하기 위해 1911년에 '道路規則'을 제정 공포하게 된다.

여기에 의하면, ① 全國의 道路를 1등급-2등급-3등급-等外도로의 4가지 등급으로 나누고, ② 각 등급별 도로의 幅 역시 1등급 7.3m, 2등급 5.5m, 3등급 3.6m 등으로 구분하였으며, ③ 그 管理의 책임은 1, 2등급은 중앙정부(총독부), 3등급은 도지사, 等外道路는 府尹(市長)이나 郡守가 각기 맡아서 관리하는 도로관리상의 책임 所在를 분명히 하고, ④ 道路의 보수나 개축에 따른 비용은 1, 2등급은 國費 부담을 원칙으로 하되, 나머지는 각기 관리 책임 官署에서 부담하는 것으로 규정하였다. 그러나 ④번의 所要 비용 부담에 있어서는 초기에는 國費로 부담해야 할 1, 2등급의 경우 土木工事는 지역 住民의 賦役(부역)에 의존하거나 또는 道路用地는 당해 地主의 寄附 형식을 취하기도 하여 1, 2등급 도로의 경우에는 도로개축에 따른 비용을 사실상 지역 주민에게 많이 떠넘기는 방식으로 이루어졌다. 그러다가 점차 여건이 好轉됨에 따라 1919년부터 1, 2등급의 경우는 완전히 國費 부담을 원칙으로 하는 시스템으로 바뀌었다.

이상과 같은 道路規則의 大綱을 규정함과 더불어 1912~15년간에는 도로관리에 따른 세부적인 규칙도 마련하였다. 예컨대 도로의 維持 및 補修

를 위한 규정, 市街地에서의 道標 설치에 관한 규정, 기존 도로규칙의 改正 사항 등이 그것이었다. 참고로 당시 총독부에 의한 全國 道路의 각 등급별 성격에 관한 규정 내용을 정리해 보면 다음과 같다(韓國道路公社, 1981 ; 186).

1등 道路 : ① 京城에서 道廳 소재지 및 軍 師團(旅團, 要塞)사령부 소재지, 주요 鐵道 정거장 및 開港場에 이르는 도로, ② 군사상 중요한 도로, 경제적으로 특히 중요한 도로

2등 道路 : ① 인접 道廳 소재지를 연락하는 도로, ② 道內 각 府廳/郡廳을 연락하는 도로, ③ 道內 중요한 港津이나 철도정거장을 연결하는 도로

3등 道路 : ① 인접 府廳-郡廳-島廳 소재지를 연결하는 도로, ② 각 廳 소재지에서 管內 중요한 港津/철도정거장/地點 등을 연결하는 도로, ③ 인접 府/郡/島 내의 중요한 地點을 연결하는 도로

等外 道路 : 위 1, 2, 3등 道路 이외의 도로[33]

다음 1910년 이후 조선총독부에 의한 도로개축과정에 대해 알아보자. 이 시기의 총독부 도로개축사업은 그 이전의 統監府 시절의 그것을 그대로 이어받는 계속사업의 성격으로 추진되었음은 전술한 바와 같다. 다만 그 차이점이라면 시기별로 제1, 2기 및 특수 사업으로 구분하고, 또 治道事業이라는 이름 아래 정부의 계획적 사업으로 추진되었다는 데 있었다. 예컨대 제1기 治道사업(1911~15년)은 1,000만 円의 예산을 투입하여 제1, 2등급 도로 가운데 가장 時急을 요하는 幹線 도로 26개 路線, 총연장 2,307km의 도로를 개축하는 5개년 계획사업으로 추진되었다. 여기에는 漢江橋의 架設계획을 그 주요 개발 프로젝트의 하나로 포함시켰다는 데서 큰 의미를 찾아 볼 수 있다. 제2기 治道사업(1917-22년)도 제1기에서와 마찬가지로 제1, 2등급 도로를 주된 개축대상으로 하여 경제적으로 매우 긴요하다고 판단되는 幹線 도로 26개 노선에 총연장 1,880km의 도로 개축과

---

33) 等外道路의 성격이나 범주에 대해 공식적으로는 별도의 관련 규정을 두고 있지 않았던 것 같다. 짐작컨대 아직 개축되지 않은 종래의 전통적인 舊式 道路를 그냥 그렇게 불렀던 것이 아닌가 생각한다.

함께 주요 河川 橋梁 9개소를 架設하는 내용으로 되어 있었다.

　그밖에 특수한 성격의 도로사업으로서는, ① 1932년에 시작되는 '北鮮 拓殖道路 개축을 위한 15개년계획'을 중요하게 들 수 있고, ② 鮮/滿 國境 道路 건설 및 압록강/두만강 橋梁의 架設사업, ③ 金鑛 개발을 위한 金山 道路의 건설, ④ 1937년부터 4개년계획으로 추진된 咸鏡道 지방의 國防道 路의 건설, 그리고 ⑤ 賃金 撒布(살포) 등을 통한 貧民救濟사업의 일환으로 도로나 교량의 改修사업을 추진하게 된 특별한 경우 등을 들 수 있다. 이 가운데 특히 제1, 2차 治道사업의 내용에 대해서만 좀 더 구체적으로 살펴보기로 하자.

　제1기 治道事業(1911~15년) : 서울 市街地 改修사업과 漢江橋 架設공 사를 포함하는 제1기 治道사업의 내용과 그 추진과정을 간추려보면 다음 과 같다. 당초 26개 노선, 2,307km의 도로개축계획으로 편성된 이 제1기 治道事業은 도중에 소요 예산의 부족 등으로 당초 계획의 조정이 불가피 하여 우선 工期를 2년 연장하지 않을 수 없었다. 즉 사업의 성격에 따라 緩 急(완급)을 조절하여 일부 사업은 제2기 사업으로 미루는 대신에 신규 사 업이 추가되는 등 사업조정이 불가피하였다. 결국 1917년까지 2년 연장하 여 7개년 계획으로 하고 총 36개 노선에 총연장 2,690km를 추진하는 것으 로 당초계획을 조정하였다.

　제1기 사업으로 준공된 주요 路線을 들면 다음과 같다. 우선 1등급 道路의 경우, ① 京城-釜山線 가운데 利川-長湖院(29.4km), 장호원-忠州 (35.3km), 충주-尙州(88.3km), 상주-大邱(70.6km) 등이 준공되고, ② 京城 -木浦線 가운데 公州-論山(39.2km), 논산-全州(8.6km) 등과 ③ 京城-元山 線(223.8km), ④ 평양-元山線(216.0km), ⑤ 원산-會寧線에서 淸津-회령 (92.2km), 城津-北靑(55.7km), 성진-吉州(39.2km) 등을 포함하여 총 15개 노 선에 1,017km에 달하는 1등급 도로의 준공을 보았다.

　둘째 2등급 도로에 있어서는, ① 京城-江陵線의 利川-강능 간(190.4km)

을 비롯하여, ② 全州-順天 간(125.6km), ③ 晉州-尙州 간(172.8km), ④ 天安 -洪城 간(62.8km), ⑤ 安州-江界 간(242.7km), ⑥ 元山-長箭 간(106.2km), ⑦ 新浦-惠山鎭 간(212.0km) 등으로 총 19개 노선에 1,671km의 2등급 도로가 이 시기에 준공하게 되었다. 이리하여 1917년에 마무리되는 이 제1기 治 道사업의 改築실적은 이상의 1, 2등급을 합하여 총 2,689km에 달하고, 여 기에 以前의 大韓帝國 및 統監府 시절의 실적까지를 포함한 총 개축실적 은 4,987km에 달하는 셈이다. 이는 당시 전통적인 구식 도로까지를 포함 하는 全國 도로의 총연장 12,068km의 약 41%에 해당하는 것이었다. 바꿔 말하면 이 시기 전국 도로의 약 41%를 자동차가 다닐 수 있는 新作路로 바 꾸었다는 설명에 다름 아니다.[34]

제2기 治道事業(1917~22년) : 제2기 治道사업은 공사비 3,159만 円을 투입하여 國道 26개 노선에 총연장 2,308km에 달하는 도로 개축과 함께 주요 江/河川의 橋梁 9개를 가설하는 것을 주된 내용으로 하였다. 구체적 으로 보면 당초 계획상에 大邱-釜山 간(127.6km)을 비롯하여 開城-평양 간 (184.5km), 평양-義州 간(242.3km), 城津-鏡城 간(98.9km) 등 1등급 도로 8개 노선에 총 821.2km를 개축하는 것으로, 그리고 2등급 도로는 咸興-長津 간(149.2km)을 비롯하여 安東-盈德 간(74.6km), 忠州-江陵 간(76.5km), 春川 -金化 간(39.2km) 및 長津-滿浦鎭 간(133.5km) 등을 비롯한 7곳의 部分改修 등을 포함한 모두 18개 노선에 총 1,058km를 개축하는 것으로 되어, 이상 1, 2등급을 합한 총 1,879.2km의 幹線 道路를 모두 이 기간 내에 개축하는 것으로 계획되어 있었다(같은 책, p. 193).

제2기 사업은 그러나 머지않아 계획내용이 너무 의욕적이어서 곧바로 실행하기 어려움이 드러났다. 우선 자금조달 면에서 큰 蹉跌(차질)을 빚게 되었는가 하면, 추진과정에서도 국내외적으로 예상치 못한 문제점들이

---

34) 韓國道路公社, 『韓國道路史』, p. 190 및 <표 3-2-4> 참조.

계속 드러남으로써 도저히 당초 계획대로 밀고 나갈 수가 없는 형편으로 되었다. 그중에서도 계획 추진을 가장 어렵게 한 요인으로는 무엇보다도 당시 제1차 세계대전의 영향으로 말미암은 국제 原資材 값의 폭등 현상을 들어야 할 것이다. 국제 원자재가격의 폭등만이 아니라 기실 그것은 일반 物價까지도 동시에 크게 昂騰(앙등)시킴으로써 勞賃의 상승은 물론, 도로 用地의 買入代金 상승, 종전에 無償 베이스로 행해지던 賦役制(부역제)의 폐지와 그에 따른 人件費 추가 부담 등과 같은 예상치 못한 코스트 업 현상 등을 동시에 불러왔다는 사실이다.

결론적으로 제1차 大戰이라는 대외적 요인으로 말미암은 이러한 각종 코스트 업 현상은 所要 자금조달 측면에서 당초 사업을 계획대로 추진할 수 없게끔 만들었다는 점이 중요하고, 그밖에 또 한 가지 예기치 못한 사건은 당시 북쪽 鮮/滿 국경 지대에서의 군사전략적 측면에서의 이른바 軍事道路의 개축 필요성이 계속 제기되었다는 점이다. 이 또한 제2기 治道 사업 추진을 어렵게 한 하나의 예기치 않은 요인으로 등장한 셈이다.

총독부 당국은 1931년의 만주사변 이후, 北鮮 開拓이라는 구호 아래 1932년부터 鮮/滿 국경도로의 개축, 國境橋梁의 가설, 國防道路의 건설 및 압록/두만 兩江 유역의 森林資源 개발, 광산(金鑛)도로의 개축 등을 그 주된 내용으로 하는 '北鮮拓殖道路15개년계획'을 수립하고, 총 828만 円의 공사비를 투입하여 2, 3등급 도로를 중심으로 대대적인 도로 新設 및 改/補修사업을 전개했다. 이 15개년도로계획은 모두 12개 노선에 1,028km에 달하는 신규 도로의 개축을 그 주된 내용으로 한 것이지만, 따지고 보면 이는 군사적 목적을 띤 道路網 확충사업 중심으로 되어 있었기 때문에 이를 무시하고 기존의 제2기 治道사업계획을 당초 계획대로 밀고 나갈 수는 없는 실정이었다. 결과적으로 제2기 治道계획은 이미 책정된 예산 범위 내에서 1922년까지 총 1,012km에 달하는 도로개축실적과 그리고 平壤 大同江橋의 架設 정도로 만족하고 나머지 사업은 대부분 다음 기회로 미루지 않을 수 없는 처지로 되고 말았다(위의 책, p. 190).

일본은 당시 北方 開拓이라는 슬로건을 내걸고 그를 위한 기초 작업의 일환으로 먼저 鮮/滿 국경도로를 비롯하여 國防도로, 北鮮拓殖도로 등의 건설 필요성에 따라 일차적으로 鮮/滿 국경 沿邊의 도로망 확충에 全力을 기울였다. 그에 따라 제2기 治道사업으로 책정되었던 당초의 계획사업은 사정에 따라 속속 뒷전으로 밀리게 됨은 물론, 계획기간 자체를 당초의 계획기간(1917~22년)으로부터 끝나는 해를 무려 1938년까지 사실상 無期 연기하게 된 상황으로까지 돌아갔다. 그 대신 이 기간에 鮮/滿 국경지역에서의 특수 목적을 띤 신규 도로의 開設이나 改良, 그리고 신규 교량의 架設사업만은 기대 이상의 성과를 가져올 수 있었다. 특히 후자의 신규 橋梁 가설 측면에서는, 이를테면 鮮/滿 국경의 압록/두만 兩江에 14개에 달하는 대규모 橋梁 가설계획을 조선과 만주 양측이 합동으로 추진하게 되었는데, 그중 6개 교량은 조선 측 책임 하에, 나머지 8개 교량은 만주 측 책임으로 가설한다는 양측의 協定[35]에 따라 동시적으로 계획이 추진되었다. 결과적으로 이 가운데 朝鮮 측은 6개 교량 가운데 5개를 1944년까지 거의 完工시키게 되었으나, 滿洲 측은 자기가 맡은 8개 교량 중 4개는 着工도 못한 상태이고 겨우 3개 정도를 完工하게 된 것으로 알려져 양측의 교량 架設실적에 현저한 차이를 보여주었다(「자료 4」(제19장), pp. 138~139).

한편 國防道路의 건설계획은 그 대부분이 이상의 北鮮拓殖道路 건설의 일환으로 추진되었다고 할 수 있으나, 실은 이 北鮮지역 이외에도 1939년 들어 軍部의 요청에 따라 모두 16개 노선의 주요 도로에 대한 改/補修공사 역시 이 국방도로 건설의 일환으로 추진되었다. 그 주요 선로를 예로 보면, 京城-新義州 간, 京城-淸津 간, 京城-釜山 간, 부산-鎭海 간, 大邱-三千浦 간 등이었는데, 이 가운데 1945년 해방 당시까지 16개 노선 중에서

---

35) 1932년에 체결된 동 協定의 공식 명칭은 '鮮滿國境 橋梁協定'으로 되어 있다. 이 협정에 의해 양측은 國境 道路는 공동으로 개축하되, 橋梁의 경우는 각 교량 별로 한 쪽이 책임지고 건설하는 責任架設制를 채택하였다. 이 경우 자기 책임 하에 건설하게 된 橋梁은 완공 후 그대로 자기 소유 財産으로 할 것을 상호 인정하는 조건으로 이루어졌다 - 「자료 4」(제19장 : 土木/治水), pp. 137~139 참조.

80% 이상의 進陟率을 보인 것이 13개 노선 정도인 것으로 알려지고 있다 (같은 책, pp. 135~136).

이상의 도로확충사업과 더불어 주요 河川에 대한 橋梁 架設사업도 활발히 추진되었다. 예컨대 제1차 계획에서 넘어온 漢江人道橋(路幅 18.4m, 延長 1,005m)의 가설공사가 1917년에 준공된 것을 비롯하여, 이어서 낙동강교, 압록강교, 晉州橋, 南旨橋, 錦江橋, 大同橋, 釜山大橋 등 주로 南部소재 대규모 橋梁의 가설과 그리고 한국 최초의 海底터널이라 할 統營海底道路(길이 462m)의 준공 등이 모두 1920~30년대 제2기 도로개축사업의 일환으로 건설된 업적들이라 할 수 있다. 이런 橋梁의 건설이 기존 도로의 效率性을 크게 제고시키게 되었음은 두말할 것 없다.

아무튼 제2기 도로확충계획이 끝나는 1930년대 말에 오면 1-2-3등급 도로의 총 延長이 23,679km(等外道路 제외)에 달하게 되고, 그 등급별 구성을 보면 1등급 도로가 전체의 12.8%인 3,028km, 2등급이 37.5%인 8,880km, 3등급이 49.7%인 11,771km로 각각 이루어져, 3등급 도로가 전체의 절반을 차지하고 있음을 알 수 있다(뒷면 〈표 3-5〉 참조).

2) 총독부 治道事業의 성격

조선총독부는 道路 擴充사업에 있어서도 前節에서 살펴본 鐵道에서와 마찬가지로 전국적 규모에서의 근대적 道路網의 확충을 기본 계획으로 하여 적극적으로 추진함으로써 鐵道에 이어 또 하나의 사회간접자본(SOC) 형성에 현저한 성과를 가져왔다. 그리하여 조선의 道路 사정은 量/質 양 측면에서 비교적 단시일 내에 획기적인 변화를 불러일으켰다. 말하자면 19세기 말의 傳統 사회에서나 볼 수 있는 사람 通行 중심의 좁고 꼬불꼬불한 산길이나 논/밭 두렁길 道路 모습으로부터 牛馬車는 물론이고 심지어 自動車까지 마음대로 다닐 수 있는 넓고 곧은 근대적인 도로(新作路)의 모습으로 탈바꿈하게 되었음이 그것이다.

총독부의 이러한 사회간접자본 擴充사업은 우선 조선에 대한 식민지

정책의 효과적인 추진을 위해서는 무엇보다도 전국적인 道路網의 확충이 중요한 先決조건이었기 때문이기도 하겠지만, 그밖에 또 다른 중요한 목적으로는 당시 일본이 추구한 大陸經營이라는 원대한 꿈을 실현하기 위해서는 그 橋梁的 역할로서의 조선의 道路網 확충이 또 하나의 긴요한 필요조건이었다고 함을 지적하게 된다. 大陸 진출이라는 일본의 원대한 理想은 이처럼 조선에 대한 治道事業의 성격을 다분히 軍事的 목적에서의 道路網 구축이라는 점에서 찾아볼 수 있다는 점, 그와 함께 또한 北部지역에서의 森林자원이나 地下자원의 개발, 남부지역에서의 穀物 수송의 필요성 등을 위한 경제적 목적에서의 도로망 확충이라는 성격도 강하게 띠고 있었다는 점을 강조하게 된다.

종합컨대, 일본의 식민지 조선에 있어서의 治道事業의 성격은 크게 보아 다음의 세 가지로 압축될 수 있다. 첫째 중요하게 들 수 있는 것은 일본이 무엇보다도 大陸진출이라는 원대한 이상을 실현하기 위한 일본 (內地)과 大陸(만주)을 연결하기 위한 橋梁的 역할이라는 측면에서의 朝鮮 道路의 중요성이고, 둘째로 이 교량적 역할과는 일부 중복되지만 韓半島를 포함하는 東北亞 지역에 대한 군사적, 정치적 支配를 위한 軍事的 목적의 도로 성격을 강하게 띠었다는 점이며, 셋째로 조선에서의 地下資源 개발이나 穀物(특히 米穀) 수출 등 일본으로의 物資 수송이라는 경제적 측면에서의 産業道路로서의 성격을 또한 강하게 띠었다는 점이 그것이다. 그렇다고 하여 조선에서의 도로망의 확충이 일반 국민의 실제 생활상의 요구를 전혀 반영하지 않았다는 것은 아니다. 즉 사람이나 物資의 수송 등 철도 이용에서 오는 실제 국민생활상의 便宜性을 도외시한 채 이상과 같은 정책적 요구에 의해서만 도로망의 擴充이 이루어졌다는 의미는 아니라고 해야 한다. 군사적 목적이든 경제적 목적이든 鮮/滿 國境지대 및 북부 지역 도로망 구축이 남부에 비해 더욱 활발히 이루어졌다고 할 수 있겠으나, 人口가 稠密(조밀)하고 사람이나 물자 이동이 상대적으로 빈번할 수밖에 없는 남부지역에서의 도로망 구축 역시 그에 못지 않게 활발하게 이루어졌다는 사실도 결코 부정할 수 없기 때문이다.

1930년대 말에 오면 제1, 2차 도로개축계획이 완료되고 아울러 전통적인 구식 道路(等外 도로)의 신식 新作路로의 개축사업이 일단 마무리되기에 이른다. 신식 道路로의 개축이 곧 도로수송의 近代化를 의미할진데, 이처럼 빠른 시일 내에 도로수송이 근대화됨에 따라 이제는 道路의 신규 건설보다는 기존 도로의 補修와 管理문제가 더욱 절실한 과제로 등장하게 되고, 아울러 그를 뒷받침할 관련 法規의 정비가 더욱 시급히 요구되는 당면 과제가 아닐 수 없었다.

총독부는 이에 1938년 4월 새로 '朝鮮道路令'을 제정하여 지난 1911년에 성급하게 만들어진 '道路規則'을 이것으로 대체하는 조치를 취하였다. 종전의 도로 등급 기준이었던 1등급-2등급-3등급-等外도로의 4등급 구분방식을 없애고, 새로 도로에 대한 건설 및 관리책임을 맡는 部署別 명칭에 따라, 이를테면 ① 國道, ② 地方道, ③ 府(市)道, ④ 邑(面)道의 4가지 종류로 도로 명칭을 바꾸게 된다.[36] 그리고 국가정책 상 軍用道路의 중요성이 강조되면서 道路에 대한 공공적 성격의 강화와 함께, 前節의 鐵道에서처럼 제도적으로 민간에 의한 私道의 건설을 일체 인정하지 않는 방향으로 나아갔다, 이 무렵에 일본은 전반적인 국가통제체제의 강화와 함께, 道路 관리에 있어서도 國家에 의한 직접 管理방식을 더욱 강화시키고자 하였는데, 이상에서 본 道路 관련 法令의 改正도 이러한 시대적 요구를 반영하는 일련의 조치였다고 할 수 있다.

3) 연대별 道路改築實績

일자를 소급하여 1905년 이후 약 40년간에 걸친 조선통감부/총독부 시절의 道路改築사업이 각 연대별로 어느 정도 實績을 올렸는가를 살펴보

---

36) 이 4가지 道路 等級 명칭과 관련하여, 대체로 종전의 1, 2등급은 國道로, 3등급은 地方道로 그 等級이 바뀌고, 前者는 총독부 책임 관리체제로, 後者는 각 道廳 관리체제로 하는 식으로 말하자면 관리의 責任 所在를 분명히 하고 있다-韓國道路公社, 『韓國道路史』, 1981, p. 192 참조.

자. 우선 조선통감부 시절(1905~09년)의 도로개축상황을 보면 대체로 다음과 같이 요약된다. 1907년에 시작하는 제1기 4개 路線, 즉 당시로서는 짧은 거리이면서도 그러나 그 道路 이용률이 비교적 높은 幹線 도로 4곳을 들 수 있다. 앞에서 본 것처럼 그것은 ① 평양-진남포 간 51km, ② 光州-木浦 간 86.9km, ③ 大邱-慶州 간 71km, ④ 全州-群山 간 46.4km의 4개 노선으로 이루어졌다. 이들 4개 노선의 총연장은 255.3km에 불과하지만, 이들의 竣工이 한국 최초의 근대적 도로(新作路)의 出現이라고 하는 점에서 그것이 갖는 역사적 意義는 대단히 크다고 하지 않을 수 없다. 이를 시작으로 1911년까지 조선의 도로 개축사업은 부단히 이어져 이 무렵에 총 20개 노선에 총 연장 549.0km의 신식 도로가 새로 추가되어 1907~11년간에 도합 24개 노선에 총 804.3km에 달하는 新式 도로의 개축을 보게 되었다. 이를 등급별로 보면, 1등급 도로가 8개 노선에 191.6km로 전체의 23.8%를, 그리고 2등급 도로가 나머지 16개 노선에 총연장 612.7km로 전체의 무려 76.2%를 차지했다(같은 책, pp. 181~182).

1911년 말의 1, 2등급 도로의 총연장 804km는 10년 후인 1921년에 오면 그 2.5배인 2,014km로 크게 늘어나고, 여기에 3등급 도로 1,673km까지를 보태게 되면 총연장 3,687km로 더욱 크게 늘어난다. 그 후 1920년대 후반부터는 앞에서 살펴본 것처럼 총독부 제2기 도로개축계획이 적극적으로 추진되어 1938년의 朝鮮道路令 공포 당시까지 총 도로개축실적이 23,679km로 급증하게 된다. 이 수치는 1911년 당시의 실적 804km와 비교하면 무려 29.5배에 달하는 도로망의 비약적인 확장을 가져온 셈이고, 그리고 1921년의 3,687km와 비교해서도 무려 6.4배의 확장을 가져온 셈이다. 이 한 가지 사실만으로도 1920~30년대에 조선 도로망의 확충사업이 얼마나 격렬하게 일어났는가를 짐작해볼 수 있다.

1938년의 朝鮮道路令의 시행에 따라 1939년부터는 도로의 등급 기준이 종전의 1-2-3등급 道路 및 等外道路의 4등급 분류방식으로부터 國道-地方道-府(市)道-邑(面)道 등으로 나누는 새로운 4등급 분류법으로 바뀌었다. 여기서 국도-지방도-府(市)도-읍(면)도 등으로의 구분 기준은 아래에서 보는 바와 같지만, 여기서 한 가지 특기할 사항은 國道, 지방도, 읍(면)도는 이를테면 道路의 種別 기준에 의거한 것이라고 하겠지만, ③의 府(市)道의 경우는 그렇지를 않고 당해 府(市)의 영역 안에 있는 國道와 地方道를 합친 개념으로서 그 성격을 완전히 달리하고 있다는 점이다.[37]

① 國道 : 서울과 각 道廳 所在地 간의 도로, 道廳 소재지 상호간의 도로, 그 밖의 몇몇 주요 간선 도로
② 地方道 : 道廳 소재지와 郡廳 소재지 간의 도로 및 이에 딸린 주요 도로
③ 府(市)道 : 당해 府(市) 행정구역 안의 國道, 地方道를 일괄 통칭하는 명칭
④ 邑(面)道 : 邑-面 간 도로, 面 상호간의 도로, 이에 딸린 부속 도로

이상의 신규 등급별 도로 분류는 1938년 이전까지의 1등-2등-3등-等外 道路 등으로 분류되던 기준과는 그 등급별 카테고리가 一致하지 않기 때문에 양자 간 통계의 時系列적인 직접 비교를 어렵게 하는 盲點을 갖고 있다. 따라서 어쩔 수 없이 1938년까지는 종전 분류방식으로, 1939년부터는 신규 분류법에 따라 각기 관련 통계 등을 달리 처리할 수밖에 없는 실정이라 해야 한다.

4) 所要 資金의 조달

총독부의 이러한 의욕적인 도로개축사업은 그럼 그 막대한 소요 資金을 도대체 어떤 방식으로 조달하였을까? 所要 資金의 원활한 조달 없이는 아무리 이상적인 계획이라 하더라도 그 성공을 기약할 수 없을 것이기에 이 문제는 우리에게 매우 중요한 의미를 부여 할 수 밖에 없다. 이 점과 관련하여 일찍이 1911년 총독부가 '道路規則'을 제정할 당시 道路의 築造-정비-유지-管理 등에 따른 제반 비용을 어떻게 조달할 것인가 하는 데 대한

---

37) 위의 책, p. 225 참조. 여기서 國道와 지방도의 路幅 기준은 전자 6~7m, 후자 4~5.5m로 양자 간에 2m 정도의 차이를 두었으나, 邑(面)道의 경우는 이에 대한 특별한 규정을 두지 않았던 것으로 알려져 그 路幅이 일정하지 않았던 모양이다.

원칙을 정한 바가 있다.

여기 따르면, 담당 部署 별로 소요 경비를 부담한다는 기본 원칙 아래, 우선 도로의 築造나 정비 등 長期 시설투자에 있어서는, ① 1-2등급 도로 (國道)의 경우는 총독부가 직접 國費로 支辨하는 것을 원칙으로 하고, ② 3 등급 도로(地方道)의 경우는 당해 府-邑-面 등 地方官屬에서 자기 담당별 로 비용을 부담하는 것을 원칙으로 하였다. 둘째로 道路의 平時 유지-修繕 -관리 등에 따른 流動的 비용의 경우는 이상과는 달리, ① 1-2등급 도로의 경우는 원칙적으로 당해 道路가 속하는 道의 관할로 하고, ② 기타 3등급 도로나 等外도로의 경우는 당해 도로 소속의 지방관서의 자체 부담으로 할 것을 원칙으로 하였다.

財源調達 문제와 관련하여 중요한 의미를 갖는 것은 이 流動的 자금의 경우보다는 아무래도 前者의 신규 築造 또는 整備 등의 사업을 위한 施設 資金 조달문제라고 할 수 있다. 주로 1-2등급 도로의 改築을 책임지는 총 독부가 그 所要 시설자금을 어떻게 조달하느냐 하는 문제가 무엇보다도 資金 규모면에서 중요한 의미를 갖는다고 할 수 있고, 그밖에 3등급 이하 도로의 개축을 책임지는 道 이하 府/邑/面의 소요 자금 조달의 문제는 그 다음이라 할 것이다. 그럼 총독부에 의한 1-2등급 國道 건설을 위한 소요 資金 조달의 문제부터 살펴보기로 하자.

총독부는 현안의 道路사업을 포함하여 철도, 煙草사업, 상하수도, 稅關 개설, 도시계획 등의 대규모 투자사업에 들어가는 資金은 대부분 관련 事 業公債를 발행하여, 그것을 주로 일본 國庫資金으로 인수케 하거나 아니 면 일본 내 금융기관을 통해 소화시키는 방식으로 해결하는 길을 밟았다 고 함은 두말할 여지가 없다. 말하자면 총독부는 다른 투자사업에 있어서 나 마찬가지로 이 道路개축을 위한 소요 자금조달 역시 이러한 事業公債 발행을 통해 해결하는 길을 그대로 따랐다고 할 수 있다.

참고로 1938년 말 기준으로 총독부의 각 사업부문별 事業公債 發行 殘高를 보면, 총액 6억 3,352만 円 가운데 ① 총액의 78.2%인 4억 9,565만

円이 철도 부설 및 그 改良사업에 들어가고, ② 私設鐵道의 買收 용으로 4.2%인 2,675만 円, ③ 道路 개축 및 개량비로 2,547만 円(4.0%), ④ 그밖에 煙草사업 2,003만 円(3.2%), 稅關 업무 1,781만 円(2.8%), 治水사업 854만 円(1.3%) 등으로 이루어졌다.[38]

이렇게 보면, 총독부 총 公債발행의 무려 82.5%가 鐵道 관련 사업을 위한 것이었고, 도로 관련 사업의 비중은 전체의 4.0%에 불과한 비중이지만, 그러나 이는 1938년까지의 道路公債 발행누계가 아니라 동 시점에서의 殘高 개념이라는 것을 알아야 한다. 따라서 실제 道路公債의 발행실적(累計)은 이를 훨씬 상회할 것임은 말할 나위가 없다.

그뿐 아니라, 총독부는 이상의 자체 사업 이외에 道/府/邑/面 등 지방관서의 道路사업에 대해 여러 가지 名目으로 상당한 규모의 보조금을 지급하였다는 사실도 지적해 둘 필요가 있다. 참고로 총독부의 각 지방관서에 대한 도로사업 관련 보조금 지급상황을 보면, 우선 각 道廳에 대한 보조금이 619만 円 가량이고, 그밖에 貧民救濟사업 목적의 中小 河川에 대한 橋梁 가설(6,500개 所) 사업을 위한 지원금 — 주로 건설 노무자에 대한 人件費 지원 — 으로 3,399만 円, 時局 관련의 응급조치를 요하는 土木사업 지원 210만 円, 그리고 金鑛 개발을 위한 金山道路의 개축 또는 森林자원 개발을 위한 林道의 개축사업 등에 대한 지원 600만 円을 모두 합하면 총액 4,800여만 円에 달하는 셈이다(「자료 4」(제19장), pp. 139~140).

다음 道를 비롯한 府/邑/面 등에 의한 地方債 발행실적을 보면, 1938년 말 기준으로 道債가 1억 2,573만 円으로 가장 많고, 그다음 府債 3,538만 円, 邑/面債 872만 円 등으로 이루어져, 地方債 총 발행실적(잔액)이 1억 6,983만 円에 달하고 있다. 이는 앞의 國債 발행실적에 비하면 큰 비중은 아니지만, 그러나 같은 시점에서의 國/公債 총 발행실적(763,474천 円)의 약 22.2%를 차지하고 있어 결코 무시할 수 없는 규모임에는 틀림없다.

---

38) 朝鮮殖産銀行調査部, 『殖銀調査月報』, 25호(1940), pp. 17~18 참조.

〈표 3-5〉 시기별, 등급별 道路改築 實績

가. 1911~25년
(단위 : km)

	1/2등급 도로	3등급 도로	합 계(총 연장)
1911*	804.3 (100.0)	··	804.3 (100.0)
1921	2,014 (250.4)	1,673 (··)	3,687 (458.4)
1925	2,357 (293.0)	1,999 (··)	4,356 (541.6)

나. 1926~38년

	1등급 도로	2등급 도로	3등급 도로	합 계(총 연장)
1926	2,766	6,630	7,514	16,910 (2,103.2)
1930	2,906	7,335	8,674	18,915 (2,352.6)
1935	2,981	8,677	10,987	22,645 (2,816.5)
1938	3,028	8,880	11,771	23,679 (2,941.1)

다. 1939~42년

	國 道	地 方 道	합 계(총 연장)
1939	11,370	14,387	25,757 (3,203.6)
1940	11,490	15,008	26,498 (3,295.7)
1941	11,662	15,105	26,767 (3,329.2)
1942	11,731	15,259	26,990 (3,356.9)

자료 : 1) 朝鮮總督府, 『施政年報』, 1926, 동『統計年報』, 1943,
    2) 韓國道路公社, 『韓國道路史』, 1981, pp. 182, 196 및 기타 자료.
주 : 1) 연도별 비교는 자기 年代 내에서만 가능함.
    2) *표(1911년)는 1921, 1925년 수치와 직접 비교할 수 없음.

문제는 이 1억 6,983만 円 가운데 순수히 道路사업에 들어간 자금이 정확히 어느 정도였는가는 判別할 수 없다는 점이다. 다만 당시 道債를 비롯한 地方債 발행代錢은 대체로 다음 5가지 사업, 곧 ① 土木사업, ② 勸業사업, ③ 敎育, ④ 衛生, ⑤ 救恤(구휼)사업 등에 주로 투입되었는데, 그중 ①의 土木사업 중에서는 지방도로의 改修 및 維持를 위한 자금이 가장 큰 비중을 차지했을 것으로 짐작할 수 있고, 나머지는 砂防/治水사업이나 河川 및 港灣 관리 등을 위한 자금으로 이루어졌을 것으로 볼 수 있다.

이들 지방공공단체에서 발행되는 사업공채도 앞의 총독부 國債발행의 경우와 마찬가지로 일본 내 정부자금이나 일반 금융기관을 통해 引受 내지 소화시키는 방식을 취하게 된다. 특히 長期 施設資金의 경우는 利子率 등 그 발행조건이 借入者에게 대단히 유리한 일본 大藏省 預金部資金에 의한 引受 비중이 매우 높았다는 점을 지적해 두고자 한다.[39]

결론적으로 한 가지 강조되어야 할 사항은 총독부에 의한 道路 公債의 발행이든 또는 道/府/읍/면 등에 의한 地方債 발행의 경우든, 그것은 대부분 일본 정부자금에 의한 것이거나 아니면 일본 내 금융기관에 의한 國/公債 引受방식으로 이루어졌다는 사실이다. 아울러 그러한 식의 사업 공채 발행 및 인수 방식으로 조달하는 일본자금에 의거하여 이상에서 본 당시 식민지 조선에서의 각종 道路의 신규 改築사업은 물론, 기존 도로의 정비-改良-유지-修繕 등 모든 治道事業이 그처럼 활발하게 이루어졌다고 할 수 있다.

3. 해방 당시의 道路事情

이상과 같이, 한국은 1876년 門戶 개방 이후 開港期를 거치고, 그 후 또한 일본에 의한 식민지 시대를 거치면서 祖上 傳來의 구식 道路는 통감부/총독부의 적극적인 治道사업으로 新式 도로인 新作路로 탈바꿈하는 이른바 道路 교통의 近代化 과정을 밟게 된다. 그리하여 1945년 8월 해방과 함께 한국은 前節에서 살펴본 鐵道 교통에 있어서와 마찬가지로 道路 교통에 있어서도 상당한 수준의 근대적 道路網을 구축하고, 그것을 하나의 중요한 식민지 遺産으로 물려받게 되었다고 해야 한다.

관련 수치를 통해 이를 좀 더 구체적으로 살펴보자. 해방 당시 全國 도로망은 총연장 약 24,031km(軍用道路 약 1,700km 제외)에 달하였는데, 그

---

[39] 『朝鮮に於ける內地資本の投下現況』(「자료 3」), 京城商工會議所 調査資料, 제9집, 1944년 1월, pp. 13~15 참조. 그리고 매우 유리한 조건의 이 大藏省 예금부자금의 조선 유입실적에 대해서는, 제2장 <표 2-2>의 借入 主體別 자금유입 구성에서 보는 것처럼, 道-邑-面에서 발행한 地方債의 비중이 전체 발행액의 25.4%에 달하고 있음을 알 수 있다.

가운데 1등급 도로(國道 幹線)가 약 5,263km로 전체의 21.9%, 2, 3등급인 地方道가 9,997km로 41.6%, 그리고 市/邑/面 도로가 8,771km로 36.5%를 각각 차지하는 등의 도로 등급별 구성을 보여주고 있다. 또한 이를 鋪裝 (포장)-非포장-未改築의 3가지 도로 상태별 구성을 보면, 해방 당시 사정으로 鋪裝道路가 전체의 겨우 4.4%(1,067km)에 불과하고, 또한 國道만의 포장률도 14.2%에 불과할 뿐이라는 점, 따라서 國道라 하더라도 아직 그 대부분이 非포장 상태 그대로였다고 할 수 있다.[40] 바꿔 말하면, 전체 도로의 대부분이 아직 非鋪裝의 흙/자갈길 그대로였고, 더욱이 非포장의 자갈길로도 아직 되지 못한 未改築 상태의 전통적인 구식 도로의 비중이 전체의 11.1%(2,659km)에 달하고 있었다. 이 未改築 상태의 도로 11.1%를 일단 新式 도로(新作路)로 개축하기 이전의 전통적인 舊式 道路로 간주한다면, 나머지 약 89%에 달하는 23,072km(군사도로 1,700km 포함) 도로가 결국 開港期-大韓帝國 시기 및 그 후의 일본 식민지기를 거치면서 일단 新式 도로(鋪裝道 + 자갈길)로 개축된 실적이라고 할 수 있다.[41]

다음에는 이처럼 道路의 線路 확장 및 개량이라는 측면에서만이 아니라, 都市 지역에서의 市街地 街路網의 구축이라는 측면에서도 일대 혁신을 가져왔다. 이전의 도시 지역 街路의 모습은 원래의 立地的 조건에 따라 형성된 지역 모습 그대로의 等高線 등에 의해 결정되는 식이었으나, 新式 도로의 경우에는 治道사업의 일환으로 市街地 改修 및 정비사업을 동시에 진행하게 되었다는 점이 중요하게 다루어져야 한다. 그중에서도 京

---

40) 이러한 열악한 도로사정에 비추어 총독부는 1939년 당시 京城 시내 도로에 대한 '道路鋪裝 4 개년계획'을 수립하고 강력히 실시한 일도 있었으나, 그것이 전국적으로 파급될 정도로 확대 되기는 어려웠다고 해야 한다 – 『韓國道路史』, p. 196, <표 3-2-11> 참조.

41) 前項의 『韓國道路史』, p. 196, <표 3-2-11>에 나오는 해방 당시 全國 도로망의 총연장 25,731km(군사도로 1,700km 포함)는 또 다른 자료(조선총독부, 『統計年報』, 1943년판)에 의한 1942년 말 현재의 26,990km보다 오히려 1,259km나 적은 수치이다. 두 가지 수치상의 차이가 어디에 연유하는지는 잘 알 수 없으나, 이를 통해 本文 속의 해방 당시 이 땅에 남겨진 全國 道路網 관련 수치는 실제보다 어느 정도 과소평가되었을 가능성이 크다고 함을 밝혀두고자 한다 – 같은 책, p. 196, <표 3-2-10> 참조.

城의 경우는 1904년 이후 1929년까지 계속하여 총독부가 직접 관장하는 京城 市街地 改修공사가 이루어졌다. 오늘날과 같은 서울 市街地 街路網의 건설과 그리고 外廓(외곽) 도로로의 연결은 그 대부분이 이미 이 시기에 이루어졌다고 해도 과언 아니다. 그밖에 京城 이외의 주요 도시 街路工事는 1920년대 초 당시 국내 제2의 도시 平壤을 비롯하여 鎭南浦, 大邱, 咸興, 開城, 釜山 등의 순으로 이어졌다.

이상에서 살펴본 남/북한 전체를 대상으로 한 도로망 가운데 그럼 해방 후 南韓만의 도로 사정은 어떠하였는가? 우선 해방 후 南韓 도로의 總延長은 전국 도로망 24,031km의 약 57.5%에 해당하는 15,265km를 나타내고 있었다.[42] 이는 다시 國道 5,270km(34.5%), 地方道 9,995km(65.5%)로 구성되어 후자의 地方道 비중이 國道보다 훨씬 높았다는 점이 특징적이라 할 수 있었다. 이는 前節에서 살펴본 鐵道의 경우와는 확연히 다른 모습이다. 철도에 있어서는 북쪽이 남쪽보다 철도 연장선이 더욱 길었으나, 道路의 경우에는 반대로 남쪽이 북쪽보다 도로 연장선이 더욱 길다는 相反된 모습을 보여주고 있음이 그것이다. 그 이유는 무엇 때문일까?

鐵道는 사람의 이동보다는 貨物의 이동(物流)에 있어 道路보다 아무래도 유리하다는 점을 고려한다면, 비록 면적은 좁지만 인구는 상대적으로 훨씬 많은 남쪽은 사람 이동을 중심으로 하는 道路가 북쪽보다 앞질러 발달하게 되고, 반면 면적이 넓고 地下資源이나 林産物 등의 賦存資源이 더욱 풍부한 북쪽은 아무래도 도로보다는 철도가 더욱 빨리 발달하게 되지 않았을까. 아무튼 日政 시대 鐵道와 道路를 중심으로 한 南/北韓 간의 교통수단의 발달이 이처럼 서로 다른 방향으로 이루어졌다고 함은 여기서 한번 쯤 눈여겨 볼 일이 아닐 수 없다.

이를테면 道路 운송 중심으로 발달한 남한의 경우, 해방 후 美軍政 하에서의 남한의 道路는 어떤 상황에 처하게 되었는가? 美軍政 初期 여러 가

---

42) 朝鮮銀行調査部, 『朝鮮經濟年報』, 1948年版, p. I -181 참조.

지 어려운 사정으로 行政 空白을 가져오고, 이는 사회 전반을 정상적으로 돌아가지 못하게끔 하였음은 두말할 것 없다. 그런 가운데 道路의 유지·補修·관리 등 측면에서도 제대로 손이 미치지 못하였을 것임은 물론이다. 사실상 도로를 放置되다시피 한데다가 또한 1946년 여름의 유례없는 大洪水로 말미암아 해방 후 불과 1, 2년 사이에 최고 일등 國道라 할 京釜線 도로까지도 엄청난 파괴와 流失을 가져올 수 밖에 없었다.

그런 가운데 1급 國道의 경우는 그래도 파괴되고 유실된 시설을 중앙정부의 직접 예산지원으로 補修공사가 비교적 빨리 이루어진 셈이지만, 그 밖에 2급 도로나 대부분의 地方道路의 경우는 군데군데 橋梁의 파괴와 路面의 훼손이 심각한 상태로 放置되고 있는 실정이었다. 더욱이 도로의 改築이나 補修를 위한 重裝備 기계를 구할 수 없는 실정이고 보니, 기계로 해야 할 難工事까지도 오로지 노동력으로 감당할 수밖에 없는 사정이어서 오랫동안 파괴되고 流失된 도로 상태 그대로 방치될 수밖에 없는 실정이기도 하였다.[43]

무척 어려운 조건 속에서도 美軍政은 전국 1호 國道라 할 京釜線 도로의 경우만은 군사적 중요성 때문이기도 하지만 전 國土의 動脈이라는 측면에서 그 조속한 정비 및 개량공사가 이루어지지 않을 수 없었다. 美軍政은 1946년 8월 막대한 예산을 투입하여 기존 도로의 整備는 물론 새로 아스팔트 鋪裝공사까지를 포함하는 일대 役事를 단행하기에 이르러 1947년 7월 경 까지는 상당한 구간의 도로에 대한 鋪裝공사까지 완료할 수 있었다. 京釜線 도로공사에 부수하여 중간에 몇몇 橋梁의 건설과 관련 構造物 공사까지 동시에 이루어진 것을 해방 후 美軍政 하에서의 도로사업의 큰 성과라고 할 수 있다, 그러나 이 京釜線 관련 공사 이외의 다른 도로의 정비나 개량 내지 포장공사 등에 있어서는 美軍政 하에서 별반 이루어진 것

---

43) 이러한 사정을 반영하여, 당시 美軍政은 1947년 한 해에 각종 道路工事에 동원해야 할 勞動力 규모가 무려 延人員 2,000만 명에 이른다면서 도로공사의 현실적 어려움을 나타낸 기록도 발견되고 있다 − 위의 책, p. Ⅰ−183 참조.

이 없었다고 해도 과언 아니다.[44] 이러한 현상은 1948년 民國 정부 수립 후 곧이어 터지는 6·25전쟁으로 전국의 道路가 空中 폭격 등으로 가일층 심각한 파괴와 流失을 가져오게 되지만, 그것의 복구는 前節의 鐵道에서와 마찬가지로 1953년 휴전 이후 전반적인 戰災 복구과정의 일환으로 행해진다는 것을 밝혀두고자 한다.

---

44) 美軍政 하의 도로사업과 관련하여 한 가지 특기할 사항은 도로 鋪裝(포장)공사에 있어 浸透式(침투식) 아스팔트工法을 처음 도입하게 된 것과 그리고 橋梁의 橋脚(교각) 말뚝공사에 있어 鐵筋 콘크리트 말뚝을 기초 말뚝으로 사용하는 工法도 이 때 처음으로 도입되었다는 사실을 참고로 지적해두고자 한다 – 韓國道路公社, 『韓國道路史』, 1981, p. 227 참조.

III. 港灣

1. 序 : 港灣의 前史

韓國은 지리적으로 3면이 바다로 둘러싸인 半島國이다. 그리고 3면의 海岸線의 길이는 무려 14,533km(그중 2,991km는 北韓 영역)에 달하는데, 그것은 대부분 얼지 않는(不凍의) 港口를 造成할 수 있는 극히 유리한 자연조건을 구비하고 있을 뿐더러, 게다가 어느 정도의 소형 船舶은 출입이 가능한 8개의 큰 江을 품고 있다는 점에서 한국은 일찍부터 海洋國으로 발달할 수 있는 天惠의 조건을 갖추었다고 할 수 있다. 그러나 이러한 海洋國으로서의 좋은 자연조건을 갖추고 있음에도 불구하고, 지난 王朝 시대 역사를 되돌아보면 한국의 執權세력은 이러한 주어진 자연조건에서나 또는 세계사적 시대의 흐름에 대해 너무나 無知한 탓이었다고나 할까, 감히 海洋으로 뻗어나갈 생각을 하지 못하고, 祖上 傳來의 守舊的인 대륙지향의 정책 노선에서 헤어나지 못했다는 점에서 엄중한 역사적 過誤를 범했다고 해야 마땅하다.[45]

스스로 海洋으로의 진출을 거부하게 되자 그것은 자연히 바다길(海路)을 여는 港灣이나 海運의 발달을 가로막는 不幸을 自招할 수밖에 없었다. 그리하여 한국의 港灣 사정은 오랜 세월 변함없이 漁港 수준의 原始的인 항구 모습을 벗어나지 못하고, 19세기 후반 外壓에 의한 開港이 이루어질 때까지 항만시설이라야 고작 船舶이 파도에 떠내려가지 못하게 매어놓는 船着場의 '쇠말뚝' 정도가 여기저기 설치되어 있었을 정도였다.

---

45) 여기서 말하는 大陸 지향의 폐쇄적, 守舊的 王朝란 다분히 지난 14세기 이후 무려 5세기 이상에 걸쳐 대륙 中國을 上典으로 모시고, 나중에는 '小中華'로까지 自處한 바 있는 '朝鮮' 王朝를 가리킴은 두말할 것 없다.

다른 산업에서와 마찬가지로 港灣 분야에서도 전통적인 소규모 漁港 격의 항만 모습으로부터 탈피할 수 있는 역사적 계기는 결국 1876년 일본 과의 江華島條約 체결에서 주어진다고 해야 한다. 이 條約의 체결로 우선 대표적인 3개 港(釜山, 元山, 仁川)을 '通商港'이라는 이름으로 외국에 개방 하게 됨으로써 비로소 이들 항구가 이전의 沿岸 항구간의 往來라고 하는 전근대적인 모습으로부터 탈피하게 되는 결정적인 계기가 주어졌다고 할 수 있다. 다시 말해 이 對外開港을 통해 이들 한국의 대표적인 港口가 비 로소 內陸과 海洋의 길을 연결하는 근대적인 遠거리 상업(貿易)港으로서 의 모습으로 바뀌게 된다고 할 수 있다. 아울러 한 가지 더 덧붙여 둘 것은 이 江華島條約 체결을 통해 朝鮮의 대외무역 패턴 역시 이전의 陸地를 통 한 對淸 國境貿易으로부터 海洋으로 나아가는 對日무역 중심으로의 구조 전환이 급속하게 이루어졌다는 점이다.[46]

開港을 통한 이러한 海洋으로의 通商 基調의 전환은 곧바로 陸運과 海 運을 연결하는 接點으로서의 항만의 개발 필요성을 강력히 제기시켰다는

---

46) 1876년 開港 당시 조선의 대외거래(무역) 사정은 통계로는 정확히 잡히고 있지 않지만 淸國과 의 國境(豆滿江 유역)을 중심으로 벌리는 무역체제였다. 그러나 개항과 함께 이상의 對淸무역 은 급속히 對日무역으로 바뀌게 되고, 머지않아 對日貿易 獨占시대로까지 나아갔다. 그 후 미 국, 영국, 러시아 등 서구 제국과의 연이은 開港으로 對日 독점적 무역체제는 이들 서구제국의 등장과 함께 다시 日淸간의 爭覇(쟁패)무역체제로 바뀌었다가, 그 후 1905년 日러전쟁에서의 일본 승리를 계기로 다시 일본우위체제로 돌아서게 된다. 통계가 잡히는 기간에서의 양국 간 쉐어를 보면, 수출에서 1885년 조선의 對日, 對淸 수출 비중은 97.4% 대 2.4%로 압도적인 일 본 우위로 되고, 이는 대체로 1897년경까지 지속되다가, 그 후 다시 對日 75%, 對淸 15~20% 선으로 바뀌게 된다. 수입의 경우는 1893년의 對日, 對淸 수입 비중이 50.2% 대 49.1%의 균형 구조를 취하게 되지만, 그 후 러시아 등 제3국의 진출로 1907년에 오면 다시 對日 66.0%, 對淸 10.8%(기타 제3국 23.2%)로 크게 바뀌게 된다 – 朝鮮貿易協會, 1943 ; 40~54 참조.

아무튼 강화도조약의 체결로 朝鮮은 비로소 對外通商의 길이 열리게 되지만, 이는 전통적 인 鎖國體制로부터 對外開放체제로의 전환을 의미함은 물론, 나아가 종전의 大陸指向의 역 사발전의 길에서 海洋指向的 발전의 길로 전환하는 일대 轉機를 마련하게 되었다는 점에서 그것이 갖는 역사적 의의는 대단히 크다고 하지 않을 수 없다. 여기서 한 가지 중요하게 지적 해 둘 것은 그러한 역사발전의 방향 전환이 外勢의 强壓에 의한 것이든 또는 자발적인 선택 에 의한 것이든 그것은 그렇게 중요하지 않다는 사실이다.

사실에 주목하게 된다. 그렇다면 이 시기 전통적인 朝鮮의 항만은 어떤 과정으로 근대적인 모습으로 바뀌게 되는가.

2. 港灣의 단계별 改築過程

1876년 강화도조약을 통해 비로소 海洋에 눈을 뜨게 된 朝鮮 朝廷은 같은 해 釜山港의 개항과 더불어 곧장 일본의 유력한 商船회사인 日本郵船會社 및 大阪郵船會社 소속 외국 선박의 자유로운 釜山港 출입이 허용되었다. 곧이어 개항되는 元山(1880년)과 仁川(1883년)의 두 개 港은 물론이고, 1880년대에 미국, 영국, 프랑스, 러시아 등 서구 제국과도 修好通商條約의 체결이 이루어져, 이상 3개 港 이외에 추가 開港의 필요성에 따라 새로 鎭南浦/木浦(1897년), 城津(1899년), 群山/龍岩浦(1906년), 淸津(1908년) 등의 항구도 속속 개항하게 되고, 그에 따라 늘어나는 物流移動과 함께 외국 선박의 출입이 갈수록 잦아지게 되었다. 이처럼 人的交流는 물론 物流移動의 急增에 따라 그것을 소화시킬 수 있는 항만시설의 改築 문제가 또 하나의 시급한 과제로 대두되지만, 당시 朝鮮 朝廷으로서는 이를 위한 그 어떤 구체적인 대책도 강구할 수 있는 처지가 되지 못하였다. 말하자면 그를 뒷받침할 所要 財源의 조달은 말할 것도 없고 기술적으로도 그런 港灣 改築 사업을 自力으로 추진할만한 수준이 전혀 아니었기 때문이다.

1) 施設計劃 및 改築과정

朝鮮 조정은 대외 문호 개방과 더불어 對外去來가 늘어날 것에 대비하여 港灣 시설을 어떻게 해서든 구비해야만 했으나 현실은 전혀 그럴 형편이 못되었다. 그러던 차에 1905년 日露戰爭에서 승리한 日本이 조선에 대한 영향력을 강화하게 되면서 조선은 일본과의 韓日協約을 체결하고 그에 따라 일본에 의한 광범한 內政改革을 추진하게 된다. 이 때 改革의 일차적 과제로 떠오른 것이 조선의 鐵道, 道路, 港灣 등 각종 사회간접자본

의 시급한 개발이었고, 특히 그것은 鐵道와 道路의 부설과 함께 港灣시설의 改築도 하나의 중요한 정책과제로 포함되기에 이르렀다.

지난날 大韓帝國 시절이던 1908년 統監府는 자금규모 440만 円을 책정하여 당시 제1차 開港으로 지정된 釜山, 元山, 仁川을 비롯한 전국의 주요 11개 港[47]을 선별하여 그에 대한 긴급 改築사업에 착수한 것이 한국의 港灣 근대화를 위한 始發点이었다고 할 수 있다. 특히 당시 港灣개축사업을 조속히 추진해야 할 필요성은 항만사업 그 자체의 필요성만이 아니라, 對外通商과 관련한 稅關 업무를 처리할 시설을 마련해야 할 필요성이 서로 겹쳐 있었다. 時急을 요하는 이 두 가지 사업은 객관적 여건의 不備로 시일만 遷延(천연)하다가 결국 1910년의 韓日倂合과 함께 관련 업무가 그대로 朝鮮總督府로 이관되고, 총독부로 넘어온 조선의 港灣 개축사업은 당초의 사업계획에 새로 釜山, 仁川, 평양, 진남포 등 주요 항구에 대한 확장사업을 추가하여 일종의 종합적 개발계획으로 추진하기에 이르렀다.

병합 후 식민지 조선과 일본 간에는 자연적으로 人的 往來는 물론 物的 去來가 急增하는 추세를 보임으로써 海運에 대한 수요 역시 크게 늘어날 수밖에 없었다. 늘어나는 항만 수요는 또한 항만시설의 改築과 확장 필요성을 계속 제기시키게 되었음은 물론이다. 이를테면 1915년의 元山港 확장공사를 비롯하여, 1922년의 淸津, 城津港의 확장, 1926년의 群山, 목포, 雄基, 多獅島(다사도) 항에 대한 개축 및 확장, 1929년의 仁川 및 진남포항의 확장, 그리고 1933년에는 淸津漁港의 개축 및 城津港 貯木場의 신설공사 등을 그 대표적인 사례로 들 수 있다.[48]

이상의 주요 港灣에 대한 개축 및 확장사업은 총독부에 의한 國策사업으로 추진되었음은 물론이고, 아울러 총독부는 앞에서 살펴본 鐵道나 道

---

47) 초기의 釜山, 元山, 仁川 3개 항 외에, 여기에는 남쪽에서는 木浦, 群山, 馬山의 3개 港 그리고 북쪽에서는 진남포, 城津, 淸津, 평양, 신의주 등 5개 港을 포함하여 모두 8개 港이 개축사업의 대상으로 지정되었다.

48) (財)鮮交會, 『朝鮮交通史』, 1976, p.1073 참조.

路에서처럼 조선의 사회간접자본 확충의 일환으로 이 港灣의 개축사업 역시 중요한 力點사업으로 지정되기에 이르고, 또한 적극적으로 추진함으로써 대체로 1934년까지는 이들 항만의 개축 및 확장공사를 거의 마무리할 수 있었다.

1930년대 후반에 들어서도 항만의 개축 및 확장공사는 계속 활발하게 추진되었다. 이를테면 1935년에 인천항 제2船渠 축조 공사, 여수항 防波堤 공사, 淸津漁港 제2기 공사 등을 비롯하여, 1936~42년간에 城津, 多獅島, 海州, 三千浦 등의 개축공사와 元山, 부산, 馬山, 麗水 등의 확장공사, 그리고 여수, 淸津西, 묵호, 端川 등의 방파제 공사 등이 그 대표적인 케이스라 할 수 있다. 총독부의 이러한 적극적인 항만 개축과 확장공사의 裏面에는 1937년에 발발하는 中日戰爭을 계기로 조선반도의 군사적, 경제적 중요성이 더욱 浮上됨으로써, 당면의 전쟁수요에 부응하기 위한 항만 확충의 필요성 또한 크게 작용한 탓이라 할 수 있다. 더욱이 1941년 太平洋戰爭의 발발과 더불어 조선반도가 大陸 軍需物資의 일본 및 南方지역으로의 이동을 위한 通路 내지 關門으로서의 역할이 클로즈업되면서 그에 따른 항만시설의 확장 필요성이 더욱 강조되기에 이르렀다.

전시 하의 非常시국의 흐름과 관련한 이러한 항만 수요의 확대는 주로 남부 조선의 기존 항만에 대한 긴급 정비의 필요성으로 이어졌다. 1943년에 당시로서는 巨金이라 할 공사비 2,500만 円을 들여 三千浦 항의 시설 확장, 1944년에는 다시 공사비 2,063만 円을 투입하여 釜山, 馬山, 여수, 三千浦 등 남해안에 위치한 주요 항만의 정비 및 확장 등의 공사에 열중하게 된 것이 그것이라 할 수 있다. 물론 북부지역에 있어서도 東滿洲 지역의 鑛産物을 비롯한 기타 군수물자의 신속한 일본으로의 반출을 위해서는 특히 함경북도 지역의 羅津, 성진, 청진, 端川 등의 항만 增設계획이 요구되었으나, 급변하는 時局의 영향으로 제대로 실행에 옮겨지지 못하고 있다가 급기야 1944년 10월 이후에는 북부 지역은 물론 남부 지역에서의 港灣 관련 공사까지도 모두 중단되기에 이르렀다.

2) 資金計劃

총독부는 이상과 같은 방대한 규모의 조선 港灣의 개축 및 확장에 따른 소요 資金을 어떻게 조달하였을까? 이에 대한 구체적인 자료를 구할 수는 없지만, 적어도 초기 부산-元山-인천의 3대 開港과 그리고 8개 指定港의 경우는 그것이 중요한 國策사업이라는 관점에서 아마도 총독부 책임하에 직접 정부예산으로 支辨되었을 것으로 보지만, 기타 地方港의 경우는 일차적으로 道-府-郡-邑(面) 등 관할 地方官의 책임 하에 스스로 조달하게 된 것으로 볼 수 있다.

앞 節에서 본 鐵道나 道路 등 다른 SOC부문에서와 마찬가지로 港灣에 있어서도 총독부는 그 막대한 소요 자금을 자체 豫算(歲入)으로 전액 충당할 수는 없었을 것이다. 그렇다면 그 全額 또는 부족분은 어쩔 수 없이 國債 발행을 통해 그 판매 代錢으로 충당했을 것으로 봐야 한다. 道-府/群-邑(面) 등의 지방관서에 있어서도 주로 당해 官署別로 道債-府債-邑債 등 사업공채 발행을 통해 그 소요 자금을 조달하는 길을 택하였을 것으로 보지만, 경우에 따라서는 총독부로부터 상당한 몫의 財政 지원이 있었을 것으로 추정해 볼 수 있다.

여기서 開港 및 주요 指定港을 중심으로 그간에 있었던 각종 공사비 예산규모와 그 집행상황을 간추려보면 대체로 다음 〈표 3-6〉에서 보는 바와 같다. 동 표에서 보듯이, 주요 20개 항의 豫算규모는 총 2억 1,998만 円에 달하였는데, 그중 약 3분의 2(66.7%)에 해당하는 1억 4,680만 円은 1908~43년간에 집행된 실적이고, 나머지 7,322만 円(33.3%)은 1944~46년간에 집행될 계획으로 있던 未집행분이었다. 따라서 마지막 3년(1944~46년)간의 未집행분이 지난 1908년 이후 43년까지의 36년간 집행실적의 무려 절반 규모에 이르고 있다는 사실은 1940년대 戰時期에 들어 일본정부/조선총독부의 조선 항만사업에 대한 熱意가 얼마나 높았는가를 보여주는 하나의 徵標라고 하지 않을 수 없다.

다음에는 이상의 투자실적을 주요 항만별로 살펴보면 다음과 같다. 예

〈표 3-6〉　　주요 항만별 工事費 豫算 및 執行實績 (1943년 현재)

(단위 : 千 円)

	港 名	豫算 규모	執行 실적 (1908-43년)	未 執行 分 (1944-46년)
開 港 (11)	釜 山	73,637	50,378	23,259 (31.6)
	元 山	13,293	5,410	7,883 (49.3)
	인 천	24,653	17,948	6,705 (27.2)
	多獅島	19,413	12,360	7,053 (26.0)
	城 津	4,838	4,172	656 (13.6)
	청 진	6,900	6,900	- (-)
	진남포	3,480	3,480	- (-)
	海 州	7,200	2,424	4,776 (66.3)
	군 산	5,392	5,392	- (-)
	목 포	3,850	3,850	- (-)
	雄 基	2,103	2,103	- (-)
指 定 港 (5)	여 수	16,906	12,043	4,863 (28.8)
	마 산	4,545	3,035	1,510 (33.2)
	端 川	4,300	2,834	1,466 (34.1)
	三千浦	15,753	1,739	14,014 (89.0)
	墨 湖	3,400	2,360	1,040 (30.6)
기 타* (4)	淸津西港 外 3	10,321	10,321	- (-)
합 계 (20)		219,984	146,759	73,225 (33.3)

자료 : (財)鮮交會, 『朝鮮交通史』, p. 1074.
주 : 1) * 기타에는 淸津西港 외 淸津漁港, 城津貯水場, 平壤港이 포함됨.
　　 2) 未 執行 란의 ( )내는 예산규모에 대한 未 執行 分의 비중(%)임.

나 지금이나 한국의 對外 關門이자 최대의 貿易港이라 할 釜山港이 무려 전체 예산의 3분의 1에 해당하는 7,364만 円(33.5%)을 차지하고 있는 셈이며, 또 1908~43년간의 집행실적에 있어서도 총투자의 무려 34.3%에 해당하는 5,038만 円을 차지하였다. 다음에는 首都圈의 關門이라 할 仁川港이 예산에서는 2,465만 円(11.2%), 집행실적에서는 1,795만 円(12.2%)을 차지하고, 그 다음 압록강 河口의 新設港이라 할 多獅島港이 전자에서 1,941만 円(8.8%), 후자에서 1,236만 円(8.4%)을, 그리고 남해안의 中心港으로서의 脚光을 받고 있던 麗水港이 전자 1,691만 円(7.7%), 후자 1,204만 円(8.2%)

으로 南海岸에서는 釜山港 다음의 제2위의 투자규모를 보여주고 있다. 그 밖에 삼천포, 元山, 海州, 청진 등의 港이 그 뒤를 잇고 있다.

총독부는 또한 各地의 地方港 개발을 위한 재정적 지원도 상당한 규모로 베풀었다. 일찍부터 총독부는 1912년 國庫보조금을 통해 지방공공단체로 하여금 地方港의 개발을 유도하고, 그를 통한 沿岸 商業의 진흥을 도모함과 더불어 水産資源의 개발에도 열을 올리었다. 그뿐 아니라 1930년에는 貧民救濟사업의 일환으로 총 264만 円의 자금을 책정하여 江口港(慶北 所在 동해안의 漁港) 외 10개 항의 개축을 지원하였는가 하면, 1937년에는 다시 長項港(忠南 소재) 외 16개 항을 대상으로 주로 항만시설 정비자금으로 총 250만 円을 보조하는 등 총독부는 地方 港灣 개발사업과 연계하여 農/漁村지역에서의 고용 創出(창출)과 賃金 撒布(살포)를 통한 救恤(구휼)사업을 동시적으로 추진하는 多目的의 재정 지출도 상당한 규모에 이르렀다고 할 수 있다.[49]

3. 港灣의 等級別 현황

1908년 처음으로 일본인에 의해 조선 항만시설에 대한 근본적인 改築/확장/整備사업이 시작된 이래 1944년 10월 사업이 중단될 때까지 약 37년간 조선의 항만사업은 한마디로 몰라보게 탈바꿈했다. 말하자면 전통적인 시골(漁村)의 漁港이나 나룻터 모습을 완전히 탈피하고 그간 한국사회의 전반적인 변혁과정과 軌를 같이하면서 다른 편으로는 鐵道, 道路 등 다른 교통수단의 발달과 步調를 같이하면서, 첫째는 국제적인 貿易港으로, 둘째는 근대적인 대규모 국내외적인 旅客港으로 탈바꿈하는 일대 變身을 가져왔다. 거기다가 1930년대 후반부터 일본이 본격적인 戰時상황으로 접어들자, 늘어나는 軍需물자의 수송 등 군사적 목적을 띤 근대적인 軍港

---

49) 「자료 4」(제19장 : 土木 及 治水), p. 177 참조.

으로서의 성격까지 동시에 띠게 되었다.

이처럼 비약적인 발전을 거듭해 온 朝鮮의 港灣은 그럼 어떻게 관리, 운영되었는가. 당시 전국의 항만은 그 기능별로 다음의 4等級으로 구분하여 다루었다. 즉 ① 開港, ② 指定港, ③ 關稅 指定港, ④ 地方港(漁港 포함)의 4가지 유형이 그것이다.

첫째, 대표적 항만이라 할 開港은 외국과의 協約에 의해 상호 通商港으로 지정하여 대외적으로 개방되어 있는 항구를 말한다. 1876년 江華島 條約에 의해 부산항을 가장 먼저 開港으로 지정한 이후 1940년의 海州港을 마지막으로 지정하기까지 모두 14개 港을 대외적으로 門戶를 개방하는 소위 貿易港으로 지정하였다(〈표 3-6〉 참조). 이 14개 항의 東-西-南의 海岸別 분포를 보면, 東海 쪽에서는 咸南/北道를 중심으로 元山을 비롯하여 청진, 城津, 웅기, 羅津 등의 5개 항이 密集되어 있고, 또한 西海에서도 仁川港을 비롯한 7개 항 가운데 진남포, 신의주, 龍岩浦, 多獅島(다사도) 등 4개 항이 북쪽에 偏重된 구조를 보여준다. 그 대신 南海에서는 釜山과 그리고 西/南海에 걸쳐 있는 木浦港까지 해서 겨우 2개 항에 불과하다. 이처럼 1급 항이라 할 開港이 주로 동/서해 쪽에, 그것도 주로 북부 지역에 편중되어 있는 까닭은 무엇일까? 그것은 당시 일본의 滿洲 지배 및 大陸經營이라는 측면에서의 정치적, 군사적인 요인이 중요하게 작용한 탓이라고 해야 한다. 즉 조선의 대규모 항만은 대부분 정부가 정책적으로 적극 육성하는 의미에서 보아 이를테면 국제적 通商港으로서의 성격과 아울러 軍港으로서의 성격을 동시에 띠고 있다고 할 수 있다.

둘째, 指定港은 관련 法令[50]에 의하여 항만의 築造, 시설 관리, 운영 등에 따른 일체의 업무 관련의 모든 행정적 조치가 朝鮮總督의 관장 하에 있는 항구를 지칭하는 개념이다. 당초 총독부에 의해 지정된 指定港은 남해

---

50) 日政 시대 항만 관련 法令은 1923년 3월에 공포된 「朝鮮公有水面埋立令」과 1924년 6월의 동 시행규칙이 있었는데, 1927년 5월 이를 수정하여 「朝鮮公有水面取締規則」이 새로 제정, 공포되었다. 여기서 指定港의 관리에 관한 法令이라 함은 동 規則 제3조의 규정을 가리킨다.

안의 麗水, 삼천포 및 西歸浦(제주), 동해안의 浦項, 兼二浦(平南), 長箭(江原), 新浦(咸南), 雄基(咸北) 등으로 모두 8개 항이었으나, 그 후 여러 가지 대내/외적인 여건의 변화에 따라 많은 추가 지정이 이루어져 1944년 현재 기준으로 모두 38개 항으로 늘어났다. 이 指定港 중에는 앞에서 본 부산, 元山, 인천, 木浦 등 이미 開港의 성격을 가진 항구도 많이 포함되어 있는가 하면, 그밖에 규모가 크고 지리적으로 중요한 위치에 있는 항구는 대개 이 指定港으로 지정되어 중앙정부의 통제를 받도록 조처하였다. 그것은 아무래도 戰時 하에서는 주요 항구를 軍港으로 사용될 가능성이 높기 때문에 의도적으로 취해진 조치라고 생각된다.

셋째, 關稅指定港이란 당시 일본(內地)을 포함하는 이를테면 경제적 의미에서의 '엔(円)블럭' 내의 지역, 곧 대만, 樺太(화태, 사하린), 南洋群島 등의 지역과 식민지 朝鮮 간의 각종 船舶이나 貨物 등의 출입에 관한 특수 규정에 의거하여, 조선총독의 指令에 의해 앞에서 본 14개 開港 이외의 항구에 대해 이러한 船舶이나 貨物의 출입이 특별히 허가된 경우를 가리킨다. 당초 이는 엔(円)블럭 내에서의 關稅 행정 상의 필요성이라는 경제적 이유로 제정된 것이지만, 처음에는 19개 항에 달할 정도로 많은 수의 항만이 지정되기도 하였으나, 그 후 關稅 행정제도의 변경에 따라 점차 감소되어 1944년 현재는 9개 항에 불과하였다. 조선총독에 의해 허가된 이 9개 關稅지정항은 馬山, 여수, 진해, 포항, 統營, 西湖津(일명 興南), 方魚津(울산), 道洞(울릉도), 城山浦(제주) 등으로 대부분 南海 쪽에 자리잡고 있다. 이는 아무래도 대외 通商이 南海를 중심으로 활발하게 이루어지고 있었기 때문일 것이다.

넷째로 들 수 있는 것은 地方港이다. 지방항이란 이상의 3가지 종류의 港에에 들지 못하는 群小 항으로서 沿岸 물자교환이나 旅客 교통, 그리고 특히 漁港 기능을 주로 하는 항을 가리킨다. 항구의 改築이나 관리는 당해 地方官署에서 직접 담당하는 것으로 되어 있지만, 그렇다고 총독부가 그 관리를 완전히 지방관서에 一任하고 아무런 간섭이나 지원을 하지 않았다고는 말할 수 없다. 앞에서도 지적된 바이지만, 총독부는 일찍부터 國庫

보조금 지원을 통해 지방관서로 하여금 地方港의 개발과 정비 등을 할 수 있도록 적극 유도하였을 뿐더러, 또한 그를 통해 近海 교통이나 水産業의 진흥 등 지역경제의 다각적인 발전을 가져왔다고 할 수 있다.

정부의 이러한 적극적인 노력으로 당시 상당히 많은 수의 地方港이 그 나름의 규모를 갖춘 중간 급의 항만으로 자리잡게 되었는데, 여기에는 江陵, 長項, 長生浦, 法聖浦, 江口 등의 항구들이 포함되고, 또한 그중에서 법성포(전남), 江口(경북) 등은 指定港으로 규정되기도 하였다. 아무튼 어느 정도 규모를 갖춘 이들 地方港은 1944년 기준으로 전국적으로 무려 326개에 달한 것으로 알려지고 있다(財. 鮮交會, 1976 ; 1077).

이상 4가지 종류의 항만을 모두 합치면 숫적으로 총 387개 항에 달하지만, 그중에는 開港과 指定港 간에 중복되는 경우가 많이 들어 있어(총 19개), 이를 제외한 나머지 조선의 大小 항만 수는 1944년 기준으로 총 368개에 달하였고, 그중에는 漁港 성격이 강한 소규모의 地方港이 무려 326개에 이르러 숫적으로는 일단 전체 항만 수의 88.6%를 차지하고 있는 셈이다(같은 책, pp. 1075～77).

4. 주요 港灣의 施設 개황

여기서는 開港과 指定港 중에서 비교적 규모가 크고 그 기능이 중요하다고 생각되는 13개 港을 골라 그 시설의 改築 및 확장과정, 그리고 항만의 岸壁의 크기나 接岸能力 등에 대한 시설개황을 간략히 살펴보기로 한다. 남쪽에서는 한국 최대의 釜山港을 비롯하여 仁川, 馬山, 여수, 木浦, 묵호의 5港, 그리고 북쪽에서는 元山/元山北港, 진남포, 淸津/淸津西港, 多獅島, 城津, 雄基의 8港을 다루기로 한다.

가. 釜山港

開發의 沿革 : 1876년 강화도조약의 체결을 계기로 곧바로 한국 최초의 대외 通商港으로 개방된 釜山港은 따지고 보면 이미 그 이전부터 오래 동안 한국 제일의 대외 關門으로서의 역할을 다해왔다. 開港과 함께 일본과의 人的, 物的 교류가 급증함에 따라 기존의 항만시설로는 이처럼 급속히 늘어나는 荷役 업무를 도저히 감당할 수 없는 지경에 처하게 되자, 일본정부는 일찍부터 대륙진출을 위한 關門으로서의 이곳 부산항의 改築사업을 서둘렀다. 때마침 陸地에서의 京釜線 및 京義線 철도가 부설됨과 더불어 陸/海運 연결을 위한 부산항의 역할이 더욱 중요해지고, 그에 따라 1911년에 제2棧橋(잔교)의 築造와 그것에 부속하는 陸上시설의 建造에 착수하게 되었는데, 이를 포함한 일련의 제1단계 부산항 개축사업은 1917년까지 일단 마무리된다고 할 수 있다.

그 후에도 총독부는 1920년대 들어 계속사업으로 막대한 소요 자금을 투입하여 기본적인 하역시설의 확대를 비롯하여 繫船(계선) 岸壁의 연장, 防波堤의 축조, 沿岸교역을 위한 시설 확대, 각종 부속 건물의 增築 등 陸上시설의 확충에 이르기까지 釜山港 확장사업은 계속적으로 추진되었다.

施設 槪況과 荷役能力 : 앞의 〈표 3-6〉에서 보듯이, 日政 시대 총 항만 관련 사업비 2억 1,998만원의 3분의 1에 해당하는 7,364만원을 집중 투입한 釜山港의 시설개황은 다음 〈표 3-7〉에서 보듯이 名實 공히 한국 제일의 항만임을 그대로 드러내고 있다. 1944년 현재 기준으로, ① 우선 埠頭(부두)시설로서 棧橋(제1, 2부두) 1,486m, 岸壁(제 3, 4 및 중앙부두) 3,094m로 도합 4,580m의 부두시설을 갖추었으며, ② 7개의 物揚場을 구비한 총 1,929m에 달하는 物揚시설, ③ 2개의 防波堤 1,393m와 1개의 波除堤 600m 시설, ④ 埋立면적 920km², ⑤ 碇泊면적 8,700km², ⑥ 그리고 연간 접안능력 5,600천 톤에 각각 이르고 있다. 이는 여타의 항만과는 비교할 수 없을 정도의 월등한 시설규모라고 하지 않을 수 없다.

나. 仁川港

港灣 개발과정 : 조선 西海岸의 중심 항구인 仁川港은 1883년에 부산, 元山에 이어 세 번째 通商港으로 개항되었는데 특히 中國과의 교역에 있어서는 他의 追從을 不許할 지위를 구축하고 있다. 단지 지리적으로 干滿의 차가 크다는 점, 즉 그것이 심할 때는 東洋 최대 규모라 할 10m 이상에 달하여 소형 선박일지라도 接岸이 어려울 정도의 불리한 조건을 가지고 있다는 점이 항구로서는 하나의 큰 약점이라 할 수 있다. 그로 말미암아 일찍부터 海面의 埋立과 防波堤 축조공사 등을 적극적으로 추진하였으나 기대한 것만큼의 성과를 올리지 못한 것 또한 사실이다. 1906년 이에 대한 근본적인 계획수립과 함께 閘門式 船渠(갑문식 선거) 공사를 그나마 완성하게 된 것이 인천항 발전을 위한 일단계 礎石을 놓은 셈이었다. 그 후 1918년에는 당시로서는 東洋 유일의 二重 閘門式 船渠를 준공시킴으로써, 인천항의 고질적인 病弊(병폐)라 할 干滿의 差로 말미암은 하역작업의 한계를 비로소 극복할 수 있는 길이 열리었다. 그 후 제2기 공사로서 1917 ~23년간에 공사비 314만 円을 투입하여 船渠 내 출입 선박의 航路 보호, 沿岸交易의 진흥을 위한 馴導堤(순도제)의 축조, 航路幅의 확장, 그리고 引入線의 부설 등과 같은 보조시설의 확충을 가져왔다.[51]

施設 개황과 荷役能力 : 工業港과 通商港의 2개 항으로 구성된 仁川港은 공업항 쪽이 먼저 개발되고 通商港 쪽은 시설확장공사가 한창 진행되고 있던 차에 8·15해방을 맞았다. 즉 1921년부터 10개년 장기계획 아래 岸壁 공사를 비롯하여, 物揚場 공사 등 제반 시설의 정비 및 확장공사를 추진하였으나 1945년까지는 불과 60%의 旣成高를 보인 채 未完成으로 끝나고 말았다. 따라서 공업항 중심의 인천항은 초창기 開港의 하나일뿐더러 首都(서울)의 關門으로서의 명성에 걸맞지 않을 정도로 항만시설이 매우

---

51) 「자료 4」(제19장 ; 土木 及 治水), p. 165 참조.

빈약한 실정이었다. 구체적으로 棧橋(잔교) 및 岸壁 부두 사이즈가 934m
에 불과하고, 物揚場 1,190m(도크 내는 660m), 防波堤(馴導堤, 防砂堤 포함)
2,186m, 埋立면적 431km², 碇泊면적 96km², 그리고 연간 接岸能力 1,280
천 톤을 보유할 정도에 불과하다(〈표 3-7〉 참조).

다. 麗水港

우선 港灣의 개발과정을 보면, 釜山港과 木浦港의 중간 지점이며 지리
적으로는 남해안의 중심 항구로서의 麗水港은 良港으로서의 여러 자연적
조건을 갖추고 있음에도 불구하고 與件의 不備로 항구로서의 기능을 충
분히 발휘하지 못하였다. 그 이유는 陸地와의 연결을 위한 內陸交通 사정
이 너무나 원활치 못한 지리적 조건 때문이었다. 그 후 1929년에 개통되는
全羅線 철도의 종착역이 麗水로 됨과 아울러, 1930년대 들어 일본 下關(시
모노세키)와의 여객용 '關麗연락선'(제2의 '關釜연락선')의 就航 등을 계기로
여수항의 발전은 크게 기대되기도 하였다. 한편 麗水항은 특히 바다 쪽으
로 突出되어 있어 자연히 颱風(태풍)이나 風浪에 매우 취약한 지리적 약점
을 가지고 있는 편이다. 이런 자연적 災難으로부터 벗어나기 위해서는 무
엇보다도 防波堤를 높이 쌓는 길이라고 보고, 1935년에 방파제 연장 730m
를 축조하고 다시 1937년에 제2의 방파제 및 岸壁 550m 공사와 物揚場 등
을 추가로 축조하여 水/陸運 간의 연결 시설을 完備하게 됨으로써 비로소
風浪이나 颱風(태풍) 등 자연 災難으로부터 상당히 벗어날 수 있게 되었다.

다음 施設의 개황 및 荷役能力에 있어서는 철근 콘크리트로 제작한 높
이 7.5m에 달하는 튼튼한 岸壁 방파제 730m를 비롯하여, 物揚場 1,400m,
埋立면적 374km², 碇泊면적 2,150km², 그리고 연간 接岸능력 1,000km²에
달하는 시설능력을 갖추고, 또한 釜山-下關간의 關釜連絡船 다음으로 두
번 째 일본과의 定期 여객선(關麗連絡船)을 운항하게 되는 등 長足의 발전
을 거듭하여 남해안의 대표적 항구로 자리잡게 되었다.

라. 馬山港

먼저 馬山港의 개발과정을 보면, 지리적으로는 인접 釜山港의 보조 항구 기능을 가지지만, 일찍이 1899년에 通商港으로 開港된 바 있으며 또한 그 당시 不凍港을 찾아 南進政策을 추구하던 러시아가 이곳 馬山에 대해 정치적 野心을 품고 자기 나라 국민을 이곳으로 移住시키면서 某種의 軍事시설을 설치하는 등 이 곳을 근거지로 한 때 정치활동을 전개한 특별한 역사적 경험을 가지고 있다. 그러나 얼마 후 日러전쟁을 치르면서 勢 불리하게 된 러시아는 自國의 居留民을 자진 철수시키게 되자, 이런 이유로 한국정부도 1908년에 馬山港에 대해 開港場으로서의 지위를 취소하는 조치를 취하였다. 그후 비록 軍用鐵道의 성격이지만 1905년 三浪津-馬山浦 간의 철도(馬山浦線) 준공을 계기로 馬山港의 지위는 다시 크게 높아지게 되었다. 馬山浦은 또한 1910년 병합 후 稅關 건물을 비롯하여 창고 등 부속건물의 建造와 민간에 의한 2,640km²의 錨地(묘지) 매립과 物揚場의 구축이 이루어지고, 그 후 다시 1930년대 후반부터 中日戰爭의 영향으로 마산항의 水/陸 교통의 연결지점으로서의 기능이 가일층 강화됨에 따라 다시 180km²의 埋立과 1,100m에 달하는 物揚場의 신축 등으로 항만의 시설능력은 크게 확충되었다.

이상의 개발과정을 거친 마산항의 실제 시설 및 荷役능력을 보면, 1944년 현재 기준으로 岸壁 부두시설 510m에 物揚場 1,121m, 둘째 埋立 면적 181km²에 碇泊면적 5,700km²에 달하며, 셋째 연간 接岸능력이 1,070천 톤에 이르는 남해안에서는 그래도 麗水港과 더불어 수준 급 항구로서의 자리를 굳힐 수 있었다(〈표 3-7〉 참조).

마. 墨湖港/鎭南浦港

1937년에 指定港으로 된 墨湖港은 南部 동해안의 중심적 항구라 할 수 있다. 특히 인접한 三陟炭田의 石炭 搬出港으로서의 중요성을 높이 평가하여 指定港으로 지정된 것으로 볼 수 있다. 이러한 商港으로서의 중요성과 함께 隣近에 큰 항만이 없다는 지리적 利點 등이 작용하여 防波堤 600m, 防砂堤 120m를 각각 增築하는 확장공사를 단행했다. 아울러 이 묵호항의 시설상황은 1944년 현재 棧橋(잔교) 180m에 방파제 952m, 防砂堤 210m에 이르고, 그리고 碇泊면적 2,276km²에 연간 荷役능력 1,000km²에 달하는 것으로 指定港 중에서는 그렇게 큰 항구라고는 할 수 없다.

진남포항은 黃海의 航路로부터는 무려 30km나 떨어진데다가 內陸으로는 大同江 右岸에 위치한 일종의 河口港이라 할 수 있다. 더욱이 干滿의 차가 5.6m에 이르러 起重機로 荷役해야 하는 불편함도 있어 결코 良港으로서의 조건을 갖추고 있지는 못한 편이다. 다만 조선 제2의 도시 平壤의 關門이라는 점과 大同江을 통해 小型 船舶의 왕래가 가능하다는 점, 그리고 干滿의 차를 극복하기 위해 일찍부터 運河를 파고 閘門(갑문)을 설치하는 계획이 추진되고 있었다는 점 등이 이 진남포항의 특징이라 할 수 있다. 그리고 동 항의 시설상황은 두 개의 岸壁 부두가 587.5m, 거기에 物揚場 1,495m, 埋立면적 245km², 碇泊(정박)면적 1,000km²에 달하며, 연간 接岸능력 1,300천 톤에 이르는 것으로 알려지고 있다(〈표 3-7〉 참조).

바. 元山/元山北港

元山港은 東海岸의 한 중간에 위치하여 함경도와 강원도를 연결하는 등 여러 가지 지리적 利點을 간직하고 있는 관계로 1880년 釜山港 다음으로 두 번째로 開港하게 된 古港이라 할 수 있다. 동 항은 지리적 여건이 항만시설의 改築이나 확장을 무척 어렵게 하고 있을뿐더러 그 이용에도 불편한 점이 많은 탓으로 일찍부터 그로부터 약 10km 떨어진 북쪽 지역에 이곳 企業人들의 요구에 따라 元山北港이라는 이름의 항만을 새로 개발하기에 이르렀다. 이로써 본래의 元山(本)港은 商港으로서의 기능을 하도록 하고, 새로 만들어진 元山北港은 工業港으로서의 기능을 하도록 역할분담을 하게 되었다. 그러나 시간이 흐를수록 이 지역의 급속한 공업화 추세에 발맞추어 이곳 工業港으로서의 元山北港 쪽이 더욱 빠르게 발전하게 되어 1945년 해방 당시에는 이 元山北港의 시설규모가 당초의 元山 本港보다 훨씬 더 커지게 되었다.

다음 〈표 3-7〉에서 보듯이, 元山(本)항은 연간 선박의 接岸능력이 600천톤에 불과한데 비해, 元山北港은 무려 1,400천 톤에 이르고 있음이 그 것을 말해준다. 北港 쪽의 발빠른 발전은 工業港으로서만이 아니라 通商港으로서의 기능 강화로 말미암은 것이었다. 즉 이 지역에서 많이 채굴되는 無煙炭 등 지하자원의 일본 搬出에다가 또한 元山-興南-咸興 등을 중심으로 하는 인근 지역에서의 급속한 工業化의 진전은 地下資源만이 아니라 이 지역에서 나오는 工産品의 對日 수출 또한 急增하게 됨으로써 朝/日간의 전반적인 通商관계 확대로 이어졌기 때문이라고 할 수 있다.

사. 淸津/淸津西港/淸津漁港

北鮮 지방에서는 평양 다음으로 큰 제2도시 淸津港은 식민지 시대 조선 工業化의 본고장 함경북도의 중심적 항만이라 하겠으나, 1907년 처음 稅關 시설을 갖춘 이후 오랫동안 放置되다시피 하다가 1922년에 와서야 비로소 陸/海運 연결을 위한 항만시설 일체에 대한 정비계획이 이루어졌다. 그 후 1930년대에 들어 이 지역의 급속한 산업발전과 대외교역의 급증 추세에 부응하여 청진항의 시설확충은 시급히 해결해야 할 당면 과제로 떠올랐다. 이에 1933년 새로운 錨地(묘지) 확장을 비롯하여 防波堤 및 防砂堤 2,000m의 축조 공사 등을 단행함으로써 연간 선박 接岸能力 958천톤을 확보하기에 이르렀다.

淸津港은 商港과 漁港으로 분리되어 있었다. 그중 漁港이 급성장하여 淸津漁港으로 독립하여 碇泊면적 396km²에 연간 접안능력 900천 톤에 이를 정도로 크게 발전하여 본래의 청진항과 비슷한 지위로까지 올라섰다. 그리고 淸津西港은 1930년대 이후 이 지역의 급속한 工業化에 부응하여 발 빠르게 조성된 工業港으로서 岸壁 부두 1,707m, 방파제 1,540m, 碇泊면적 379km²에 연간 접안능력 1,700천 톤에 달하여, 이상 3개 청진항 가운데 규모 면에서는 가장 큰 항구로 발전하게 되었다. 이리하여 淸津 지역에는 일정 규모 이상의 3개 항구가 서로 기능을 달리하면서 상호 경쟁적으로 병존하는 체제를 구축하였다.

아. 城津港

일찍이 1899년 개항으로 北鮮 지방 유일의 貿易港으로 인정되어 온 城津港은 오랫동안 開港 당시의 보잘 것 없는 항만 상태 그대로 유지됨으로써 이를테면 대형 船舶의 接岸조차 어려운 그런 상태를 벗어나지 못하였다. 그러다가 1936년부터 錨地(묘지) 조성과 荷役능률의 향상을 위해 45km²의 埋立공사를 비롯하여 방파제 500m, 岸壁 250m를 구축하고, 다시 1940년부터 4개년 시설확장계획을 추진하여 비로소 대형 船舶의 荷役도 가능해졌다. 다른 한편 北鮮 지역 전반의 급속한 산업화 추세에 발맞추어 각종 貨物의 搬出/入 규모가 급등하면서 항만의 位相도 크게 높아졌다. 1944년 현재의 시설능력은 岸壁 부두 408m에 物揚場 856m, 방파제 1,055m, 埋立면적 210km², 碇泊면적 180km² 그리고 연간 接岸능력 836천 톤에 이를 정도였다.

자. 多獅島港

鮮/滿 국경을 흐르는 압록강에 댐을 만들어 여기서 나오는 電力을 이용하는 한편, 滿洲 지역은 물론 중국(大陸)시장과의 연결을 겨냥하여, 총독부는 新義州 부근 일대에 대규모 工場지대를 조성할 계획과 아울러, 이를 위해서는 무엇보다도 대규모의 外港 건설이 절실하다는 관점에서 정책적으로 조성된 항구가 바로 지금까지 사람들에게는 잘 알려지지 않은 압록강 河口의 '多獅島港(다사도항)'이다. 여기에는 약 3,000km² 이상의 광활한 不凍의 錨地(묘지)와 그리고 부근 일대의 광활한 干拓地는 흡사 이 錨地를 둘러싼 天然의 방파제 구실을 하게 되어 있는 데다가, 높은 干滿의 차에도 불구하고 風浪이 적게 일고 있다는 점 등이 또한 항만으로서는 유리한 조건으로 작용하고 었다. 한마디로 이곳은 水深-潮流-航路-流水상태 등 여러 측면에서 天惠의 良港으로 될 立地的 조건을 두루 갖추었다.

이곳에 海/陸運 연결의 항만을 조성하게 되면 부근 지역의 개발은 물론이거니와 이 지역의 산업발전에도 크기 기여할 것으로 판단하여 총독부는 1936년부터 무려 3,400만 円이라는 막대한 공사비를 투입하여 거대한 항만 구축사업에 착수했다. 그러나 1945년 해방 당시까지 불과 65% 정도의 旣成高를 올린 상태에서 終戰을 맞아 공사는 중단되고 말았다. 당시까지의 공사실적을 보면, 埋立면적 63천 km²에 物揚場 200m, 突堤(돌제) 120m, 碇泊(정박)면적(6m 이상) 2,400천 km², 그리고 연간 接岸능력 50천 톤 수준에 불과하였다(〈표 3-7〉 참조).

차. 羅津港/雄基港

한반도 최북단의 羅津港은 清津港으로부터 東北 방향으로 약 100Km 떨어진 곳에 위치하고, 비교적 늦은 1936년에 開港되었는데, 그 후 만주 지역에서 유입되는 物産을 주로 취급하는 國境 항구라 할 수 있다. 당시 특수한 사정으로 南滿洲鐵道(주)에 위탁 운영되고 있던 羅津港의 시설상황을 보면, 우선 시설능력은 5개 부두로 구성되는 岸壁 시설이 총 2,431m 에 달하고, 物揚場 867m(그중 滿鐵 所有 관계 400m), 碇泊면적 19,000km², 연간 接岸능력 2,860천 톤 등으로, 비록 荷役시설 등 규모 자체는 크지 않으나 비교적 잘 정비된 良港이라 할 수 있다.

羅津港 바로 북쪽에 위치한 雄基港은 지리적으로 이곳이 바로 러시아와 가장 인접한 항구라는 점에서 清津港과 더불어 1921년에 通商港으로 개항되었다. 그 시설능력을 보면, 岸壁 부두 455m에 物揚場 735m, 방파제 585m, 埋立면적 248km², 碇泊면적 2,540km²에다 연간 接岸능력 822천 톤 규모의 3國에 걸친 國境 항구라 할 수 있다.

이상으로 주요 항만 10여개에 대한 시설 槪況과 아울러 荷役능력 등을 각 항만별로 살펴본 셈이다. 이 10개 港 외에 海州港, 端川港, 興南港, 群山

港. 蔚山港 등 이름 있는 몇 개 港을 추가하여 각 港別 시설 상황을 종합해 보면 다음 〈표 3-7〉에서 보는 바와 같다.

〈표 3-7〉　　　　　　주요 港灣의 시설 槪況 (1944년 현재)

	岸壁 (m)*	物揚場 (m)	防波堤 (m)**	埋立면적 (km²)	干滿의差 (m)	碇泊면적 (km²)	接岸능력 (年, 천 톤)
釜山港	3,094(1,486)	1,929	1,393	920	1.36	8,700	5,600
인천항	570 (364)	1,190	2,186	431	8.79	96	1,280
여수항	730	1,400	1,163	374	3.49	2,150	1,000
마산항	510	1,121	–	181	2.18	5,700	1,070
墨湖港	– (180)	–	952	–	0.38	2,276	1,000
진남포항	587.5	1,495	–	245	5.61	1,000	1,300
元山港	272	485	–	86	0.46	6,000	600
元山北港	502	200	360	235	0.50	1,800	1,400
청진항	915	–	675	141	0.61	283	958
淸津西港	1,707	–	1,000	–	–	379	1,700
成津港	408	856	1,055	210	0.60	180	836
多獅島港	–	200	–	63	6.40	2,400	50
나진항	2,431	867	–	–	0.50	19,000	2,860
雄基港	455	735	585	248	0.60	2,540	822
군산항	–	280	–	42	6.36	1,100	460
해주항	915	–	675	141	0.61	283	958
端川港	155	–	1,431	–	0.60	95	870
흥남항	1,748	–	837	571	0.60	–	1,750

자료 : ① 「자료 4」(제19장 ; 土木及治水), pp. 160~176, ② (財)鮮交會, 『朝鮮交通史』, pp. 1078~1087에서 작성.
주 : 1) * ( )내는 棧橋(잔교) 수치, ** 방파제에는 防砂堤, 訓導堤(순도제) 등이 포함됨.
　　2) 시설 항목에 따라서는 工事 중인 것도 일부 포함됨.

5. 解放 당시의 港灣 사정

이상과 같이, 港灣도 다른 교통수단인 鐵道나 道路 등에서처럼 日政 시대를 거치면서 근대적인 항만 모습으로 탈바꿈하게 되었다고 함은 두 말할 나위도 없다. 전통적으로 내려오는 보잘 것 없는 漁港 수준에서 근대 적인 國際貿易港의 모습으로 크게 발전하게 된 것이다. 그리하여 初期 산업화과정에 있어 鐵道나 道路에서처럼 港灣의 경우도 근대적인 사회간접 자본(SOC)의 일환으로 주어진 자기 기능을 충실히 수행할 수 있게 되었다. 비록 북쪽의 多獅島港이나 남쪽의 여수항, 三千浦港 등을 비롯한 많은 경우, 공사 중인 확장/정비계획이 미처 끝나지 않은 상태에서 8·15해방을 맞았다고는 하지만, 당시까지의 改築이나 整備 실적만을 가지고 보더라도 각종 항만 관련 시설이나 荷役能力 등의 측면에서 자신의 면모를 一新하는 경이로운 발전을 거듭하게 된 것은 틀림없는 사실이다.

이러한 사실은 무엇을 의미하는가. 한편으로는 같은 시기 産業化 과정이 전국적으로 그만큼 활발하게 전개되고, 또 그에 걸맞은 국내외적인 物流의 확대를 초래하게 된 당연한 歸結이라고 할 수 있는 동시에, 다른 편으로는 鐵道와 道路를 통한 陸運의 발달에 부응하여 港灣 개발을 통한 海運의 발달이 또한 상호 보완적 관계 아래 그만큼 활발하게 이루어졌음을 의미하는 것으로도 평가할 수 있다.

종합적으로 평가한다면, 19세기 후반 開港 당시까지 전통적인 漁港 수준의 朝鮮 港灣 사정은 20세기 전반 거의 반세기에 걸친 外勢에 의한 統治 시기를 거치고 난 1945년 8월 당시에 그것은 과연 어떤 모습으로 변모하였는가 하는 것이 여기서의 주된 관심사라고 할 수 있다. 식민지 統治 시기를 거치면서 그것은 저어도 대외적 通商港으로 개방된 14개 開港을 비롯하여 총독부에 의해 그 경제적 내지 군사적 중요성이 公認된 指定港 38곳, 그리고 關稅 徵收 목적으로 특별히 지정된 指定港 9곳 정도는 적어도 근대적 시설을 갖춘 국제수준급 항만으로 자리 잡았다고 할 수 있다. 그밖에도 기본적으로는 漁港 성격이지만 沿岸 화물이나 여객 운송을 주로 하는 地方港이라는 이름의 항만도 무려 326개에 이르고 있다. 이를 모두 합한다면 한국은 해방 당시 도합 368개에 이르는 대소 규모의 港灣을 구비하게 되어 3面이 바다로 둘러 싸인 海洋國으로서의 面貌를 비로소 갖출 수 있게 되었다고 말할 수 있다. 그뿐 아니라 항만의 施設/荷役능력 측면에서도, 接岸/荷役능력 기준으로 月間 189만 톤, 年間으로는 2,350만 톤에

이를 정도의 대규모 항만시설을 자랑할 수 있게 되었다.[52]

이상의 港灣 시설 역시 앞에서 살펴본 鐵道나 道路에서와 마찬가지로 8·15해방과 동시에 고스란히 식민지 遺産으로 이 땅에 남겨졌음은 두말 것 없다. 비록 動産인 船舶의 경우는 이 땅에 살던 일본인들이 해방 후 本國으로 귀환할 때 그들의 輸送 수단으로 가지고 간 경우가 많았다고 하지만, 땅위에 박혀 있는 不動의 항만시설이야 무슨 재주로 일본으로 떼어 갈 수 있었겠는가. 또한 그 누군가에 의해 의도적으로 파괴/훼손되지 아니한 이상 그것은 이 땅에 그대로 남겨질 수밖에 없었다. 그렇게 남겨진 港灣시설은 심히 유감스럽게도 해방 후 남과 북으로의 지역적인 강제 분할로 말미암아 항구 상호 간의 연락이 완전히 두절되었음이 오로지 안타까울 뿐이다. 구체적으로 그럼 어떤 모습으로 분할되었는가?

우선 開港의 경우를 보면, 총 14개 港 가운데 남한에는 釜山港, 인천항, 목포항, 군산항의 겨우 4개 항이 남을 뿐, 나머지 元山港, 진남포항, 청진항, 雄基港 등 무려 10개 항이 北으로 떨어져 나간 심히 불균형의 구조를 보여준 셈이었다. 그 이유는 앞의 本文 관련 내용에서도 어느 정도 지적된 바이지만 당시 일본의 大陸經營 정책노선과 밀접한 관련이 있다고 할 것이다. 다른 한편 指定港의 경우는 南쪽에 20개 항, 北쪽에 18개 항으로 거의 비슷한 분포를 보여주고 있으나,[53] 이 역시 海洋으로의 진출 필요성이라는 측면에서 본다면 북쪽에 너무 치우쳤다고 해도 과언 아니다.

이처럼 北鮮 쪽으로 치우친 조선의 항만 분포상황은 쉽게 납득이 가지 않는 점도 없지 않으나, 그것은 日-鮮-滿 3개 지역의 연결이라는 당시의 사정으로는 북쪽의 항만개발의 필요성이 남쪽보다는 훨씬 높았음을 의미하는 것으로 볼 수 있다. 이를테면 黃海에서는 鮮/滿 國境 지역의 압록강 河

---

52) 「자료 4」(제19장 : 土木 及, 治水), p. 159 참조.
53) 그러나 그밖의 群小 300 여개에 이르는 地方港의 경우는 주로 南海岸에 자리 잡은 수많은 群小 島嶼(도서)와 또한 인근의 濟州道까지를 포함하는 海岸線의 총연장 길이를 감안할 때 그 대부분이 남쪽에 분포되어 있었다고 해야 한다.

口 지역에 新義州를 비롯하여 인근의 多獅島, 龍岩浦 등 신규 通商港의 개발 필요성이 강하였는가 하면, 東海(북쪽) 해안에서도 만주 및 러시아와 인접한 함경북도 北端 지역인 雄基, 羅津, 청진, 城津 등을 통한 만주-일본 간을 연결하는 商業港의 개발 필요성이 더욱 강하게 작용했기 때문이라 할 수 있다. 이는 곧 1930년대 후반 일본의 중국(대륙)으로의 진출 필요성과 그리고 당시 조선만이 아니라 만주 지역에서도 급속한 산업개발로 인한 일본과의 交易 증대라는 두 가지 시대적 요구를 동시에 반영하는 조처였다고 할 수 있다.

결론적으로 8·15 당시 南韓 所在의 주요 몇 개 港에 대해서만 그 施設 槪況을 간략히 언급해두기로 한다. 일찍부터 한국 제일의 關門이자 남/북한을 통틀어 최대 규모를 자랑하는 釜山港이 5개의 부두, 6개의 物揚場에, 碇泊(정박)면적 8,700km²에 선박 接岸능력 연간 560만 톤이라는 국내 최대 규모의 시설능력을 자랑하게 되었고, 그 다음 接岸능력 기준으로는 仁川港이 연간 접안능력 128만 톤으로 국내 제2의 항만으로 성장하였으며, 셋째로 麗水-馬山-墨湖항이 대체로 연간 100만 톤 규모의 접안능력을 보유하고 있는가 하면, 그밖에 群山, 목포, 浦項, 진해, 統營, 삼천포, 주문진, 제주 등의 항구가 그 뒤를 잇고 있다.[54] 이들 항만시설도 앞에서 살펴본 鐵道나 道路 등 사회간접자본과 마찬가지로 8·15 해방 후 南北분단과 6·25전쟁 그리고 격렬한 정치사회적 혼란으로 허다한 시설의 파괴와 流失이 있었다고 하더라도, 그 原形만은 그대로 살아 남아 또 하나의 중요한 사회간접자본 형성으로 이 땅에 뿌리내리게 된 것은 그 누구도 부정할 수 없는 엄연한 역사적 사실임에 틀림없다.

---

54) 참고로 북한 소재 주요 항구를 보면, 船舶의 접안능력 기준으로 羅津港이 연간 접안능력 2,860천 톤 급으로 가장 큰 규모이고, 그 다음 興南港과 淸津西港이 각 1,750천 톤 수준이며, 이어서 元山北港 1,440천 톤, 진남포항 1,300천 톤, 淸津漁港 900천 톤, 雄基港 822천 톤 등으로 그 順位가 매겨지고 있다 - 「자료 4」(제19장), pp. 160~176 참조.

〈補論 2〉山林綠化事業[55]

1. 朝鮮 後期 韓國山林의 實狀

1) 朝鮮 시대 山林 利用 慣行

19세기 후반 朝鮮王朝가 문호를 개방하고 외국 文物을 받아드릴 무렵, 國土 면적의 70% 이상을 차지하는 한국의 山林은 과연 어떤 모습을 하고 있었을까? 처음 朝鮮 땅을 밟는 외국인의 눈에 비친 조선 山林의 참모습은 과연 '三千里 錦繡(금수)江山'이란 그의 이름값을 하고 있었을까?

유감스럽게도 외국인의 눈에 비친 한국 山野의 모습은 언필칭 山이라고 부르기조차 민망할 정도로 황폐하기 그지없는 황토색 민둥산 그대로였다고 한다. 원래 산에는 나무가 있어야 하는 법, 그러나 당시 한 外國人의 카메라에 잡힌 서울 근교의 이름 있는 '仁王山'의 모습은 누가 봐도 과연 저것을 산이라고 부를 수 있을 것인가? 라고 할 만큼 소나무 한 그루 찾아보기 어려울 정도의 민둥산 그대로였다. 이런 荒凉(황량)하기 짝이 없는 山의 모습은 비단 仁王山 만의 풍경은 아니었다. 이를테면 韓/滿 國境지대에서나 볼 수 있는 天然 그대로의 原始林이나 江原道 일부 高山地帶 深山幽谷(심산유곡)의 울창한 森林 일부를 제외한다면, 비록 정도의 차이는 있을지언정 全國 山野의 거의 대부분이 이처럼 헐벗은 민둥산 그대로의 모습이었던 것으로 전해지고 있다. 그럼 조선의 산들은 어쩌다가 이처럼 하나 같이 붉은 禿山(독산)으로 변하고 말았을까?

---

55) 이 "山林綠化" 사업이 日政 시대 歸屬財産의 형성 문제와 관련하여 중요한 의미를 갖는다고 보지만, 그렇다고 그것을 사회간접자본의 범주에 포함시키기에는 그 성격이 너무 부적합하다고 보아, '제3장 歸屬財産의 형성(SOC 건설)'의 한 파트로 넣지를 않고 별도의 〈補論〉으로 수록한다. 그리고 이 '山林綠化事業'의 집필은 이우연 저, 『한국의 산림 소유제도와 정책의 역사, 1600~1987』, 일조각, 1910의 先行 硏究에 크게 의존하였음을 밝혀둔다 – 著者

이를 잘 이해하기 위해서는 朝鮮 시대 山林에 대한 사람들의 인식과 당시 정부(朝廷)의 山林政策이 어떠하였는가 하는 문제에 대한 깊은 省察이 요구될 것이지만, 여기서는 오로지 그 시대 사람들의 山林에 대한 기본 인식이 어떠하였는가 하는 문제에 관해서만 잠깐 언급해두고자 한다.

먼저 들어야 할 것은 그 시대 사람들은 정부나 공공기관까지 포함하여 전반적으로 山林에 대한 所有 개념이 없었다는 사실이다. 모든 土地는 나라 님(임금)의 것이라는 王土思想이 산림에까지 미친 탓이라고나 할까, 그 누구도 山林에 대해 저것이 누구의 所有라고 하는 그런 所有 개념 없이 아무 山林이든 거리낌 없이 자유로이 드나들 수 있을뿐더러, 그 속에 있는 나무나 풀 등의 林産物을 마음대로 採取할 수 있는, 즉 어디서나 '自由接近-自由採取' 행위가 마음대로 행해졌다는 사실이다. 당시까지 한국(인)에는 山林에 대한 公/私有 관념이 성립되어 있지 않았음은 물론이고, 그들에게는 대부분의 산림이 마치 인근 村落의 共有林(公共財)처럼 인식되고 있었다. 村落 주민이면 누구나 인근의 무슨 산이든 入山이 자유롭게 허용되고 또한 伐木을 하거나 기타 나무 이외의 다른 林産物을 채취하는 행위 등을 마음대로 할 수 있다고 믿고 있었다는 얘기이다. 그러나 나무를 심거나 가꾼다는 소위 植樹나 育林 문제에 대해서는 일반 국민은 말할 것도 없고, 중앙정부나 지방관청 그 누구도 아무런 관심을 두지 않았을뿐더러, 오로지 나무라는 것은 누구나 그냥 베 쓰는 것(伐木) 쯤으로 생각한 것이 그 시대 사람들의 소박한 山林(나무)觀이었다고 해야 한다.

19세기 말에 이르기까지 山林에 대한 사람들의 인식은 전통적인 공동체적 삶의 테두리를 전혀 벗어나지 못하였다고 할 수 있다. 사람들은 누구나 자기네 村落 인근의 山林에 대해서는 현실의 삶의 조건 상 다음과 같은 행위를 할 수 있는 권리가 자연적으로 주어져 있다고 믿고 있었다. 즉 산림이란 원래 村落 共有林이라는 관점에서, ① 綠肥, 堆肥, 柴草(시초), 燃料 등을 위한 共同採取場이라는 인식에 기초하여, ② 共同墓地나 共同牧場으로도 이용 가능하며, ③ 集姓村의 경우에도 他姓받이(다른 姓氏)에 대

해서도 山林의 공동 이용이 반드시 허용되는 것 등이 그것이었다. 이상의
몇 가지 사실로부터 우리는 朝鮮 시대 사람들의 산림에 대한 소유 및 이용
에 대한 慣行이 어떠했는가를 어느 정도 짐작할 수 있을뿐더러, 조선 시대
山林이 왜 그렇게 심각하게 황폐해질 수밖에 없었는가에 대해서도 충분
히 이해할만 하다고 생각한다. 요약컨대 당시 의 山林 황폐화 현상은 주로
다음 두 가지 원인 때문이었다고 할 수 있다. 하나는 山地(山林)에 대한 所
有 개념이나 利用權이 제대로 성립되어 있지 않았다는 점이고, 다른 하나
는 나무를 심고 가꾸지는 않고 저절로 자라는 나무까지도 마구 베기만 하
는 것, 비유컨대 씨는 뿌리지 않고 收穫만 거두려고 하는 식의 극히 잘못
된 인식과 사회 慣行 때문이라는 설명이 그것이다.

2) 山林 황폐화의 原因

이렇게 볼 때, 朝鮮 후기 전국적인 山林 황폐화의 직접적인 원인은 사
람들의 산림에 대한 잘못된 인식과 慣習, 바꿔 말하자면 '植樹 없는 伐木'
이라는 잘못된 삶의 慣行 바로 그 속에서 찾아야 한다. 나무를 심지는 않
고 마구 베기만 하는 것을 '濫伐'(남벌)이라고 한다면, 사람들은 왜 그처럼
濫伐(남벌)만 일삼았을까? 그 시대 산림 濫伐의 주요 원인으로는 다음 세
가지를 중요하게 들 수 있다.

먼저 중요하게 들어야 할 것은 燃料用으로서의 땔감에 대한 수요 증대
였다. 대체로 18세기 부터 人口가 늘고 거기다가 일반 民家에까지 '溫突'
이 보급되면서부터 日常의 炊事用(취사용) 땔감만이 아니라 겨울철 煖房
을 위한 땔감의 수요가 갑자기 엄청나게 늘어났다는 점이다. 이 炊事用과
煖房用의 두 가지 목적의 가정용 火木의 수요가 크게 늘어나게 된 것이 그
첫번째 이유이다.

둘째로 들어야 할 것은 건축용 資材로서의 木材를 구하기 위함이었다.
건축용 木材로는 무엇보다도 소나무가 제격이기 때문에 당시 소나무의
濫伐이 다른 雜木에 비해 더욱 尤甚했다는 사실은 바로 이런 이유에서였

다. 정부는 소나무 남벌을 막기 위한 특단의 조치로 소나무 베는 것을 아예 금지하는 소위 '禁松政策'을 강력히 실시했다. 그러나 정부의 이런 강력한 禁松政策까지도 소나무 濫伐을 가로막는 데는 力不及이었다. 왜냐하면 당시 사람들의 소나무에 대한 수요가 그 무엇으로도 막을 수 없을 정도로 절대적이었기 때문이다(丁若銓,「松政私議」,[부록 3] 참조).

셋째로는 이상의 濫伐과는 그 성격을 달리하는 또 한 가지 山林 훼손을 불러일으키는 중요한 '원인이 있었다. 그것은 당시 사람들의 生活苦를 반영하는 특수한 현상이기는 하지만, 耕作할 田畓이 없는 窮民(궁민)들의 삶의 터전 마련을 위한 火田 개발로 말미암은 山林 남벌이 그것이었다. 17~18세기 江原道를 비롯한 많은 山間 지역에는 평소 농사지을 땅이 없는 窮民들이 火田이라도 일구어 살겠다는 生存 欲求의 발로로 그나마 쓸만한 山地는 마구잡이로 불을 질러 開墾(개간)하는 일이 급속히 늘어나게 된 것이 또하나의 山林 황폐화의 중요한 원인이라는 설명이다.

3) 山林 荒廢化의 實狀

그렇다면 조선 후기 전국 山林의 실제 모습은 과연 어떠했는가. 당시 각종 文獻에 나타나는 기록물을 가지고 그것을 한번 類推해보기로 하자.

국내 기록으로 들 수 있는 그 대표적인 사례는 18세기 말~19세기 초 丁若銓에 의한 「松政私議」라는 글에 나오는 내용이다(부록 3] 참조). 이를 테면, "소나무 政策에 대한 나의 見解"라고 풀이할 이 소 책자에 의하면, 丁若銓은 사람이 살아가는 데 없어서는 안 될 소나무가 전국적으로 마구 사라져가고 있음을 개탄하면서 이렇게 쓰고 있다. '… 100만 戶의 백성이 살아서는 들어가 살 집이 없고 죽어서는 몸을 가릴 棺이 없으며, 물에는 배가 없고, 일상생활에서는 農器具가 없다면, … 陸地에는 물고기와 소금이 없게 될 것이며, 農事와 工業이 모두 멈출 것이고, 商人들은 장사를 하지 못할 것이다. 이 어찌 무슨 變亂(변란)이 일어나지 않을 수 있을손가 …' 라고 통탄하고 있다. 이어서 그는 또 '… 백성들이 소나무 보기를 毒蟲(독충)이나 傳染性 病菌처럼 여겨 남몰래 베어 없애버리는 바람에 개인 소유의 산에는 소나무 한 그루 볼 수 없게 만들고, … 封山의 백성들이 온갖 꾀를 내어 단체로 소나무를 몰래 베어 없앰으로써, 몇 리에 걸친 푸른 산을 하루 밤 사이에 완전히 벌거숭이로 만들고 마는가 하면, 크고 작은 公山조차도 소나무 한 그루 없게 만들었다 …' 라고 하면서 격렬한 語調로 정부의 소나무정책(松政)을 가차 없이 비판하고 있다.

山林이 어쩌다가 이 지경으로까지 되었는가? 그 이유로 丁若銓은 다음 세 가지를 중요하게 들고 있다. 하나는 나무를 심지 않는 것이오, 둘은 저절로 자라는 나무까지도 꺾어 땔감으로 쓰는 것이오, 그 셋은 火田民이 산을 불태우는 일이 그것이라고 명쾌히 규정하고 있다. 그는 다시 말하기를, 심는 사람은 하나인데 쓰는 사람이 열이라면 도저히 材木을 댈 수가 없을 것이거늘, 하물며 심는 사람은 하나도 없는데 거꾸로 쓰는 사람은 無窮하고 보니, 이 어찌 나무(材木)가 窮하게 되지 않을 수 있겠는가? 심지 않고 요행히 저절로 나서 자라는 나무가 있다고 하자. 그러나 한, 두 자(尺) 쯤 자라기가 무섭게 예리한 도끼로 잘라버리게 되니 그것이 어찌 하나의 材木으로 쓸 만큼 자랄 수가 있겠는가. 거기다가 깊은 山中 인적 드문 골짜기에 저절로 자란 나무가 설령 더러 있을지라도 火田民의 '산불'에 한번 휩쓸리고 나면 100년 된 소나무도 하루아침에 잿더미로 변하고 마는 현실이라면서 그는 무척 개탄하고 있다.[56]

丁若銓은 또한 西厓 柳成龍의 文集을 인용하여 이렇게 적고 있다. '…山과 골짜기에 나무가 없다면 山사태가 나는 것을 막을 수 없을 것이요, 들판의 田畓이 흙으로 뒤덮여 쓸모가 없게 될 것이며, 산림이 벌거숭이가 되어 寶物과 財貨가 생산되지 않을 것이고, 또 산짐승이 번식하지 않아 事大 交隣(교린)할 때 쓸 獸皮(수피)와 幣物(폐물)을 구하기가 어렵게 될 것이다. … 산허리 이상에 대해서는 火田을 금지하여 耕作을 못하도록 하는 것

---

56) 그는 이 세가지 山林 황폐화 원인을 그 시대가 당면한 크나큰 세 가지 '患難(환난)'으로 규정하고, 당국에 대해 시급히 그 대책을 강구하라고 독촉하고 있다[부록 3] 참조).

이 마땅하다 …' 라고 西厓의 말을 그대로 인용하고 있다. 이를 보면 丁若鏞이 살았던 18~19세기 당시만 그랬던 것이 아니라, 그보다 2세기 전 柳成龍이 살았던 16~17세기에도 이미 朝鮮의 산림은 완전히 벌거숭이로 변하여 이를 朝廷에서도 매우 우려하고, 그 대책 마련에 腐心(부심)하고 있었음을 짐작케 하고 있다.

4) 總督府의 朝鮮 林相 조사

이상과 같은 山林 황폐화에 대해 그 實狀이 수치상으로 과연 얼마나 심각했던가를 나타내는 자료는 구하기 어렵다고 해야 한다. 다만 한 가지 1910년 총독부에 의한 전국 林相調査 결과를 가지고 전국 산림면적 위에 있는 樹木의 量을 부피 개념으로 나타내는 林木蓄積量을 측정해 본 자료가 있다.[57] 이 자료에 의하여 1910년 기준으로 전국 각 道別 林木 축적량을 비교해 보면 다음 〈표 3-8〉과 같다. 이 표에서 보듯이, 남부(7개 道)의 평균 林木축적량은 1정보 당 10.0㎥인데 대해, 북부(6개 道)의 경우는 평균 53.0㎥로 나타나 남/북간에 현저한 격차를 보여주고 있다.

남/북간의 이러한 현저한 隔差가 全國 산림의 지역 분포가 어떠하리라는 상식적 판단에 일단 부합하는 일이기는 하지만, 그렇다고 남쪽의 경우 林木축적량이 겨우 1정보 당 10.0㎥ 밖에 안 된다는 것은 쉽게 납득하기 어려운 바가 없지 않다고 해야 한다. 아무리 남부지역 林相이 황폐했다고 하더라도 예컨대 경북-경남-전남의 3道의 林木축적량이 겨우 5~7㎥로 북부지역 평균(53.0㎥)의 10분의 1수준에 불과하다는 사실에는 놀라지 않을 수 없다. 더욱이 당초 임목축적량의 推定이 과도한 것이라는 연구자 스스로의 비판까지 있었음을 감안한다면, 남부 지역 林木 사정은 이보다 더 劣惡했을 것으로 보지 않을 수 없고, 이로써 당시 全國의 山林이 얼마나 황폐했던가를 충분히 가늠해 볼 수 있는 대목이다.

---

57) 배재수/윤여창, 「日帝强占期 朝鮮에서의 植民地 山林政策과 日本資本의 浸透過程」, 『山林經濟研究』2(1), 1994, pp. 1~37.

〈표 3-8〉   지역별 林木 蓄積量 (1910년)

	山林면적 (천 町步, %) (A)		林木蓄積 (추계) (km³, %) (B)		1町步 당 축적량 (m³) (B/A)
南部 (7道)	5,422	34.4	54,269	9.0	10.0
그중, 전 남	983	6.2	5,171	0.9	5.3
경 북	1,309	8.3	6,779	1.1	5.2
경 남	887	5.6	6,796	1.1	7.7
北部 (6道)	10,328	65.6	547,593	91.0	53.0
그중, 함 남	2,518	16.0	234,408	38.9	93.1
함 북	1,600	10.2	80,360	13.4	50.2
평 북	2,295	14.6	124,890	20.8	54.4
합 계 (평균)	15,750	100.0	601,862	100.0	38.2

자료 : 배재수/윤여창, 「日帝强占期 朝鮮에서의 植民地 山林政策과 日本資本의 浸透過程」,
    『山林經濟研究』2(1), 1994, pp. 1~37.
    (A) :『朝鮮總督府 統計年報』, (B) : 배재수/윤여창의 추계치(이우연, 앞의 책, p. 175).
주 : 1) 南部 7道 … 경기, 충남/북, 전남/북, 경남/북, 2) 北部 6道 … 황해, 강원, 평남/북, 함남/북
    3) 江原道가 여기서는 北部에 속하였지만, 그 절반 정도는 오늘의 南韓에 속하므로 현재
    의 남/북한 기준으로 보면 남부 7道의 1町步 당 축적량이 10.0m³에서 13.4m³로 조정됨.

2. 총독부 山林政策과 綠化事業

1) 山林基本法 제정과 林籍 조사

일본은 1905년 日러전쟁에서의 승리를 계기로 곧바로 한국에 統監府를 설치하고 한국의 內政에 깊이 관여하게 된다. 이에 한국정부는 外交와 財政, 두 개 분야에 顧問官 제도를 도입하고 그밖에 敎育이나 治安 분야 등에서도 일본 官吏를 招聘(초빙)하여 諮問(자문)을 받는 식으로 國政 전반에 걸쳐 일대 개혁을 추진하게 된다. 그러한 개혁 조치 가운데 으뜸으로 시행코자 한 분야가 지금까지 잘 알려져 있지 않지만 바로 이러한 민둥산을 푸르게 만드는 山林綠化사업이었다는 데 특히 주목 할 필요가 있다.

한국정부는 1908년에 統監府의 요청을 받아들여 '森林法'을 서둘러 공포하고, 全國 山林을 대상으로 林籍調査에 착수하게 됨으로써, 한국은 비로소 근대적인 山林 관계 基本法을 제정하게 되고, 나아가 山林에 대한 私

的 所有權을 부여함은 물론 전국 山林에 대한 일제 林相조사를 실시하게
된다. 그런데 이 조사과정에서 한 가지 중요한 문제점이 드러났다. 前記
森林法에서 규정하고 있는 내용이 당시 한국의 山林 현실과는 너무나 동
떨어져 전혀 들어맞지 않았다는 점이다. 어쩔 수 없이 이전의 森林法 대신
에 새로 '森林令'을 제정하여 이것으로 山林政策의 基本法으로 삼지 않을
수 없게 되었다. 그럼 전자의 森林法과 후자의 森林令 간에는 그 내용 상
어떤 차이점이 있었는가?

후자의 森林令에서는 이전의 森林法에서처럼 산림정책의 기본 목적을
山林에 대한 所有權 확정이나 林相 조사 등에 둔 것이 아니라, 그 이전단
계라고 할 山林/林野 그 자체를 어떻게 하면 하루 빨리 푸르게 만들 수 있
겠는가 하는 이른바 '山林綠化主義'에 山林정책의 根本을 두었다는 점이
다. 말하자면 이미 황폐할 대로 황폐한 山林을 어떻게 하면 하루빨리 푸르
게 만들 수 있을 것인가를 정책의 최우선 목표로 삼았다는 사실이다. 이를
테면 山主는 물론이고 그 누구라도 책임지고 山林을 푸르게 하는 자에게
는 바로 그 산림에 대한 所有權을 부여하는 그런 特典을 베풀면서까지 우
선 산림부터 푸르게 만들어놓고 보자는 것이 정부의 기본 입장이었다. 산
림을 우선 푸르게 만들어놓지 않고서는 山林에 대한 私的 소유권을 부여
한다든가 또는 산림에 대한 課稅를 통해 정부의 租稅수입을 올리겠다든
가 하는 조치가 아무런 의미가 없다는 사실을 올바로 깨달았다고나 할까,
아무튼 이러한 등등의 이유로 統監府 시절의 森林法은 얼마 후 總督府로
넘어오면서 그 立法 취지를 완전히 달리하는 森林令으로 대체되기에 이
르렀다.[58]

---

58) 이 점과 관련하여, 사람들은 보통 이 森林法과 森林令의 법적 취지나 내용이 어떻게 다른지에
대해 제대로 알지 못한채 무조건 두 가지 모두 그 立法 취지가 조선 山林의 掠奪(약탈)에 있는
것으로 보고 있다. 이는 당시 일본(총독부)이 일차로 만든 森林法을 금방 폐기하고 곧장 森林
令으로 대체하는 배경이 어디에 있었는지에 대한 無知의 所産이라 할 수 있다. 아울러 총독부
가 조선 산림에 대한 林籍調査과정에서 수많은 民有林을 약탈하여 총독부 소유의 國有林으
로 편입시켰다는 주장도 이처럼 터무니없는 史實의 歪曲에 다름 아니다.

2) 林籍調査와 근대적 山林制度의 도입

1910년 총독부에 의해 실시된 林籍調査는 한국의 전통적인 山林所有 관계를 정확히 파악하기 위한 것이었으나, 그 내용이 현실적으로 너무나 복잡하게 되어 있어 도저히 제대로 파악할 수가 없었다. 그런 가운데서도 이 林籍조사는 林野 소유관계와 林相의 실태 파악에 있어서는 어느 정도 성과가 있었다고 할 수 있다. 소유관계 면에서는 國有와 民有의 두 가지 갈래로 나누고, 다시 國有는 별도의 관리기관이 존재하는 임야(A)와 그런 기관이 없는 경우(B)로 나누어 조사하고, 林相조사는 크게 成林地(A′)-穉樹 (치수)발생지(B′)-無立木地(C′)의 세 가지 부류로 나누어 조사하는 방식이었다. 여기서 林相 형태의 A′-B′-C′로의 구분은 순전히 立木의 密度를 기준으로 한 것이었다. 예컨대 立木의 密度가 완전한 상태를 1로 가정했을 때, A′는 그것이 0.1 이상인 경우, B′는 사람이 낫으로 벨 수 있는 크기의 나무 (穉樹)의 密度가 0.1 이상인 경우, 그리고 C′는 위 두 가지를 제외한 것 즉 크고 작은 모든 나무의 密度가 0.1 이하인 경우를 가리킨다. 이렇게 林相의 형태를 3가지 범주로 갈라서 조사해 본 1910년 당시의 한국산림의 각 형태별 구성은 아래 〈표 3-9〉에서 보는 바와 같다.

이 표에 의하면, 당시 國有林 대 民有林의 비율은 52.4% 대 47.6%로 그 면적이 거의 비슷한 것으로 나타났다. 그러나 國有林 가운데서 관리기관을 두고 제대로 관리가 이루어지고 있던 林野(A)는 기실 얼마 되지 않

〈표 3-9〉 林籍 조사에 의한 所有別, 林相別 林野面積 구성 (1910년 조사)

(단위 : 정보, %)

	成林地 (A′)		穉樹 발생지 (B′)		無立木地 (C′)		합 계	
國有林(A)	626,840	4.0	186,909	1.2	221,624	1.4	1,035,737	6.5
國有林(B)	3,661,561	23.1	1,987,851	12.5	1,613,589	10.2	7,268,001	45.9
民 有 林	829,284	5.2	4,444,713	28.0	2,272,248	14.3	7,546,245	47.6
합 계	5,122,685	32.3	6,619,473	41.8	4,107,461	25.9	15,849,983	100.0

자료 : 이우연, 앞의 책, p. 206.
주 : 國有林(A)는 별도의 관리기관을 두고 있는 경우이고, (B)는 그런 기관이 없는 경우임.

고(전체의 6.5%), 반면 전체의 45.9%에 해당하는 나머지 대부분의 國有林은 그런 특별한 관리기관을 두지 않을뿐더러, 심하게 말하면 자연 상태 그대로 放置된 無主公山이나 다름없는 林野였다. 다음으로 그것을 林相別로 보면 어느 정도나마 나무가 들어섰다고 할 수 있는 成林地가 전체의 32.3%, 그나마 어린 苗木이 자라고 있는 穉樹(치수) 발생지가 41.8%이고, 나머지 25.9%는 나무라고는 전혀 찾아볼 수 없는 벌거숭이 민둥산이었던 것으로 나타났다. 이로써 1910년 한일병합 당시 全國의 山林 모습이 과연 어떠하였는가를 짐작하고도 남음이 있다.

총독부는 등장과 함께 곧장 이러한 한국 山林의 實狀에 대한 전반적인 林野調査사업을 추진코자 했다. 처음에는 총독부 설치 후 곧장 착수하는 土地調査事業에서 農地만이 아니라 林野도 함께 조사대상으로 포함시킬 계획이었으나, 前述한 바의 林籍調査의 결과로 나타난 당시의 林野 소유관계가 너무나 복잡하게 되어 있어, 農耕地 중심의 일반 토지와는 별도로 분리 조사하는 것이 좋겠다는 판단에 따라 林野는 동 조사사업에서 일단 제외시켰다. 그렇다고 언제까지나 이 林野조사사업을 미루거나 放棄할 수는 없는 문제였다. 결국 토지조사사업이 마무리 단계에 접어든 1917년부터 林野調査事業도 동시적으로 실행하기로 하고, 토지조사사업에서 얻은 경험과 人力을 최대한 활용하는 방식으로 일을 추진하게 된다.

사람들이 앞의 土地조사사업에 대한 역사적 意義를 너무 강조하는 나머지, 이 林野조사사업에 대해서는 잘 알지 못 할 뿐더러 상대적으로 등한시하는 경향까지 있다. 그러나 이 林野조사사업 역시 앞의 土地조사사업 못지 않게 매우 중요한 역사적 의의를 갖는다고 해야 한다. 왜냐하면 林野조사사업이 없는 土地조사사업이란 무엇보다도 全國土의 70%가 林野라고 하는 점을 감안할 때 그 경제적 의미가 半減될 수 밖에 없을 것이기 때문이다. 아무튼 1910년대 후반에 이루어지는 이 林野조사사업이 실제로 어떤 과정으로 전개되는가를 보자.

우선 조사사업의 槪要를 보면, 당시 250만 筆地에 이르는 전국 山林을 모두 조사대상으로 삼고, 앞서 실시한 바의 土地조사사업에서와는 달리 조사사업비를 受益者 부담 원칙으로 한 것이 우선 그것의 특징이었다. 총 사업자금 3억 8,600만 円 중 國庫지원은 전체의 31.5%(1억 2,100만 円)에 불과하고, 나머지 68.5%인 2억 6,500만 円을 모두 山林 소유주나 기타 연고자에게 부담시켰다는 점이다. 그리고 총독부 내에 동 사업을 위한 특별 기구를 별도로 설치하지 않고 평소의 行政機構를 최대한 활용하는 방식으로 추진했다는 점, 특히 조사업무의 상당한 몫을 市/道 등 所管 지방관서에 위임하여 그들 책임 하에 처리하는 방식을 채택한 것도 이전의 토지조사사업에서와는 다른 점이었다. 林野조사사업도 그 자체 전국 山林을 대상으로 하는 대규모 사업이었음에도, 이처럼 무척 저렴한 비용으로, 또 적은 人力으로, 단시일 내에 그리고 비교적 수월하게 사업을 추진할 수 있었던 것은 오로지 앞서 시행한 土地調査事業을 모델로 하여 당시의 경험을 십분 활용할 수 있었게 때문이라 할 수 있다.

이상의 林野조사사업을 통해 한국도 비로소 근대적인 山林制度를 확립할 수 있게 되었다고 할 수 있다. 이 사업을 통해 그동안 오랜 세월 無主空山 격으로 방치돼 온 林野에 대해, 앞의 〈표 3-9〉에서 보는 것처럼 전체 國有林의 대부분을 차지하는 國有林(B)에 속하는 山林에 대해서는 제도적으로 國有林의 민간 불하를 가능케 하고 또 불하받은 山主로 하여금 자기 山林의 開發을 촉진시키는 산림정책을 펼 수 있는 길을 트게 되었다는 점에서 그러하다. 이 민간 拂下를 통해 지금까지 오랜 傳統과 慣行으로 누구나 마음대로 아무 산이나 入山하고 또 마음대로 이용하던 無主空山의 개념은 사라지게 되고, 特定의 緣故者로 하여금 造林의 권리와 책임을 동시에 지게 하는 제도를 마련하게 되었다는 점, 나아가 그 造林사업의 성공 여하에 따라 그 산림에 대한 所有權까지 인정해주는, 이른바 山主에게 무척 유리한 제도라고 할 造林貸付制度를 광범하게 도입, 보급하게 된 것 등이 동 사업이 가져온 크나큰 성과라고 할 수 있다. 전국 산림의 약 절반(45.9%)을 차지하고 있던 國有林(B)을 과감하게 민간에게 불하하는 民營化 조치, 곧 정부 스스로 대부분의 國有林을 과감하게 민간에게 불하하여 民有林으로 전환시키겠다는 원칙을 세웠다는 것 자체를 높이 평가하지 않을 수 없다.

이런 원칙 아래 또한 그 누구라도 정부가 추진하는 造林事業에 참가하여 성공하는 경우에는 정부로부터 여러 가지 혜택을 받을 수가 있었다. 예컨대 그 造林地 위의 立木은 물론이고 또 거기서 나오는 地被物의 소유와 그 地盤까지도 無料로 이용할 수 있는 혜택을 누릴 수 있었음이 그것이다. 따라서 이 造林貸付制度를 통한 정부의 적극적인 造林장려정책은 우선 山林의 民有化를 위한 하나의 강력한 誘引策으로 되어 당초 기대 이상의 좋은 성과를 가져올 수 있었다. 이런 방식으로 造林 및 育林사업이 기대 이상의 성과를 거두게 되자 점차 그를 통하여 林産物 所得이 생기게 되고, 또한 정부는 거기에 稅金을 부과할 수 있는 稅源 마련이 가능하게 되는 一擧兩得의 효과를 누릴 있었다. 이로써 林業을 하나의 收益性 있는 근대적인 산업의 하나로 육성시키는 길이 비로소 열리게 된 셈이었다.

이로써 오랜 세월 自由放任 상태로 방치되어 오던 無主空山의 國有林 문제를 근본적으로 해결함과 더불어, 대부분 쓸모없이 방치된 林野를 쓸모 있는 民有林으로 전환할 수 있게 됨으로써 한국도 근대적인 山林制度를 법적으로 확립하게 되었다. 그리하여 山野를 터전으로 人工造林을 행하고, 그를 통해 나중에 林産物을 채취하여 收入을 올리게 되는 林業의 발달을 기약할 수 있게 되었다. 즉 기존의 광업이나 漁業처럼 林業도 하나의 중요한 제1차 산업으로 자리매김하고 또 발전시킬 수 있는 기틀을 마련하게 되었다고 해야 한다.

3) 民有林 收奪論의 虛構性

이상의 林籍調査 및 林野調査事業이라는 양대 基礎사업을 통해 全國 山林은 비로소 제도적으로 근대적인 私的 所有權이 확립된다는 점에서 그 역사적 意義가 크다고 하지 않을 수 없다. 그럼에도 국내 學界 일각에서는 그동안 총독부의 이러한 林籍/林野조사의 목적이 이를테면 이전부터 존재하던 民有林을 수탈하여 國有林으로 만드는 것, 곧 그것이 오로지 조선 山林의 수탈에 있었다는 식의 엉뚱한 주장을 펴왔다. 그러나 이러한 주장은 앞에서 지적한 바 있는 이우연의 연구를 통해서도 분명히 밝혀진 바와 같이 전혀 역사적 사실에 부합하지 않는 한낱 터무니 없는 浪說에 불과하다고 해야 한다. 그것이 事實이 아닌 虛構的이라고 함은 다음과 같은 사례를 통해서도 확인될 수 있다.

그 대표적인 사례로 흔히 들고 있는 林野조사에 있어 소위 '申告主義' 원칙이 가지는 弊端(폐단)에 대하여 알아보자. 申告主義 원칙에 의거하여 실제 山林 所有者나 또는 그 緣故權者가 정한 기일 내에 林野에 대한 자신의 소유관계를 申告하게 되어 있었으나, 申告者의 불가피한 개인 사정으로 기일 내에 申告하지 못한 경우 당해 林野가 곧바로 國有林으로 편입되는 것으로 알고 있지만 실제로는 전혀 그렇지 않았다고 함을 알아야 한다. 未申告 林野의 경우 법률적 해석으로는 일단 그것을 '國有 임야로 간주한다'는 의미를 가질 뿐, 그것이 곧바로 民有林 → 國有林으로의 所有權 이전을 의미하는 것은 결코 아니었다는 사실이다. 未申告의 경우에도 그에 대한 緣故權을 계속 인정해주고 또 林野의 이용이나 收益 享有 등에 있어서도 별다른 제한을 두지 않았으며, 더욱이 해당 林野를 제3자에게 함부로 처분하지 못하게 하는 등으로 실제 所有權을 신고한 경우와 별다른 차이가 없도록 조치하고 있었음을 알아야 한다. 그렇지를 않고 피상적으로 未申告의 경우 곧장 國有林으로 전환된다는 식의 주장을 펴는 것은 터무니 없는 역사적 사실의 歪曲에 다름 아니라고 해야 한다.[59]

---

59) 이 民有林 수탈과 國有林 창출론이 전혀 역사적 사실에 부합하지 않는다는 것, 그것은 한낱 민족감정을 앞세운 억지 推論에 불과하다는 것은 당시 총독부 政의 기본이 전통적으로 내려오는 國有林 중심의 朝鮮 山林制度를 어떤 식으로든 조속히 민간에게 불하하여 民有林 중심으로 바꾸고자 하는 데 있었음을 전혀 깨닫지 못하거나 아니면 그것을 알면서도 의도적으로 인정하지 않으려는 식의 사실 歪曲을 일삼은 處事라 하지 않을 수 없다. 사실이 이러할진대, 어떻게 거꾸로 해석하여 林野조사사업을 통해 民有林을 수탈하여 國有林으로 만들었다는 억지

3. 총독부 山林政策과 人工造林

1) 山林政策의 基調와 人工造林事業

19세기말까지 朝鮮의 林政을 한마디로 규정하라면, 정부정책에 의해서든 민간의 山主 입장에서든 단 한 번도 人工的인 造林을 실시해본 일이 없었다. 오로지 林政 不在의 '造林 없는 山林 채취'만의 역사였다고 할 수 있다. 이런 林政不在의 역사 속에서 어떻게 山林이란 山林이 하나같이 황량한 벌거숭이로 변해가지 않을 수 있었겠는가?

개항기 한국을 찾는 외국인의 눈에 비친 한국의 산림 모습은 '저것이 그래도 한 때는 나무가 있었던 山林이었겠지?' 하면서 자기 눈을 의심할 정도로 헐벗은 山野의 모습 그대로였음은 여러 기록을 통해 잘 알려진 사실이다.[60] 그럼에도 불구하고 한국인들은 그런 사실은 감쪽같이 속이고 일본이 들어와 한국 山林의 실태를 조사하고 制度를 바꾸고 한답시고 그 과정에서 한국의 방대한 山林資源을 무자비하게 개발하고 수탈해갔다는 식의 주장만 되풀이하고 있으니 이것이 도대체 어찌된 일인가. 아무 것도 없는 벌거숭이 山野에서 무엇을 어떻게 수탈해 간단 말인가? 아무 것도 없는 벌거숭이 禿山(독산)이라는 사실과 그 산림에서 무엇인가를 약탈해간다는 사실 사이에는 서로 도저히 兩立할 수 없는 矛盾관계가 성립한다고 봐야 할 것임에도, 한국 학계에서는 어떻게 이런 엉터리 논리가 하나의 定說로까지 굳어질 수 있는지가 궁금할 뿐이다.

이상과 같은 한국 산림의 實狀에 대한 약간의 이해를 전제로 하고, 1905년 이후 일본(統監府/總督府)에 의한 초기 山林정책이 어떻게 전개되었는가를 보기로 하자. 병합 이전의 統監府 시절에 이미 민둥산 一色으로

주장을 펼 수 있겠는가.

60) 일례로 1898년 한국에 부임하는 미국 外交官(W. F. Sands)에 의한 仁川(제물포)-서울간의 京仁街道의 山이나 서울 근교 野山의 황폐한 모습에 대한 記述이 그 대표적이라 할 수 있다 - W. F. Sands(신복룡 역주, 『조선비망록』, 집문당, 1999, pp. 41~42).

변한 한국산림을 어떻게 해서든 하루 속히 푸르게 만들어야 한다는 입장에서 당시 한국조정으로 하여금 무엇보다도 '山林綠化主義'를 최우선의 정책목표로 내세우고 산림행정에 대한 일대 개혁을 단행할 것을 촉구하였다. 말하자면 역사적으로 오랫동안 濫伐(남벌)만 일삼던 採取 위주의 산림행정으로부터 나무를 심고 가꾸는 植木과 育林 행정으로의 일대 정책전환을 촉구하게 된 것이 그것이다.

이리하여 오랜 세월 전혀 人工이 가해지지 않은 자연 상태 그대로 山林을 방치하고 있던 조선의 林政은 20세기 들어 일본이라는 外勢에 의하여 비로소 人工造林을 통한 人爲的인 林政으로의 극적인 변화를 가져오게 되고, 그를 통해 지금까지 황량했던 山野가 이러한 人工造林을 통해 몰라보게 변모하기 시작한다. 그 비근한 예를 우리는 다음 〈사진 3-2〉에서 찾아 볼 수 있다. 1907년 당시 서울 서북쪽 仁王山 자락의 彰義門 주변의 완전한 민둥산(禿山)이 당국의 과감한 砂防 및 植樹사업으로 불과 8년 후인 1915년에 얼마나 푸르게 변하였는가를 대비해 보는 것으로 그것은 충분하다고 할 수 있다.

그 후 총독부에 의한 人工造林사업은 더욱 활발하게 전개되었는데 그것도 구체적으로 다음과 같은 내용으로 이루어졌다. 우선 林政의 根幹을 人工造林에다 두고, 정부가 계획적으로 種子와 苗木을 量産하여 그것을 山主를 비롯한 많은 농민들에게 널리 보급하여 播種(파종) 또는 植栽를 최대한 장려코자 하였다. 물론 그것이 種子나 苗木의 播種이니 植栽라는 제1단계 植樹과정으로 끝나는 것은 아니었다. 심은 나무를 계속 보살피고 地被物도 함부로 캐지 않고 보호함은 물론, 불필요한 나무는 間伐하거나 가지치기 등의 제2단계 育林과정까지를 모두 포함하는 과정이었다. 그리고 넓은 의미의 造林이란 이런 人工造林만이 아니라 자연적으로 저절로 씨앗이 나서 苗木이 자라는 어린 나무(穉樹 : 치수)도 함께 보살피는 天然造林까지도 포괄하는 넓은 개념으로 보아야 함은 두말할 것 없다.

<사진 3-2>　　　　砂防사업과 植樹사업의 效果 (事例)
　　　　　　　　 - 서울 白雲洞 彰義門 부근 -

가. 砂防/植樹사업 직후 (1907년 4월 촬영)　　 나. 植樹 8년 후의 모습 (1915년 10월 촬영)

(出處 : 이우연, 앞의 책, p. 322)

2) 총독부의 人工造林實績

人工造林사업은 그 성격상 처음부터 官(政府) 주도로 이루어질 수밖에 없다고 해야 한다. 역설적이지만 이는 민간 山主나 농민들에게 맡겨 그들로 하여금 任意的으로 植栽케 하는 방식으로는 造林의 본래적 목적을 달성할 수 없기 때문이다. 초대 총독 데라우치(寺內正毅)는 부임과 동시에 곧장 '治山·治水·治心'이라는 독특한 정책 슬로건을 내걸고, 이 人工造林사업을 하나의 거국적 國民運動 차원으로 昇華시킬 계획을 세우고 과감하게 실천에 옮기고자 한 것도 그런 취지에서였다고 할 수 있다.

총독부는 병합 다음 해인 1911년 들어 무엇보다 먼저 그 해 4월 3일을 '植樹日'로 정하고, 이 날을 기하여 거국적인 國民造林運動을 전개코자 하였다. 정부는 각급 학교나 관청을 동원하는 방식으로 紀念植樹를 적극적으로 권장하였는데, 특히 各級 학교 학생을 적극 동원하게 된 데에는 자라나는 학생들에게 '愛林思想'을 고취시키기 위한 목적도 동시에 담고 있었다고 한다. 제도적으로는 물론 총독부가 주관하지만 실제 추진 주체로는 총독부를 위시하여 각 道廳, 府/郡廳, 읍/면사무소, 거기에 각급 일선 학교까지 가능한 모든 기관을 두루 추진단위로 포함시키는 하나의 거국적인 국민운동으로 전개한데 그것의 특징이 있다. 그리하여 사업단위별로

模範林을 지정·운영하였는데, 예컨대 邑/面의 모범림은 물론 部落林이나 學校林 등의 모범적인 케이스를 선정하여 거기에 시범적으로 紀念植樹를 시행하는 방식으로 행해졌다.[61]

紀念植樹사업을 시작함과 더불어 중요하게 제기된 문제는 갑자기 필요하게 된 多量의 苗木을 어떻게 適期에 適量을 공급하는 것이었다. 정부가 苗木은 일단 無料로 공급하되 부족할 때는 地方費 예산으로 추가 구입하는 방식을 취하였지만, 처음에는 공급량이 너무 한정되어 있어 한 사람이 겨우 2~3그루 苗木밖에 심을 수 없는 실정이었다. 그 후 1920년대에 들어 種苗業의 발달로 苗木 생산이 크게 늘어나게 되고, 그에 따라 기념식수에 참가하는 人員이나 植樹量도 크게 늘어났다. 통계에 의하면, 1928년에 기념식수 참가인원이 약 58만 명이었는데, 약 10년 후인 1939년에는 그 2배로 늘어난 113만 명에 이를 정도였다.

이상의 國民造林운동에는 기본적으로 총독부의 강력한 정책의지가 엔진 역할을 하게 된 것이 사실이지만, 다른 편으로 당시 일반 국민의 이에 대한 적극적인 呼應이 또한 그것의 중요한 성공 요인이었다고 해야 한다. 당시까지만 하더라도 조선에는 '造林'이라는 용어조차 생소한 시절이었지만,

---

61) 총독부의 조선 山林 복구를 위한 治山治水 사업은 이 1911년의 '植樹日' 지정과 더불어 1922년의 '林業試驗場'(洪陵)의 설립으로 가일층 본격화 하게 된다. 이 林業시험장과 관련해서는 반드시 알아둬야 할 日本人 技士가 한 사람 있었다. 1914년 총독부 山林課 시절부터 1931년까지 무려 17년간 조선의 민둥산을 푸르게 만드는 것을 生涯 최고의 목표로 삼고 砂防사업과 種苗개발사업에 일생을 바친 淺川 巧(아사카와다쿠미 ; 1891~1931)씨가 바로 그 사람이다. 그는 조선에 대한 砂防기술을 革新하여 그것을 역으로 일본에까지 전파하였는가 하면, 조선의 잣나무 養苗기술을 연구하여 養苗기간을 종전의 2년에서 1년으로 단축시키는 데 성공하였고, 이를 통해 당시 人工造林의 약 37%를 이 잣나무 苗木으로 대체할 만큼 조선의 산을 잣나무 동산으로 만들어 놓았다. 이리하여 한국의 治山治水/山林綠化사업에 혁혁한 공을 세웠으나, 애석하게도 1931년 4월 植樹日 기념행사 준비관계로 過勞가 쌓여 40세에 夭折(요절)하는 悲運을 맞았다. 이를테면 1970년대 山林綠化의 주인공 朴正熙 대통령에 비유할만한 한국 山林綠化史上 으뜸가는 恩人이라 할 인물이다. 그의 遺言으로 死後에 한국 땅(망우리 공동묘지)에 묻혔다 ―『朝鮮の土となった日本人』, 高岐宗司(『아사카와다쿠미 평전』 ― 조선의 흙이 되다, 김순희 역, 효형출판, 2005) 참조.

사람들이 자기네 日常 생활상의 요구와 관련하여 점차 山林의 중요성을 깨닫게 되고, 造林사업의 성공 여부가 나중에 山林에 대한 所有權 획득과 연결된다는 점, 그밖에 造林의 성공은 거기서 자라는 林産物의 채취를 통한 農家收入에도 이익을 가져다준다는 점 등이 사람들로 하여금 새삼 造林의 중요성을 깨닫게 해 주었기 때문으로 풀이되고 있다. 높아진 국민 自意識의 발로가 기존의 山主 등 山林 緣故者는 말할 것도 없고 그렇지 않은 일반 국민에 이르기까지 당국의 계획적 造林사업에 적극 同參케 한 것이 국민조림운동을 성공으로 이끌게 한 중요한 요인이었다고 해야 한다.

총독부의 이러한 적극적인 人工造林사업은 그 사업의 성격상 1910년 병합 후 적어도 1930년대 말까지 거의 30년간에 걸쳐 지속적으로 실시하게 된 사실에 특히 주목할 필요가 있다. 병합 전의 1907년(통감부 시절)부터 1942년까지의 약 35년간 총독부에 의한 人工造林실적을 종합해보면 다음과 같다. 결론적으로 이 기간(35년)에 총 236만 町步의 山野에 82억 1,500만 本의 놀라운 植栽 실적을 올린 것으로 알려지고 있다. 이는 물론 人工苗木 植樹만의 실적이고, 그 밖에 해마다 저절로 씨앗이 떨어져 싹트고 자라는 자연적인 植栽는 여기서 제외된 것이지만 이 人工造林의 경우만을 놓고 보더라도 우선 총 植栽面積 236만 정보는 당시 한국 총 산림면적의 무려 14.5%에 해당하는 것이고, 그중에서도 1930년대 이후 해방 전까지(1930~42년)의 약 10여 년간에 이루어져 이 기간의 植樹실적이 식민지 全期間 것의 무려 61.4%에 이르는 145만 정보에 달하였다는 사실에 특히 주목할 필요가 있다. 따라서 식민지 후기 즉 1930년대 이후 日政 末期에 들어 戰時 하의 극히 어려운 時局임에도 불구하고 총독부는 다른 정책사업은 대부분 중단하는 추세였으나 이 山林綠化사업만은 오히려 이 기간에 더욱 강력히 추진되었다는 사실에 대해 우리는 이를 어떻게 이해해야 할 것인가? 일본의 朝鮮 統治의 근본 理念이 어디에 있었는가를 새삼 묻지 않을 수 없는 대목이라 아니 할 수 없다.

참고로 이상의 식민지기 人工造林실적을 가지고 예컨대 1970년대 박정희 시대 전국적으로 활발하게 전개된 山林綠化사업의 그것과 비교해보면 어떻게 될까? 朴正熙 정권 治績 가운데 대표적 성공 사례로 꼽히고 있는 것이 바로 이 山林綠化사업임은 周知하는 바 그대로다. 그렇다면 박정희 시대 山林綠化사업의 성공은 실제로 어느 정도 수준이었을까?

1973~87년(15년)간의 제1, 2차 綠化사업의 실적을 놓고 보면, 총 48억 2,000만 本의 苗木을 전국적으로 196만 정보에 植栽한 것으로 나타나고 있다(山林廳 통계). 이를 日政 末期의 1930~42년(13년)간의 조림실적과 비교한다면 植栽면적에서는 135.2%, 苗木量에서는 99.6%에 해당하는 비율이다. 이를 다시 15년과 13년이라는 기간의 차이를 조정하고 보면, 植栽면적에서는 117.2%로 日政 末期의 실적보다 약간 높지만, 苗木量에서는 86.4%에 불과하여 거기에 훨씬 못 미치는 수준이라 할 수 있다(이우연, 2010 ; 309).

이를 통해서도 日政 시대 총독부에 의한 治山治水계획과 관련한 人工造林사업이 얼마나 활발하게 추진되고 또 그것이 얼마나 경이로운 성과를 가져왔는가를 충분히 알 수 있다. 물론 식민지기 造林사업의 경우는 남/북한을 모두 포괄한다는 점에서 그 비교 대상이 다르다고 함을 알아야 할 일이지만, 기실 당시의 造林 대상지역도 山林이 울창한 北韓 지역은 거의 제외되고 오늘의 南韓 지역 중심으로 이루어졌다고 함을 자적해 둘 필요가 있다. 따라서 1970~80년대 朴正熙 시대 이룩한 경이로운 山林綠化 실적을 오히려 능가하는 山林綠化사업이 지난 식민지 시대 이미 무척 활발히 전개된 바 있다는 사실을 결코 잊어서는 안 된다.

여기서 '능가하는'이라는 표현을 쓴 이유는 단순히 苗木의 量이나 植栽面積 등에서 앞선다는 의미에서 만이 아니라, 苗木의 樹種 선택(소나무, 잣나무 등)은 물론 事後 관리 등 소위 계획적 造林/育林이라는 측면에서 朴正熙 시대의 그것을 훨씬 앞선다는 의미에서이다. 즉 박정희 시대 그것은 사후적으로 木材 등 林産物을 경제적으로 이용할 수 있는 林業의 발달로까지는 이어지지 못한 단순한 山林綠化사업 그 자체였지만, 식민지 시대의 그것은 산업정책적 측면에서의 林業의 발달을 동시에 수반한 계획적 造林/育林사업이이었다는 점에서 그 성격을 확연히 달리한다고 할 수 있다.[62]

3) 造林貸付制度의 성과

1910년 총독부의 森林令 제정과 더불어 곧장 도입된 造林貸付制度는 어떤 내용의 제도인가. 그것은 대체로 아래와 같은 내용으로 이루어졌다. 정부가 누구에게나 성실하게 造林할 것이라는 약속만 해준다면 우선 造林 대상 山林을 빌려주는 조건으로 계약을 체결하고, 계약기간이 끝난 후에 造林實績을 평가하여 그 결과가 일단 '성공적'인 것으로 나오게 되면 당해 山林을 조림업자에게 無償으로 讓與하는 일종의 造林貸與방식을 통한 山林拂下制度라고 할 수 있다. 이는 정부가 더 이상 보존할 필요가 없다고 판단되는 國有林을 대상으로 민간에게 責任造林방식을 통한 조건부 山林 拂下制度라고 할 수 있다. 전문가들은 이 造林貸付制야 말로 당시 山林綠化主義를 제일의 정책 슬로건으로 내건 총독부의 산림정책을 성공적으로 이끌게 한 탁월한 제도로 평가하고 있다. 첫째 조속한 山林綠化와 둘째 國有林의 拂下라고 하는 두 마리 토끼를 동시에 잡을 수 있는 최선의 제도였다는 점에서 충분히 그렇게 볼 수 있다고 할 것이다.

이런 놀라운 성과를 가져온 造林대부제도는 구체적으로 어떻게 운영되었는가. 우선 造林에 따른 비용 처리문제를 보면 대체로 國庫 보조 50%, 당해 지방정부 예산 50%씩의 반반 부담을 원칙으로 하였는데, 실제로는 그 대상이 대부분 제1종 國有林으로 전혀 연고권자가 없는 데다가 林相이 매우 불량한 林野를 대상으로 하였기 때문에 녹화사업을 지원하는 의미에서 정부가 직접 種子나 苗木을 無償으로 제공하는 경우가 많았다는 것, 즉 그

---

62) 여기서 林業의 발달을 예컨대 전산업의 산출액에서 차지하는 林業의 비중을 가지고 논한다면 어떻게 될까? 그것은 1930년의 6.6%, 35년의 3.6%, 40년의 3.2%를 차지하여 다른 1차 산업인 水産業이나 鑛業을 앞지르고 있음을 볼 수 있다-제4장 <도표 4-7> 참조.

를 위한 國庫 보조가 50%를 초과하는 경우가 많았다고 할 수 있다.

총독부 林政의 핵심적 사업이자 또한 山主 등 林業 수요자에게도 인기가 높았던 이 造林貸付制度는 그렇다면 얼마나 많은 성과를 거양하였을까? 여기서는 자료가 허용하는 1910~39년간의 조림실적(累計)만을 가지고 그것의 성과를 가늠해보자. 우선 이 기간의 조림실적을 간추려보면, 당초 총 造林貸付건수 8만 6천 건에, 대부면적 167만 4천 정보였는데, 그중 造林에 성공하여 당해 산림을 造林 農民에게 讓與한 실적은 총 5만 4천건에, 조림면적 91만 정보에 이른 것으로 되어 있다. 이 讓與面積 91만 정보는 당초 대부면적의 약 54%에 해당하는 것으로, 면적 기준으로는 당초계획의 절반 이상을 성공시킨 셈이고,[63] 나머지 46%에 해당하는 76만 4천 정보는 다시 두 가지 유형으로 갈라지는데, 하나는 완전한 造林 실패로 해당 林地를 아예 정부에 반환한 경우이고, 다른 하나는 일단 장래가 樂觀的이라는 평가와 아울러 造林사업을 좀더 지속해 보기로 한 경우이다.

이 중에서 완전히 실패로 돌아간 前者 케이스는 전체의 10.2%인 17만 1천 정보이고, 사업을 좀더 지속키로 한 後者는 전체의 35.4%인 59만 2천 정보를 차지하고 있다.[64] 만약 여기서 이 계속 造林하겠다는 후자 35.4% 가운데 그 절반 정도가 결과적으로 造林에 성공할 것으로 기대한다면 이 造林貸付制度의 최종적인 성공률은 무려 72%에 이르게 되는 셈이다. 이처럼 조림대부제도가 예상 밖의 좋은 성과를 가져오게 되자, 더 이상 造林을 장려할 필요가 없다고 판단한 총독부는 1930년대 들어 조림계획사업을 부분적으로 완화하게 된다. 계획적 조림사업 자체는 완화하지만, 그러나 그 이상의 治山治水를 위한 山林綠化정책의 취지만은 1945년 식민지 상태가 종료될 때까지 그대로 지속되었다고 할 수 있다.

---

63) 岡衛治, 『朝鮮林業史』, 朝鮮山林會, 1945 (임경빈 역, 『조선임업사, 상권』, 산림청, 2000, p. 421 참조.

64) 이 가운데 1910~34년간의 실적을 기준으로, 朝鮮人 대 日本人 간의 造林 성공에 따른 讓與면적의 비율을 보면, 조선인 432,950정보(51.7%) 대 일본인 404,991정보(48.3%)로 구성되어 조선인의 경우가 약간 더 높은 것으로 나타나고 있다(상게서, p. 422).

마지막으로 이 조림대부제도와 관련하여 한 가지 반드시 밝혀져야 할 사항이 있다. 이 制度가 이처럼 많은 성과를 가져오는 데 필요한 所要 資金은 그럼 어떻게 조달하였는가 하는 문제이다. 일단 두 가지 資金 루트를 생각해 볼 수 있다. 하나는 북쪽 압록강 유역 등 天然의 國有林 伐木에서 나오는 林業 수익을, 이를테면 남쪽에서의 民有林을 대상으로 한 조림사업 財源으로 轉用하는 경우를 들 수 있다. 人工造林사업이나 또는 治山治水를 위한 砂防사업을 필요로 하는 山野는 주로 남부에 所在한 民有林이었다는 사실이다. 國有林 중심의 북쪽 산림은 당장 조림사업을 해야 할 만큼 황폐하지 않았을 뿐 아니라, 더욱이 압록/두만강 유역의 방대한 原始林은 조림은커녕 거꾸로 가능한 伐木을 해야 할 형편이었다고 해야 한다. 즉 북부의 國有林 伐木을 통한 수익을 가지고 남부에서의 造林/砂防사업을 위한 정부 보조금으로 활용하는 메커니즘, 바로 그것이 당시의 造林貸付制度 운영을 위한 일차적인 財源으로 되었다고 할 수 있다. 그에 대한 구체적인 수치는 가지고 있지 않으나, 1930년대를 중심으로 보면 대체로 북쪽의 國有林 운영 수익의 상당한 몫이 남부의 造林사업이나 砂防사업을 위한 자금으로 충당한 것만은 분명한 사실이다.[65]

이런 관점에서, 당시 총독부가 북부 兩江 유역의 原始林을 마구 濫伐(남벌)하여 不法으로 일본으로 반출했다는 소위 '兩江 유역의 原始林 수탈론'도 알고 보면 그 역사적 사실과는 전혀 다르다고 하지 않을 수 없다. 실제로는 북부 國有林 伐採를 통한 수익(國有林 경영의 黑字)은 남부에서의 造林사업 및 砂防사업을 위한 보조금으로 활용되고, 나아가 山林綠化사업을 성공적으로 이끄는 데 그것은 중요한 밑거름이 되었다고 해야 한다. 따라서 일본이 이 兩江 유역의 原始林을 마구 濫伐(남벌)하여 수탈해갔다는 주장은 이를테면 1910년대 林野조사사업 당시 民有林 약탈/國有林 창

---

65) 단지 1929~31년의 3년간은 예외적이지만, 1933~40년간은 대체로 북부의 國有林 경영 수익(黑字)의 50% 이상이 남부의 造林/砂防사업을 위한 소요 자금(보조금)으로 충당된 것으로 나타나고 있다 – 이우연, 앞의 책, pp. 354~355, <표 6-9> 참조.

출이라는 제1차 山林수탈론의 연장선상에 있는 그것의 제2탄 격에 다름 아니다.[66]

둘째로 들어야 할 所要 자금 調達源은 일본으로부터 직접 유입되는 林業 관련 投資 자금이라고 할 수 있다. 여기에는 물론 산림녹화사업과 직결되는 남부의 民有林 조림사업이나 砂防사업 등을 위한 자금만이 아니라, 북부 兩江 유역의 原始林 伐採를 위한 사업자금까지도 모두 포함하는 일본인의 조선 林業 전반에 걸친 투자라고 할 수 있다. 당시 朝鮮 임업 전반에 대한 일본 민간자본의 유입실적은 정확히 알 수는 없으나, 남부 지방 중심으로 이루어진 砂防/造林사업 목적의 東拓, 殖銀 등에 의한 일본의 公的資金 유입도 상당히 이루어졌을 것으로 추정되고 있을 뿐이다.[67]

4. 結 : 해방 당시의 山林 모습

이상의 造林貸付制度는 식민지 시대 거의 전 시기에 걸쳐 계속사업으로 꾸준히 실시된 총독부에 의한 朝鮮 山林政策의 根幹이었다고 할 수 있다. 이 제도야말로 祖上 傳來의 헐벗은 민둥산을 극히 단시일 내에 나무가 상당히 우거졌다고 할 정도의 靑山으로 만들어 준 일등공신이라고 해야 한다. 그리하여 1945년 8월 해방 당시의 한국 山野는 대부분 지난날의 황토색 민둥산으로부터 深山幽谷에는 호랑이가 다시 棲息(서식)할 정도의

---

66) 압록/두만 兩江 유역의 산림채벌 문제는 1910년대 總督府 施政 이전으로까지 소급된다. 이미 19세기말 압록강 上流에 살던 어떤 중국인 富豪가 이곳 산림을 伐木하여 뗏목으로 실어날러 장사를 했다는 이야기가 있고, 또 1902년경에는 러시아 군인들이 이곳 山林에 눈독을 들이고 木材 이용을 위해 압록강 下流에 製材所까지 설립했었는가 하면, 거기에 대항하기 위해 당시 중국인과 일본인이 合作하여 경쟁적으로 그와 유사한 製材所를 설립했다는 기록도 보이기 때문이다-임경빈 역, 『朝鮮林業史 上卷』, p. 544.

67) 日政 시대 일본자금의 對조선 유입 문제는 제2장에서 구체적으로 다룬바 있지만, 거기서도 林業 분야, 특히 남쪽의 山林綠化 및 砂防사업에 대한 일본자금의 유입에 대해서는 구체적으로 밝혀진 바가 없다. 단지 조선으로 유입되는 일본 민간자금의 경우, 회사자본의 직접 유입 케이스를 論外로 한다면 대부분 당시 양대 투/융자기관이었던 殖銀과 東拓에 의한 內地에서의 社債 발행을 통해 이루어졌다고 해야 한다.

울창한 山林으로 바뀌었는가 하면, 인근 野山에서는 사람들이 평소 필요로 하는 燃料(땔감) 정도는 충분히 채취, 이용할 수 있을 만큼의 우거진 山林 모습으로 바뀌었다고 할 수 있다.

다른 한편, 1911년 총독부에 의해 山林綠化를 위한 母法 격으로 제정된 森林令이 日政 시대 35년은 물론이고 8·15해방이 되고서도 계속 한국 山林의 보호, 규제를 위한 基本法으로서의 법적 權能을 그대로 행사해왔다는 사실과, 역시 1911년에 제정된 植樹日도 비록 명칭을 '植木日'로 바뀌는 受侮(수모)를 겪었으나[68] 그래도 계속 국민 植樹를 장려하기 위한 紀念日로 계승되었다. 앞의 森林令은 해방 후 16년이나 지난 1961년 5·16 군사정변 직후 군사정부에 의해 비로소 신규 山林法으로 대체되지만, 그러나 舊 山林令의 핵심적 내용이라 할 造林貸付制度의 骨格만은 사라지지 않고 그대로 신규 山林法에 傳承되었는가 하면, 또한 그 이후에까지 그것은 계속하여 한국 山林政策의 根幹을 이루고 있었다고 함을 강조해두지 않을 수 없다.[69]

일본으로부터 물려받은 한국의 푸른 山野는 8·15해방과 더불어 오래 견디지 못하고 곧바로 옛날의 그 검붉은 禿山(독산)으로 되돌아가고 말았

68) 해방 후 이 '植樹日'(4월 3일)의 명칭을 '植木日'로 바꾸고 날짜도 4월 3일이 일본 神武天皇의 祭日이라 하여 2일을 늦추어 4월 5일로 정하였다. 날짜를 4월 5일로 바꾼 것까지는 좋으나 이름을 植樹日에서 植木日로 바꾼 것은 아주 잘못된 일이었다. 왜냐하면 통상적으로 '樹'가 산나무를 가리키는 것이라면, '木'은 죽은 나무를 가리키는 것이어서 植木日이란 죽은 나무를 심은 날로 되기 때문이다. 이는 해방 후 倭色 一掃운동이 부른 어처구니없는 넌센스라고나 할까, 아무튼 대외적으로 한국인의 無識을 폭로하게 된 부끄러운 일이라 할 것이다.

69) 일본 식민지정책 가운데 가장 긍정적으로 평가되어야 할 대표적인 케이스가 바로 이 山林綠化사업이라고들 말한다. 그럼에도 어떤 국내 林學 교수는 그의 著書 머리말 첫 구절에서 이렇게 쓰고 있다. '솔방울 하나까지도 징발해가던 일제 치하 36년과 뒤이어 터진 6·25전쟁은 이 나라 금수강산을 흉물스러운 벌거숭이로 만들어 놓았다…'라고 말이다. 일본이 언제 조선의 솔방울 하나까지 징발해 간 사실이 있는지 지극히 의문이거니와, 그건 또 지나친 강조의 표현이라 하더라도 일본이 언제 이 나라 금수강산을 흉물스런 벌거숭이로 만든 사실이 있었는지 反問하지 않을 수 없다. 모든 산이 해방 후에 벌거숭이로 돌변한 것 아닌가. 日政 시대 한국 山林發展史에 대한 林學 교수의 인식이 이 정도로 歪曲되어 있는 데는 놀라울 뿐이다－이경준, 『山에 미래를 심다』, 서울대학교출판부, 2006, '머리말' 참조.

다. 그것은 해방 직후의 정치사회적 대혼란으로 治山治水/山林綠化에 대한 행정체계가 붕괴되었기 때문이기도 하지만, 다른 한편 임시정부 성격의 美軍政 3년간에 한가하게 山林 문제에까지 신경을 쓸 여유가 없었기 때문이기도 하였다. 그렇다고 하여 어제까지의 靑山이 하루아침에 禿山으로 바뀌게 된 책임을 오로지 美軍政이나 해방정국의 혼란 탓으로 돌릴 수는 없다. 당국의 손길이 해이해진 틈을 타서 마구 산림을 파헤치고 황폐화시킨 국민의 잘못된 인식과 慣行에 더 큰 책임이 있다고 해야 한다. 아무 죄 없는 山林에 대해 濫伐(남벌), 盜伐(도벌) 등 몰지각한 행위를 마구 자행하였기 때문이 아니겠는가.[70]

사람들의 山林에 대한 이러한 난도질은 1948년 정부 수립 이후에도 그대로 이어지고, 거기에 설상가상으로 1950년 6·25전쟁의 慘禍(참화)를 겪게 되자 한국의 山林은 또 한 차례 엄청난 受難을 겪지 않을 수 없었다. 3년간의 전쟁 砲火로 말미암은 직접적인 山林被害만이 아니라 그보다도 더욱 심각한 災殃(재앙)은 一線 戰場에서가 아니라 後方의 山間 농촌에서 벌어졌다. 거기에는 산 속의 共匪 토벌을 위한 軍事作戰 상의 伐木은 물론이고, 또한 軍厚生사업이라는 명분으로 전개된 軍部隊에 의한 火木장사와 결탁한 농민들의 伐木행위가 마구 자행되는 해괴한 일까지 벌어졌다. 이런저런 사유로 1950년대 말 무렵의 한국의 山野는 지난날 朝鮮 시대 末期의 이른바 無主空山을 노래하던 그 시절의 황토색 민둥산 모습으로 완전히 되돌아갔다고 할 형편이었다.

1950년대 이러한 비참한 상태의 한국 山林이 다시 그 푸름을 되찾고 본래의 산림 모습으로 뒤돌아가는 데는 꽤 오랜 시간을 필요로 했다. 일차

---

70) 1952년 유엔한국재건단(UNKRA) 소속 林業 전문가로 來韓한 바 있는 영국인 하워드(H. Howard)씨는 그의 歸國 보고서에 이렇게 적고 있다. "… (일본으로부터의) 韓國의 解放은 많은 사람들에게 伐木 허가증을 발부해 준 결과를 낳았다. 아침부터 저녁까지 수많은 사람들이 장사진을 이루어 톱과 도끼를 들고 산에 올라가 거리낌 없이 나무를 족치고 있다…". 일본으로부터의 해방이 韓國 山林을 망치는 하나의 前奏曲이나 다름 없었으니…, 이 얼마나 외국인에 대한 민족적 羞恥(수치)라 하지 않을 수 있겠는가. – 이경준, 앞의 책, p. 127.

적으로 1960년대 초 5·16군사정부에 의해 山林綠化를 위한 거국적인 砂防공사와 人工造林사업을 펼쳤으나 그때마다 객관적 여건의 不備로 실패로 돌아갔다. 그 이유는 정부 측의 植樹나 育林을 위한 노력보다는 농민들의 당장의 땔감 採取를 위한 伐木이 더욱 격렬하게 이루어졌기 때문이라 할 수 있다. 결국 한국 山林이 다시 本然의 푸름(靑)을 되찾게 된 것은 1973년부터 시작되는 朴正熙 정부의 제1, 2차 山林綠化事業에서부터라고 할 수 있다. 1970년대 정부의 제3차 경제개발 5개년계획의 일환으로 추진하게 되는 이 거국적인 山林綠化運動이 예상 밖의 놀라운 성과를 거두게 됨으로써, 비로소 한국의 山野는 지난날의 민둥산이라는 汚名을 벗고 다시 그 山 本然의 靑山으로 옷을 갈아입게 되었다고 말할 수 있다.[71]

---

71) 1970년대 朴正熙 시대 산림녹화사업의 성공은 국제적으로도 그 類例를 찾아볼 수 없는 特異한 사례로 높이 평가 받고 있음이 사실이지만, 그러나 여기에는 한 가지 놓쳐서는 안 될 중요한 문제가 가로놓여 있음을 알아야 한다. 앞에서도 지적된 바이지만, 이를테면 1970년대 이후 한국의 산림녹화사업이 山林을 무성하게 만들어 山 本然의 푸른(靑)색을 되찾았다는 의미에서 환경보호 내지는 자연적 風水害 방지라고 하는 차원에서의 성공인 것이지, 그것이 지난 日政 시대에서처럼 계획적 樹種의 선택과 지속적인 造林을 통한 하나의 산업으로서의 林業의 발전으로까지 나아가지 못했다는 사실이다. 이 점이 바로 1970년대 朴正熙 시대 한국 산림녹화사업이 가지는 피치 못할 한계라 할 수 있다.

제4장

歸屬財産의 形成過程(II)
: 産業施設

I. 電氣業

1. 序 - 韓國 電氣業의 始發

한국 역사상 최초로 전기불이 켜진 것은 언제쯤일까? 記錄에 의하면, 한국에 처음 전기불이 켜진 始初는 1887년 3월 경 미국인 맥케이(William McKay)라는 사람이 景福宮 내 乾淸殿(건청전)에 가정용 電燈의 點火로까지 소급하게 된다.[1] 그리고 한국에 하나의 산업으로서의 電氣業이 처음 성립하게 된 것은 1898년 역시 미국인 콜브란(H. Collbran)/보스트위크(H. B. Bostwick)라는 兩人에 의해 당시 漢城(서울) 시내 電車(線路)의 부설과 그리고 그 街路에 街路燈을 가설하기 위해 당시 大韓帝國 정부(皇室)와 공동으로 韓/美 합작의 '漢城電氣會社' 설립으로까지 소급하게 된다.[2]

韓/美 합작의 이 漢城電氣會社는 처음 所要 資金을 주로 대한제국 皇室(高宗)의 內帑金(내탕금)을 출자하는 형식으로 하고, 社長에도 한국인(李采淵)을 앉히는 것으로 서로 합의했으나, 실제 회사의 설립 및 운영관계는

---

1) 여기에는 그 點燈의 시점 등의 문제를 놓고 여러 가지 엇갈린 주장이 있지만 그 전등 點火 시점의 문제는 그렇게 중요하다고 할 수 없다. 1887년이라는 연도와 당시 高宗과 閔妃가 거처하던 景福宮 乾淸殿(건청전)에서 그것이 처음 이루어졌을 것이라는 데는 대체로 견해의 일치를 보이고 있기 때문이다. 더욱 중요한 것은 1887년이면 당시 일본의 皇宮이나 중국의 紫禁城(자금성)보다도 2년 정도 먼저 한국 황실에서 電燈이 켜졌다고 하는 사실이다 - 韓國電力公社, 『韓國電氣百年史(上)』, pp. 81~84, 『韓國電氣主要文獻集』, pp. 48~50, 金源模, 「맥케 傳燈所와 電氣點燈의 역사적 考察」, 韓國電力公社, 1887 등 자료에 의함.

2) 漢城電氣會社는 조선 皇室의 特許 및 出資에 의해 설립된 것으로 알려지고 있으나 화실치는 않다. 그리고 이들 미국인(2인)에 의한 이러한 발 빠른 電車 부설 및 電燈 가설이 이루어진 것을 놓고 그 자체가 하나의 비즈니스 목적을 띠고 출발했다고 보기는 어렵다. 오히려 당시 高宗의 잦은 洪陵(閔妃 墓) 參拜를 위한 交通便宜 제공 등 조선 皇室에 잘 보이기 위한 일종의 善心 工作이라 할까, 또는 다음 단계의 보다 큰 利權 획득을 위한 事前 布石이라 할까, 아무튼 그런 목적의 미국 實力 誇示用이었다고 할 수 있다.

위의 미국인 두 사람이 직접 관장하는 것으로 되어 있었다. 예컨대 사업의 기본 設計에서부터 관련 기계나 시설의 도입 및 설치 등 기본적 사항은 모두 미국(콜브란) 측이 담당하게 된 것으로 알려지고 있다. 회사 설립 후 이들 미국인은 회사를 매우 의욕적으로 운영한 나머지, 설립 2년 후인 1899년 4월에는 西大門-淸凉里(洪陵)간의 7.5km의 電車 線路를 개통하게 되고, 이어서 1901년 5월에는 電車를 운행하는 沿邊 街路를 중심으로 漢城 시내에 약 600개의 街路燈까지 설치하게 된다. 비록 외국인 손에 의한 것이기는 하지만 19세기를 마지막 보내는 시점(1899년)에서 어느덧 한국도 매우 제한된 영역에서이기는 하지만 그래도 근대적인 電氣文明의 시대를 열게 되었다는 데 중요한 의미를 부여할 수 있다.

이렇게 보면, 鐵道業이나 鑛工業 등 여타의 산업부문에서와는 달리 전기사업에서는 이유야 어디 있든 日本(人)보다도 美國(人)이 먼저 한국에 건너와 선구적으로 近代化의 물꼬를 트게 해주었다고 말할 수 있고, 그런 점에서 이 電氣 관련 사업은 한국의 初期 근대화과정에서 하나의 예외적인 케이스라고도 할 수 있다.[3] 그러나 1905년 乙巳條約의 체결 및 일본의 朝鮮統監府 설치를 계기로 당시 조선에 있어 외국인에게 주어졌던 모든 利權(特許)사업이 일본으로 一元化되는 과정에서 이 전기사업 역시 일본으로 이관되기에 이르게 된다. 구체적으로 보면, 韓/美 합작으로 세워진 최초의 漢城電氣會社는 그 후 1904년에 새로 설립되는 미국계의 韓美電氣會社에 그 재산 일체를 이관하게 되고, 동 社는 다시 1908년 일본계 회사인 日韓瓦斯(株)에 그 재산 일체를 매각하는 형식으로 美→日간에 2단계 所有權 이전이 이루어지게 된다. 참고로 초창기 조선 전기업의 등장과

---

3) 실제로 電燈을 켜고 電車를 굴리고 하는 전기사업 그 자체는 마국인에 의해 始發한 셈이지만, 電氣에 대한 기초 지식 자체는 역시 일본으로부터 먼저 들어왔다고 해야 한다. 즉 1881년 朝廷에서는 앞선 일본의 文物을 시찰하기 위해 紳士遊覽團을 파견하게 되고, 이 때 수행원으로 따라간 姜晉馨은 일본 見聞記로 「日東錄」이라는 저서를 남겼는데, 그 속에 '發電之法', '電信之法' 등의 항목에서 電氣에 대한 상당히 구체적인 내용을 담고 있음을 볼 수 있기 때문이다 — 『韓國 電氣主要文獻集』, pp. 19~21 참조.

그 발전과정에 대해 좀 더 구체적으로 살펴보자.

한국 최초의 전기회사인 漢城電氣會社는 처음부터 한국 皇室과 미국 콜브란 측 사이에 회사의 운영 문제를 놓고 이런저런 갈등을 빚게 된다. 처음 갈등의 씨앗은 한국이 콜브란 측에 지급해야 할 工事代金(20만 円 중 잔액 10만 円)을 한국 측이 제대로 履行하지 않은 데서 비롯되었다고 해야 한다. 공사대금 지급이 이행되지 않자 콜브란 측은 바로 회사재산에 대한 抵當權 설정과 회사재산의 任意 처분의 意思를 한국 측에 통고하게 되고, 이에 한국정부는 그 대응책의 일환으로 서울 시민들로 하여금 미국 電車 안타기 운동을 전개한다. 양측의 갈등이 갈수록 심화되자 미국 측은 다시 회사재산의 보호와 회사 종업원의 안전을 위한다는 명분으로 한국정부의 사전 허락도 없이 100여명의 美軍(海軍)兵力을 수도 漢城에 불러들이는 일을 저지르게 된다.[4] 사태가 악화되자 양측은 그 해결방안으로 1904년 8월 미국 국내법에 의한 法人으로 '韓美電氣會社'를 신설하여 회사 주식의 절반을 高宗에게 배정하는 조건으로 하여 이 韓美電氣會社가 기존의 漢城電氣會社를 인수토록 하는 데 합의했다.

韓美電氣會社는 설립 후 신규 사업으로 漢城 시내 1개 電車 노선을 증설하고 또 慶運宮(덕수궁) 내에 새로 전등을 가설하는 등 조선에서의 사업 영역을 확대하는 방향으로 나아갔다. 동 社는 또한 1905년에는 미국인 경영의 雲山鑛山(平北 소재)에서 한국 최초의 自家 소비용 水力發電所 건설 사업도 추진하였다. 미국 측의 이러한 조선에서의 전기사업 확장은 1905년 日러전쟁 이후 일본자본의 조선 진출이 본격화함에 따라 자연히 조선에서의 美, 日 두 나라 간의 利權 싸움을 불러오게 했다. 즉 1905년 이후 다른 사업 분야에서나 마찬가지로 電氣業에 있어서도 일본기업의 조선 진출이 속속 늘어나는 가운데, 1908년 10월 일본의 東京瓦斯(주)는 기존의 韓美電氣會社와 그 사업영역이 완전히 겹치는 日韓瓦斯(주)를 漢城에 새

---

4) 같은 책, pp. 239~241 참조.

로 설립하게 됨으로써, 당해 두 회사 사이는 물론이고 美/日 양국의 국가 차원에서도 첨예한 대립관계를 형성하게 되었다. 양국간의 갈등은 조선 皇室의 宮內 전등 가설사업을 둘러싸고 벌어진 양국 간의 紛糾(분규)가 그 출발점이었다고 할 수 있다.

양측의 이러한 갈등관계는 오래 갈 수가 없었다. 왜냐하면 조선에 대한 일본의 세력 확대와 함께 조선에 들어와 있던 기존의 제3국 기업은 同種의 일본 기업과의 충돌이 불가피하게 되고, 양측은 이해관계를 조정하기 위한 協商을 벌이게 되지만 대개의 경우 일본기업이 제3국 기업을 매수하는 형식으로 일이 타결되기 일쑤였기 때문이다. 이 韓美石油會社의 경우 협상의 결과 역시 일본 日韓瓦斯(株)에 회사를 매각하는 방향으로 처리되었음은 예외가 아니었다.

그렇다고 양측의 협상이 순조롭게 진행된 것은 물론 아니었다. 문제의 핵심은 賣却代金을 어떻게 결정할 것인가 하는 데 있었다. 韓美電氣회사 측이 처음부터 터무니없이 높은 가격을 제시하여 日韓瓦斯(주)로 하여금 도저히 받아드리기 어렵게 만들었기 때문이다. 협상이 계속 難航을 겪게 되자, 일본정부(조선통감부)가 仲裁에 나서게 되고, 日韓瓦斯(주) 측으로 하여금 비록 회사 측에서 손해를 보더라도 인수 작업을 빨리 끝내는 것이 일본 國益에 유리하다는 정치적 이유를 앞세워 협상의 조속한 타결을 촉구하기에 이르렀다. 이에 콜브란 측은 1909년 8월 美/日 두 나라간의 정치적 友好관계를 앞세워 예상 밖의 비싼 가격으로 자신의 韓美電氣會社를 일본 측에 넘길 수가 있었다.[5] 이렇게 하여 매우 비싼 가격으로 회사를 팔아넘긴 콜브란 측은 마치 일이 끝나기를 기다렸다는 듯이 당초 合作파트너였던 조선 朝廷(高宗)에 대해서는 그간의 매각과정에 대한 일언반구 애

---

5) 당시 韓美電氣(콜브란) 측이 일본의 日韓瓦斯(주)에 매각한 實物 資産은 다음 3가지 사업으로 이루어져 있었다. 즉 ① 漢城 시내 電車사업(2개 노선) : 西大門-청량리 간, 종로-용산 간, ② 發電機 2기 : 東大門발전소(蒸氣발전소), 龍山발전소), ③ 電燈사업 : 朝鮮 宮內 일원 및 시내 日人 商店 등에 대한 전기 공급이 그것이다.

기도 없이 곧장 한국을 떠나 영국으로 돌아갔다.[6]

이상이 한국 역사상 최초로 전기불이 들어오고 아울러 電氣業이 하나의 산업으로 등장하게 된 시대적 배경임과 동시에, 1880년대 후반 미국인(자본)에 의해 처음으로 點火된 한국의 전기사업이 그 후 국내 정세의 변화에 따라 1910년대 후반에 그 한국에서의 사업권(利權)을 일본(자본)에 넘기게 되기까지의 과정이라 할 수 있다. 전기업 관련의 이런 利權 싸움은 일찍이 1896년 한국철도 최초의 京仁線 부설권이 먼저 미국인 J. R. 모스에게 넘어가게 된 것이 그 후 1897년의 일본 京釜鐵道(주)의 설립과 함께 결국 일본 측에 다시 넘어가게 된 과정의 再版 격이라 할 수 있다. 이리하여 일본은 한국에 대한 정치적 지배권을 확립하는 과정에서 그 이전에 제3국(인)에게 넘어간 鐵道와 電氣 등 주요 산업개발에 대한 利權 사업도 비정상적인 高價 매입임을 감수하면서까지 동시에 모두 넘겨받지 않을 수 없게 되었다고 말할 수 있다.

2. 日政 시대 電氣業의 발달

1) 초기 電源調査와 朝鮮의 水力資源

1910년 韓日倂合 당시 조선의 전기사업은 어떤 상태에 놓여 있었는가? 병합 초기 朝鮮의 전기사업이라면 앞 절에서 살펴본 것처럼 처음부터 時機尙早라고 할 京城 시내의 電車 가설사업과 더불어, 나라 임금이 거주하는 宮闕(궁궐)과 京城(서울)을 비롯한 몇몇 주요 도시에서의 電燈 架設사업

---

6) 같은 책, pp. 357~359 참조. 이 회사 매각 사실을 뒤늦게 알게 된 高宗은 일본(日韓瓦斯) 측에 대해 자신이 가지고 있던 韓美電氣會社 持分(5,000주)의 向方에 대해 문의한 바 있다. 이에 일본 측은 이 사실을 곧장 영국으로 出國한 콜브란 측에 알리고 그 사실 확인을 요청한 결과, 콜브란 측으로부터 그런 사실(高宗의 持分 소유)을 인정할 수 없다는 回報를 받고 그대로 조선 皇室에 전했다고 한다. 美/日 간에 자신의 利害관계가 얽힌 이런 賣却 협상이 전개되고 있다는 사실 조차 전혀 모르고 있던 당시 조선 황실(高宗)의 対內外 정세에 대한 無知함에 새삼 놀라움을 금할 수 없다.

정도에 불과하였다. 처음 宮闕 내의 전기불은 미국인에 의해, 그 후의 京城, 釜山, 仁川 등 몇몇 대도시 경우의 전기불은 일본인에 의해 이미 병합 이전에 전기불이 켜지고, 그 얼마 후에는 大邱, 평양, 元山, 진남포, 木浦, 군산, 대전, 淸津, 신의주 등 대도시 지역을 중심으로 전기불은 물론이고 기타 炊事用이나 煖房用 가스 공급까지 재빨리 보급되기에 이르렀다. 이처럼 初期 전기사업은 그 대부분이 일본인에 의한 것이었음은 물론이지만, 1910년 당시에는 日韓瓦斯(株, 京城), 釜山電燈(株), 仁川電氣(株)의 3개 社 정도가 지역 분할 構圖로 운영되고 있었으나 4년 후인 1914년에는 어느덧 13개 회사로 부쩍 늘어났다. 그리고 당시의 發電시설은 대부분 소규모의 蒸汽力(터빈 식)에 의한 것이었고, 그 발전능력은 총 7,480kW 정도로 알려지고 있다.[7]

조선총독부는 처음부터 조선에서의 電氣개발사업을 朝鮮 施政의 최우선으로 삼았다. 총독부는 그 등장과 더불어 곧장 조선에 부존되어 있는 水力電源의 개발을 위한 일제 조사에 착수하였다. 총독부의 이 水力電源 조사사업은 前後 3차에 걸쳐 대대적으로 이루어졌는데, 그 구체적인 조사방법과 요령 및 조사의 결과는 대체로 다음과 같이 요약할 수 있다.

제1차 電源 조사 : 병합 직후인 1911년에서 1914년간의 3개년 사업으로 추진된 이 제1차 電源조사사업은 우선 조선 내 주요 河川에 대한 年中 流量조사 중심으로 이루어졌다. 특히 겨울철 渴水期 때의 發電 가능한 지점과 그 發電能力이 어느 정도인가를 타진하는 데 그 主眼点이 놓여졌다. 1914년 6월에 마무리된 제1차 조사결과에 의하면, 發電地點 80곳에 理論 發電能力 총 56,966kW로 나타났다. 이 결과는 당시 조선의 水力電源 개발 전망에 대해 매우 비관적인 결론을 내리게 했다. 이 가운데 특히 經濟性이 보장되는 有效地點만을 놓고 본다면 모두 39지점에 25,000kW 정도에 불

---

7) 朝鮮電氣事業史編纂委員會, 『朝鮮電氣事業史』, 1981, p. 8, 한국은행, 『産業綜覽』, 1954, p. 65 등 참조.

과한 것으로 되어 결국 조선에는 수력전기를 일으킬만한 水資源의 包藏 (포장)능력이 무척 빈약하다고 볼 수밖에 없는 그런 결론에 이른 것이다. 그러나 머지않아 이러한 조사결과는 그 조사방법에 있어 몇 가지 중대한 誤謬(오류)를 범하게 되었음이 드러나게 되고 그 조사방법 및 결과에 대해 강력한 反論이 제기되기에 이르렀다. 여기서 말하는 중대한 오류란 이를 테면 河川 流量 조사에 있어 당시 일본에서 通用되고 있던 年中 流量이 가장 적은 '渴水量' 기준의 水路式 發電방식을 그대로 채택했다고 하는 점이었다. 일본에서 적용하는 渴水期 기준을 그대로 채택했기 때문에 그러한 조사결과가 도출될 수밖에 없었다는 주장이었다.

일본의 경우는 流量의 연중 변동 폭이 그렇게 크지 않기 때문에 비록 渴水量 기준으로 하더라도 발전능력에 크게 영향을 미치지 않지만, 조선은 연중 渴水量과 여름철의 豊水量(또는 高水量) 간의 水量 차이가 무척 크게 때문에 渴水量 기준으로 발전능력을 책정하는 데는 그런 큰 錯誤(착오)가 발생할 수밖에 없다는 주장이 제기되고, 아울러 조선의 경우는 渴水量이 아니라 연간 평균적인 平水量을 기준으로 하고, 渴水期에는 그것을 火力으로 일시 보충해주는 소위 水/火力 倂用 시스템을 채택해야 한다는 새로운 주장이 제기된 것이다.[8]

제2차 電源 조사 : 제1차 조사의 방법론상의 한계를 극복하기 위해 실시된 제2차 조사사업은 1922년에서 29년간의 무려 8개년에 걸친 장기계획으로 이루어졌다. 이를 위해 총독부 내에 특별 담당부서까지 설치하고 또 斯界의 전문가까지 초빙하여 諮問(자문)을 받는 등 대대적인 擧國的 사업으로 조사가 추진되었다. 그러나 기간 중에 大洪水를 만나게 되고 또 당초 사업계획의 변경 필요성이 자주 제기된 데다가 또한 時日 遲延(지연)에 따른 財政難까지 겹치게 되어 사업이 일시 중단되거나 지연되기도 하

---

8) 韓國電力公社, 『韓國電氣百年史(上)』, 1998, pp. 258~260 참조.

였다. 그러나 제1차 조사에서 빠뜨린 소규모의 河川까지 포함하는 전국의 대소 河川을 모두 조사대상으로 하는 全數調查로 이루어졌다는 데 그것의 특징이 있었다. 또 한 가지 河川의 流量조사에 있어 이전의 渴水量 조사만이 아니라 高水量과 豊水量까지 모두 조사함은 물론, 조선의 氣候나 地勢 그리고 댐 건설 문제 등에 이르기까지 그 조사대상을 제1차 조사와는 비교할 수 없을 정도로 크게 넓혔다고 하는 점이 특징적이었다.

그밖에도 1925년경부터 河川의 물길을 바꾸는 '流域變更方式' 발전방식에 대한 기술적인 가능성을 타진하는 일이 또 하나의 중요한 조사 항목으로 추가되었다는 점이다. 이는 동 조사보다 한발 앞선 1924년에 이미 日本窒素(野口 系)측에 의해 압록강 支流인 赴戰江(부전강)에서 소위 강물의 流域변경을 통한 貯水池 發電에 성공하게 된 경험이 총독부 조사팀에 결정적인 영향을 미친 결과라고 할 수 있다. 말하자면 유역변경에 의한 貯水池 발전방식이 가능하게 됨으로써, 그것은 渴水期에도 별도의 火力 보충 없이 평균적인 發電수준을 유지할 수 있게 되었다는 데서 중요한 의미를 찾을 수 있었다. 뿐만 아니라 이런 流域변경방식은 지금까지 일본에서는 전혀 그 類例를 찾아볼 수 없음은 물론, 조선과 같은 특수 地形 조건에서만 가능한 그야말로 특수한 發電방식이라는 점에서 또 다른 중요한 의미가 주어지고 있었다.

아무튼 제2차 조사 결과는 地點 150곳에 理論發電能力 2,936,717kW(발전가능 出力 2,202,539kW)에 이르러, 제1차 조사 결과의 무려 50배에 달하는 어마어마한 규모의 水力發電의 包藏(포장)능력을 찾아내게 되었다는 데 무엇보다도 중요한 의미가 있었다(한국전력공사, 1998 ; 264). 이로써 총독부는 제1차 때의 조선의 水力發電에 대한 비관적인 전망을 완전히 뒤엎고, 다시금 풍부한 水力電源의 개발을 통한 조선의 産業化 계획에 대해 정반대의 낙관적인 전망을 내릴 수 있게 되었다. 아울러 제2차 조사를 통해 총독부는 조선의 電源개발에 대한 정책방향을 완전히 바꾸게 되고, 또한 이를 계기로 앞으로 모든 전기사업을 민간에게 맡기지를 않고 정부 주도의

公營體制로 해야 한다는 요구까지 제기됨으로써, 그야말로 電氣業에 대한 일대 政策基調 전환을 가져오게 되었다고 말할 수 있다.

제3차 電源 조사 : 1936년부터 6개년 계획사업으로 실시되는 제3차 電源調査의 실제 배경은 1931년의 만주사변 이후 鮮/滿 국경지대에 대한 共同開發의 필요성이 강력히 제기된 데 있었다. 또 그를 위해서는 우선 國境을 흐르는 鴨綠/豆滿 兩江에 대한 水資源 관련 조사의 필요성이 제기되기에 이르렀다. 즉 양국의 국경을 흐르는 이 거대한 두 江의 本流에 대한 기초 데이터를 얻기 위한 조사가 그것의 주된 목적이었고, 그밖에 조선 내 기타 大河川의 中/下流 지역에서의 巨大댐(하이 댐) 발전방식에 대한 가능성 검토, 그리고 하이 댐 築造를 통한 水量 증가를 가져올 수 있는 發電방식의 가능성 조사, 부수적으로 댐 지점의 地質조사 및 경제적 가치(건설 및 發電單價의 산정 등)에 대한 조사 등을 동시적으로 진행코자 하였다.

이 조사는 도중에 여러 가지 예기치 않은 사정으로 당초의 6개년 계획이 계속 연기되어 1944년에 와서야 비로소 마무리되었는데, 그 조사 결과는 地點 154곳에 包藏水力 6,436,600kW에 달하는 어마어마한 규모의 電源을 확인하게 된 것으로 들어났다. 包藏水力 기준으로 이는 제2차 조사 때의 최대 발전능력(2,202,539kW) 대비 거의 3배로 늘어난 대규모였는데, 이를 다시 양대 國境 河川의 몫과 기타 群小 河川의 것으로 갈라보면 前者가 2,535,100kW로 전체의 39.4%를, 後者가 3,901,500kW로 60.6%의 비중을 차지하는 것이었다(한국전력공사, 1998 ; 313). 제3차 電源 조사와 관련하여서는 다음 몇 가지 특징적 사실을 찾아볼 수 있다. 우선 조사의 地點 선정에서부터 地質, 氣象 및 부근의 森林 상태에 이르기까지 각 지역의 자연적 특성에 대한 조사를 먼저 시행하고, 그 다음 本 조사인 河川의 각종 流量 조사를 시행하는 식의 2단계 조사로 이루어졌다는 점과 함께, 그로부터 다음 두 가지 중요한 특징을 추가로 이끌어낼 수 있게 되었다.

첫째, 地點 選定을 위한 기본 요소는 하천의 流量과 落差의 크기라는 두 가지라고 할 수 있는데, 여기에는 또한 精密한 地形 조사가 필수 조건으로 되고 그밖에 地質이나 氣候 등 자연적 조건도 포함하되, 한, 두 해 실적만으로는 그 정확한 평가가 어렵다고 할 수 있어 적어도 수년 이상의 長期에 걸친 累年的 조사가 이루어졌다는 점이 그것이다.[9]

둘째, 한국의 地形/地勢 상의 특징으로 脊梁(척량)산맥이 東海에 연하여 뻗어있는 바람에 대부분의 큰 河川은 東北部 高山지대에서 黃海 쪽으로 흐른다는 점을 감안하고 보면, 대규모 發電을 위해서는 어쩔 수 없이 하천의 流域을 인위적으로 변경하기 위한 '하이 댐 방식'을 택할 수밖에 없다는 점이고, 이를 위해서는 또한 그에 걸맞는 특수한 工法을 개발하지 않으면 안 된다는 점을 들 수 있다. 이를테면 雨期에서 넘쳐나는 豊水量을 적당히 저장, 조절하여 다시 再이용할 수 있는 대규모 貯水池를 만들어 渴水期의 부족한 流量을 보완함과 동시에 최대한의 높은 落差를 이용할 수 있어야 한다는 요구가 그것이다. 그 대표적인 사례가 바로 國境 河川 압록강(本流) 유역에 건설된 水豊發電所라고 할 수 있다.[10]

이는 大容量 저수지의 效能을 극대화하는 방식으로 發電量의 증대를

---

9) 여기에는 기본 조사항목이라 할 연간 降雨量과 그것의 계절적 변화 양상을 비롯하여 颱風, 濕度, 강우량과 流出量과의 관계, 그리고 流量조사를 위한 水位 관측소 및 測水所 등의 설치, 각종 流量—渴水量, 低水量, 平水量, 高水量, 平均水量 등—의 계절적 변화 양상에 대한 조사 등이 필수 항목이었다. 제3차 水力조사 결과에 의하면, 당시 조선의 연평균 降雨量은 1,026mm로서 일본 평균치 1,665mm와 비교하면 그 62%에 불과하지만, 서구의 런던, 파리, 베를린, 모스크바 등의 500~600mm 수준과 비교하면 오히려 무척 높은 편이라 할 수 있다. 또한 연간 총 강우량 대비 雨期 강우량의 비율 면에서는 전국 평균 66.5%로 일본의 北海道 26.0%, 九州지방 39.0%는 물론 臺灣의 50.0%보다도 높다고 할 수 있다. 따라서 겨울 渴水期와 여름 豊水期(高水期) 간의 강우량 격차가 일본이나 대만 등에 비해 무척 크다고 하는 점에서 보면 조선은 여름철 洪水나 가뭄 등에 대처하는 물 관리에 그만큼 어려움이 많다고 할 수도 있다 – 소 編纂委員會, 『朝鮮電氣事業史』, 1981, pp. 119~123 참조.

10) 水豊발전소의 규모는 댐 높이 106.4m, 댐 容積 3,231천㎥, 총저수량 11,600백만㎥(有效저수량 76억㎥)으로, 당시로서는 세계적으로 가장 크다고 알려진 미국의 후버 댐(Hoover/Boulder Dam)이나 그랜드 콜리 댐(Grand Coulee Dam) 규모에 比肩(비견)할만 할 뿐더러, 그 기술 수준 역시 軍事機密 보호 관계로 외부에 잘 알려지지 않았을 뿐, 당시 세계 最尖端 수준이었다고 할 수 있다 – 위의 책, pp. 126~127 참조.

가져오고 또한 예기치 않은 뜻밖의 전력 수요를 커버하는 소위 電力의 常時化에도 기여했다. 그 밖의 파급효과로는 水害 지역에 대한 洪水 예방과 농업용 灌漑(관개)사업의 발전에 기여함은 물론, 공업용 用水을 비롯한 각종 산업용 用水 문제의 해결에도 크게 기여하게 된다는 점을 또한 중요하게 지적하지 않을 수 없다.

2) 종합적 評價

이상과 같이 총독부 주관으로 1, 2, 3차에 걸쳐 행해진 조선의 水力電源에 대한 실태조사의 결과는 과연 어떠했는가? 그것은 당초 예상과는 판이하게 다른 엄청난 규모에 또한 무척 良質의 水資源을 過大하리만큼 많이 包藏(포장)하고 있음을 재차 확인하게 되었다는 점이다. 鴨綠/豆滿 兩江의 국경 하천을 포함하여 확인된 총 包藏水力은 48지점에 총 3,737천 kW에 이르고, 그 가능발전량은 연간 약 19,515,000MWh(1945년 8월 현재)에 달하는 것으로 알려지고 있다. 이를 다시 개발 단계별로 구분해보면, ① 이미 개발된 것이 29개 지점에 총 발전력 1,745천 kW에 이르고, ② 開發工事 중인 것이 10개 지점에 총 발전력 1,347천 kW, ③ 개발 허가는 받았으나 아직 未着工 상태의 것이 9개 지점에 총 발전력 645천 kW에 달하고 있음이 그것이다(〈표 4-1〉 참조).

이들 包藏水力의 南/北韓別 분포를 보면 약 8 대 2 비율로 북쪽에 극히 偏在되어 있는가 하면, 1개 지점 당 평균 發電力이 100,000kW에 달하여 당시 일본의 평균 발전력 7,000kW과 비교하면 무려 14배 이상의 크기를 자랑하는, 이른바 '規模의 經濟'(economy of scale) 측면에서 朝鮮의 水力發電이 얼마나 유리한 자연적 조건을 갖추고 있는가를 확인하게 된 셈이었다(위의 책, p. 128). 이상의 몇 가지 사항을 염두에 두고 당시 총독부가 조사한 조선 水資源의 각 水系別, 地點別 수력발전능력의 분포상황을 종합해보면 다음 〈표 4-1〉의 내용과 같다.

동 표에서 보듯이, 水源 관련 조사는 이미 완료되었으나 당국으로부터

	水系 : 河川名	地點 數	發電力(MW)	發電量 (10_6 kWh)
가. 旣 開發				
長津江	압록강 : 장진강	4	326.5	2,400
부전강	" : 부전강	4	201.4	1,200
허천강	" : 허천강	4	343.8	2,200
水 豊*	압록강	1	700.0	4,257
금강산수력	한 강 : 북한강	4	13.6	77
元山수력	용흥강 : 陽日川	3	1.2	6
富寧수력	두만강 : 城川水 外	3	28.0	128
雲岩수력	섬진강 : 섬진강	1	5.1	24
보성강수력	" : 보성강	1	3.1	14
東洋合同	청천강 : 九龍江	2	1.5	7
漢江수력 (淸平)	한 강 : 북한강	1	39.6	258
(華川)	" : "	1	81.0	368
소 계		29 (60.4)	1,744.8 (46.7)	10,939 (56.1)
나. 工事 中				
西頭水수력	두만강 : 西頭水	3	312.0	1,907
江界수력	압록강 : 長津江 外	4	305.9	1,850
압록강 (義州)	"	1	200.0	1,026
" (雲峰)	"	1	500.0	2,070
南鮮수력 (제 1)	섬진강	1	28.8	136
소 계		10 (20.8)	1,346.7 (36.0)	6,989 (35.8)
다. 未着工				
압록강 (厚昌)	압록강	1	155	294
" (臨江)	"	1	96	185
" (慈城)	"	1	104	213
" (渭原)	"	1	184	371
한강수력 (金化)	한 강 : 북한강	1	37	191
(春川)	" : "	1	27.12	128
남한수력 (제 2)	錦江 : 錦江	1	37.1	177
(제 3)	萬頃江 : 高山川	1	5.9	28
울릉도수력**	朱砂谷川	1	0	0
소 계		9 (18.8)	645.1 (17.3)	1,587 (8.1)
계 (가+나+다)		48 (100.0)	3,736.6 (100.0)	19,515 (100.0)
라. 조사 완료 地點	압록강 외 5개 水系	33	1,576.8	7,614
마. 圖上 선정 地點	압록강 외 10개 水系	73	1,123.2	5,475
합 계 (가+나+다+라+마)		154	6,436.6	32,604

자료 : 순 편찬위원회, 『朝鮮電氣事業史』, pp. 129~132에서 작성.
주 : 1) 이 表에는 이미 개발된 것(가), 개발공사 중인 것(나), 개발 허가는 받았으나 아직 未着工
인 것(다)만 全數를 나타내고, 아직 조사만 완료된 상태인 것(라) 및 圖上으로 水力地點으
로 선정된 것(마)은 합계 수치만 게재함.
2) 水豊(*)은 國境 하천(압록/두만강)을 全量 계상한 것이며, 울릉도수력(**)은 발전력 40kW,
발전량 32만kWh에 불과하여 0으로 취급함.

가. 稼動 중인 發電所

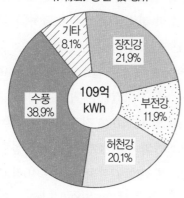

나. 工事 중인 發電所

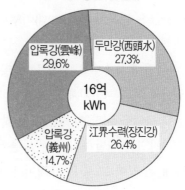

(자료 : 〈표 4-1〉과 동일)

아직 개발 허가가 나오지 않은 水力地點이나 또는 그 이전의 地圖上에 수력지점을 지정만 해놓은 상태의 것까지를 모두 포함한다면 1945년 8월 해방 당시 조선의 水力資源의 규모는 더욱 확대될 것이 틀림없다. 즉 수력지점으로는 前記 개발허가를 받아놓은 규모(가+나+다) 48곳보다 크게 늘어나는 154곳으로 증가되고, 또 全 包藏水力으로는 전자의 3,737mW 대비 약 70%가 늘어나는 6,437mW에 이르는 셈이다. 그리고 가능발전량 기준으로도 역시 2배가 넘는 19조 5,150억kWh에서 32조 6,040억kWh로 크게 늘어나게 된다. 이를 통해 우리는 1945년 해방 당시 이 땅에 엄청난 규모의 天然 그대로 水力資源을 內臟(내장)하고 있었음을 확인할 수 있다.

3. 發電事業의 展開過程

1) 水力發電所 건설과정

이상과 같이, 日政 시대 水力電源에 대한 探査작업은 국가기관(총독부)에 의해 직접 시행되었으나, 發電所 건설이나 送/配電 사업 등 전기사업 자체는 어디까지나 민간부문에서 담당하는 二元的 시스템이었다. 민간의 발전사업 자체도 처음부터 전기업을 專業 비즈니스로 하는 기업에 의해서가 아니라, 電氣를 많이 소비하는 산업이라고 할 化學공업, 金屬공업, 비철금속 등을 운영하는 대기업이 自家 소비 전력을 스스로 조달하기 위한 부대사업 격으로 발전소를 건설하게 된 케이스가 대부분이었다.

예컨대 日本窒素肥料(주)가 일찍이 興南에 대규모 질소비료공장을 세우면서 처음부터 자체 내의 所要 電力을 스스로 해결할 계획도 동시에 세우고 사업을 시작했다. 1926년 압록강 支流인 赴戰江(부전강)을 이용하여 수력전기를 개발하기 위해 자본금 20백만 円의 朝鮮水力電氣(주)를 설립하게 된 것이 그 좋은 사례이다. 근대적인 발전소 건설의 嚆矢(효시)라고도 할 日窒의 이 부전강발전소 건설계획은 총 공사비 5,500만 円을 투입하여 黃海 쪽으로 흐르는 부전강의 물줄기를 반대 쪽 東海로 바꾸는 소위 流域變更式에 의한 최초의 발전소 건설 사례였다고 할 수 있다. 이 방식이 역사상 처음 시도되는 工法이라는 점에서 기술적으로 많은 위험을 안고 또한 실제로 많은 난관에 부딪치면서도 끝까지 용케 극복하고 1929년에 비로소 發電에 성공하게 된다. 또 1932년까지 4개 地點에서 총 발전력 200,700kW, 연간 발전량 12억kWh를 자랑하는 대규모 발전소를 완공시키는 快擧(쾌거)를 이루었다. 물론 여기서 나오는 電力은 全量 흥남질소비료(주)의 자체 수요에 충당하였다.

두 번째로 日窒(日本窒素肥料株式會社)은 다시 같은 압록강 지류의 長津江 개발을 위해 1933년에 자본금 20백만 円의 長津江水力電氣(주)를 설립하고, 공사비 6,500만 円을 투입하여 앞의 赴戰江水力보다 훨씬 더 큰 규모로, 총 발전력 334,000kW(4개 발전소), 연간 발전량 24억kWh에 달하는 제2발전소 건설에 성공하게 된다. 이 長津江水力에서 나오는 전력도 원래 자체 수요에 충당하기 위한 목적이었으나, 日窒은 1935년에 遠거리 送電을 위해 朝鮮送電(주)을 설립하고 그중 일부를 동쪽의 興南으로부터 반도를 완전히 횡단하여 서쪽의 平壤에까지 送電하기에 이르렀다. 이로써 日窒은 비록 北鮮 내부에서나마 電力의 東西 교류를 成事시키는 또 한차례

快擧를 이룰 수가 있었다.

日窒의 세 번째 발전소 건설계획은 같은 압록강 水系인 虛川江 수력개발로 나타났다. 1937년 앞의 長津江수력전기(주)를 자본금 70백만 円으로 크게 增資함과 동시에 社名도 朝鮮水力電氣(주)로 바꾸고, 4개 지점에 총 발전력 338,800kW, 연간 발전량 22억kWh 규모의 또 하나의 대규모 발전소 건설에 성공하였다.

이리하여 日窒은 처음 자체 사업상의 필요에 따라 연관 산업으로서의 전기업 개발에 나선 셈이지만, 그것은 이상의 赴戰江-장진강-虛川江의 3개 水系의 총 발전력(12개 수력지점) 약 90만kW에다 연간 발전량 약 60억 kWh에 달하는 방대한 규모의 발전소 건설에 성공함으로써, 당시 胎動期를 벗어나지 못한 초기단계에서의 朝鮮 電氣業 발전에 하나의 奇蹟이라고 해야 할 위대한 업적을 이루었다. 더욱이 日窒에 의한 이 선구적인 流域變更방식이라는 신규 工法의 도입은 세계 水力發電史에 있어 하나의 뚜렷한 里程標를 세웠다고 할 수 있음은 물론, 興南窒素肥料(주)를 중심으로 하는 日窒 자체의 종합적인 電氣化學工業 콤비나트 개발과정에 있어서도 또한 선구적인 역할을 수행했다고 할 수 있다. 아무튼 이들 3개 水系의 동시적 발전소 건설계획의 성공은 咸南(東海) 쪽으로 뻗은 이곳 압록강 支流 지역을 일찍이 조선의 '電氣 메카'로 만들어놓았다는 평가를 받고도 남을만한 일이었다.

또 하나 특기할만한 水力發展事業이라면 역시 압록강 水系의 水豊發電所 건설프로젝트를 빼놓을 수 없다. 이미 지적한 바이지만, 이 水豊발전소 개발은 처음부터 地理的 조건으로 조선 측의 단독 사업으로서는 추진하기 어려워 朝鮮과 滿洲 간의 공동개발 프로젝트로 추진되었다는 점이 특징적이다. 그 개발에 따른 의무나 책임은 물론이고, 나중에 개발 이후의 便益(電力의 사용)의 분배에 있어서도 양측이 정확히 半分하는 조건으로 이루어졌다. 당초 계획은 총 7개 地點에서 각각 100,000kW 씩의 7개 발전소를 단계적으로 건설한다는 스케줄이었는데, 1941년 8월에 일부 發電에 성공하여 당초 계획대로 朝鮮과 滿洲 측에 각기 100,000kW씩의 送電이 이루어졌는가 하면, 1945년 해방 당시까지 총 6개 지점에서 600,000kW의 발전시설을 완성시킨 것으로 되어 있다.[11] 그리고 水豊발전소 건설이 마무리될 무렵 다시 압록강 上流의 雲峰발전소(50만kW 규모) 및 下流의 義州발전소(20만kW 규모) 兩大 발전소 건설계획에 착수하였으나, 戰時 하의 시국 탓으로 크게 進陟을 보지 못하고 해방을 맞게 되었다.

이밖에도 이 무렵 수력발전을 위한 電源개발사업이 전국 곳곳에서 활발히 전개되고 있었다. 예컨대 1940년 豆滿江 상류에서의 富寧水力에 의한 수력지점 3곳에 총 28,000kW 능력의 소규모 발전소 건설에 성공하게 되고, 남쪽에서도 漢江 水系를 중심으로 1944년 華川발전소의 81,000kW, 淸平발전소의 39,600kW 도합 120,600kW 규모의 水力발전소를 건설하였는가 하면, 또한 火力電氣 분야에서도 강원도 三陟/寧越 지방의 풍부한 無煙炭 생산에 힘입어 107,000kW 규모의 寧越火力발전소가 건설되어 1937년부터 稼動에 들어갔다. 이 寧越화력의 건설로 火力電氣 쪽에서도 급기야 한국 최초의 근대적인 대규모 발전소를 갖게 된 셈이었다.

이상과 같이 1926년 6월 日窒에 의한 赴戰江 제1발전소 건설에 착공한 이후 1945년 8월 해방이 될 때까지 약 19년에 걸친 근대적 발전소 건설사업의 성과를 종합해보면 다음 〈표 4-2〉에서 보는 바와 같다. 동 表에서 보듯이, 이 기간에 水力發電을 중심으로 엄청난 규모의 발전능력의 확장을 가져왔음은 그 누구도 부정할 수 없다. 이를테면 水力전력이 총 25개 발전소에 발전능력 1,630,340kW를 구비하여 전체 발전능력(1,737,340kW)의 93.8%를 차지하고 있는 반면, 火力의 경우는 불과 나머지 6.2%인 107,000kW에 그치고 있어 압도적인 水力 중심 구조라는 특징을 나타내고 있다. 다시 이것을 南/北으로 갈라보면 북쪽이 전체의 83.2%라는 압도

---

11) 水豊發電所는 당초 7개의 발전기 제작을 일본 伊藤 忠社에 5基, 독일 지멘스 社에 2基씩 발주하였는데, 지멘스 社의 2기 중 1기가 당시 제2차 세계대전의 영향으로 제 때에 들어오지 못하게 되어 나머지 6基(600,000kW)만 완공하게 되었다.

〈표 4-2〉   주요 水系別 근대적 發電所 건설 개황[1] (1929~1945. 8월)

水系別 : 發電所別	완공년도	발전소 出力 (kW)	비 고 (容量 등)
1. 赴戰江 제1발전소 : 1차 준공	1929	일부 發電	압록강 支流
2차 완공	1930	129,600	36,000kVA × 4
제2 〃	〃	41,400	23,000kVA × 2
제3 〃	〃	18,000	20,000kVA × 2
제4 〃	1932	11,700	6,500kVA × 2
부전강 계		200,700	
2. 長津江 제1발전소 : 1차 준공	1935	일부 發電	압록강 支流
2차 완공	1936	144,000	40,000kVA × 4
제2 〃	〃	112,000	31,000kVA × 4
제3 〃	1937	42,000	15,500kVA × 3
제4 〃	1938	36,000	13,500kVA × 3
장진강 계		334,000	
3. 虛川江 제1발전소	1940	145,000	40,000kVA × 4
제2 〃	〃	69,800	20,000kVA × 4
제3 〃	1943	58,000	18,500kVA × 4
제4 〃	〃	66,000	20,000kVA × 4
허천강 계		338,800	
4. 富寧水力 제1발전소	1940	13,400	두만강 上流
제2 〃	〃	9,400	(구. 富寧水力)
제3 〃	〃	5,200	
富寧水力 계		28,000	
5. 水豊발전소 제1호기	1941	100,000	8월 26일 조선 측 送電
제2호기	〃	100,000	9월 1일 만주 측 送電
			(9월 28일 發電式 거행)
제3호기	1942	100,000	4월 8일
제6호기	1943	100,000	2월 6일
제4호기	1944	100,000	1월 25일
제7호기	〃	100,000	2월 7일
水豊발전소 계		600,000	
6. 雲岩발전소	1931	5,120	全北 (구. 南鮮수력전기)
7. 寶城江수력*	1937	3,120	全南 (구. 飛島農事)
8. 寧越火力	1937	107,000	江原 (구. 朝鮮電力)
			25,000kVA × 4 +
			7,000kVA × 1
9. 漢江 : 華川수력	1944	81,000	漢江 本流 (구 漢江水電)
			30,000kVA × 3 (일부 未完)
淸平수력	1944	39,600	20,000kVA × 2
漢江水系 계		120,600	
합　　　 계		1,737,340	(中) 火力 107,000kW 포함

자료 : 『朝鮮電氣事業史』, p. 222 참조.
주 : 1) 火力發電所(영월) 포함.
　　 2) * 寶城江水力은 朝鮮電業(주)로의 통합과정에서 유일하게 통합되지 않은 경우임.

적인 비중을 차지하고 남쪽이 나머지 16.8%를 차지하여 북한 위주의 지역 偏重현상을 보이고 있음이 또 하나의 특징이라 할 수 있다. 아무튼 이들 水/火力 발전소를 모두 보탠 남/북한의 총 可能發電量은 약 114억 kWh에 달하고 있다.[12]

2) 신규 水力發電 방식의 開發과 應用

위의 〈표 4-2〉에서 보듯이, 日政 시대 20년도 채 안 되는 짧은 기간 (1926~44년)에 그렇게 많은 대규모 수력발전소 건설이 어떻게 하여 가능 하였을까? 여기에는 여러 가지 이유를 들 수 있겠지만, 그중에서 가장 기 본적인 원인이라면 그것은 조선의 地形/地勢나 降雨量 등 자연적 조건에 들어맞는 특수한 發電방식을 스스로 創案하고 그것을 현실에 맞게 잘 활 용하게 된 때문이라고 할 수 있다. 그렇다면 조선의 자연적 조건에 잘 들 어맞는 특수한 電源 개발방식이란 도대체 어떤 것일까?

이를 위해서는 먼저 조선의 특수한 자연적 天候條件에 대한 이해가 어 느 정도 앞서야 하리라. 朝鮮은 연중 降雨量이 그렇게 많은 편이 아닌 데 다가 더욱이 연중 降雨量의 약 67%가 여름철 雨期에 집중되는 특성을 지 니고 있다는 것, 즉 雨期(豊水期)와 乾期(渴水期) 간의 강우량에 엄청난 차 이를 보이고 있다는 사실이다. 여기에 바로 雨期에서 넘쳐나는 강우량을 그대로 江이나 바다로 흘러 보내서는 절대로 안 된다고 하는 강력한 요구 에 직면하게 된다. 어떻게 해서든 그것을 겨울철 渴水期에 대비하여 가능 한 한 많은 물을 어딘가에 저장해 두지 않으면 안 된다는 것, 그를 위해서 는 가능한 한 거대한 댐의 구축을 통해 반드시 대규모 貯水池를 조성해야 한다는 필요성에 또한 직면하게 된다.

또 한 가지 자연적 특성이라면, 그것은 조선의 地形/地勢가 대체로 東 海岸을 따라 南北으로 높은 山脈(脊梁山脈, 太白山脈)이 뻗어있어, 대부분

---

12) 『朝鮮電氣事業史』, 1981, pp. 222~223 참조.

의 河川이 이들 산맥의 高山지대에서 發源하여 黃海 쪽으로 평평히 흐르는 形勢를 띠고 있다는 사실이다. 예컨대 鮮/滿 국경의 압록강을 비롯하여 청천강, 대동강, 漢江, 錦江 등 비교적 규모가 큰 河川은 대부분 그러하다. 이들 河川은 대부분 서쪽 방향의 平野지대를 천천히 흐르는 관계로 물의 落差가 크지 않아 급한 勾配(물줄기)를 찾아보기 어렵다는 共通點을 안고 있다는 것이 또 하나의 자연적 특성이라 할 수 있다.

이상 두 가지 연중 降雨量이나 地形/地勢 등에 따른 자연조건 상의 특성을 충분히 고려하여 새로이 創案해 낸 發電방식이 소위 강물이 흐르는 방향 내지 그 流域을 반대로 바꿈으로써 가능하게 만드는 發電방식이 그것이다. 이른바 '流域變更방식'이라는 이름의 이 發電방식에 대해 좀 더 구체적으로 알아보자. 江의 上流部에 대규모 저수지를 만들어 놓고 거기에 터널을 이용하여 물길을 기존의 서쪽 방향에서 거꾸로 동쪽으로 흐르게 하면 거기에 높은 落差가 생기게 마련이고, 이 落差를 이용하여 저렴하고 풍부한 電力을 만들어낼 수 있을 것이라는 기발한 아이디어를 고안해 낸 것이다. 그것은 地形 상 서쪽으로 흐르는 물길을 거꾸로 동쪽으로 바꿈으로써 急勾配의 落差를 이용코자 하는 그야말로 기묘하고도 참신한 發電방식이라 하지 않을 수 없다. 거기다가 分水嶺을 관통하는 水路를 길게 만들수록 긴 水路를 통한 高落差를 이용하여 더욱 대규모의 發電을 가능케 하여 發電코스트를 낮추는 이른바 規模의 經濟를 누리게 되고, 아울러 電力 소비자에게도 良質의 풍부한 전력을 저렴한 가격으로 공급할 수 있게 됨은 두말 할 나위도 없다.[13]

이 流域변경방식으로 건설된 發電所는 일찍이 日窒에 의해 개발된 압

---

13) 참고로 위 3개 발전소의 建設單價 및 發電原價를 서로 비교해보면, ① 부전강 : kW 당 건설단가 251円, kWh 당 발전원가 4.5厘, ② 장진강 : kW 당 單價 200円, kWh 당 原價 2錢 9厘, ③ 허천강 : kW 당 單價 520円, kWh 당 原價 8錢 1厘를 각각 나타내고, 그밖에 압록강 水豊발전소의 경우는 전자 344円, 후자 5錢 7厘, 그리고 24개 기 운영 중인 발전소 평균 單價는 전자 340円, 후자 5錢 4厘를 각각 나타내고 있다(『朝鮮電氣事業史』, 1981, p. 329), 이러한 조선의 發電單價는 당시 일본의 그것에 비해 대체로 1/3 수준에 불과한 매우 저렴한 가격인 것으로 알려졌다.

〈표 4-3〉　流域變更 방식에 의한 發電所 건설 槪要 (1945년 8월 기준)

水系別		流域 면적 (km²)	有效저수량 (×106m³)*	水路연장 (m)	총 有效 낙차 (m)	발전소 出力 (kW)*
完工	부전강 (압록강)	814.47	496.9 (3)	45,972	1,072.83	200,700 (4)
	장진강 (〃)	1,700.00	896.4 (2)	44,667	893.10	334,000 (4)
	허천강 (〃)	2,479.00	894.0 (4)	62,577	868.40	338,800 (4)
	富寧 (두만강)	224.00	51.4 (1)	19,641	613.30	28,000 (3)
	소 계	5,217.47	2,338.7 (10)			901,500 (15)
工事中	江界 (압록강)	1,444.81	677.7 (1)	49,655	590.25	218,900 (3)
	西頭水 (두만강)	911.90	340.4 (1)	71,624	779.60	308,400 (3)
	蟾津江 수력	763.00	426.0 (1)	7,531	154.00	28,800 (1)
	소 계	4,119.70	1,444.1 (3)			555,300 (7)
합 계		9,337.17	3,782.8 (13)			1,456,800 (22)

자료: 『朝鮮電氣事業史』, p. 242.
주 : * 有效저수량의 ( )는 貯水池 수, 발전소 出力의 ( )내는 水力地點 수임.

록강 水系의 赴戰江/長津江/虛川江의 3대 발전소를 그 대표적인 것으로 들 수 있고, 그밖에 두만강 水系의 富寧發電所 역시 여기에 포함된다. 1945년 해방 당시 이들 4개 발전소의 시설능력은 총 15개 地點에 發電能力 901,500kW에 달하였다. 그리고 해방 당시에 工事 진행 중인 것으로는 ① 두만강 水系의 西頭水수력, 압록강 支流를 流域 변경한 江界수력 및 南部 지역에서는 蟾津江수력(全南) 등의 3개 발전소를 들 수 있고 이들의 발전능력(계획)은 총 7개 地點에 555,300kW에 달하고 있다(〈표 4-3〉 참조).

　둘째로는 대규모 댐 건설방식을 들 수 있다. 전술한 것처럼 조선의 경우 國境 하천 압록강을 비롯하여 대부분의 큰 河川이 동쪽의 脊梁(척량)산맥 등의 白頭大幹의 높은 高地에서 發源하여 서쪽(黃海)으로 흐르는 특성을 지니고 있다. 江의 支流는 그렇지 않지만, 本流의 경우는 이들 하천의 中/下流 부분에는 대규모 댐 건설과 함께 發電에 적합한 지점도 더러 찾아볼 수 있다. 댐 방식의 發電을 위해서는 일반적으로 하천의 流域 면적이 가급적 넓어야 하고 貯水量이나 사용 水量도 많아야 할 필요성이 있다. 당시 조선에 있어서의 이 방식에 의한 발전소로는 우선 압록강의 水豊댐을 비롯하여 漢江 수계의 華川과 淸平 댐을 대표적인 것으로 들 수 있으며,

〈표 4-4〉　　　　대규모 댐式 發電所의 建設 개요 (1945년 8월 기준)

	水系別	流域 면적 (km²)	有效저수량 (×106m³)*	사용수량 (최대, m³/sec)	총 有效 낙차 (m)	발전소 出力 (kW)
完工	水豊 (압록강)	45,535	7,600.0	990.00	93.0	700,000
	華川 (한강)	4,145	541.0	131.31	70.6	81,000
	淸平 (한강)	10,138	82.6	182.00	26.0	39,600
	소 계	59,818	8,223.6			820,600
工事中	雲峰 (압록강)	17,211	3,000.0	550.00	115.3	500,000
	義州 (압록강)	48,163	56.0	1,200.00	20.3	200,000
	禿魯江 (동 支流)	5,105.7	433.0	200.00	51.7	86,100
	소 계	70,479.7	3,489.0			786,100
합　계		130,297.7	11,712.6			1,606,700

자료 : 〈표 4-3〉과 같음, p. 243 참조.

이들 해방 전에 완공된 이들 3개 발전소의 出力규모는 총 820,600kW에 달하였다. 그리고 해방 당시 이 댐 방식에 의해 공사 중이었던 발전소는 압록강 本流의 雲峰(上流 지역) 및 義州(下流지역)의 2개 발전소와 압록강 支流의 禿魯江(독로강)발전소의 3개 발전소를 그 대표적인 것으로 들 수 있고, 이들의 총 出力규모는 앞의 기 완공된 3개 발전소의 그것과 거의 맞먹는 786,100kW에 달하는 것으로 알려졌다(〈표 4-4〉 참조).

이 대규모 댐건설방식과 관련하여, 특히 중부지역 漢江 水系의 華川/淸平발전소 건설과정에 대해 약간의 설명을 덧붙이고자 한다. 수력자원의 80% 이상이 北韓 지역에 偏在된 조건 하에서 1930년대 들어 京仁지역에도 중화학공업 중심의 급속한 공업화와 더불어 인구 急增현상이 겹치게 됨으로써 자연히 산업용, 가정용의 電力 수요의 急增현상을 함께 불러왔다. 그러나 현실은 이들 남부 지역의 所要 電力을 저 멀리 압록강 水系(支流)의 부전강/장진강/허천강 등 발전소로부터 끌어올 수밖에 없는 형편이었다. 총독부는 이런 어려움을 극복하기 위해 남부지역의 전력 수요를 이처럼 계속 북부지역 電力에 의존케 할 것이 아니라, 입장을 완전히 바꾸어 南部지역의 전력 문제는 일단 남쪽 내부의 자체 電源을 개발함으로써 스스로 해결하는 길을 모색하였다. 거기다가 이 무렵 日本高周波重

工業(주)의 대규모 仁川공장 건설계획이 발표되자 이것이 또한 남부 지역
에서의 발전소 건설을 부추기는 중요한 계기로 작용했다. 즉 同 社가 필
요로 하는 막대한 電力 수요를 어떻게 해결하느냐 하는 문제가 당연히 제
기되고, 그에 따라 1939년 朝鮮殖産銀行이 주도하는 '漢江水力電氣(주)'의
설립을 보게 되고,[14] 그 제1기 사업으로 北漢江 水系의 華川 및 淸平 양대
발전소의 건설계획이 본격적으로 추진되기에 이르렀다. 그러나 이 발전
소 건설계획은 당시 전시 하의 時局 탓으로 계속 지연되다가 1943년 당시
淸平 99%, 華川 85% 정도의 旣成高를 보인 가운데, 모든 전기 관련 사업의
國家管理體制로의 통합 조치에 의거하여 새로 세워진 朝鮮電業(주)에 기
존의 사업 주체인 漢江水力電氣(주)는 강제 흡수되고, 아울러 이들 건설공
사도 朝鮮電業(주)에 의해 1944년에 가까스로 완공되기는 하였으나(華川
의 경우 일부 未完), 어쨌든 이 두 개 발전소는 일찍이 1937년에 건설된 寧
越火力과 더불어 해방 후 얼마 안 되는 남한 所在 주요 電力 供給源으로서
의 기능을 그나마 행사하게 되었다.

3) 國境 河川(압록/두만강)의 電源 개발

水豊發電所 개발계획: 上述한 바의 赴戰/長津/虛川 3대 江을 이용한 유
역변경식의 發電所 건설은 서쪽으로 흐르는 압록강 支流의 물줄기를 동
쪽으로 바꾸는 방식으로 이루어진 것으로, 당시로서는 이들 3대 발전소가
그 규모나 기술면에서 東洋 제일을 자랑하는 最新式 發電모형이었다. 그
러나 만약 압록강 本流를 이용하게 된다면 水量이나 기타 여러 조건에 비
추어 적어도 이보다 몇 배 이상의 대규모 發電所 건설이 가능할 것이라는

---

14) 1939년 2월 공칭자본금 2,500만 円(불입 1,250만 円), 양대 발전소의 최대 出力 120,000kW 개
발 등을 목표로 설립된 이 漢江水力電氣(주)는 자본금의 약 95%를 殖銀, 京春鐵道, 저축은
행 등 조선 내 기관투자가들의 出資로 충당하게 되어 있었을 뿐더러, 거기에 또한 朴榮喆, 金
季洙, 金漢奎 등 3인의 대표적인 조선인 자본가가 重役으로 참여하는 등 조선인 위주로 만들
어진 당시로서는 매우 특수한 성격의 회사였다고 할 수 있다-소 편찬위원회, 『朝鮮電氣事業
史』, 1981, p. 277 참조.

전망이 당시 총독부 水資源 조사(제2, 3차) 결과로 들어났다.

이 점과 관련하여 1930년대 후반 이 압록강 本流를 통한 발전소 건설 계획이 여러 갈래에서 경쟁적으로 추진되기에 이르렀다. 그러나 이 압록강 — 내지 두만강까지 포함하여 — 유역은 鮮/滿 國境을 가르는 대규모 하천일뿐더러, 그 대부분이 아직 前人未踏의 原始林으로 뒤덮인 密林지역이라 할 수 있다. 여기에는 일찍이 어떤 중국인에 의한 森林 伐木과 그리고 뗏목을 이용한 木材의 下流로의 운반이 일부 행해지고 있었다고는 하지만, 아직도 본격적인 개발이나 그 어떤 경제적 이용 방도를 찾지 못하고 天然 그대로의 상태가 계속 유지되고 있었다.

이런 조건에서 1937년 朝鮮(총독부)과 滿洲國 양측은 이 압록강 유역에 대한 共同개발계획을 수립하기에 이르렀다. 그 개발의 핵심 사업은 압록강의 流水를 이용하는 發電能力 70만 kW 규모의 東洋 최대의 水力發電所 건설 계획이었다. 그러나 이 엄청난 계획에는 극복해야 할 難關이 한, 두 가지가 아니었다. 우선 鮮/滿 당국 간에 정치적으로 개발 합의가 이루어져야 할뿐더러, 오히려 그보다도 더욱 근본적인 先決 과제는 이런 太古的 原始林을 정복하고 엄청난 규모의 발전소 댐 공사를 과연 당시의 기술수준으로 해낼 수 있겠는가 하는 工事 자체의 가능성 문제였다. 당시 일본의 土木技術, 그중에서도 특히 현실의 堤堰(제언) 축조기술 수준으로 과연 이런 前代未聞의 거대한 댐 공사를 감당해 낼 수 있겠는가 하는 의문이 강력히 제기되고 있었기 때문이다.

이러한 근본적인 기술문제에 대한 의문을 무릅쓰고, 조선과 만주 양측은 일단 공동개발 원칙에 합의하고, 그를 위한 사업 주체로 양측에서 동일한 이름의 '朝鮮/滿洲鴨綠江水力發電(주)'을 설립키로 하고, 동 社를 통해 개발에 따른 모든 권리와 의무를 양측이 정확히 半分한다는 기본 원칙에도 합의했다. 그러나 구체적으로 해결해야 할 事案에 있어서는 넘어야할 산이 너무나 많이 가로놓여 있었다. 무엇보다도 國境이라는 장벽으로 말미암아 統治 主體가 서로 다르다고 하는 점, 그에 따라 상호 利害관계를 조정하고 합의를 도출하기가 심히 어렵다고 하는 점, 또 기술적으로도 예컨대 당시 양측이 사용하고 있던 周波數가 서로 달라 — 조선은 60헬스, 만주는 50헬스 — 우선 이를 통일시켜야 하는데 그것이 그렇게 간단한 문제가 아니었다. 아무튼 양측 간에 공동의 電源開發사업에 대한 여러 가지 行政의 一元化를 실현한다는 것이 특히 滿洲 쪽 사정에 의해 결코 쉬운 일이 아니었음이 점차 현실화 되기 시작했다.[15]

그럼에도 불구하고, 여러 난관을 극복하고 1937년 8월 양측은 각기 京城과 新京(오늘의 長春)에 공칭자본금 5,000만 円 씩의 朝鮮/滿洲鴨綠江水력발전(주)를 설립하는 데 합의했다. 兩社는 운영상의 마찰을 미리 차단하고 운영효율을 극대화하기 위하여 처음부터 아예 대표자(사장) 이하 경영진을 구성함에 있어 비록 회사(법인)는 둘이지만 社長 이하 모든 經營陣은 다같이 同一 人物로 구성할 것에 합의했다. 사실 法人體 이름만 別個로 했을 뿐, 실제 人的 구성에서는 하나의 法人體나 다름없는 특수한 조직의 회사를 만든 것이다. 구체적으로 양 社의 대표자(명칭은 조선 측은 社長, 만주 측은 理事長)는 다같이 당시 日窒(興南窒素)의 대표 노구찌 준(野口 遵) 사장이 맡고, 그 밖의 9인의 경영진도 모두 동일 인물로 구성하는 특이한 조직 시스템으로 이루어졌다.[16]

---

15) 조선 측은 電氣 행정을 비롯하여 모든 행정체계가 이미 확립되고 또 그것이 조선총독부에 일원화되어 있어 행정적으로 별 문제가 없었으나, 滿洲 측은 당시 行政府(일본에서 파견된 관료)와 關東軍사령부라는 2개의 주체가 竝存하고 있어, 우선 이 양자 간의 사전 합의를 도출하기가 무척 어려운 과제였다. 더욱이 양자 간에는 일본의 滿洲 경영 문제에 대한 근본적 입장 차이가 있어 每事에 不和하는가 하면, 또한 서로간의 主導權 싸움까지 심심찮게 벌어졌다. 당시 일본의 大陸경영을 위한 '鮮滿一如'의 슬로건이 만주 측에 대해서는 별반 영향을 미치지 못하고 있었다고 해야 한다. 구체적으로 양측의 周波數 조정 문제에 있어서도 發電所 건설 당시에 水車 발전기 容量을 50헬스 짜리와 60헬스 짜리를 절반 씩 설치하는 식으로 어렵게 타결된 점이 그러한 사정을 잘 반영해주고 있다-위의 책, pp. 285~286 참조.

16) 당시 兩社의 경영진 구성을 보면, 대표자는 두 회사 다같이 資金, 技術 등 측면에서 총책임을 맡을 日窒 계의 野口 遵이 맡고, 그 아래 상무이사 久保田 遵을 비롯한 9명의 경영진도 모두 同一人으로 이루어졌다. 이리하여 당시 사람들은 이 양 회사를 가리켜 '一卵性 쌍둥이', 또는 '머리 둘 달린 뱀' 등으로 비꼬는 식으로 불렀다-위의 책, p. 292 참조.

압록강 개발에 따른 이상과 같은 기본 骨格의 확립과 함께, 조선총독부는 곧바로 총독부 내에 '鴨綠江開發委員會'라는 특별 기구를 설치함과 동시에 압록강 유역에 대한 地質조사 목적의 특별 豫算을 편성하는 등 가능한 모든 지원을 베풀기로 결정했다. 일본정부로서도 동 사업이 지금까지 한 번도 경험해보지 않는 일인 데다가, 특히 무척 尖端技術이 요구되는 初有의 國策사업이라는 관점에서 개발주체인 日窒이 보유한 기존 기술진만이 아니라, 일본 전국에 걸쳐 電氣/土木 계통의 최고 기술진을 총동원하는 방식으로 이루어졌다.

총 8개 수력지점 가운데 가장 규모가 크고 여러 가지로 대표적 케이스라 할 水豊 地點을 먼저 개발하기로 하고, 1937년 10월 제1단계 공사에 착수하였다. 萬般의 준비를 갖추고 착수한 것이지만, 시기적으로 中日戰爭의 발발과 때를 같이하는 데다가 얼마 후 터지는 태평양전쟁 등의 時局 영향으로 所要 人力의 동원은 물론, 주요 原資財의 조달 등 여러가지로 무척 어려운 여건에 놓이지 않을 수 없었다. 뿐만 아니라, 미처 예상치 못한 氣候 조건, 이를테면 겨울철의 강추위 및 結氷 현상이나 여름철의 대규모 洪水 사태 등 극복하기 어려운 자연적인 惡條件이 한, 두 가지가 아니었다. 그런 속에서도 약 4년 후인 1941년 8월에는 발전기 2基(제1, 2호기)의 試運轉이 개시되고, 당초 계획했던 대로 조선과 만주에 각각 10만 kW씩의 送電이 가능하게 되었다. 연이어 1944년 2월까지 나머지 5基 중 4基가 준공됨으로써 총 6基에 60만 kW에 달하는 대규모 시설능력을 갖춘 최신식 발전소를 완성하게 되었다.[17]

당초 계획은 시설용량 10만 kW의 발전기 7基에 총 70만 kW 발전소를

---

17) 총 6基의 발전기별 發電 開始日은 다음과 같다.
　　제1호기 : 1941년 8월 26일,　　제2호기 : 1941년 9월 1일,　　제3호기 : 1942년 4월 8일,
　　제6호기 : 1943년 2월 6일,　　제4호기 : 1944년 1월 25일,　　제7호기 : 1944년 2월 7일,
　　단, 나머지 제5호기는 당초 제4호기와 함께 독일 지멘스社 제품으로 계획되었으나(나머지 5基는 일본 東芝 製), 제2차 大戰의 영향으로 불행히도 미처 수입되지 못하고 終戰을 맞게 되었다-위의 책, p. 434 참조.

건설키로 되었으나, 7基 중 독일 지멘스社에 發注한 제5호기가 時局 사정으로 끝내 도입되지 못함으로써 나머지 6基만의 건설로 끝나게 되어 水豊발전소의 총 시설능력은 60만kW에 그치고 말았다. 1937년 10월에 착수하여 1944년 2월까지 장장 6년 5개월에 걸친 名實 공히 東洋 최대의 수력발전소 건설계획은 일단 이것으로 마무리되었다. 이 사업을 마무리하는 데는 무려 하루에 최대 1만명 씩 총 2,000만명(延人員)에 달하는 勞務人力이 동원되고, 총 공사비 무려 2억 3,700만 円이 투입되었다. 그야말로 세계적으로 보더라도 20세기 전반의 世紀的인 초대형 土木/建設공사였다고 해도 조금도 과언이 아니었다.[18]

水豊發電所의 偉容 : 이상의 水豊발전소는 그 댐의 규모나 발전소의 시설 내용, 발전량의 크기 등의 측면에서 당시까지 일본 국내에서는 그 類例를 찾아볼 수 없을 정도의 特出한 규모와 設計를 갖추었을 뿐만 아니라, 세계적으로도 1930년 당시 大恐慌 극복을 위한 미국 루즈벨트 대통령의 野心作이라 할 '뉴딜정책(New Deal Policy)'으로 만들어지는 TVA(테네시 벨리 개발 公社)의 '후버 댐(Hoover Dam)'에 비견할만한 1930년대 이루어진 대표적 개발 프로젝트였다고 할 수 있다. 이 水豊발전소는 당시 일본(內地)내의 최고 수준의 수력발전소와 비교하여 다음과 같은 몇가지 측면에서 기존의 것을 크게 능가하는 수준이었다.

첫째, 무엇보다도 發電 단위가 무척 크다는 점이다. 대규모의 발전단위는 대규모의 電力을 출력할 수 있고, 대규모 出力은 1kW 당 건설비를 절약할 수 있을뿐더러, 저렴한 發電單價는 다른 電氣化學공업과 같은 여러 有關 산업의 발전을 촉진시킬 수 있다는 점.

둘째, 대규모의 貯水池를 이용하는 發電방식은 언제든 流量의 조절을

---

18) 이 水豊발전소 건설공사가 당시 일본으로서도 얼마나 중요한 擧國的 프로젝트였는가 하면, 거국적으로 동 사업을 찬양하는 의미에서 '鴨綠江 水電의 歌' 라는 노래(3절)까지 만들어 사람들에게 보급할 정도였다고 한다 - 위의 책, pp. 372, 395, 440~441 참조.

통해 常時 電力의 유지를 가능케 하여 渴水期 때에도 별도의 火力 보충을 필요로 하지 않는다고 하는 점.

셋째, 水力資源 조사 결과에 따르면 장래의 電源 개발을 위한 餘分의 包藏(포장)水力을 충분히 간직하고 있다는 점. 이는 그런 餘力을 전혀 갖지 못한 일본(內地)의 발전소에 비해 대단히 유리한 자연적 조건이라고 하지 않을 수 없다.

넷째, 火力의 경우에는 炭田 개발과 병행하여 추진할 수 있다는 점에서 燃料炭을 가장 유효하게 이용할 수 있음으로 하여 대규모 발전소 건설을 가능하게 했다는 점. 이는 需要地를 따라 分散 건설이 불가피하여 燃料炭 문제로 항상 고민해야 하는 일본의 경우와 비교한다면 상대적으로 크나큰 利點이라 하지 않을 수 없다(「자료 4」(제14장), PP. 60~61 참조).

다음 이 水豊댐을 세계적 규모라고 자랑하는 미국의 TVA/Hoover Dam과 비교해보면 어떤 수준일까? 미국이 세계적으로 자랑하는 TVA/후버 댐의 發電量은 대체로 水力 122억 kWh, 火力 43억 kWh로 합계 165억 kWh(단 陸軍工廠 分 등 32억 kWh 제외) 규모로 알려지고 있다. 이에 대해 1945년 8월 당시 水豊발전소를 비롯한 부전강//장진강/허천강 등을 포함하는 압록강 本/支流의 총 발전량은 — 所要 機資材의 정상적인 조달이 전제된다면 — 약 150억 kWh에 달하여 TVA/후버 댐의 165억 kWh 규모와 거의 비등한 수준임을 보여주고 있다. [19] 이를 통해서도 당시 鮮/滿 국경을 흐르는 압록강 流域에서 이루어진 水力發電의 偉容이 어느 정도였는지를 충분히 짐작해볼 만한 일이다.

雲峰發電所와 義州發電所 : 이상이 압록강 本流에서 이루어진 제1단계 水豊발전소 건설 프로젝트의 經緯였다고 하면, 이 제1단계 프로젝트가 대체로 마무리됨과 아울러 다시 압록강(本流)에서의 제2단계 電源개발사업

---

19)『朝鮮電氣事業史』, pp. 551~554 참조.

이 추진되었다. 여기에는 우선 다음의 두 개 地點이 선정되어 개발에 착수하게 된다. 1942년 압록강 上流의 雲峰발전소 건설과 下流의 義州발전소 건설계획이 그것이었다. 戰時 하 어려운 시국임에도 불구하고 前者의 雲峰발전소는 그 水路의 길이나 落差의 크기 등 객관적 조건이 매우 양호한 편이어서 그 시설능력을 水豊발전소에 버금갈 정도의 대규모(시설능력 50만 kW) 프로젝트로 시장하였다. 아울러 공사에 필요한 각종 기계시설도 어느 정도는 이전의 水豊 댐 건설 시대의 그것을 借用하는 방식으로 되어 건설 原價 면에서도 그만큼 큰 혜택을 누릴 수 있는 利點도 가지고 있었다. 그러나 불행히도 미처 完工을 보지 못한 채 終戰을 맞게 되었다.

후자의 義州발전소(시설능력 20만 kW) 건설은 압록강 下流에 위치하여 앞의 〈표 4-4〉에서 보듯이, 流域면적 무려 48,000km²에 이르는 막대한 流量을 어떻게 조절할 것인가 하는 문제가 중요한 과제로 제기된 데다가, 여름철의 洪水 조절문제 등 기술적으로 해결해야 할 무척 많은 難題를 안고 있었다. 이를테면 平常時의 설계도와 여름 洪水 때의 설계도를 각기 별개로 만들어야 할 실정에 놓였었다. 이러한 난관으로 말미암아 자연히 앞의 雲峰발전소 경우에 비해 상대적으로 공사가 부진할 수밖에 없었고, 1945년 8월 당시 기초적인 掘鑿(굴착)작업이 겨우 완성될 단계에서 工事가 중단되는 悲運을 맞았다.[20]

豆滿江 流域 개발계획 : 다른 한편 國境 하천의 또 하나의 날개라 할 豆滿江(중국 명 圖們江) 유역의 電源 개발사업은 어떻게 진행되었는가? 압록강 경우에서와는 달리 두만강은 鮮/滿 양국만의 국경 河川만이 아니라, 下流에는 러시아까지 겹친 3국 간의 국경 河川이라는 사실이 무엇보다도 자유로운 開發을 어렵게 하는 중요한 요인으로 작용했다. 왜냐하면 당시 이 지역의 日-러-滿 3국간의 국제관계가 순탄하지 않음으로 하여 러시아까지

---

20) 상게서, pp. 456~458 참조.

포함하는 3국간의 공동개발을 추진한다는 것은 發想 자체부터 대단히 어려운 일이었기 때문이다. 그런 가운데, 일찍이 1934년 일본 三菱(미쓰비시) 재벌에서 자신이 소유한 茂山鐵鑛의 개발 문제와 관련하여 豆滿江 開發 계획서를 이미 총독부에 제출한 바 있었다. 1936년 三菱은 이 지역에 대한 자신의 종합개발계획의 일환으로 豆滿江 支流(城川水, 輪城川, 西頭水 등)를 이용하여 富寧水力과 西頭水水力이라는 2개의 발전소 건설에 착수했다. 富寧水力은 시설능력 28천 kW 容量으로 1945년 8월 이전에 이미 완성을 보았으나, 후자의 西頭水水力은 시설능력 312천 kW에 달하는 대규모 공사로서 전체 工程의 약 40%가 진척된 상황에서 終戰을 맞았다. 압록강 경우와는 달리 두만강 유역에 있어서는 이처럼 三菱재벌이라는 민간기업에 의한 독자적 電源개발계획이 일찍부터 추진됨으로써, 결과적으로 그것은 그 이후 정부 차원에서의 두만강 유역에 대한 종합적인 電源개발계획 수립을 더욱 어렵게 한 하나의 걸림돌로 작용하게 된 셈이었다.

4. 電源開發의 波及效果

1930년 赴戰江(부전강) 제1발전소 가동으로 최초로 근대적 水力發電을 開始한 이래 1944년 압록강 水豊발전소의 마지막 제7기 發電所 가동에 이르기까지 약 15년간은 조선으로서는 가히 '電氣革命期'라고 불러도 좋을 만큼 水力/火力 할 것 없이 그야말로 경이로운 電源開發 붐이 일어난 시기였다. 솔직히 말해 1920년대 말까지만 하더라도 조선의 전력사정은 水力電氣라고는 당시 金剛山電鐵에 의한 약 13,570kW 정도의 自家發電이 유일했다. 물론 이밖에도 몇몇 소규모 企業이나 鑛山 등에서 自家 소비용 發電이 더러 있었지만, 그 대부분이 汽力이나 디젤 등을 이용한 火力發電이었는가 하면, 총 시설능력도 겨우 33,000kW 정도로 알려졌다. 그러나 그것은 산업용 電力 수요를 충당하기 이전에 주로 都市지역에서의 가정용 電燈用으로 공급되고 있었던 것으로 보아야 한다.

이런 상황에서 1930년대 들어 압록강 지류의 赴戰江, 장진강, 許川江 등 3개 유역변경식의 대규모 水力發電에 성공하게 된 것은 그야말로 획기적인 일대 사건이 아닐 수 없었다. 뒤이어 국경 하천(압록강) 本流에 대한 하이 댐 축조방식에 의한 대규모 水豊발전소 건설이 성공하게 됨으로써, 불과 15년 동안의 짧은 시기에 일약 1,737,000kW라는 엄청난 容量의 發電시설을 자랑하게 되었다면 이는 의당 '電氣革命期'라고 불러도 조금도 손색이 없으리라.

그렇다고 모든 것이 最上으로 이루어진 것은 물론 아니다. 무엇보다도 發電구조 측면에서 중요한 문제를 안고 있었다. 이를테면 지나치게 水力위주의 發電構造라고 하는 격심한 '主水從火' 현상이 그것이었다. 다른 한편 지역적으로도 또한 지나치게 北鮮 중심의 發電구조로 되어 남/북 간에 우심한 지역적 偏差를 가져왔다는 점도 중요하게 지적하지 않을 수 없다. 이런 문제점에도 불구하고, 1930년대를 중심으로 이루어진 이 같은 비약적인 電力산업의 발전은 전기업 자체만이 아니라 電力을 필요로 하는 여러 관련 산업에 대해서도 이루 말할 수 없는 플러스 효과를 가져다주었다.

이를 좀 더 구체적으로 보면, 최초의 근대적 水力발전소라 할 赴戰江발전소의 건설을 놓고 볼 때, 그것이 초래한 가장 중요한 波及效果라면 우선 전통적인 農業 중심의 조선 사회를 급속하게 산업사회로 변모시키게되는 결정적인 계기를 만들어주었다고 하는 점이다. 良質의 저렴한 電力을 충분히 공급할 수 있는 기반을 마련함으로써, 興南(咸南)에 당시 東洋제일의 화학공업단지를 조성하게 되었다는 사실이 더 없이 좋은 사례라할 수 있으며, 아울러 함경도 지역에 풍부하게 매장된 金, 石炭, 철광석 등주요 지하자원을 손쉽게 그리고 대량으로 개발할 수 있는 필수적 조건이라 할 動力(에너지) 문제를 해결해 주었다고 하는 점도 그에 못지않은 중요한 波及효과라고 하지 않을 수 없다.

그 후 1930년대 후반 장진강 및 허천강발전소 등의 연이은 竣工으로 함경도 지역은 당초의 화학비료(窒素)공업만이 아니라, 油脂-철강-輕金屬-화

약·苛性소다·有機合成공업 등이 줄지어 들어서는 엄청난 규모의 중화학
공업단지(콤비나트)를 형성하게 되었을 뿐만 아니라, 그밖에 元山, 城津, 청
진, 羅津, 웅기 등 興南 인근 지역에 당시로서는 찾아보기 힘든 尖端기술을
요하는 기계·금속·비철금속·石油 등 각종 중화학공업이 경쟁적으로 들어
서게 된 것도 따지고 보면 이들 중화학공업에 있어 무엇보다 중요한 에너
지문제가 손쉽게 해결될 수 있는 길이 열리게 되었기 때문이라 할 수 있다.

　다음 제3절(제조업 편)에서 좀더 구체적으로 다루겠지만, 이곳 함경도
일대가 水力發電에 의한 에너지 문제의 해결로 대규모 '北鮮工業地帶'를
형성하면서 전체 朝鮮工業의 심장부 역할을 하게 되었다고 해도 과언 아
니다. 그중에는 당시 일본 內地에서도 찾아볼 수 없는 東洋 최대 규모의
공장이거나 또한 기술면에서도 최첨단을 자랑하는 新式 공장까지도 적지
않게 들어섰다고 해야 한다. 예컨대 興南窒素肥料(硫安)공장을 비롯하여
油脂공장, 火藥공장, 제철/제강/壓延공장, 경금속(알루미늄, 마그네슘)제품
공장, 메타놀合成공장, 燃料(液化油)공장 등을 중심으로 이른바 종합적인
'興南電氣化學콤비나트'를 형성하게 된 것이 바로 그것이었다.[21]

　전력 多消費산업으로서의 중화학공업은 비단 함경도 지방만이 아니
라, 그밖에 황해도, 평안도 등 西鮮지방에 있어서도 철강이나 시멘트공업
등을 중심으로 이 분야의 기업이 상당히 많이 들어섰다. 즉 水豊발전소
의 건설과 함께 풍부한 電力을 이용하려는 금속(輕金屬), 화학, 窯業 계통
의 공장이 평안도의 진남포-평양-順川-신의주-多獅島(다사도) 지역 등에
순차적으로 들어서고, 그밖에 황해도 海州, 강원도 三陟 지역에까지 시멘
트공장이나 카바이트공장 등이 연이어 들어섰다. 이러한 공업화 추세와
결부하여 당시 조선 電力의 소비구조는 전체의 80% 정도가 이와 같은 중

---

21) 이 興南電氣化學콤비나트 외에도 당시 野口 系 공장으로서는 永安공장(메타놀合成, 호루마
　린 생산), 阿吾地공장(石炭液化로 개소린 생산) 등을 들 수 있고, 이들 野口 系 공장 가운데 총
　10개 정도가 당시 일본 內地를 포함해서도 최대 규모의 공장 반열에 올랐는가 하면, 세계적으
　로도 특히 水電解공장은 세계 제1위, 암모니아合成공장은 세계 제3위를 자랑할 정도의 最尖
　端 공업에 속하는 공장들이었다고 한다 - 상게서, pp. 486~487 참조.

화학공업 중심의 산업용으로 공급되고, 나머지 20%를 일반 民需用으로 돌릴 만큼 산업용 爲主의 소비구조를 이루었다는 사실이 특히 중요하다. 말하자면 전기업의 先行的 발전이 여타 연관 산업의 발전을 유도하는 原動力(엔진)으로서의 역할을 하게 되었다는 사실이 그것이다.

전기업의 先行的 발전이 가져온 波及效果는 여기에 그치는 것이 아니다. 水力資源의 개발 그 자체를 위해서는 前人未踏의 하천 상류나 험난한 山岳지역과 같은 奧地(오지)에 자동차 進入路나 아니면 철도를 먼저 부설해야 할 것은 필수 조건이다. 그를 통해 일단 주변의 交通을 편리하게 함으로써 지금까지 땅속에 묻혀 있던 각종 鑛物을 채굴할 수 있게 만들거나 또는 지금까지 방치되고 있던 林産物을 채취, 운반할 수 있게 되었다는 부차적 효과도 중요하게 다루어져야 한다. 天然 상태 그대로의 압록강 유역의 原始林 개발을 가능케 하고 그를 통해 林業을 하나의 중요한 1차 산업으로 발전시키게 된 것은 무엇보다도 지금까지 한 번도 사람의 발길이 닿지 못한 山間 僻地(벽지)에 도로와 철도가 놓이게 되었기 때문이라 할 것이다. 다른 한편 당시 國際金本位制로의 복귀와 함께 일본은 식민지 조선에 대한 産金장려정책을 강화하게 되고, 그 결과 金鑛業의 비약적인 발전을 가져오게 된 것도 따지고 보면 産金用 전력의 공급이 충분히 뒷받침되었기 때문이라고 하지 않을 수 없다.[22]

이밖에도 대규모 發電用 貯水池를 만들게 됨으로써 비로소 가능하게 된 부수적 효과 또한 무시할 수 없다. 이를테면 여름철의 만성적인 洪水 피해를 예방할 수 있게 되었다는 점, 농촌에서의 폭넓은 灌漑(관개)사업을

---

22) 이 무렵 조선 産金業의 동향을 살펴보면, 1930년대 들어 일본의 강력한 産金장려정책으로 産金量이나 鑛區數에 있어 급증세를 나타내었다. 여기에는 1938년의 朝鮮 金 생산을 장려하기 위한 '産金5개년계획'의 실시가 크게 영향을 미쳤다. 구체적으로 産金量의 경우, 1930년의 6,186kg(中砂金 340kg 포함)에서 1935년에는 14,709kg(仝 2,309kg 포함), 1939년의 29,192kg(仝 3,433kg 포함)으로 9년간 産金量이 5배로 늘어나고, 鑛區數에 있어서도 1930년의 825개 所에서 35년의 3,324개 所, 39년의 5,849개 所로 기간 중 무려 7배 이상으로 크게 늘어났다고 함을 지적하게 된다—韓國産業銀行調査部, 『韓國의 産業』(第2輯)—1959년판, pp. 8~10 참조.

통해 당장의 農業用水는 물론이고 나아가 工業用水까지도 그 공급이 가능하게 된다는 점 등도 바로 이러한 충분한 電力 공급이 가져온 또 하나의 부수적 효과라고 아니 할 수 없다.

결론적으로 1930년대 조선 전기업의 경이로운 발전은 그 자체만으로도 대단한 산업적 가치를 가지는 것이겠지만, 각종 電氣 관련 광공업이나 農林業의 발전을 유도할 뿐더러, 交通의 편의, 商業의 발달, 觀光의 진흥 등에 이르기까지 그것이 갖는 부수적 효과는 이루 말할 수 없을 정도로 크다고 해야 한다. 뿐만 아니라 많은 사람들에게 근대적 電氣 文明의 혜택을 누릴 수 있게 하는 등 여러 가지 국민생활상의 便宜와 국민 福祉厚生 증대에 이르기까지 그야말로 폭넓은 파급효과를 가져왔다고 할 수 있다.

5. 해방 당시의 電力 事情

1) 發電施設 현황

1945년 8월 해방 당시 일본인 철수와 함께 이 땅에 남겨진 電氣業 관련 시설의 현황은 어떠하였는가? 관련 시설 모두를 정확히 파악하기 위해서는 發電시설만이 아니라 送/配電 시설까지 포함하는 시설 전부를 다루어야 할 것이지만, 자료 사정 상 여기서는 發電시설만을 다루기로 한다.

다음 〈표 4-5〉는 해방 당시 완공되어 稼動 중이던 전국의 모든 발전소를 남/북한 지역별 및 발전소별로 그 시설현황을 총 정리해 본 것이다. 이에 의하면, 당시 전국의 총 發電시설용량은 1,938천 kVA이고, 그 最大出力은 1,723천 kW, 平均出力(1944년 4월~1945년 3월)은 985천 kW에 각각 달하는 것으로 되어 있다. 이를 다시 남/북한 지역별로 보면, 시설용량에 있어서는 南 12.4% 대 北 87.6%, 최대출력에서는 南 11.5% 대 北 88.5%, 그리고 평균출력의 경우 南 4.3% 대 北 95.7%의 비율로 분포되어, 發電시설(容量)이나 발전량(實績) 모두에 있어 압도적인 북한 偏重구조임을 보여주고 있다. 이런 현상은 다음 〈사진 4-1〉에서 확인할 수 있는 것처럼, 북한을 대

가. 水豊 댐(水力)의 偉容(北韓 所在)　　　나. 寧越發電所(火力) 全景(南韓 所在)

(出處：韓國電力公社,『韓國電氣百年史(上)』, pp. 294, 308)

표하는 세계적 규모의 水豊 댐(시설용량 600,000kVA)과 남한의 대표적 火力
發電所인 영월화력(125,000kVA)과의 비교를 통해서도 이해할 수 있다.

　이처럼 북한 偏重의 發電시설에 대한 水/火力別 구성에 있어서는, 北韓
은 자신의 발전시설 1,697천 kVA 모두가 水力 일변도로 되어 있는 반면, 南
韓은 총 241천 kVA 가운데 水力이 전체의 29.2%인 70,300kVA이고, 나머
지 70.8%인 170,625kVA가 火力으로 구성되어 있음이 양자간의 중요한 구
조적 특징이라 할 수 있다. 즉 북한의 경우와는 달리 남한은 오히려 火力이
水力보다 2배 이상이나 높은 火力 중심의 發電構造로 되어 있다는 점이 바
로 그것이다.

　전국적인 水/火力別 구성을 보면 水力 91.2% 대 火力 8.8%의 비중을
보이고 있어, 日政 시대 조선의 電源開發시스템은 앞서도 누차 지적된 바
이지만, 철저한 '水主火從'의 發電構造 또는 水力 일변도 發電構造로 이루
어졌다고 할 수 있다. 단지 火力의 경우는 남한지역에서만 겨우 寧越-唐人
里-釜山의 3개 소규모 발전소를 가졌을 뿐인데, 그나마 唐人里와 釜山의
두 곳은 해방 당시 이미 稼動 정지 상태에 있었고, 오로지 寧越발전소 한
곳만이 겨우 가동되고 있을 따름이었다(〈표 4-5〉 참조).

　이밖에 8·15 당시 아직 완공되지 못하고 공사 중에 있던 未完成의 發
電시설도 상당한 규모에 이르렀다. 水力의 경우만 하더라도 우선 압록강

발전소별/ 水/火力別	시설 용량 (kVA)		최대 出力 (kW)		평균 電力(kW) (1944. 4~45. 3)	
가. 北韓 所在						
水 豊 (水)	600,000	31.0	540,000	31.3	412,662	42.0
장진강 (〃)	371,444	19.2	334,300	19.4	196,458	20.0
부전강 (〃)	223,000	11.5	200,700	16.3	80,466	8.0
허천강 (〃)	394,000	20.3	354,600	20.5	217,682	22.0
華 川 (〃)	60,000	3.1	54,000	3.1	17,102	2.0
富 寧 (〃)	35,800	1.5	28,640	1.7	9,137	1.0
금강산 (〃)	12,970	0.9	11,673	0.7	8,775	1.0
소 계	1,697,214	87.6	1,523,913	88.5	942,282	95.7
나. 南韓 所在						
淸 平 (水)	44,000	2.3	39,562	2.3	18,793	1.8
七 寶 (〃)	16,000	0.8	14,500	0.8	3,945	0.4
靈 岩 (〃)	6,400	0.3	5,120	0.3	1,603	0.2
보성강 (〃)	3,900	0.2	3,100	0.2	836	0.1
寧 越 (火)	125,000	6.4	100,000	5.8	17,343	1.8
唐人里 (〃)	28,125	1.5	22,500	1.3	–	–
釜 山 (〃)	17,500	0.9	14,000	0.8	–	–
소 계	240,925	12.4	198,782	11.5	42,520	4.3
다. 合 計*	1,938,139	100.0	1,722,695	100.0	984,802	100.0
水 力	1,767,514	91.2	1,585,195	92.1	967,459	98.2
火 力	170,625	8.8	136,500	7.9	17,343	1.8

자료 : 朝鮮電業株式會社,『朝鮮電業株式會社10年史』, 韓國産業銀行調査部,『韓國의 産業』, 1962년판,
　　　pp. 32~33에서 재인용.
주 : * 제주도 200kW, 울릉도 40kW 등 소규모 島嶼(도서)지역 發電은 제외함.

本流의 水豊발전소 제7호기(시설용량 100,000kVA), 압록강 上流의 雲峰발
전소(동 500,000kVA), 동 下流의 義州발전소(동 200,000kVA) 등을 비롯하여
모두 8개 所에 총 시설능력 1,409,400kVA에 이를 정도였다.[23] 만약 이들
공사 중인 발전시설까지를 포함한다면, 해방 당시 한국이 일본으로부터

---

23) 해방 당시 건설공사 중에 있던 南/北韓의 수력발전소 및 그 시설용량을 종합, 정리해보면 다음
　　과 같다(⑦, ⑧번 南韓 所在).
　　　　①水豊(제7호기) 100,000kVA　②雲峰(압록강) 500,000kVA
　　　　③義州(압록강) 200,000 〃　④禿魯江(압록강) 60,000 〃
　　　　⑤西頭水(두만강) 200,000 〃　⑥江界(압록강) 305,400 〃
　　　　⑦七寶(섬진강) 14,000 〃　⑧華川(한강) 30,000 〃
　　　　　　　　　　　　　　　　계 1,409,400 kVA(中 南韓 44,000kVA)
　　（자료 :『韓國의 産業』– 1962년판, p. 33）

물려받은 식민지 遺産으로서의 총 발전시설용량은 대략 3,347,539kVA에 달한 셈이었다.

2) 電力需給現況

이상의 수치를 통해서도 알 수 있는 일이지만, 해방과 더불어 南韓의 전력사정은 이른바 '豊饒(풍요) 속의 貧困'이랄까, 다시 말해 남/북한 전체로는 한마디로 넘쳐나는 電力 풍요 속에 남한만의 형편없는 電力 빈곤이라는 이른바 構成의 矛盾(paradox of composition)에 빠지게 된 양상이라고나 할까. 해방 전 해인 1944년 당시만 하더라도 南韓의 총 전력수요는 86천 kW 정도였었는데, 그중 약 40천 kW를 남한 내 發電으로 충당하고, 나머지 약 46천 kW를 북한으로부터의 受電으로 충당하는 그런 電力需給構造를 나타내고 있었다.[24] 이러한 남한의 전력수급구조는 해방 후 남북 분단으로 말미암아 북한으로부터의 送電이 여의치 않게 되자 곧장 破綻(파탄)지경에 빠지고 말았다. 게다가 남한 내의 火力발전소의 경우도 제반 여건의 惡化로 唐人里 및 釜山 두 곳은 아예 稼動 중단 상태에 빠지고 단지 寧越발전소 한 곳 만이 가동된 데다가, 水力에 있어서도 政局 혼란 등으로 原資材 조달이 어려워져 그 정상적인 稼動이 불가능하게 됨으로써 남한의 전력부족상태는 갈수록 逼迫(핍박)해 질 수밖에 없었다.

이런 심각한 남한의 전력사정은 당시 美國에 의한 發電艦 도입으로 가까스로 지탱하고 있는 상황에서 1948년 5월 북한에 의한 5·14 斷電조치[25]는 이러한 위기국면을 가일층 絶頂에 이르게 했다. 이를 통해 지난 日政시대 지역적으로 지나친 북쪽 위주의 발전소 건설계획에다 또한 지나친 水力 위주의 電源개발방식으로 말미암은 전력산업의 구조적 矛盾이 해방

---

24) 『韓國電氣百年史(上)』, pp. 348~349 참조.
25) 1948년 5월의 이른바 '5·14斷電' 조치는 북한이 그 이전부터 남한 측에 대해 자기네 전력 공급에 대한 料金 지불 문제 등을 이유로 送電量을 임의로 축소, 조절하는 등 계속 문제를 제기해 오다가, 그 해 5월 南韓의 단독 정부 수립을 위한 '5·10總選' 실시를 트집 잡아 남한에 대한 送電을 全面 중단한 조치를 일컫는다.

후 분단된 남한의 전력사정을 얼마나 어렵게 만들었는가를 해방 후에 와서야 새삼스럽게 실감케 된 셈이었다.

하루아침에 電氣 饑饉(기근)에 처한 남한의 경우, 턱없이 부족한 전력사정을 그럼 어떤 방법으로 해결하였는가? 1946년 들어 美軍政 당국은 運休 중이던 寧越, 唐人里, 釜山 등 火力발전소를 응급 수리하여 1946년 말경에는 다시 발전을 가능케 함과 동시에, 미국으로부터 긴급 發電艦 수입을 추진하여 동년 2월에는 야코나(Jacona)호(시설용량 20mW)를 부산항에, 동년 5월에는 엘렉트라(Electra)호(시설용량 6.9mW)를 仁川 앞바다에 碇泊(정박)시켜 급한 불을 끄는 식으로 대처하였다. 그 후 1948년 5월의 5·14 斷電 조치를 계기로 정부는 전력부족에 대한 근본적인 대책으로 소규모 新規 발전소 건설을 적극 추진하는 방향으로 나아갔다.

우선 木浦에 重油발전소(시설용량 5mW) 건설을 비롯하여 三陟 및 경기도 德沼에 화력발전소 건설계획 및 섬진강 댐 확장공사 등을 추진하는 가운데 뜻밖의 6·25전쟁을 맞게 되어, 이미 완공된 木浦의 重油발전소를 제외한 나머지 발전소 건설계획은 모두 중단하지 않을 수 없었다. 6·25전쟁 중에는 그나마 가동 중이던 火力발전소마저 대부분 파괴되고 또 發電艦(仁川 앞바다에 정박 중이던 엘렉트라 호)은 自爆하게 되어 전력사정은 가일층 악화될 수밖에 없는 처지였다. 그 후 전쟁이 小康상태로 접어든 1951년에 들어 다시 美國 원조자금으로 소형 發電艦을 다수 도입하게 됨으로써 당장의 위기 국면을 극복할 수 있었다.[26]

다른 한편 해방 후 북한의 전기사정은 어떠하였는가? 해방과 동시에 1,697mVA라는 엄청난 규모의 발전시설을 식민지 유산으로 물려받은 북한

---

26) 1950년 말~51년 초에 걸쳐 미국 원조자금으로 총 4척의 소형 發電艦(Marsh호, Wisemen호, Horse호, White horse호(시설용량 각 2,500kW)의 도입이 이루어졌다. 그밖에 1951년 이보다 규모가 큰 임피던스(Impedance, 시설용량 30,000kW))호가 부산항에, 사라낙(Saranac)호가 인천항에 각각 들어와 전시하의 어려운 남한 전력사정을 어느 정도나마 안정시킬 수가 있었다. 1951년 기준 이들 발전함에 의한 電力공급 비중은 전체 공급의 56.4%에 달할 정도였다 — 『韓國의 産業』, 1962년판, p. 27, 『韓國電氣百年史(上)』, pp. 405~407 참조.

은 당시 남한의 '電氣 기근' 상황과는 정반대의 '전기 天國' 상황을 맞았다고 해도 과언 아니었다. 剩餘(잉여) 전력의 일부를 남한에 送電하고 그 代價로 남측으로부터 각종 기계류, 전기용품, 原資材, 휘발유, 의약품 등을 공급받는 식의 바터(barter)貿易이 남/북 간에 한동안 지속되었다.[27] 그러나 북한 측의 남한에 대한 送電量은 이를테면 電力代金의 滯納(체납)이나 또는 정치적·이유 등을 내세워 시간이 흐를수록 점차 감소되다가 앞에서 지적한 것처럼 1948년 5월 들어 완전히 斷電시키고 말았다.

여기서 해방 직후 북한에 남겨진 전기시설과 관련하여 이 자리를 빌려 한 가지 따져봐야 할 문제가 있다. 그것은 명실 공히 국내 최대 규모의 發電시설이라 할 水豊발전소의 일부 시설이 당시 북한에 進駐한 소련군에 의해 不法으로 (구)소련으로 철거해갔다고 하는 주장이 과연 사실인가 하는 문제와 관련해서이다.

믿을만한 기록에 의하면,[28] 해방 직후 북한에 들어온 소련군은 북한 소재의 엄청난 근대적 산업시설에 눈독을 드리고, 제조업에서는 日本제철소 淸津 공장, 日本高周波 城津공장, 价川日鐵鑛業所 등에서의 工作機械나 기자재 등의 철거를, 그리고 전기업의 경우는 바로 국내 최대 규모의 水豊발전소 시설(發電機)을 마구 철거해 간 것으로 알려지고 있다. 후자의 경우, 이를테면 1945년 10월 경 8명의 소련군 장교가 선발대 격으로 발전

---

27) 당시 전력 대가로 남한 측이 지급한 物資의 평가액은 약 10억圓에 달했으나, 북한 측은 물자의 수량이 電力代金에 비해 턱없이 부족하다든가, 品質이 不良하다는 등의 생트집을 잡으면서 南韓 送電에 문제를 제기해왔다 ─ 『韓國電氣百年史(上)』, p. 364 참조.

28) 해방 후 소련軍에 의한 북한 産業施設 철거 문제에 대해서는, 森田芳夫, 『朝鮮終戰の記錄』, 巖南堂書店, 1979 ; 제4장 제6항(pp. 207~210)에 비교적 상세히 기록되어 있다. 여기 의하면, 소련軍이 1945년 10월 하순에서 그 해 12월 중순까지 水豊發電所 발전기(제3·4호기) 및 水車(3대), 변압기(2대) 등 주요 시설을 해체, 철거해 간 사실 등에 대해 상세히 다루고 있다. 또 해방 직후 북한 朝鮮民主黨에서 나온 極秘 資料「北朝鮮 實情에 관한 調査報告書」(필사본, 1947년 8월 작성)에도 주로 咸興, 元山, 淸津 등 함경도 지역 중심으로 소련군에 의한 식량-직물-원자재 등 생활용품의 반출은 물론 興南비료공장 등 주요 공장 시설의 철거 내용을 구체적으로 기록되어 있다. 후자 경우에는 搬出 物資별로 반출일자-장소(보관 倉庫)-수량-금액 등이 비교적 상세히 수록되어 있다(後尾 [부록 8] 참조).

〈사진 4-2〉 해방 당시 發電所 및 送電所 계통도 (1945. 8월 현재)

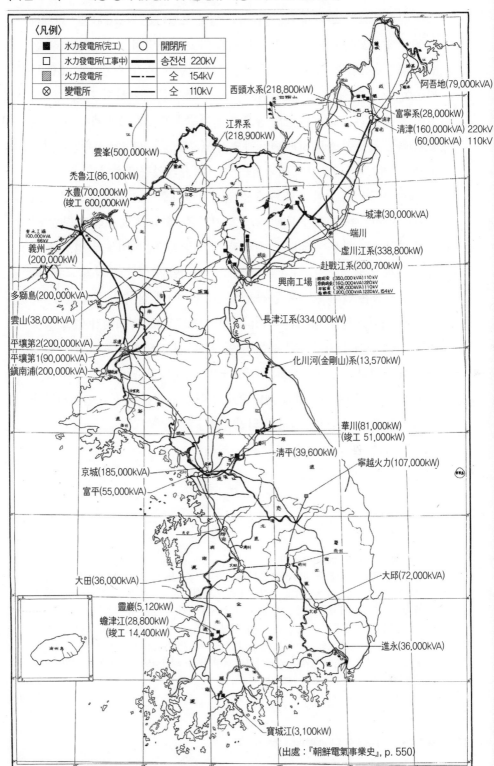

(出處:『朝鮮電氣事業史』, p. 550)

소를 시찰하고 간 얼마 후에, 기술자 60명을 포함하는 약 2,000명(一說에는 3,000명)에 이르는 대규모 兵力이 트럭을 타고 밀어닥쳐 스스로 준비해 온 酸素절단기 등을 가지고 현지에 근무하고 있던 일본인/한국인을 강제 동원하여 그 해 12월까지 水豊발전소의 제3, 4호기를 해체하여 각종 기계시설을 철거해갔다고 한다. 당시 중요한 철거 품목으로는 發電機 2대(제3, 4호기)를 비롯하여 水車 3대, 변압기 2대, 配電盤 3대, 開閉器 3대 등이었다고 한다. 제1, 2, 6, 7호기에 대해서는 손을 대지 않았다고 한다.[29]

소련 진주군에 의한 北韓 주요 산업시설에 대한 이러한 不法的인 搬出 행위로 말미암아 일본이 북한 땅에 남기고 간 '電氣 天國'이라고 불릴 정도의 막강했던 북한 지역의 電力시설은 그 출발지점에서부터 엄청난 손상을 입게 되고, 그것이 하나의 결정적인 계기랄까 原罪로 되어 그 후 북한 電力사정은 날이 갈수록 몰라보게 逼迫(핍박)해 질 수밖에 없었다. 다시 말해 적어도 8·15 당시만 하더라도 세계적으로도 그 類例가 없을 정도의 풍부한 전력을 자랑하던 북한이 언제부터인가 남한에다 電氣 구걸을 해야 하는 비참한 電氣 地獄의 신세로 전락하게 되었다. 어제까지의 '電氣 天國'이 어느 날 갑자기 '電氣 地獄'으로 떨어진 엄청난 歷史의 아이러니를 바로 이곳 韓半島에서 경험하게 되었다고나 할까.[30]

---

29) 앞의 책,『朝鮮終戰の記錄』, pp. 207~210 참조.

30) 해방 후 심각한 電力 饑饉 상태에 빠진 남한은 미국의 發電艦 파견으로 그나마 전기 饑饉(기근) 상태에서 가까스로 벗어날 수 있었는가 하면, 반대로 電氣 天國을 구가하던 북한은 소련에 의한 東洋 최고의 水豊發電所 시설의 해체, 철거를 계기로 天國에서 地獄으로 떨어지는 비극을 맞았다고 하면 지나친 과장일까? 해방 당시 그 누구도 예상하지 못한 미, 소 양측의 이 電氣를 둘러싼 相反된 處事는 그 후 1970년대쯤에는 어느덧 南/北韓 간의 電力 사정을 완전히 逆轉시켜놓았고, 양측의 경제는 물론 나라의 운명까지도 백팔십도로 갈라놓게 된 하나의 뚜렷한 역사적 徵兆나 다름없이 되고 말았다.

II. 鑛 業

1. 開港期 鑛業 개발과 外國人 特許制度

1) 韓國鑛業의 초기 條件

韓國은 일찍부터 地下資源이 비교적 풍부한 나라로 알려져왔으나, 구체적으로 어떤 鑛物이 얼마나 많이 매장되어 있는가 하는 것을 수치상으로 뒷받침할 만한 記錄 文獻은 아직 발견되지 않고 있다. 단지 역사적 遺物과 관련하여 일찍이 삼국시대 新羅 왕실에서 사용한 金冠을 비롯한 여러 가지 宮中 金屬製 장식품이 발굴되고, 또한 三韓 시대 金-銀-銅-鐵 등의 금속으로 만들어진 각종 器具類의 발굴과 그것의 바다 건너 倭 등과의 거래에 관한 기록이 있는가 하면, 그리고 三國시대 이후 高麗-朝鮮으로 이어지는 동안 수많은 佛教 寺刹에서 찾아볼 수 있는 金屬製 佛像이나 대형 鐵製 梵鐘(범종) 같은 遺物을 통하여 지하자원이 풍부하다고 할 근거로 삼을 수 있을 정도라고 생각한다.

다른 한편, 그러나 歷代 朝廷에서의 地下資源에 대한 조사, 채굴이나 사후 관리 등에 대한 시책은 지극히 소극적이었다고 할 수 있다. 이를테면 민간에 의한 채굴이나 이용 등에 대한 행정적 지원이나 장려 등의 시책은 고사하고, 오히려 민간의 그러한 활동을 저지, 억제하는 경우가 더 많았던 것으로 전해지고 있다. 더욱이 역사적으로 高麗-朝鮮시대로 내려오면서 이웃 나라 中國의 歷代 王朝로부터 金, 銀 등 귀금속에 대한 朝貢(조공) 요구가 빈번하게 일어나자 朝廷에서는 그러한 중국에 대한 이 朝貢 부담을 가능한 한 줄이기 위하여 나라 안의 민간 鑛業人에 대하여 해당 광물의 채굴을 억제해 줄 것을 요구하는 처지였다고 한다. 나라가 모름지기 국민의 鑛物 채굴을 장려하고 지원해야 마땅한 일이거늘 거꾸로 그것을 가로막는

일을 자행하고 있었으니 이 얼마나 한심한 처사라고 하지 않을 수 있겠는
가. 鑛業行政이라는 것도 명색이 겨우 광산에 役員을 파견하여 産出量을
점검하고 그에 따라 적당히 鑛稅를 매기는 정도가 고작이었다. 이런 환경
에서 어떻게 鑛業이 하나의 산업으로 발달하기를 기대할 수 있겠으며, 더
욱이 鑛業과 같이 그 개발에 상당한 규모의 자본과 기술이 요구되는 점을
감안한다면, 오랜 과거는 고사하고라도 비교적 가까운 開港期 당시의 한
국 광업의 實狀이 과연 어떠했을 것인가는 충분히 짐작하고도 남을 만한
일이다. 땅속에는 갖가지 地下資源이 풍부히 매장되어 있음에도 불구하
고, 그것의 産出이라는 것은 고작 손쉬운 작업이라 할 砂金 採取 정도였던
것으로 알려지고 있다.[31] 그야말로 당시 조선의 광업정책이란 광물이 계속
땅속에서 편히 잠자게 놔둔, 고쳐 말하면 아예 아무 일도 하지 않고 그냥
放置상태로 놔두었다고 해야 할 판이었다.[32]

이러한 조선 傳來의 광업의 實狀은 적어도 1876년 門戶 개방이 이루어
지기 전까지는 그대로 이어졌다고 해야 한다. 그러다가 門戶 개방과 더불
어 비로소 앞 다투어 밀려드는 서구 列强(일본 포함)에 의한 각종 경제적 利
權 쟁탈전이 벌어짐으로써 사태는 돌변하기 시작했다. 조선에서의 利權
先占을 위한 서구 列强의 경쟁적인 조선 進出은 한편으로는 鐵道 부설이
나 森林 개발 같은 분야에서의 利權의 확보를 추구하면서도, 다른 편으로
는 조선에 부존되어 있는 주요 광물에 대한 鑛山 채굴권 획득을 추구하는
두 가지 방향으로 나아갔다. 1880년대부터 시작되는 이러한 조선에서의
利權 쟁탈전은 후자의 광물 채굴의 경우 제일 먼저 金鑛 채굴권 쟁탈로부
터 촉발되었다. 조선 광업의 노른 자위 격인 金鑛의 경우는 이 무렵에 이

---

31) 이러한 사실은 개항 이후 일본 및 淸에 대한 金 수출 실적을 보면 어느 정도 알 수 있다. 1876
~80년간의 對日 金 수출액이 처음 2만 円 수준에서 1880년에는 12만 円 이상으로 늘어나고,
또 1880년대에는 상당한 규모의 對日 수출에다 또한 거기에 못지 않는 對淸 수출이 이루어지
고 있었기 때문이다 - 林贊一,「韓末 金輸出과 金鑛業 德大經營에 관한 硏究」(成均館大 博士
學位 論文), 1982, pp. 26~28 참조.
32) 山口 精 편저,『朝鮮産業誌』(上), 1910, 제3편(광업) 참조.

미 발 빠르게 외국 전문기관에 의해 국내 賦存상태에 대한 探査가 이루어지고 또 그 採掘의 經濟性에 대한 낙관적인 평가까지 내려진 상황이었다.

2) 외국인 鑛業權 特許制度

당시 조선 朝廷(皇室)은 당면의 國家財政 확보를 위한다는 명분을 앞세워 1896년에 국내 최대 규모의 金鑛으로 알려진 雲山鑛山(平北)의 채굴 特許權을 미국인(J. R. Morse)에게 허가하게 된다. 이를 始初로 朝鮮은 그후 러시아, 독일, 프랑스, 이탈리아, 日本 등 여러 나라에 대해서도 속속 이런저런 종류의 鑛山 채굴권을 허가하게 되고, 그 허가건수는 계속 늘어나 1910년 韓日병합 당시까지 大韓帝國 시대 국내 광산채굴을 위한 特許건수가 이미 41건에 이를 정도였다.[33] 그것의 국별 분포(사례)는 다음 〈표 4-6〉에서 보는 것처럼, 영국 및 미국인이 상대적으로 많고 그밖에 독일인, 프랑스인, 이탈리아인, 일본인 등 매우 다양하게 구성되어 있었는가 하면, 鑛種에 있어서는 金鑛이 압도적으로 많고 그밖에 砂金, 銅鑛, 炭礦 등이 그 뒤를 잇는 것으로 되어 있었다.

朝鮮에서 이들 외국인과 체결하는 鑛山 채굴의 허가조건은 어떤 내용으로 되어 있었는가? 각 사례별로 상이할 것이지만 다음 두 가지 사항만은 반드시 포함되고 있었던 것 같다. 하나는 採掘을 위한 特許기간을 사업 개시일로부터 대체로 25~35년간으로 무척 길게 잡았다는 사실과 아울러 契約 체결 후 1년 이내에 반드시 사업에 착수해야 한다는 점이고, 다른 하나는 特許料의 지불조건과 관련하여 特許料가 처음부터 일정하게 매겨진 것은 아니지만 대체로 연간 鑛産額의 100분의 1을 鑛山稅로 납부하고 그외에 鑛區의 넓이에 따라 鑛區稅를 별도로 매겨 정부 당국에 납부해야 하는 것으로 되어 있었다는 점이 그것이다.

최초의 特許 사례이자 국내 최대 규모의 雲山金鑛의 경우는 특별히 주

---

33) 이는 당초 許可건수이고 그중에는 사업 전망이 불투명하다고 판단하여 特許權을 반납하는 등 사업을 포기하는 경우도 많이 있었다―朝鮮總督府鑛山課, 『朝鮮金屬鑛業發達史』, p. 24 참조.

허가 年月	鑛種	광산 명	國籍	허가 年月	鑛種	광산 명	國籍
1896. 4월	金鑛	雲山광산 (평북)	미국	1901. 6월	金/銅鑛	昌城광산 (평북)	프랑스
〃	炭鑛	鍾城광산 (함북)*	러시아	1905. 3월	금/동광	厚昌광산 (평북)	이태리
1897. 4월	금광	金城광산 (강원)	독일	1905. 11월	금광	遂安광산 (황해)	영국
1898. 5월	금광	殷山광산 (평남)	영국	1908. 6월	銅鑛	甲山광산 (함남)	미국
1900. 8월	금광	稷山광산 (충남)	일본				

자료 : 「자료 4」 (제13장), pp. 70~71 참조.
주 : * 鍾城鑛山의 경우는 1896년 4월 러시아인(니스친스키)이 咸北의 慶源, 鍾城 2개 郡에 걸친 銀, 銅, 石炭 등 광물 채굴을 위한 特許를 획득하였으나, 기한 내 施工會社를 설립하지 못해 特許權이 자동 소멸되고 만 경우임.

식의 25%를 조선 皇室에 기증해야 한다는 내용이 들어 있었는가 하면, 또 필요하다면 정부가 官吏를 파견하여 회사 帳簿 등을 檢索할 수 있는 권한 까지도 가지는 등 당시 朝廷으로서는 자신의 權益을 지키기 위한 상당히 까다로운 조건을 달고 있었다. 이러한 까다로운 조건을 필요로 함은 이들 광산이 대부분 조선 皇室(宮內府) 소속으로 되어 있어 광산에 대한 所有權 내지 特許權을 행사하는 권한이 朝廷(정부)이 아니라 皇室 측에 있었기 때 문이었다. 그 대신 조선은 이런 자신에게 유리한 조건을 부과하는 대신에 그 反對給付로 鑛山 개발에 필요한 進入路 부설이나, 추가로 土地 매입을 해야 할 경우 등에 있어서는 최대한 便宜를 봐주는 등 외국인 회사 측에 유리한 조건도 달아 균형을 취하였다.[34]

　　외국인에 대한 이러한 鑛山 채굴 特許방식은 1905년 일본의 朝鮮統監 府 설치 이후에도 한동안 계속되었다. 그러나 일본이 한국경제 전반에 대 한 실권을 장악하게 되고, 특히 1906년에 한국이 日本/조선통감부의 諮問 (자문)을 받아 鑛業法 및 砂金採取法을 제정, 실시하게 됨에 따라 외국인 에 대한 그러한 채굴권 特許케이스는 점차 소멸하게 되었다. 당시 일본 鑛

---

34) 이들 외국인 회사의 特許 조건은 케이스별로 다르기도 하지만, 1906년 鑛業法 및 砂金採取法 이 제정되기 이전과 그 이후를 놓고 보면 거기에는 계약내용에 약간의 차이가 있었다. 그 구체 적인 내용에 대해서는, 朝鮮鑛業會, 『朝鮮金屬鑛業發達史』, 1933, pp. 18~23 참조.

業法을 모방하여 만든 위의 두 가지 광업 관련 法規의 제정으로 한국도 비로소 鑛業에 대한 정부 차원에서의 근대적인 法制的 管理시스템을 마련하게 된 셈이었고, 나아가 동 법규 속에 비록 외국인의 鑛業權 소유에 대한 어떤 差別 條項이 들어 있었던 것은 아니지만, 그러나 동 법규 제정 자체가 외국인의 鑛業權 취득을 위한 特許制度에 어떤 영향을 미치게 된 것은 사실이었다. 이에 일본을 제외한 여타의 외국인에게는 조선 광업에 대한 신규 투자를 어렵게 만들고, 또 기존의 외국인 투자자에게도 당초의 사업계획을 계속 추진하기가 어려운 상황으로 돌아가게 되자, 자신의 特許權을 한국정부에 반납하거나 또는 새로 등장하는 일본인(회사)에게 적당한 조건으로 그것을 팔아넘기고 한국을 떠나려고 했다.

이로써 한국 정부가 외국자본과 기술에 의존하여 국내 광업을 개발해보려는 계획이나 또는 그를 통한 정부(皇室) 財政의 補塡(보전)이라는 일종의 稅源 확보 차원에서 도입키로 한 외국인 鑛業權 特許制度는 일본의 조선통감부 설치와 때를 같이하여 사실상 그 의미를 상실하게 되고, 이후 1910년 韓日倂合과 더불어 다른 산업에서와 마찬가지로 광업에서도 전적으로 일본에 의한 독점적 개발체제로 넘어가게 된다고 말할 수 있다.

2. 총독부 鑛床調査와 鑛業制度의 정비

1) 朝鮮 鑛床에 대한 일제 調査

1910년 병합 당시 조선광업의 실정은 어떠했는가. 金, 銀을 비롯한 銅, 철광석, 黑鉛, 무연탄 등 일부 광물을 극히 소규모로 채굴하고 있을 그런 상태였다. 特許契約에 의한 외국인 광산이라 할 雲山金鑛을 예외적 케이스로 간주한다면, 대부분 鑛山의 경우 그 기술수준으로 보나 생산실적으로 보나 전통적인 手作業에 의한 채굴 수준 그대로였다. 바꿔 말하면 어떤 광물이 어디에 얼마나 매장되어 있는지조차 알 수 없음은 물론, 地下資源 賦存(부존) 상태에 대한 아무런 기초 조사도 이루어지지 않은 未知의 상태 그대로였다고나 해야 할까.

총독부는 등장과 함께 광업개발과 관련하여 제1차로 추진한 일이 부존 광물의 상태를 정확히 파악하기 위한 전국 鑛山에 대한 일제 조사였다. 일본으로부터 有數의 광업 전문가를 초빙하여 1911~17년의 무려 8년에 걸쳐 이루어진 소위 '朝鮮 鑛床에 대한 일제 조사'라는 이름으로 행해진 전국적인 鑛山 조사가 그것이었다. 동 조사는 우선 전국 鑛床의 賦存 상태와 광물의 性狀을 정확히 파악하고 또 그 채굴에 따른 경제적 가치를 측정해 보는 것이 그 일차적 목적이었다. 구체적으로, 鑛床의 개발 與否를 판정함에 있어 그 허가권을 가지는 행정 관청으로 하여금 과연 그것을 개발할만한 경제적 가치가 있는지, 그 有無를 정책적으로 판단하기 위한 관련 기초 자료를 제공코자 하는 데 조사의 일차적 목적이 있었다. 또한 鑛業 투자를 바라는 민간 업자에게도 사업의 收支打算을 내리는 데 있어 유효한 기초 자료로 활용될 수 있다는 데 조사의 또 다른 목적이 있었다. 한마디로 광업 개발을 위한 일종의 종합 로드 맵(road map)을 만드는 일이 바로 이 鑛床 조사의 근본 목적이었다고 할 수 있다.

무려 8년이라는 장기간에 걸친 일제 조사의 결과 조선 광업에 대한 많은 有效한 지식과 정보를 찾아낼 수 있었다. 이를 통해 지금까지 미처 알려지지 않은 무수히 많은 鑛種이 조선에 부존되어 있음을 알게 됨은 물론, 그것도 무척 풍부한 규모로 매장되어 있다는 사실이 확인된 셈이었다. 특히 그중에서 몇 가지 광물은 세계적으로도 결코 손색이 없을 정도의 우수한 品質과 풍부한 매장량을 자랑할 정도라고 함이 있는 그대로 드러났다. 결론적으로 한국은 동 조사의 결과로 세계 有數의 풍부한 광물 부존국이라는 평가를 받게 되었다. 그렇다면 구체적으로 어떤 종류의 鑛物이 얼마나 풍부히 매장되어 있었을까? 有數의 광물 부존국이라는 소리를 듣기 위해서는 무엇보다도 다종다양한 광물이 널리 부존되고 또 그 채굴이 경제적으로 有意味할 정도로 매장량이 풍부해야 할 것이기 때문이다.

한국 鑛床의 主宗 광물은 어디까지나 金鑛이라 할 수 있다. 이 금광을 비롯하여 철광, 무연탄, 銅鑛, 아연, 鉛, 중석, 흑연 등은 물론이고, 몰리부티엔, 石綿, 雲母, 니켈, 크롬, 망간 등 각종 稀貴類(희귀류) 광물에 이르기까지 무려 200여 종에 이르는 다양한 종류의 鑛物이, 그것도 풍부하게 부존되어 있음이 일제 조사 결과 判明되었다. 아울러 鑛床 조사 결과로 한국의 지하자원 부존조건에 대한 다음과 같은 몇 가지 중요한 특징을 발견할 수 있게 되었다. 첫째로 전국적으로 분포되어 있는 鑛物의 종류 수와 그리고 經濟性 있는 鑛床의 수가 무척 많다는 점, 둘째로 鑛床의 분포가 전국에 비교적 골고루 널리 퍼져있다는 점, 특히 그중에서도 金鑛의 경우는 全國의 郡 단위로 본다면, 부존되어 있지 않는 郡이 하나도 없을 정도로 골고루 퍼져있다는 점, 셋째로는 일본에는 아예 부존되어 있지 않거나 또는 부존되어 있다 하더라도 매장량이 極少하여 별 의미가 없는 그런 稀貴한 鑛種이 이외로 조선에는 상당히 많이 부존되어 있다는 점 등이 그것이었다.[35]

2) 鑛業權 登記制度의 도입

이상의 조선 鑛床에 대한 일제 조사 사업과 함께, 두 번째로 중요하게 들어야 할 총독부의 광업 관련 정책으로는 지난 1906년 大韓帝國 統監府 시대 만들어진 鑛業法과 砂金採取法을 시대에 맞게 대폭 개정한 일이라 할 수 있다. 규정에 따라 法規 이름을 鑛業令과 砂金採取令으로 바꾸고, 내용에 있어서도 광업(광산)에 대한 所有權(오너 십)을 종래의 皇室 소유로서의 '王有權' 대신에 민간 광업인의 私的 소유 개념으로서의 私的 鑛業權을 기본으로 하는 제도로 바꾸었다고 하는 점이 무엇보다도 중요하게 다루어져야 한다. 그리하여 鑛業權을 하나의 私有財産으로 인정하는 법적 토대 하에서 鑛務行政을 시행하기 위한 제도적 기초를 마련했다고 하는 점이 총독부의 두 번째 업적이라 할 수 있다. 총독부의 이 광업 관련 法令

---

35) 「자료 4」(제13장), pp. 78~79 참조.

의 개정을 통해 지금까지 민간에게 자의적으로 주어졌던 鑛業權을 이제 법적으로 私有財産의 일종으로 公認하게 되고, 또 그를 법적으로 보호하기 위하여 일반 부동산 관련 法規를 광업에까지 확대, 準用하게 했다는 점이다. 이로써 한국광업의 발전을 위한 하나의 중요한 제도적 기반이 구축되었다고 할 수 있다.

부동산 登記制度와 맞먹는 鑛業權에 대한 이러한 登記制度의 도입은 그 자체만으로도 매우 중요한 의미를 갖는다고 해야 한다. 우선 私有財産으로서의 鑛業權이 비로소 법적 보호를 받게 됨은 물론이고, 그것을 일종의 質權으로 인정하여 금융기관에 抵當하고, 그를 통해 金融을 일으킬 수 있는 부차적 권리까지도 부여하게 되었다고 하는 점에서 그러하다. 그밖에 광업의 효율적인 발전을 위한 취지에서 鑛山用의 土地收用令의 길을 열어놓았다고 하는 점도 동시에 지적되어야 한다. 물론 이러한 조치가 때로는 일반 토지소유자에게는 本意 아닌 土地 强賣에 따른 부당한 權益의 침해를 가져올 素地가 있다고 하겠으나, 그것이 시대적 요구를 반영하는 광업의 진흥에 도움이 되리라는 것만은 부정할 수 없는 사실이다. 또한 鑛業이라는 산업의 진흥을 民間에게 맡기기 위한 정부 시책의 일환으로 당시 총독부 소유로 되어 있던 주요 金鑛이나 炭田을 과감하게 민간에게 불하하는 民營化 조치도 광업의 자유로운 발전을 위해 크게 도움이 되었다고 할 수 있다.

3) 研究所 설립과 技術開發

이러한 法令 개정을 통한 제도적 정비와 더불어, 셋째로 들어야 할 광업 진흥 관련 조치로는 1915년 총독부 산하에 國立 朝鮮地質調査所를 설치, 운영하게 되었다고 하는 점이다. 동 地質調査所는 위에서 본 전국 鑛床에 대한 조사사업의 持續性을 유지하기 위한 당면의 목적만이 아니라, 다음과 같은 원대한 설립 취지와 목적을 가지고 만들어졌다는 데 더욱 중요한 의미를 찾아 볼 수 있다. 즉 ① 朝鮮에 대한 종합적인 地質 조사를 비롯하여, ② 有用한 鑛物의 분포 상황, ③ 전국적인 岩石의 분포 및 土質 조사, ④ 기타 水利 및 土木 관련의 地質學的 특성 등을 종합적으로 조사, 분석하기 위함이 그것이었다.

이를 좀더 구체적으로 살펴보자. 朝鮮地質研究所의 설립 목적은 첫째, 주어진 조선의 地質構造에 대한 종합적인 精密 분석을 통해 지하자원의 賦存상태를 정확하게 파악한 다음, 둘째 지하자원 개발의 기술적, 경제적 가능성을 진단함으로써 鑛物을 원료로 하는 관련 제조업 — 특히 중화학공업을 중심으로 — 의 발전에 기여함은 물론, 셋째 기타 土木/水利사업이나 水力發電사업 등에 이르기까지 有用한 정보나 자료를 생산하여 有關 기관에 신속히 제공해 주는 것 등이라고 할 수 있다. 아울러 1922년에는 또한 총독부 내에 燃料選鑛研究所를 설치하여 무연탄 및 褐炭(갈탄)의 증산을 목적으로 석탄의 埋藏(매장)상황이나 性狀을 연구하고, 그 개발 및 이용에 대한 심층적 조사/시험/연구를 통해 올바른 燃料정책 수립에 이바지함은 물론, 부수적으로 金鑛을 비롯한 黑鉛, 텅스텐, 螢石 등의 稀貴 광물에 대해서도 새로운 選鑛방법이나 製鍊法 등을 개발하는 데 그 설립 목적을 두고 있었다.

이상의 광업 관련의 전문적인 시험/조사/연구를 위한 研究所의 설치와 함께, 더욱이 국민산업으로서의 鑛業의 중요성을 더욱 제고시키고자 定規의 고등학교 교육과정에 광업 관련의 專門 學科를 설치하고 또한 광업 관련의 전문가 양성을 위해서도 정책적으로 많은 노력을 기우렸다. 이를테면 1916년에 설립되는 京城工業專門學校에 특별히 鑛山科를 설치하고, 여기서 鑛業 및 製鍊 관련 이론과 실제를 함께 가르치도록 하는 定規 과정을 통하여 고급 기술자 양성은 물론, 現場 實習 등을 통한 광업 및 製鍊 관련 전문가 양성 프로그램을 동시에 운영토록 한 것 등이 그 좋은 事例라 할 수 있다.

이렇게 하여 양성되는 광산기술자에 대해서는 우선 민간 광산(회사)에 채용될 수 있게 알선하거나, 아니면 직접 職員으로 채용하기가 어려운 소규모 鑛山의 경우에는 派遣 내지 出張 형식을 통해 기술 지도를 받을 수 있도록 정부가 알선하는 조치를 취하였다. 정부의 이러한 적극적인 광업 및 제련기술의 연구/개발과 또한 그를 통한 교육 및 훈련시스템의 운영으로 민간 사이드에서의 鑛業의 발전을 앞당기게 함은 물론, 1930년대 후반부터 전개되는 비약적인 重化學工業化 과정에서도 그것은 기술/기능 지원 측면에서 중요한 一翼을 담당하게 된 것으로 평가되고 있다.[36]

3. 韓國 鑛業의 발전과정

1) 제1차 大戰의 特需와 朝鮮鑛業

1910년 병합 이후 특히 그 후반에 들면서 조선 광업은 그 체질 변화를 요구하는 대내/외적 여건의 변화에 직면하게 된다. 우선 대내적으로는 鑛業 관련의 근대적인 法令의 제정과 제도의 개선이 이루어짐과 아울러, 광업 문제에 대한 조사 및 연구와 그리고 敎育 및 연구개발 등의 사업이 적극적으로 이루어지고, 대외적으로는 또한 제1차 세계대전의 영향으로 軍需用 鑛物은 물론이고 平時 산업용 광물에 이르기까지 모든 광물에 대한 需要가 급증하는 추세에 즈음하여, 조선 광업 역시 이전에 볼 수 없었던 未曾有의 발전의 계기를 맞게 된 것이 그것이다. 말하자면 제1차 대전의 戰爭特需라고 할 외부적 요인이 크게 작용한 탓이기는 하지만, 이 시기 조선 광업의 비약적인 發展相은 그야말로 경이로운 수준이라고 해야 할 정도였다. 다음 몇 가지 기본 수치를 통해 이를 확인해 보자.

우선 鑛區의 出願-허가-가동 관련의 건수에 있어, 1910~12년(제1차 세계대전 勃發 이전의 3년)간의 평균 수치와 1916~18년(전쟁 중 3년)간의 건수를 서로 비교해보면, 이 시기 약 7년간에 鑛區 건수에 있어 엄청난 변화

---

36) 정확한 地質 조사의 결과로 새로운 鑛物과 鑛床의 신규 발견이 끊임없이 이루어지고 또한 풍부한 水資源에 기초한 대규모 水力發電의 가능성이 열리게 됨으로써, 비로소 1930년대 이후 조선의 工業化 戰略이 크게 脚光을 받게 되었다. 특히 그중에서도 鑛物 자원을 원료로 하는 중화학공업의 발전 전망이 큰 기대를 모으게 되었다. 왜냐하면 主원료인 광물 및 소요 燃料(에너지) 공급 조건이 용이하게 충족될 수 있었기 때문이다. ─ 「자료 4」(제13장), pp. 73~74 참조.

가 일어났다. 즉 ① 鑛區 出願 건수에서 기간 중 약 5.4배 증(기간 중 785건 → 4,202건), ② 許可 건수에서 약 3.0배 증(동 340건 → 1,005건), ③ 稼動率에서 약 2.7배 증(동 197건 → 525건)이라는 경이로운 증가가 그것이다. 그리고 ④ 광산액에 있어서는 같은 기간에 약 3.25배(6,356千 円 → 20,658千 円)의 증가를 각기 가져올 정도의 격렬한 변화를 불러왔다.[37] 여기에는 물론 戰爭特需로 말미암은 국제 광물 값의 폭등이 조선 광업에까지 영향을 미쳤다는 점, 바꿔 말하면 국제 광물 값의 갑작스런 폭등 추세가 朝鮮의 광산 개발을 촉진시키는 데까지 그 餘波를 몰고 왔다고 봐야 한다.

그러나 이러한 일시적인 외부 충격에 의한 조선 광업의 活況은 결코 오래 가지 못하였다. 1918년 제1차 대전이 끝나자마자 곧장 전쟁 特需가 소멸되고 그로 말미암은 세계경제의 不況 심화는 조선의 鑛業까지도 결코 예외를 인정하지 않았다. 鑛區의 出願/허가/稼動의 수적 변동을 기준으로 할 때, 전쟁 중인 1916~18년(3년간) 대비 戰後인 1922~24년(3년간)의 그것이, 이를테면 鑛區 出願에서 10분의 1, 허가에서 6분의 1, 그리고 稼動에서 3분의 1 수준으로까지 폭락하게 될 만큼 국내 鑛業景氣가 하루 아침에 완전히 바닥으로 떨어졌다. 특히 신규 광산의 出願건수가 이처럼 10분의 1 이하 수준으로 폭락하게 된 사실은 다른 한편 기존 광구의 休業 내지 廢鑛(폐광) 현상까지 同伴하게 된 것으로 볼 수 있고, 그런 점에서 전쟁 特需로 말미암은 사태의 전개에 대해 더욱 심각함을 느끼지 않을 수 없는 실정이었다.

2) 金 수출 解禁 조치와 鑛業의 活況

이런 패닉 상태에 빠진 광업 경기는 1920년대 후반에 들면서 다소 살아나기 시작했다. 그것은 北鮮 지방 중심으로 國境 河川(압록강, 두만강)을 이용한 풍부한 水力電源의 개발과 함께, 이 電源 개발에 힘입은 조선의 工

---

37) 朝鮮總督府殖産局鑛山課, 『朝鮮金屬鑛業發達史』, 1933, pp. 60~77에 나오는 각 表의 수치를 이용하여 각 항목별 증가율을 산출한 것임을 밝혀둔다.

業化 가능성에 대한 낙관적인 전망이 내려지고, 다시 그에 힘입어 原料산업으로서의 광업 개발에도 한줄기 瑞光이 비치기 시작했기 때문이다. 또한 당시 일본의 金本位制 채택과 함께 가능한 한 많은 정부 保有 金의 확보 필요성이 제기되고, 이러한 필요성은 다시 조선에 대한 産金獎勵정책을 더욱 강화하게 되었다는 점도 여기에 크게 작용했다. 즉 일본정부의 保有 金 확보의 필요성은 市中 金價의 상승을 부채질하고 그것은 朝鮮의 대표적 광물이라 할 金鑛의 채굴에 박차를 가하지 않을 수 없게 했다는 설명이다. 이러한 시대적 요청에 부응하여 1925년부터 금광업을 중심으로 한 신규 鑛區의 出願 건수가 점차 反騰(반등)하기 시작하자, 그에 자극 받은 일본 대규모 광업자본의 조선 유입이 또한 급속히 확대되기 시작한 것도 바로 그러한 사정을 반영하고 있다.

1931년에 들어 金輸出의 解禁조치가 취해지면서 金塊의 해외수출이 자유로워지고, 다시 한 번 國際金價의 상승에 자극된 국내 금광 개발의 일대 붐을 불러일으켰다. 여기에 또한 일본 정부는 探鑛-採鑛-選鑛-製鍊 과정과 관련하여 조선 광업에 대한 특별 장려금의 교부를 통한 産金장려정책을 적극적으로 펼침으로써, 여기에 자극된 일본 財界에서는 '朝鮮 版 골드러시(gold-rush)'라고 칭할 정도로 조선 금광업에 대한 일대 투자 붐이 일었는가 하면, 그것은 곧 조선 금광업의 예기치 않은 비약적인 발전을 가져와 史上 최대의 黃金期를 구가하는 상황으로까지 나아갔다.

당시의 사정을 좀더 살피자면, 조선의 金鑛山이 전국에 골고루 분포되어 있다는 특성으로 말미암아 金鑛의 채굴은 이를테면 山間 僻地(벽지)에서부터 동네 조그만 하천에 이르기까지 전국 방방곡곡으로 확산되고, 그에 따라 전국 山河 어디에서나 選鑛場이나 金제련소, 砂金採取船이 들어서지 않은 곳이 없을 정도로 전국이 온통 金鑛 천지로 변모하는 모습이었다. 뿐만 아니라 실제 産金量에 있어서도 1935년의 17,815kg에서 37년에 24,189kg으로, 39년에는 31,173kg으로 불과 4년 만에 1.75배에 달하는 産金量의 증가를 가져왔다. 그리하여 1937~39년간은 조선의 産金量이 마침내 일본(內地)의 그것을 앞지르는 파격적인 기록까지 세우게 되었다(「자료 4」(13장), p. 80 참조).

金鑛業의 이러한 活況 추세는 자연히 다른 광업에까지 영향을 파급시켰다. 당시 조선 광업의 이러한 前例 없는 活況은 일본 內地의 鑛山 투자가들에게 있어 조선이 그들의 매력적인 투자대상으로 떠오르게 되고, 그 투자방식은 신규 광산의 개발만이 아니라 기존의 休/閉業 중인 광산까지 매수하여 손질하여 다시 操業을 再開하는 경우도 많이 있었다. 특히 1937년부터 총독부가 종전의 금광업에 대한 産金장려정책을 다른 광업에까지 확대하는 조치를 취함으로써, 철광이나 銅鑛, 鉛鑛, 중석광, 심지어 炭鑛에 이르기까지 동시 병행적으로 활발한 개발 붐과 함께 增産 바람을 불러일으켰다. 몇 가지 指標를 통해 이 시기 조선의 광업이 얼마나 확대, 발전하게 되었는가를 좀더 구체적으로 살펴보도록 하자.

3) 비약적인 鑛業 발전의 背景

우선 鑛區 出願건수에 있어 不況의 끝자락이라 할 1930년의 1,392건에서 완전히 호황기에 접어든 1938년의 15,721건으로 기간 중 무려 11배 이상의 出願건수 증가를 가져왔는가 하면, 稼動鑛山 수에 있어서도 같은 기간에 456광구에서 5,346광구로 무려 12배에 달하는 경이로운 증가를 가져왔다. 또한 鑛産額 기준으로도 이 기간에 24.2백만 엔에서 202.0백만 엔으로 8.3배가 늘어났다.[38] 8년이라는 단기간에 이룩한 이러한 광업의 비약적인 發展相은 다른 산업 분야에서는 감히 그 類例를 찾아볼 수 없는 특수한 현상이 아닐 수 없었다. 이를테면 여타의 산업 가운데 당시 압록강 流域에서 수많은 대규모 發電所 건설 등으로 비약적인 발전을 거듭하고 있던 電氣業과도 비교가 안 될 정도로 그야말로 他의 追從을 不許하는 경이로운 發展相이라 하지 않을 수 없었다.

---

38) 「자료 4」(제13장), pp. 75, 110~114 참조.

이 점과 관련하여, 식민지 시대 産業化가 본격적으로 전개되는 1930년
대를 중심으로 조선의 각 산업별 成長勢를 비교해보자. 우선 1930년 대비
1940년의 10년간 회사 수 증가에 있어 일단 本店會社만의 증가세를 보면
농림업 213%, 제조업 220%, 수산업 281%, 상업 133% 등의 증가율 수준을
나타내고 있는 데 비해, 鑛業은 무려 856%라고 하는 그야말로 파격적인
增加勢를 과시하고 있다. 회사의 拂入資本金 규모에 있어서도 같은 기간
에 제조업 462%, 수산업 658% 그리고 특별히 당시 빛나는 발전을 거듭하
고 있던 전기/가스업의 2,632%와 비교하여 鑛業은 무려 3,874%라는 暴增
勢를 나타내고 있음을 볼 수 있다.[39] 이는 상호 産業연관성이 높다고 할 제
조업과 비교하더라도 會社數에 있어 약 4배, 拂入자본금에 있어서는 무려
8.4배에 달하는 엄청난 증가율이다. 이 어찌 상상을 뛰어넘는 경이로운 發
展相이라 하지 않을 수 있겠는가?

다음에는 産業構造 상 鑛業의 비중이 어떻게 증대하였는가를 보자.
정식의 國民所得(GNP) 통계가 나오기 전의 시절이라 어느 정도 推定
이 불가피한 수치이기는 하지만, 1920~30년대 각 산업별 산출량(Gross
Output) 추이를 보면 다음 〈도표 4-7〉의 내용과 같다. 이 표에서 보듯이,
전 산업 가운데서 鑛業의 비중은 경상가격 기준으로 1920년대까지는 전
체의 겨우 0.7% 수준이었으나, 1930년에 들어 겨우 1.0%로 올라서기 시작
하고, 그 후 1935년의 2.4%, 1937년의 2.9%, 1939년의 3.8%로 늘어나 지난
10년간에 있어 무려 5배 이상의 增加勢를 나타내었다. 당시의 실정으로
산업 상 비중이 거의 비슷한 산업이라 할 林業과 水産業의 그것과 비교한
다면, 1930년까지만 하더라도 鑛業의 비중이 임업의 15%, 수산업의 38%
수준에 불과하였으나, 1935년에는 임업의 66%, 수산업의 109%로까지 늘
어나 일단 수산업을 제치게 되고, 또 1939년에는 임업의 118%, 수산업의
141%에 달하여 양자를 모두 크게 능가할 정도로 急增하고 있음을 볼 수

---

39) 박기주, 앞의 논문, p. 137의 <표 3–13> 참조.

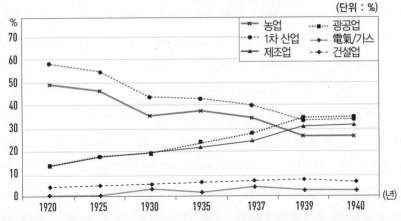

〈도표 4-7〉 1920~30年代 산업별 産出額 비중 推移 (經常價格 기준)

(단위 : %)

	농업	林業	수산업	鑛業	제조업	電氣/가스	건설업	기타*	全産業
1920	50.4	7.4	1.5	0.7	13.5	0.5	3.6	22.5	100.0
1925	47.2	5.5	2.1	0.7	16.9	0.7	3.5	23.4	100.0
1930	35.6	6.6	2.6	1.0	18.5	2.7	5.5	27.5	100.0
1935	37.8	3.6	2.2	2.4	22.3	2.1	5.2	24.4	100.0
1937	34.6	3.2	2.1	2.9	25.0	4.0	5.7	22.5	100.0
1939	26.9	3.2	2.7	3.8	30.8	3.3	6.7	22.6	100.0
1940	27.5	3.2	2.6	3.5	31.6	2.8	7.0	21.8	100.0

자료 : 김낙년 편, 『한국의 장기통계』(국민계정, 1911~2010), 서울대출판부, 2012, pp. 435 참조.
주 : * 기타에는 운수/창고업, 도/소매업, 금융업 및 기타 서비스업이 포함됨.

있다. 1939년의 각 산업별 구성에서는 급기야 광업이 전체 산업의 3.8%를 차지하여 林業의 3.2%, 水産業의 2.7%, 전기/가스업의 3.3%를 모두 제치고 같은 해 제조업(30.8%), 농업(26.9%), 건설업(6.7%)에 이어 놀랍게도 제4위의 산업 반열에 오르는 氣焰(기염)을 토하게끔 되었다(〈도표 4-7〉 참조).

4. 총독부의 朝鮮鑛業 振興政策

1) 日本 정부의 적극적 支援

이상의 몇 가지 수치를 통해서도 알 수 있듯이, 적어도 1930년대에 있어 조선 광업의 비약적인 발전은 가히 상상을 초월할 정도였다. 1940년대에 들어 戰時 하의 강력한 統制經濟體制로 넘어오면서 주요 경제 통계의 대외적 公布가 금지됨으로써, 주요 鑛物의 생산과 소비 관련 통계 역시 軍事機密로 취급되어 거기에 포함되었다. 따라서 그 구체적인 수치에 대해서는 잘 알 길이 없으나, 1940년대 들어서도 일본정부의 朝鮮광업 개발을 위한 각종 지원시책은 조금도 변함이 없었고, 특히 전략적으로 그 중요성이 인정되는 金鑛의 개발을 위한 특별 지원조치는 더욱 적극적으로 베풀어졌음을 감안할 때, 금광만이 아니라 광업 전반적으로도 조선광업의 발전은 1940년대 이후에도 같은 페이스를 유지했을 것으로 짐작해 볼 수 있다. 日政 시대 조선광업의 이러한 경이로운 발전상은 그 누구도 부정할 수 없을진대, 그렇다면 다른 산업에 비해 유독 鑛業만이 이처럼 獨步的인 발전상을 이룩할 수 있었던 배경은 과연 어디에 있었을까?

本論에 들어가기 전에 먼저 1937년 中日戰爭 발발 이후 일본 정부의 조선 광업에 대한 각종 지원시책이 어떤 식으로 베풀어졌는가에 대해 살펴보기로 하자. 앞서의 언급에서처럼, 조선광업에 대한 일본정부의 지원은 비단 대표적 광물이라 할 金鑛에 대한 지원만이 아니었고, 철광-銅鑛-炭鑛-기타 稀貴 광물 등 광업 전반에 대한 지원으로 볼 수 있음은 물론, 그것은 또한 주로 鑛床의 개발과 광물 增産을 위한 지원이었다고 할 수 있다. 정부지원시책 중에서도 특히 중요한 의미를 가지는 것은 각종 交付金 및 奬勵金(장려금)의 지급을 통한 재정적 지원이었는 바, 그 구체적 사례를 들면 아래와 같다. 즉

① 金鑛의 경우 低品位 광석의 賣鑛에 대한 보조금
② 목표량 이상 增産한 金에 대한 買上 割增金
③ 텅스텐鑛 등 중요한 광물의 增産 장려금
④ 乾式 製鍊所 건설에 대한 보조금
⑤ 製鐵用 原料炭의 가격 인상에 따른 보조금
⑥ 製鋼用 銑鐵 구입에 대한 보조금
⑦ 製鋼 原單位 切下에 따른 보상금

⑧ 철강, 石炭, 기타 특별 價格에 대한 補償 장려금

⑨ 石炭 생산 보조금 및 增産 장려금

등이 그것이다. 그야말로 수많은 종류의 보조금이나 장려금이 정부 예산
으로 지급되었음을 알 수 있다.[40] 물론 이들 보조금이나 장려금이 모두 당
해 광산의 개발이나 광물의 增産만을 위한 것이라고는 할 수 없다. 그밖
에 또한 당시 일본 정부의 低物價政策으로 말미암은 광업의 採算性 악화
를 어느 정도 補塡(보전)해주는 의미에서의 鑛物 판매가격 지원 같은 경우
도 포함되어 있었기 때문이다. 이러한 금전적인 보조금/장려금 지급 이외
에도 또한 조선광업에 대한 일본정부/조선총독부의 副次的인 지원시책도
동시에 베풀어졌다.

첫째, 교통 불편한 鑛山 지대에 대한 進入路 건설이나 送電線 가설은
말할 것도 없고, 또한 광산 운영의 합리화를 위한 각종 機械化 사업에 대
한 지원이며, 둘째로는 교육 측면에서도 기존의 京城工業專門學校 鑛山
科를 독립시켜 새로 京城鑛山專門學校로의 확대 개편과 함께 광업 기술
자 양성을 위한 大同專門學校(평양 소재)를 신설하는 등 광업 기술자/전문
가 양성을 위한 제도적 뒷받침을 들 수 있으며, 셋째로는 정부가 직접 출
자하거나 경영에 관여하는 방식으로 朝鮮鑛業振興(주) 및 朝鮮石灰(주)의
설립 및 日本産金振興(주)의 朝鮮支社 설치 등을 통하여 정부가 각종 鑛山
用 資財 조달을 알선하거나 또는 공업용 原料 광물의 買上과 판매 등의 업
무를 직접 담당하기도 하였다.

마지막으로 한 가지 더 강조해 두고자 하는 것은 광업 관련 法令의 改
正 문제와 관련해서이다. 1915년에 제정된 朝鮮鑛業令의 개정(1934년)을
비롯하여, 새로이 朝鮮産金令의 제정(1937년), 朝鮮重要鑛物增産令의 제

---

40) 이상의 각종 價格支持政策은 처음 金鑛業을 대상으로 실시한 바 있는 共同施設의 구비, 中小
鑛山지대에서의 共同 選鑛場의 설치 등과 같은 사업이 별다른 성과를 거두지 못하게 되자, 결
국 이런 식으로 각각의 케이스별 장려금이나 補助金을 지급하는 방식으로 바뀌었다 - 「자료
4」(제13장), p. 77 참조.

정(1938년) 등을 통하여 당시 일본 내에서 이미 시행중인 관련 法令의 내용을 그대로 조선에도 적용코자 한 것이다. 즉 法規 및 제도적으로 조선광업에 대해서도 일본 內地에서의 그것과 동일한 효과를 거둘 수 있도록 특별조치를 강구했다는 사실이 그것이다.

2) 時局産業으로서의 指定

그렇다면 일본정부는 무슨 목적으로 유독 鑛業 振興을 위해서만 이처럼 갖가지 특별 지원조치를 아끼지 아니하였는가? 그것은 1937년 中日戰爭 개시와 더불어 戰時體制로 돌입하게 되는 일본 정부가 당면의 軍需産業 육성 정책과 밀접한 관련이 있을 것이라는 분석이 우선 가능하게 된다. 이를테면 군수산업 관련의 중화학공업에 대해서는 국가가 직접 통제하는 전시경제체제로 넘어가는 과정에서 특히 군수산업용 각종 原料鑛의 확보를 위해서 관련 鑛業 개발의 필요성이 가일층 중요하게 제기될 수 밖에 없을 것이기 때문이다.

전술한 것처럼 조선의 광업은 稀貴 금속류까지 포함하는 매우 다양한 鑛種에다 또 풍부한 매장량을 보유하고 있다는 점에서 우선 日本 內地 광업의 短點을 補完할 수 있다는 점에서 조선 鑛業의 개발 필요성이 더욱 강하게 요구되었다. 더욱이 당시는 각국이 철저한 自給自足 경제를 추구하는 아우타르키(autarky)경제체제를 지향하고 있어 전략적인 주요 광물의 국제적 거래가 거의 중단된 상태였음을 고려한다면, 조선 광물의 원활한 조달문제는 일본으로서는 軍需工業 육성 이전 단계에서 이미 필요불가결한 조건으로 부각된다고 하는 설명이 그것이다.

戰時 하의 이러한 긴박한 시대적 요구와 더불어, 식민지기 조선광업의 비약적 발전에 대한 이해를 위해서는 일본 국내 광업과의 관계 속에서 가지는 조선광업의 位相에 대한 이해가 先行되어야 한다는 점이다. 이를테면 200여종에 달하는 多種多樣한 鑛種의 풍부한 매장량에다가 또 전국적으로 골고루 분포되어 있어 그 채굴 조건이 매우 유리하다는 점, 거기다가

채굴 비용이 그만큼 저렴하다는 점 등 여러 측면에서 조선 광물의 賦存 및 採掘 조건이 일본 내의 그것보다 상대적으로 매우 유리하다는 점(內在的 조건)과, 다른 한편 비교적 資源貧國으로서의 일본은 당면의 중공업/군수 공업화에 필요한 각종 지하자원(原料鑛)을 어쩔 수 없이 밖으로부터 조달하지 않을 수 없는 사정(外部的 조건)이 서로 맞물려, 앞에서 지적된 것처럼 1930년대 후반 조선광업에 대한 갖가지 정책적 지원조치가 적극적으로 베풀어졌다는 것이 바로 이 시기 조선 광업의 경이로운 발전을 가능케 한 必要/充分조건으로 작용하게 되었다는 주장이다.[41] 물론 여기에는 일본정부 측의 戰略物資 增産이라는 시대적 요청에 부응하기 위한 조선광업의 적극적인 개발 및 增産 장려정책에 대해 일본 민간기업 측에서도 막대한 소요 資本의 조달과 技術의 제공으로 거기에 적극 호응했다고 하는 사실도 동시에 강조하게 된다.

3) 日本 資本에 의한 開發體制

일본정부 측 입장에서 요구되는 필요/충분조건이 아무리 유리하게 전개되었다고 하더라도, 그것만으로 조선광업의 비약적인 발전을 기약할 수는 없는 일이었다. 실제로 조선광업의 비약적 발전을 가능케 한 原動力이라면 그것은 위에서 지적한 것처럼 民間企業 측면에서의 막대한 규모의 소요 자본의 조달과 그리고 직접 광업 개발을 담당한 혁신적 기

---

41) 天然資源이 빈곤한 일본으로서는 당시 조선 광업 개발에 全力을 기울이지 않을 수 없는 사정이었다. 특히 군수산업과 직결되는 重工業 육성을 당면 과제로 삼고 있던 일본으로서는 조선광업의 개발 필요성이 거의 死活이 걸린 문제나 다름없었다. 그것은 일부 부족한 金, 철광, 銅鑛, 鉛鑛, 아연광 무연탄 등을 보충한다는 의미를 넘어서 重石, 모리뷰티엔, 흑연, 螢石, 雲母, 마그네사이트, 硅砂, 기타 稀貴 금속류 등 일본에서는 거의 생산되지 않거나 생산되더라도 極少量에 불과하여 조선광업에의 의존도가 그만큼 더욱 심각할 수밖에 없었다. 일본이 만약 조선 광업에의 의존도가 그 정도로 절실하지 않았다면 조선광업 개발을 위해 그처럼 수단과 방법을 가리지 않은 적극적인 총력 지원체제로 나오지는 않았을 것이라는 점이다. 역설적이지만 이 시기 식민지 조선광업의 경이로운 발전은 일본이 그만큼 資源貧國이었다는 사실과 또한 그 당시 세계적인 自給自足經濟(아우타르키) 체제 아래 제3국으로부터의 소요 광물의 輸入이 거의 不可能하였기 때문이었다고 해야 한다 - 「자료 4」(제13장), p. 115 참조.

업가의 역할이라고 해야 할 것이다. 所要 자본과 기술의 대부분이 일본으로부터 직접 流入되고 기업경영 역시 주로 일본인에 의해 담당되었음은 긴 설명이 필요치 않을 것이지만, 단지 당시 조선광업의 개발과 관련하여 제기될 수 있는 한 가지 특징이라면 그것은 여타의 산업에서와는 달리 광업에 있어서만은 이상하게도 朝鮮人 비중이 여러 측면에서 매우 높았다고 하는 사실이다. 몇 가지 수치를 통해 당시 조선인 비중이 과연 어느 정도나 되었는가를 살펴보자.

우선 鑛區의 出願건수에 있어 일본인 대 조선인 간의 出願 비율을 보면, 1920년의 경우 총 出願건수 1,132건의 75%가 일본인에 의한 것이었고 나머지 25%만이 조선인에 의한 것이었는데, 이 비율이 1930년에 오면 총 1,392건 중 일본인 55% 대 조선인 45%로 거의 대등한 관계로 변하고, 다시 1938년에는 총 15,721건 중 일본인 30% 대 조선인 70% 비율로 완전히 역전되는 현상을 나타내고 있다. 이것은 무엇을 의미하는가? 조선 鑛業權의 出願이 시간의 흐름에 따라 일본인 중심에서 조선인 중심으로 그 비중이 점차 바뀌고 있음을 의미하고 있다. 稼動 광구수에 있어서도 1920년에는 총 稼動鑛口 178개 가운데 일본인 소유가 전체의 83.4%(150개)로 압도적 비중이었고, 조선인 광구는 12.9%(23개)에 불과하였는데(나머지 5개는 외국인 소유), 1938년에는 총 稼動鑛區 5,346개 중 일본인 광구는 2,704개로 전체의 50.6%로 줄고, 그 대신 조선인 광구가 2,641개로 49.4%를 차지할 정도로 판도가 크게 바뀌었다.[42]

그렇다고 하여 광업에 대한 투자액이나 산출액 등의 측면에서도 그동안 일본인/조선인간의 비중이 이처럼 거의 절반 씩으로 될 만큼 현저한 변화를 가져온 것은 결코 아니었다. 우선 투자규모 면에서는 1945년 8월 기준으로 조선광업에 대한 총 투자액(20억 3,410만 엔) 가운데 일본인 몫이 95.6%(19억 4,560만 엔)을 차지할 정도로 압도적이었고, 반면 조선인 몫은

---

42) 위의 책, pp. 110~113의 <표 4, 5> 참조.

겨우 4.4%인 8,850만 엔에 불과하였는가 하면, 鑛産額의 구성에서도 1938
년 실적을 기준으로 할 때, 일본인 대 조선인 비중이 85.9% 대 11.0%(나머
지 3.1%는 외국인)로 역시 일본인 비중이 압도적이었음을 그대로 나타내고
있기 때문이다.[43]

4) 鑛業에서의 朝鮮人 비중

이상 두 가지 수치상의 현저한 차이는 어디에서 오는 것일까? 조선인
과 일본인 간의 자본과 기술력의 엄청난 차이에서 그 기본적인 원인을 찾
을 수밖에 없다고 해야 한다. 이를 위해서는 먼저 당시 조선 광업의 실제
운영이 과연 어떻게 돌아가고 있었는가 하는, 즉 광업의 실태에 대해 잠깐
살펴볼 필요가 있다. 이를테면 조선인은 土着人으로서의 경험을 살려 鑛
區를 발견하고 또 광업권 出願을 통해 당국의 허가를 받는 과정까지는 비
교 優位를 가지지만, 땅 속의 광물을 채굴하는 등 鑛區를 직접 운영할만한
자본과 기술력을 갖추지는 못하였다. 대규모 鑛山의 경우일수록 더욱 그
러했다. 사정이 이러하다 보니 대개의 경우 조선인(기업가)은 자신이 취득
한 鑛業權을 적당한 가격으로 일본인에게 넘기지 않을 수 없는 형편이었
다. 앞에서 본 鑛區 出願에 있어서 조선인 비중이 그렇게 높은 이유는 바
로 이런 사정 때문이라고 할 수 있다.

참고로 1938년말 또는 1945년 8월 기준으로 일본인 대 조선인 간에 있
어 鑛區의 소유 및 운영을 둘러싼 몇 가지 기술적, 경영적 조건을 상호 비
교해보면 다음과 같다. 즉

① 허가된 총 鑛區數 8,621개는 일본인 소유 52.4%(4,514개), 조선인 소유
   47.6%(4,107개)로 구성(1938년 기준)
② 가동 중인 광구수 5,346개는 일본인 경영 50.6%(2,704개), 조선인 경영
   49.4%(2,641개)로 구성(1938년 기준)
③ 광업 종사자(鑛夫는 제외) 24,459명은 일본인 44.2%(10,810명), 조선인
   55.8%(13,649명)로 구성되고 있지만, 그 가운데,

---

43) 같은 책, pp. 110, 114 등 참조.

④ 기술자급 人力의 구성은 총 기술자 9,967명 중 일본인 기술자 52.2%, 조선인 기술자 47.8%로 이루어지지만, 이들 기술자 가운데서 고급 기술자의 경우는 일본인 쪽이 압도적으로 많으며(1945. 8월 기준)[44]

⑤ 鑛産額에서는 전체(410.7백만 円)의 96.2%(395.1백만 円)가 일본인 몫이고, 나머지 3.8%(15.7백만 円)가 조선인 몫으로 구성(1941년 기준),

⑥ 가장 중요한 사항은 앞에서 본 것처럼 광업 관련 총 투자액(20억 3,410만 엔)의 무려 95.6%(19억 4,560만 엔)가 일본인 몫임(1945. 8월 기준).

여기서 특히 강조되어야 할 사항은 ⑥번의 광업 관련 투자액 약 19억 엔은 당시 일본의 朝鮮에 대한 민간 베이스 총 투자액(官業 제외) 약 100억 엔(추정치)의 무려 19.5%를 차지할 정도로 대규모적이라고 하는 점이다. 말하자면 日政 시대 일본이 식민지 조선에 대한 민간 투자의 약 20%가 광업 분야에 이루어졌다고 하는 얘기에 다름 아니다. 만약 여기에 鑛業과 밀접한 관련성이 있는 製鍊業 등 철강 부문에 대한 투자까지를 포함하고 본다면, 이는 일본의 조선에 대한 총 민간 투자액의 무려 26.5%를 차지하게 되고, 이는 당시 戰時經濟 하에서 일본이 대표적 時局産業으로서의 조선의 광업 및 철강업의 발전을 위해 얼마나 많은 民間資金을 투입하였는가를 알 수 있게 한다.

5. 解放 당시의 鑛業 사정

日政 시대 조선의 광업은 1910~20년대의 20년간은 총독부에 의한 조선 내 부존 鑛物에 대한 실태 파악을 위한 일제 調査가 실시되고, 아울러 광업 관련의 法規 및 制度의 정비가 이루어진 시기라고 한다면, 그 후 광업 자체의 개발과 광물 채굴이 본격적으로 이루어지는 시기는 1931년 滿洲事變의 발발과 일본의 金수출 解禁조치를 결정적인 계기로 할 것이라고 할 수 있음으로, 결국 조선광업이 본격적으로 개발된 시기는 이때부터

---

44) 여기서 말하는 1945년 8월 기준(③, ④, ⑥)은 終戰 당시 만들어진 어떤 手記 자료를 인용한 것임을 밝혀둔다 − 같은 책, pp. 113~114 참조.

1945년 8월 식민지 통치가 끝날 때까지의 약 15년간이라고 할 수 있다. 그렇다면 前項에서 살펴본 것처럼 이 15년간이라는 짧은 기간에 조선 광업이 국내 그 어느 산업보다도 빠른 템포로 그처럼 경이적인 발전을 이룰 수 있었다고 하는 것은 세계적으로도 그 유례가 없는 기적이라고 하지 않을 수 없다. 단지 그러한 비약적인 발전이 거의 전적으로 일본의 자본과 기술에 의해 이루어졌다는 사실을 강조해 둘 뿐이다.

해방과 더불어 이런 조선광업 발전의 主體였던 일본인 기업가/경영자/기술자는 물론 그 밖의 일반 종업원들까지도 일제히 본국으로 떠나갔다. 처음부터 그들이 투자하고 채굴하며 경영하던 鑛床을 비롯한 모든 시설은 고스란히 한국에 남겨둔 채 말이다. 거기에는 鑛床을 비롯한 직접적인 生産 관련 시설만이 아니라, 기타 鑛山 進入을 위한 철도와 도로, 發電 및 送電 시설 그리고 專門교육기관이나 地質研究시설 등 제반 부대시설 등도 모두 그대로 남겨졌다. 이들 각종 광업 관련 시설은 해방과 함께 그 所在地를 중심으로 南/北으로 분할되는 운명에 처하고, 또한 주어진 자연적 賦存조건에 따라 그러한 광업 관련 시설은 불가피하게 북한 지역에 偏在될 수밖에 없는 처지였다.

다음 〈도표 4-8〉에서 보는 것처럼 그러한 사실은 주요 鑛物 생산량의 남/북한 分布 상황을 통해서도 충분히 짐작할 수 있다. 해방 후 북쪽도 마찬가지였을 것으로 보지만, 특히 남쪽에 남겨진 광업시설의 경우, 그것은 당시의 극심한 정치사회적 혼란과 美軍政 3년간의 관리 불철저 및 6·25전쟁의 피해 등으로 그 資産的 價値가 무척 많이 파괴, 훼손되었다고 함은 두말할 것 없겠지만, 그런 가운데서도 경제적으로 쓸모 있는 재산이 더러 남아있었을 것은 물론이다. 결국 중요한 것은 그러한 시설이 해방 후 美軍政 3년을 거치고 한국정부에 이관된 이후 한국정부가 그것을 국민경제적으로 얼마나 유효하게 활용하였는가 하는 문제라고 할 수 있다.

다음에는 광업 관련 시설능력의 남/북한 분포상황을 보자. 1944년 기준으로 전국 鑛産額의 道別 구성을 보면, 총 광산액 4억 3,400만 円 가운데

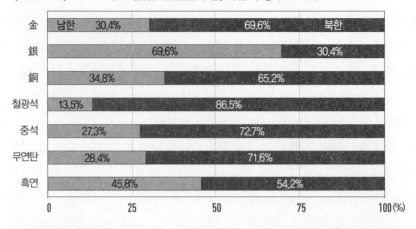

〈도표 4-8〉　　　주요 鑛物 生産量의 남/북한 구성 (1942년)

	단위	南 韓		北 韓		全 國	
1. 金鑛/비철금속							
金	kg	6,693	30.4	15,339	69.6	22,032	100.0
銀	〃	6,517	69.6	2,840	30.4	9,357	100.0
銅	톤	1,575	34.8	2,957	65.2	4,532	100.0
鉛	〃	1,290	10.7	10,732	89.3	12,022	100.0
亞 鉛	〃	3,291	27.5	8,697	72.5	11,988	100.0
2. 철광/合金鐵							
철 광*	천 톤	442	13.5	2,831	86.5	3,273	100.0
重 石	〃	1,019	27.3	2,717	72.7	3,736	100.0
모리뷰틴	톤	…	…	…	…	360	100.0
망 간	〃	1,544	100.0	–	–	1,544	100.0
니 켈*	〃	209	35.5	380	64.5	589	100.0
3. 燃料 광물							
無煙炭	천 톤	1,116	28.4	2,816	71.6	3,932	100.0
有煙炭	〃	42	1.5	2,689	98.5	2,731	100.0
4. 非金屬/기타							
黑 鉛	톤	34,744	45.8	41,070	54.2	75,814	100.0
鱗狀 흑연	〃	900	5.5	15,382	94.5	16,282	100.0
土狀 흑연	〃	33,844	56.9	25,688	43.1	59,532	100.0
雲 母	kg	–	–	80,530	100.0	80,530	100.0
水 鉛	〃	242,231	93.3	17,277	6.7	259,508	100.0
螢 石	톤	4,064	15.2	22,693	84.8	26,757	100.0
硅 砂	〃	73,098	43.0	96,910	57.0	170,008	100.0
마그네슘	〃	–	–	103,262	100.0	103,262	100.0
고령토	〃	37,916	92.6	3,039	7.4	40,955	100.0
石 綿	〃	4,737	100.0	–	–	4,737	100.0
硫化鐵	〃	–	–	232,347	100.0	232,347	100.0

자료 : 조선은행조사부, 『朝鮮經濟年報』, 1948년판, p. I -96, 〈표 28〉 및 기타 자료에서 작성함.
주 : 1) 전국 280개 주요 鑛山 생산량을 대상으로 한 조사임.
　　 2) * 철광, 니켈은 1944년 수치이고, 모리뷰틴은 남/북한 분포가 不明임.

남한 7道(江原道 절반 추가) 분이 21.3%(9,260만 円)를, 북한 5道(江原道 절반 추가) 분이 나머지 78.7%(3억 4,161만 円)를 차지하는 극히 심한 불균형을 나타내고 있다. 물론 이는 推計에 의한 것이지만, 어쨌든 북한 쪽이 전체 광업생산의 약 80%를 독차지하고 있음은 결코 부정할 수 없는 일이다.[45]

둘째로 鑛區數의 남/북한 분포상황을 보면, 1944년 기준으로 전국 총 광구수 11,755개는 남한 46.7%(5,493개) 대 북한 53.3%(6,262개)로 갈라져 수적으로는 일단 남과 북이 거의 비슷한 비중을 보이고 있다. 그러나 여기에 만약 鑛區의 사이즈나 그 資産的 價値 등을 고려한다면 사정은 판이하게 달라진다. 그것은 북쪽 위주로 될 수 밖에 없을 것인즉, 왜냐하면 자산적 가치가 큰 대규모 광산이 대부분 북쪽에 자리잡고 있었기 때문이다.

셋째로는 주요 광물의 생산이 남/북한으로 어떻게 분포되고 있는가를 가지고 남/북한의 시설(생산)능력의 분포상황을 類推해 보자. 〈도표 4-8〉을 통해 1942년도 생산량을 기준으로 鑛種別 생산량의 남/북한 분포와 그리고 그것의 시설(생산)능력의 분포상황까지를 일단 짐작해 볼 수 있다.

위 〈도표 4-8〉을 통해 알 수 있듯이, 해방 전 鑛物의 남/북한 산출구조는 金, 철광석, 無煙炭, 重石 등을 비롯한 중요한 광물일수록 북한 偏重度가 더욱 높게 나타나고 있음을 볼 수 있다. 심지어 鑛區가 전국 방방곡곡으로 널리 散在돼 있는 金鑛마저도 1942년 생산량 기준으로 南 30% 대 北 70%라는 현저한 갭을 보여주고 있다. 그밖에도 한국의 3대 광물이라 할 無煙炭, 철광석, 黑鉛 등의 경우도 정도의 차이는 있겠으나 하나같이 북한 편중현상을 띠고 있는가 하면, 硫化鐵, 雲母, 螢石, 마그네슘 등 非금속류에 있어서도 고령토나 石綿 정도를 제외하고는 대부분 심한 북한 편중현상을 드러내고 있다. 그런 가운데 예외적으로 남한 쪽의 생산이 우세한 광물로는 그 경제적 가치가 비교적 떨어지는 銀, 水鉛, 고령토, 土狀黑鉛, 石綿 등 몇 가지를 꼽을 수 있을 정도이다.

---

45) 『朝鮮經濟年報』, 1948년판, p. I −84, (표 4) 참조.

결론적으로 광업 부문에서의 식민지 遺産은 북한 측에 너무나 많이 偏在됨으로써, 상대적으로 남한 측에 남겨진 몫은 그만큼 빈약할 수밖에 없을 것임은 당연지사라 해야 한다. 그렇다고 하여 식민지 시대 특히 1930년대 후반에 들어 이룩한 朝鮮 鑛業의 비약적인 발전이 남한 측에 가져다 준 몫이란 아예 보잘 것 없다는 식으로 해석해서는 안 될 일이다. 그것이 결코 그렇지 않다는 것을 뒷받침할 수 있는 증거로서 우리는 해방 직후 내지 1950년대 중반까지의 한국 主流 수출상품의 구성을 통해 충분히 立證할 수 있기 때문이다.

해방 직후 美軍政 3년간의 韓國貿易은 처음부터 미군정의 官治貿易 원칙에 따라 민간무역 발달의 여지는 주어지지 않았다. 민간 사이드에서의 貿易은 겨우 중국-홍콩-일본 등에 대한 物物交換의 바터(barter)무역 정도에 불과하였고, 그 대신 이들 지역과의 密貿易이 판을 치던 시절이었다. 그런 가운데 1947/48년간의 수출통계를 보면 쌀, 해태 등 農/水産物 수출이 主宗을 이루는 가운데 鑛産物 수출 비중은 전체의 15% 정도를 차지하고 있었다. 이 시기 광산물 수출이 부진했던 이유는 주요 광산물이 美軍政에 의한 수출허가품목으로 지정되지 못하여 수출금지 상태로 묶여 있었기 때문이었다. 그 후 1950년의 韓國戰爭을 겪으면서 한국의 수출상품구조는 획기적인 변화를 가져온다. 우선 전쟁의 영향으로 전략물자인 重石(텅스텐)의 국제시세가 급등하게 되고, 이에 良質의 한국 重石이 국제적으로 크게 빛을 보게 되었다. 거기다가 1952년 3월 미국이 한국 重石에 대한 독점적 수입을 위한 韓美重石協定을 체결하게 되자 한국의 重石 수출은 對美 수출을 중심으로 예상 밖의 好況을 누릴 수가 있었다.

1950년대 들어 한국으로서는 獨步的 수출품이라 할 重石의 국제시세가 10배 이상 급증한 경우도 있었고, 또 위의 韓美重石協定에 따라 미국이 多量의 한국 중석을 가격에 구애됨이 없이 全量 購買함에 따라, 이때부터 重石을 先頭로 하는 鑛産物 수출이 한국수출의 大宗을 이루게 되었다. 시간의 흐름에 따라 점차 重石 수출의 비중은 遞減(체감) 추세를 보이게 되지만,

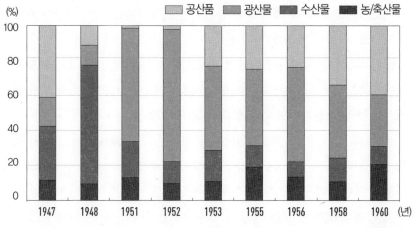

〈도표 4-9〉　해방 직후/1950년대 産品別 輸出構造

(%)

□ 공산품　■ 광산물　■ 수산물　■ 농/축산물

(단위 : %)

	농/축산물	수산물	광산물	공산품/기타	총수출 (천弗/백만圜)
1946	1.2	80.1	--	18.7	100.0 (3,181)
1947	11.6	30.6	16.9	40.9	100.0 (22,225)
1948	9.5	68.5	10.7	11.3	100.0 (14,200)
1951	13.0	20.8	64.9 (…)	1.3	100.0 (11,335)
1952	9.5	12.7	75.8 (…)	2.0	100.0 (25,774)
1953	11.6	19.7	51.6 (43.9)	24.8	100.0 (39.6)
1955	19.4	11.9	44.0 (31.8)	24.7	100.0 (18.0)
1956	13.4	9.7	53.0 (40.6)	23.9	100.0 (24.6)
1958	9.6	16.2	43.5 (14.8)	30.7	100.0 (16.5)
1960	20.6	10.4	29.4 (14.2)	39.6	100.o (32.8)

자료 : 韓國貿易協會,『韓國貿易史』, 1972, p. 242, 272, 312, 기타 韓國銀行,『經濟年鑑』, 1949년, 1955년판, 통계 편.
주 : 1) 주요 수출품만을 가지고 산출한 수치이므로 산품별 전체 수출 비중을 나타내는 것은 아님.
그리고 計上되지 않은 殘餘 品目의 비중은 공산품/기타 란에 포함되고 있어 이 항목의 비중이
과대평가되고 있음.
  2) 총수출의 ( )내는 당해 年度 수출액(단위 : 1946~52년은 1,000弗, 1953~60년은 100만 圜)을 가리킴.
  3) 鑛産物 란의 ( )내는 전체에서의 重石 비중이고, 1951/52년은 不明임.

그럼에도 광산물 수출 비중은 1950년대 내내 전체 수출의 50% 내외를 유
지할 수 있었다(〈도표 4-9〉 참조). 구체적으로 총수출 중 광산물 수출 세어
는 1952년의 75.8%를 頂点으로 하여 53년의 51.6%, 56년의 53.0%, 58년의
43.5% 등으로 줄어드는 추세를 보여주고, 그중에서 특히 重石 수출 세어
는 1953년의 43.9%, 56년의 40.6%를 유지하다가 57년부터 현저히 떨어지

고 있다. 그러나 수출 1위 品目으로서의 重石의 지위는 줄곧 이어지고, 또한 제2, 3위 수출 품목 역시 같은 광산물인 철광석과 黑鉛이 번갈아 차지하는 구조를 나타내어, 1950년대 한국수출은 전적으로 이들 몇 가지 주요 鑛産物이 주도하는 수출구조였다고 해도 과언 아니었다. 이들 3大 수출 품목 외에 또한 鉛鑛, 아연광, 蒼鉛(창연), 螢石, 滑石(활석), 고령토 등의 수출도 거기에 한몫 거들었다고 해야 한다(같은 책 ; 272, 312).

이상과 같이, 重石, 黑鉛, 철광석을 비롯한 주요 鑛産物의 수출이 적어도 1950년대까지는 한국수출을 완전히 주도하였다고 하는 사실과 그리고 이점과 관련하여 우리는 해방 직후 한국경제가 당면한 이러한 特異한 수출구조에 대해 도대체 이를 어떻게 이해해야 할 것인가 하는 문제가 앞을 가로막는다.

앞에서 누차 강조해 온 바이지만, 언필칭 한국광업의 全盛時代로 일컬어지는 1930년대 이후 약 15년을 경과하면서 당시 일본이 朝鮮鑛業을 전략적으로 육성해야 할 대상 산업(時局産業)으로 지정하고, 그에 대한 온갖 정책적 지원을 베풀게 된 결과로 조선광업은 경이로운 發展을 가져오게 됨과 아울러, 해방 후 그것은 한국경제로 하여금 한동안 오로지 鑛産物 수출을 통해 경제를 지탱하는 그야말로 아무도 예상치 못한 '孝子 輸出品' 노릇을 톡톡히 하게 되었음을 여기 강조해 두지 않을 수 없다.

III. 製造業

1. 植民地 工業化의 성격

이상 제1, 2절에서 식민지 조선의 電氣業과 鑛業이 어떤 과정을 거치면서 자기 발전의 길을 걷게 되었는가를 살펴보았다. 이제 제3절에서는 모든 산업의 根幹이라고 할 製造業의 경우 그것이 식민지 시대 과연 어떤 發展相을 가져왔는가를 살펴보도록 하자.

주지하는 것처럼, 제2차 산업의 핵심이라고 할 이 製造業에 대해서는 그동안 植民地 工業化라는 문제의식 아래 韓, 日 양국에 있어서는 물론이고, 歐美 제국의 학계에서까지 여러 가지 시각에서 이런저런 연구가 이미 상당한 수준으로 이루어졌다고 할 수 있으며, 또한 그런 관점에서 研究史的 業績도 상당히 쌓였다고 할 수 있다. 여기서는 기존의 연구 수준을 능가하는 어떤 새로운 연구 성과를 내놓을 만한 입장은 아니고, 旣成의 연구 업적에 대한 비판적 검토를 통하여 기존의 연구시각이나 연구방법론 상에 어떤 문제점이 있는가를 찾아내고 아울러 그것을 어떻게 풀어나갈 것인가 하는 방안을 모색해보는 데 주안점을 두고자 한다. 미리 한 가지 밝혀두어야 할 문제는 이 책의 主題인 歸屬財産 가운데서 그 핵심적 존재라면 아무래도 그것은 제조업에 속하는 財産이 될 수밖에 없다는 점이다. 그렇다면 문제의 귀속재산 가운데 그 어느 부문(산업)보다도 이 제조업 재산이야말로 가장 중요하게 다루어져야 할 연구대상이라고 할 수 있다.

우선 日政 시대 식민지 공업화 문제에 대한 그간의 연구 성과를 간략히 되새겨보자. 연구의 主體를 기준으로 가른다면 그것은 대체로 다음 세 가지 갈래로 나눠진다고 할 수 있다. 첫째로 한국인 스스로에 의한 국내파에 의한 연구, 둘째로 工業化의 주최측 당사자 격이라 할 日本 연구자에 의한 연구, 셋째로는 英語圈을 중심으로 한 제3국 연구자에 의한 연구가 그것이다. 이 가운데 첫째의 한국인에 의한 연구는 처음부터 식민지 侵略/收奪論에 입각하여 일본에 의한 工業化 사실 자체를 부정하는 극단적인 입장으로부터, 공업화 사실 자체는 인정하지만 그것이 전적으로 일본의 자본과 기술에 의한 것이고 또 일본 스스로를 위한 것인 한, 한국인으로서 거기에 무슨 의미를 부여할 필요가 있겠느냐 라는 입장 등 아무튼 공업화에 대한 否定的 입장이 우리 學界의 主流를 이루고 있다고 해도 결코 과언이 아니다.

예컨대 식민지 시대 조선공업화에 대한 몇 가지 대표적 관점으로는, 일본경제의 식민지 朝鮮으로의 단순한 外延的 擴張이라는 의미의 '飛地(enclave)공업화론'이나, 일본 제국주의의 大陸 침략을 위한 前進基地 구축이라는 의미에서의 '軍需(基地)공업화론', 또는 그것이 거꾸로 民族經濟의 발전을 가로 막았다는 의미에서의 '民族經濟論' 등을 들 수 있다. 이들 견해는 정도의 차이는 있으나 植民地 하의 공업화는 처음부터 이 땅 위의 한국인의 삶이나 福祉 등과는 아무런 상관없이 전개되었다는 공통의 前提를 깔고 있다. 그러한 前提위에 예컨대 한국인이 일본인 공장에 취직하여 월급을 받고 또 그 돈으로 그 공장에서 나오는 물건을 사 쓰는 등의 실제로 일어나는 현실에 대해서는 의도적으로 눈을 감아버린다. 심지어 그들은 과거 일본이 깔아놓은 鐵道나 道路를 현실로 한국인들이 잘 타고 다니고 있음을 눈으로 보고 있으면서도 그런 철도나 도로가 존재한다는 사실조차 인정하려고 하지 않는다. 다른 한편 그들은 日政 시대 나온 全國 會社(기업) 名簿를 앞에 놓고 社長이나 任員 또는 株主 가운데 조선인 이름이 몇 명이나 나오는가를 세는 것을 중요한 연구과제로 삼고 있는가 하면, 또는 거기서 조선인 이름이 얼마 나오지 않으면 그것 보라는 식으로 朝鮮人이 관여하지 않는 그런 工業化에 무슨 의미를 부여하느냐고 하면서 연구 자체의 불필요론까지 들고 나오는 것이 그동안의 韓國 측 연구자들의 주된 입장이었다.

둘째로 일본 측 연구의 입장은 어떠했는가? 연구자의 이념적 性向에 따라 현저한 입장 차이를 보이지만, 크게 보면 그것은 다음 두 가지 입장으로 갈라지고 있다. 하나는 日本史的 관점에서 예컨대 일본 帝國主義의 대외 膨脹史/侵略史, 또는 일본 資本主義의 발달사의 측면에서 식민지 조선의 공업화를 다루고자 하는 경향이고, 다른 하나는 철저히 朝鮮史的 관점에서 그러한 工業化가 식민지 조선의 사회경제 전반에 어떤 변화를 가져왔는가 하는 점, 즉 그것이 朝鮮의 근대화 내지 자본주의적 발전에 어떻게 기여했는가 하는 측면에서 조선의 공업화 문제를 다루고자 하는 입장이다. 후자의 경우 비록 식민지라는 조건 하에서 歪曲된 형태로 이루어진 것이기는 하지만, 그래도 그러한 식민지 공업화 과정을 통해 조선경제의 발전 나아가 조선의 자본주의적 市場經濟의 성립과 발전을 가져오게 되었다는 공업화의 긍정적 의미를 부여하고자 하는 입장이 그것이다.[46]

일본측 연구의 경우, 조선의 식민지 공업화가 거의 全的으로 일본의 자본과 기술에 의해 이루어진 것은 엄연한 사실이지만, 그것이 鐵道와 道路의 부설이나 發電所 의 건설, 그밖에 水利事業, 電信電話사업 등 SOC(사회간접자본)의 개발과 더불어 조선사회가 전통사회로부터 근대적인 산업사회로 넘어오게 하는 물질적 토대를 구축하게 되었다고 보고, 다른 한편 정신적 측면에서도 그 동안의 무한한 學習效果를 통하여 국민의 의식구조를 개혁하고 근대적인 制度와 法令을 마련하게 됨으로써 근대적인 資本主義 시장경제제도를 도입하게 되는 계기로 작용하게 되었다고 보고 있다.

셋째로는 1960년대 이후 美國을 중심으로 한 서구 학자들에 의한 식민지 조선의 工業化 연구동향이다. 1960년대 한국, 대만 등 아시아 신흥공업국(NIEs)의 등장과 때를 같이하여, 이들 나라가 남달리 높은 경제성장을 가져오게 된 데에는 분명 어떤 역사적 배경이 있을 것이라는 전제 아래, 과거 식민지 시대 일본에 의한 工業化 경험에 주목하게 된 것이다. 다시 말

---

46) 堀 和生, 『朝鮮工業化の史的分析』, 有斐閣, 1995, 序章, 제2절, 기타, pp. 266~267 등 참조.

해 그들은 오늘의 아시아 NIEs의 높은 경제성장을 이해함에 있어, 그 성공의 역사적 뿌리를 지난날 일본에 의한 식민지 공업화 경험에서 찾고자 하고 있다. 특히 朝鮮의 경우, 주로 1930년대 후반-1940년대 초에 전개된 일본 산업자본의 대규모 조선 流入과 더불어 그를 통한 조선의 비약적인 重化學工業化 과정은 바로 해방 후 한국의 공업화과정에 있어 有用한 역사적 경험으로 작용하였다는 주장이다.

이들 주장의 핵심은 위의 1930년대 이후의 조선의 공업화 과정을 성공적으로 이끌게 된 근본적 원인을 무엇보다도 당시 정부(총독부) 당국의 강력한 統制體制 하에서의 계획적, 先導的 역할에서 찾고자 한다. 그런 관점에서 오늘의 한국 공업화의 모습은 바로 지난 날 식민지 시대 總督府에 의한 공업화를 위한 강력한 정부 통제 기능과 그리고 1960년대 이후 朴正熙 시대 경제개발 5개년계획을 통한 정부의 先導的 공업화 戰略을 동일 선상에서 인식코자 한다. 한마디로 1960년대 이후 한국의 고도성장을 위한 工業化의 성과는 이미 1930년대 식민지 시대 일본에 의한 工業化 경험에서 그 뿌리를 찾아야 한다는 주장이 그것이다.[47]

이상에서 본 식민지 시대 조선 工業化에 관한 3가지 인식방법은 연구자의 國籍이나 이념적 性向에 따라 상당한 偏差를 보이고 있음은 어쩌면 당연한 일이라 할 수 있다. 다만 문제라면 첫째의 한국 연구자의 경우 결코 看過할 수 없는 심각한 인식상의 誤謬(오류)를 범하고 있다는 사실이다. 문제는 자기 눈으로 직접 목격할 수 있는 역사적 사실에 대하여도 애써 그것을 보지 않으려는 연구자로서의 부정직한 자세가 바로 그것이다. 비근한 예를 한 가지 들라면 지금까지 자기가 그렇게 많이 이용해 온 국내 汽車나 新作路, 또는 자기가 그렇게 즐겨 다닌 중학이나 대학 건물이나 운동장, 아니면 일본인이 만들어놓은 制度나 法令 그리고 수많은 과학기술이나 학술연구를 위한 이론과 槪念/用語 등의 존재 자체를 부정한다면, 그

---

47) C. J. Eckert, *Offspring of Empire : The KOch'ang Kims and the Colonial Origins of Korean Capitalism*, 1876-1945, University of Washington Press, 1991 ; 朱益鍾, 『대군의 척후』, 푸른역사, 2008 등 참조.

것은 이미 객관적 사실의 부정이라는 측면에서 科學의 영역을 벗어나고 있음을 의미한다고 해야 한다. 특별히 經濟學 영역을 놓고 본다면 지난 식민지 시대 한국은 놀랄만한 수준의 工業化 내지 重化學공업화 과정을 겪고, 그 과정에서 상당한 수준의 資本 및 기술의 蓄積이 이루어졌다고 하는 사실, 즉 서구적 개념으로는 이른바 産業革命 단계에 이를 정도로 경제구조가 高度化되었다고 하는 사실을 결코 부정해서는 안 될 것이라는 주장이다.

2. 工業化의 단계별 展開過程

1) 工業化의 단계 구분

1910년 병합 이후 35년간 — 1905년의 乙巳條約 기준으로는 약 40년간 — 의 일본 통치기간에 있어 식민지 조선에 대한 일본정부/조선총독부의 工業化정책이 어떤 과정으로 전개되었는가는 대체로 다음과 같은 4시기로의 區分論이 하나의 通例로 되고 있다.

제1시기는 1910년 병합 후 會社令 철폐가 이루어지는 1920년까지의 약 10년간으로 이 시기는 공업화가 본격적으로 전개되기 이전의 시기, 다시 말해 工業化를 위한 각종 基盤 구축을 위한 시기라고 할 수 있다. 제2시기는 1920년대 이후 産米增殖計劃의 도입과 함께 農耕地의 開墾(개간) 및 灌漑(관개) 사업을 비롯하여 水利시설의 확충, 田의 畓으로의 形質 변경(地目 변경) 등을 통한 産米增殖계획에 우선순위를 두고 아직 工業化에 대해서는 특별한 관심을 갖지 않았던 시기이다. 제3시기는 1931년의 滿洲事變으로 滿洲國의 성립과 함께 일본 帝國 圈內에서의 조선의 位相 변화를 가져오는 한편, 조선 내의 대규모 水力電源의 발견으로 공업화에 대한 낙관적인 전망이 열린 시기, 다시 말해 농업과 공업을 동시적으로 개발하기 위한 農/工立進 방향으로의 정책전환을 가져온 시기. 제4시기는 1930년대 후반 들어 1937년의 中日전쟁 발발을 계기로 나라 전체가 곧장 전시체제로 전환하게 되고, 그에 따라 조선도 軍需産業基地로서의 중요성이 부각되면서 각종 軍需 관련 重化學工業化가 급속히 전개된 시기로 나누는 '4시기區分論'이 그것이다.[48]

이상 4시기를 거치면서 활발하게 전개되는 식민지 조선의 공업화 과정은 그럼 각 시기별로 어떤 양상을 띠며 전개되는가. 이 문제에 들어가기에 앞서, 우리는 먼저 무엇 때문에 일본은 조선에서 일찍이 서구 열강의 식민지 사례에서는 결코 찾아볼 수 없는 식민지 工業化를 그처럼 강력히 추진하였을까 하는 데 대한 확고한 문제의식을 갖추어야 한다는 점이다.

2) 제1시기 : 工業化를 위한 基盤構築期 (1905~20년)

1910년 병합 이후 총독부는 朝鮮을 근대화시키기 위한 先行 조치의 일환으로 우선 다음 두 가지 제도개혁을 서둘렀다. 하나가 1911~1918년간이라는 長期에 걸친 전국적인 '土地調査事業'이었고, 다른 하나는 조선의 貨幣를 종전의 葉錢(쇠돈)을 새 紙錢(종이돈)으로 바꾸는 소위 '幣制改革'이 그것이었다.[49] 앞의 토지조사사업은 전국의 모든 土地(林野 제외)를 대상으로 土地의 면적-地形地貌-地目-地價-소유관계 등에 대한 일제 조사를 단행하는 그야말로 대규모 國策사업이었다. 이 사업은 이미 지난 統監府 시절에 一次 시도해본 바가 있지만, 그것이 결코 간단한 사업이 아님을 깨달

---

48) 이런 공업화 4時期論 외에 또 다른 구분 방법론도 있다. 그중 한 가지는 병합 후 1920년대까지는 총독부 산업정책이 農業 우선개발에 주어지고, 工業化는 완전히 뒷전으로 밀렸다고 봐야하기 때문에 공업화를 다루는 시기구분은 어디까지나 1930년대 이후부터 시작되는 것으로 봐야 한다는 주장이다. 일본의 한국 식민지 연구 전문가인 堀 和生 교수(京都大)는 1930년대 전반(1930~36년까지)을 공업화 제1기, 1930년대 후반(1937~40년까지)을 공업화 제2기, 그리고 1941년~45년간을 공업화 제3기로 가르는 입장을 취하고 있다 - 전게서, pp. 85~87 참조.

49) 이 두 가지 사업은 기실 1905년의 乙巳條約 이후 또는 그 이전의 甲午改革(1894년)이나 光武改革(1901년) 때부터 國政改革을 시도한 바 있으나 객관적 여건의 不備로 성공하지 못하고 있다가 결국 1910년 倂合과 동시에 본격적으로 시행되기에 이르렀다. 이는 무엇을 의미하는가? 국가제도의 근본적 개혁은 일종의 혁명적 課業이라 할 수 있고, 그런 관점에서 그것은 어떤 형태로든 국가통치체제의 근본적 變革 없이는 성공할 수 없다는 역사적 사실을 말해주는 것이라고 할 수 있다.

게 되었는가 하면 결국 병합과 동시에 곧바로 實行에 옮기게 된다. 여기에
는 장장 9년이라는 긴 시간과 함께 막대한 資金과 勞動力이 소요되었음은
말할 나위도 없다. 이를 통해 총독부는 조선 土地(不動産)에 대한 私的 所
有權을 확립하게 되고, 그것을 법적으로 보장한다는 의미에서의 不動産
登記制度를 도입하기에 이르렀다. 이 不動産登記制度야말로 한국 역사상
최초로 私有財産制度를 법적으로 확립하게 되는 매우 중요하고도 획기적
인 조치라고 하지 않을 수 없다.

두 번째의 幣制改革과 관련해서는 당시까지만 하더라도 조선은 전통
적으로 내려오는 금속화폐(銅錢)를 널리 사용하고 있었다. 조선 시대 대표
적인 葉錢이었던 常平通寶(상평통보)를 비롯하여 그 후에 만들어지는 當
五錢, 白銅貨 등이 그것이라 할 수 있다. 일반 商去來에서 제한적인 범위
에서이지만 그래도 이것이 교환의 媒介手段으로 사용되고 있었으나, 이
들 쇠돈(銅錢) 화폐는 그 무게나 부피로 말미암아 운반이나 휴대하기가 심
히 불편할 뿐더러, 실제 사용상 불편한 점이 이만저만이 아니었다. 시대의
흐름에 따라 開港 후 급격히 늘어나는 외국상품의 수입이나 기타 商去來
를 이런 쇠돈으로 카버하기에는 너무나 불편하기 짝이 없는 일이었다. 그
런 가운데 開港 후 외국과의 교역이 급증함에 따라 주된 교역 대상국으로
서의 淸國이나 日本, 러시아 등은 직접 자신의 貨幣를 가지고 들어와 開港
場을 중심으로 공공연히 通用시킴으로써 이들 화폐(紙幣)와 기존의 한국
화폐(銅錢)가 서로 뒤섞여 混用되는 형국으로 되고, 시간이 지날수록 조선
의 銅錢이 거래에서 밀려나는 현상이 벌어졌다. 결국 朝廷에서는 商品 去
來와 화폐 유통의 원활화를 위해서는 지금처럼 휴대하기 무겁고 사용에
불편한 銅錢(쇠돈)을 폐지하고, 가볍고 편리한 紙幣(종이돈) 제도로 전환해
야 한다는 시대의 요청이 강력히 제기됨에 따라 드디어 근대적인 幣制改
革이 이루어지게 된다.[50]

---

50) 이상의 부동산 登記制度의 도입과 銅錢을 紙幣로 바꾸는 貨幣制度 전환이라는 양대 개혁조
치를 통하여 朝鮮은 역사적으로 20세기 초의 시점에서 법적인 私有財産制度의 확립과 화폐

이밖에 또한 이 시기에 공업화를 위해서는 없어서는 안 될 先決條件이라 할 각종 사회간접자본의 조기 형성을 들지 않을 수 없다. 병합 이전부터 추진되어 온 京仁線, 京釜線, 京義線 등 주요 幹線 鐵道의 개통을 비롯하여, 全國을 감싸는 幹線 자동차 도로망(新作路)의 부설과 또한 開港場을 비롯한 주요 항만의 구축이나 電信/電話網의 架設 등이 그 대표적인 것들이었다. 이들 사회간접자본의 조기 형성이 공업화를 위해서는 없어서는 안 될 한 쪽 조건이라면, 다른 편으로는 북쪽의 압록강과 두만강, 남쪽의 漢江 등을 비롯한 많은 河川 유역에서의 대규모 水力電源의 개발과 거기에 또한 北鮮지역을 중심으로 한 석탄, 철광, 銅鑛, 鉛/亞鉛鑛 등 각종 다양한 지하자원의 埋藏(매장) 확인 등으로 공업화를 위한 풍부한 에너지源과 原料鑛의 확보가 또 다른 한 가지 중요한 필요조건이라고 할 수 있다. 공업화를 위해서는 우선적으로 철도, 도로, 港灣 등 수송수단의 발달이 전제되어야 함은 물론, 電力이나 石炭 등 動力(에너지)資源의 확보는 말할 것도 없고, 소요 原資材의 원활한 조달을 위한 지하자원(原料鑛)의 개발 등이 전제되어야 할 것임은 再論의 여지가 없다.

3) 제2시기 : 工業化를 위한 制度整備期 (1920~29년)

1920년대 들면서 조선 공업화를 위한 先決조건으로 반드시 해결해야 할 문제가 한 가지 더 있었다. 다름 아닌 併合 직후인 1911년 1월 총독부가 조선에서의 신규 會社 설립을 억제하기 위하여 실시한 소위 會社令을 어떻게 할 것이냐 하는 문제가 그것이었다. 이 會社令에 의해 조선인이든 일본인이든 조선에서 새로 工場을 짓거나 회사를 세우려면 반드시 총독부의 事前 許可를 받아야만 하게 되어 있었는데,[51] 1919년의 3·1운동을 계기

(紙幣)를 매개로 하는 자유로운 商去來가 보장되는 市場經濟制度의 성립이라는 두 가지 획기적인 制度改革을 가져오게 된다. 이로써 근대적인 資本主義 시장경제의 성립을 가능케 하는 데 필수적이라 할 두 가지 기초조건을 마련하게 된다.

51) 1910년대 會社令 실시 기간에 있어 朝鮮의 회사설립 許可를 신청한 건수는 총 676건이었는데, 그중 약 82%에 해당하는 556건이 당국에 의해 승인되었으며, 그리고 일본으로부터 조선에 本

로 총독부는 더 이상 그런 규제조치를 존속시킬 필요가 없다고 판단하게되고, 1920년 4월 과감하게 동 會社令을 철폐하게 된다. 이 회사령의 철폐를 통해 비로소 日本資本의 자유로운 朝鮮流入이 가능하게 되고, 그에 따라 또 조선인이든 조선에 건너온 일본인이든 누구나 조선에서 마음대로회사를 설립하거나 공장을 지을 수 있게 되었다. 1920년대 대표적인 조선인 기업가 金性洙 家系(全北 高敞)에 의한 京城紡織, 京城製絲 등 한국 최초의 근대적 공장의 설립도 바로 이 무렵에 이루어진 실적이었다.

이 시기 공업화의 전제조건으로 들어야 할 또 한 가지 문제는 1910년병합 당시 총독부는 일본과 조선 간의 商去來에 대해 향후 10년 時限附로關稅를 부과하기로 결정한 바 있었는데, 이 관세부과조치가 또한 1920년8월로 기한 滿了와 함께 자동적으로 폐지되기에 이르렀다는 사실이다. 이양자간의 關稅 폐지조치로 말미암아 일본과 조선간의 通商관계가 더욱자유롭게 됨은 물론, 아울러 조선에서의 신규 會社 설립도 더욱 용이하게되는 부수적 효과도 가져오게 되었다.

당시 조선에서의 회사 설립을 크게 억제해 온 이상의 會社令 및 關稅賦課의 두 가지 제도적 장치를 동시에 철폐함에 따라 1920년대 조선에서의 회사 설립은 점차 활기를 띠게 되었다. 물론 회사 설립이 활기를 띠게된 것이 이처럼 회사설립을 억제해오던 제도적 장치가 풀리게 된 때문만은 아니고, 때마침 제1차 세계대전 이후 찾아온 세계경제의 전반적 活況으로 일본경제 역시 때 아닌 好景氣를 맞게 된 외부적 영향이 더욱 크게작용한 탓이라고도 할 수 있다. 말하자면 후자의 세계경제 好況의 영향으로 일본경제가 상당한 수준으로 신규 투자의 餘力을 갖추게 된 것이 바로일본기업으로 하여금 朝鮮에 대한 域外 투자에도 눈을 돌리게 하는 외부적 여건을 마련하게 된 셈이었다.

일본자본의 朝鮮進出이 비록 활기를 띠었다고 하더라도 그것으로 바

店 회사 설립을 신청한 건수는 모두 11건이었는데 이는 모두 승인되었다. 단지 支店 설치 신청의 경우는 91건 가운데 85건이 허가된 것으로 나타나고 있다 - 「자료 4」(제18장), pp. 5~7 참조.

로 이 무렵에 조선의 공업화에 始動을 걸게 된 것으로 단정하기는 어렵다고 해야 한다, 왜냐하면 1920년대 일본의 조선에 대한 식민지정책의 基調는 당시의 産米增殖計劃을 통해서도 알 수 있듯이, 어디까지나 工業化보다는 朝鮮米의 增産을 위한 농업개발에 투자의 우선순위가 놓였었고, 그런 가운데 공업부문에 대한 일본자본의 유입은 아무래도 이런저런 制約을 받을 수밖에 없었기 때문이다. 구체적으로 1920년대 신규 설립된 제조업 관련 주요 회사(공칭자본금 100万円 이상)의 경우, 小野田시멘트, 日本硬質陶器, 豊國製粉, 太平釀造, 龍山工作所 등 겨우 7개 사를 헤아릴 정도였지만, 반면 같은 기간에 農-畜産-林業 등 一次산업 분야에서의 신규회사 설립은 비록 규모는 크지 않으나 朝鮮明治乳業, 北鮮開拓興業, 朝鮮開拓, 大林農場, 東亞蠶絲, 北鮮産業 등 모두 10개 사에 달하고 있었다(뒷면 〈표 4-11〉 참조). 이러한 사실은 1920년대 총독부의 조선에 대한 식민지 경제정책의 基調가 어디까지나 朝鮮米의 增産을 중심으로 하는 농업 및 관련 加工業의 개발에 우선순위가 놓여 있었음을 말해주고 있다.

4) 제3시기 : 農工竝進과 工業化의 發動期 (1930~36년)

조선을 食糧 및 原料공급기지로서 자리매김한 일본 식민지정책의 基調는 1920년대 후반의 이른바 '昭和恐慌'이라는 長期 不況을 겪으면서 점차 바뀌기 시작한다. 우선 일본 내 米價의 대폭락 현상은 거꾸로 조선으로부터의 米穀 수입에 制動을 걸지 않을 수 없게 만들었고, 이러한 일본 내 농업사정의 변화가 바로 조선에서의 産米增殖計劃을 더 이상 지속하기 어렵게 만들었다. 이처럼 朝鮮米의 對日 수출의 길이 막히게 되자, 그것은 곧 일본의 조선에 대한 식민지정책의 방향 전환을 불가피하게 하는 결정적인 계기로 작용하게 되었다.

총독부는 이에 産米增殖을 위한 농업의 진흥만이 아니라, 南棉北羊이나 産金장려 같은 색다른 산업정책 슬로건을 내걸게 되고, 농업만이 아니라 牧畜業이나 광공업 등의 육성도 병행하는 이른바 農工竝進政策으로의 방향 전환을 가져왔다. 때마침 제2차 水力電源調査(1922~29년)의 성과가 제1차 조사 때의 비관적인 전망을 완전히 뒤엎고, 조선 水力發電의 包藏 (포장)능력이 거의 무한대에 가깝다는 식의 극히 낙관적인 전망이 나옴으 로써, 그것은 조선의 공업화 정책에 대한 종전의 疑懼心(의구심)을 떨쳐내 기에 충분했을 뿐더러, 동시에 1930년 日本窒素콘체른의 조선 子會社라 할 朝鮮窒素(주)에서 自家 소비용 赴戰江(부전강) 제1발전소 건설에 성공 하게 되고, 여기서 나오는 전력을 이용하여 당시 東洋 최대 규모의 興南窒 素肥料공장이 操業에 들어가게 된 놀라운 成功 사례가 또한 정책 당국으 로 하여금 1930년대 조선 工業化에 대한 確信을 갖게 했다고 볼 수 있다.

1931년의 滿洲事變과 그에 따른 滿洲國의 수립은 당시 세계 大恐慌으 로부터 탈출하기를 바라는 일본 국민의 대외진출 여론과 맞물려 당초부 터 만주개발계획을 적극적으로 추진토록 부추겼다. 만주개발계획은 또한 朝鮮/滿洲 간의 공동개발 필요성과 맞물려 일본의 조선에 대한 공업화정 책을 한층 앞당기게 만들었다. 이를테면 일본의 만주진출을 위한 關門으 로서의 조선의 지리적 조건은 두말할 필요도 없거나와, 鮮/滿 국경 지대를 흐르는 압록/두만 兩江 유역에 대한 공동개발 필요성과 또 그를 통한 대규 모 水力發電所의 공동건설과 공동이용의 문제, 양자 간의 鐵道의 연결과 공동 운영의 문제, 국경 지대 地下資源의 공동 개발 및 이용의 필요성 등 양자 간에 공동으로 추진해야 할 開發프로젝트가 시간이 흐름에 따라 계 속 늘어나기에 이르렀다.

鮮/滿간의 이러한 공동개발의 필요성은 현실적으로 1930년대 조선의 공업화를 北鮮 지역 중심으로 돌아가게끔 만들고, 또한 풍부한 電力에너 지를 필요로 하는 중화학공업 중심의 개발체제로 나아가게 하는 구조적 특성을 띠게끔 만들었다는 데 또다른 의미가 주어진다. 이런 시각에서 보 면, 1930년의 赴戰江발전소 건설과 그에 의한 興南질소비료공장의 가동 은 바로 1930년대 조선의 공업화 계획을 앞장서 끌고 갈 두 마리 말과 같 은 牽引車의 出現과 같은 의미를 가지는 것이라고 할 수 있다.

1930년대 조선 공업화와 관련하여 특별히 또 한 가지 지적해 둘 문제가 있다. 그것은 공업화에 따른 所要 資金 조달문제와 관련하여 총독부가 처음부터 제도적으로 朝鮮 공업화를 위한 資金을 직접 조달할 권한을 갖고 있지 않았다고 하는 사실이다. 즉 조선 공업화를 위해서는 총독부가 독자적으로 公債發行 등을 통한 지금조달의 권한을 가지는 것이 무엇보다도 중요한 전제조건이라고 할 수 있음에도 당시 총독부가 제도적으로 그런 권한을 갖고 있지 않았다는 점이 커다란 제약조건으로 작용하지 않을 수 없었다. 이런 제약으로 말미암아 총독부는 어쩔 수 없이 일본 내의 民間企業(자본)으로 하여금 조선에 대한 投資를 확대할 수 있도록, 즉 그들이 필요로 하는 투자 여건을 되도록 유리하게 조성해주는 길밖에 달리 취할 수 있는 카드가 없었다고 해야 한다.

이를테면 일본 內地에서 적용하던 工場法이나 重要産業統制法 같은 기업투자에 심히 불리한 영향을 미치게 될 관련 法規를 조선에 대해서는 일단 그 적용을 배제시켜준다든가, 둘째로는 투자 기업으로 하여금, ① 풍부하고 저렴한 에너지자원(電力, 石炭 등)의 조달, ② 주요 工業原料(原料鑛)의 조달, ③ 저렴하고 풍부한 勞動力의 활용, ④ 저렴한 가격으로의 工業用地 구입 등의 당면 문제를 가급적 유리한 조건으로 해결할 수 있도록 지원하는 것 등이 바로 총독부가 할 일의 전부였다.

이 같은 시대상황 속에서 1931년에 처음 부임한 宇垣一成 총독(제6대)은 두가지 새로운 정책목표를 동시적으로 추진코자 했다. 우선 강력한 農漁村振興運動을 전개하여 조선 농민의 잘못된 생활관습과 意識構造를 개혁하는 동시에 그를 통한 농민생활의 향상과 농업의 발전을 추구하는 한편, 다른 편으로는 조선의 조속한 工業化를 위한 제반 지원시책도 적극적으로 베푸는 방식으로, 곧 농업과 공업을 동시 병행적으로 발전시키는 農工竝進의 정책방향으로 나아가는 것이 그것이다. 그는 農工竝進을 추구하면서도 다른 한편 前任 總督 시절에서와는 달리 가급적 경제에 대한 政府統制를 배제하고 기업의 자유로운 투자활동을 보장하면서 일본 내의 대기업(재벌)을 적극적으로 유치함으로써 민간 주도의 공업화를 추진하는 방향으로 나아갔다. 이런 관점에서 1930년대 전반의 이 우가키(宇垣)총독 통치시대를 일컬어 '宇垣 自由主義 시대' 또는 조선을 '企業하기 좋은 자유로운 樂土' 등으로 칭송하게끔 만들었다. 이는 바로 우가키 스타일의 自由化 정책의 産物이라 할 수 있다(김낙년, 2002. 124).

총독부의 이러한 적극적인 공업화 지원시책에 힘입어 1930년대 당시 조선은 또 하나의 아시아판 '골드 러시(gold-rush)의 땅'으로 불릴 만큼 일본기업(자본)에게는 매우 매력적인 투자 대상으로 떠올랐다. 풍부한 지하자원의 賦存과 電力, 石炭 등 풍부한 動力源의 확보 등 조선 本來의 유리한 공업화 조건에다가 총독부의 적극적인 工業化 지원시책까지 겹침으로써 1930년대 전반기 조선의 공업화 실적은 당초의 비관적인 전망을 완전히 뒤엎고 예상 밖의 놀라운 성과를 가져왔다.

구체적으로 1931년 대비 1937년의 각 산업별 생산액 增加勢를 보면, 기간 중 農産物의 2.2배 增을 비롯하여, 林産物 2.3배 增, 水産物 2.4배 增을 각각 나타낸 데 대하여 工産品은 무려 3.8배의 증가를 가져왔는가 하면, 게다가 鑛産物의 증가율은 무려 5.1배에 달하여 이 공산품 증가를 原料면에서 직접 뒷받침했다고 볼 수도 있다. 총 생산액에서 차지하는 비중에 있어서도 이 기간에 농산물 비중은 63.1% → 52.5%로 줄어든 대신, 공산품은 22.6% → 32.7%로 현저히 늘어났다(「자료 4」(제14장), p. 10) 또한 이 기간에 있어서의 공업 내부의 업종별 비중 변동에 있어서도, 이를테면 食料品공업이 57.5% → 40.9%로의 현저한 감소세를 나타내고 그밖에 대부분의 업종이 下落勢를 보인 가운데, 유독 남쪽의 紡織공업과 북쪽의 化學공업만은 반대로 9.1% → 12.8% 및 11.7% → 27.9%로의 急增勢를 나타내고 있음도 특기할만한 일이라 할 수 있다(같은 자료, pp. 13~14).

이상의 설명을 종합컨대, 1930년대 전반에 있어서의 조선 工業化의 특징은 다음과 같이 요약해 볼 수 있다. 첫째로 산업정책적 측면에서 볼 때 이 시기 식민지 朝鮮의 공업화 문제가 하나의 시대적 요구로 크게 부각되었다는 점이고, 둘째로는 남쪽 지역을 중심으로 한 紡織工業의 급속한 발달과 대조적으로 북쪽 지역에서는 電氣工業과 化學工業의 비약적인 발달을 가져왔다는 점을 1930년대 공업화의 특징적 현상으로 들 수 있지 않을까 한다(「자료 4」(제14장), pp. 12~13). 후자의 경우, 좀 더 구체적으로 보면 남쪽의 방직공업에서는 東洋紡績(인천), 鍾淵紡績(평양, 광주), 大日本방적(청진), 조선방직(부산), 태창직물, 大邱製絲 등의 설립을, 북쪽의 電氣/化學공업 부문에서는 조선질소비료를 중심으로 하는 興南化學콤비나트를 비롯하여, 王子製紙(신의주), 北鮮제지화학(吉州), 朝鮮유지(청진), 日本高周波중공업(城津), 朝鮮人造石油 등의 설립을 그 대표적인 사례로 들 수 있다.

5) 제4시기 : 본격적인 重化學工業化 시기 (1937~45년)

이처럼 1930년대 전반에 있어 비록 남부의 纖維工業, 북부의 化學工業이 각기 그 나름의 獨步的인 발전을 가져왔다고는 하지만, 그것으로 朝鮮의 工業化가 모든 분야에 걸쳐 전반적으로 확대되었다고는 말할 수 없다. 왜냐하면 일본 정부나 조선총독부가 식민지 조선에 대한 産業政策의 基本을 지난날의 농업 우선 개발로부터 앞으로는 농업보다는 공업에 우선을 두겠다는 식의 어떤 정책기조의 전환을 정부 차원에서 공식적으로 선언하지 않았을 뿐더러, 현실적으로도 工業化보다는 오히려 農工竝進을 앞세워 실제로는 농업/농촌의 개발에 더 큰 비중을 두고 있는 것처럼 보였기 때문이다. 이런 점을 감안할 때, 1930년대 전반에 있어서는 총독부의 産業政策이 제대로 방향 설정을 못한 채 어정쩡한 상태에 놓여 있었다고 말할 수 있다.

산업정책의 기본 방향이 이처럼 분명치 않는 상태에서 1937년에 벌어지는 中日戰爭은 일본으로 하여금 어떤 식으로든 조선에 대한 산업정책의 방향을 한쪽으로 강요하는 방향으로 작용했다. 즉 中日전쟁의 발발은 우선 일본으로 하여금 戰時경제체제로의 급속한 전환을 불가피하게 하고, 아울러 軍需産業의 조속한 육성이라는 당면의 시대적 요구를 강력히 제기시켰다는 점에서 그러하다. 같은 해 일본이 滿洲지역에 대한 종합적 개발계획이라 할 '産業開發 5개년계획'(1937~41년)을 수립, 추진하게 됨에 따라, 일본은 조선을 포함하는 이른바 日-鮮-滿-華(中)를 연결하는 廣域의 自給自足(아우타르키)체제로서의 소위 円-bloc경제를 조속히 구축해야 할 필요성에 직면하였다. 일본은 이 廣域의 円-블록 구축을 위해 우선 역내에서의 종합적인 生産力擴充계획을 수립하고, 아울러 주요 물자 需給에 대한 정부 스스로의 통제 강화와 종합적인 物資動員計劃까지 수립했다. 1930년대 후반 일본을 主軸으로 하는 東北아시아 지역에서의 이러한 정세 激變(격변)에 부응하여 조선경제도 일본정부가 추진하는 전시통제체제 하의 円-블록에 자동적으로 편입되지 않을 수 없게 되었다.

중일전쟁이 발발하는 1937년 당시까지만 하더라도 일본정부는 조선의 특수성을 감안하여 그 시행을 미루어오던 重要産業統制法을 조선에까지 연장 적용하게 되고, 그밖에 전시하의 國家總動員法이나 臨時資金調整法 등의 강력한 전시 統制法規도 조선에까지 확대 시행토록 함으로써, 식민지 조선 역시 일본 內地와 마찬가지로 강력한 戰時 통제경제체제 하에 놓이게 되었다고 할 수 있다.[52]

戰時 통제경제 하에서의 조선 공업화의 방향은 자연히 각종 軍需産業 관련 업종의 生産力확충계획을 우선적으로 추진하는 데 주어졌다. 조선의 경우, 군수산업을 직접 개발하기보다는 그것을 간접적으로 지원하기

---

52) 이런 각종 戰時法令의 朝鮮 시행을 둘러싸고 일본정부와 조선총독부 간에는 상당히 심한 갈등이 조성되었다. 총독부 측은 조선의 공업화 수준이 일본 內地와는 비교할 수 없을 정도로 월등히 낮은 상태이므로 일본 內地에서처럼 그런 강력한 戰時 통제법령을 동일하게 적용하게 되면 조선경제는 심각한 위기에 빠지게 된다는 점을 들어 그러한 조치들의 조선 시행을 극구 반대하였으나, 本國 정부 측은 전시 하의 특수 상황을 내세워 조선에 대한 例外조치를 인정할 수 없다는 입장이었다. 결국 1942년 조선총독부의 職制 개편으로 조선총독의 법적 지위를 종전의 天皇 직속에서 정부의 內務大臣 麾下(휘하)로 바꾸어, 모든 면에서 그의 지시 감독을 받게끔 하는 이른바 조선총독의 法的 地位를 크게 格下시킴으로써, 본국 정부와의 갈등관계를 정부조직법 상의 제도 개편을 통해 해결하는 길을 택하였다 – 「자료 4」(제14장), p. 18, 金洛年, 앞의 책, pp. 123~125 참조.

(단위 : 회사 수)

	1937	1938	1939	1940	1941	1942	1943	1944.8	합 계
農林/수산업	1	1	-	-	-(2)	1	-(1)	1	4(3)
광 업	7(1)	14	8(2)	2	3	6	6(2)	6(1)	52(6)
공 업	17(1)	9(2)	17(3)	13(3)	12(2)	18(5)	16(4)	6(3)	108(23)
금융/보험	-(1)	-(3)	-(2)	-(2)	-(1)	-(1)	-(8)	-(5)	(23)
運輸/창고	6	-	-	-	1(2)	(1)	3(1)	6	20(4)
電氣/가스	-	-	-	-	-	-	-	-	-
상 업	3(1)	-(3)	1(6)	-(9)	3(17)	1(14)	-(5)	-(4)	8(59)
기타(雜業)	3(1)	1	1	1(1)	2	1(7)	4(1)	2	15(10)
特殊會社*	3	-	6	3	5	2	4	3	26
합 계	40(5)	26(8)	36(13)	19(15)	26(24)	29(28)	33(22)	24(13)	233(128)

자료 : 朝鮮商工會議所, 『朝鮮主要會社表』, 1944年 8月에서 작성.
주 : 1) 제목 상 주요 會社의 '主要'의 기준은 공칭자본금 100万 円 이상의 회사임.
　　2) * 의 特殊會社는 법적으로 정부 통제를 받는 회사로서, 정부 統制의 성격에 따라 다시 特殊會社와 準特殊會社로 구분됨.
　　3) 표 상의 ( )밖의 수치는 本店 회사 설립 수, ( )내는 支店 開設 수임.

위한 조치로, 예컨대 非鐵금속이나 鐵鋼 등 素材産業의 개발에 역점을 둠과 아울러 電力, 석탄 등 에너지 자원의 개발, 鐵道나 항만 등 수송수단의 확충 등을 통하여 군수산업 육성을 위한 생산력 확충사업으로서의 일익을 담당코자 하였다. 前者의 素材산업 육성을 위한 대상 업종으로는 특히 알루미늄제련을 비롯한 輕金屬 및 工作機械공업, 자동차-鐵道車輛-선박-항공기 제조, 爆藥-硫安 제조, 소다공업 등이 중요하게 포함되었다. 이들 素材산업의 육성을 위해서는 基礎 原料의 확보를 위한 地下資源의 개발 역시 중요한 생산력확충산업의 범주에 포함되어야 함은 물론이다.

統制경제체제로 넘어간 1937년 이후 조선의 工業化는 어떻게 전개되었는가. 앞에서 본 朝鮮商工會議所 자료를 이용하여 공칭자본금 100만 円이상의 주요 회사를 대상으로 1937년부터 1944년 8월까지의 각 연도별, 업종별 新設 회사수의 추이를 보면 〈표 4-10〉의 내용과 같다. 이 표에서 보듯이, 이 기간의 신규 회사의 설립은 本店社의 신설이나 支店社의 설치 어느 쪽으로든 그 이전 시기와는 비교가 안 될 정도로 활발한 회사 설립 추세를 나타내고 있었다. 특히 그중에서도 현저히 눈에 띠는 현상은 광공업 분야에서의 신규 회사 설립 붐이 엄청나다는 사실이다. 광업의 경우는 이 기간에 무려 52개에 달하는 대형 광업회사가 새로 등장하게 되었는데, 이는 기존의 총 광업회사 수 79사 대비 무려 66%라는 큰 비중일 뿐만 아니라, 그것도 1937~39년의 3년간에 무려 29사가 집중되고 있음을 볼 수 있다. 광업에서의 이런 증가는 우선 이 시기 총독부의 적극적인 産金獎勵政策의 영향으로 금광업에 대한 국민적 관심이 크게 고조된 탓도 있겠지만, 당면의 군수산업 관련의 중화학공업의 조속한 육성을 위해서는 철광석이나 石炭 등은 물론 重石, 黑鉛, 텅스텐, 마그네사이트, 몰리뷰틴 등 주요 原料 鑛物의 자체 확보가 하나의 중요한 先決조건으로 등장하게 된 것이 또한 여기에 큰 영향을 미친 탓이라고 할 수 있다.

제조업의 경우 그 설립 동향은 이상의 광업의 경우와 크게 다르지 않다. 다음 〈표 4-11〉에서 보듯이, 총 155개 신설회사 가운데 약 70%에 해당하는 108개 社가 이 제4시기에 집중되어 있는가 하면, 또 그 108개 사는 같은 기간의 총 신설회사 233개 사의 거의 절반에 가까운 46.4%를 차지하고 있다. 그리하여 1937년 이후의 공업화 제4시기에서의 광업과 제조업을 합한 鑛工業(160사)의 비중이 전체 신설 회사(233사)의 3분의 2를 초과하는 68.7%에 이르고 있어, 이 시기 군수산업 관련 時局産業으로서의 광공업에 대한 육성정책이 얼마나 강조되었는가를 충분히 이해 할 수 있다. 반면 기타 농림/수산업 등 一次産業은 겨우 4사에 불과하고, 그대신 운수/창고업이 20사, 상업 8사, 특수회사 26사 등으로 구성되고 있다.

결국 식민지 시대 조선의 工業化 과정은 中日戰爭과 그후의 태평양전쟁을 거치는 이른바 공업화 제4시기라고 할 1937~44년까지의 약 8년간에 가장 격렬하게 전개된다고 말할 수 있다. 물론 여기에는 한, 두 가지 단서條項이 필요하다. 그것은 이처럼 제4시기에 대규모 신설 회사가 무척 많이 들어선다고 하여 그들 회사가 모두 이 기간에 공장을 설립하고 또 稼

動단계에까지 이르게 되는 것은 아니라고 하는 사실이다. 1942년 이후에 설립되는 회사 가운데는 당시 일본 本土에 대한 美軍의 空襲(공습)에 대비하는 등 군사적 필요성에 의해 일단 공장시설을 상대적으로 안전하다고 할 조선으로 이전하게 된 경우가 적지 않았을 것이라는 점이다. 이들 회사는 시설만 옮겨놓은 채 미처 工場 설치/가동에 들어가기 전에 終戰을 맞게 된 경우도 많이 있었을 것이라는 점을 감안한다면, 이 제4시기에서의 新設 회사수의 비중을 가지고 곧바로 조선 전체 공업화과정에서 이 시기가 갖는 비중이 그 만큼 높다거나 또는 그만큼 더 중요하다고 볼 수는 없다고 함을 지적해 둘 필요가 있다.

둘째로 또 한 가지 밝혀야 할 것은 〈표 4-11〉상의 소위 '特殊會社' 관련의 문제다. 전시 하에서 정부에 의해 직접 統制를 받아야 하는 이들 특수회사란 어떤 성격의 회사일까. 우선 총 특수회사 33사 가운데 26사가 이 제4시기에 설립된다고 함이 특징적이라 할 수 있는데, 그럼 그 이전에 있었던 7개사는 어떤 회사였을까 하는 점도 아울러 관심거리가 아닐 수 없다. 이 7개 사는 대부분 금융기관에 속하는 것들로 이를테면 朝鮮銀行과 朝鮮殖産銀行의 양대 國策銀行을 비롯하여, 朝鮮信託(주), 조선저축은행, 조선화재해상보험 등 금융회사와 그밖에 朝鮮米穀倉庫(주), 朝鮮海陸運輸(주) 등으로 이루어졌다. 그리고 제4시기에 설립된 나머지 26사는 모두 1937년 이후 통제경제체제 하에서 신설된 회사들로, 이들의 업종별 구성을 보면 電氣 관련 2사(압록강水電, 朝鮮電業)와 광업 관련 4사 정도를 제외한 나머지 대부분이 石油, 석탄, 木材(林産物), 축산물, 수산물, 原皮, 가죽 제품 등과 같은 주요 물자(원자재)의 조달을 위한 것이거나, 또는 이들 주요 물자의 원활한 配給과 流通을 목적으로 설립된 회사들이었다. 따라서 이 시기 이들 특수회사의 대량 설립이 주요 物資의 需給統制를 통하여 산업생산에 직접적인 영향을 미치게 되고, 또한 그것이 당시 산업정책의 주된 목표였던 生産力擴充사업에 크게 이바지한 것은 분명한 사실이지만, 그 자체 직접 생산 활동을 통해 工業化에 기여한 바는 그렇게 크지 않다고

(단위 : 회사 수)

	제 1 시기 (~1910′s)	제 2 시기 (1920~29년)	제 3 시기 (1930~36년)	제 4 시기 (1937~44.8월)	합 계
農林/축산업	6 (3)	10 (3)	6 (1)	2 (2)	24 (9)
水産業	1	1	− (1)	2 (1)	4 (2)
광 업	1(2)	5	21	52 (6)	79 8)
공 업	9 (4)	7 (5)	31 (10)	108 (23)	155 (42)
금융/보험	2 (6)	2 (4)	2 (4)	− (23)	6 (37)
운수/창고	2 (1)	5 (1)	10 (2)	20 (4)	37 (8)
電氣/가스	3 (1)	1	−	−	4 (1)
상 업	2 (8)	4 (5)	15 (3)	8 (59)	29 (75)
잡 업	− (1)	10	14 (1)	15 (10)	39 (12)
特殊會社*	2	2	3	26	33
합 계	28 (26)	47 (18)	102 (22)	233 (128)	410 (194)

자료 : 朝鮮商工會議所, 『朝鮮主要會社表』, 1944年 8月.
주 : 〈표 4-10〉의 각주 참조.

할 수도 있다.

셋째로는 이 시기 支店 설치 문제와 관련하여 또한 약간의 敷衍(부연) 설명이 필요하다. 1910년 병합 이후 1944년 8월까지 총 194개의 支店 — 本 社는 거의 일본에 所在 — 이 조선에 설치되었는데, 그중 66%에 해당하는 128개 지점이 1937년 이후의 이 공업화 제4시기에 집중적으로 설치되었다 는 점이다. 이들의 산업별 구성을 보면, 앞의 本店 설립의 경우와는 약간 성질을 달리하고 있음을 볼 수 있다(〈표 4-11〉 참조). 이를테면, 이 시기에 本店 社의 설립은 하나도 없는 금융 부문에 있어 무려 23개의 支店 설치가 이루어졌는가 하면, 불과 8개 사의 本店 설립을 가져온 상업에서도 무려 59개의 支店 설치가 이루어지고 있다. 반면 本店 설립이 160개 사로 압도 적으로 많았던 광공업에 있어서는 支店 설치 수가 겨우 29개에 불과하다 는 점 등이 바로 이 지점 설치와 관련하여 특별히 지적되어야 할 사항이라 할 수 있다.

이런 특수한 현상은 어떻게 설명할 수 있을까. 거기에는 다음과 같은 설명이 가능하리라고 본다. 먼저 금융업이나 商業 등 유통부문에 있어서의 支店 설치가 무척 활발하게 이루어진 것은 이들의 경우는 광공업에서처럼 산업시설의 설치에 따른 대규모 所要 資金이 필요치 않다고 하는 점, 다시 말해 최소한의 사무실이나 店鋪 구입 정도의 소요 비용으로도 支店 설치가 가능하다고 할 수 있으나, 鑛工業의 경우 지점 설치가 意外로 적은 것은 당시의 시국 흐름에 비춰 식민지 조선의 앞날이 심히 불투명한 마당에 새 鑛山 개발이나 工場 설립을 위해 그러한 막대한 시설투자를 決行하면서까지 支店을 설치할 필요를 느끼지 않았을 것이라는 설명이 그것이다. 그렇다면 우리는 이 제4시기 광공업 부문에서의 本店 社의 대량 설립을 가져온 것을 놓고 과연 어떻게 해석해야 할까? 그것은 장기적인 사업 展望에 따른 정상적인 투자행위로서가 아니라, 많은 경우 전시 하에서 일단 공장시설을 安全한 곳으로 옮겨 놓자는 취지에서의 일종의 逃避性(도피성) 투자의 성격이라고 할 '移設工場'과 같은 것으로 봐야 할 것이다.

3. 工業構造의 변동과 重化學工業化

1) 산업별 成長과 構造變動

식민지 시대를 통틀어 전체 산업 가운데서 제조업이 차지하는 비중이 어떻게 변동하였는가를 먼저 보기로 하자. 관련 자료의 제약으로 서비스업을 제외할 수밖에 없다는 점, 곧 實物 생산으로서의 제1, 2차 산업만을 대상으로 할 수밖에 없음을 전제로 하고, 일단 1918~40년간을 각 5년간격으로 갈라서 각 산업별 구성비가 어떻게 변동하였는가를 보자. 다음 〈표 4-12〉에서 보는 것처럼, 처음 1918년 당시에는 농업생산이 제1, 2차 산업 총생산액의 무려 80%에 육박할 정도로 압도적이었고, 여기에 다시 水産業과 林業까지를 포함한 전체 제1차 산업의 비중은 총생산의 무려 84.3%를 차지할 정도였다. 반면 제2차 산업이라 할 광공업의 비중은 나머지 약

15.7%에 불과하였는데, 그중 제조업의 비중은 14.5%이고, 나머지 1.2%가 광업의 몫이었다.

1910년대 후기에 이르기까지 이 정도로 취약했던 광공업, 그중에서도 특히 제조업의 비중은 시간의 흐름에 따라 날로 놀라운 증가세를 보이기 시작했다. 이를테면 1918년의 14.5%에서 1925년에는 19.2%, 1930년에는 25.5%, 다시 1940년에는 급기야 농업 비중(42.9%)에 버금가는 40.8%로까지 급상승하는 추세를 나타내었다. 뿐만 아니라 제조업에 原料를 공급하는 광업의 비중 역시 같은 기간에 거의 같은 증가세를 시현하였다. 즉 1930년까지는 전체의 1.7% 수준이던 것이 1935년에는 3.8%, 1940년에는 무려 7.8%로까지 급증하여, 비슷한 수준의 水産業이나 林業을 크게 앞지르게 되었다. 이리하여 1918~1940년간에 제3차 산업을 제외한 제1, 2차 산업의 총 생산액이 약 3.7배로 늘어난 가운데, 예컨대 농업이 2.0배로 늘어난 데 대하여 제조업은 무려 10.4배로 늘어난 놀라운 증가세를 나타내었다. 게다가 鑛業은 더욱 크게 늘어나 제조업보다도 오히려 2배 이상 높은 24배에 달하는 暴增勢를 나타내고 있다. 이렇게 보면 이 시기 제조업과 광업이 상호 製品/原料산업으로서의 同伴成長을 최고도로 심화, 발전시

〈표 4-12〉　　　　　산업별 生産額 구성비 추이 (1918~40년)

(단위 : 백만 円, %)

	1918		1925		1930*		1935		1940	
농 업	984	79.5	1,178	73.3	686	62.4	1,105	57.3	1,971	42.9
수산업	33	2.7	54	3.2	52	4.7	69	3.6	191	4.2
임 업	26	2.1	52	3.2	61	5.6	111	5.8	198	4.3
광 업	15	1.2	15	0.9	19	1.7	74	3.8	357	7.8
공 업	180	14.5	308	19.2	280	25.5	568	29.5	1,874	40.8
합 계	1,238	100.0	1,608	100.0	1,099	100.0	1,927	100.0	4,591	110.0

자료 : 金洛年, 『日本帝國主義下の朝鮮經濟』, pp. 128, 186~193, 〈부표 5-3~7〉에서 재인용.
주 : * 1930년의 수치(생산액)가 그 이전의 1918년, 1925년 수치와 비교하거나 또는 그 이후의 1935년, 1940년 수치와 비교할 때, 전체적으로 신뢰할 수 없을 정도로 작은 수치이다. 原자료에는 이에 대한 설명이 없다. 저자 생각으로는 아마도 統計 時系列 또는 조사 카테고리, 價格 기준 상에 무슨 문제가 있는 듯하지만, 그 정확한 이유는 알 수 없다. 그러나 각 산업별 구성비 변화를 보는 데는 별 지장이 없을 것으로 생각된다.

켜왔다고 해석할 수도 있다.

다른 한편 그러나 여기에는 몇 가지 고려해야 할 사항이 있다. 하나는 〈표 4-12〉의 통계가 1940년까지만 카버하고 있기 때문에 태평양전쟁기라 할 1940년 이후의 工業化 양상은 과연 어떠했을까 하는 물음에 대해 시원하게 대답하기 어렵다는 점이고, 다른 하나는 조선의 경우 특히 전통적인 家內工業의 비중이 계속하여 상당히 높은 수준을 유지해 왔다고 할 수 있는데, 이 家內工業에서의 생산은 통계에서 아예 빠져있다고 하는 사실이 그것이다.

前者의 경우, 앞의 〈표 4-11〉에서 보듯이 1940년 이후에 오히려 그 이전보다 훨씬 더 많은 新規 회사의 설립 붐을 나타내었는데, 이들 新設 회사는 직접 생산단계에까지 이르지 못한 경우가 있었다고 함은 이미 지적한 바이지만, 설령 그렇다 하더라도 전체적인 공업생산실적은 1940년 이후에도 줄곧 증가세를 이어간 것으로 봐야 한다는 점이다. 생산액에 대한 정확한 통계는 구할 수 없지만, 그러나 이 기간에도 공장의 職工數가 계속 크게 늘어났다고 하는 사실이 그것을 뒷받침해주고 있다. 한 推計에 의하면, 1939년 12월의 조선 전체 공업의 직공수 212,459명은 1943년 6월에 343,939명으로 4년간에 무려 62%의 높은 증가율을 보여주고 있는가 하면,[53] 이런 雇傭 증가현상은 이 무렵 朝鮮의 有業者 통계에서도 그대로 나타나고 있다. 1940년 10월 대비 1944년 5월의 男/女別 有業者 변동 상황을 보면, 남자는 6,353천명에서 6,622천명으로 약 269천명(4.2%)의 증가에 불과하지만, 여자의 경우는 2,560천명에서 3,649천명으로 무려 1,089천명(42.5%)의 높은 증가세를 나타내고 있는 사실이 바로 그러한 현상을 말해주고 있다.[54]

---

53) 堀 和生, 앞의 책, p. 288, 〈表 終-11〉에서 인용.

54) 같은 책, p. 286, 〈表 終-9〉에서 인용. 그리고 男/女간의 이런 현저한 증가율 隔差는 아마도 이 기간에 있었던 전시하의 徵用 등으로 남자 노동력의 상당한 몫이 이미 일본으로 건너가게 되어 그 자리를 메우기 위한 女性 노동력의 신규 勞動現場으로의 진출이 현저히 일어났기 때문이라 할 수 있다.

둘째로 家內工業[55] 문제와 관련해서는, 조선에서도 갈수록 工場制 공업의 생산이 급속히 늘어남에도 불구하고 조선의 농촌 지역을 중심으로한 家內工業은 결코 쉽게 소멸되지를 않고, 전체 공업생산 가운데서 계속 무시할 수 없을 정도의 몫을 계속 차지해왔다고 해야 한다. 전통적으로 한국의 농촌에서는 自家 소비를 위한 간단한 소비재류를 중심으로, ① 간장, 된장, 고추장 등 醬類(장류)를 비롯하여, ② 綿織, 麻織, 絹織 등 製絲 및 직물의 제조, ③ 탁주, 淸酒, 과실주 등 酒類 및 食用油의 제조, ④ 기타 藁工品(고공품)이나 竹細品 등 農事器具나 家財道具 등의 생활용품을 직접 만들어 사용하거나 또는 그 여분에 대해서는 일부 시장에 내다 팔기도 하는것이 오랜 관습으로 되어왔다. 그중에는 우수한 工場制 제품의 등장으로市場을 잃고 소멸하게 되는 경우도 많았지만, 제품의 特性 상 쉽게 공장제 제품으로 대체될 수 없거나 또는 가격경쟁에서도 쉽사리 지지 않고 살아남은 경우도 상당히 많이 있었던 것이 사실이다. 즉 工場制 생산의 급속한 발달에도 불구하고 일부 가내공업은 農家 고유의 소비패턴으로 말미암아 계속 살아남을 수 있는 여지가 주어지고 있었다.

아무튼 그 당시 실정으로는 대부분 농촌/농가에서는 한 가지 내지 그이상의 財貨를 직접 만들어 쓰거나 또는 그 餘分을 시장에 내다파는 경우가 흔히 있었다고 할 수 있고, 이들 家內工業의 생산 비중은 시간의 흐름에 따라 그 비중이 줄어들기야 하겠지만, 그런데도 1930년대 후반까지 총공업생산의 무려 30% 내외를 차지할 정도로 상당한 비중을 견지한 것으로 봐야 한다는 주장도 있다(김낙년, 2002 ; pp. 128~134).

---

55) '家內工業'이라고 하면 보통 農家에서 벌이는 각종 農家副業 정도로 생각하기 쉽지만, 그 범주는 이보다 훨씬 넓다고 봐야 한다. 즉 당시 공식적으로 사용한 '工場'의 정의를 보면 평균 5인 이상의 종업원을 고용하는 경우, 또는 原動機를 사용하는 경우 등으로 규정되어 있어, 5인 미만의 남의 노동력을 사용하는 경우는 비록 공장의 형태를 취하더라도 정식의 工場 統計에는 들지 못하게 되어 있어, 이는 결국 家內工業의 범주에 속할 수 밖에 없다. 따라서 家內공업에서의 생산은 당시의 統計 慣行으로는 대체로 '工場' 통계에는 들지 못하고 '工産額' 통계에는 포함되는 二重性을 보여주고 있다.

2) 構造變動의 實狀

다음에는 공업 내부의 업종별 구조변동에 대해 살펴보자. 日政 시대 공업 관련 통계로는 대개 工場 통계와 工産額 통계의 두 가지가 중요하게 이용되고 있다. 앞의 工場 통계는 다시 공장 수와 종업원(노동자) 수의 두 가지 기본 指標로 이루어지는데, 우선 여기서는 공장 수 및 노동자 수의 변동 추이부터 보도록 하자. 다음 〈표 4-13〉은 1915년을 기점으로 각 5년 간격으로 1915~43년간의 공장 및 노동자수의 변동 추이를 나타내고 있다. 여기에 따르면, 이 기간에 공장 수는 약 17배의 증가를, 종업원 수는 약 15배의 증가를 보일 정도로 두 가지 모두 엄청난 증가세를 시현하고 있다. 공장 수의 경우, 1930년대 이후 급증세를 보여주었는가 하면 특히 1940~ 43년의 불과 3년간에 7,142개 공장에서 무려 13,293개로 2배 가까운 증가세를 보여주었다. 또한 종업원(노동자)수에 있어서도 1915~30년(15년)간에는 약 8만 명 정도의 증가에 그쳤는데, 1930~43년(13년)간에는 무려 그것의 3배가 넘는 26만 명이나 늘어나는 놀라운 증가세를 나타내고 있다. 이와 함께, 工産額 통계에 있어서는 1915~30년(15년)간에는 46백만 엔에서 263백만 엔으로 약 5.7배 증가를 보여주었으나, 1930~43년(13년)간에는 이보다 훨씬 더 많은 7.8배의 증가를 나타내어 갈수록 그 증가세가 격렬해지고 있음을 찾아 볼 수 있다.

이상의 공장 통계 및 공산액 통계의 추세에 따른다면, 식민지 시대 조선의 공업화는 결국 前記 堀 和生의 지적처럼 1930년대부터 본격화된다고 해도 과언 아니라고 할만하다. 왜냐하면 工業化를 나타내는 여러 指標가 이때부터 비로소 격렬하게 변동하고 있기 때문이다. 식민지 시대를 연구하는 사람들이 흔히들 '1930년대 工業化論' 또는 '1930년대 植民地 공업화론' 등의 시각에서 연구의 焦點을 이 1930년대에 맞추고자 하는 것도 바로 이 시기 공업(광업 포함)부문에서 일어난 격렬한 構造變動에 근거하고 있다고 할 수 있다. 아울러 이 1930년대 공업화와 관련하여 한 가지 더 강조되어야 할 문제는 이 시기 공업화를 통한 구조변동의 배경에는 資本/技

術 사이드에서의 蓄積만이 아니라, 勞動 사이드에서도 그에 부합하는 勞動力의 사회적 이동이 또한 격렬하게 일어났다고 하는 사실이 그것이다.

1930~40년간 農村/農業부문으로부터 都市/非農業부문으로의 人口移動은 상상을 절할 정도로 격렬한 바가 있었다. 우선 농촌 → 도시로의 인구이동을 대변하는 농업-非농업부문 간의 有業者 구성의 변화를 보기로 하자. 1930년 대비 1940년의 유업자 구성을 보면 農業부문은 7,665천명에서 6,685명으로 980천명의 有業者 감소를 가져온 데 대하여, 非農業부문은 이 기간에 2,101천명에서 2,511천명으로 오히려 410천명의 취업자 증가를 가져오고 있다.[56] 이 非농업부문 410천명의 증가 가운데 적어도 그 절반 가까운 193천명은 일단 工業부문으로 유입되었을 것으로 추정해볼 수 있다(〈표 4-13〉의 종업원수 란 참조).

〈표 4-13〉　　　　工場數 및 從業員數의 추이 (1915~40년)

	공장수(A) (개)	종업원수(B) (천 명)	B/A (명)	공산액(C) (100만 엔)	C/A (만 엔)
1915	782 (100)	24.5 (100)	31.3	46 (100)	5.9
1920	2,087 (267)	55.3 (226)	26.5	179 (389)	8.6
1925	4,168 (546)	80.4 (328)	19.0	320 (696)	7.7
1930	4,261 (545)	101.9 (416)	23.9	263 (572)	6.2
1935	5,635 (721)	168.8 (689)	30.0	644 (1,400)	11.4
1940	7,142 (913)	295.0 (1,204)	41.3	1,645 (3,576)	23.0
1943	13,293 (1,700)	363.0 (1,482)	29.5	2,050* (4,456)	15.4

자료 : 溝口敏行/梅村又次, 『旧日本植民地經濟統計』, 東洋經濟新報社, 1988, p. 51,
　　　朝鮮銀行調査部, 『朝鮮經濟統計要覽』, 1949, p. 70.

주 : 1) '工場' 개념은, ① 1915~25년간은 製品 제조에 見習工 포함 평균 5인 이상의 직원을 사용하거나, 原動機를 갖고 있는 경우 또는 연간 5,000만 엔 이상의 생산을 하는 경우이고, ② 1930~40년간은 5인 이상 직공을 사용하는 설비를 갖춘 경우 또는 常時 5인 이상의 직공을 고용하고 있는 경우임. 따라서 1925년 수치와 1930년 수치 간에는 統計시계열 상 斷絶이 있음.
　　2) ( )내는 1915년(100) 기준 成長指數임.
　　3) *는 추정치임.

56) 이 수치는 男/女를 모두 포함한 것으로, 만약 여기서 여자 有業者를 뺀 남자만을 가지고 본다면, 기간 중 농업부문에서는 490천명의 유업자 감소를, 非농업부문에서는 무려 633천명의 유업자 증가를 가져와 그 移動의 정도는 가일층 격렬해진다고 할 수 있다 - 堀 和生, 앞의 책, p. 109, <표 3-10> 참조.

좀 더 범위를 넓혀서 1930년대 농촌 → 도시/海外로의 인구이동에 있어서는 앞의 산업 간의 이동 경우보다 훨씬 더 격렬하게 이루어졌음을 찾아볼 수 있다. 예컨대 농촌을 '郡部', 도시를 '市部'로 칭하고 여기에 海外 부문을 포함시켜 1930년대에 있어서의 이 3부문 간의 인구변동상황을 보면, 1930년의 조선의 총인구 21,467천명은 郡部 19,549천명(91.0%), 市部 889천명(4.0%), 海外 1,029천명(4.8%)으로 각각 구성되어 있었는데, 여기서 1940년까지 郡部로부터 市部로 486천명, 그리고 海外로 755천명 도합 1,241천명의 人口가 농촌으로부터 도시 및 해외로 移住한 것으로 되어, 1940년의 이 3부문의 인구 구성은 郡部 21,170천명(80.9%), 市部 2,377천명(9.1%), 그리고 海外 2,628천명(10.0%)으로 바뀌었다. 그리하여 이 기간에 郡部 인구는 出産人口 등의 증가로 겨우 8.3% 增에 그치고 있는 반면, 市部와 海外는 167.4% 및 155.4%의 대폭 증가를 나타내고 있다.[57] 더욱이 이 시기 이동 인구의 대부분이 젊은 男性 인구라는 점을 감안한다면, 이 시기 1930년대 식민지 조선의 人口移動의 특징이라면 男性 중심의 경제활동인구 곧 산업노동력의 이동이라는 측면에서 그것이 갖는 의미는 더욱 중요하다고 할 수 있다.

이렇게 보면, 1930년대라는 시기가 이를테면 전통적인 농업사회에서 산업사회로 넘어가는, 또는 경제적/기술적 변화 측면에서의 이른바 産業革命과정이라는 전환기적 성격으로서만이 아니라, 이상과 같은 격렬한 인구이동을 함께 겪게 된다고 하는 점에서 전통사회에서 근대사회로 넘어가는 사회변혁과정으로서의 전환기적 성격으로 확대 해석할 수도 있다고 함을 지적코자 한다.

다음에는 1930년대 제조업 내부의 업종별 구성이 어떻게 변했는가를

---

57) 여기에서 郡部를 農村, 市部를 都市로 간주하는 데는 우선 문제가 없지 않고, 또 郡部의 人口가 市部로의 유출보다도 오히려 海外로의 유출이 줄곧 많았다고 하는 사실이 異彩롭다. 그리고 海外는 일본, 만주, 중국/기타로의 3지역으로 구분되는데, 각 지역별 유출인구 구성을 보면, 일본 718천명(46.8%), 만주 741천명(48.3%), 중국 및 기타 지역 75천명(4.9%)으로 도합 1,534천명에 달하고 있다 - 같은 책, p. 117 참조.

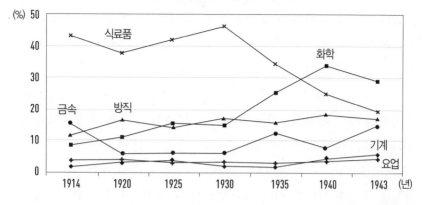

〈도표 4-14〉 　　　 제조업 生産額의 업종별 구성 추이

(단위 : %)

	1914	1920	1925	1930	1935	1940	1943
식료품	43.2	38.0	41.6	46.2	34.7	25.0	19.5
紡 織	11.6	16.0	14.8	16.1	15.5	18.6	16.8
製材/木제품	1.1	3.8	4.3	1.7	1.4	1.9	5.8
化 學	9.1	11.5	15.6	15.3	25.4	33.7	29.3
금 속	14.9	6.0	6.0	6.2	12.5	8.0	14.6
기계/기구	2.0	3.6	3.4	2.0	4.0	4.0	5.6
窯 業	3.7	4.1	3.3	3.4	2.9	3.7	4.4
印刷/製本	2.8	3.8	4.3	1.7	1.4	1.9	1.2
기 타*	11.6	16.9	11.0	9.2	5.6	5.0	2.8
합 계**	100.0 (32.8)	100.0 (179.3)	100.0 (320.9)	100.0 (263.3)	100.0 (644.0)	100.0 (1,645.0)	100.0 (2,050.0)

자료 : 溝口敏行/梅村又次, 앞의 책, p. 48, 朝鮮銀行調査部, 『朝鮮經濟統計要覽』, 1949, p. 70 참조.
주 : 1) * 기타에는 電氣/개스업을 포함하는 경우가 있음.
　　2) ** 原 資料에 업종별 합계가 100.0%를 초과하는 경우가 있음.
　　3) 합계란의 ( )내 수치는 당해 연도의 工産額(工場 생산, 단위 : 100만 엔)임.

보자. 위의 〈도표 4-14〉에서 보듯이, 長期 추세 상의 업종별 변화양상에
서 찾아볼 수 있는 특징으로는 다음 몇 가지 사항을 중요하게 들 수 있다.
우선 제조업 가운데서 당초 압도적인 비중을 자랑하던 食料品공업은 줄
곧 그 비중이 저하하는 반면, 化學공업을 비롯한 金屬 및 機械공업 등 중
화학공업의 비중이 급상승하는 두 가지 현상을 우선 들 수 있고, 그밖에

國民 衣料産業으로서의 방직공업이 큰 변동 없이 줄곧 10%대를 견지하고 있었다는 점, 그리하여 이들 식료품-化學-纖維의 3대 업종이 식민지기를 통틀어 당시 朝鮮 공업을 대표하는 중심적 업종으로서의 지위를 계속 지키고 있다는 데는 별반 異論의 여지가 있을 수 없다는 점 등이 그것이다.

이 기간에 또한 소비재공업/경공업과 생산재공업/중화학공업 간의 비중이 어떻게 변화하였는가를 보자.[58] 1914년의 輕工業 대 중화학공업의 相對 비율은 대체로 58.7% 대 29.7%로 경공업 중심 구조였는데, 1930년에는 동 비율이 65.7% 대 26.9%로 오히려 경공업 비중이 다소나마 증가하는 양상을 보였다. 아마도 이는 初期 공업화 과정에서 흔히 나타나는 새로운 소비재에 대한 사람들의 충동적 購買 心理가 크게 작용하여 紡織工業이나 식료품공업 등 日常의 생활 필수품에 대한 需要를 끌어올리게 되었기 때문이라 할 것이다. 그러나 5년 후인 1935년에 오면 동 비율이 53.0% 대 42.8%로, 1940년에는 47.4% 대 49.4%로, 다시 1943년에는 43.3% 대 53.9%로 시간이 흐를수록 완전히 중화학공업 중심구조로 逆轉되기에 이른다. 따라서 1930년대 특히 그 後半에 격렬하게 이루어지는 조선의 공업화과정은 중화학공업 계통의 업종 개발을 중심으로 이루어졌다고 함을 여실히 보여주고 있다. 아울러 이 시기에 이미 조선의 공업의 수준은 일찍이 W. 호프만이 말하는 소비재공업보다 생산재공업이 오히려 優位를 차지하게 되어, 수치상으로는 이미 때이른 '工業構造의 고도화'(W. Hoffmann의 수치로는 공업화의 제3단계) 현상을 겪게 된다고 말할 수 있다.[59]

---

58) 양자의 포괄 범위는 다음과 같다.
　　①輕工業 … 식료품공업, 방직공업, 製紙공업, 製材/木제품, 인쇄/출판업,
　　②重化學工業… 금속공업, 기계공업, 화학공업, 窯業(요업)으로 구성된다. 여기서 시멘트, 유리, 도자기, 벽돌/기와 등을 제조하는 窯業은 중화학공업에 넣지 않고 경공업으로 분류하는 수도 있다.
　　③기타공업(잡공업)은 여기서는 제외되지만 때로는 輕工業에 포함시키기도 한다.
59) W. 호프만은 일찍이 어느 나라나 工業化가 진행될수록 소비재공업(경공업) 보다 생산재공업(중화학공업)의 비중이 빨리 늘어난다고 보고, 양자 간의 비율(호프만비율)을 가지고 工業化의 발전단계를 4단계로 구분했다. 즉 공업화 제1단계는 소비재공업 비중이 생산재공업 대

3) 주요 工業地帶의 형성

1930년대 후반부터 본격화되는 朝鮮의 중화학공업화는 우선 지역적으로 南部보다는 北部 중심으로, 또 북부 지역 중에서도 平安道 보다는 咸鏡道 중심으로 전개되었다고 하는 점에서 그 지역적 偏重性을 심하게 띠게 되었다는 특징을 갖는다. 이런 공업의 지역적 분포상황과 관련하여 식민지 시대 朝鮮의 공업화가 지역적으로 어떤 특징을 보이는가를 살펴보자. 여기에는 당시 工業化가 대체로 다음의 6개 공업지대를 형성하면서 전개되었다고 얘기할 수 있다.

① 서울-경기-仁川의 소위 首都圈 지역을 묶는 京仁공업지대
② 元山/咸興으로부터 북쪽으로 城津, 清津, 吉州, 羅津, 雄基 등 함경남/북도 일대를 묶는 北鮮공업지대
③ 海州-사리원-진남포-평양-新義州 등 黃海-平南/北을 잇는 西鮮공업지대
④ 강원도 墨湖-三陟-太白 등 良質의 炭礦지대를 배경으로 한 三陟공업지대
⑤ 釜山을 중심으로 馬山, 鎮海 등 해안지역과 大邱/慶北지역을 한데 묶는 嶺南공업지대
⑥ 麗水-목포-光州-群山 등 南/西海 海岸 지대를 묶는 湖南공업지대

위의 6개 공업지대를 놓고 보면, 비록 공업지대라고는 하지만, 이는 여러 관련 업종을 좁은 지역(장소)에 한데 集合시켜 업종 상호간의 시너지效果를 도모코자 하는 工業團地(industrial complex)의 성격이라기보다는, 각 지역(행정구역)별로 공업의 업종별 分布와 集中현상을 나타내는 일종의 工業地帶(industrial area) 성격이라 할 수 있다. 따라서 각 공업지대의 규모나 성격을 알기 위해서는 우선 각 道別 기준으로 공업의 업종별 現勢를 살펴봐야 할 필요가 있다.

다음 〈표 4-15〉는 1941년의 각 道別로 現存하는 공업의 공장 수, 직공

비 5(±1)의 비율로 높은 시기, 제2단계는 2.5(±1) 비율의 시기, 제3단계는 1(±0.5) 비율의 시기, 그리고 제4단계는 그것이 1이하인 시기로 나누어 설명하고 있다. 이 호프만비율에 따르면, 1943년 당시 朝鮮의 공업화 수준은 이미 공업화 제4단계에 진입한 것으로 볼 수 있다(호프만 비율 1 이하, 43.3/53.9=0.8). 이처럼 단순한 수치상으로만 본다면 日政 시대에 이미 조선의 공업화 수준은 '때 이른' 工業構造의 高度化 단계에 들어섰다고 할 수 있다.

〈표 4-15〉 공업지대별(道別) 工場數-職工數-生産額의 구성 (1941년)

	道 別	공장 수 (개)		직공 수 (명)		생산액 (백만 円)	
北鮮공업지대	함 북	598	6.3	22,696	8.0	125.6	7.3
	함 남	817	8.5	41,928	14.8	361.5	21.0
西鮮공업지대	평 북	671	7.0	11,341	4.0	85.2	4.9
	평 남	762	8.0	22,796	8.1	129.7	7.0
	황 해	312	3.3	10,784	3.8	150.8	8.1
京仁공업지대	경 기	2,475	25.9	79,980	28.3	394.3	21.3
三陟공업지대	강 원	572	6.0	11,892	4.2	68.9	3.7
嶺南공업지대	경 북	941	9.8	17,495	6.2	91.8	5.0
	경 남	1,045	10.9	30,152	10.7	177.4	9.6
湖南공업지대	전 북	548	5.7	12,535	4.4	49.2	2.7
	전 남	423	4.4	11,874	4.2	47.8	2.6
충 청 권	충 북	138	1.4	2,377	0.8	11.0	0.6
	충 남	264	2.8	6,634	2.3	29.1	1.6
합 계		9,566	100.0	282,484	100.0	1,722.2	100.0

자료 : 堀 和生, 앞의 책, p. 160, 〈표 4-5〉에서 재인용.

수, 생산액등을 각각 비교해 본 것이다. 여기 의하면, 北鮮공업지대(咸南/北)가 생산액 기준으로 전체의 28.3%를 차지하여 6개 지역 중 가장 큰 규모라고 할 수 있고, 다음으로 京仁공업지대(京城, 경기, 仁川)가 21.3%로 2위, 西鮮공업지대(黃海, 平南/北)가 20.0%로 3위, 嶺南공업지대가 14.6%로 4위등으로 이루어지고 있다. 그러나 職工數를 기준으로 하면 사정이 달라진다. 京仁공업지대가 전체의 28.3%로 北鮮공업지대의 22.8%를 훨씬 초과하게 되고, 그 다음 嶺南공업지대 및 西鮮공업지대가 각기 16.9% 및 15.9%로 그 뒤를 잇고 있다. 따라서 職工數 기준으로는 京仁공업지대와 嶺南공업지대가 北鮮공업지대와 西鮮공업지대를 앞지르고 있는 것은 그만큼 이들 두 지역에 紡織공업이나 食料品공업 등 노동집약적인 소비재 공업이 집중되어 있기 때문이라 할 수 있다. 아무튼 이들 4곳을 묶어 조선의 4대 공업지대로 일컫고 있다.

다음에는 이상 각 공업지대별로 그 업종별 구성과 그것의 특징을 살펴보자. 우선 京仁공업지대는 首都圈의 人口 密集지역이라는 점을 반영하여 식품공업 및 방직공업을 비롯한 각종 생활용품을 생산하는 소비재공업 중심으로 되어 있다. 麥酒를 비롯한 음/식료품공업, 製材/木제품공업, 印刷/出版業 등은 특히 이 지역에 모여 있다. 그러나 1930년대 후반에는 이 지역에도 특히 영등포 및 仁川지역 중심으로 軍需공업 성격의 금속·기계·화학 등 重化學공장이 많이 들어서기 시작하여,[60] 京仁공업지대의 성격이 종전의 소비재공업 중심에서 거의 모든 공업이 종합적으로 집중되는 구조로 바뀌었다고 할 수 있다.

北鮮공업지대는 풍부한 電力과 지하자원 생산을 好조건으로 하여 한국 産業革命의 메카라 할 興南綜合化學콤비나트를 필두로, 최신식 기술을 자랑하는 電氣化學, 철강, 非鐵금속, 人造石油 등 대규모 중화학공업의 본거지로 자리잡게 되었다. 거기다가 咸北 지역의 淸津, 나진, 雄基 등 良港을 중심으로 日/滿을 연결하는 北鮮 交易루트가 개발되어 日-鮮-滿 3자간의 交易 仲介 역할을 포함하여 조선의 대표적인 對外交易 중심지로서의 地位를 구축하게 되었다.

西鮮공업지대 역시 金鑛, 炭礦 등 풍부한 지하자원과 압록강 水豊발전소 등에 의한 매우 저렴하고 풍부한 에너지 자원을 배경으로 하여 제철/製鍊, 시멘트, 화학 등 중화학공업 중심 구조라 할 수 있다. 다만 평양을 중심으로 하는 이 지역의 높은 人口密集 현상을 반영하여 섬유, 식료품 등 소비재공업도 상당한 비중을 차지하고 있다. 그밖에 압록강 유역에서 採取되는 良質의 풍부한 原木을 이용하는 製材/목제품공업이나 製紙공업 등과 같은 輕工業도 동시에 들어선 것이 北鮮공업지대와는 또 다른 성격이라 할 수 있다.

---

60) 이 무렵 京仁지역에 들어선 대표적인 重化學공장으로는, 東洋제강, 朝鮮알루미늄, 朝鮮제강소, 朝鮮기계제작소, 龍山공작소, 朝鮮베어링, 朝鮮자동차제조, 朝鮮油脂, 仁川화약공장, 朝鮮화학비료 등으로 무려 23개 사에 이르고 있다 - 朝鮮銀行調査部, 『經濟年鑑』, 1949년판, p. Ⅲ -79 참조.

남쪽의 嶺南공업지대 및 湖南공업지대의 경우는 몇 가지 예외적인 케이스가 있기는 하지만, 그 대부분이 방직공업이나 식료품공업 등 소비재공업 중심으로 형성되었는데, 다만 영남공업지대는 남해안 중심으로 造船, 기계공업 등 생산재공업이 일부 발달하게 된 점이 특징적이라면, 호남공업지대는 米作농업의 중심지라는 특성을 반영하여 精米業, 釀造業 등 식품가공업이 집중적으로 들어서게 된 점이 또한 특징적이라 할 수 있다.

마지막으로 강원도 三陟공업지대는 이 지역의 寧越炭田, 三陟炭田 등 풍부한 石炭 자원과 良質의 石灰石 등의 지하자원을 産地인 데다가, 또한 일본 등과의 交易을 위한 良港을 끼고 있다는 등의 유리한 지리적 조건과 거기에 또한 이 지역에 일찍이 국내 유일의 산업용 寧越火力發電所 건설로 에너지 문제가 쉽게 해결됨으로써, 공업화를 위한 다른 조건 면에서는 비록 유리하다고 할 수 없음에도, 일찍부터 철강, 시멘트, 화학비료 등 有數의 중화학공장이 집중적으로 들어서게 된 특수한 케이스라고 할 수 있다.[61]

4) 工業化의 主體性 문제

이상의 식민지 시대 工業化가 정부와 민간, 그리고 민간 중에서는 일본인과 조선인 가운데서 그 어느 측에 의해 또 어떤 방식으로 이루어졌는가 하는 소위 '工業化의 主體性' 문제와 관련하여 약간의 설명을 보태기로 한다. 1930년대 이후 본격화되는 조선의 공업화과정이 과연 누구의 資本과 技術에 의해 이루어지고 또 누구의 책임 아래 기업 경영이 이루어졌는가 하는 문제가 그것이다.

그동안 이 문제는 철저한 民族主義 이념에 입각하여 식민지 朝鮮의 공업화 문제를 다룸에 있어 이를테면 일본인(자본)과 조선인(자본) 간에 기업체 수나 자본금 또는 투자액이나 생산액 등의 측면에서 그것의 비중이 어

---

61) 당시 이 지역에 들어선 대표적 기업으로는 寧越火力발전소를 비롯하여, 三陟시멘트(주), 北三化學(주), 東洋화학(주), 三和제철(주) 등 有數의 重化學 관련 공장을 들 수 있다.

떻게 구성되어 있었는가 하는 점이나 또는 조선인이 얼마나 기업경영에 직접 參與하고 있었는가 하는 등의 문제가 한때 연구의 주된 관심사로 다루어지기도 했다. 처음부터 그것이 전적으로 일본 자본과 기술에 의해 이루어진 것임을 너무나 잘 알면서도, 사람들은 거기에 무슨 '資本의 民族性'이니 '工業化의 主體性'이니 하는 그럴듯한 疑似(의사) 개념을 부여하고, 그것이 마치 식민지 經濟史 연구에서 무슨 핵심적인 과제나 되는양으로 취급되어 온 것이 사실이다.[62]

공업화의 主體 문제를 다루기 위해서는 우선 공업화를 직접 담당하는 資本의 主體가 누구인가를 밝히는 일이 중요하다. 지난날의 日政 시대를 놓고 본다면, 여기에는 우선 民族을 기준으로 일본인(자본)과 조선인(자본)으로 크게 나눌 수 있고, 前者는 다시 일본 內地에 살고있는 일본인(자본)과 朝鮮으로 移住하여 조선에 거주하는 일본인(자본)으로 갈라볼 수 있다. 따라서 비록 형식적인 것이기는 하지만, 총 投入 資本 가운데 일본(인)자본과 조선(인)자본 간의 비율, 환언하면 총 투입된 自己資本 가운데 조선(인)자본의 비율이 어느 정도인지를 알아내는 것이 우선 필요하다. 그럼 1930년대 후반에 있어 이 3가지 계열의 자본이 각기 어느 정도 비율로 실제 공업화 과정에 투입되었는가를 알아보자.

공업화 과정에 투입되는 자본의 민족별 구성을 파악하기 위해서는 일단 投資者의 國籍을 기준으로 삼을 수밖에 없다. 당시로서는 결국 투자자가 한국인이냐 일본인이냐 하는 것을 가지고 구분하는 방식이었다. 이 방식은 지금까지 대체로 두 가지 기초 자료를 이용하였는데, 하나가 『朝鮮

---

62) 이 시기 朝鮮 공업화의 성격을 규정함에 있어 예컨대 二重構造論, 飛地(enclave)공업화론, 軍需 공업화론, 민족경제론 등 다양한 견해가 있지만, 따지고 보면 그들 견해는 단 한 가지 共有하는 공통점이 있었다. 그것은 工業化를 담당한 主體가 과연 누구였는가 하는 문제를 이론의 기본 論據로 삼았다고 하는 점이다. 이는 工業化에 대한 평가 기준을 오로지 공업화 主體로서의 資本(家)의 民族性에서 찾고자 하는 주장으로 따지고 보면 성립하기조차 어려운 謬見(유견)이라 할 수 있다. 왜냐하면 경제나 자본 또는 공업화 등의 개념 속에는 처음부터 民族性 같은 요소는 개입할 여지가 없을뿐더러, 한 때 한국에서 유행한 바 있는 '民族經濟(論)'이니, '民族資本'이니 하는 用語는 민족과 經濟 내지 민족과 資本을 한데 묶은 한낱 造語에 불과한 것이었다.

銀行會社組合要錄』(東亞經濟時報社 간, 各年版)에 나오는 회사별 기초 데이터(公稱資本金 등)을 기준으로 한 것이고(事例 I)[63], 다른 하나는 『主要朝鮮會社表』(京城商工會議所 간)에 나오는 회사별 데이터(拂入資本金 등)을 기준으로 한 경우(事例 II)[64]가 그것이다. 여기서는 이들 두 가지 자료를 이용한 기존의 先行 연구, 곧 허수열 교수의 연구(事例 I)와 주익종 교수의 연구(事例 II)를 비교, 검토하는 방식으로 1930년대 공업화 과정에 있어서의 조선인 자본의 비중이 과연 어느 정도였는지를 類推해보기로 한다.

우선 위의 「사례 I」에 의할 때, 총 회사자본 가운데 조선인 자본(拂入자본금 기준)의 비중은 1921년의 13.8%에서 25년의 13.3%, 29년의 11.5% 수준을 유지하다가, 1935년에는 10.1%, 40년에는 9.4%, 42년에는 8.3%로 해를 거듭할수록 그 비중이 줄어드는 추세를 보여주고 있다.[65]

다음 「사례 II」의 경우도 조선인 자본의 비중은 1926년의 15.7%에서 32년의 10.8%, 36년의 14.8%, 39년의 11.2% 등으로 장기적으로는 감소추세를 나타내고 있는 셈이다. 이 두 가지 事例를 종합해보면, 日政 시대 조선에서의 회사자본의 민족별 구성은 대체로 조선인 자본 비중이 전체의 10% 내외를 점하는 것(나머지 90% 내외가 日本人 자본)으로 볼 수 있으며, 또한 그것은 갈수록 약간씩이나마 낮아지는 추세를 나타낸 것으로 해석할 수 있다. 다만 여기서 특별히 留念해야 할 사항은 1930년대 이후 공업화가 본격적으로 추진되는 단계에 들면서 조선인 자본 비중이 뚜렷이 下降하는 추세를 보여주었다고 하는 사실이다.

양자 간의 이러한 변화추세에 대해 이를 어떻게 이해해야 할까? 그것은 다음 두 가지 관점에서의 설명이 가능하리라고 본다. 하나는 1930년대 이후 조선인/일본인 자본 간의 구분 자체가 상호 合作事業의 진전 등으로 갈수록 어려워지는 가운데, 경우에 따라서는 그것이 사실상 조선인 자본임에

---

63) 허수열, 「朝鮮人 資本의 存在形態」, 『경제논집』 6 (충남대), 73–110, 1990 및 기타 논문.
64) 주익종, 「日帝下 朝鮮人 會社資本의 成長」, 『경제사학』, 15호 (경제사학회), 1991.
65) 허수열, 「식민지적 공업화의 특징」, 『工業化의 諸類型(II)』(金宗炫 편저), 경문사, p. 195.

도 일본인 자본으로 카운트될 여지가 다분히 있었다는 점이고, 다른 하나는 이 기간에 조선인 자본의 절대적 규모 자체가 줄어들어서가 아니라, 이 시기 日本 內地資本의 유입이 너무나 급증하게 됨에 따라 조선인 자본의 세어가 그만큼 줄어들었음을 말해주는 상대적 감소현상을 나타낼 뿐이라는 설명이 그것이다.

다른 한편 전체 회사자본의 거의 90%를 차지하는 일본자본에 대하여, 그것을 처음 일본으로부터 직접 유입된 初期資本과 이미 조선에 건너온 일본인(자본)에 의해 제2차로 형성된 派生資本으로 그 성격을 구분해 볼 필요가 있다는 점이다. 왜냐하면 後者의 경우는 비록 그것이 일본인 자본이라 하더라고 전자의 初期資本의 경우와는 그 성격을 크게 달리한다고 봐야하기 때문이다. 조선에 건너와 이루어진 派生資本은 어떤 형식으로든 資本과 勞動 양 측면에서 조선인(자본)과의 연계 속에서 이루어졌을 것이라는 점에서 그러하다. 이 두 가지 일본인 자본 가운데 절대적 비중을 갖는 것은 물론 전자의 初期資本일 것이지만, 조선에 들어와 이차적으로 형성된 후자의 派生資本 역시 결코 무시할 수 없을 정도의 큰 규모일 것이라는 점이다. 한 자료에 의하면, 이 두 가지 자본 간의 상대비율이 1942년 기준으로 전자가 전체의 74%, 후자가 26%로 되고, 또한 후자의 26%는 다시 조선 내 주요 산업자본계열(特殊會社, 殖銀系, 기타 일본인系)에 의한 몫이 그중 18%이고, 기타 조선 내 소규모 日人會社의 몫이 나머지 8%를 차지하는 것으로 되어 있다.[66]

---

66) 이들 가운데, 조선 내 주요 산업자본계열의 비율 18% 중에는 조선인 회사의 몫이 약 1.08%이고, 또 조선 내 소규모 日人회사의 비중 8% 가운데 조선인 몫은 약 0.8%에 이르고 있어, 이를 감안한 일본에서의 직접 유입된 初期資本과 조선 내에서 형성된 派生資本의 일본인 몫의 비율을 산정해보면 대략 74% 대 24%(나머지 2%는 조선인 몫)로 구성된다. 물론 이런 推論은 당시 일본의 식민지 同化政策으로 말미암은 조선인/일본인 간의 名義 借用이나 名義를 밝히지 않는 合作사업의 경우가 있고, 또는 創氏制度의 영향도 작용하여 그 수치의 정확성에는 문제가 있을 수 밖에 없다고 해야 한다 ─「자료 4」(제14장), pp. 25~27, 조선은행조사부(1949), p. 73 등 참조.

5) 거대 資本系列(재벌)에 의한 重化學工業化

일본으로부터 직접 유입된 初期資本의 비중이 과연 그렇게 절대적이었는가 하는 것은 당시 일본 내 獨占的 거대 기업계열(財閥)의 對조선 투자 비중을 통해서도 어느 정도 뒷받침되고 있다. 이를테면 戰後 駐日 美軍사령부(SCAP)에서 일본에 대한 戰後處理의 일환으로 식민지 시대 일본자본의 對朝鮮투자 내용을 조사한 바에 의하면, 전체 제조업에 대한 투자 가운데 이들 대기업계열(재벌) 투자의 비중이 무척 높은것으로 나타나고 있다. 특히 대기업 계열 중에서도 獨步的인 존재라고 할 興南질소비료(주)의 日窒 계열이 총투자의 4분의 1이 넘는 28.3%를 차지하고 있고, 그 밖에 東拓 16.5%, 三菱 5.8%, 日鐵 4.7%, 三井 4.4% 등 총 21개 거대 자본계열의 비중이 전체 제조업투자의 무려 77.6%에 달하였음이 바로 그것을 말해 준다.[67] 특히 이 일본 거대 자본계열의 투자는 대부분 제철, 기계, 輕金屬, 石油/고무, 화학, 전기/가스 등 중화학공업 부문에 집중되고 있었다는 점도 중요하다. 구체적으로 이들 거대 자본계열의 중화학공업 대 경공업 간의 투자 비율은 89% 대 11%를 나타내고 있어, 그것은 주로 대규모 투자를 필요로 하는 중화학공업 중심 투자패턴으로 이루어졌다고 말할수 있다.[68]

식민지 조선의 工業化가 이처럼 일본으로부터 직접 유입되는 거대 자본계열(민간 財閥, 國策회사)에 의해 주도되었다고 하여, 조선에 거주하는 現地 일본인(자본)이나 또는 조선인(자본)의 투자가 그만큼 위축되거나 감소했다고는 볼 수 없다. 수치상으로는 물론 이들의 상대적 비중이 감소된 바도 있겠으나, 절대적 투자규모 그 자체는 결코 그렇지 않았다고 할 수 있기 때문이다. 특히 조선인 기업의 경우, 오히려 그런 직접 유입되는 일본의 거대 資本系列에 의한 활발한 공업화 물결을 타고 비록 소규모 기업일지언정 기업체 수나 생산액, 종업원 수 등에 있어 계속적으로 增加勢를

---

67) SCAP, Japanese External Assets as of August 1945, 1948. 9, 30(허수열, 앞의 논문, p. 196) 참조.
68) 허수열, 「식민지적 공업화의 특징」, 앞의 책, p. 196 <표 5> 참조.

〈표 4-16〉　　　朝鮮人/日本人 공장의 규모 추이 (1913~39년)

	朝鮮人 공장			日本人 공장			합 계		
	공장 수 (사)	생산액 (백만 엔)	직공 수 (천 명)	공장 수 (사)	생산액 (백만 엔)	직공 수 (천 명)	공장 수 (사)	생산액 (백만 엔)	직공 수 (천 명)
1912	98	2.9	3.6	228	25.2	12.8	326	28.1	16.4
1915	205	3.4	3.4	564	30.3	20.4	769	33.7	23.8
1920	943	21.3	10.2	1,125	154.1	41.8	2,068	175.4	52.0
1925	2,005	69.2	21.5	2,085	233.6	54.7	4,090	302.8	76.2
1928	2,751	90.1	29.1	2,425	244.5	53.4	5,176	334.6	82.5
1932*	2,502	...	...	2,041	...	...	4,543	...	...
1939*	3,919	...	...	2,546	...	...	6,465	...	...

자료 : 조선총독부, 『朝鮮總督府統計年報』, 각 년판, 溝口敏行/梅村又次, 『旧日本植民地經濟統計』, 東洋
　　　經濟新報社, 1988, p. 52, 〈표 5-4〉 및 〈표 5-5〉에서 작성함.
주 : 1) 工場의 定義은 ① 1912년, ② 1915~28년간, ③ 1932~39년간에 따라 약간씩 그 내용을 달리하지
　　　만, 대체로 職工과 徒弟를 포함하여 평균 5인 이상 고용, 原動機 보유, 연간 생산액 5,000엔 이상이
　　　란 3가지 조건 중 어느 하나에 해당되는 경우 '工場'으로 인정하는 데는 의견의 일치를 보고 있음.
　　　2) * 1932/39년은 그 근거 자료(조선총독부, 『朝鮮工場名簿』)가 달라 그 이전의 1912~28년간의
　　　수치와 직접 비교하기는 곤란함.

나타내고 있었다.

　위의 〈표 4-16〉에 의하면, 식민지 초기 1912년의 조선인 공장 수는 겨
우 98社에 불과했는데, 3년 후인 1915년에는 205사로 2.1배, 1920년에는
943사로 9.6배, 1925년에 다시 2,005社로 급증함으로써 불과 13년 사이에
20배 이상의 공장 수 증가를 가져왔다고 하는 사실을 중요하게 듣지 않
을 수 없다. 이리하여 수적으로는 일단 같은 해 일본인 공장 수 2,085社에
98%까지 접근하고 있는가 하면, 다시 1928년에는 2,751社로 늘어나 일본
의 2,425社를 오히려 앞지르고 있다. 생산액 추이에 있어서도 1912년의 조
선인 공장 생산액 2.9백만 엔은 1928년에 90.1백만 원으로 기간 중 무려
32배의 급증을 가져왔는가 하면, 같은 기간 일본인 공장의 생산액은 9.7배
의 증가에 불과하여 조선인 공장의 3분의 1 수준이었다. 종업원 수에 있어
서도 1912~28년간 조선인 공장은 3,600명에서 29,100명으로 8.1倍 증가
한 데 대해 일본인 공장의 경우는 12,800명에서 53,400명으로 4.2倍 增에
그치고 있었다.

이상의 수치는 물론 1910~20년대까지의 工業化 초기 단계에서의 흐름이지만, 그 이후의 사정은 어떠했을까? 앞의 〈표 4-16〉상의 1932년 및 39년의 경우, 근거 자료가 서로 다름으로 하여 1920년대까지의 수치와 직접 비교할 수는 없지만, 일단 공장 수에 있어 1939년의 朝鮮人 공장 수 3,919사는 동년의 日本人 공장 수 2,546사보다 무려 54% 정도가 많다고 함을 알 수 있다. 물론 공장 규모별로는 종업원 50명 미만의 소기업 비중이 일본의 경우 80.1%에 불과한 데 대해, 조선은 무려 95.1%에 이르고, 그 대신 종업원 200명 이상의 대기업 비중에 있어서는 일본이 4.9%(125社)를 차지하는 데 대해 조선의 경우는 겨우 0.4%(15社)에 불과하다는 사실을 놓쳐서는 안 될 일이다.

이렇게 보면, 1930년대 후반 들어 이처럼 조선의 工業化가 중화학공업화 내지 軍需工業化 방향으로 적극 추진되면서 일본 거대 자본계열(재벌)의 대규모 조선 진출이 본격적으로 이루어지게 된다. 그런 가운데 朝鮮人 공장도 비록 소규모이기는 하지만, 거대한 공업화의 물결에 휩싸여 수적으로는 일단 일본인 공장 이상으로 더욱 활발한 공장 설립 붐을 불러일으키게 된다고 말할 수 있다.

다음에는 日政 末期인 1944년을 기준으로 조선에 本店을 두고 또 공칭 자본금 100만 엔 이상의 제조업을 비롯한 電氣/가스, 水道, 土木/건설업을 대상으로 한 회사 수 및 拂入자본금의 민족별 구성을 보면 〈표 4-17〉과 같다. 우선 회사 수에 있어 총 213개 회사 중 조선인 회사는 18개 사로 전체의 8.5%에 불과하고, 나머지 91.5%(195사)가 일본인 회사로 되어 있는가 하면, 또한 拂入자본금 규모에 있어서도 총 13억 1,100만 엔 가운데 조선인 회사 비중은 전체의 2.9%인 3,800만 엔에 불과하고, 나머지 97.1%(12억 7,300만 엔)가 모두 일본인 회사 몫으로 되어 있다.[69] 더욱이 拂入자본금을 기준으로 할 때 조선인 회사의 산업별 구성은 전체의 51.6%가 경공업이

---

69) 朝鮮銀行調査部,『朝鮮經濟統計要覽』, 1949, p. 73 〈표 12〉 참조.

〈표 4-17〉　　製造業 업종별 會社數, 資本金의 민족별 구성 (1944년)

	회 사 수 (社)			불입 자본금 (100만 엔)		
	조선인	일본인	계	조선인	일본인	계
1) 重化學工業	7	106	113 (53.1)	15.6 (41.0)	560.6 (44.0)	576.2 (43.9)
금　속	3	30	33	3.8	202.3	206.1
기　계	3	30	33	11.5	64.5	76.0
화　학	1	36	37	0.3	252.9	253.2
窯業/토석	–	10	10	–	40.9	40.9
2) 輕工業	7	69	76 (35.7)	19.6 (51.6)	181.9 (14.3)	201.5 (15.4)
식료품	3	32	35	1.3	59.2	60.5
방　직	2	19	21	11.3	61.0	72.3
製材/木材	1	6	7	5.5	30.4	35.9
인쇄/출판	1	1	2	1.5	0.5	2.0
기 타	–	11	11	–	30.8	30.8
3) 기　타	4	20	24 (11.3)	2.8 (7.4)	530.7 (41.7)	533.5 (40.7)
전기/가스/水道	–	7	7	–	506.3	506.3
土木/건축	4	13	17	2.8	24.4	27.2
합　　계	18 (8.5)	195 (91.5)	213 (100) (100.0)	38.0 (100) (2.9)	1,273.2 (100) (97.1)	1,311.2 (100) (100.0)

자료 : 朝鮮銀行調査部, 『朝鮮經濟統計要覽』, 1949, p. 73, 〈표 12〉 참조.
주 : 1) 公稱자본금 100만 엔 이상, 本店 會社의 경우임.
　　2) 민족별 구분은 社長(회사대표)의 姓名에 의거한 것임.
　　3) (　)내는 가로/세로의 항목별 구성비(%)임.

고, 41.0%가 중화학공업, 나머지 7.4%가 土木/건축업으로 되어 있는 반면, 일본인 회사는 중화학공업에 44.0%, 電氣/水道 및 土木/건축업에 41.7% 그리고 경공업에는 불과 14.3%만이 투자되고 있어 앞의 조선인 회사 경우와는 정반대의 투자 패턴을 보여주고 있다. 즉 일본인 회사는 조선인 회사의 경우와는 달리 대부분 거대 규모의 중화학공업과 電氣/水道 및 토목/건축업 등과 같은 重厚壯大한 산업에 대한 투자가 主流를 이루고 있음을 강조하게 된다.

　　이상의 사실은 어디까지나 자본금 100만 円 이상의 대기업 또는 종업원 5인 이상의 工場制 생산의 경우만을 대상으로 한 조사 결과라는 점에 유의할 필요가 있다. 즉 제조업의 성격을 보통 官營공장-民間공장-家內공업의 3부문으로 나누어 고찰한다고 할 때, 위의 분석 결과는 세 번째의 家內공업 카테고리를 완전히 배제하고 나머지 두 가지만을 대상으로 한 것이라는 점에 유의할 필요가 있다. 또 한 가지 留念해야 할 것은 家内工業의 경우 전체 제조업 생산에서 결코 무시할 수 없을 만큼의 큰 비중이라는 사실과,[70] 또한 그 대부분이 조선인 소유 내지 지배하에 있었다고 하는 사실이다. 이상의 제조업에서의 민족별 구성의 문제는 어디까지나 제조업 가운데서도 비교적 대규모 기업만을 대상으로 한 결과라고 할 수 있고, 아울러 日政 시대 일본인이 조선의 제조업을 완전히 소유/지배하고 있었다고 하는 주장도 따지고 보면 대규모 官營공장과 工場制 공업 이상의 民營 공장을 중심으로 한 제한적인 범위에서만 통할 수 있는 얘기라고 함을 강조해 두고자 한다.[71]

4. 解放 당시의 製造業 실태

이상에서 살펴본 것처럼, 식민지기 朝鮮의 제조업(광업 포함)은 史上 그 類例를 찾아볼 수 없을 정도의 경이로운 발전을 거듭해온 것은 엄연한 사실이다. 그것이 정치적으로 '植民地'라는 특수한 조건하에서 이루어졌다는 점을 일단 인정 하더라도, 그 점을 論外로 하고 경제적 측면에서만 본다면 식민지기 조선에서 이루어진 고도의 産業化 과정은 경제사적 관점에서는 충분히 産業革命과정으로 봐야 하지 않겠는가 하는 점이다. 여기에는 광공업의 단순한 量的 팽창만이 아니라 각 산업의 구조적인 質的 高度化까지를 동시에 실현하게 되었다고 하는 점에서 특히 그렇게 볼 수

---

70) 1939년 기준 제조업 전체 생산의 무려 22%가 이들 家内工業 담당으로 되어 있는가 하면(官營工場 5%, 민간공장 73%), 이 가내공업 비중이 특히 높은 업종으로는 식료품공업 46%, 製材/목제품공업 49%, 방직공업 22% 등을 들 수 있다 - 「자료 4」(제14장), pp. 30~31 참조.

71) 앞에서도 수차 言及된 바이지만, 이 민족별 구성과 관련하여 또 한 가지 留念해야 할 문제가 있다. 그것은 조선인/일본인 간의 판단 기준이 순전히 회사 대표(社長)의 名義(姓名)에 의거하고 있다는 점이다. 그러나 회사 대표(社長)의 名義가 곧바로 그 회사의 실제 所有/支配 관계를 의미하는 것은 아니라고 함을 분명히 할 필요가 있다. 아울러 조선인에 대한 創氏제도가 실시되는 1940년 이후에는 이러한 회사 대표(社長) 名義에 따른 민족별 분류는 사실상 무의미해졌다고 해야 마땅하다.

있다는 주장이다. 몇 가지 구체적인 사례를 들어보자. 우선 鑛業에 있어 주요 광물의 채굴-選鑛-제련-저장-운반 등의 全과정이 거의 機械化/自動化되었다고 하는 점에서 단순한 量的 변화만이 아니라 質的 변화를 가져오고(제2절 '鑛業' 관련 내용 참조), 제조업의 경우는 중화학공업의 비중이 이미 경공업의 그것을 월등히 上廻할 정도의 이른바 W. 호프만 식의 공업구조 高度化를 실현하게 되었다고 하는 점에서 충분히 그렇게 볼 수 있다.

다른 한편, 일각에서는 그러한 발전이 나름의 식민지적 特性을 지닌다고 하여 그것의 실제적 意義까지 의도적으로 부정하려는 태도를 보이는 경우도 있다. 그렇다면 '식민지적 特性'이란 도대체 무슨 뜻인가? 이 질문과 관련해서는 그 論議가 너무나 복잡해질 것임으로 여기서는 생략키로 하고, 단지 그것이 의미하는 것 중에는 이를테면 식민지적 관계가 끊어지게 되면 지금까지 이루어놓은 工業化의 실적도 하루아침에 깨끗이 소멸하게 된다고 하는 식의 의미도 담고 있다고 한다면, 그것은 결코 그렇지 않다고 함을 분명히 해두고자 할 뿐이다.

역사적 사실은 식민지적 관계의 斷絕과 더불어 그러한 공업화의 프로세스는 함께 단절된다고 말할 수 있을지언정 이루어놓은 공업화의 실적까지도 함께 소멸하는 것은 아니라고 함을 분명히 할 필요가 있다. 비록 그러한 실적이 한국의 경우 8·15해방과 南北 분단, 美軍政과 6·25전쟁 등 정치사회적 일대 혼란의 연속으로 허다한 파괴와 毁損(훼손)을 당했다고는 할 수 있겠으나, 그것의 경제적 가치를 완전히 상실할 정도로 못쓰게 된 것은 분명히 아니기 때문이다. 아울러 한 가지 더 첨가해야 할 것은 해방과 동시에 곧장 나라가 南/北으로 갈라짐으로써 그러한 工業化 실적이 본래의 기능을 제대로 행사하지 못하는 절름발이 신세로 전락하게 되었다는 사실이다. 이 점을 염두에 두고 8·15해방이 경제를 어떤 모습으로 남/북으로 갈라 놓았는가를 살펴보자.

북위 38도 선을 경계로 한 經濟領域의 분할은 우선 國土와 人口, 지하지원이나 水力電源에 이르기까지 자연적인 賦存 내지 埋藏(매장) 상태를 여지없이 折半 씩으로 가르고, 게다가 철도-도로-항만-水利시설 등 SOC 관련 시설은 물론, 電力에서의 發電所 및 送/配電시설까지 38도 선을 경계로 연결망의 斷絶을 가져왔는가 하면, 農林/수산물이나 광산물 그리고 각종 공산품에 이르기까지 모든 物産이나 製造 시설 등을 또한 적당한 선에서 折半 씩으로 분할시켜놓았다고 해야 한다.

1) 産業別 생산액의 南/北韓 구성

해방과 더불어 농업, 제조업을 비롯한 제1, 2차 산업의 경우, 우선 각 산업별 생산액의 남/북한 분포상황을 살펴보자. 좀 낡은 통계이긴 하지만, 1940년 실적을 기준으로 그 생산액의 지역별 분포상황을 보면 다음 〈도표 4-18〉의 내용과 같다. 먼저 농업생산에 있어 기본적으로 農地의 남/북한 분포가 남한 쪽으로 크게 偏重되어 있어 농산물 생산 역시 남한 63% 대 북한 37%라는 심한 불균형을 나타내고 있다. 한편 工産品의 경우는 거꾸로 남한 46% 대 북한 54% 비율로 북한 쪽으로 기울어졌는가 하면, 電力의 경우는 북한 偏重 현상이 이루 形言할 수 없을 정도로 심각한 상태라고 하지 않을 수 없다. 이를테면 最大出力에 있어 남한 11.5% 대 북한 88.5%로, 더욱이 平均 發電量에 있어서는 남한 4.3% 대 북한 무려 95.7%라는 그야말로 兩者 無比의 압도적인 隔差를 보이고 있다. 이러한 전력의 북한 편중현상은 해방 직후의 남/북한 간의 電力 사정을, 이를테면 '南韓 전력 饑饉(기근), 北韓 전력 豊饒(풍요)'라는 극 대 극의 非正常 상태를 만들어놓았다고 해야 한다(제1절 '電氣業' 관련 대목 참조).

이렇게 보면, 대체로 南韓은 농업과 수산업에서 상대적 優位를 점하고, 北韓은 광공업과 電力에서 결정적 優位를 점한다고 할 수 있다. 결국 공업화 과정에서 필수적인 原料(鑛)와 에너지(電氣) 등의 공급조건이 결정적으로 유리한 북한에서 土着 原料 指向型의 중화학공업이 앞서 개발되기 시작하였다는 사실은 충분히 수긍하고도 남을 만한 일이다.

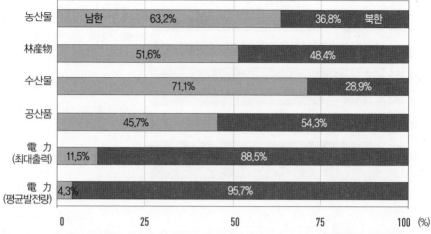

〈도표 4-18〉　　　산업별 生産額의 남/북한 구성 (1940년)

(단위 : 백만 엔, %)

		남　한		북　한		전　국	
농 산 물		1,297.1	63.2	755.4	36.8	2,052.6	100.0
林 産 物		122.2	51.6	114.4	48.4	236.7	100.0
수 산 물[1]		154.9	71.1	62.9	28.9	217.8	100.0
鑛 産 物[2]		…	…	…	…	750.0	100.0
공 산 품		856.9	45.7	1,016.7	54.3	1,873.6	100.0
합 계[3]		2,431.1	55.5	1,949.4	44.5	5,130.5	100.0
電力	최대 出力 (천 kW)	199	11.5	1,524	88.5	1,723	100.0
	평균 發電量 (〃)	43	4.3	942	95.7	985	100.0

자료 : 「자료 4」(附錄 : 鈴木武雄, '獨立' 朝鮮經濟の將來), pp. 166~167 참조.
주 : 1) 水産物의 경우, 原 자료에는 북한의 생산이 217.8백만 円, 합계가 372.7百萬 円으로 되어 있는
　　　것을 필자가 지금처럼 바로잡음.
　　2) 鑛産物의 경우, 보안상 1936년 이래 鑛産額 통계를 일체 발표하지 않아 알 수 없으나, 합계
　　　750.0백만 円은 1943년 생산액 기준의 추정치임. 또 남/북한의 분포 상황은 전혀 알 수가
　　　없으나, 제2절(鑛業 편)의 〈표 4-8〉에서 보는 것처럼 주요 鑛物 생산량의 지역별 분포에 북한
　　　비중이 압도적일 것으로 나타나고 있음을 참고할 필요가 있을 것임.
　　3) 남/북한 간의 합계에는 鑛産物이 제외됨. 단 전국 합계에는 포함됨.

2) 製造業의 南/北韓 분포와 南韓 제조업

　다음 1940년을 기준으로 제조업 내부의 각 업종별 生産額이 남/북한으
로 어떻게 분포되어 있는가를 보자. 다음 〈도표 4-19〉에서 보듯이, 人口
密集지역인 남한은 방직공업이나 식료품공업, 印刷/출판업 및 기타 雜工

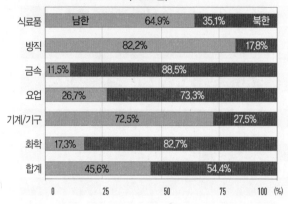

〈도표 4-19〉 製造業 업종별 生産額의 南/北韓 구성
(1940년)

식료품 남한 64.9% 35.1% 북한
방직 82.2% 17.8%
금속 11.5% 88.5%
요업 26.7% 73.3%
기계/기구 72.5% 27.5%
화학 17.3% 82.7%
합계 45.6% 54.4%

0   25   50   75   100 (%)

業에서 확실한 優勢를 보임과 더불어 특히 각종 機械/器具공업에서도 일단 우위를 차지하고 있다.[72] 그 대신 각종 地下資源과 電力이나 石炭 등 에너지 자원이 풍부하게 부존된 북한은 尖端 기술을 요하는

(단위 : 100만 엔, %)

	남 한		북 한		전 국	
식료품	242.3	64.9	131.1	35.1	373.4	100.0
방 직	191.0	82.2	41.1	17.8	232.1	100.0
금 속	15.0	11.5	114.7	88.5	129.7	100.0
窯 業	16.4	26.6	45.2	73.4	61.6	100.0
機械/器具	55.5	72.5	21.2	27.5	76.7	100.0
화 학	121.2	17.3	578.2	82.7	699.4	100.0
製材/목재	17.9	50.9	17.2	49.1	35.0	100.0
인쇄/出版	16.0	83.9	3.1	16.1	19.1	100.0
기 타	180.9	73.4	65.6	26.6	246.5	100.0
합 계	856.3	45.6	1,017.3	54.4	1,873.6	100.0

자료 : 〈도표 4-18〉과 동일. pp. 167~168.

電氣化學工業을 비롯하여, 金屬/제련/重機械/窯業(요업) 등과 같은 중화학공업 분야에서 전반적으로 확실한 우위를 차지하고 있음은 再論을 요치 않는다. 한마디로 남한은 소비재공업/경공업 중심 구조로, 북한은 생산재공업/중화학공업 중심으로 확연히 갈라지는 상호 偏重的 구조를 띠

---

72) 機械/器具공업에서 특별히 남한이 優勢를 보이는 이유는 生産手段으로서의 '機械' 분야(생산재 공업)에서가 아니라 消費手段으로서의 '器具' 분야(소비재 공업)에서의 남한 비중이 월등 높기 때문이라고 할 수 있다.

면서도 다른 편으로는 상호 밀접한 보완적인 구조를 동시에 띠고 있다고 할 수 있다.

남/북 간의 이러한 산업구조 측면에서의 철저한 補完性이야말로 해방 된 한국으로 하여금 國土分斷이라는 정치적 사실이 경제에 얼마나 치명 적인 타격을 초래했을 것인가는 自明한 일이라 하지 않을 수 없다. 한 가 지 구체적인 사례를 든다면, 농업 중심의 남쪽에서 농사를 짓기 위해서는 북쪽에서 量産되고 있는 化學肥料를 불가피하게 공급받아야 하고, 그 대 신 農土가 없는 북쪽은 남쪽에서 재배되는 食糧과 衣料 등 生必品을 반드 시 공급받아야만 하는 그런 불가분의 의존체제를 구축하고 있음이 그것 이다(〈도표 4-19〉 참조).

이처럼 제조업 관련 시설 중에서도 예컨대 重厚壯大한 중화학공업 시 설은 대부분 북쪽에 자리잡게 되고, 상대적으로 輕薄短小한 경공업 시설만 이 남쪽에 남게 된 제조업의 분포상황이 해방 당시 일본으로부터 물려받은 植民地 遺産의 현주소에 다름 아니었다. 사정이 그러하다면, 남과 북이 각 기 물려받은 산업시설에 대한 경제적 價値 評價도 북한 쪽이 남한보다는 훨씬 높은 점수를 받을 수밖에 없을 것임은 당연한 일이다. 실제로 1940년 기준으로 제조업 생산액의 남/북한 분포를 보면 남한 45.7% 대 북한 54.3% 로 이루어져(〈도표 4-19〉 참조), 양자 간의 비율에는 그렇게 큰 차이가 없는 것처럼 보이지만, 실제 내용상으로 현저한 질적 차이를 보이고 있음을 알 아야 한다.

앞에서 지적한 것처럼 重厚壯大한 중화학공업 시설이 대부분 북쪽에 所在한다는 사실을 감안한다면, 각기 남/북에 남겨진 산업시설의 資産的 價値는 위에서 본 생산액 기준에 의한 비율보다 훨씬 더 북쪽으로 기울게 될 것이 틀림없다. 이밖에 또 한 가지 고려사항이 있다면, 그것은 북의 重 化學工業 부문보다는 남의 경공업 부문에 있어 그 업종의 성격상 아무래 도 조선인 자본(기업)의 몫이 더 클 것이라는 점이다. 예컨대 남한의 主力 업종이라 할 식료품-섬유-機械/器具-製材/製紙공업 등의 경우, 아무래도 대규모 자본이나 고급 기술의 뒷받침 없이도 新規進入(new entry)이 비교적 용이할 것이라는 점이고, 나아가 종업원 5인 미만의 이른바 家內 手工業의 경우도 주로 이상의 업종과 기타 雜工業에 집중될 것으로 짐작되기 때문이다. 이런 점을 감안한다면, 해방 후 南韓에 남겨진 제조업의 비중이 기업체 수, 종업원 수, 생산액 등의 분야에서 북한의 그것보다 반드시 적으리라고 단정할 수는 없다는 사실을 인정하지 않을 수 없다.

여기서는 8·15 당시 일본인이 남기고 간 재산(귀속재산)의 價値를 따지고 있는 입장이라, 앞의 제1, 2절에서 살펴본 것처럼 電氣業이나 鑛業에 있어 남한 대비 북한 偏在性이 압도적이었음과 아울러 또한 제조업에서도 일본인이 남기고 간 제조업 관련 재산의 偏在性이 남한에 비해 북한 쪽이 훨씬 더 높을 것으로 볼 수 있다는 점이다. 왜냐하면 종업원 5인 미만의 家內工業을 포함하는 朝鮮人 기업의 비중이 남한보다는 북한 쪽이 훨씬 낮을 것이라는 점을 감안한다면, 거꾸로 日本人(기업) 소유/지배하의 기업 비중은 남한보다는 북한 쪽이 훨씬 높을 것으로 보는 것이 자연스러울 것이기 때문이다.

이 점과 관련하여, 또 다른 자료에 의하여 귀속재산의 북한 偏在性을 검토해보기로 하자. 종전 후 일본정부(大藏省)와 美軍사령부(GHQ/SCAP) 산하의 CPC(민간재산관리국)에서 공동으로 조사한 일본의 海外財産(Japanese External Assets) 관련 자료에 의하면, 1945년 8월 당시 일본이 해외 植民地/屬領 등으로부터 철수할 때 現地에 두고 간 각종 財産 가운데 朝鮮에 두고 간 재산에 대한 조사 결과는 대체로 다음과 같다.

모든 재산을 그 所有 관계(ownership)를 기준으로 하여 다음 3가지 카테고리, 곧 ① 政府부문, ② 法人부문, ③ 個人부문으로 나누어 이 3부문별 재산의 南/北韓別 분포상황을 보면 다음과 같다. 우선 ① 정부부문 재산의 경우 남/북한 구성비는 45% 대 55%로 북한이 상당한 優位를 보이고 있고, ② 法人부문에 있어서는 더욱더 남한 37.6% 대 북한 62.4%로 북한의 압도적인 우위를 나타내고 있는가 하면, ③ 개인부문에서는 남한 70% 대

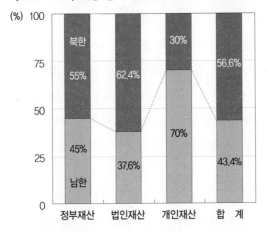

〈도표 4-20〉 해방 당시 일본인 財産의 南/北韓 구성

북한 30%로 남한이 북한보다 2배 이상 압도적으로 높게 나타나고 있는 실정이다(〈도표 4-20〉 참조).

〈도표 4-20〉에서 보듯이 1945년 8월 日本이 朝鮮에 남겨놓은 총 재산 규모는 달러 베이스로 총 52억 4,600만 달러로 추정

(단위 : 백만 달러, %)

	남 한		북 한		전 국	
정 부 재 산	449.2	45.0	549.0	55.0	998.2	100.0
법 인 재 산	1,333.4	37.6	2,210.7	62.4	3,544.1	100.0
개 인 재 산	492.9	70.0	211.4	30.0	704.2	100.0
합 계	2,275.5	43.4	2,971.0	56.6	5,246.5	100.0

자료 : GHQ/SCAP(CPC, External Assets Division), "Japanese External Assets as of August 1945, 1948. 9. 30, p. 37, 38 ; 한국학중앙연구원, 『해방 직후 한국 소재 일본인 자산 관련 자료』, 선인, 2005, p. xv에서 재인용.

되고 있다. 그리고 그것은 南韓에 전체의 43.3%인 22억 7,600만 달러, 北韓에 56.6%인 29억 7,100만 달러로 남한보다 북한 측에 적어도 13.3%포인트 더 많은 재산이 남겨졌다고 하는 사실을 확인할 수 있다.[73] 여기에 부문별로 약간의 설명을 보태자면 개인재산의 경우는 당시 일본인이 북한보다는 남한에 훨씬 많이 살고 있었음으로 당연히 남한 비중이 그렇게 높을 수밖에 없다고 하겠으나, 정부재산이나 민간의 法人재산의 경우 어떻게

73) 남/북한 간의 이러한 구 일본인 재산 분포는 1947년 경 미국의 對日 戰爭賠償을 위한 사절단장 폴리(E. W. Pauley)에 의한 조사 결과와 완전히 일치하고 있다. 즉 당시 E.W. 폴리의 발표 역시 남한 23억 달러(44.2%), 북한 29억 달러(55.8%) 도합 52억 달러에 달하는 일본 재산이 한국에 남겨진 것으로 되어 있기 때문이다. 아마도 폴리 단장 역시 이 GHQ/SCAP(CPC) 자료를 그대로 인용한 것이 아닌가 생각된다.

하여 북한 비중이 그처럼 압도적으로 높을 수 있는지에 대해서는 한가닥 의문이 제기되지 않을 수 없다. 비록 국가 권력은 총독부를 비롯하여 대부분 남한 쪽에 자리잡고 있었지만, 국가가 운영하는 國/公有 기업, 즉 철도나 도로, 電氣(發電사업은 무론 送/配電사업까지), 가스, 水道사업, 그밖에 대규모 軍需공장 등이 대부분 북한 지역 중심으로 이루어지고 있었다는 점, 그리고 민간기업에 있어서도 鑛工業을 중심으로 尖端 기술을 요하는 電氣化學콤비나트 등 각종 重厚壯大한 중화학공업은 집중적으로 북한 지역에 개발해 놓았다고 하는 사실이 바로 그것을 말해준다.

결론적으로 이처럼 일본이 남겨놓고 간 재산의 가치가 南韓보다는 北韓 쪽에 훨씬 더 많이 남겨졌음에도 불구하고, 다시 말해 지난 날 일본 統治의 결과로 북한이 남한보다는 훨씬 더 많은 물질적 혜택을 식민지 遺産으로 넘겨받았다고 해야 하고, 그럼에도 불구하고 양측에 남겨진 이러한 재산상의 隔差는 그 후 역사 전개에 있어 상호 정치체제의 차이와 그리고 해방 후 과거 재산 형성의 主體였던 일본과의 정치적 관계 설정이 달라짐에 따라 그것은 완전히 남한 優位로 逆轉되고 말았다는 사실은 놀랄만한 歷史의 아이러니가 아닐 수 없다.

제5장

歸屬財産의 管理(Ⅰ)
: 美軍政 시대

I. 解放 당시 日本人 財産의 現勢

1. 日本人 財産의 種別 구성

1945년 8월 終戰과 더불어 조선에 거주하던 일본인은 軍人이나 총독부 공무원들은 말할 것도 없고 평범한 민간인에 이르기까지 즉시 일본으로 돌아가야만 했다. 그해 9월 美軍이 進駐하면서 곧장 조선총독부를 폐쇄하고 그 자리에 美 軍政廳이 들어섰다. 새로 들어선 美軍政에게 주어진 최초의 任務는 朝鮮 居住 일본인들을 그 신분 여하에 관계없이 가급적 빠른 시일 내에 本國으로 철수시키는 일이었다. 일본인들은 지금까지 자신이 살던 家屋이나 기타 田畓, 공장 등 모든 재산을 온전하게 그대로 남겨둔 채 맨몸으로 떠나야만 했다.

앞의 제3, 4장에서 다룬 바 있지만, 지난 식민지 시대 일본은 조선에 대한 植民地 경영의 결과 조선의 모든 산업분야에 걸쳐 놀랄만한 經濟開發의 성과를 올리었다. 예컨대 제3장에서 살펴본 鐵道, 도로, 항만 등 각종 社會間接資本의 개발과 함께, 제4장에서 본 電氣業과 鑛工業 등 주요 산업시설의 개발이 모두 일본으로부터의 자본 및 기술의 流入에 의해 이루어졌다는 사실이 바로 그것을 말해준다. 이러한 산업개발의 성과는 바로 그들에게는 그만큼의 조선에서의 財産의 축적, 곧 그것은 固定資本形成으로 이어졌을 것임에는 두말할 여지가 없다. 그렇다면 일본인이 조선에 건너와 자기 財産을 형성하고 資本蓄積을 하게 된 것은 대체로 언제부터일까?

역사적으로 소급해보면, 그것은 아마도 1876년 江華島條約의 체결로 일본에 대한 門戶 開放이 이루어진 때부터라고 해야 한다. 江華島條約의 체결로 隱遁(은둔)의 나라 朝鮮은 완고한 斥和攘夷(척화양이)의 鎖國(쇄국)

노선으로부터 비록 外勢의 압력에 의한 것이기는 하지만 대외개방으로의 일대 路線 전환을 가져오게 된다. 그와 함께 국내 주요 3개 港(釜山, 元山, 仁川)에 대한 門戶를 개방하게 되자, 일본자본은 바로 이 開港場을 통해 조선으로 밀려들게 되었다고 말할 수 있다.

이렇게 제도적으로 조선 진출의 역사적 계기를 잡게 된 일본자본은 그후 19세기 말의 開化期와 20세기 전반의 (半)식민지 과정을 겪으면서 지난 70년이라는 기간 동안 國/公/私 여러 루트로 축적에 축적을 거듭하여 형성된 物質的 所産이 바로 1945년 8월 해방 당시의 '조선 내 일본인의 資本蓄積'(Japanese capital accumulation in Korea)이라는 개념으로 규정될 수 있다. 이렇게 축적된 일본인 財産의 규모는 놀랍게도 1945년 8월 당시의 한국 총 財産價値의 무려 80~85%를 차지할 정도의 어마어마한 비중이었던 것으로 추정되고, 그것이 美-日간의 태평양전쟁에서의 敗戰의 業報라고 해야 할지 어쩔지는 잘 모르겠으나, 어쨌든 終戰 후 일본은 이러한 엄청난 규모의 재산을 고스란히 한국 땅에 남겨둔 채 本國으로 강제 送還되었다는 사실은 분명히 하나의 크나큰 역사의 아이러니가 아닐 수 없다.

太平洋전쟁의 결과로 한국 땅에 남게 된 이들 일본인 財産은 그렇다면 어떤 종류와 형태로 구성되어 있었는가. 위로는 조선총독부 건물로부터 아래로는 일개 평범한 민간인의 개인 住宅에 이르기까지 그야말로 크고 작은 각양각색의 재산으로 이루어졌다고 할 것이지만, 그 재산의 법적, 경제적, 實物的 성격에 따라 좀더 자세히 구분해본다면 다음의 몇 가지 재산 형태로 類型化해볼 수 있을 것이다.

첫째, 군사시설을 포함하는 각종 國/公有의 公共的 성격의 재산이다. 이들 公共財産은 다시, ① 朝鮮에 駐屯하고 있던 일본 軍部의 각종 군사시설을 비롯한 兵器廠(병기창), 도로, 항만 등 軍用財産, ② 조선총독부 廳舍를 비롯한 정부 산하 기관의 행정-司法-治安-교육-보건-厚生 등 각종 공공시설을 포함하는 國/公有 재산, ③ 철도, 도로, 發電所, 전신전화, 항만, 空港 등 國/公營의 각종 사업체 재산 등의 세 가지 카테고리로 크게 분류해볼 수 있다.

둘째, 민간부문에서의 私有財産에 속하는 각종 사업체와 그리고 개인 재산을 들 수 있다. 예컨대 ① 農耕地, 牧場, 광산, 漁場, 공장, 銀行/保險/無盡/信託 등 각종 금융기관 등 크고 작은 민간기업(法人, 단체) 소유의 각종 산업시설, ② 가옥, 垈地, 점포, 工作所, 倉庫 등 일본 민간인 소유의 개인재산, ③ 학교, 병원, 寺刹, 극장, 도서관, 孤兒院, 養老院 등 공공적 성격의 非營利 단체의 재산, ④ 자동차, 자전거, 선박, 항공기 등 운반용 기구, ⑤ 漁船 및 漁撈 도구, 농/축산용 기구나 林業/광업용 기구 등 각종 生産手段, ⑥ 田畓에서 재배 중인 농작물, 목장에서 飼育 중인 동물, 養殖 중인 魚貝類, 과수원의 果實樹에 달여있는 果實, 농가에서 기르는 家畜類 등의 재산, ⑦ 일반 상점의 在庫, 개인의 家財道具, 회사의 사무기기/用品 등의 動産類 등으로 이러한 私有財産의 카테고리는 그야말로 일일이 셀 수 없을 정도로 다종다양하게 이루어지고 있다.

셋째, 이상의 實物(有形) 재산과는 별도로 각종 無形의(intangible) 재산을 들 수 있다. 이를테면 회사의 株式(持分) 및 社債를 비롯하여 國/公債 등 有價證券, 각종 債權, 그리고 特許權-상표권-저작권-知的 소유권, 技術 자격증 등을 포함하는 각종 無形財産이 그것이다.

이상의 각종 일본인 재산은 해방 후 일본(인)이 철수한 다음 새로 등장하는 美軍政에 의해 그 재산 所有權 및 管理權이 곧장 미국(駐韓 美 군정청)으로 넘어가게 된다. 즉 조선총독부의 모든 權能을 그대로 접수하는 과정으로 성립하는 미군정은 성립 후 가장 먼저 처리해야 할 일이 바로 이 어마어마한 일본인 재산을 어떻게 처리하느냐 하는 문제였다. 미군정은 이에 그 재산의 규모와 종류의 복잡성으로 말미암아 일단 재산 類型別로 순차적으로 처리하는 방식을 채택하였는데, 먼저 일본 國/公有의 公共財産에 대해서는 곧바로 美軍 내지 미국 정부(군정청) 소유로 이관시키고, 둘째로 민간 私有財産은 미군정의 法令에 의해 歸屬財産(vested property)이라는 이름으로 美軍政 산하로 접수하는 과정을 밟게 된다. 이관이든 접수든 그것이 중요한 것은 아니고, 그들 재산의 所有權, 곧 財産權이 일본(인)으로 부터 미국 정부(美 군정청)로 이전된다는 사실 그것이 중요한 의미를 갖는 다고 할 수 있다. 그중에서 첫째의 軍用財産 등 정부 공공재산의 이전에 대 해서는 크게 문제 삼을 필요가 없다고 하겠으나, 둘째의 민간 私有財産의 미군정으로의 이전은 법적으로나 경제적으로 중요한 의미를 갖는다고 할 수밖에 없다. 여기서는 후자의 歸屬財産을 중심으로 그 財産權, 개개인 소 유의 재산 所有權이 구체적으로 어떻게 미군정으로 이전되는가를 살펴보 기로 한다.

上記 분류에 있어 첫째의 국/공유 재산 가운데 ③번의 國/公營의 사업 체 재산과 그리고 둘째의 민간인의 私有財産이 미군정의 법령에 의해 歸 屬財産이라는 이름으로 미군정으로 귀속되지만, 귀속될 당시에 이들 재 산의 규모와 상태 등이 어떠하였는가, 즉 구체적으로 귀속재산으로 묶이 는 이들 재산의 種別 규모는 어느 정도였고, 또 그 지역별 분포 특히 남/북 한별 分布는 어떠했으며, 그 재산의 경제적 가치는 어느 정도로 평가되었 는가 하는 등의 문제를 중심으로 살펴보고자 한다. 歸屬財産의 現住所라 고 할 이들 문제는 따지고 보면 해방 후 새로 출발하는 한국경제로 하여금 그 初期 條件을 규정하는 결정적인 요소라고 하는 점에서 그것은 더없이 중요한 역사적 및 경제적 의미를 던져준다고 할 수 있다.

이러한 관점에서 우선 그 所有관계에 의한 재산의 법률적 성격을 기준 으로 이들 귀속재산을 다시 분류해보면 다음과 같다. ① 정부 소유의 國/ 公有 재산(governmental ownership property), ② 法人 소유의 기업체 재산 (corporate ownership property), ③ 개인 소유의 재산(individual ownership property)의 세 가지 범주로의 구분이 그것이다.

이 가운데 ①의 國/公有 재산에 대해서는 그 관련 자료의 求得難 등 그 것의 구체적인 실태 파악이 사실상 곤란한 실정이다. 그러므로 여기서는 주로 民間 사이드에서의 ②의 기업체 재산(農耕地, 과수원, 漁場, 牧場, 鑛山 등 포함)과 ③의 개인 재산(가옥, 垈地, 상점, 工作所, 유통 업소 등)에 대해서만 가능한 범위 내에서 다루어 보기로 한다. 1945년 해방 당시, 일본인 財産權이 美軍政으로 넘어갈 당시의 재산의 實狀과 그리고 그것의 資産的 價値가 과연 어느 정도였는가를 살펴보는 것으로 일단 만족할 수 밖에 없다.

2. 産業體 財産의 실태

1) 산업별 生産額 구성

1945년 8월 일본이 한국에 남겨둔 각종 財産 가운데 앞의 ②번의 기업체 재산의 경우, 우선 각 산업별 생산액 규모가 어느 정도였는가를 먼저 살펴볼 필요가 있다. 왜냐하면 한 나라의 생산액 규모는 곧 그 나라의 생산력 발달 수준을 의미하고 또 이 생산력 발달수준은 그 나라 국민경제의 발전단계를 가늠하는데 둘도 없는 尺度로 되기 때문이다. 통계가 허용하는 범위 내에서 해방 당시 朝鮮의 각 산업별 생산액 구성은 다음 〈도표 5-1〉 (가)항에서 보는 바와 같다. 1943년 기준으로 전체 산업의 총 생산물 價額은 약 65억 円 규모에 달하였는데, 그 가운데 제조업이 전체의 41.5%로 가장 높은 비중이고, 그 다음 농업(축산업 포함) 34.4%, 광업 11.6%, 林業 7.1% 등의 순위를 나타내고 있다.

이렇게 보면, 일부 추정치가 포함되긴 하였으나 해방 직전에 조선의 産業構造는 이미 전체 산업의 主軸이라 할 제조업의 생산이 제1차 산업인 농업(축산업 포함) 생산을 상당히 앞지르고 있을 뿐만 아니라, 또한 그 原料産業으로서의 鑛業까지를 포함하는 광공업을 기준으로 하면 전체 산업의 53%를 차지할 정도로 높은 비율임을 알 수 있다. 게다가 제조업 중에서도 生産財 공업을 중심으로 하는 중화학공업 비중이 1942년 기준으로 전체의 절반이 넘는 51.3%에 달하여 이미 생산재공업이 소비재공업을 앞지르게 되었다는 점도 또한 중요한 의미를 갖는다고 할 수 있다. 이러한 사실은 무엇을 의미하는가? 수치상으로만 본다면 1945년 8월 시점에서 이미 한국경제는 상당한 수준으로 産業構造 내지 工業構造의 高度化

가. 산업별 구성(1943년)　　　　　　나. 업종별 구성(1942년)

	생 산 액 (백만 円)	구성비 (%)		생 산 액 (백만 円)	구성비 (%)
농 업	2,097.4	32.3	식료품	408.2	21.9
畜産業	137.8	2.1	섬 유	313.3	16.8
林 業	462.3	7.1	목재/製材	111.2	6.0
수산업	348.7	5.4	인쇄/출판	23.8	1.3
광 업	750.0*	11.6	금 속	207.5	11.1
제조업	2,689.5*	41.5	기계/器具	106.0	5.7
			窯 業	82.2	4.4
			화 학	561.7	30.1
			기 타	49.9	2.7
합 계	6,485.6**	100.0	합 계	1,863.9	100.0

자료 : 「자료 4」(附錄 편), pp. 108~110 참조.
주 : 1) * 는 추정치이나, ** 는 추정치라고는 할 수 없음.
　　 2) 산업별 구성에서의 제조업 수치(2,689.5백만 엔)와 제조업 업종별 구성의 합계
　　　 (1,863.9백만 엔)상의 차이는 우선 조사년도가 다를 뿐만 아니라, 후자의 경우는 종업원 5인 이
　　　 상을 고용하는 어느 정도 工場制 工業(家內 工業 제외)이라고 할만한 것만 조사 대상으로 한 것
　　　 이기 때문임.

가 이루어질 정도의 생산력 발달을 가져온, 이른바 中進國[1] 수준에 들어

섰다고 함을 의미하는 것으로 볼 수 있다.

---

1) '中進國'이라는 용어가 무척 애매한 표현이기는 하지만, 여기서는 예컨대 코린 클라크(Corin
　 Clark)나 월터 호프만(Walter Hoffmann) 류의 産業化의 단계별 수준에 의거한 의미에 다름 아니
　 다. 즉 전 산업 가운데 제2차 산업의 비중이나 또는 제조업 가운데 生産財공업/重化學공업의 비
　 중이 어느 정도인가 하는 측면에서 단순히 그렇게 붙여본 표현에 불과하다.

이상의 산업구조 내지 공업구조 변동을 통해 우리는 다음과 같은 몇 가지 나름의 특징을 이끌어낼 수 있다. 우선 植民地的 관계라는 특수 조건 하에서도 한국경제는 그동안 산업 간, 업종 간에 격렬한 構造變動을 겪게 되었다는 점이다. 구체적으로 전통적인 농업 중심의 前근대적 산업구조로부터 鑛工業 중심의 근대적인 산업구조로 크게 바뀌었다는 점과, 그리고 공업 중에서도 비교적 노동집약적인 경공업(소비재공업) 중심의 개발단계를 넘어 자본집약적인 산업을 중심으로 하는 '資本의 有機的 構成'(organic composition of capital)이 상당히 높아졌다는 점을 들고자 한다. 말하자면 고도의 技術 수준을 요구하는 중화학/생산재공업을 그 정도의 높은 비중으로까지 끌어올릴 수 있었다는 점에서 그러하다.

둘째로는 이러한 격렬한 산업구조의 변동을 가능케 하려면 무엇보다도 그 前提조건으로 鐵道나 도로, 항만, 電氣, 電信電話 등 사회간접자본의 형성이 충분히 뒷받침되어야 한다는 점과, 아울러 그러한 産業聯關論的인 相關관계가 현실로 뒷받침되고 있었다는 사실의 확인이다. 제3, 4장 '歸屬財産의 형성(I, II)'에서 살펴본 것처럼, 이 시기 철도/도로 등 각종 사회간접자본의 건설이나 電氣/가스업의 발달은 농수산업은 물론이고 광공업이나 건설업 등 보다도 오히려 더욱 격렬하게 이루어졌다는 점이다. 특히 1930년대 이후 滿洲國과의 공동개발 사업으로 추진된 國境 河川(압록강)에서의 水力發電所 건설프로젝트는 그 규모면에서나 기술적 측면에서 당시로서는 세계적으로도 그 類例를 찾기 어려울 정도의 놀라운 성공 事例라고 하지 않을 수 없다는 사실이다.

셋째로는 이상과 같은 광공업의 급속한 성장이나 사회간접자본의 擴充에 들어가는 막대한 所要 資金의 조달 문제이다. 그 개발자금의 대부분이 日本(內地)으로부터 직접 유입되었을 것이라는 점은 쉽게 납득할 수 있는 바이지만, 문제는 당시 일본으로부터 어떻게 그러한 대규모의 資金이 순조롭게 유입될 수 있었는가 하는 점이다. 그것은 일단 여러 가지 요인의 複合的 작용의 産物로 보아야 할 것이지만, 여기서 특별히 강조되어야 할 것은 1930년대 전반(1931~36년)의 제6대 宇垣一成 총독의 적극적인 조선 공업화정책에 대한 對外(일본 내) 선전활동의 영향이 크게 작용했을 것이라는 점이다.

宇垣(우가키) 총독은 조선 工業化를 위한 所要資金 조달을 위해 식민지 朝鮮이 가지는 여러 가지 유리한 조건을 내걸고 일본 민간 기업으로 하여금 조선에 투자해줄 것을 적극 弘報/권유하고 나섰다. 이를테면 먼저 공장건설을 위한 土地 收用을 유리하게 지원하기 위하여 당시 일본 기업이 기피하려고 한 이른바 일본 내의 工場法이나 重要産業統制法 등의 法規를 조선에 대해서는 그 적용을 배제시킴으로써, 조선이야말로 일본 기업에게는 企業하기 좋은 둘도 없는 樂土라는 인식을 심어주려는 노력이 그 것이다.[2] 총독의 이러한 적극적인 기업 誘致 정책에 힘입어 당시 朝鮮이라는 땅이 일본 기업에게는 마치 일종의 뉴 프런티어(New Frontier)와 같은 투자대상으로 떠올랐다. 아무튼 그들에게는 조선이라는 땅이 어느 정도 리스크는 따르지만 그래도 야심찬 투자처로 떠오르게 되고, 당시 이런 분위기 속에서 日本 산업자본의 朝鮮에 대한 투자는 다음 항에서 보는 것처럼 경쟁적으로 증대일로를 걸었다고 할 수 있다.

2) 산업별 投資實績

1945년 8월까지 조선에 투자한 일본자본의 투자실적은 다음 〈도표 5-2〉 (나)항에서 보는 것처럼 총규모 104억 円에 달하였다. 그러나 이 표상의 금액은 각 산업별 事業者會(조합/협회)에 등록된 회원사 가운데서 투자 관련 자료를 제출한 會員社만의 帳簿價格에 의한 실적이기 때문에, 다시 말해 그것은 조선에 투자한 일본회사에 대한 全數 조사의 결과가 아니라고 하는 점에서 상당히 낮게 잡혔을 것이라는 점과, 또한 그것이 帳簿價格을 기준으로 하고 있다는 점에서 과거 일정 시점에서의 투자실적을 의

---

2) 김낙년, 「식민지기 조선 공업화에 관한 제 논점」, 『경제사학』, 제35호(경제사학회), 2003년 12월, p. 34 참조.

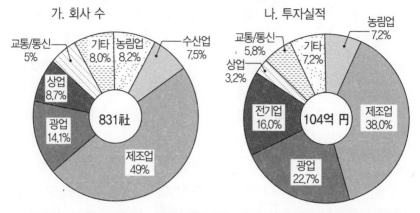

〈도표 5-2〉 解放 당시 일본인 會社數 및 投資實績 (1945년 8월)

가. 회사 수

나. 투자실적

	회사 수(社)		투 자 액 (백만 円)			회사 수(社)		투 자 액 (백만 円)	
농림업	68	8.2	751.6	7.2	금융업	15	1.8	76.9	0.7
水産業	62	7.5	131.1	1.3	상 업	72	8.7	330.4	3.2
제조업	400	48.1	3,959	38.1	교통/통신	46	5.5	602.9	5.8
鑛 業	117	14.1	2,356	22.7	弘報/宣傳	11	1.3	5.8	0.1
전기업	9	1.1	1,664	16.0	營團 (3개)*	3	0.4	483.6	4.7
土木/건축	28	3.4	36.9	0.4	합 계	831	100.0	10,398	100.0

자료 : 〈도표 5-1〉과 동일. pp. 111~112 참조.
주 : 1) 각 산업별 사업체의 帳簿價格에 의한 것.
　　2) * 3개 營團은 食糧營團, 住宅營團, 重要物資營團임.

미하는 것으로 본다면 그것이 현실의 評價額을 제대로 반영하고 있는 것
은 아니라고 하는점에 특별히 유의할 필요가 있다.

　아무튼 이 표에 의하여 각 산업별 투자규모와 그 구성비를 살펴보자.
가장 많은 투자가 이루어진 곳은 두말할 것 없이 제조업 부문으로 총투
자(104억 円)의 38%에 이르는 39.6억 円의 투자실적을 나타내고, 그 다음
鑛業이 놀랍게도 전체의 23%에 해당하는 23.6억 円이라는 예상 밖의 높
은 실적을 나타내고 있다. 이 두 업종을 합한 광공업에 대한 투자가 전체
의 61%라는 압도적인 비중을 차지하고 있다. 그밖에 電氣業이 16.6억 円
(16.0%), 農林業이 7.5억 円(7.2%), 交通/通信이 5.8% 등으로의 투자 순위

를 보여주고 있다. 이리하여 광공업에다 電氣業을 보탠 이들 3개 업종의
투자액이 무려 전체의 3분의 2를 초과하는 76.8%에 이르고 있다는 사실
에 놀라지 않을 수 없다. 아울러 國營의 특수회사(기관) 격인 3개 營團(食
糧營團, 住宅營團, 중요 物資營團)에 대한 투자실적도 결코 적지 않았다고
할 수 있는데, 총액 4.8억 円으로 전체 투자액의 약 4.7%를 차지하였다.

이상의 광공업을 비롯한 농림업이나 수산업 등 산업시설 이외에 이른
바 鐵道나 도로, 항만(선박) 및 전신전화, 水道, 都市개발 등 廣義의 사회간
접자본 분야에서의 투자실적은 어느 정도였는가? 제3차 산업이라 할 이
들 SOC 및 서비스부문에서의 일본인 소유 財産의 實狀은 어떠했는가? 鐵
道의 경우, 1910년 병합 당시의 총 철도영업선로는 1,054km에 불과하였는
데, 1945년 해방 당시에는 그것의 6.1배로 늘어난 6,406km에 달하였고, 道
路는 1910년 당시의 804km에서 1943년에는 무려 31배로 증가한 총연장
31,446km로 늘어났다. 그리고 船舶 보유량에 있어서도 登簿船 기준으로
1910~39년 간 汽船은 40척에 7,815M/T에서 738척에 106,712톤(GT/톤)으
로 톤수 기준으로 무려 13.7배의 증가를 가져왔는가 하면, 帆船의 경우는
같은 기간에 33척 1,090톤에서 1,125척 45,431톤으로 톤 수 기준으로 무려
41.7배의 증가를 가져와 앞의 汽船의 경우보다 훨씬 더 놀라운 증가세를
시현하였다.

이상 몇 가지 수치를 통해서도 實物財産의 규모가 기간 중 얼마나 크
게 늘어났는가는 충분히 알 수 있는 일이지만[3], 그러나 이들에 대한 투자
실적이나 또는 현실의 그것의 評價額이 어느 정도였는가를 파악하기란
결코 쉽지 않은 일이다. 그리고 정부 사업이라 할 電信/電話사업이나 水
道사업 등에서도 상당한 규모의 財産이 형성되었음은 물론, 또한 그것이
고스란히 한국에 남겨진 것은 엄연한 사실이지만, 유감스럽게도 그 재산
의 규모나 評價額이 과연 어느 정도였는지를 정확히 파악하기란 결코 쉬

---

3) 朝鮮銀行調査部, 『朝鮮經濟年報』, 1948년판, p. Ⅰ-184 참조.

운 일이 아님을 밝혀두지 않을 수 없다.

3. 日本人 재산에 대한 資産價値 평가

1) 總督府의 日人企業 實態 조사

1945년 8월 조선총독부는 일본으로의 철수를 앞두고 그들이 조선에 두고 갈 기업에 대한 실태조사를 긴급히 실시한 바 있다. 알려진 바로는 당시 本國 정부의 지시로 조선총독부는 총독부 내에 '終戰事務處理本部'(본부장, 塩田 광공국장)라는 임시기구를 설치하고, 유능한 간부 직원을 총동원하여 약 한 달 동안 朝鮮에 두고 가는 일본인 기업체의 財産 및 기타 權益에 대한 일제 조사를 실시하였다는 것이다. 조사 요령으로는, ① 調書의 이름을 "朝鮮에 있는 日本人 企業의 現狀槪要 調書"라고 하고([부록 1] 참조), ② 公稱자본금 50만 円 이상의 기업을 조사대상으로 하여 산업별, 기업체별 조사를 행하되, ③ 記載요령으로는, ⅰ) 기업체 명칭, 설립연월일, 本/支店 所在地 및 기업체 沿革, ⅱ) 총 투자액, 자본금 내역(공칭자본/납입자본별, 일본인/조선인별 구분), 주요 株主名單 및 任員名單, ⅲ) 종업원의 일반직/기술직별 및 國籍別 현황, ⅳ) 사업목적과 개요(설비능력, 생산실적, 收支狀況, 투자액 등), 同種 업계에서의 地位, ⅴ) 회사 財産의 개요, ⅵ) 기타 참고사항, 예컨대 戰後處理 문제에 대한 회사의 입장, 특히 기업체의 存廢(존폐) 여부 등에 대한 自社의 견해 등 매우 다양한 내용으로 되어 있었다.[4]

총독부로서는 後日 제기될 수도 있는 戰爭賠償 문제 등에 대비하기 위한 것으로, 급박한 歸還 일자를 앞두고 약 1개월이라는 촉박한 시한에 좇기면서도 동 調書([부록 1] 참조) 6부를 急造하여 일본으로 歸還할 때 직접 가지고 갈 계획이었다. 그러나 당시 美軍政은 귀환하는 일본인은 어떤 경

---

4) 「山口文書」, No. 78, 1992년 저자가 日本 學習院大學(資料室)을 방문하여 「在朝鮮日本人權益等調査に關する件」(朝鮮關係殘務處理事務所長, 1946년 5월 3일)등 자료를 열람하는 사이, 동 「調書」의 존재(일부)를 직접 확인하고 그중 몇 枚를 복사하여 가지고 온 일이 있다.

우에도 一般 書類를 지참할 수 없다는 방침을 세우고 있었는데, 이 調書 역시 一般 書類의 일종으로 규정되어 일본으로의 搬出이 저지됨으로써, 하는 수 없이 총독부 당국은 동 서류를 총독부 내의 韓國人 고급 관리[5]에게 맡겨 잘 보관토록 지시하고 後日을 기약하며 조선을 떠났다고 한다.

비록 자본금 50만 엔 이상의 중견/대기업만을 대상으로 한 조사이기는 하지만, 이 자료는 해방 당시 조선에 있는 주요 일본인 기업의 實況을 파악하는데 더없이 중요한 기초 자료가 될 뿐만 아니라, 만약 이 자료가 原狀 그대로 잘 보존되었더라면 해방 후 조선에 두고 간 日人 소유 기업재산, 곧 여기서 다루고자 하는 歸屬財産의 실태 파악에 더 없이 귀중한 자료로 활용되었을 것임에 틀림없다. 그러나 사정은 그렇지를 못하여 동 자료의 보관 책임을 맡은 任文桓 씨의 회고에 따르면, 이 자료는 그 후 미군정으로 넘겨지고 그 후 우연한 기회에 자기가 직접 확인한 바로는 미군정 측의 管理 소홀로 대부분 못쓸 정도로 훼손되고 말았다고 한다.[6]

---

5) 동 調書 보관을 위임 받은 한국인 官吏는 당시 총독부 鑛工局 총무과에 근무하던 任文桓 書記官이었다. 1950년대 農林部 장관을 역임한 바 있는 任文桓(1907~1993)씨의 回顧에 의하면, 당시 총독부 일본인 직원들이 귀국할 때 담당 과장(牧山正彦)으로부터 자신이 동 日人財産調査書 3부를 전달받아 보관하고 있다가, 1945년 12월 경 美軍政에서 解任될 때 3부 중 2부는 자기가 데리고 있던 조선인(李雄吉 사무관)에게 맡겨 잘 보관토록 지시하고, 나머지 1부는 스스로 製本하여 자기 집으로 가져갔는데, 그 얼마 후 美軍 憲兵이 집으로 찾아와 그 調書를 압수해 갔다고 한다. 아울러 그는 8·15 직후 그 어수선한 분위기 속에서도 일본인들이 귀국하기 직전 처리해야 할 다른 중요한 일들도 많은데 밤을 새워가며 무리하게 이 調書 작성을 強行하는 것을 보고, 일본인은 역시 무서운 사람들이라는 것을 새삼 實感했다고 그의 回顧錄에 적고 있다 ―『財界回顧 4』(任文桓 편), 韓國日報社, 1981, pp. 281~282 참조.

6) 1945년말 任文桓 씨가 총독부를 그마두고 나올 때 동 調書 1부를 집으로 가져갔는데, 얼마 후 美軍 헌병이 찾아와 그것을 압수해갔다는 것(앞의 각주 5) 참조), 그리고 그 후 무슨 用務가 있어 옛 총독부 사무실(당시는 미군정 사무실)을 찾았을 때 바로 그 調書 자료가 관리 不實로 여기저기 散逸되어 있는 것을 직접 확인했다고 한다. 저자는 1988년 8월 당시 釜山에 거주하던 任文桓씨를 찾아가 직접 인터뷰한 일이 있다. 그 때 이 서류(調書) 관련 내용에 대한 확인과 함께, 終戰 당시의 총독부 내 분위기, 美軍으로의 權力 移讓과정 등에 대해서도 많은 애기를 들은 바 있다. 그는 8·15 당시 총독부(건물)의 재산 가치(당시 가격으로)를 40백만 円, 그리고 일본이 조선에 두고 간 총 재산(귀속재산)의 가치를 약 70억 円 정도로 보는 일반의 관측에 대해 그는 믿을만한 수치라고 평가 했다.

2) 日本 정부의 海外財産 실태 조사

종전 후 일본정부는 海外 각처에 두고 온 자기네 財産에 대한 대대적인 실태 조사를 실시하게 된다. 여기에는 물론 朝鮮에 대한 것만이 아니라 그들의 식민지(속령)였던 滿洲, 대만, 기타 중국, 사할린, 南洋群島 등 그들이 진출해 있던 모든 지역을 조사대상으로 삼았다. 뿐만 아니라 이 實態調査는 당시 駐日 聯合軍최고사령부(GHQ/SCAP)[7] 산하의 CPC(Civil Property Custodian ; 民間財産管理局)와의 공동 작업으로 행해졌다. 일본정부는 이를 위해 1946년 9월 外務省/大藏省 합동으로 '在外財産調査會'를 설치하고, 그 밑에 ① 朝鮮部, ② 만주부, ③ 臺灣部, ④ 기타 中國部, ⑤ 기타 지역의 5개 지역권으로 나누고, 各 部別로 자기네가 두고 온 재산에 대한 利害 당사자(정부, 기업, 단체, 개인 등)로 하여금 과거 자신이 소유하고 있던 海外財産에 대한 관련 자료를 남김없이 정부에 제출케 하고 그를 토대로 하여 재산의 실태를 推定하는 방식으로 작업을 추진했다.[8]

일본정부의 이 해외재산 조사사업은 日本과 美國 및 旧 식민지 3자 간에 직접적인 利害관계가 서로 복잡하게 얽힌 문제라는 점, 특히 일본으로서는 동 재산이 미국에 대한 戰爭賠償 문제와 직접 결부되어 있었다는 점에서 그 재산에 대한 현재적 價値로서의 평가작업은 매우 중요한 의미를 띠지 않을 수 없었다. 그런 측면에서 일본정부는 재산에 대한 利害 당사자들로부터 성실한 資料 제출을 촉구하고 적극적인 협조를 당부하지 않을 수 없었다. 특히 그 가운데 企業財産의 경우는 가능한 회사의 財務諸表를

---

7) GHQ/SCAP의 정식 명칭은 '駐日총사령부/연합군최고사령관'(General Headquarters/Supreme Commander for the Allied Power)으로 SCAP은 그것의 略稱이다.

8) 이 때, '朝鮮 관계 殘務整理事務所'에서는 일본 外務省 管理局長 앞 公翰(1946. 5. 3일자)에서, 현재로선 利害 당사자들이 동 조사를 위한 관련 자료를 갖고 있지 않아 조사가 심히 어려운 형편이기 때문에, 이런 식으로 조사를 하기 보다는 오히려 지난날 조선총독부가 朝鮮을 떠날 때 美軍政에 맡겨놓고 온 上記 '日本人企業現狀槪要調書' 6부 중 단 1부라도 지금 돌려받는 것이 훨씬 효과적일 것이라는 의견을 제시한 바 있다. 해방 직후 일본이 밤을 새워 작성한 동 자료를 못내 일본으로 가져가지 못한 데 대해 얼마나 애통하게 생각하였는가를 알 수 있게 하는 대목이다 – 「山口文書」, 제78호.

제출케 하고, 그에 의거하여 회사의 帳簿價格(balance-sheet value)을 기준으로 평가하는 것을 원칙으로 하였다. 또한 個人財産의 경우는 個人所得稅 등의 納稅書類가 있으면 다행이지만, 그렇지 않을 경우는 어쩔 수 없이 당사자의 판단에 따른 自進 申告 등을 통해 재산의 가치를 결정하는 추계 방식을 취하지 않을 수 없었다.

아무튼 거국적으로 실시된 동 조사 사업을 위해 利害 당사자들의 적극적인 呼應으로 1946년 10월부터 1948년 9월에 이르는 만 2년 동안에 총 475천 건에 달하는 有/無形의 海外財産에 대한 申告가 들어왔다고 한다. 그리고 이 조사 사업은 비록 美/日 共同작업의 형식은 취하였다고는 하지만, 실제 작업과정은 미국 측의 諮問(자문) 아래 주로 일본 측에 의해 이루어졌다. 처음에는 일본 円화 베이스로 보고서가 작성되었을 터이지만, 나중에 그것을 미국 달러 베이스로 換算하여 최종적으로는 英文판 보고서가 만들어진 것으로 일단 생각해볼 수 있다(당시 적용 換率 ; 1달러=15円).

3) 日本 정부의 在 朝鮮 財産의 評價

다른 한편 일본의 해외재산 가운데, 조선에 두고 간 재산에 대한 일본 정부의 평가를 보기로 하자. 당시 일본 海外財産調査會 내의 朝鮮部會 책임자였던 水田直昌(旧 총독부 재무국장)은 1년 이상에 걸친 조선에 대한 실태조사 결과를 다음과 같이 보고하고 있다. 國/公有 재산은 일단 제외하고 민간 사이드에서의 私有財産에 대한 평가액이 우선 企業體財産 500억~550억 円, 그리고 個人財産 약 250억 円 규모에 달하는 것으로 추정하여, 8·15 당시 일본이 조선에 두고 간 민간부문의 총 재산 가치를 공식적으로 750억~800억 円 규모로 일단 확정하였다.[9]

이에 대해 당시 駐日 美軍(CPC)측은 기업재산 500~550억 円에 대해서는 그 산출근거 등에 별다른 異議를 제기하지 않았으나, 個人財産 250

---

9) 『朝鮮近代史料』-朝鮮總督府關係 重要文書選集(3), "朝鮮財政金融史談"(제8話), 編述 : 水田直昌/土屋喬雄, p. 141 참조.

억 엔에 대해서는 그 산출방식에 문제를 제기하고, 그것을 약 90억 엔 정도로 대폭 삭감할 것을 일본 측에 통고하였는데 이에 일본 측은 미국 측 요구를 부분적으로 수용하여 당초 250억 엔을 150억 엔 정도로 감축하여 이를 기업재산 500억~550억 엔에 합하여 총규모 700억~750억 엔으로 재조정하였다고 전해지고 있다.[10]

당시 개인재산에 대한 평가를 둘러싼 美/日 양측의 갈등관계는 어디에 연유하는 것일까. 미국 CPC측의 주장인즉, 법인재산 500억~550억 円의 경우는 각 회사의 財務諸表(balance-sheet)를 산출근거로 한 점에 대하여 전혀 異議가 없으나, 개인재산 250억 円에 대해서는 객관적 算出근거 없이 단지 개인의 自進 申告 내용을 그대로 수용하는 방식으로 이루어졌기 때문에 일본 측의 평가액을 그대로 받아드릴 수 없다는 입장이었다. CPC 측의 주장은 個人의 경우에도 個人所得稅 등의 課稅 자료를 기초로 하여 財産/所得을 逆算하는 방식으로 평가해야 마땅하다는 주장이었다. 그 경우 個人재산의 평가액은 90억 円 정도라는 것이었다.

이에 대해 일본 측(水田直昌) 주장은 이러했다. 비록 自進 申告에 의한 것이라고는 하지만, 당시 納稅를 申告하는 사람은 전체의 3분의 1에도 못 미치는 매우 낮은 申告率임을 감안해야 하고, 따라서 개인별 納稅額을 기준으로 逆算한다는 것은 현실적 의미를 전혀 가지지 못한다는 주장이었다. 왜냐하면 여러 가지 객관적 사정으로 당시 사람들이 免稅 또는 脫稅하지 않을 수 없는 경우가 너무나 많았기 때문에 실제 納稅 규모 자체가 처음부터 별 의미를 가지지 못하고 있었음을 내세웠다. 즉 일본 측은 이러한 課稅 상의 漏落(누락) 요인을 감안하여 처음부터 過少評價의 원칙에 입각하여 최소한으로 평가할 수밖에 없는 입장이어서, 기실 당초 책정한 규모 250억 엔도 실제로는 매우 낮게 評價된 결과라는 것을 강력히 주장하였

---

10) 미국 CPC측은 個人所得稅의 納稅額을 기준으로 逆算한다면 90억 엔 정도에 불과하다는 입장을 굽히지 않아, 水田은 그 타협안으로 당초의 250억 엔을 150억 엔 정도로 감축하여 총규모 700억~750억 엔으로 조정하였다고 한다 - 위 『朝鮮近代史料』, pp. 140~141 참조.

다. 그러나 미군 측은 그러한 일본 측 주장을 수용하지 않았다.[11]

이상의 개인재산 평가를 둘러싼 美/日 간의 論爭과 관련하여, 그 산출 근거의 客觀性 문제에 대해 약간의 설명을 덧붙이고자 한다. 개인재산의 경우 우리가 그 실제 去來價格을 일일이 구할 수 없는 이상, 그것을 일일이 정확하게 추정한다는 것은 처음부터 불가능한 일이라고 해야 한다. 個人財産의 大宗을 이루는 가옥이나 垈地 등의 경우, 그 성격이나 규모 또는 그 立地的 조건 등이 千差萬別일 뿐 아니라, 처음부터 일일이 그것의 現時價에 의한 거래가격을 추정한다는 것은 사실상 불가능한 일이기 때문이다. 결국 가능한 방법이라면 戶當 또는 垈地 筆地 당 平均價格을 구하여 그것으로 전체에 확대 적용하는 길 밖에 없게 된다. 이렇게 보면 個人財産 추정에 대한 日/美 양측의 주장은 그런 측면에서 얼마든지 있을 수 있는 일이라 할 수 있다.[12]

그렇다면 이상의 개인재산 추정액 250억 円은 각 재산 항목별로 어떻게 구성되었는가? 1947년 3월 朝鮮引揚同胞世話會에서 발표한 내용에 따르면 그것은 대체로 다음과 같이 되어 있다. 個人財産에 대해 우선 그 재산 성질별로 토지, 가옥, 家財道具, 預/貯金 등 모두 8개 항목으로 나누고, 각 항목별로 재산의 가치를 추정하게 된 산출 근거 및 그 推定額을 종합해 보면 다음 〈표 5-3〉에서 보는 바와 같다. 그리고 추정과정에서는 지난날 朝鮮의 제반 사정에 精通한 전문가들로 구성되는 在外財産調査委員會를 설치하여 그들의 諮問(자문)을 받는 등 추정의 正確性을 기하기 위해 많은 노력을 기울인 것은 사실이지만, 그러나 전술한 企業財産의 경우에 비하면 아무래도 자료상의 客觀性이 부족한 것만은 어쩔 수 없는 일이었다.

어쨌든 8·15 해방 당시 약 71만 명에 달하는 朝鮮 거주 일본인이 가지

---

11) 위 『朝鮮近代史料』, pp. 141~142 참조.

12) 일본의 海外財産 조사에 있어 個人財産에 대한 推定이 얼마나 至難한 일이었던가를 나타내는 한 가지 증거가 있다. 책 末尾의 [부록 2]에서 보는 것처럼, 동 「在 조선 일본인 個人財産 推定額」은 당시 조선에 두고 간 일본의 個人財産의 항목별 추계가 얼마나 복잡다단하게 이루어졌는가를 단적으로 말해주고 있다.

고 있던 個人財産의 총 규모는 약 257억 円으로 추산되고, 그것은 農耕地, 임야, 垈地, 가옥 등 不動産類가 전체의 37%를 차지하고, 그 밖에 각종 家財道具나 骨董品(골동품), 서적, 의류 등 動産類가 전체의 14%, 수익성 있는 資産이 약 35%, 그리고 預/貯金, 株式 보유 등 금융자산이 약 7% 등으로 구성되어 있다(〈표 5-3〉 및 [부록 2] 참조).

〈표 5-3〉　　　　在 朝鮮 個人財産에 대한 항목별 推算額

(단위 : 백만 円, %)

	금 액 (백만 円)	구성비 (%)	산 출 근 거
1. 토 지	6,780.3	26.1	1) 耕地* : 畓 166,800정보×ⓐ1,500=2,502백만 円 　　田 108,800정보×ⓐ1,050=1,142 〃 2) 宅地* : 7,000정보×ⓐ15,000=1,050 〃 3) 임야(林木 포함) : 2,086 〃
2. 가 옥	2,823.8	10.8	125,500棟(총 세대수 179,349의 70%가 自家 소유) × ⓐ 22,500 円
3. 家財 도구, 의류 등 動産	3,587.0	13.8	총 세대수 179,349 × ⓐ 20,000円
4. 企業收益 資産(1)**	7,112.1	27.3	1) 상공업 등 기타 기업 : 6,437.9 백만 円 2) 금융업 : 28.6 〃 3) 庶業 등 기타 雜業 : 645.6 〃
5. 企業收益 資産(2)***	1,890.0	7.3	개인소득세의 課稅 대상이 아닌 世代 : 45,000세대 × ⓐ 42,000円
6. 未수확 농작물 등	2,000.0	7.7	1) 未수확 水稻 立毛 : 1,357.7 백만 円 2) 잡곡, 과수원, 기타 未수확 과일 등 : 642.3 〃
7. 預/貯金	1,331.0	5.1	1) 預/貯金 現在高 : 2,182.0백만 円 2) (공제) 종전 후 旣 지불액 : 851.0 〃 3) 2,182.0 - 851.0 = 1,331.0 〃
8. 株 式	499.8	1.9	終戰 당시 총 拂入주식액 2,499백만 円 × 20%(일본인 個人 몫) = 499.8 〃
합 계 (1) (총 재산)	26,023.9	100.0	
(−) 負 債 (2)	−252.7	−1.0	終戰 당시 총 은행대출금 5,054백만 円 × 5%(일본인 개인 몫) = 252.7 〃
純 재산 (1−2)	25,771.2	99.0	負債 差減 후 純 個人재산액

자료 : 「山口文書」- 41호, 「在朝鮮日本人個人財産額調」, 朝鮮引揚同胞世話會, 1947년 3월 조사.
주 : * 耕地 및 宅地의 單價는 町步당 單價가 아니라 段步당 單價임.
　** 企業수익자산(1)은 표 상의 1, 2, 3항 이외의 기업수익자산으로 個人所得稅의 課稅 대상으로 되는 資産, *** 企業수익자산(2)은 個人所得稅의 과세 대상에서 제외된 기타 資産을 가리킴.

4) 駐日 美軍(SCAP/CPC) 측의 在 朝鮮 日人財産의 평가

이상에서 본 일본정부의 海外財産에 대한 실태 조사는 비단 朝鮮에 대한 것만이 아니라, 滿洲, 대만 등 구 일본의 植民地/屬領 전반에 대한 일제 조사였음은 물론이다. 그리고 그것은 당시 駐日 美軍(SCAP/CPC) 당국과의 日/美 共助체제 아래 공동으로 이루어진 작업이었다. 물론 작업의 성격상 일본 주도로 이루어졌을 것으로 볼 수 있고, 財産의 評價도 틀림없이 일본 円화 베이스로 이루어지고 또 보고서(리포트)도 일본어로 작성되었을 것으로 보지만, 사후적으로 그것은 미군 측에 의해 英文판(달러 베이스)으로 만들어졌을 것으로 볼 수 있다. 어쨌든 이 英文판 보고서(GHQ/SCAP, "Japanese External Assets as of August 1945", Prepared by the CPC, External Assets Division, 30 Sept. 1948)에 의거하여[13], 1945년 8월 당시 조선에 남기고 간 일본인 재산의 실태가 어떠했는가를 살펴보면 대체로 다음과 같다.

우선 1945년 8월 당시 일본이 조선에 두고 간 총 財産의 달러 베이스 評價額은 약 52억 4,600만 달러로 추정되고 있다.[14] 이는 敗戰으로 일본이 만주, 대만 등 모든 해외 식민지/속령에 두고 간 총 재산 219억 달러의 약 4분의 1인 24%를 차지하는 규모였다. 참고로 일본의 이 해외재산 219억

---

13) 동 자료는 駐日 미군사령부(GHQ/SCAP)가 1952년 일본을 떠날 때, 비밀문서로 취급하여 미국 國家記錄院(NARA)에 보관시켰는데, 자료집은 모두 3권(제1권 : 조선 관계, 제2권 : 만주 관계, 제3권 : 중국, 대만 및 부록 편)으로 이루어지고, 財産의 推計方法은 대체로 다음과 같았다. 즉 재산의 카테고리를 ① 公共(정부)재산, ② 기업(법인)재산, ③ 개인재산의 3가지 유형으로 구분하고, ②의 기업(法人)재산은 다시 기업 규모별로 세분하여 산업별, 지역별(南/北韓 別, 道別), 개별 기업체별(일정 규모 이상의 기업) 등으로 구분하여 다루고 있으며, 또 재산의 유형은 ① 動産, ② 부동산, ③ 無形財産의 3가지로 구분하고 있다. 그리고 附錄에서는 일본정부의 재산 평가에 대한 구체적인 자료와 산출근거, 평가방법, 기타 일본의 과거 海外 식민지와의 關係史, 해외투자의 略史 등 각종 참고 자료가 다수 포함되고 있다. 이 가운데 2005년에 한국학중앙연구원에서 제1권(朝鮮 편) 및 附錄 부분을 묶어서 『해방 직후 한국 소재 일본인 자산 관련 자료』라는 이름으로 특별히 책머리에 '解題'(충남대 허수열 교수 집필)까지를 부쳐 影印本으로 출간한 바 있다. 本稿에서의 일본인 財産의 實態 관련 통계는 주로 이 자료에 의거하고 있음을 부기해 둔다.

14) 이 금액은 앞에서 본 전후 일본 정부(大藏省)/美軍사령부(CPC)간의 合同 조사의 결과치로서 그 상세한 내용은 한국학중앙연구원, 앞의 책, p. xiv를 참조할 것.

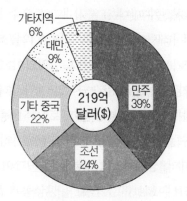

〈도 5-1〉전후 日本 海外財産의 지역별 구성

기타지역 6%
대만 9%
기타 중국 22%
219억 달러($)
만주 39%
조선 24%

(자료 : 〈표 5-4〉와 동일)

달러의 지역별/국가별 구성을 보면, 우선 半식민지 滿洲가 전체의 39%인 85.4억 달러로 가장 많은 편이고, 두 번째가 韓國으로 24%인 52.5억 달러, 셋째 關東洲 등 기타 中國이 22%인 48.2억 달러, 넷째 台滿이 9%인 19.7억 달러, 끝으로 사할린, 南洋群島 등 기타 속령이 약 6%(13.1억 달러)로 각각 이루어지고 있다(〈도 5-1〉참조).

조선에 두고 간 일본인 재산 52억 4,600만 달러는 그럼 재산 종별로는 어떻게 구성되어 있었는가? 첫째, 재산의 所有 관계(ownership)를 기준으로 할 때, ① 정부(공공)재산, ② 민간 기업재산, ③ 개인재산의 3가지 유형으로 나누고 볼 때, 이들 재산의 구성비는 ① 19.0% : ② 67.6% : ③ 13.4%의 비율로, 민간의 기업재산이 전체의 70%에 육박하는 압도적 비중을 차지하고 있다. 둘째 南/北韓간의 지역별로는 남 43.4% 대 북 56.6% 비율로 북쪽이 무려 30% 이상 많은 것으로 나타나고 있으며, 셋째 재산의 유형별 구성에서는, ① 動産, ②부동산, ③ 無形(intangible)재산 별로 각각 24.9% : 67.0% : 8.1%, ②의 不動産이 전체의 70% 가량을 차지하고 있다.[15] 따라서 재산의 所有 측면에서는 기업(法人) 所有(corporate ownership)재산과 그리고 재산 유형별로는 不動産(immovable property)이 각기 전체의 3분의 2 이상을 차지하고 있다는 점, 둘째로는 정부 소유의 公共財産이라고 할 鐵道, 도로, 항만, 電氣, 電信/電話, 山林綠化사업 등의 거대한 國營體制의 기

---

15) 無形財産에는 은행 등 금융기관에의 預貯金, 받을 어음, 株式 및 公私債, 보험증권, 外貨計定 상의 評價 잔액, 투자액, 持分, 配當 등의 금융재산, 그리고 著作權, 특허료, 天然資源 채굴권 등의 無形의 자산(intangible assets)이 모두 여기에 포함된다.

업 비중이 월등히 높은 관계로 민간 個人財産의 비중을 크게 초과하고 있다는 점을 그 나름의 구조적 특징으로 들 수 있다.

다음 민간 기업재산의 경우, 그 기업규모별 재산의 구성은 다음과 같이 분류된다. 우선 상대적으로 규모가 큰 1,500개 기업을 간추려 그것을 다시 대규모 기업 500개, 중규모 기업 500개, 소규모 기업 500개로 細分하여 개별 기업별로 그 名稱/업종/재산 규모 등을 摘示하고 있으며, 특히 上位 500대 기업의 경우는 각 지역별(道別, 남/북한별), 산업/업종별, 재산 유형별(동산/부동산/無形) 재산액을 일일이 매우 구체적으로 기재하고 있다. 그밖에 이 1,500개 기업에 들지 못하는 小/零細기업 3,800개를 한데 묶어 다루고, 거기에도 들지 못하는 보잘 것 없는 기업은 기타 殘餘分(miscellaneous)으로 남겼다. 이 마지막 殘餘分의 성격은 당시 일본 내에 있는 어떤 회사(개인)가 과거 조선에 자기가 그런 회사를 두고 왔다는 식으로 일본정부에 申告한 경우라는 것, 그리하여 재산의 實體 규명도 어렵거니와 규모 자체도 의미 있게 다룰 정도가 되지 못하는 극히 사소한 것이라는 설명을 덧붙이고 있다. 어쨌든 기업 규모별 재산 구성과 함께, 그것의 남/북한 간의 비율 및 재산의 유형별 구성비 등을 정리해보면 뒷면 〈표 5-4〉에서 보는 바와 같다.

먼저 일정한 규모 이상의 1,500개 기업에 대한 남/북한 본포상황을 보면, 南 35% 대 北 65%로 북쪽이 압도적인 우세를 나타내고 있는가 하면, 그중에서도 소위 500大 기업의 경우에는 南 32.6% 대 北 67.4%로 북쪽 비율이 남한의 두 배 이상으로 높게 나타나고 있다. 그러나 중규모 500개 기업과 소기업 500개 기업 및 3,800개 영세기업의 경우는 다 같이 남쪽 비중이 북쪽보다 상대적으로 높게 나타나고 있다. 그중에서도 특히 3,800개 영세기업의 경우는 南 80% 대 北 20% 정도로 완전히 남쪽에 집중되고 있음을 볼 수 있다. 이처럼 상위 500대 기업의 북한 偏在 현상은 결국 1930년대에 추진된 식민지 工業化 ─ 특히 중화학공업화 과정 ─ 가 전적으로 북한 지역 중심으로 전개되었음을 말해주는 단적인 指標라고 할 수 있고, 또한 이 500대 기업의 재산 규모가 전체 기업재산의 무려 89.2%를 차지하고 있다는 점에서 식민지 조선의 工業化가 북한 지역 중심으로 그리고 그것이 얼마나 資本集約的인 重厚壯大型의 중화학공업 중심으로 이루어졌는가를 여실히 말해주고 있다.

둘째 정부재산의 경우도 이를테면 國有/國營으로 이루어진 電力이나 鐵道, 山林 개발 그리고 軍需 관련 대규모 광공업의 북한 偏重현상을 반영하여 이 역시 남한 45% 대 북한 55%의 비율로 북쪽 優勢를 드러내고 있다. 그런 가운데, 총독부를 비롯한 정부 관련 公共기관이나 각종 硏究所나 敎育院 등 부속기관이 주로 남쪽에 위치함으로써 그에 따른 土地 및 建物 등의 實物資産이 남쪽에 偏在되어 있다는 사실을 높이 평가하여, 정부재산의 남한 비중을 그나마 45% 수준으로 끌어올리게 되었다고 함을 駐日 미군사령부(CPC)측은 스스로 밝히고 있다.[16]

셋째로 그러나 개인재산에 있어서는 이상의 기업재산이나 정부재산의 경우와는 그 성격을 확연히 달리하고 있다. 그것은 南韓 70% 대 北韓 30%로 남한 쪽의 압도적 偏重 현상을 보여주고 있기 때문이다. 이는 무엇보다도 조선 居住 일본인의 남/북한 분포가 南 65.4% 대 北 34.6%로 남쪽이 수적으로 월등 많을 뿐만 아니라,[17] 일본인(개인)이 벌리는 사사로운 店鋪, 소형의 工作所, 私設 금융업(典當鋪 등)과 같은 개인사업의 무대 역시 人口가 密集한 남쪽 중심으로 되었기 때문이라 할 수 있다. 그러나 이 個人財産의 경우, 한 가지 留念해야 할 사항은 그것의 재산규모가 앞에서 본 정부재산보다도 훨씬 작다는 사실이다. 그 이유는 절대적인 규모 자체가 정부재산보다 낮기 때문일 수도 있지만, 그밖에 앞에서 살펴본 것처럼 당초 일본정부가 추계한 個人財産의 규모에 대해 美軍(CPC)측이 그 산출근거를 문제 삼아 사후적으로 그 규모를 대폭 축소하게 된 것, 곧 당초 250억

---

16) 한국학중앙연구원, 앞의 책, p. 35(67) 참조.
17) 1944년 5월 현재 조선 居住의 일본인 총수 712,583명의 남/북한 분포는 南 466,208명(65.4%), 北 246,375명(34.6%)로 이루어지고 있다−森田芳夫, 앞의 책, p. 7, <표 5> 참조.

〈표 5-4〉　　　　　　解放 당시 남겨진 일본인 財産의 구성

가. 財産 種別, 남/북한별 구성(백 만 달러, %)

	남 한		북 한		합 계	
1. 企業財産						
1) 대기업 500社	1,032.3	32.6	2,130.5	67.4	3,162.8	89.2
2) 중기업 500社	99.5	80.9	23.6	19.1	123.1	3.5
3) 소기업 500社	43.7	78.7	11.8	21.3	55.5	1.6
4) 영세기업 3,800社	94.8	80.0	23.7	20.0	118.5	3.3
5) 기타 殘餘分	63.2	75.0	21.1	25.0	84.2	2.4
소 계	1,333.4	37.6	2,210.7	64.4	3,544.1	100.0	67.6
2. 政府財産	449.2	45.0	549.0	55.0	998.2	100.0	19.0
3. 個人財産	492.9	70.0	211.3	30.0	704.2	100.0	13.4
합 계	2,275.5	43.4	2,971.0	56.6	5,246.5	100.0	100.0

나. 財産 種別, 企業규모(백 만 달러, %)

	부 동 산		동 산		無形財産		합 계	
1. 企業財産								
1) 대기업 500社	2,187.0	69.1	738.6	23.4	237.2	7.5	3,162.8	100.0
2) 중기업 500社	71.8	58.3	42.2	34.3	9.1	7.4	123.1	100.0
3) 소기업 500社	26.9	48.6	24.5	44.2	4.1	7.4	55.5	100.0
4) 영세기업 3,800社	65.1	55.0	42.7	36.0	10.7	9.0	118.5	100.0
5) 기타 殘餘分	7.6	9.0	51.4	61.0	25.2	30.0	84.2	100.0
소 계	2,358.4	66.5	899.4	25.4	286.3	8.1	3,544.1	100.0
2. 政府財産	678.8	67.9	239.6	24.1	79.9	8.0	998.2	100.0
3. 個人財産	478.9	68.0	169.0	24.0	56.3	8.0	704.2	100.0
합 계	3,516.0	67.0	1,308.0	24.9	422.5	8.1	5,246.5	100.0

자료 : 한국학중앙연구원, 앞의 책, P. 37(69) 참조.

円을 150억 円으로 축소 조정한 사실이 거기에 크게 영향을 미쳤을 것으로 볼 수 있다.[18]

다음에는 재산의 無/有形別 구성을 보자. 위의 〈표 5-4 (나)〉에서 본

---

18) 당초 일본 측이 제시한 개인재산 평가액 250억 円에 대해 CPC측이 90억 円으로 대폭 감축할 것을 제안하여, 일본 측은 이를 다시 150억 円으로 재조정할 것을 요구한 바 있다. 그런데 CPC측 자료에 나오는 개인재산 704백만 달러를 당시 美/日간의 公定換率 1달러=15엔으로 換算한다면, 이는 일본 엔화로 105.6억 円(704백만 달러×15円)이 되고, 이는 또한 CPC측이 당초 주장한 90억 円보다는 약간 많으나, 일본 측의 2차 조정안인 150억 円에는 훨씬 못 미치는 규모임을 알 수 있다.

것처럼, ① 부동산, ② 동산, ③ 無形財産의 3가지 유형별 구성은 다시 그 것이 企業體/정부/個人재산의 그 어느 카테고리 할 것 없이 거의 같은 비율로 配定되어 있다는 점이다. 구체적으로 不動産이 총 재산의 67~68% 로 전체의 3분의 2 이상을 차지하고, 動産이 24~25% 비중으로 전체의 4 분의 1 수준, 그리고 나머지 8% 내외가 금융기관의 預/貯金이나 株式/社 債 보유액, 그리고 각종 債權 등으로 이루어지는 無形財産으로 구성되고 있음을 볼 수 있다(〈표 5-4 (나)〉 참조). 그리고 이러한 부동산-동산-無形재 산 3자간의 비율은 정부재산이나 기업체재산 또는 개인재산의 경우에도 큰 차이 없이 거의 일정하게 적용되고 있다. 이는 前者의 3가지 항목별 구 성비 추정치를 가지고 後者의 3가지 항목에 대하여도 그대로 일률적으로 적용한 것으로 판단된다. 아무래도 그것은 통계의 정확성을 기하기가 어 려워 결국 便法으로 그렇게 적용한 것이 아닌가 생각한다.

이상의 각 산업별 企業財産의 남/북한별 분포상황을 보자. 농림업, 어 업 등 제1차 산업, 제조업과 광업 중심의 제2차 산업, 그리고 건설업, 運輸 /倉庫業, 금융/보험, 전기업과 言論/放送 등에 이르는 사회간접자본 및 서 비스업에 대한 각 부문별 財産의 규모와 그리고 그것의 남/북한별 구성이 어떻게 되었는가를 간추려보면 다음 〈도표 5-5〉에서 보는 바와 같다.

총 5,300개 이상의 기업 가운데서 그래도 상대적으로 규모가 큰 上位 1,500개 기업을 기준으로 할 때, 각 산업별 내지 업종별로 남/북한 간의 재 산 분포상황은 남한 35% 대 북한 65% 비율의 현저한 북쪽 偏重 현상을 보 여주고 있다. 그중에서도 특히 제조업을 비롯한 鑛業이나 電氣業 등에 있 어 북쪽 偏重 현상이 더욱 두드러지고 있음이 특기할만한 일이다. 제조업 중에서는 또한 화학공업을 비롯한 철강/금속, 기계/기구, 窯業(요업), 石 油/가스 등 중화학공업의 북한 비중은 무려 80~90%에 이를 만큼 압도적 이다. 그 대신 식료품공업이나 섬유, 製材/製紙공업 등 경공업에 있어서 는 아무래도 남쪽의 비중이 높지만, 그러나 이들 경공업의 비중 자체가 그 렇게 크지 않기 때문에 전체 제조업에 미치는 영향은 그만큼 작을 수 밖에

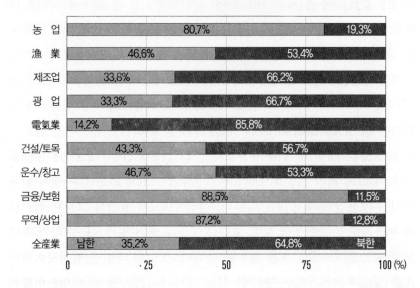

〈도표 5-5〉   解放 당시 산업별 일본인 企業財產의 南/北韓 분포
(上位 1,500개 企業 기준)

- 농 업: 80.7% / 19.3%
- 漁 業: 46.6% / 53.4%
- 제조업: 33.8% / 66.2%
- 광 업: 33.3% / 66.7%
- 電氣業: 14.2% / 85.8%
- 건설/토목: 43.3% / 56.7%
- 운수/창고: 46.7% / 53.3%
- 금융/보험: 88.5% / 11.5%
- 무역/상업: 87.2% / 12.8%
- 全産業: 남한 35.2% / 64.8% 북한

0   25   50   75   100 (%)

(단위 : 백만 달러, %)

	남 한		북 한		전 국	
1. 제1차 산업						
농 업	94.7	80.7	22.6	19.3	117.3	100.0
어 업	9.0	46.6	10.2	53.4	19.2	100.0
계	103.7	76.0	32.8	24.0	136.5	100.0
2. 제2차 산업						
가. 제조업	570.5	33.8	1,117.0	66.2	1,687.5	100.0
식료품	43.3	66.9	21.4	33.1	64.7	100.0
섬 유	152.8	83.0	31.2	17.0	184.0	100.0
木材/제재*	29.1	41.5	41.0	58.5	70.1	100.0
製 紙	15.1	54.4	12.6	45.6	27.7	100.0
요 업	9.0	31.5	19.6	68.5	28.6	100.0
화 학	60.5	11.6	461.2	88.4	521.7	100.0
기 계	106.8	82.8	22.0	17.2	128.8	100.0
철 강	24.0	7.6	294.3	92.4	318.3	100.0
製鍊/경금속	54.0	27.5	142.5	72.5	196.5	100.0
石油/고무	10.4	17.1	50.5	82.9	60.9	100.0
기 타	65.5	75.9	20.7	24.1	86.3	100.0
나. 광 업	182.9	33.3	364.5	66.7	547.4	100.0
다. 전기업	82.6	14.2	498.2	85.8	580.8	100.0
계(가+나+다)	836.0	29.7	1,979.7	70.3	2,815.7	100.0

3. 제3차 산업						
건설/土木	18.8	43.3	24.6	56.7	43.4	100.0
運輸/창고	98.3	46.7	112.2	53.3	210.5	100.0
금융/保險	23.2	88.5	3.0	11.5	26.2	100.0
貿易/상업	90.2	87.2	13.2	12.8	103.3	100.0
언론/출판	5.2	95.4	0.3	4.6	5.5	100.0
계	235.7	60.6	153.3	39.4	389.0	100.0
4. 합 계(1+2+3) (1,500개 社)	1,175.4	35.2	2,165.9	64.8	3,341.3	100.0
5. 3,800개 社, 기타	158.0	77.9	21.2	27.5	202.7	100.0
6. 총 계 (4+5)	1,333.4	37.6	2,210.7	62.4	3,544.1	100.0

자료 : 한국학중앙연구원, 앞의 책, p. 36(68) 참조.
주 : *에는 제1차 산업인 林業이 포함됨.

없다고 해야 한다.

제3차 산업이라 할 建設/토목업이나 운수업, 금융/무역업에다가 그밖에 言論이나 印刷/出版 등 사회 서비스업에 있어서는 아무래도 남한이 북한보다 우세하다고 할 수 밖에 없다. 그것은 우선 人口에 있어 남한이 북한의 거의 2배 규모인데다가, 또 한 가지 중요한 것은 首都(서울)가 남쪽에 자리잡고 있다는 점, 行政-교육-治安-오락시설 등 公共서비스업이 남쪽 중심으로 발달하게 된 사실을 반영하여 제3차 산업의 경우는 전반적으로 남쪽이 북쪽보다 우세하다는 것은 당연한 일이라고 할 수 있다.

이상의 설명을 종합해보면, 식민지 시대 조선의 산업화 과정에 대해 우리는 다음과 같은 몇 가지 특징을 찾아볼 수 있다. 첫째로 시간의 흐름에 따라 공업화의 성격이 점차 軍需工業 관련의 중화학공업 중심으로 개발되었다는 점, 둘째로 지역적으로는 아무래도 풍부하고도 저렴한 에너지(動力) 및 지하자원(原料鑛)의 賦存 조건 등에 相應하여 역시 북한지역 중심으로 개발되었다는 점, 셋째로는 工業化의 전제조건이라 할 鐵道, 도로, 항만, 電力 등 사회간접자본의 개발과 거의 동시병행적인 工業化시스템을 구축하였다는 점 등을 그것의 중요한 특징으로 들 수 있다.

II. 美軍政의 歸屬財産 接收過程

1. 美軍政의 등장과 日人財産의 운명

1) 軍政法令 제2/4호의 發動

1945년 8월 당시 이 땅에 남겨진 일본인 재산— 당시 가격으로의 평가액 약 52억 달러 —은 해방과 더불어 과연 어떤 운명에 처하였는가. 이 가운데 북한에 所在한 재산(약 29억 달러)에 대해서는 일단 論外로 하더라도 남한 쪽에 남겨진 재산, 곧 전체의 44.2%인 23억 달러의 財産에 대해서만 구체적으로 살펴보기로 한다.

1945년 9월 조선총독부를 대신하여 새로 등장하는 美軍政은 이들 일본인 재산에 대한 法的 財産所有權을 일괄적으로 미국(미군정)으로 넘기는 일대 財産權 이전조치를 단행하게 된다.[19] 그 속에는 일본 軍部 재산이나 조선총독부를 비롯한 각종 일본정부 산하기관의 재산 또는 철도-도로-電信/電話-電力 등 國/公有 기업(법인) 재산은 말할 것도 없고, 일반 민간인 소유의 家屋이나 垈地, 농장, 漁場, 광산, 상점 등에 이르기까지 일체의 私有財産까지도 모두 포함되었다. 이러한 일본인 財産權의 移轉 조치는 새로 등장한 미군정의 자체 法令에 의한 일종의 緊急措置의 형식을 빌어 이루어졌다. 그렇다고 그것이 모든 일본인 재산에 대해 한꺼번에 이루어진 것은 아니었고, 美軍政 政策基調의 변화에 따라 순차적으로 접수 되는 과

---

19) 이 일본(인) 재산의 美軍政으로의 권리 移轉에 대한 표현을 놓고, 지금까지 공식적으로는 미군정으로 '귀속된다'(vested)라는 용어를 사용하고, 그 연장선에서 그렇게 귀속되는 재산을 '歸屬財産'(vested property)이라는 이름으로 불렀다. 그 밖에 미군정이 日人 財産을 接收하다(take over) 또는 沒收하다(confiscate)라는 등의 용어가 함께 사용되기도 하였다. 국가권력에 의한 財産權의 강제 移轉이라는 의미에서는 후자의 接收 또는 沒收라는 표현이 더욱 현실에 부합한다고 하겠으나 慣例에 따라 本稿에서는 귀속된다는 뜻에서의 '歸屬財産'으로 通稱하고자 한다.

정을 밝게 된다고 말할 수 있다. 그럼 어떤 절차와 방식으로 日本→美國으로의 日人 재산의 所有權 이전이 이루어지게 되는가?

周知하듯이, 1945년 9월 (구) 일본 총독부의 모든 權能을 그대로 承繼하는 형식으로 美軍政은 성립하게 된다. 한국 統治權에 대한 이런 식의 政權 交替(?)에 대해 당사자인 한국에게는 贊/反이나 好/不好의 그 어떤 한마디 意思 表明도 할 자격이 주어지지 않았다. 왜냐하면 일본 영토의 일부로서의 한국에 대해서도 일본 本土에서와 동일하게 美軍이 진주하여 美軍政을 펴는 것이 국제법적으로 아무런 瑕疵(하자)가 없었기 때문이었다. 美軍政은 곧장 자신의 軍政 法令(Ordinance)의 제정, 공포를 통해 한국에 대한 모든 統治 행위가 이루어졌는데, 그가 가장 먼저 취한 조치가 바로 조선 내의 治安 확보와 더불어 지난날 일본이 남겨놓고 간 각종 財産에 대한 財産權의 취득이었다고 할 수 있다.

1945년 9월 美軍政 수립 직후, 곧바로 軍政法令 제2호(1945. 9. 25일자)를 공포하고, 일본인 재산에 대한 최초의 행정조치라고 할 '財産의 移轉禁止' 조치를 발동하였다. 즉 日本의 國/公有 재산은 무조건 美 군정청 당국에 의해 접수되는 것으로 선언했다. 다만 한 가지 일본 민간인의 私有財産은 여기에 포함되지 않는다는 것, 다시 말해 私有財産의 경우는 동 法令이 규정하는 바에 따라야 하지만, 그 자유로운 賣買, 讓渡(양도) 등과 같은 재산의 處分이 가능하다는 것과 그리고 필요에 따라서는 美軍이나 朝鮮警察에 의한 재산의 法的 보호도 받을 수 있다는 내용을 담고 있었다. 아울러 재산의 소유자(일본인)로 하여금 재산의 保存을 철저히 하고 또한 의무적으로 관계 서류의 작성과 정리, 보관 등을 철저히 할 것을 요구할 정도로 민간의 財産權에 대해서는 그것을 확실히 보장해주는 입장을 취하였다.

이로써 法令 제2호를 공포할 당시(1945년 9월)까지만 하더라도 일본인 (민간)의 私有財産은 미군정이 그 접수대상에서 제외시키는 것으로 재차 확인된 셈이었다. 이러한 사실은 기실 美軍 진주와 美軍政 성립 이전에 이미 미군 측의 空中 비라 撒布(살포) 형식을 통해 알려진 바가 있었다. 맥아더 연합군총사령관 명의로 된 '朝鮮 住民에게 告함'이라는 '布告' 제1호(1945년 9월 7일자)에 의하면, 조선에서의 '住民의 所有權은 존중된다'는 내용이 그 속에 포함되어 있었고(동 제4조), 이에 '朝鮮에서의 住民' 속에 일본인도 포함되는지에 대한 일본 측의 質疑에 대해 미군 측은 분명히 '그렇다'라고 하는 긍정적인 답변이 내려졌기 때문이다. 이로써 당시 민간인 소유의 私有財産은 미군정의 접수의 대상이 아니라는 것, 즉 사유재산은 어디까지나 그 財産權의 법적 보호를 받게 되는 것으로 확인되었다.[20] 이러한 취지에 따라 동년 9월 28일에 있었던 軍政法令 제4호는 일본 軍部財産에 대한 몰수조치만을 단행한 것으로 볼 수 있다. 즉 일본 陸/海軍 소속의 모든 재산은 그 매매/취득/양도를 금지하고(제1조), 동시에 이들 재산은 이미 미국의 소유로 되었으므로 미국이나 기타 연합국의 허가 없이 이들 재산을 占有하는 것 등의 행동은 분명한 不法임을 천명하고(제2조), 이를 어길 때에는 가차 없이 美軍法會議에 회부시켜 처벌한다는 등의 내용을 담고 있었다.[21]

2) 軍政法令 제33호의 발동

美軍政은 이로부터 3개월 후인 1945년 12월, 法令 제33호(12월 6일자)의 공포를 통해 일본인 재산에 대한 종전의 입장을 완전히 뒤집었다. 즉 '朝鮮 내 일본인 財産權 취득에 관한 건'으로 된 이 제33호 法令은 동년 9월 25일자 法令 제2호에 의한 일본인 私有財産에 대한 賣買 및 讓渡 등을 허용한 이전의 布告를 완전히 뒤엎고, 私有財産까지 포함하는 모든 종류의 일본인 재산에 대하여, 그것도 公布 당일이 아니라 1945년 8월 9일자로 소급하여 凍結 조치한다는 것이 제33호 法令의 골자였다. 뿐만 아니라 1945

---

20) 太平洋美陸軍最高司令部 布告 제1호(1945. 9. 7일자) ; '朝鮮 住民에게 告함'(To the People of Korea) 제목의 삐라 제4조 －『美軍政法令總覽(英文版)』, 韓國法制硏究會, 1971, p. 1 참조.
21) 驪江出版社, 『美軍政法令集(國文版)』, 1971, p. 124 참조.

년 8월 9일 이후에 이루어진 모든 재산상의 변동행위는 일자를 조급하여 완전히 原因 無效임을 선언하는 그야말로 법률 常識을 뛰어넘는 파격적인 조치를 단행했던 것이다. 이 조치로 말미암아 당시 이미 재산을 처분하고 일본으로 歸還하였거나 또는 귀국 준비 중이던 일본인들은 그야말로 엄청난 충격과 혼란에 빠지지 않을 수 없었다.

法令 제33호 發動에 대해 좀 더 구체적으로 살펴볼 필요가 있다. 우선 제기되야 할 문제는 이 법령이 8·15 해방 후—더 정확하게는 1945년 8월 9일 이후부터 그 해 12월 6일 法令 공포일까지— 약 4개월 동안에 행해진 재산의 매매-증여-讓渡-처분 및 심지어 일본으로의 旣 반출된 것까지 재산상의 모든 변동사항에 대해, 그것이 일체 원인 無效임을 선언함으로써 재산을 그 以前 상태로 다시 되돌린다는 遡及法의 효력을 갖는 특수한 성격의 조치였다. 뿐만 아니라 스스로 上記 법령 제2호에 의해 그 所有權을 인정했던 민간인 私有財産까지도 강제로 몰수한다는 내용을 담고 있었다는 사실에 특별히 유의할 필요가 있다. 따라서 법령 제33호의 조치가 가지는 가장 중요한 의미는 바로 日本 민간인의 私有財産까지 美軍政이 강제로 몰수한다는 사실이라 할 수 있다. 이 조치의 發動은 당시 일본으로 이미 돌아갔거나 또는 머지않아 돌아가려는 일본인들에게 엄청난 재산상의 피해를 불러왔을 뿐만 아니라,[22] 아울러 그 재산 처분의 當事者인 한국인에게도 간접적인 피해를 가져왔음은 물론이다.

군정법령 제33호의 발동은 적어도 다음 두 가지 측면에서 도저히 납득하기 어려운 내용으로 포장되어 있었다. 우선 하나는 美軍政 스스로 일본인 재산 특히 私有財産에 대한 기존의 정책노선을 그처럼 쉽게 바꾸게된 배경이 무엇이었는지에 대한 설명이 전혀 없었다는 점이다. 불과 3개

---

22) 이로써 한국에 남겨진 財産만이 아니라 이미 일본으로 託送하였거나 또는 託送을 준비 중인 貨物까지 모조리 押收되는 결과를 가져왔기 때문이다. 1945년 12월 당시 일본으로 보내기 위해 전국적으로 倉庫에 보관 중이던 日人들의 託送 화물이 서울 약 23,000개, 釜山 약 22,000개 등에 달하였는데, 결국 이들 貨物은 끝내 일본으로 送出되지를 못하고 미군정 소유로 押留되고 말았다 - 森田芳夫, 앞의 책, pp. 966~972 참조.

월 전의 법령 제2호(9월 25일자)의 내용을 스스로 부정하고, 민간인의 私有財産까지도 접수 대상에 포함시키지 않으면 안 될 정도의 절박한 사정이 있었을텐데 그것이 과연 무엇이었는지가 의문이라는 점이다. 다른 하나는 재산의 名義 移轉 등을 금지시키는, 즉 재산의 凍結 시점을 通念 상의 법령 公布日이나 또는 美/日간의 공식적인 終戰日이라 할 1945년 8월 15일로 잡지 않고, 왜 그 6일 이전인 8월 9일자로 소급하여 잡았는가 하는 점이 그것이다. 즉 미군정이 이처럼 법률적 상식을 완전히 저버리고 遡及立法까지 강행하게 된 이유가 과연 어디에 있었는가 하는 점이 두 번째로 제기되는 의문이다.

당연히 제기될 수 있는 이러한 문제와 관련하여 당시 미군정이 직접 공개적으로 해명한 일은 없었던 것으로 알고 있지만, 아무리 勝戰國이라 하더라도 敗戰國 국민의 私有財産까지 마음대로 몰수하는 것은 國際法 위반이라는 일본 측의 이유 있는 항의에 대해 미국이 곤혹스러워 할 수밖에 없었던 사정도 바로 이러한 데 있었다. 일본측의 문제 제기에 대해 미국 측의 답변은 상당히 궁색한 것이었다. 일본이 카이로宣言이나 포츠담宣言에 따라 '무조건 降服'을 수락한 이상 우리가 무슨 조치를 취한들 거기에 異議를 제기할 수는 없지 않느냐는 식의 답변이었다. 그리고 法令의 效力 起算日일을 법령 公布日이나 그 해 8월 15일(終戰日)로 잡지 않고 그 이전의 8월 9일자로 소급하게 된 것에 대한 미국 측의 해명은 이러했다. 일본이 공식적으로 降服을 선언한 일자는 그 해 8월 15일이지만 일본정부가 閣議를 통해 사실상 降服하기로 결정한 일자는 그 이전의 8월 9일이라는 것, 따라서 8월 9일 이후에는 부당한 財産의 移轉이 얼마든지 일어날 蓋然性(개연성)이 있기 때문에 그 날짜로 소급하여 凍結 조치를 취하지 않을 수 없었다는 설명이었다.[23]

그러나 이러한 미국 측의 解明은 문제의 核心을 벗어나는 것이라고 하

---

23) 水田直昌−土屋喬雄 編述, <第8話 : 終戰時における財政非常措置とその狀況>, p. 137 참조.

지 않을 수 없다. 이를테면 前者의 경우 일본이 무조건 降伏을 선언했다고 하더라고 그것은 어디까지나 군사적 행위와 관련한 성질의 것이지, 國際法의 규정을 어기면서까지 勝戰國에 의한 無所不爲의 행위를 허용하는 것은 아니지 않느냐 하는 反論이 제기될 수 있기 때문이고, 또 법령 제33호 상의 재산 凍結의 시점을 그 해 8월 9일자로 소급하게 된 後者에 대한 해명도 그 일자 遡及의 불가피성에 대한 설명은 될 수 있을지 모르지만, 그것이 美軍政이 등장 이후 무려 3개월 이상이나 지난 시점에서 그것도 날짜까지 遡及하여 누구도 예상치 못한 뜻밖의 法令을 갑자기 발동하게 된 배경에 대한 설명은 되지 못한다는 주장이었다. 아무튼 그런 식의 해명으로는 미군정이 法令 제33호와 같은 강력한 내용의 조치를 발동하지 않을 수 없었던 진정한 이유가 과연 무엇이었는가 하는 의문은 제대로 풀릴 수 없었다고 해야 한다.

3) 法令 제33호 發動의 배경

이 점과 관련하여 비록 확고한 근거를 제시할 수는 없지만, 여기서는 다음과 같은 몇 가지 측면에서 미군정의 그러한 이해할 수 없는 조치의 배경이 무엇이었는가를 한번 짚어보기로 한다.

첫째 들 수 있는 것은 8·15 직후 한국 居住의 일본인에 대한 처리문제와 관련해서이다. 만약 미군정이 한국에 거주하는 일본인의 私有財産에 대해 그것을 계속 그들의 소유 내지 지배하에 그대로 둔다고 하면 어떻게 될까? 자칫하면 일본인들이 그 私有財産을 처분할 때까지 그들을 한국에 殘留시켜야 한다는 어려운 정치적 판단에 봉착하게 된다. 그 경우 만약 일본인 스스로 자기 재산을 적당한 조건으로 신속히 처분하고 떠나게 된다면 다행이지만, 그렇지 않을 경우에는 美軍政이 책임지고 일본인 재산을 적당한 조건으로 인수하고 일본으로 떠나보내야 하는 난처한 입장에 처할 수도 있다는 얘기이다. 말하자면 미국(미군정)의 기본 방침이 日本人의 조기 歸還에 있었다면, 미군정으로선 일본인을 하루라도 빨리 떠나보내기 위해서는 어쩔 수 없이 일본인의 私有財産까지도 몰수하지 않을 수 없다는 논리가 성립될 수 있고, 이런 현실적 요구에서 法令 제33호 발동의 배경을 찾을 수 있다는 얘기이다.[24]

둘째로는 전후 미국의 對日 戰爭賠償 문제와 관련해서이다. 당초의 '實物賠償主義' 원칙에 입각할 때, 미국으로서는 가급적 많은 賠償用 실물재산을 徵發해 놓아야 하고, 보다 많은 實物財産의 확보 필요성은 바로 미군정으로 하여금 해외 植民地에 있는 일본인 재산까지도, 그리고 여기에는 國/公有 재산만이 아니라 민간의 私有財産까지 포함하여, 가능한 많은 재산을 沒收의 대상으로 삼지 않을 수 없게 된다는 설명이다. 즉 미국은 對日 賠償문제와 관련하여 당초 방침의 변경이 불가피하게 된 것이 아닌가 하는 점을 법령 제33호 발동의 배경으로 삼을 수 있다는 주장이다.[25] 그러나 이러한 주장은 설득력이 약하다고 할 수밖에 없다. 왜냐하면 그럴 요량이었으면 처음부터(1945년 9월 25일 법령 제2호 공포 때) 사유재산까지 포함시켰어야 했을 뿐더러, 보다 많은 徵發 재산의 확보를 위해서라는 설명도 그 私有財産의 규모나 성격에 비추어 그렇게 큰 의미를 부여할 수 없다고 봐야 할 것이기 때문이다. 뿐만 아니라 그러한 주장은 제33호 발동 이후 불과 몇 개월 지나지 않은 1946년 들어 미군정이 귀속재산으로 접수한 민간 주택이나 소규모 사업체 및 토지재산(農地) 등에 대한 민간 불하 방침을 밝힌 사실과도 전혀 부합되지 않는다고 볼 수밖에 없기 때문이다.

---

24) 法令 제33호 발동에 즈음하여 발표한 아놀드 군정장관의 성명(1945. 12. 27일자)에 의하더라도, 美軍政은 한국에 대한 일본인의 支配力을 배제하기 위하여 동 조치를 취하게 된 것이며, 동 재산은 미군정이 보관하고 있다가 이후 한국 정부가 수립되면 바로 거기에 이관된다는 것을 밝히고 있다는 점에 유의할 필요가 있다.

25) 1946년 5월 당시 미국의 戰爭賠償使節團 단장(E. W. Pauley)의 來韓과 동년 5～6월에 걸쳐 북한을 방문, 북쪽에 남겨진 일본인 재산에 대한 실태 조사를 벌이는 등 남/북한 모두에서의 (구) 일본인 재산(귀속재산)에 대한 現地 踏査에 즈음하여, 귀속재산은 향후 미국의 對日 전쟁배상용으로 처리될지도 모른다는 폴리 단장의 言及이 있었다. 이와 관련하여 당시 한국 내에서는 그것이 절대로 不可하다는 반대 여론이 들끓었는가 하면, 또한 그런 일은 절대 일어나지 않을 것이라는 美軍政 당국의 解明性 발언이 뒤따르는 등 한 때 이 귀속재산의 戰爭賠償用으로의 처리 문제가 크게 論難에 휩싸인 시기가 있었음은 사실이다.

셋째로는 당시 한국 내의 해방 정국에서의 極甚한 정치 사회적 混亂과 관련해서이다. 해방이 되고 美軍政이 들어선지 불과 몇 달 사이에 이 歸屬 財産을 둘러싸고 벌어지는 한국 내의 갖가지 不法/脫法 등 부당한 방법으로 재산의 無斷 점거와 가로채기 그리고 暗去來 등의 사회적 부정/부패/ 不條理 현상이 걷잡을 수 없을 정도로 橫行(횡행)하게 되고, 그로 말미암은 財産의 파괴와 毀損(훼손), 亡失 등의 현상을 놓고, 미군정으로서는 도저히 더 이상 이런 상태를 放置할 수 없다는 취지에서 어쩔 수 없이 선택한 窮餘之策이 바로 법령 제33호 발동으로 나타난 것, 즉 모든 日人財産을 미군정 산하로 몰수하는 극단적인 조치를 취할 수밖에 없었을 것이라는 주장이 그것이다.

여기에 미군정으로서는 그렇게 할 수밖에 없는 또 다른 이유가 있었다. 당시 대규모 귀속사업체의 경우, 한국인 종업원을 중심으로 '工場自治 委員會' 등의 이름의 不法인 조직이 社內에 만들어지고, 이들 조직은 대부분 당국의 企業管理시스템을 무시한 채 스스로 공장운영권을 장악하려는 목적에서의 과격한 노동운동을 전개했다. 종업원(노동자) 중심의 이러한 자주적인 공장관리운동은 대부분 社會主義 정치이념을 띠고 美軍政의 정책노선에는 당연히 반대 입장을 취하였고, 미군정으로서는 이런 反美노선의 과격한 정치이념에 따른 불법적인 勞動運動을 더 이상 容納할 수 없는 처지에 놓였다는 점이다. 거기다가 귀속사업체에 대한 그들 노동자들의 부당한 파괴와 毀損(훼손) 행위를 막아야 할 의무와 함께, 정상적인 기업운영을 보장하기 위해서는 이런 불법행위에 대한 무슨 강력한 대책이 요청되기에 이르렀다. 이러한 시대적 요구가 미군정으로 하여금 민간의 私有財産까지를 포함하는 일본(인) 재산 일체를 美軍政 산하로 귀속시키는 法令 제33호 發動으로 나타났다는 설명이다.[26]

---

26) 이런 推論을 뒷받침할 明示的인 자료는 없지만, 그러나 해방 정국의 左/右 대립 양상이나 격렬한 勞動者 罷業(파업) 등 정치사회적인 混亂相에 비추어, 미군정으로서는 충분히 그러한 상황 판단을 하게 될 객관적 여건이 마련되어 있었다고 볼 수 있지 않을까.

4) 法令 제33호 發動의 영향

미군정의 法令 제33호의 공포로 당시 韓, 日 두 나라 사람들에게는 본의 아니게도 재산상의 債權/債務 관계를 둘러싸고 말할 수 없는 혼란과 紛爭을 불러오게 했다. 이를테면 8·15 직후 본국으로 돌아가는 일본인들은 그들의 재산을 한국인에게 적당한 조건으로 매각하거나 아니면 가까운 同業者 내지 知人들에게 증여 또는 讓渡하는 방식으로 처분하고 돌아간 경우가 많이 있었다. 특히 재산을 매각한 경우에는 대부분 매각대금을 前渡金으로 일부 먼저 받고 나머지는 나중에 일본으로 送金해줄 것을 기약하고 일본으로 돌아갔다. 귀국 후 그들은 한국으로부터 나머지 賣却代金이 하루속히 送金되기를 애타게 기다리고 있던 차에, 미군정에 의한 法令 제33호의 公布로 재산 매각대금의 送金은 말할 것도 없거니와, 당초의 재산 매각행위 자체가 법적으로 原因 無效로 되었다는 믿기 어려운 소식을 접하게 되었으니 이 얼마나 놀라운 일이 아니었겠는가.

다른 한편, 한국 측의 재산 買受人의 경우도 사정은 매한가지였다. 재산매입자금의 일부 또는 전부를 이미 지불한 상태에서 매매계약 자체가 원인 무효라는 美軍政의 法令을 접하게 되었으니 그들 또한 얼마나 당혹스러운 처지에 빠지지 않을 수 있었겠는가. 이처럼 買受/賣渡 양측이 다 같이 일본인 재산 처리에 대한 미군정의 一貫性 없는 정책 탓으로 얼마나 난처한 입장에 처했을 것인가는 충분히 짐작하고도 남을 일이다. 美軍政이 처음 군정 법령 제2호 발동으로 일본의 國/公有재산을 몰수할 때 이미 민간의 私有財産까지도 함께 몰수하는 조치를 취했더라면, 떠나는 일본인이든 그들과 거래한 한국인에게 물질적으로나 정신적으로 이런 예기치 않은 損害와 苦痛을 안겨주지는 않았을 것이라는 생각이다.

5) 法令 제52호의 發動 : 新韓公社의 설립

일본(인)이 남기고 간 재산 가운데는 이상과 같은 鑛工業이나 鐵道/道路/電氣/上下水道 등의 산업시설이나 또는 민간의 住宅이나 商店, 工作

所 등 日常 生活의 터전 같은 것만 있었던 것은 아니다. 그밖에도 여러 가지 중요한 의미를 가지는 재산이 많이 있었으니 그것은 다름 아닌 일본인 소유의 農耕地라 할 수 있다. 광공업이나 기타 산업에서와는 달리 이 農耕地에 대한 미군정의 접수 및 관리정책은 좀 색다른 측면이 있었다고 할 수 있다.

日政 시대 일본인의 조선 農地 所有 관계는 우선 個人(地主) 소유와 會社(法人) 소유의 두 가지 형태로 구분해볼 수 있다. 이 가운데 後者의 회사 소유의 農耕地는 그 대부분이 당시 대규모 부동산 개발회사였던 東洋拓殖(주)의 소유로 이루어지고 있었다는데 특징이 있다. 美軍政은 1946년 2월 法令 제52호를 통해 먼저 군정청 산하에 '新韓公社'(New Korea Company)라는 이름의 새 회사를 창립하고. 資本金 1억 円은 전액 미군정이 出資하는 형식으로 하되, 그것의 財源은 바로 이 東洋拓殖(株) 소유 재산(農耕地)과 그 산하의 子會社 등이 가지고 있는 일본인 소유 持分을 전부 미군정이 인수하여 충당하는 방식으로 처리하였다.

미군정은 처음 公社의 社長에 美軍 장교를 임명하고 그 운영은 斯界(사계)의 전문가로 구성되는 理事會와 각 지방 有志로 구성되는 顧問會에서 담당하는 방식을 취하였다. 그러나 얼마 후 한국의 각계각층으로부터 이 公社 設置令(제52호)의 내용 가운데 韓國의 이익에 반하는 조항이 들어있다고 하여 거센 항의가 일자,[27] 美軍政은 이를 반영하여 1946년 5월 公社의 법적 성격을 바꾸는 법령 제80호를 발동하여 新韓公社라는 이름을 '新韓株式會社'(New Korean Company, Ltd.)로 바꾸고, 또한 비록 미군정 직속 기관이기는 하지만, 한국 商法상의 주식회사 조직으로 그 성격을 바꾸었다. 회사 운영방식에 있어서도 종전의 美軍 장교로 임명하던

---

27) 法令 제52호의 내용 가운데 특히 한국 측이 강력히 반대하고 나선 대목은 이런 것이었다. 현실로 미군정이 과연 이런 성질의 公社를 설립해야 하느냐 하는 문제 제기로부터, 특히 법령 제7조(公社 직원의 服務 자세와 處罰 문제) 및 제3조(資本金의 구성 및 군정청의 公社 운영 문제)의 규정을 문제 삼았다. 그 구체적 내용에 대해서는, 韓國農村經濟研究院, 『農地改革史研究』, 1989, pp. 228~232 참조.

社長制를 폐지하고, 그 대신 理事會의 理事長이 각계의 저명한 인사로 구성되는 顧問會의 諮問을 받아 운영하는 방식으로 그 운영시스템을 근본적으로 바꾸었다.[28]

2. 歸屬財産의 카테고리와 規模

1) 歸屬財産의 槪念

이상으로 해방 당시 이 땅에 남겨진 일본인 財産이 이른바 歸屬財産이라는 이름으로 미군정에 의해 묶이게 되고, 아울러 그 財産權이 일거에 미군정으로 넘어가는 과정에 대해 대충 살펴본 셈이다. 이처럼 歸屬財産이라는 용어 자체가 해방 후 美軍政의 등장과 더불어 처음으로 붙여진 명칭[29]이라고 하면, 그것에 대한 法的 근거라 할 美軍政 法令 상의 관련 規定이 어떻게 되어 있는가를 한번 훑어볼 필요가 있다.[30]

1945년 8월 太平洋戰爭의 終結과 더불어 이 땅에 진주한 美軍은 곧장 軍事政府(military government)를 수립하고 軍政을 펴게 된다. 조선총독부의 權能을 그대로 이어받은 미군정은 무엇보다도 먼저 朝鮮 내에 남겨진 일본 정부(조선총독부) 관련 재산은 물론이고, 민간의 私有財産까지도 몰수하는 조치를 취하였다. 구체적으로 일본 정부에 소속하는 軍用 재산을 비롯하여 조선총독부 및 그 산하 公共機關이 가지고 있던 國/公有재산은

---

28) 한국법제연구회, 『美軍政法令集(國文版)』, 1971, pp. 165~166, 204~205 참조.

29) 이 '歸屬財産'이라는 명칭 문제와 관련해서는 제1장 제1항 각주 1)에서 설명된 바와 같이, 그 實體는 어디까지나 과거 日本이 형성해놓은(原 所有者는 일본인) 有/無形의 財産이라고 함을 여기에 재차 강조해둔다 - 「美軍政法令」제2호 및 제33호 등 참조.

30) 예컨대 역사적 관점에서 객관적으로 歸屬財産을 정의한다면 이렇게 될 것이다. 일찍이 1876년 朝鮮의 開港 이후 1945년까지 약 70년 동안 일본에 의한 오랜 정치적, 경제적 지배/종속과정에서 형성된 물질적 所産으로서, 1945년 8월 일본이 이 땅에서 물러날 때 그대로 남기고 간 각종 '경제적 價値(資産)의 總體'라고 규정할 수 있다. 歸屬財産이란 지난날 일본과의 정상적인 通商 관계를 포함하여 그 밖의 정치적, 식민지적 여러 관계 속에서 형성된 일본인 所有 내지 支配 하의 모든 재산의 總稱으로, 해방과 더불어 이 땅에 남겨진 경제적 및 식민지적 遺産(economic, colonial inheritance)으로 정의할 수 있다.

물론, 일본 민간의 法人財産이나 기타 個人사업체, 그리고 민간인 소유의 土地(垈地), 가옥, 점포, 工作所, 典當鋪(전당포) 등 각종 개인 영업장 등 일체의 私有財産까지를 모두 군정청 산하로 귀속시키는 일대 재산권의 移轉조치를 단행하였다. 그리하여 美軍 당국은 그의 軍政 3년간에 있어 시행한 경제정책의 핵심 사업이라면 바로 이들 과거 일본인 재산(귀속재산)에 대한 財産權 행사였다고 해도 과언 아니다. 구체적으로 처음 接收에서부터 管理-운영-拂下-처분-한국정부에의 移管에 이르기까지 운영 전반에 관한 일체의 재산권을 행사한 다음, 1948년 9월 한국을 떠날 때 이미 처분한 재산을 제외한 나머지 殘餘 財産에 대해서는 아무 조건 없이 그대로 한국정부에 이관하는 마지막 권한까지 행사했다.

돌이켜 보면, 지난날 일본이 식민지 朝鮮에서 추진한 대표적인 두 가지 경제정책이라면, 하나는 농업부문에서의 産米增殖計劃을 통한 식량(米穀)의 增産이고 다른 하나는 공업에서의 강력한 植民地 工業化 정책으로 말미암은 産業構造의 高度化라고 할 수 있다. 총독부가 이 두 가지 정책을 최우선의 國策사업으로 삼아 강력히 주진하게 된 歸結이라고 하겠지만, 아무튼 상당히 많은 면적의 土地(耕作地)가 일본인(地主) 소유로 넘어가게 되고, 또 日本人 사업가로 하여금 수많은 공장이나 鑛山, 農場이나 牧場, 漁場 등은 물론, 그밖에 철도나 항만, 發電所나 水利사업 등 크고 작은 수많은 사업장을 이 땅에 건설해 놓았다고 할 수 있다.

그 후 이들 일본인 재산은 해방과 함께 일본 식민지 권력체계(총독부)의 붕괴와 새로 등장한 美軍政에 의해 강제 접수됨으로써 이 땅에 고스란히 남겨졌다. 단지 미군정에 접수되는 과정에서 그것은 農耕地의 경우는 歸屬農地, 일반 사업체의 경우는 歸屬事業體라는 새로운 이름으로 바뀌게 되었을 따름이다. 이밖에도 물론 8·15 당시 71만 명[31]이 넘는 일본 민간

---

31) 각주 17) 참조. 1944년 5월 현재 朝鮮 居住 총 일본인 712,583명 중 남한 지역 거주자는 전체의 65.4%인 466,208명이므로, 미군정에 의해 그들 財産이 歸屬財産으로 묶인 일본인은 마땅히 이 南韓 거주의 466,208명으로 보아야 한다.

인이 개인적으로 소유하고 있던 土地, 가옥, 農耕地, 工作所, 商店, 기타 각종 서비스업체 등 生計유지형의 모든 私有財産도 역시 귀속재산의 일환으로 묶이게 된 것은 이미 前述한 바 그대로이다.

2) 歸屬財産의 카테고리와 留意事項

歸屬財産의 개념을 이처럼 8·15 직후 美軍政 法令에 의해 '미군정에 귀속되는 일체의 구 日本(人) 재산'으로 규정하고 보면, 거기에는 일본인 재산이라는 카테고리에 몇 가지 문제가 제기된다. 우선 생각할 수 있는 것은 미국(연합국)과의 전쟁에서 主力 敵國이었던 일본 만이 아니라 기타 敵對國이었던 독일, 이탈리아, 불가리아, 루마니아, 헝가리, 泰國 등의 정부 및 기타 관련 기관의 소유 재산도 처음 재산의 凍結 조치가 이루어질 당시에는 일본인 재산과 동일하게 敵國 재산으로 취급되었다는 사실(군정법령 제2호 제1조), 그리고 보통 일본인 재산이라고 할 때, 그것이 個人財産의 경우에는 별문제가 없겠지만, 企業財産일 경우에는 당해 기업이 비록 일본인재산이라 하여 귀속재산으로 처리되더라고, 그 재산에 대한 所有權이 100% 일본인에게 속하지 아니한 경우도 있었다는 것이다. 法人 사업체의 경우에는 비록 일본인 기업이라 칭하더라도 당시 朝鮮人과의 合作投資나 共同經營의 형태를 취한 케이스가 예상 밖으로 많이 있었기 때문이다. 이러한 일본인/조선인과의 合作/제휴 사업체 역시 그 합작 비율 등과는 상관없이, 즉 재산 件別로 일률적으로 美軍政에 의해 귀속재산으로 처리되었음을 지적해 둘 필요가 있다.

또한 일본에 本社를 두고 조선에 支社를 설치하고 있던 기업(재산)도 상당히 많았다고 할 수 있는데, 이 역시 하나같이 귀속재산으로 묶이게 되었다. 한가지 특수한 사례로 미군정은 1945년 12월 日本系 은행의 朝鮮 내 모든 支店 財産을 조선의 금융기관에 흡수, 통합시켜 귀속재산의 일환으

로 접수시킨 사실을 들 수 있다.[32]

이 밖에 또 한 가지 귀속재산으로 묶이게 된 특수한 경우가 있었다. 太平洋 전쟁 당시 日本은 朝鮮 내에 있던 외국인의 재산, 그것은 대부분 당시 일본의 敵國이었던 미국이나 영국 등의 宗敎團體 소유 재산과 그리고 미국계 石油회사 등 일부 민간 기업재산으로 되어 있었는데, 일본은 군사적 목적 등을 내세워 1941년 12월 '敵産管理法'을 제정하고 이에 따라 이들 재산을 강제 접수하여 일본정부 관리 하에 두었다. 8·15 이후 美軍政은 이처럼 일본에 의해 '敵産'으로 묶여있던 이들 聯合國(人) 재산에 대하여도 일단 凍結상태에서 해제시켜 歸屬財産의 일환으로 관리해오다가 이 역시 1948년 9월 한국정부에 일괄적으로 인계되는 형식을 취하였다. 이 聯合國人 재산은 1941년 1월 凍結 당시 價額으로 2,550만 円 정도로 평가되었는데, 1948년 8월 한국정부에 이관된 이후 정부는 元 소유자에게는 동 재산을 原型 그대로 返還 조치함과 함께 현 소유자(한국인)에게는 적당한 가격으로 報償해 주는 두 가지 조치를 동시적으로 취하였다.[33]

이상과 같이, 해방 후 美軍政에 의하여 귀속재산으로 처리된 財産의 종류나 성격은 매우 다양하고 복잡하게 이루어졌다. 참고로 無形財産을 가운데 商標權, 特許權, 저작권 등의 일부를 제외한 나머지 재산에 대하여 그것을 動産과 不動産의 두 가지 범주로 나누어 그 재산의 種別, 형태별로 간추려 보면 대체로 다음과 같다.

---

32) 여기에 미군정은 그 대응책으로 일본 내에 있던 朝鮮銀行의 각 支店 재산을 日本銀行에 흡수시켜 그 資産的 가치를 일괄적으로 相殺(상쇄)시키는 조치를 취한 바 있다. 그러나 이 경우 상호 자산적 價値는 조선에 있던 일본 측 銀行(증권, 보험 포함)이 일본 내에 있던 朝鮮銀行의 支店(東京, 名古屋, 大阪, 神戸, 福岡, 下關 등 6개 지점 外 2개 출장소)과는 비교가 되지 않을 정도로 컸다고 할 수 있다. 조선에 支店을 설치한 일본 측 銀行은 3곳(第一/安田/三和), 그밖에 증권 7社, 보험 28社가 모두 京城에 支店을 설치하고 있었다. 이처럼 양자간에는 재산가치면에서 현저한 隔差를 보이고 있는 가운데, 더구나 上記 朝鮮銀行 6개 지점 가운데 3곳(神戸, 下關, 福岡)은 전쟁 중 美軍 空襲(공습)으로 완전히 燒失된 상태여서 도저히 상호 비교할 수 없는 처지였다―朝鮮銀行研究會, 『朝鮮銀行史』, 1987. pp. 777~784 참조.

33) 1957년 말까지 이렇게 報償 처리된 재산 건수는 총 169건에 달한 것으로 알려지고 있다―財務部, 『財政金融의 回顧』, 1958, pp. 133~134 참조.

〈動産類〉

① 通貨, 預/貯金, 그리고 株式, 社債, 國/公債 등 각종 有價證券으로 이루어지는 廣義의 금융자산[34]

② 金, 銀, 白金, 裝身具 등 귀금속류

③ 가정용의 家財道具 등 소비재, 商店에서의 판매용 商品의 在庫, 공장이나 창고 등에서의 원재료 및 제품/半製品 등의 在庫品

④ 船舶, 자동차, 자전거, 항공기 등 운반수단

⑤ 이상의 각종 財産으로부터 생기는 부차적인 收益

〈不動産類〉

① 각종 國/公有의 건물과 시설, 國/公營의 각종 산업시설

② 民間 주거용의 가옥, 垈地, 점포, 工作所, 典當鋪 등 개인사업소 및 음식점, 여관, 유흥업소, 오락실, 이발소, 목욕탕 등 생활시설

③ 학교, 병원, 유치원, 孤兒院, 養老院, 극장, 도서관 등의 公益시설

④ 田畓, 과수원, 林野, 목장, 種苗, 양어장, 염전 등의 土地 및 산업생산시설[35]

⑤ 공장, 광산, 牧場, 漁業權, 발전소, 창고, 철도, 도로(進入路) 등의 기업체 재산

⑥ 組合, 협회, 연합회 및 社團/財團法人 등의 사회단체 재산

⑦ 일본인 소유 寺刹, 神社 등 종교단체 재산

3) 歸屬財産의 비중

이상과 같이 광범한 영역에 걸치고 다양한 성격의 귀속재산이 8·15 당시 전체 경제에서 차지하는 비중은 어느 정도나 되었을까? 제1절에서 살펴본 것처럼, 전후 일본 정부(대장성)와 駐日 美軍사령부(CPC) 측의 합동 조사 결과에 의하면, 8·15 당시 한국에 두고 간 일본인 재산의 총 가치는 달러베이스로 약 52억 달러에 이르고, 그중에서 南韓 所在 재산은 전체의 44.2%에 해당하는 23억 달러 ― 북한이 29억 달러로 55.8% ― 에 달하는

---

34) 해방 후 鎭南浦市(平南)에 있는 한 일본인(개인)의 경우, 그가 소유한 財産의 종별 구성은 이러하다. 土地가 전체의 49.3% 절반에 가깝고, 그 다음 建物 14.9%, 기타 부동산 13.5%이고, 動産은 통틀어 전체의 22.3% 수준이었고, 그리고 전체 動産의 65.5%가 株式 및 債券 등 有價證券으로 이루어졌다고 한다 ― 森田芳夫, 1979, p. 950 참조.

35) 여기에는 각 시설마다 栽培/養育/熟成과정에 있는 농작물을 비롯하여 家畜, 魚類, 果實, 林木, 소금 등의 生産物도 모두 포함된다.

것으로 되어 있다. 또한 해방 직후 각종 언론이나 잡지 또는 정부 간행물 등에 의하면, 당시 일본인 재산의 비중이 한국 총재산의 약 80% 이상에 이르고, 특히 제조업의 경우는 85%(公稱자본금 기준) 이상에 달하는 것으로 전해지고 있다. 그러나 이런 수치는 당시 전국적인 國富調査나 鑛工業센서스 같은 全數(全國 수치)를 파악하는 통계조사가 행해지지 않았다는 사실과 또한 당시 일본의 內鮮一體 내지 同化主義 정책으로 일본과 조선을 통계상 정확히 구분하지 않으려는 경향 등이 있어, 당시 조선에서의 일본인 재산의 몫이 과연 어느 정도 비중이었는가를 정확히 파악하기란 사실상 불가능에 가까운 일이라고 해야 한다.

더욱이 日政 말기 太平洋戰爭의 발발과 더불어 전략적으로 주요 정부 통계가 제대로 공표되지 않았을 뿐더러, 終戰을 전후한 혼란기에는 많은 재산이 매각/처분되거나 아니면 못쓰게 流失되는 경우도 많았다는 사실 등도 현실적으로 歸屬財産의 규모나 비중을 정확히 파악하기 어렵게 하는 또 다른 요인이라고 할 수 있다. 그러나 수치상으로 그것을 정확히 밝힐 수는 없다고 하더라도, 다시 말해 8·15 당시 한국경제에서 차지하는 그것의 비중이 일반적으로 인식되고 있던 80~85% 수준이라고 정확히 말하기는 어렵다고 하더라도 그것이 절대적이었을 것이라는 사실만은 충분히 짐작하고도 남음이 있다.

몇 가지 이러한 현실적 제약을 전제로 하고, 사업체 재산의 경우만을 예로 들어 1940년 8월 현재, 그러니까 해방되기 정확히 5년 전 시점에서의 각종 사업체 재산의 일본인/조선인별 비율을 살펴보면 다음 〈표 5-6〉과 같다. 동 표는 당시 전문 조사기관에 의한 자본금 1만 円 이상의 전 산업체를 대상으로 업종별, 지역별 그리고 조선인/일본인별 所有構造 등에 대한 全數 조사의 결과이다. 이에 의하면, 우선 광공업에 있어 총 사업체 700社 중에서 일본인 소유 기업은 553社로 전체의 79.0%를 차지하고, 나머지 21.0%에 해당하는 147社만이 조선인 몫으로 되어 있다. 지역별로는 그중 남한 所在 총 551개 사 중에서 日人 기업이 전체의 81.3%인 448사를 차지

〈표 5-6〉 해방 전 産業別, 일본인/조선인별 事業體 구성 (1940년 8월 현재)

(단위 : 업체 수)

| | 南 韓 所 在 | | | | | 北 韓 所 在 | | | | | 합 계 | |
| | 일본인 | | | 조선인 | 합계 | 일본인 | | | 조선인 | 합계 | 일본인 | 조선인 |
	本店社	支店社	계			本店社	支店社	계				
농림/수산업	166	21	187	95	282	67	4	71	37	108	258	132
광 업	131	12	143	21	164	26	4	30	2	32	173	23
제조업	287	18	305	82	387	69	6	75	42	117	380	124
食 品	22	1	23	2	25	5	1	6	4	10	29	6
섬 유	44	7	51	18	69	7	1	8	7	15	59	25
製 材	16	1	17	3	20	10	–	10	2	12	27	5
인 쇄	30	–	30	18	48	9	–	9	5	14	39	23
化 學	54	1	55	14	69	9	1	10	7	17	65	21
窯 業	24	1	25	7	32	9	1	10	2	12	35	9
金 속	32	–	32	4	36	7	–	7	6	13	39	10
機 械	50	5	55	11	66	10	2	12	9	21	67	20
기 타	15	2	17	5	22	3	–	3	–	3	20	5
醸 造 業	113	5	118	146	264	28	–	28	65	93	146	211
精 米 業	28	–	28	27	55	9	–	9	12	21	37	39
전기업	10	–	10	–	10	4	–	4	–	4	14	–
운수/창고업	136	3	139	65	204	54	5	59	53	112	198	118
철 도 업	11	–	11	–	11	6	–	6	–	6	17	–
금 융 업	60	33	93	73	166	12	–	12	8	20	105	81
商 業	467	62	529	313	842	161	3	164	123	287	693	436
기 타	234	13	247	50	297	102	3	105	26	131	352	76
합 계	1,643	167	1,810 (67.5)	872 (32.5)	2,682 (100.0)	538	25	563 (60.5)	368 (39.5)	931 (100.0)	2,373 (65.7)	1,240 (34.3)

자료 : 東亞經濟新聞社 編(1940),『朝鮮銀行會社組合要錄』에서 작성.

주 : 1) 資本金 1万 円 이상의 사업체임.

  2) 南/北韓의 구분은 本社 所在地 기준이므로 당시 서울(京城) 소재 本社가 많았기 때문에
    南韓 비중이 높게 나타나고 있지만 이것이 바로 事業場의 所在地를 가리키는 것은 아님.

  3) 支店會社는 本社를 일본 또는 만주 등에 둔 회사라 할 수 있음.

  4) 일본/조선인의 구분은 經營人(代表, 重役) 및 株主의 구성(분포)을 기준으로 한 것임.

  5) 朝/日 合作의 경우는 대체로 日本人 持分이 많을 것으로 보아 日人企業으로 분류했음.

  6) 합계란의 ( ) 내는 일본인/조선인간의 비율(%)임.

하여 북한의 70.5%보다 오히려 日人 비중이 더욱 높게 나타나고 있음에
유의할 필요가 있다.

  광공업 이외의 사업체에 있어서는, 예컨대 電力이나 철도 같은 基幹산
업의 경우는 완전히 일본인의 專有物로 되어 있었으나, 그 대신 금융업이
나 농림업, 특히 醸造業/精米業 등에 있어서는 상대적으로 조선인 기업 비

율이 높은 편이었다. 양조업은 59%, 정미업은 51%로 절반을 초과하고 그리고 금융업과 농림업은 43.5% 및 33.7%를 각각 나타내고 있다. 그리하여 전 산업을 대상으로 해서는 총 3,613개 기업 가운데 일본인 업체가 그 65.7%인 2,373사를 점하고 나머지 34.3%에 해당하는 1,240사가 한국인 업체로 되어 있다. 물론 일본인 사업체라 하여 그 자본구성이 전액 일본자본으로 이루어진 것으로는 볼 수 없다. 왜냐하면 이들 일본인/조선인 사업체의 분류 기준은 어디까지나 사업체의 대표자(社長)의 名義, 또는 회사 重役의 구성(수) 등에 따른 것이므로, 資本 구성 면에서는 일본인 기업 가운데는 비록 少額이겠으나 조선인의 투자가 일부 포함되어 있는 경우가 흔히 있었기 때문이다.

이 자료는 시기적으로 1940년 8월 현재 기준이므로 그 후 1945년 8월까지 무척 많은 사업체가 새로 설립되거나 소멸된 것을 제대로 반영하지 못하고 있다는 한계가 있지만, 그 대신 이 기간이 바로 일본으로서는 中日戰爭의 막바지이자 太平洋전쟁으로 넘어갈 직전 시기라는 점에서, 이 1940년 당시의 수치야말로 정상적인 平時의 기업활동을 나타내는 마지막 해라는 점에서 그 나름의 중요한 의미를 가진다고도 할 수 있다. 그럼에도 불구하고, 1940~45년 사이에 굴지의 일본 獨占企業의 對 조선 진출이 무척 활발하게 이루어졌음을 감안하고 보면, 이 기간에 있어 일본인 사업체 비중의 증가를 가져왔을 것으로 볼 수 있다는 점이다. 다시 말해 1945년 8월 해방 당시의 일본인 사업체 비중은 1940년 8월 당시보다 훨씬 높아졌을 것으로 봐야 한다는 주장이다. 그러나 여기서 우리가 한 가지 반드시 留念해야 할 것은 이상의 조선인/일본인간의 각종 사업체를 기준으로 한 구성 비율을 가지고 이를테면 전체 산업 상의 地位나 역할 등의 측면에서의 양자 간의 비중으로 확대 해석해서는 결코 안 된다고 함이다.

4) 해방 후 財産(事業體)의 변동

해방 전에 이처럼 압도적인 비중을 가지고 있던 일본인 재산(사업체)은

1945년 8월 해방과 함께 美軍政에 의해 빠짐없이 歸屬財産이라는 이름으로 접수되기에 이른다. 다시 말해 이들 사업체는 그 所有/지배권이 이전의 조선총독부 및 그 산하기관 또는 日本 민간 회사(法人)나 個人으로부터 곧장 美軍政으로 넘어가는 財産權의 이전을 가져오게 된다. 이 갑작운러운 재산권 이전과정에서 또한 그들 재산은 형태면에서나 資産 價值 면에서 여러 가지 결정적인 변화를 겪게 됨은 두말할 것 없다.

財産 상의 변동은 제일 먼저 사업체 자체의 수적 감소로 나타났다. 이를테면 美軍政 초기(1946년)에 그야말로 어렵게 실시한 「南朝鮮産業勞務力 및 賃金調査」 결과에 따르면, 1944년 6월~46년 11월까지의 약 2년 반 사이에 事業場 數가 총 9,323사에서 5,249사로 무려 43.7%나 激減하였음이 바로 그것을 말해준다. 뿐만 아니라 노동자 수에 있어서는 기간 중 사업체수의 감소보다도 훨씬 더 심각한 상태로 무려 59.4%라는 감소율을 나타내고 있다(〈표 5-7〉 참조). 물론 여기서 말하는 '事業場'(industrial

〈표 5-7〉　　　해방 前/後 지역별 事業場 및 勞務者數의 변동

		사 업 장 수[1](개)			노 무 자 수[2](명)		
		1944. 6월 (A)	1946.11월 (B)	(A)→(B) 감소율(%)	1944. 6월 (A)	1946.11월 (B)	(A)→(B) 감소율(%)
서	울	2,337	1,123	51.9	66,898	35,763	46.5
京	畿[3]	1,159	698	39.8	63,625	19,753	69.0
강	원	331	212	36.0	13,480	6,391	52.6
충	북	223	137	38.6	6,583	3,970	39.7
忠	南	441	209	52.6	14,219	5,550	61.0
전	북	679	437	35.6	18,389	7,299	60.3
全	南	1,040	581	44.1	24,843	10,138	59.2
경	북	1,424	788	44.7	29,085	12,314	57.7
慶	南	1,618	1,032	36.2	61,565	20,378	66.9
제	주	72	32	55.6	1,833	603	67.1
합	계	9,324	5,249	43.7	300,520	122,159	59.4

자료 : 南朝鮮過渡政府(中央經濟委員會), 『南朝鮮産業勞務力及賃金調査』, 1946년 11월 현재.
주 : 1) 제조업 외에 公益事業(電氣·水道·가스) 및 土建業을 포함하는 수치임.
　　　　단 專賣사업 등 官營事業은 제외됨.
　　2) 1일 8시간 이상 취업하는 노동자만을 대상으로 하고, 技術者로 분류되는 8,990명은 제외됨.
　　3) 京畿道 내 仁川市는 申告書가 충분하리만큼 접수되지 않아 통계에서 제외되어 전체 수치가 크게 줄어들었음.

establishment)이라는 개념이 本論에서 논의의 대상으로 되고 있는 '事業體'(industrial companies) 개념과는 상당한 차이가 있음을 감안하더라도, 이러한 事業場 감소 추세는 대체로 8·15 직후 日本人 사업체의 歸屬財産으로의 전환과정에서 크게 일어났다고 함을 부정하기 어렵다. 이처럼 8·15 해방을 전후한 이 시기에 事業體(場) 수의 감소현상이 지난날 일본인 소유 사업체에 국한되는 것만은 물론 아니라고 하겠으나, 다만 이들 일본인 소유였던 귀속사업체의 경우가 다른 非귀속사업체에 비하여 더욱 심하게 나타났다는 데는 異論의 여지가 없다. 그것은 아무래도 당시의 객관적 사정에 비추어 귀속사업체가 어떤 과정으로든 非귀속사업체로 그 성격이 바뀌게 된 현상을 의미하는 것으로 볼 수 있기 때문이다.

다음에는 1947년 10월의 미군정청(商務部 生産委員會)에 의한 조사 결과를 보기로 하자. 당시 총 사업장수 5,532개 가운데 귀속사업장은 전체의

〈표 5-8〉　歸屬事業體의 지역별 事業場 및 從業員 비중 (1947년 10월 현재)

	사업장 수 (社)			종 업 원 수** (名)		
	歸屬分(A)	非歸屬分(B)	합 계 (C)(A/C)	歸屬分(A´)	非歸屬分(B´)	합 계 (C´)(A´/C´)
中央直轄*	82	–	82 (100)	46,194	–	46,194 (100)
地方管轄	1,491	3,959	5,450 (27.4)	50,770	77,922	128,692 (65.2)
서 울	174	976	1,150 (15.1)	6,290	25,884	32,174 (19.5)
京 畿	262	852	1,114 (23.5)	12,369	12,304	24,673 (50.1)
江 原	66	231	297 (22.2)	4,024	2,617	6,641 (60.6)
忠 南	163	102	265 (61.5)	3,106	2,257	5,363 (57.9)
忠 北	33	247	280 (11.8)	944	3,894	4,838 (19.5)
全 南	109	440	549 (19.9)	2,279	10,020	12,299 (18.5)
全 北	121	209	330 (36.7)	6,564	4,772	11,336 (57.9)
慶 南	378	438	816 (46.3)	4,414	6,953	11,367 (38.8)
慶 北	177	363	540 (32.8)	10,307	8,178	18,485 (55.8)
濟 州	8	101	109 (7.3)	473	1,043	1,516 (31.2)
합 계	1,573 (28.4)	3,959 (71.6)	5,532(28.4) (100.0)	96,964 (55.4)	77,922 (44.6)	174,886 (55.4) (100.0)

자료 : 朝鮮銀行調査部, 『經濟年鑑』, 1949, p. 78.
주 : 1) 軍政廳商務部(生産委員會)에 의한 조사임.
　　2) * 中央直轄은 1948년 1월 10일 현재임.
　　3) ** 從業員 통계는 너무 과다하게 책정된 것으로 판단됨.
　　4) 세로 합계란의 ( )내는 전체에 대한 귀속사업체의 비중(%)임.

28.4%인 1,573개에 불과하고, 나머지 3,959개(71.6%)가 이미 非귀속사업장으로 분류되고 있는 실정이다(〈표 5-8〉 참조). 여기서 사업체와 사업장(工場)이라는 개념상의 차이를 일단 度外視하고 본다면, 이러한 사실은 해방 전의 日本人/朝鮮人 간의 사업체 비율(67.5% 대 32.5%(南韓의 경우)와 비교해볼 때(〈표 5-6〉 참조), 이들 양자 간의 비율이 이 기간에 완전히 逆轉되고 있음을 보여주고 있다. 말하자면 해방 전의 1940년 8월 대비 1947년 10월의 사업체 구성은 이전의 日人기업체(귀속사업체)는 1,810사에서 1,573사로 현저히 줄어든 대신, 조선인기업체(非귀속사업체)는 872사에서 3,959사로 무려 4.5배 이상 급증하게 된 기현상을 나타내고 있다. 이는 무엇을 의미하는가? 그동안 (구)일본인 소유 사업체는 여러가지 脫法/不法的인 방법까지를 포함하여 이런저런 사유로 그 法的 소유관계에 많은 변화를 불러왔음을 의미하는 것이 아니겠는가.

5) 財産(事業體) 감소의 원인

이상과 같은 귀속재산의 수적 감소 내지 그 엄청난 비중 저하를 가져오게 된 원인은 과연 어디에 있었을까? 여러가지 이유를 들 수 있겠지만, 그중에서 가장 강조되어야 할 유니크한 원인으로는 해방 후 찾아온 자유로운 企業風土 속에서 中小 규모의 신규 사업체가 雨後竹筍 격으로 앞 다투어 생겨났다는 점이 중요하다. 이는 8·15 이후 1947년 12월까지 약 2년여 동안 전국 주요 8대 都市를 중심으로 한 新設 사업체수의 동향을 통해서도 그대로 확인할 수 있다. 즉 이 기간에 신설된 업종별 사업체수를 보면 製造業 부문의 387개 사를 비롯하여, 土建業 179사, 무역업 153사, 운수업 60사 등 무려 총 1,073사에 이르고 있다.[36] 이를 다시 中小 규모 도시까

---

36) 여기서 8大 도시는 서울, 仁川, 釜山, 大邱, 木浦, 光州, 群山, 大田이며, 제조업 387社의 업종별 구성은 食品 23, 섬유 43, 화학 55, 기계 56, 전기 24, 窯業 11, 인쇄/출판 44, 목재 37, 기타 94 등으로 되어 있다. 또한 연도별로는 1945년(8~12월) 27, 1946년 549, 1947년 497社로 각각 구성되어 있었다 – 朝鮮銀行調査部(1948), 『朝鮮經濟年報』, pp. Ⅲ-190~195 참조.

지를 포함하는 전국적 규모로 확대한다면 그 수가 훨씬 늘어날 것은 말할 것도 없고, 또한 앞의 事業場(공장) 개념으로 바꾼다면 그 수가 더욱 늘어날 것으로 볼 수도 있다.

해방 직후 격심한 정치사회적 혼란과 대규모 귀속사업체의 運營不實을 틈타 나타나게 된 中小規模 사업체의 이러한 新設 붐은 前項에서 살펴본 귀속/非귀속 사업체 간의 현저한 구성비 변화가 일차적으로 거기에 크게 영향을 미쳤을 것이다. 그밖에도 물론 당시 격심한 정치사회적 혼란과 특히 南北分斷으로 말미암은 주요 원자재 調達難, 에너지(動力) 購入難 등 기업경영 상 당면하게 되는 여러가지 애로 요인을 중요하게 들 수 있을 것이다. 그리고 해방 후 日本人 재산의 凍結과 접수 및 관리과정에서 제기된 美軍政의 정책상의 過誤(과오)를 또한 들어야 할 것이다. 전자의 경영상의 애로요인에 대해서는 그것이 어쩔 수 없는 객관적 사실이라는 점에서 일단 論外로 하고, 여기서는 후자의 귀속재산에 대한 미군정의 정책상의 문제에 대해서만 좀 더 살펴보기로 한다.

회고컨대, 戰後 미국을 비롯한 연합국의 敗戰國에 대한 戰爭賠償 처리 문제는 원칙적으로 '實物賠償主義'에 입각하였다. 말하자면 金額 개념으로서가 아니라 직접 實物로서 배상할 것을 원칙으로 삼았다는 얘기이다. 이에 따라 처음 한국에 진주한 美軍도 곧바로 軍政法令 제2호 및 제4호를 발동하여 한국 내에 있던 日本 정부(총독부) 및 그 산하 국가기관의 財産(제2호), 및 조선에 駐屯하고 있던 일본 陸/海軍의 軍用財産(제4호)을 즉각 凍結조치함과 더불어 그것을 美軍政 또는 美軍司令部 산하로 財産權을 이관하는 조치를 단행하게 됨은 바로 그러한 현실적 요구에서였다. 뿐만 아니라 美軍政은 국민생활 상 긴요하다고 생각되는 15개 주요 公共시설이나 사업체에 대해서도 즉시 미군정 산하로 접수하는 조치를 동시에 취하였다.[37] 그런데 한 가지 남은 문제는 민간인이 가지고 있던 개인 가옥,

---

37) 1945년 10월 9일자 美 군정장관 A. V. 아놀드에 의한 일본인 재산접수 성명에는 42개 주요 기관 및 기업으로 되어 있다 ─ 森田芳夫, 1979 ; 932 참조. 그 후 많은 기업이 접수, 규제로부터

垈地, 田畓 등 私有財産을 어떻게 처리하느냐 하는 것이었다.

앞에서도 지적된 바이지만, 이 일본 민간인 재산에 대한 美軍政의 초기 정책은 확실히 一貫性을 결여하고 있었다고 봐야 한다. 이를테면 軍政法令 제2호(1945. 9. 25일자)에 의하여 처음에는 일본인 私有財産에 대해서는 適法한 절차에 따라 재산의 양도와 처분 등을 허용함으로써, 민간의 사유재산에 대해서는 결코 손을 대지 않고 그 所有權을 법적으로 인정하는 태도를 취하였다.

일본 민간인 재산에 대한 美軍政의 이러한 양도 및 처분에 대한 허용조치는 약 3개월 후인 동년 12월 군정법령 제33호를 공포할 때까지 계속된 셈이었다. 동 33호의 발동으로 미군정은 법령 제2호에 의한 지금까지의 私有財産 관련의 모든 조치를 완전히 原因 無效로 돌리고, 일체의 민간인 財産도 모두 군정청 산하로 이관시키는 破格的인 조치를 단행했다. 그런 가운데 지난 3개월(1945년 9~12월) 간에 일본인 私有財産은 각기 형편에 따라 매매, 讓渡, 처분 등으로 재산상의 많은 변동을 가져왔을 것임은 두말할 나위도 없지만, 美軍政은 그러나 그간의 이러한 일체의 변동을 인정치 않은 原因 無效 조치를 취하였다.

1945년 9월 미군정 등장 이전이나 또는 法令 제2호의 公布 이전에도 이미 일본 민간인 중에는 戰況이 일본에게 불리하게 돌아가고 있음을 깨닫게 되자, 자신의 재산을 주위의 韓國人에게 적당한 방법으로 처분하고 歸還 채비를 서둘렀는가 하면, 8월 15일 이후에 들어서도 이러한 일본인의 動靜은 그대로 이어졌다고 볼 수 있다. 더욱이 1945년 9월~12월의 약 3개월간에는 합법적인 절차와 방법으로 財産權의 移轉 등이 상당히 폭넓게 일어났을 것으로 볼 수 있다.[38] 특히 動産의 경우 적당한 가격으로 매

解除되고 결국 주요 15개 공공시설 및 사업체만 남게 되었는데 그 名單은 다음과 같다. 京城電氣, 朝鮮電業, 三陟開發(石炭 생산), 朝鮮石炭, 鑛業振興, 小林鑛業(重石 생산), 東洋拓殖(주), 京城日報社, 放送施設, 同盟通信社 京城支局, 朝鮮書籍印刷, 朝鮮住宅營團, 朝鮮食糧營團, 重要物資營團, 朝鮮工業協會 등이 그것이다.

38) 軍政法令 제33호가 공포될 1945년 12월 당시는 일본인의 90% 이상이 이미 일본으로 귀환한 이

매하거나 양도함은 물론, 때로는 복잡한 法的 수속 등을 밟지 않고 적당한 수준에서 現金 授受의 방법을 택하거나 아니면 부당한 방법으로 일본으로 미리 密搬出하는 경우도 없지 않았다고 해야 할 것이다.[39]

과거 일본인 재산에 대한 美軍政의 초기 점령정책이 이처럼 확고한 원칙 없이 무분별하게 돌아감으로써, 그 틈을 타서 많은 일본인 財産이 法網을 빠져나갈 수 있는 기회가 얼마든지 주어졌다고 할 수 있다. 특히 이 과정에서 재산의 처분을 용이하게 해준 유리한 요인으로 작용하게 된 것이 바로 미군정 하에서도 기존의 朝鮮銀行券을 法貨로 계속 通用시키기로 한 미군정의 당초 방침이었다는 사실이다. 당초 미군은 점령지역에서의 사용을 위해 약 3억 5,000만 달러에 해당하는 '美軍票'를 준비해왔으나, 당시 朝鮮銀行(부총재 星野喜代治) 측의 설득으로 준비해온 美軍票를 朝鮮銀行 창고에 보관시키고, 기존의 朝鮮銀行券을 그대로 통용시키기로 한 미군정 측의 결정이 그것이다. 말하자면 기존의 通貨體制가 그대로 유지됨으로써 한국을 떠나는 일본인들의 마지막 재산의 처분행위를 그만큼 용이하게 만들어주었다고 할 수도 있기 때문이다.

이상의 갖가지 事由로 말미암아 일본인 재산은 당초 歸屬財産으로 접수되는 과정에서 事前에 이미 所有權 이전 등 재산상의 변동을 가져올 수 있는 기회가 주어져 있었는가 하면, 거기에 또한 美軍政은 日人 재산에

후의 시점이며, 일본 내에서는 한국으로부터의 託送貨物이나 또는 財産 處分에 따른 代金(殘金)이 도착하기를 애타게 기다리고 있던 차에, 뜻밖에도 이러한 법령 제33호에 의한 사후적인 賣買契約 無效化 조치가 내려졌다는 소식을 접하게 되자 당사자들은 한마디로 驚愕(경악)을 금치 못했다고 한다.

39) 재산 密搬出 문제와 관련해서는 특히 船舶 문제가 중요하게 다루어져야 한다. 당시 일본인의 歸還은 주로 船舶을 통해 이루어졌기 때문에, 그들이 타고 간 선박은 미군정 법령에 의하면 귀환 후에 한국에 다시 반환되어야 할 일이었으나 실제로는 그렇게 되지를 않았다. 당초 미군정(하지 중장)과 일본 맥아더사령부 간에는 이에 대한 返還協定이 맺어졌다는 얘기도 있었으나, 나중에 일본 측의 船舶 水域主義 주장과 한국 측의 國籍主義 주장이 대립하면서 1948년 8월 미국 國務省과 맥아더사령부 측에 의해 返還 不可 판정이 내려짐에 따라 船舶 반환문제는 水泡로 돌아갔다. 그 후 1951년 韓日會談 당시 한국 측에 의해 이 문제는 다시 주요 議題의 하나로 제기된 바 있으나 이 때에도 역시 한국 측 주장은 일본 측의 반대로 관철되지 못하였다.

대한 실태조사를 시행함에 있어 주로 재산의 占有者나 管理者로부터 단순한 書面 報告를 받는 방식을 취함으로써, 그 과정에서도 소규모의 中小企業에 있어서는 고의적으로 工場시설을 파괴하거나 재산의 실제 가치를 毀損(훼손)시키는 부당한 처사를 저지르는 경우도 없지 않았다고 해야 한다. 앞의 〈표 5-7〉에서 본 1944년 6월~1946년 11월간에 사업체 및 종업원 수의 激減을 가져오게 된 배경이나 또는 〈표 5-8〉 상에서 보는 1947년 10월 당시의 귀속사업체 및 從業員 수의 현저한 減少현상을 나타내게 된 것 등은 바로 美軍政의 이러한 無定見한 歸財 관리정책으로 말미암은 결과라고 해야 한다.

3. 歸屬事業體의 운영실태

이상에서 살펴본 美軍政의 歸屬財産 접수과정에서 제기된 여러 가지 어려움과 문제점은 더욱이 해방 政局의 혼란스러운 시대상황과 맞물려 그 후 귀속사업체의 운영을 더욱 어렵게 만들었다고 해야 한다. 지난 식민지 시대 완전히 日本經濟의 일부로 편입된 조선경제가 하루아침에 예고 없이 그로부터 離脫하게 되자 그것만으로도 독자적인 운영이 어려울 수밖에 없는 실정이었는데, 설상가상으로 거기에 경제가 南/北으로 분할되는 悲運을 겪게 되었으니 경제의 獨自的 운영은 한층 더 어려운 지경에 빠지지 않을 수 없었다. 처음부터 農業 및 輕工業 중심의 구조적 특성을 지닌 남한경제가 풍부한 地下資源과 에너지源을 기반으로 한 중화학공업 중심의 北韓과 기능적으로 완전히 분리됨으로써, 독자적으로 存立하기란 처음부터 도저히 기대할 수 없는 예컨대 半身不隨의 지경에 처해진 셈이나 마찬가지였다.

제조공업에서의 정상적인 기업경영을 위해서는 최소한으로 소요 原料의 구입과 공장가동을 위한 에너지 조달이라는 두 가지 기초 조건만은 충족되어야 함에도 불구하고 당시 남한경제의 주어진 實際 상황은 최소한의 이런 수준에도 이르지 못하고 있었다. 일례로 1946년 11월 당시 美軍政廳의 주요 390개 休業工場에 대한 休業原因 조사 결과에 의하면, 소요 原料 조달의 어려움 때문임이 전체의 무려 70%(272개 공장)에 이를 정도로 압도적이었고, 그밖에 動力難 16%, 기계(부품) 구입난 9% 등으로 休業이 불가피하게 되었다는 사실을 休業 원인으로 들 수 있다.[40]

총체적으로 기업경영조건이 이처럼 극도로 악화되고 있는 형편이라 기업의 稼動率 역시 덩달아 낮아질 수밖에 없었다고 함은 당연한 이치이다. 1947년 현재 南韓의 양대 공업지대라고 할 仁川 및 釜山地域의 歸屬工場 가동상황을 보면, 仁川地域에서는 총 귀속관리공장 350개 가운데 그 45.4%인 159개 공장이, 그리고 釜山地域에서는 총 518개 공장(일부 일반 공장 포함) 가운데 60% 정도가 풀稼動은 아니지만 그나마 부분적인 가동이라도 유지하고 있을 정도였다(朝鮮通信社, 1948 ; 174). 게다가 비록 가동 중이라 하더라도 生産能力 대비 실제 稼動率은 매우 낮았던 것으로 볼 수밖에 없었다. 이를테면 1947년 12월 당시 대표적인 工場 密集지대라고 할 仁川지역에서의 稼動率 조사를 보면 평균 가동률이 20~30%대의 무척 낮은 수준에 머물고 있을 정도였으니 말이다.[41]

이처럼 무척 부진한 가동상황을 가져오게 된 주된 원인에 대해 기업 측은 한결같이 原料難, 動力難(電力難)을 비롯한 각종 生産要素나 部品의 조달난에서 그것을 찾고 있다는 사실에 留意할 필요가 있다. 아울러 이러한 저조한 가동상황은 새 정부가 들어서는 1948년에 와서도 별반 개선될 기미를 보이지 않고 있었다는데 더욱 심각한 어려움이 가로놓여있었다. 1948년 6월 미군정 하에서지만 귀속사업체의 관리 및 운영에 대한 일제

---

40) 南朝鮮過渡政府(中央經濟委員會), 『南朝鮮産業勞務力 및 賃金調査』, 1946, p. 94. 참조.
　　그리고 시기상으로는 다소 이후가 되지만 1949년 6월에서 7월 사이 中央商工奬勵館에서 조사한 工場 運休 원인 조사에 의하더라도, ① 原料 부족 38.6%, ② 電力難 16.0%, ③ 資材 부족 13.6%, ④ 資金難 13.6%, ⑤ 기타 18.6% 등으로 나타나고 있음을 볼 수 있다 —『殖銀調査月報』 제4권 제7호(1949), p. 126 참조.
41) 『朝鮮銀行調査月報』, 1948년 1월호, p. III—10 참조.

<table>
<thead>
<tr><th>〈표 5-9〉</th><th colspan="7">업종별 歸屬工場의 運營/稼動 상황 (1948년 6월 현재)</th></tr>
</thead>
</table>

〈표 5-9〉 업종별 歸屬工場의 運營/稼動 상황 (1948년 6월 현재)

(단위 : 공장 수)

	工場 총수 (A)	稼動 中 (B)	運休 中 (C)	賃貸借 (D)	비 중 (%)		
					B/A	C/A	D/A
식품공업	306	199	92	15	65.0	30.1	4.9
釀造공업	84	46	12	26	54.8	14.3	31.0
방직공업	203	123	14	66	60.6	6.9	32.5
製紙공업	6	4	2	–	66.7	33.3	–
製材공업	27	16	6	5	59.3	22.2	18.5
인쇄/출판	41	29	4	8	70.7	9.8	19.5
화 학	240	191	36	13	79.6	15.0	5.4
窯 業	53	39	14	–	73.6	26.4	–
機械/器具*	362	237	39	86	65.5	10.8	23.8
電氣工業*	124	89	34	1	71.8	27.4	–
토목/건축	89	68	19	2	76.4	21.3	2.2
기 타	107	73	26	8	68.2	24.3	7.5
업종 不明	77	7	1	69	9.1	1.3	89.6
합 계 (광 업)	1,719 (166)	1,121 (28)	299 (138)	299 (–)	65.2 (16.9)	19.4 (83.1)	17.4 (–)

자료 : 朝鮮銀行調査部(1949b),『朝鮮經濟統計要覽』, p. 80.
주 : 1) 商務部歸屬事業局,『商務部運營管理歸屬事業體一覽』(1948. 10月 刊)에서 작성함.
　　2) * 업종별 분류는 그 正確性이 그다지 높지 않는 것으로 볼 수밖에 없는 것이, 예컨대 鐵鋼
　　　工業은 機械器具工業에 포함되어 있고, 電氣工業에는 電氣業까지 포함되고 있는 점 등으로
　　　미루어 그러하다고 할 것임.

조사를 실시한 바에 의하면, 위의 〈표 5-9〉에서 보는 것처럼 총 귀속공장 (電氣業 및 土建業 포함) 1,719개 가운데 그나마 부분적으로나마 운영 중인 공장은 전체의 65.2%인 1,121사에 불과하고, 나머지 34.8%는 완전 運休상 태인 것과 제3자에게 賃貸借 중이라는 것이 각기 17.4%(299사)씩으로 나타 나고 있다.

　업종별 稼動상황에 있어서는 식품공업, 製材/製紙공업 등의 운영상황 이 더욱 좋지 않았던 것으로 나타나고, 특히 鑛業의 경우는 제조업에 비해 비교할 수 없을 정도로 그 가동상황이 형편없었다. 예컨대 1948년 6월 현 재 총 166개 歸屬鑛山 중에서 운영 중인 것은 겨우 28개(17%)에 불과하고, 나머지 83%인 138개 광산이 모두 運休 중인 것으로 나타날 정도로 극히 부진한 상태였다(〈표 5-9〉 참조).

　뿐만 아니라 비록 운영 중인 공장이라 하더라도 실제 가동상황은 매우

〈표 5-10〉　　　　　歸屬工場의 업종별 經營收支狀況 (1947년도)

(단위 : 공장 수)

	調査工場 총수 (A)	赤字工場 수 (B)	B/A (%)	調査 未詳
식품공업	164	80	48.8	38
釀造工業	117	61	52.1	20
방직공업	131	42	32.1	15
製紙工業	13	7	53.8	2
製材工業	7	5	71.4	3
인쇄/출판	40	9	22.5	7
화　　학	331	139	42.0	58
窯　　業	10	6	60.0	1
기계/기구*	252	111	44.0	26
소　계	1,065	460	43.2	170
電氣業**	15	2	13.3	–
토목/건축	62	27	43.5	22
기　　타	60	23	38.3	11
합　　계	1,202	512	42.6	203
(광 업)	(71)	(28)	(39.4)	(32)

자료 : 〈표 5-9〉와 동일, p. 81.
주 : 1) 商務部歸屬事業局의 관리 공장의 1947년도 損益調査 자료에 의한 것임.
　　 2) 업종별 분류에 대해서는 前記 〈표 5-9〉의 각주 2) 참조.
　　 3) *에는 鐵工業이 포함되고, **에는 電氣機器제조업이 제외됨.

저조했던 것으로 볼 수 있다. 왜냐하면 비록 가동 중인 공장이지만 그 기업의 經營收支가 赤字인 경우가 너무나 많았다는 사실이 그것을 말해준다. 예컨대 1947년 한 해 동안 귀속사업체 經營收支 조사결과에 의하면, 총 조사대상 업체 1,202개 가운데 무려 42.6%에 해당하는 512개 업체가 經營收支 赤字를 나타내고 있을 정도이고, 다시 그것을 업종별로 살펴보면 食品 및 양조업, 製紙業, 窯業(요업) 등에서의 赤字工場 비율이 더욱 높았는 바, 이는 바로 앞의 〈표 5-9〉에서 보는 이들 업종의 부진한 가동상황 때문이라 할 수 있다.

　귀속사업체의 부실한 운영상황은 그대로 해방 후 제조업 전반의 생산을 크게 위축시키는 결정적인 원인으로 작용하게 된다고 말할 수 있다. 그것은 또한 제조업 총생산 가운데서 차지하는 귀속공장의 몫을 현저히 저하시키는 결과를 가져왔다. 1948년의 경우 총생산에서 차지하는 歸屬工場의 비중이 35%에 불과하고 나머지 65%가 일반(非귀속)공장에서 생산되고 있을 정도였다. 또한 업종별로는 특히 食品공업이나 化學공업 등에서의 귀속공장 비중이 19.4% 및 24.8%에 불과할 정도로 현저히 저하하고 있음을 볼 수 있다.[42]

물론 1948년경에는 이미 귀속공장의 일부가 합법적으로 民營化의 과정을 밟게 된다는 점을 감안해야 되겠지만, 그렇다고 하더라도 귀속공장의 이러한 격심한 비중 저하를 가져오게 된 근본적인 원인은 아무래도 美軍政 3년간에 있어 이들 귀속사업체에 대한 運營 및 管理 상의 문제에서 찾아야 할 것이기 때문이다.

---

42) 朝鮮銀行調査部,『經濟年鑑』, 1949년판, p. I-48 참조.

III. 歸屬事業體의 管理 및 處分

1. 美軍政의 財産管理政策

1) 각종 法令의 公布

이상으로 해방 후 귀속사업체의 운영상태가 전반적으로 매우 低調하고, 따라서 공장 稼動은 물론 그 생산실적도 크게 減縮(감축)될 수밖에 없었던 시대상황에 대해 살펴본 셈이다. 가동 및 생산이 그처럼 심각하게 저조하고 위축될 수밖에 없었던 주된 要因은 주로 다음 두 가지 측면으로 요약될 수 있다. 하나는 1945년 해방 정국의 격심한 정치사회적인 혼란과 또한 南/北 분단으로 말미암은 原料難, 動力難 등 供給사이드에서의 각종 經營隘路 요인에 따른 문제이고, 다른 하나는 당시 귀속사업체의 접수 및 관리업무에 따른 美軍政의 불철저한 歸財관리정책과 관련한 제도적, 행정적 문제가 그것이라 할 수 있다. 여기서는 후자, 곧 미군정의 귀속재산에 대한 관리정책과 관련한 문제에 대해서만 좀 더 검토해보기로 한다.

美軍政의 歸屬財産에 대한 관리는 기본적으로 미군정 法令(ordinance)과 그때그때 필요에 따라 公布되는 行政命令(executive order) 및 管財令(custody order)의 발동 등으로 이루어졌다.[43] 그리고 管財업무 담당기구로

---

[43] 미군정 3년(1945. 9~48. 8월)간 공포된 軍政法令은 총 219건이었는데, 이 중 1947년 6월 法令 제140호까지는 在朝鮮美陸軍司令部軍政廳(USAMGIK) 명의로 공포되고, 그 후 法令 제141호부터는 南朝鮮過渡政府 명의로 행해졌다. 後者의 경우는 당시 한국 民政長官(安在鴻)의 건의에 따라 미국 軍政長官의 認准 절차를 거쳐 공포되는 형식을 취하였다. 이 중 歸屬財産 관련 軍政法令은 모두 14건 정도였고, 管財令은 1948년 5월까지 총 11건이 공포되고, 그밖에 管財令으로까지 다룰 필요가 없는 사소한 내용은 군정장관의 行政命令(Dep't order)이나 訓令/指示(directive), 布告(proclamation), 書翰(letter) 등을 가지고 그때그때 보완하는 식으로 이루어졌다 - [부록 4]: 「귀속재산 관련 軍政法令 ; 抄錄」을 참조할 것.

는 美軍政廳 내에 管財處(office of property)를, 각 道에 地方管財處를 설치하고, 거기에 미국인 財産管理官(property custodian)을 관리책임자로 임명하여 그의 책임 하에 모든 업무가 집행되는 것으로 만들어졌다. 각 道의 地方管財處에서는 그 지방의 유력한 實業人을 중심으로 諮問委員會를 구성하고, 이 委員會의 추천을 받아 域內 귀속사업체(공장)의 조선인 管理人을 임명하는 방식을 도입하였다.

미군정은 이처럼 귀속재산 관련 法令(제2호, 4호, 33호, 52호 등)과 그를 뒷받침하는 管財令(제2호, 8호, 9호 및 행정명령 제6호 등)의 制定, 公布를 통하여 직접 재산을 관리하고 운영하는 시스템으로 이루어졌다. 그러나 우선 귀속재산의 종류나 규모가 워낙 광범하고 복잡한데다가, 또한 전국적으로 널리 분산되어 존재하고 있는 관계로 그 實狀을 일일이 정확하게 파악하기도 어려울 뿐더러 또한 그것을 제대로 관리/감독하기도 그야말로 至難한 일이 아닐 수 없었다. 특히 재산 건수가 수십만 건에 이르는 個人財産(부동산)의 경우에는 그 정확한 실태파악조차 제대로 할 수 없을 만큼 복잡하게 되어 있었음을 지적해 두지 않을 수 없다.

이러한 점을 염두에 두고 美軍政의 歸財 관리정책을 살필 때, 우선 군정법령 제2호에 의거한 1945년 9월~12월간에서의 관리정책과 그리고 法令 제33호에 의거한 1945년 12월 이후의 그것을 구분하여 다룰 필요가 있다. 왜냐하면 前期에 해당하는 법령 제2호에 의거한 재산관리의 기본은 적어도 일본인 私有財産에 대해서는 법적으로 재산의 양도 및 매매 등 처분행위가 허용되어 그것을 어떻게 효과적이고도 공정하게 관리할 것인가 하는 문제에 焦點이 주어졌다고 하면, 1945년 12월 法令 제33호가 공포된 이후, 곧 後期에 있어서는 사유재산까지도 일체의 재산처분행위가 금지된 조건하에서의 재산관리에 있어서는 그 財産權 행사를 어떻게 하면 효율적으로 그리고 공정하게 할 수 있겠는가 하는 문제가 재산관리의 중요한 關鍵으로 떠올랐기 때문이라 할 수 있다.

2) 法令 제2호에 의한 財産 管理

1945년 9월 25일자로 공포된 미군정 법령 제2호(일본인 財産의 移轉 금지)와 관련하여, 여기서는 주로 日本人 私有財産에 대한 미군정의 기본 입장이 구체적으로 어떠했는가를 보자. 동 법령 제2호는 기본적으로는 일본인 재산에 대한 所有(占有)權 이전 등 재산 처분행위를 일체 금지하고 있지만, 그러나 私有財産은 보호받는다는 기본 원칙 아래 所定의 조건이 충족되는 한 所有權 移轉 등 재산의 처분행위까지도 허용한다는 취지였다(법령 제3조). 이와 함께 미군정은 1945년 10월 11일자로 "일본인 재산 讓渡에 관한 수속"(제1~4항)을 발표하고, 모두 4가지 양도 유형으로 나누어 각기 항목별 양도에 따른 구체적인 要領을 다음과 같이 제시하고 있다.[44]

讓渡手續 제1항(1945. 10. 23일 공포)은 일본인 사유재산 취득에 따른 기본 要件에 관한 규정으로, 이를테면 韓國人은 물론 美國人 등 제3국인까지도 정당한 조건만 갖춘다면 누구나 일본인 재산을 취득할 수 있는 길을 열어놓았다. 단지 이 재산을 취득하는 자는 누구나 의무적으로 다음의 3가지 조건을 반드시 준수해야 한다는 단서 조항을 달고 있다. 첫째, 군정청의 제반 規程에 의거하여 합법적인 절차에 따라 재산을 구입해야 하고, 둘째 구입 시에는 반드시 적정한 價格을 지불해야 하며, 셋째로는 지불하는 代金은 반드시 인근의 銀行/郵遞局의 군정청 재산관리관 口座로 먼저 預置해야 한다는 3가지 조건이 그것이다. 다른 한편, 이미 不法으로 재산을 취득하고 있는 사람은 관할 경찰서 재산관리관에게 동 사실을 성실히 보고하고, 재산에 대한 占有 내지 管理에 따른 일체의 권한을 동 財産管理官에게 반드시 인계해야 한다는 강제 조항을 설치하고 있다.

---

44) 귀속재산 讓渡手續 관련 4개 항의 내용은 다음과 같다.
　① 제1항(1945. 10. 23일 공포) … 일본인 私有財産 취득에 따른 제반 要件에 관한 규정
　② 제2항(1945. 10. 25일 공포) … 식량, 衣類 등 주요 생필품의 買占賣惜(매점매석) 행위 등을 금지하는 사항에 관한 규정
　③ 제3항(1945. 10. 27일 공포) … 주택, 점포, 垈地 등의 讓渡에 관한 규정
　④ 제4항(1945. 10. 30일 공포) … 土地, 건물, 기업체, 鑛山 등의 讓渡에 관한 규정

讓渡手續 제2항(1945. 10. 25일 공포)은 그동안 일부 조선인의 日人 財産에 대한 불법적 내지 부당하게 奪取(탈취) 또는 詐取(사취) 등의 행위가 갈수록 우심해지고, 게다가 주요 물자의 買占賣惜 행위는 말할 것도 없고 나아가 재산을 隱匿(은익)하거나 死藏(사장)시키는 행위 등이 마구 자행되어 식량이나 衣類, 燃料, 기타 日用品 등 생필품의 品貴현상이 갈수록 심화되고 있었다. 그에 따라 消費財의 가격 騰貴(등귀)를 가져와 일반 대중의 生活苦를 가중시키게 되었는가 하면, 나아가 그것은 사회적으로 심각한 不安心理를 조장하는 요인으로까지 작용하게 되었다. 이에 미군정은 일반 대중의 경제적 이익을 옹호할뿐더러 갈수록 심화되는 사회경제질서의 혼란을 바로잡기 위해서는 무엇보다도 이 歸屬財産에 대한 관리를 보다 철저히 해야 한다는 시대적 요구에 따라 나타난 조치가 바로 이 讓渡수속 제2항이라 할 수 있다.

미군정은 원론적인 얘기이지만, 이 귀속재산 讓渡 문제와 관련하여 한국인에 대해 다음과 같은 3가지 생활습관을 몸에 익혀야 한다는 訓戒性(훈계성) 발언까지 서슴치 않았다. 첫째 구 일본인 재산을 포함하여 다른 사람 소유의 모든 個人財産, 곧 개인의 私有財産은 존중되어야 한다는 것, 둘째 生活人으로서의 삶의 자세는 언제나 勤勉/誠實/正直해야 하고 또 언제나 열심히 노동해야 한다는 것, 셋째 남는 物資는 반드시 市場에 내다 팔아야 하고, 物品을 도둑맞는 일이 있어서는 절대로 안 된다는 것과 또한 될 수 있는 한 정상적인 商道德을 지키도록 노력해야 한다는 것 등의 3가지 요구조건이 그것이다. 재산 讓渡와 관련하여 한국인에게 바라는 이러한 특별 忠告事項은 비단 귀속재산 讓渡 문제와 관련되는 내용이라기보다는, 당시 귀속재산을 둘러싸고 벌어지는 한국사회의 갖가지 추잡한 부정과 부패, 不條理 등을 어떻게 해서든 바로잡아야 하겠다는 취지에서 나온 일종의 교육적 見地에서의 訓戒(훈계)라고 할 수 있다.

讓渡手續 제3항(1945. 10. 27일 공포)은 귀속재산 가운데 이를테면 住宅이나 土地, 店鋪나 在庫品 등을 구입하거나 賃借할 경우에는 반드시 다음

3가지 수속을 밟아야 하는 것으로 되어 있다. 첫째, 當事者는 賣買/賃貸借 계약서 1통을 작성하여 署名한 다음, 複寫本(복사본) 3통을 준비하고, 둘째 買受人은 그중 1통은 군정청 재산관리관에게, 나머지 2통은 재산 所在地 의 재판소(재산관리관)에 送達하고, 셋째 구입대금은 이전의 일본 소유자 에게 직접 지불하지를 말고 인근 銀行이나 우체국 재산관리관 口座에 먼 저 入金, 預置시켜야만 한다는 식으로 되어 있다.

讓渡手續 제4항(1945. 10. 30일 공포)은 공장, 鑛山, 건물, 기업체 등 대규 모 재산의 양도에 관한 수속으로, 이 대규모 부동산의 賣買 또는 名義변경 에 있어서는 그 登記수속을 비롯한 일체의 재산관리 상의 수속/절차가 무 척 복잡하게 되어 있음을 감안하여 거기에 대처키 위해 마련된 조치이다. 이들 不動産의 경우 그 매매/양도행위가 완전히 성립되는 시기는 소유자 가 개인(1인)일 때에는 이상의 3가지 조건을 이행함으로써 바로 성립되는 것이지만, 만약 2인 이상의 복수 소유일 경우에는 군정청의 事前 허가를 받음으로써 비로소 성립되는 것으로 그 규정을 달리하고 있다(森田芳夫, 1964 ; 935~939).

이상과 같이, 法令 제2조의 유효기간이라 할 前期(1945년 9월 25일~12 월 6일)에 있어서의 歸屬財産에 대한 美軍政의 기본적인 관리방침은 어떻 게 하면 (구)일본인 私有財産의 매매/양도/贈與 등을 통한 재산의 처분을 촉진시킬 것인가 하는데 그 목적이 있었다. 그럼 이 기간에 얼마나 많은 일본인들이 자신의 소유 재산을 처분하고 일본으로 귀환하였는지의 實績 은 잘 알 길이 없으나, 당시 이들 재산의 買受人(한국인)이 賣渡人(일본인) 에게 그 매입대금을 직접 지불하는 것이 아니라, 일단 한국의 금융기관(재 산관리관)에 預置시켜야만 하는 좀 까다로운 讓渡조건에 비춰보거나 또는 그 後續 法令이라 할 제33호가 발동되는 1945년 12월까지는 시기적으로 불과 2개월 남짓한 짧은 기간이라는 점 등을 감안한다면, 이 기간에 그렇 게 많은 재산처분실적을 올리지는 못했을 것으로 추정된다. 더욱이 이 무 렵에 이미 現金去來 등 적당한 방법으로 일본인 재산을 인수한 한국인 중

에는 스스로 정당한 재산 相續者임을 自處하면서 미군정의 이러한 代金
지불조건을 거부하는, 다시 말해 有償 조건으로 재산을 매매 내지 양도하
는 미군정의 조치에 강력히 항거하기 위한 소위 '日人財産 不買同盟' 같은
조직을 만들어 철저히 반대운동을 전개한 일이 벌어지는 등 이 시기 미군
정의 日本人 재산 처분을 어렵게 하는 여러 요인이 복합적으로 작용하고
있었다고 할 수 있다.[45]

다른 한편, 주둔 美軍은 물론이고 美軍政에서 직접 접수한 일본의 軍
用財産 및 정부 公共財産에 대해서는 처음부터 미군정 이외의 제3자의 所
有 내지 占有는 이유 여하를 不問하고 不法이라는 점을 철저히 강조하고,
이런 不法的으로 재산을 소유한 자는 그 사실을 반드시 당해 재산이 所在
한 군정청 재산관리관에게 申告해야 하며, 동시에 당해 재산의 管理權을
곧장 군정청 재산관리관에게 이양해야 한다는 것을 강조하고 있다. 또한
公共財産에 대한 권리 移轉을 가져온 경우에는 곧장 인근 경찰서에 신고
하여 군정청 재산관리관에게 반환되도록 조치해야 하고, 그렇지 않을 경
우에는 依法 처벌한다는 것을 분명히 하고 있다(森田芳夫, 1964 ; 933).

3) 法令 제33호에 의한 財産 管理

이상에서 본 法令 제2호에 의한 美軍政의 재산관리방식은 1945년 12월
법령 제33호의 발동으로 완전히 그 효력을 잃게 된다. 왜냐하면 정부재산
을 비롯한 公共財産은 이러나저러나 큰 영향이 없다고 하겠으나, 수많은
민간인 소유의 私有財産은 그 所有權 변동에 따른 관리방식에 근본적인
변화가 불가피하게 되었기 때문이다. 다시 말해 민간의 사유재산은 접수
의 대상에서 제외시켰던 법령 제2호 하에서의 재산관리 원칙은 재산 소유

---

45) 특히 일본인 住宅(귀속주택)의 경우, 당시 일본에서 한국으로 逆歸還하는 在日 동포에게 이
를 우선적으로 배정해야 한다는 주장과 함께, 그것도 완전히 無償으로 제공해야 한다는 등의
한국 내 歪曲(왜곡)된 여론이 오히려 美軍政의 민간인 재산(가옥) 처분계획을 더욱 어렵게
만든 측면도 없지 않았다고 해야 한다 - 森田芳夫, 1964 ; 939~940 참조.

자(일본인)로 하여금 어떻게 하면 재산을 쉽게 처분하고 일본으로 하루빨리 돌아가게 하느냐 하는데 놓았다고 하면 — 만약 끝까지 처분이 안 되는 재산은 美軍政에서 직접 접수하는 것을 전제로 하고 —, 반면 法令 제33호 하에 있어서는 美軍政이 스스로 이들 사유재산에 대한 직접 소유자로 바뀌어 어떻게 하면 이들 재산을 효율적으로 잘 관리하느냐 하는 문제가 재산관리의 核心的 내용으로 되었기 때문이다.

이런 관점에서 1945년 12월 이후의 美軍政의 재산관리는 우선 그 업무 영역이나 성격이 매우 광범하고도 복잡다단하게 될 수밖에 없었다. 즉 美軍政으로서는 수 십만 건이나 되는 財産의 하나하나를 직접 챙기고 관리한다는 것은 사실상 불가능에 가까운 일이 아닐 수 없었고, 따라서 미군정은 어쩔 수 없이 중간 管理人 내지 代理人을 내세워 관리하는 간접관리방식을 채택할 수밖에 없었다. 법령 제33호 발동과 함께 곧장 공포되는 管財令 제2호(1945. 12. 14일자)는 그 명칭(군정청이 취득한 일본인 재산에 대한 報告/경영/占有/사용)에서도 잘 나타나고 있듯이, 현실적으로 귀속재산을 占有하거나 관리하고 있는 사람들로부터 당해 재산의 運營/管理사항에 대한 보고만을 가급적 철저히 이행하게끔 만들고자 하였다. 이른바 확실한 報告行政을 통하여 그 재산의 운영 실태를 파악하고 대처하는 방식으로 바뀌었다고나 할까.[46] 미군정은 有數의 사업체 경우에도 실제 운영에는 거의 관여하지 않고 유능한 管理人을 선정하고 그로부터 사후적으로 운영에 따른 實績報告만을 받는 형식으로 바꾸었다.

이상의 報告行政을 통한 간접관리방식은 현실적으로 아무래도 방만한 관리에 흐르게 되어 결과적으로 많은 경우 귀속사업체의 운영을 더욱 不實하게 만들게 됨은 물론, 때로는 재산의 당초 價値마저 제대로 보존할 수

---

46) 管財令 제2호(1945. 12. 14일자)의 취지는 미군정이 접수한 일본인 재산에 대해서는 1945년 8월 9일 이후의 재산변동 사항에 대해 철저한 보고 행정으로 관리하겠다는 데 있었다. 즉 재산의 所有者 또는 管理者의 경우 당해 재산에 대한 일체의 權利 移轉이나 讓渡 등에 따른 변동 사항을 當該 재산관리관에게 철저히 보고하도록 조치하고 있음이 그것이다 – 앞의 책, pp. 797 ~798 참조.

없게 되는, 곧 재산의 파괴, 毁損(훼손)이나 심지어 재산의 亡失로까지 이어지게 되었음은 앞에서 지적한바 그대로이다.

다음에는 재산관리에 대한 보고행정의 구체적인 내용에 대해 살펴보자. 우선 통상의 보고는 다음과 같은 요령으로 작성하게 되어 있었다. 필수적인 記載사항으로는, ① 보고서 提出者의 人的사항, ② 제출자와 당해 재산과의 관계, 즉 前 소유자로부터의 재산 取得日時 등 소유/관리하게 된 경위, ③ 前 소유자의 人的사항, ④ 재산 種別 기재사항으로는 예컨대 부동산-有體 動産-無體 動産의 3가지 유형으로 구분하여 각 재산 종별로 매우 구체적인 기재사항을 요구하고 있다.[47] 그리고 재산의 經營/占有/使用 등의 문제와 관련해서는 농업, 광공업, 상업, 금융, 주택 등 할 것 없이 모든 종류의 재산 및 사업체에 대해 군정청 재산관리인이 산하 행정기관(道-市-郡)의 재산관리관 내지 기타 관련 업무의 관리를 통하여 인가한 協定에 의해서만 그것이 가능토록 규정하고 있다.[48]

미군정의 이러한 報告行政은 이상의 管財令 제2호에 의해서만이 아니라, 그 제5호에 의해서도 구체적으로 나타나고 있다. 管財令 제5호(1946년 7월 21일자)에 의하면, 모든 귀속재산(사업체)의 운영실적을 예컨대 資金의 總收入과 總支出에 重點을 둔 보고서(대차대조표, 손익계산서)를 매 分期別 또는 매 月別로 작성하여(英語로 작성), 中央直轄사업체의 경우는 군정청 재산관리관에게, 그리고 지방관할사업체의 경우는 道廳 재산관리관 또는 그 산하의 책임 있는 재산담당관에게 定期的으로 보고토록 하는 내용을 매우 구체적으로 적게끔 하고 있다. 특히 後者의 지방관할사업체의 경우는

---

47) 財産의 種別 기재사항은 다음과 같다.

　①不動産의 경우 ~ 위치, 면적, 부속 건물, 용도, 賃借人 성명, 1945년 8월 9일 당시의 時勢 등

　②有體 動産인 경우 ~ 재산 種別 분류표, 種別 재산에 대한 설명, 위치, 가격, 재산 評價의 기준 등

　③無體 動産 및 그 表示物 등 ~ 財産에 대한 상세한 설명, 위치, 가격 및 1945년 8월 9일 이후 당해 재산과 관련된 收入/支出 내역 등(管財令 제2호 제1조).

48) [부록 4] :「歸屬財産 관련 軍政法令 ; 抄錄」중의 管財令 제2호의 제2조 참조.

우선 그 사업체수가 前者에 비해 월등 많을 뿐만 아니라, 業種 등도 무척 복잡하기 때문에 그 보고내용도 복잡할 수밖에 없었다. 이에 미군정은 1946년 6월 별도로 법령 제73호를 공포하여 道財産管理機構를 설치하여 道內 귀속재산에 대한 관리기능을 맡김으로써 道內의 귀속사업체는 여기에 모든 사업보고를 하도록 조치했다. 이렇게 새로 설치된 각 道의 財産管理所는 법령 제33호에 의한 재산의 조사/발굴/접수를 비롯하여 재산의 운용과 보존, 中央管財處의 지시에 따라 재산의 賃貸와 賣却 처리 등은 물론 그 관리기능까지를 산하의 代行기관에 이관하는 일 등을 담당하도록 조치했다.[49]

이렇게 보면, 법령 제33호 발동 이후에 있어서의 미군정의 歸財 관리의 원칙은 일단 報告行政으로 일관되었음을 알 수 있다. 그러나 이러한 報告行政으로서의 관리방식은 결코 오래 가지 못하였다. 만 1년 후인 1946년 12월 미군정은 管財令 제8호(각종 귀속사업체 운영에 관한 건)를 公布하여 지금까지의 事後報告를 통한 관리방식을 근본적으로 바꾸었다. 그 이유는 그간의 보고내용을 종합해볼 때, 무엇보다도 이러한 報告가 우선 信義誠實의 원칙에 입각한 책임성 있는 내용으로 되지 못하여 미군정으로 하여금 信賴(신뢰)할 수 없게끔 만들기 때문이었다. 이들 문제점을 해결하고 나아가 귀속재산의 운영을 한결 개선시키기 위하여 美軍政은 그 代案으로 각 사업체별로 경험 있고 유능한 미국인 顧問官(advisory official)을 배치하는 소위 顧問官制度를 도입하기로 결정했다.

이 제도의 골자는 대체로 이러했다. 즉 군정청의 財産管理官(custodian)은 각 사업체별로 경영 능력이 있는 미국인 顧問官을 임명하고, 이 미국인 고문관이 당해 사업체의 실제 운영을 담당할 한국인 管理人을 임명하여 그에게 모든 권한을 委任하는 식으로 운영하자는 것이었다. 그러나 당해 사업체의 주요 의사결정 사항, 예컨대 原料의 조달, 제품의 판매, 회사재산의 유지 및 처분 등과 같은 기업운영 상의 주요 결정사항은

---

49) 『美軍政法令集(國文版)』, 1971, p. 197 참조.

미국인 顧問官이 직접 책임지도록 했다. 귀속사업체의 경영 및 관리 전반에 대한 최종 책임은 어디까지나 미국인 顧問官의 몫으로 규정한 것이 이 管財令 제8호의 기본 취지였다고 할 수 있다.

美軍政에 의한 이 顧問官制度의 도입계획은 그 후 한국 측에 의한 격렬한 반대에 부딪쳤다. 한국 측의 반대는 주로 다음 두 가지 이유에서였다. 하나는 그동안 美軍政이 기회 있을 때마다 軍政의 업무를 점차적으로 韓國(人)에 이관한다는 소위 '韓國化 정책'(Koreanization Policy)을 추진한다고 해놓고, 기업운영에서는 이처럼 군정 측의 권한을 오히려 강화하는 顧問官制度 같은 제도를 새로 도입한다는 것은 정책의 一貫性을 결여하고 있다는 점이고, 둘째로는 현실적으로 한국기업의 실정을 잘 모르는 미국인 顧問官의 지시와 감독을 받으면서 어떻게 한국인 管理人이 자유롭게 기업을 잘 운영할 수 있겠느냐 하는 의문이 바로 그것이었다. 한국 측의 이러한 이유 있는 반대 여론에 부딪치자, 美軍政은 한국 측 주장을 일부 수용하여 3개월 후인 1947년 3월 管財令 제9호를 통해 이전의 제8호 顧問官制度 상의 주요 내용을 대폭 수정하는 조치를 취하였다.

이를테면 당초의 제8호에 의한 미국인 고문관의 指示/監督체제를 철회하고, 그 대신 한국인 管理人은 기본적으로 의사결정을 함에 있어 먼저 미국인 고문관의 同意를 받아야 한다는 내용으로 바꾸었다(管財令 제9호 제1款 3항), 즉 귀속사업체 관리에 따른 일체의 권한을 이들 미국인 顧問官으로부터 군정청 내의 한국인 部/署長 또는 그 代行기관의 산하 단체장에게 넘기는 조치를 취하였다. 이리하여 당해 한국인 部/署長은 재산의 유지, 保存, 보호, 安全, 처리, 관리 그리고 운영 全般에 걸쳐 총체적인 책임을 지는 자리로 格上되었다. 특히 주식회사의 경우에는 군정청 내의 한국인 部/署長 또는 그 대행기관의 長이 法人의 株主權 행사와 관련한 기본적 권한만을 갖고, 기타 기업운영에 관한 일체의 實務에 대한 執行權은 당해 法人의 理事會가 갖는 등 理事會의 권한을 크게 강화하는 방향으로 관리 시스템을 근본적으로 바꾸었다.

이상과 같이, 귀속사업체에 대한 미군정의 관리행정은 처음부터 확고한 원칙 없이 그때그때 한국 각계각층의 요구와 타협하면서 적당주의로 이루어졌다고 할 수 있다. 이런 관리행정의 無原則性으로부터 우리는 앞에서 살펴본 歸屬事業體의 전반적인 不實 運營과 또 그로 인한 저조한 稼動率 또 그로 말미암은 赤字經營을 면치 못하게 된 근본 원인의 일단을 찾아볼 수 있다. 아울러 한 가지 특별히 강조해 둘 것은 귀속사업체의 管理人 選定문제와 관련해서이다. 美軍政은 객관적인 輿件의 不備로 처음부터 확고한 원칙과 기준에 따라 객관적으로 충분한 자격조건을 갖춘 능력 있는 사람을 管理人으로 선정하는 人事시스템을 개발하지를 못하고, 당해 기업과의 어떤 식으로든 緣故權(연고권) 있는 사람을 우선적으로 선정하거나, 또는 같은 분야에서의 有經驗者, 일정한 규모 이상의 資産家 심지어 英語/日語의 통역이 가능한 자 등의 피상적인 資格 조건에 의해 관리인을 선정하는 경우가 많았다는 사실이다. 이처럼 처음 관리인 선정과정에 있어서의 잘못된 선택이 결과적으로 당해 사업체의 운영을 어렵게 하고, 나아가 經營의 不實을 초래하게 하는 중요한 요인으로 작용하게 되었다는 주장이 그것이다.

이를 반영하여 管理人으로 선정된 사람이 해방 직후의 조속한 생산회복과 경제부흥이라는 중차대한 국가적 과업에 대한 올바른 歷史認識은 고사하고, 目前의 私利私慾에만 눈이 어두워 파렴치한 행동을 일삼다가 결국 기업경영을 망치는 사례가 허다했다. 이런 시대상황을 반영하여 市中에는 언필칭 '歸屬工場은 망해도 管理人은 살찐다'라는 流行語가 나돌 정도였다(洪性夏 1969 ; 105). 귀속사업체의 관리문제는 이처럼 한국 국민에게 있어서는 당면의 최대 利害관계가 얽힌 사회적 이슈로 떠올랐을 뿐더러, 또한 그것이 이런저런 社會惡을 조장하는 溫床으로 변모하게 되자 사회 뜻있는 인사들의 우려의 목소리가 높아지고 있었다.[50]

50) 따지고 보면 처음부터 無主空山 격이나 다름없는 歸屬財産을 둘러싸고 長安의 온갖 謀利輩(모리배)나 협잡꾼이 몰려들고, 이 어마어마한 주인 없는 먹잇감을 남보다 먼저 가로채기 위

2. 歸屬事業體의 拂下 및 處分

1) 管理에서 處分으로의 方向 선회

美軍政 하에서의 귀속사업체의 운영 실태는 경영상의 갖가지 어려운 여건으로 말미암아 갈수록 악화일로를 걷지 않을 수 없었다. 기업의 稼動率이 떨어지고 生産이 저조하게 되자 기업의 經營收支 역시 赤字 상태로 反轉되기에 이르렀다. 귀속기업에 대한 경영상의 이러한 어려움은 美軍政으로 하여금 귀속재산 관리에 대한 새로운 방안이랄까, 어떤 돌파구를 마련하지 않을 수 없게 만들었다.

당면의 기업경영상의 문제점이나 隘路사항을 쉽게 타개하기 어렵다고 판단한 美軍政은 완전히 방향을 바꾸어 당해 기업을 조속히 민간에게 불하하여 民營化시키는 戰略으로 나아갔다. 즉 기업의 民營化를 통해 그들로 하여금 主人意識을 가지고 책임경영을 할 수 있게끔 하는 데서 문제해결의 돌파구를 찾고자 한 것이다. 다시 말해 귀속기업에 대한 경영책임을 아예 한국인(민간)에게 넘겨주어 기업운영상의 非能率의 해소 등 제반 難關을 극복함으로써 경영 정상화를 가져올 수 있는 유일한 방도라고 판단하게 된것이다. 미군정으로서는 일단 현실의 非능률적인 관리방식으로부터는 일단 벗어나고 보자는 입장이었고, 아울러 그를 통해 당시 사회 一角에 偏在되어 있는 過剰流動性을 조속히 흡수함으로써 당면의 인플레 潛在(잠재) 요인도 사전에 차단할 수 있는 부수적 효과도 기대할 수 있다는 것이 미군정이 내세운 명분이었다고 할 수 있다.

그러나 미군정의 이러한 입장 변화는 당초에 자신이 밝힌 관리상의 대원칙을 스스로 저버린 것에 다름 아니었다. 당초 미군정이 日本人 재산을 접수할 때만 하더라도 앞으로 歸屬財産의 民間拂下는 결코 없을 것이며,

---

한 謀略과 詐欺, 공갈과 협박 등 脱法/不法적인 행위가 亂舞(난무)하게 되어, 해방 후 그것은 한국사회로 하여금 그 출발지점에서부터 정치적 부정과 부패, 온갖 사회적 不條理를 조장하는 이른바 모든 社會惡의 溫床으로까지 인식되기에 이르렀다.

原狀 그대로 잘 보존하였다가 차후 한국정부 성립과 함께 바로 거기에 이관하겠다는 뜻을 여러 번 公言한 바 있기 때문이다.[51] 그러나 줄곧 '善意의 관리자'로서의 자격임을 自處한 미군정이 당초의 그러한 입장을 바꾸는 데는 그렇게 오랜 시간을 필요로 하지 않았다. 그럼 미군정의 이런 입장변화를 가져오게 된 배경은 무엇이었을까?

이 점과 관련하여 저자는 다음과 같은 견해를 가지고 있다. 戰後 駐日 맥아더사령부에 의한 일본 土地改革의 연장선상에서 한국의 美軍政 입장에서도 土地改革의 필요성이 강력히 제기되었다는 점을 우선 들어야 하지만, 한국에서는 이에 대한 地主층의 반대가 너무나 우심하여 전국 土地를 대상으로 한 改革은 현실로 매우 어려운 처지였다는 사실을 또한 인정해야 한다. 이에 美軍政은 어쩔 수 없이 군정청 산하의 新韓公社 소유 농경지(歸屬農地)만이라도 당초 계획대로 決行하기로 한 것이다. 여기서 잠간 눈을 일본 쪽으로 돌려보자.

전후 맥아더사령부는 1945년 12월 일본 정부에 대해 '日本의 農民解放에 관한 指令'을 내리고, 일본 傳來의 不在 地主制度를 철폐하는 한편 自作農 創設을 기본 목표로 하는 획기적인 일본 농지개혁사업을 추진할 계획을 세웠다. 일본 정부는 이러한 美軍司令部의 개혁 요구를 순순히 받아드려 1946년 9월 관련 法令을 제정하고 前後 3차에 걸친 토지개혁사업을 성공적으로 이끌었다. 한국의 美軍政도 바로 이러한 일본에서의 경험을 先行 모델로 하여 동일한 성격의 土地改革을 한국에서도 실시코자 하지만, 앞에서 본 것처럼 한국의 경우는 地主층의 강력한 저항에 부딪쳐 도저히 실행에 옮기지 못하였다. 이에 美軍政은 당초의 全國 토지를 대상으로 한 전반적인 土地改革은 일단 보류하는 대신, 그 代案 격으로 나타난 것이 자신이 소유하고 있는 소규모 귀속사업체와 그리고 大都市 지역에서의 歸

---

51) 1945년 10월 16일자 A. V. 아놀드 軍政長官의 日本人 재산 접수에 따른 성명, 같은 해 12월 27일자 군정법령 제33호 발동에 따른 後任(제2대) A. L. 러치 군정장관의 성명 등 – 朝鮮銀行調查部, 『朝鮮經濟年報』, 1948년판, <經濟日誌>, pp. Ⅱ-4, 5 참조.

屬 住宅(가옥)을 먼저 민간에게 불하할 계획을 추진하게 되었다.

2) 소규모 歸屬事業體의 拂下

먼저 소규모 귀속사업체의 민간 불하에 관해 살펴보자. 당시 군정장관(A. L. Lerch)은 군정청 내의 財産管理官(H. D. Bishop)에게 특별 指令을 내리고, 현 시점에서 귀속재산 가운데 소규모 사업체의 민간 拂下 필요성을 力說함과 더불어 그 구체적인 拂下 요령을 다음과 같이 시달하였다. 즉 「法令 제33호에 의해 美軍政에 귀속된 소규모 사업체 처분에 관한 건」이라는 이름의 당시 軍政長官 指令은 다음과 같은 내용을 담고 있었다.[52] 우선 美軍政 관리 하에 있는 귀속사업체의 효율적인 운영을 위해서는 무엇보다도 그 운영책임을 한국인에게 넘기는 것이 最善의 선택이라는 취지에서의 불하의 필요성을 강조한 다음, 이러한 정책적 요구에 따라 불하 대상 업체를 선별하여 가급적 빠른 시일 내에 민간(한국인)에게 불하할 것을 재산관리관에게 강력히 지시하였는데, 그 구체적인 불하요령을 보면 다음과 같았다(동 指令 제1항).

첫째, 帳簿價格(1945년 6월 현재 기준)으로의 資産價値 10만 円 미만의 사업체를 일단 '소규모' 기업으로 규정하고, 이 소규모 기업은 원칙적으로 전부 민간에게 불하한다는 것, 다만 10만 円 이상 100만 円 미만의 기업에 대해서는 만약 재산관리관이 유능한 管理人을 만나면 그 운영정상화가 가능할 것으로 판단하는 경우에는 불하할 수 있으며, 또 비록 100만 円 이상의 대기업이라 하더라도 財産管理官이 당해 기업의 불하조치가 국민경제적으로 중요한 의미를 갖는다고 판단할 때에는 역시 불하할 수 있도록 하는 상당한 融通性을 부여하는 이른바 3단계 拂下 대상업체의 선정기준을 제시하고 있다.[53]

---

52) 책 末尾의 [부록 4] : 「歸屬財産 관련 美軍政 法令 ; 抄錄」, 다−2(軍政長官 指令 2) 참조.
53) 「軍政法令 第33號에 의하여 군정청에 귀속된 소규모 사업체 처분에 관한 건」 제10항의 규정 − 『朝鮮經濟年報』 1948년판, p. Ⅱ−88 참조.

둘째로 帳簿價格의 策定은 1945년 6월 시점의 企業帳簿 상의 가격을 기준으로 하되, 동 시점에서 장부가격이 明示되어 있지 않는 경우는 재산관리관이 그 前/後 시점에서의 가능한 가격을 가지고 그간의 物價指數 등을 참작하여 결정토록 한다. 그리고 중요한 것은 帳簿價格은 현실의 拂下價格 책정과는 아무런 상관이 없다는 점을 일반에게 널리 周知시켜야 한다는 것을 특별히 강조하고 있다(동 指令 제3항).

셋째로 불하방식은 원칙적으로 公開入札에 의한 競賣방식으로 하되 다음의 두 가지 例外규정을 두었다. ① 당해 재산을 매우 효율적으로 운영할 수 있는 믿을만하고도 유능한 사람이 나타났을 때, ② 2차에 걸쳐 流札되어 公開入札방식으로는 더 이상 불하할 자신이 없다고 판단할 때는 적당히 適任者를 물색하여 양자간의 직접 교섭을 통해 매각할 수 있다는 것이 그것이었다.

넷째로 買受者의 자격조건으로는, ① 한국인으로서 과거 扶日協力의 經歷이 없는 자, ② 과거 5년 이내에 犯法 사실이 없는 자, ③ 귀속재산 관리인으로서 재산의 가치를 毁損(훼손)하거나 서류를 僞造한 사실이 없어야 하고, 또 관리인으로서 無能하다는 평가를 받지 않은 자, ④ 본인이나 가족 중 누구도 이전에 歸屬財産을 매입한 사실이 없는 자이어야만 한다는 등의 조건을 달았다.

다섯째, 기타 조건으로 들 수 있는 중요한 사항은 다음과 같다. ① 필요하다면 落札者에게 長期/低利의 은행융자를 알선해준다는 점, ② 1개 재산에 대해서만 買受를 인정한다는 점, ③ 買入 後 2년 안에는 轉賣가 不可하다는 점, ④ 사업체의 경우 매매계약 체결과 함께 바로 所有權 이전이 가능하지만 그 최종적인 效力 발생은 이후에 수립될 한국정부에 의해 새로 追認과정을 거쳐야 한다는 점 등이 그것이다.

대체로 이상과 같은 요령으로 소규모 귀속사업체를 한국인에게 불하한다는 계획이 발표되자, 마치 이를 기다렸다는 듯이 사회 도처에서 이에 대한 반대 여론이 들끓기 시작했다. 그들의 반대 이유는 주로 다음 두 가지였다. 하나는 限時的인 임시정부로서의 美軍政이 이런 중요한 기업체 불하조치 같은 일을 할 수 있는 法的 資格이 과연 주어져 있는가 하는 문제이고, 다른 하나는 당시 불하계획의 핵심 사항으로 떠오른 拂下價格을 책정하는 基準이 크게 잘못됐다는 비판이 그것이었다. 이 가운데, 첫째의 美軍政의 불하 資格 문제와 관련하여서는 過渡政府 성격의 美軍政이 이처럼 귀속재산을 마음대로 민간에게 불하한다는 것은 지금까지 善意의 管理者로서의 任務를 수행하겠다고 公言해온 스스로의 약속을 저버리는 처사가 아니냐 하는 어쩌면 당연한 주장이었다. 拂下 반대론자의 공통적인 입장은 재산의 所有權 이전과 같은 중요한 문제는 마땅히 이후에 수립될 한국정부에 의해 처리되어야 한다는 논리를 내세웠다(朝鮮通信社 1948 ; 176).

둘째로 불하가격 策定의 基準과 관련해서는, 당시 美軍政이 제시한 불하가격의 책정은 다음 두 가지 기준에 의거하는 것이었다. 하나는 現時價主義이고 다른 하나는 신뢰할만한 공공기관에 의한 鑑定價主義였다. 여기서 미군정은 前者의 現時價主義의 적용을 주장한 반면, 재산의 주된 買收者로 될 한국 商工人의 입장 — 그를 대표하는 朝鮮商工會議所의 입장 — 은 대체로 후자의 鑑定價主義를 지지하는 것으로 알려졌다. 결국 미군정은 拂下가격을 가능한 높게 책정하려는 입장인 데 반해, 商工會議所 측은 그것을 가급적 낮게 책정하려는 것으로 결국 그것은 양자 간의 利害 관계의 相衝으로 말미암은 어쩔 수 없는 문제였다고 할 수 있다.

이상 두 가지 조건을 내걸고, 당시 미군정의 拂下계획에 대한 국내의 반대여론이 드센 가운데, 불하계획을 어렵게 하는 또 하나의 요인이 더 있었다. 그것은 미군정하에서 이루어진 拂下 조치가 이후 들어서는 韓國政府에 의해 과연 그대로 旣定 사실로서 그 법적 效力을 보장 받을 수 있느냐 하는 문제였다. 위에서 본 미군정 측 불하요령의 마지막 조항, 곧 재산권 이전의 마지막 결정은 이후에 성립될 한국정부에 의해 이루어진다는 내용에 대한 사람들의 懷疑(회의)가 그것이었다. 다시 말해 지금 진행되는 미군정에 의한 불하 조치가 나중에 한국정부에 의해 과연 그 旣得權을 인정받을 수 있느냐 하는 문제가 제기되면서, 사람들의 이러한 懷疑가 또한 미군정의 소규모 사업체 불하계획을 곤란하게 하는 또 다른 요인으로 작용하게 되었다는 설명이다.

소규모 사업체 불하계획을 둘러싼 이러한 여러 문제들이 상호 부정적으로 작용하게 되어 동 불하실적은 결과적으로 당초 미군정의 기대치에 크게 못 미치는 것이었다. 財務部의 한 자료에 의하면, 美軍政 하에서의 총 사업체 불하건수가 513건에 불과하고, 그것은 당시 귀속재산 총 처분 건수 2,258건의 23%에 해당하는 실적이었다(財務部, 1958 ; 121). 그러나 저자가 또 다른 拂下 관련 정부 자료를 직접 검토해 본 바에 의하면, 미군정에 의해 불하계약이 체결된 사업체가 이상의 513건의 26% 수준에 불과한 135건으로 되어 있었다.[54] 같은 정부 자료이면서도 어떻게 이 정도로 큰 차이가 날 수 있을까?

두 가지 수치상의 현저한 차이는 아마도 자료의 성격 차이, 곧 1차자료 (135건)과 2차자료(513건)에서 오는 것이 아닌가 싶고, 그렇다면 그것은 불하 대상기업의 범주와 밀접한 관련이 있는 것으로 생각된다. 아무튼 拂下 건수가 이처럼 135~513건 간의 실적이라면 그것이 미군정의 당초 기대에는 훨씬 못미치는 수치라고 할 수 밖에 없을 뿐더러, 더욱이 또 한 가지 중요한 것은 이상의 불하 사업체의 성격이 각종 産業組合이나 協會, 건설회사, 劇場, 商會 등의 부류에 속하는 것들이 대부분이고, 막상 우리가 중요시해야 할 광공업에 속하는 생산기업체의 불하 건수는 그 속에 거의 들어있지 않았다는 사실이다. 비록 '소규모' 기업으로 한정한 범위에서의 불하이기는 하지만, 광공업 등 생산부문의 귀속공장의 불하가 가일층 저조한 실적을 나타내게 되었다는 것은 당초 美軍政이 소신껏 추진한 企業 民營化를 통한 귀속사업체의 經營合理化 계획은 사실상 水泡로 돌아가고만 셈이었다.

---

54) 財務部管財局, 『法人臺帳』(年代 未詳) 자료를 이용하여 저자가 불하기업을 직접 集計, 분류한 결과이다.

逆說的이기는 하지만, 미군정의 이 소규모 사업체 불하계획은 오히려 예기치 않은 逆機能을 불러오게 된 셈이었다. 이를테면 현재의 기업 管理人이 자기를 제치고 엉뚱한 사람에게 기업이 불하될 것을 우려하여 불하 이전에 미리 여러 가지 부정한 手法으로 공장시설을 분해하여 적당히 처분한다든가 또는 拂下 자체를 未然에 방지하기 위하여 공장시설을 적당히 破損하여 못쓰게 만들어 놓는 등 아주 악질적인 짓거리를 저지르는 빌미를 주었기 때문이다. 바꿔 말하면, 기업의 민간 拂下를 통해 不實에 빠진 기업의 경영합리화를 도모한다는 미군정의 善意의 취지는 처음부터 실현되기 어렵게 되고, 거꾸로 악질적인 管理人에 의한 기업의 파괴, 훼손만을 불러일으킨 逆作用을 초래했다는 평가를 받기에 이르렀다.

3) 都市 지역 민간 住宅의 拂下

다음에는 도시 지역에서의 민간 住宅(귀속주택)의 처분계획에 대해 알아보자. 이 도시주택의 拂下 문제 역시 위의 소규모 사업체의 불하에서와 마찬가지로 法令 제33호에 의거하여 군정장관의 특별 指令을 통해 추진된 사업이다. 즉 "(구)일본인 소유 도시 住宅 拂下에 관한 件"(1947년 5월 15일자)이라는 이름의 이 指令에 따르면, 美軍政은 도시에 거주하는 無주택자에게 自家 住宅을 가질 기회를 제공함으로써, 그들의 삶의 질을 향상시킴은 물론, 당시 방만하게 풀린 시중의 過剩流動性을 흡수하여 通貨인플레 요인을 사전에 차단한다는 一擧兩得의 효과를 도모하기 위하여 미군정이 보유하고 있는 도시 지역의 歸屬住宅은 가급적 빨리 그리고 가능한 많이 민간에게 매각한다는 野心 찬 계획을 세웠다.

이 住宅 매각계획을 수립함에 있어, 당시 미 군정장관(A. L. Lerch)이 재산관리관(H. D. Bishop)에게 시달한 매각의 原則과 基準을 보면 대체로 이러했다. ① 無주택자에게 영구히 自家 주택을 소유할 수 있게끔 할 것, ② 적당한 수준의 市場價格(市勢)에 의거하여 매각할 것, ③ 代金決濟 방법은 시중의 過剩流動性 흡수를 통한 인플레 예방을 위해 반드시 現金 決濟를 원칙으로 할 것, 단 도저히 현금 결제가 불가능하다고 판단되는 買收者에게는 극히 예외적으로 外上 賣却을 허용할 것, ④ 都市 지역 주택에 대해서는 정부기관에 의한 公的 필요성이 인정되는 경우를 제외하고는 가능한 모든 주택을 불하한다는 目標를 세울 것, ⑤ 1家口(가족 단위) 1住宅 불하를 원칙으로 할 것, ⑥ 불하 이전에 일정한 기준에 따라 모든 住宅의 가격(市價)에 대해 전문기관(財産評價諮問委員會)의 鑑定(감정)을 받도록 할 것, ⑦ 현 時價를 기준으로 하여 최고 入札者에게 落札하는 것을 원칙으로 할 것, 단 2차례 걸쳐 流札되는 경우 및 이전에 이미 정당한 방법으로 매입한 경험이 있는 경우에는 직접 교섭에 의한 賣却을 허용할 것, ⑧ 마지막으로 중요한 것은 賣買계약서에 반드시 본 계약에 의해 취득한 住宅 所有權은 나중에 수립될 한국정부에 의해 追認을 받아야만 최종적인 법적 효력을 갖는다는 但書 조항을 달 것 등이 그것이다.

이 도시 주택의 拂下 문제에 있어서도 美軍政은 앞서 본 소규모 사업체 불하에 있어서와 마찬가지로 계획을 원활히 추진하기 위하여 주로 한국인 專門家로 구성되는 諮問委員會를 설치 운영하였는데, 여기에는 願買者의 자격조건을 심사하는 '資格審査자문위원회'와 실제 가옥의 時勢를 평가하는 '財産評價자문위원회'라는 2개의 諮問 기구로 이루어졌다. 군정장관은 이들 委員會의 權能을 최대한 활용할 수 있는 방안을 강구하라고 재산관리관에게 특별 지시를 내릴 정도로 이들 委員會의 기능을 잘 活用코자 하였다(동 指令 제9항).

이밖에 기타 중요한 불하 조건으로는, ① 최소한 매각대금의 2할 이상을 계약체결 시에 一時拂로 지급할 것을 요구하고 나머지 殘額에 대해서는 이자율 年利 5~7%, 계약기간은 최고 10년으로 하는 조건으로 분할 지급하도록 하고, ② 기존의 抵當權 설정은 買受人에게 인계하는 것을 원칙으로 하며, ③ 所有權 보유의 義務期間, 곧 매수자로 하여금 買收한 주택에 대한 再賣却을 금지한 기간은 계약체결일로부터 2년간으로 한다는 등

의 내용을 담고 있었다.[55]

3. 歸屬農地의 分配事業

1) 美軍政의 土地改革 구상과 번스 諮問團

미군정 시대 귀속재산 처분계획과 관련하여, 이상의 소규모 사업체 拂下 및 도시 지역 민간 주택의 賣却 조치와 함께 또 한 가지 중요하게 다루어야 할 것이 바로 그동안 美軍政이 보유하고 있던 歸屬農地의 분배사업이었다. 귀속재산의 접수과정에서 이미 언급된 바이지만, 美軍政은 1946년 2월 법령 제52호 및 동년 5월의 법령 제80호의 공포를 통해 미군정 산하에 新韓公社(New Korean Company) ― 법령 제80호에 의해 新韓株式會社(New Korean Company, Ltd.)로 개칭 ― 를 설립하고, 과거 東洋拓殖(주)의 소유 재산(주로 農耕地) 및 기타 일본인 소유 農耕地 일체를 여기로 이관 조치한 것은 이미 앞에서 살펴본 바 그대로이다. 아울러 미군정은 新韓公社에 넘겨진 구 일본인 소유 農耕地에 대하여도 앞에서 본 소규모 事業體 내지 민간 住宅의 경우에 있어서와 마찬가지로 민간에게 분배(매각)하는 조치를 취하고자 하였다.

처음 東拓 소유 농경지를 이관 받을 당시부터 미군정은 1945년 말 맥아더사령부가 점령지 日本에서 단행한 바 있는 土地改革과 같은 성격의 개혁을 韓國에서도 그대로 실시하려는 계획을 가지고 있었다. 즉 한국에서도 前근대적인 土地소유제도(小作制)를 근대적인 自作農 체제로 전환키 위한 근본적인 개혁 구상이 그것이었다. 그리하여 이 개혁사업의 추진을 위해 美國은 특별히 토지문제 전문가로 구성되는 經濟諮問團[56]을 한국에

---

55) 朝鮮銀行調査部, 『朝鮮經濟年報』, 1948년판, p. Ⅱ-89 (구. 일본인 住宅 買受資格 조건에 관하여) 참조.

56) 미국 정부(국무성)는 1946년 초 한국 토지개혁에 대한 이론적 뒷받침과 개혁 실시를 지원하기 위해 駐韓美軍經濟諮問團(Official of Economic Advisor to the Commending General USAFIK : 단장 A. C. Bunce)을 파견하고, 그를 중심으로 土地改革의 草案을 작성토록 했다. 이 諮問團

파견하여 현지의 美軍政으로 하여금 한국의 토지개혁을 조속히 실시할 수 있도록 하는 기술적 측면에서의 지원을 베풀도록 조치했다.

美軍政은 이에 1946년 1월에 來韓한 동 경제자문단(단장 A. C. Bunce)의 정책 자문에 의해 군정청 직속으로 土地改革法案의 작성을 위한 기초위원회를 설치하고 본격적으로 개혁에 착수했다. 즉 번스자문단은 곧장 작업에 착수하여 제1차 改革試案을 작성하여 1946년 3월 미군정청에 제출하였다. 그러나 동 번스개혁안은 미군정에 의해 채택되지를 못하고 폐기된 것으로 알려졌는데 그 이유가 무엇인지는 공식으로 밝혀지지 않았다. 아울러 번스개혁안의 구체적인 내용도 대외적으로 밝혀지지는 않았지만, 아마도 그것은 대체로 다음과 같은 내용인 것으로 類推해볼 수 있다.

첫째 과거 일본인 소유(현 新韓公社 소유) 농경지에 대하여 향후 15년간 平年作(主穀)의 30%(나중에 25%로 인하)씩 現物償還 조건으로 그것을 현재의 小作農에게 분배한다는 것, 둘째 小作農은 한 해 생산량의 최소 3.75배(최고 4.5배)에 해당하는 생산량을 15년간 분할하여 現物로 납부하게 되면 일단 그 農地를 자기 소유로 할 수 있다는 것,[57] 셋째 分配 대상으로 될 農家는 귀속농지의 소작농 내지 自/小作農으로 한다는 것, 넷째 被分配 농가는 일정 기간 분배농지를 타인에게 轉賣할 수 없으며, 營農을 포기할 경우에는 당해 農地의 자유 처분이 허용되지 않고 곧바로 그것을 정부에 返納해야 한다는 것 등이 그 주된 내용이었다.[58]

은 단장 이하 총 11명으로 구성되었는데 실제로는 당면의 土地改革 방안의 수립만이 아니라, 그밖에도 財政改革, 식량문제 등에 대한 실태 조사와 그 對策 마련에 대해서도 적극 관여하게 되어 자연스럽게 모든 문제에 대한 종합적인 經濟諮問團의 성격을 띠게 되었다 – 韓國農村經濟研究院, 『農地改革史研究』, p. 315 참조.

57) 이 항목의 내용을 단순화하면 이렇게 된다. 小作農은 자기 경작 土地의 연평균 생산량의 25%(1/4)에 해당하는 主穀(쌀 또는 보리 등 麥類)을 15년간 現物로 상환하게 되면 현재의 자기 小作地에 대한 所有權을 넘겨받게 된다는 것이다. 이를테면, 3.75배(%)÷15년=0.25배(%)의 公式에 따라 매년 생산량의 25%를 15년간 상환하면 그 農地를 자기 소유로 만들 수 있다는 얘기이다.

58) 韓國農村經濟研究院, 앞의 책, pp. 316~318 참조.

2) 번스 改革案에 대한 韓國의 입장

이 번스 土地개혁안은 처음부터 한국 측으로부터 격렬한 반대에 부딪쳐 제대로 審議에 부쳐보지도 못하고 곧장 폐기 처분되는 운명에 처하였다. 그럼 한국은 이 번스개혁안에 대해 왜 그처럼 격렬히 반대했는가? 한국 측 주장은 이러했다. 당시 美/소간에 한국문제 처리를 위한 共同委員會가 개최 중에 있고, 그 결과 여하에 따라서는 머지않아 韓國 臨時政府가 수립될 수도 있는 터인데, 이를 기다리지 않고 이런 중대한 土地改革 같은 중대한 事案을 그렇게 조급하게 처리할 필요가 있는가, 그것은 마땅히 새로 들어설 한국 임시정부에 의해 실시되어야 마땅하다는 주장이었다. 한국 측의 이런 반대 여론을 쉽게 수용한 때문인지 어쩐지는 모르겠으나 어쨌든 美軍政은 동 개혁안의 實行을 강제하지 않고 순순히 보류하는 쪽으로 가닥을 잡았다고나 할까.

토지개혁 문제가 後線으로 물러난 다음, 미군정은 정치적으로 南韓 내부에서의 左/右 合作운동을 적극 추진하는 동시에, 다른 편으로는 한국에 대한 미군정의 統治 기능을 점차 한국인에게 移讓(이양)하기 위한 조치로 南朝鮮 過渡立法議院의 설치법(군정법령 제118호, 1946. 8. 24일)을 제정하기에 이르렀다. 그에 따라 1946년 12월에는 官選 45명, 民選 45명 합해 90명의 委員으로 구성되는 '過渡立法議院'의 설립을 보게 되었다. 새로 설립된 左右合作委員會[59]든 過渡立法議院이든 그들에게 주어진 당면의 최대 課題는 바로 이 토지개혁문제일 수밖에 없었고, 각기 주어진 입장에 따라 나름의 개혁방안을 마련하기에 이르렀다.

우선 左右合作委에서는 좌/우익 양쪽의 요구를 각각 절반 씩 반영시킨 이른바 '遞減買上/無償分配[60]' 방식의 개혁을 제안하고, 立法議院 측에

---

59) 이 左右合作委는 美軍政의 주선으로 한국의 정치 地形에서 極左와 極右를 배제하고 中道/進步를 대변하는 인사들로 구성된 일종의 정치단체(우측 대표 金奎植, 좌측 대표 呂運亨)였으나, 이들의 合作運動은 미/소共委의 결렬과 呂運亨의 被殺 등으로 霧散(무산)되고 말았다.

60) 左右合作委의 '遞減買上/無償分配' 방식은 이른바 '左右合作 7原則'의 제3항에 제시된 토지개혁방안으로, 당시 우익 측의 '有償買收/有償分配' 안과 좌익 측의 '無償沒收/無償分配' 안에서

서는 각 政派간의 개혁안이 너무나 달라 한가지로 收斂(수렴)하기가 어렵다고 하여 각 政派별로 자기 개혁안을 만들어 각각 들고 나오는 현식을 취하였다. 당시 가장 큰 政派였던 우익 성향의 韓民黨은 대다수 지주층의 이익을 대변해야 할 입장에서 '有償매입/有償분배' 방식의 案을, 반대로 좌익 성향의 民戰(民族主義民主戰線)에서는 小作농민의 이익을 대변하여 '無償몰수/無償분배' 방식의 案을 각각 내세웠다. 이러한 土地 문제를 둘러싼 격렬한 이념적 대립 양상에 처하여 美軍政은 立法議院 측과의 협의 하에 양측 간의 '農地改革연락위원회'를 설치 운영하기로 약속하는 한편,[61] 또한 A. C. 번스 단장을 중심으로 자체 개혁안을 마련토록 하여 立法議院에 上程시켜 심의해줄 것을 요청하기에 이르렀다.

동 번스 개혁안의 골자는 前記 左右合作 7원칙(제3항)으로 제시된 '遞減買上/無償分配' 원칙에서 앞부분의 遞減買上 원칙은 그대로 두고, 뒷부분의 無償分配만을 有償分配로 바꾼 절충안에 다름 아니었다. 이렇게 後者의 무상분배를 유상분배 원칙으로 바꾼 것은 미국식의 자유주의 시장경제 原理가 강하게 작용한 탓도 있었지만, 당시 立法議院의 人的 구성이 다분히 韓民黨 쪽의 保守系(지주층) 중심으로 되어 있어 그들(지주층)에 의한 無償分配에 대한 반대 입장이 드세게 작용한 탓이라고 할 수 있다. 그밖에 몇 가지 중요한 사항으로는, ① 특별 기구로 中央土地改革行政處의 설치, ② 3町步 토지 소유 上限制의 채택, ③ 買收地價는 5개년 평균 생산량의 3배로 하고, 매수농민은 매년 생산량의 20%씩 15년간 均等 상환토록

각각 有償買收(遞減買上)와 無償分配 쪽을 취한 折衷案이라 할 수 있다. 그러나 이 試案은 좌/우 양측으로부터 맹렬한 공격을 받아 샌드위치 신세로 되고, 좌우합작운동의 쇠퇴와 더불어 결국 유야무야되고 말았다. 그러나 이는 그 후 美軍政과 立法議院 측의 연락위원회에서 작성하는 개혁안의 기초 자료로 이용되었다는 데서 그 역사적 의의를 찾을 수 있다.

61) 韓/美간의 이 연락위원회는 양측에서 委員 5인 씩 10인으로 구성되었는데, 한국 측에서는 立法議員 중 소속 정당별로 朴建雄(위원장), 李順鐸, 洪性夏 위원 등 5인, 미국 측에서는 A. C. Bunce 단장, C. C. Mitchell 新韓公社 총재 등 5인이었다. 위원회는 1947년 초부터 약 10개월 간 土地改革 방안을 연구하여 만든 最終案을 1947년 12월 立法議院 本會議에 상정한 것으로 알려졌다 – 한국농촌경제연구원, 앞의 책, p. 335 참조.

하며, ④ 買收農地에 대한 자유로운 매매-抵當-증여-再小作 계약 등의 행위는 원칙적으로 금지하는 등의 내용을 담고 있었다.[62]

아무튼 동 개혁안이 1947년 12월 입법의원 本會議에 상정되자, 이를 둘러싼 사회 각계각층으로부터 甲論乙駁 격론이 벌어졌음은 물론이고, 그런 가운데 막상 法案을 심의해야 할 立法議院 내부에서는 자기들의 대표가 만든 法案임에도 불구하고 그 審議 자체를 거부하는 이른바 '立法사보타지' 현상까지 벌어졌다. 그것은 처음부터 改革案 작성에 부정적 입장을 보인 保守系(韓民黨) 위원들의 法案 審議 보이코트 작전에 立法議院이 말려든 탓이었다고 할 수 있다.

法案의 審議조차 거부한 반대파의 주장인즉, 土地改革 같은 중차대한 事案을 어떻게 머지 않아 없어질 임시정부격인 美軍政에 의해 다룰 수 있느냐 하는 노골적인 抗議에 다름아니었다. 마땅히 앞으로 들어설 한국정부에 의해 정당하게 다루어져야 한다는 논리였다. 그러나 이러한 주장은 大義名分일 뿐, 실제로는 당시 立法委員의 대부분이 地主층으로 구성되어 이러한 미군정의 土地改革 사업이 자신들에게 경제적으로 손해를 가져올 수도 있다는 피해의식 때문이라는 해석이 지배적이었다. 아무튼 立法議院의 本會議가 連日 空轉을 거듭하는 가운데, 1948년 들어 金奎植 의장 등 입법의원 議長團의 자진 사퇴와 함께 입법의원 자체의 활동이 停頓(정돈)상태에 빠지자, 미군정은 태도를 완전히 바꾸어 1948년 3월 지금까지의 全國 土地를 개혁대상으로 한 韓/美연락위원회 개혁안을 깨끗이 철회하고, 자기 소유의 歸屬農地 만을 분배하는 방향으로 계획 자체를 크게 후퇴시키고 말았다.[63]

---

62) 같은 책, pp. 351~353 참조.

63) 여기서 당시 美軍政은 전후 일본에서처럼 職權으로 전국 土地를 대상으로 한 개혁도 마음만 먹으면 얼마든지 실행할 수 있었음에도 불구하고 한국에 대해서는 왜 그렇게 쉽게 양보하였을까? 그것은 일본에서와는 달리 한국은 左/右 이념대립 상황에서 오히려 우익(보수계) 쪽의 개혁 반대여론이 더욱 강렬하다는 사실과 무관하지 않을 것이라는 점과, 또한 미군정으로서는 그것을 撫摩(무마)하고 관철시키기에는 정치적 부담이 너무 크다고 판단한 때문이 아닐까?

3) 美軍政의 귀속농지 改革

미군정의 이 歸屬農地만의 개혁도 결코 순탄하게 이루어지지는 못하였다. 立法議院 중심의 地主층만이 아니라 좌익 계열의 社會主義 진영은 물론 극단적인 민족주의자들까지 포함하여 전국적인 반대운동에 봉착하였기 때문이다. 여기에는 美軍政이 하고자 하는 일은 무엇이든 무조건 반대하고 나서는 당시의 한국사회의 風潮(풍조)가 크게 작용하였다고 할 수 있다. 再論하는 셈이지만 그들의 반대 論理는 이러했다.

해방 후 美軍政이 과거 일본인 소유의 土地(귀속농지)를 무작정 자기 소유로 접수한 것부터 잘못된 처사라는 것이었다. 왜냐하면 그 토지는 어디까지나 한국인의 피와 땀으로 형성된 것이라는 점에서 당연히 한국인 소유로 되어야 할 성질의 것임에도 중간에 미국이 가로챈 것은 이유야 어디 있든 잘못이 아니냐는 논리였다. 미군정이 이제 와서 자기 소유라 하여 마음대로 처분하겠다는 것도 잘못일 뿐더러 더욱이 그것을 無償으로 分配하는 것이 아니라 有償으로 한국농민에게 매각하겠다는 것은 더더욱 잘못된 처사라는 것이 좌익계열의 일치된 주장이었다.

그러나 美軍政은 한국 측의 이러한 일부 반대논리는 옳지 않다고 판단한 나머지, 1948년 3월 미군정의 終了 時限을 불과 얼마 남겨놓지 않은 시점에서 전격적으로 동 歸屬農地 개혁사업을 해치우게 되었다. 군정법령 제173호로 '歸屬農地 賣却令'과 제174호로 '新韓주식회사 解散令'이라는 두 개의 法令을 동시에 공포한 미군정은 이들 법령에 의거하여 동 개혁사업을 신속하게 단행했다. 즉 기존의 新韓株式會社 소유 토지 가운데 분배 대상의 農耕地는 새로 설립하는 中央土地行政處로 일괄 이관하고, 농경지가 아닌 나머지 재산은 모두 管財處로 이관시킴과 동시에 새로 설립하는 中央土地行政處로 하여금 동 분배사업의 실무를 주관토록 조치했다. 그리고 農地改革의 기본 원칙과 내용은 당초 全國 土地를 대상으로 한 立法議院 측의 土地改革法案 — 이는 사실상 당초 번스案이나 마찬가지임 — 의 골격을 그대로 수용하는 것으로 했다. 동 개혁안의 몇 가지 기본 원칙과 내용을 간추려보면 다음과 같다.

첫째, 耕者有田의 원칙에 따라 소위 自作農 創設을 기본 목표로 하되, 토지행정처가 현재의 農地 경작자(小作農)와 당해 농지에 대한 賣渡契約을 체결하는 방식으로 처리(법령 제173호)

둘째, 분배 대상 土地는 垈地, 果樹園, 牧場, 鹽田(염전) 등은 일단 제외하고, 畓과 田 중심의 순수한 農耕地만을 분배 대상으로 지정

셋째, 被분배 대상자의 우선순위를, ① 현재의 경작자, ② 越南 동포 및 外地(일본, 만주 등)로부터의 귀환 농민, ③ 농업노동자(머슴) 순으로 규정

넷째, 戶當 被分配 농지의 上限은 2정보로 제한

다섯째, 農地代金의 납부방식은 당해 農地의 연평균 생산량의 300%에 해당하는 現穀(主穀 기준으로 畓은 벼, 田은 麥類)을 연평균 생산량의 20% 씩 15년간 均等 상환하는 방식으로 결정

등이 그 주된 내용이었다.[64]

국내 좌익계열의 民戰/全農 등 단체들에 의한 거센 방해공작에도 불구하고 美軍政의 귀속농지 분배사업은 큰 蹉跌(차질) 없이 순조롭게 진행된 편이었다. 이를테면 1948년 4월 8일자로 시행된 동 분배계획은 약 1개월 후인 동년 5월 5일에 전체 耕作農家(소작농) 호수 587,944戶의 약 37.3%에 해당하는 219, 362戶가 분배계약체결을 완료하게 되고, 약 2개월 10일 후인 동년 6월 19일에는 476천 戶, 곧 전체의 무려 81.0%가 분배계약을 체결하였는가 하면, 美軍政이 終了 되고 한국정부에 統治權이 이관된 동년 8월 말 시점에서는 전체 被분배 농가의 약 86%가 계약체결을 완료하는 놀라운 분배실적을 가져왔기 때문이다. 그리고 분배면적 기준으로도 같은 해 9월 15일 현재 전체 면적 324,063정보의 61.4%에 달하는 199,029정보의 분배실적을 나타낼 정도로 놀라운 성과를 가져왔다.[65]

---

64) 미군정의 자기 소유 歸屬農地의 분배와 관련한 구체적인 내용은 美軍政 法令 제173호(中央土地行政處의 설치, 全文 24개 條)를 참조할 것.

65) 이들 수치는 당시 美軍政의 보고 자료 및 日刊 新聞 보도 내용 등을 정리한 것임 – 한국농촌경제연구원, 앞의 책, pp. 382~383 참조.

미군정에 의한 이 歸屬農地 분배사업은 美軍政이 끝날 때까지 미처 완료되지 못한 殘餘 업무는 1948년 8월 한국정부에 그대로 이관되고, 한국정부에 이관된 이후에도 계속 추진되었음은 두말할 것 없다. 그리고 1950년에 들어 6·25전쟁이라는 어려운 여건 속에서도 정부는 軍糧米 확보의 현실적 필요성 등으로 동 사업은 가장 우선적으로 처리해야 할 國策사업으로 지정되어 적극 추진되었다. 동 사업이 거의 마무리되는 1952년 2월 말 경에는 논(畓)은 분배대상면적 205,988정보의 92.0%, 밭(田)은 62,631정보의 89.5%로, 이를 평균하면 대체로 분배대상 面積의 약 91.4%에 달하는 분배실적을 올리었다.[66]

당시 여러 가지 어려운 여건임에도 불구하고, 더욱이 좌익계열의 끈질긴 사업방해공작을 극복하고 이 정도의 놀라운 분배실적을 거양할 수 있었던 까닭은 무엇보다도 당시 小作農民들의 동 사업에 대한 적극적인 지지와 협력이 있었기 때문일 것이다. 그것은 당시 한국 사회에 광범위하게 퍼져있던 半封建的인 小農層의 존재, 더욱이 小作 내지 半小作(自作 겸 소작농) 농민들의 祖上 傳來의 自家 農地에 대한 강렬한 慾望이 바로 이 귀속농지 분배사업을 성공적으로 이끌게 한 매우 중요한 배경으로 되었다고 해야 한다. 어쨌든 미군정에 의한 이 귀속농지 분배사업은 비록 일부 한정된 農地에 불과한 것이기는 하지만 그래도 한국 소작농민의 오랜 宿願사업이, 그것도 전적으로 外勢(美軍政)에 의해 이루어지는 중요한 역사적 의미를 담은 사업으로 높이 평가되어야 할 일이다.

과거 植民地 地主制 하에서 일본인 地主 땅을 소작하던 조선인 小作農은 해방 후 미군정에 의해 자신의 小作地을 매우 유리한 조건으로 분배받음으로써 비로소 自作農으로 전환하게 된 사회적 地位에 현저한 변화를 가져오게 되었다고 말할 수 있다. 뿐만 아니라, 국가적으로도 비록 과거 일본인 소유 農地만을 대상으로 한 반쪽 개혁에 불과한 것이지만 ―

---

66) 졸저, 『解放 後-1950年代의 經濟』, 삼성경제연구소, 2002, p. 84 <표 1-3> 참조.

그렇게 된 책임은 美軍政에 있는 것이 아니라 전적으로 한국 측에 있다고 하겠지만—, 이 歸屬農地만의 개혁으로도 이는 미군정 3년간의 治績 제1호로 평가 받을만한 위대한 사업이라고 하지 않을 수 없을 뿐더러, 아울러 미군정에 의한 歸屬農地 개혁사업이 가지는 역사적 의의는 대단히 크다고하지 않을 수 없다.

말하자면 한국의 오랜 전통적인 낡은 封建的 土地所有 제도를 自作農 創設이라는 명목으로 耕作農民의 직접 소유인 근대적인 土地所有 제도로의 일대 전환을 가져오게 되었다는 점에서 일차적으로 그것의 중요한 역사적 意義를 찾을 수 있다. 뿐만 아니라 美軍政에 의한 동 개혁사업은 그 후 1948년 8월 한국정부(李承晩) 수립과 더불어 제2단계로 실시되는 한국인 地主 소유 農地에 대한 개혁을 성공적으로 이끌 수 있게 한 모범적인 先例로 작용하게 되었다는 점에서도 그것은 높이 평가되어야 마땅하다.[67]

---

67) 美軍政의 귀속농지 改革에 대한 평가는 정치이념적 입장에 따라 달리 나타나고 있다. 좌익 계열에서는 지난 일본인 토지를 미군정이 小作農에게 '有償으로' 매각했다는 것은 언어도단이라는 해석인가 하면, 일부 우익(韓民黨) 쪽에서는 임시정부 성격인 美軍政이 그런 중차대한 사업을 스스로 시행했다는 것은 越權 행위라는 식으로 비판하고 나섰다. 그러나 객관적인 입장의 많은 지식인층에서는 美軍政이 한국 傳來의 오랜 봉건적 地主/小作慣行을 革罷(혁파)하고 근대적인 自作農 創設 사업을 단행했다는 것은 역사적으로 높이 평가되어야 할 미군정의 대표적인 업적이라고 하지 않을 수 없다는 주장이다. 이에 대한 보다 구체적인 설명은 졸저, 『解放後-1950年代의 經濟』, 2002, pp. 85~86 참조.

Ⅳ. 歸屬財産의 한국정부 移管

1. 移管 財産의 실태

美軍政은 그의 3년간의 통치기간에 자신이 접수, 관리하고 있던 귀속 재산 가운데 이상에서 살펴본 것처럼 3가지 재산을 한국 민간에게 불하 또는 분배하였다. 그 3가지 재산이란, ① 일본인이 소유, 거주하고 있던 도시 지역의 민간 住宅, ② 역시 일본인이 소유, 경영하던 사업체 가운데서 장부가격 100만 円 이하의 소규모 사업체, ③ 일본인(地主) 소유의 農耕地 였던 歸屬農地가 그것이었다. 이들 3가지 재산을 제외한 나머지 모든 귀속재산은 1948년 8월 UN 決議로 성립하게 되는 한국정부에 일괄적으로 이관하고 한국을 떠나게 된다. 그럼 미군정에 의해 마지막 한국정부에 이관한 귀속재산의 실태는 어떠하였는가?

財務部 자료에 의하면,[68] 당시 한국정부에 이관된 총 귀속재산은 일단 件數로는 무려 291,909건에 달하였다. 그중 不動産이 전체의 98.5%인 287,555건으로 그 대부분을 차지하고, 不動産이면서도 경제적으로 중요한 의미를 가지는 기업체 재산은 건수로 2,203개 社에 달하고 있었다. 그리고 지난 미군정 3년 동안에 이미 민간에게 불하/매각된 사업체 건수가 513건에 이르러 보면 전체 귀속사업체(총, 2,716건)의 약 19% 정도가 이미 美 軍政期에 민간에게 불하된 셈이었다.[69]

---

68) 財務部, 『財政金融의 回顧』- 建國10周年業績, 1958, p. 127 <표 33> 참조.
69) 미군정 시대 총 재산 불하 건수는 2,268건이고, 그중 不動産이 839건((37.0%), 기업체 재산 513건(22.6%), 그리고 기타 재산 916건(40.4%)으로 구성되어 있으나, 여기서 기타 재산이 구체적으로 무엇인가는 제대로 밝혀지지 않고 있다 - 財務部, 앞의 책, p. 121 <표 32> 참조.
　　　그러나 또 다른 拂下 관련 자료에 의하면 미군정기 귀속사업체 拂下건수가 513건이 아니라 그보다 훨씬 적은 135건으로 나타나고 있어 이들 통계의 信憑性(신빙성)에는 문제가 있다고 다른 한편, 1948년 12월 기준으로 商工部가 조사한 全國 제조공장 실태조사 결과에 의하면, 종업원 5인 이상의 全國 총 제조공장 3,587개 가운데 귀속공장은 그 16.2%인 580개에 불과한 것으로 나타나고 있다.[70] 이는 앞의 〈표 5-7〉에서 본 1947년 10월 현재의 귀속공장 수 1,573개(電氣業 및 土建業 포함)와 비교해 보면 양자 간에는 현저한 차이가 있음을 발견할 수 있다. 지난 약 1년간에 민간에게 拂下(民營化)된 공장이 일부 있을 것으로 보지만 ─ 위의 불하기업체 수 513건 중 일부 ─, 이를 감안하다라도 이 정도의 현저한 차이를 가져오게 된 데에는 분명히 정부에 의한 民營化 조치 이외에 또 다른 무슨 이유가 있을 것이 틀림없다. 다시 말해 귀속공장으로부터 벗어나게 된 무슨 다른 이유가 분명히 거기에 가로놓여 있을 것으로 봐야 할 것이라는 점이다. 그럼 거기에는 무슨 이유가 있었을까?

우선 생각할 수 있는 것은 이 기간에 많은 歸屬工場이 부정한 방법으로 교묘히 法網을 빠져나가 일반기업으로 탈바꿈하였을 것이라는 점이고, 둘째는 이미 기업으로서의 존재 價値를 현저히 상실하게 되어 공식적으로 폐기 처분되었거나, 셋째는 당시객관적인 여건의 惡化로 기업 자체가 살아남지 못하고 저절로 亡失된 경우 등의 3가지 정도의 이유를 推論해볼 수 있다. 말하자면 당시의 시대상황으로 보아 자연적 현상이든 또는 人爲的인 어떤 작용에 의해서든 당해 기업이 귀속재산이라는 制約도 있고 하여 스스로 資産的 價値를 상실하게 된 경우가 결코 적지 않았을 것이라는 생각을 하게 된다. 그를 뒷받침하는 한 가지 자료로는 다음 〈표 5-11〉에서 보듯이 1948년 당시 기업 帳簿에는 登載되어 있지만 실제로 實物은 존재하지 않는 이른바 流失 企業體의 존재가 상당히 많았다는 사실이 그것을 말해준다.

구체적으로 〈표 5-11〉에 의하면, 정부의 臨時管財總局에서 작성한 귀속사업체 臺帳에 이름은 올라 있으나 實物은 존재하지 않은 경우, 다시 말

할 수밖에 없다.

70) 朝鮮殖産銀行調査部, 『殖銀調査月報』 제4권 제6호(1949), p. 75.

해 臺帳에 한 줄 이름만 남아있는 기업체가 상당한 수에 이르고 있음을 확인하게 된다. 1948년 당시 이 流失기업체수가 무려 218개 社에 이르고 있는데, 이는 登載된 총 사업체수 3,551사의 약 6.1%에 해당하는 비중이다. 특히 제조업의 경우는 153사로 총 유실기업체 수(218사)의 무려 70.2%를 차지하고 있어, 이는 전체 제조업 2,330사의 6.6%에 달하는가 하면, 또한 지역적으로는 그 분명한 이유는 알 수 없으나 慶南이 123社로 전체의 무려 56.4%라는 압도적인 비중을 차지하는 특징을 보여주고 있다(〈표 5-11〉 참조). 이러한 사실은 결국 미군정 시대 귀속재산, 특히 企業體 財産에 대한 管理가 소홀해지자 그 틈을 타고 상당히 많은 기업이 그 實體는 사실상 이미 소멸했음에도 단지 서류상으로 이름만 남아있는 상태로 미군정으로부터 한국정부에 이관되었다고 함을 말해주고 있다.

다음에는 그럼 1948년 9월 한국정부에 이관될 당시의 이들 귀속재산

〈표 5-11〉　　　**歸屬事業體 중 流失 業體의 비중 (1948년)**

(단위 : 업체 수)

	中央直轄*	경기/강원	충 남	전 남	경 북	경 남	합 계
농 림 업	–		2	3	1	1	7 (3.2)
수 산 업	1	–	–	–	2	5	8 (3.7)
광　　업	–	1	–	–		1	2 (0.9)
제 조 업	18	9	6	22	4	94	153 (70.2)
식 품	–	–	1	10	1	28	40
섬 유	6	–	1	3	3	13	26
화 학	–	3	–	2	–	11	16
기계/금속	–	1	4	1	–	15	21
製 材	–	5	–	–	–	–	17
기 타	12	–	–	6	–	27	33
상　업			9	12		17	38 (17.4)
기　타	–	–	1	3	1	5	10 (4.6)
합　계	19 (8.7)	10 (4.6)	18 (8.3)	40 (18.3)**	8 (3.7)	123 (56.4)	218 (100.0)

자료 : 朝鮮銀行調査部, 『經濟年鑑』, 1949년판, pp. Ⅲ-79~147에서 필자 작성.
주 : 1) * 中央直轄 19건의 道別 분포는 中央 1, 강원 1, 충남 17로 구성되고, **에는 全北 1(식품공업) 이 포함됨.
　　2) 귀속사업체 臺帳에 登載된 총 사업체수는 3,551건이고, 그중 제조업은 2,330건으로 전체의 65.6%를 차지함.

(귀속기업체)의 운영 상태는 어떠하였는가를 보자. 앞에서도 지적된 바이지만, 그동안 美軍政은 극히 저조한 귀속기업체의 운영상태를 어떻게든 개선하고 正常化시켜 생산과 고용을 증대시키며 경제를 조속히 회복, 발전시키기 위해 백방으로 노력하였다는 것은, 이를테면 기업운영의 책임을 아예 한국인에게 맡기고자 한 소위 韓國化政策(Koreanization Policy)의 추진이라든가, 소규모 기업의 경우는 민간에게 拂下하여 民營化시킴으로써 기업운영을 아예 한국인에게 넘긴다든가, 아니면 기업 관리권을 중앙정부로부터 道/市 등 지방관청으로 대폭 移管하는 조치를 취한 것 등이 그 좋은 사례들이다. 특히 1947년에 미군정이 실시한 소규모 사업체의 민간 불하의 경우는 당시 한국 측의 맹렬한 반대에도 불구하고 강력히 추진하여 상당한 효과를 거둘 것으로 기대하였으나, 이에 대한 한국 측의 呼應이 예상 외로 소극적이었을 뿐더러 故意的인 妨害工作까지 작용하여 당초 기대한 만큼의 성과를 거두지 못했다고 해야 한다.

이런 觀點에 따른다면, 미군정 末期에 있어 귀속사업체가 直面한 經營不實化의 책임이 오로지 미군정 측에만 있다고 할 수는 없으며, 그에 못지않게 한국 측의 책임이 훨씬 더 컸다고 해야 마땅하다는 주장이다. 재산이 한국정부에 이관되는 1948년 6월 경 美軍政 측에서 조사한 귀속사업체에 대한 운영 및 관리상황에 대한 조사결과에 의하면[71], 제조업의 경우 총 관리기업(工場 기준) 1,719社 가운데 정상적으로 가동 중인 공장은 전체의 65.2%인 1,121社에 지나지 않고, 나머지 598社는 運休 중인 것 299사(17.9%), 賃貸借 계약 중인 것 299사(17.9%)로 각각 이루어지고 있었다. 더욱이 鑛業의 경우는 총 귀속광산 166개 所 가운데 정상적으로 운영 중인 것은 겨우 28개 所에 불과하고 나머지 138개 所가 하나같이 運休 중인 것으로(運休率 83%) 나타나고 있을 정도로 무척 劣惡(열악)한 상태에 놓여 있었다(앞의 〈표 5-9〉 참조).

---

71) 商務部 歸屬事業局, 「商務部 運營管理 歸屬事業體 一覽」, 1948. 10월 刊(朝鮮銀行調査部, 『朝鮮經濟統計要覽』, 1949, p. 80에서 재인용·)

뿐만 아니라, 귀속기업체의 經營收支 측면에서도 1947년 통계이기는 하지만, 제조업 총 1,202개 기업 가운데 그 42.6%(512사)가 赤字 경영인 것으로 나타나고 있다. 그리고 광업의 경우는 그 사정이 더욱 尤甚하여 총 71개 기업 중 調査 不可인 32사를 제외한 나머지 39사만을 놓고 본다면, 赤字企業이 무려 28사에 달하여(赤字率 72%) 1947년 당시 대부분의 歸屬 鑛山이 赤字상태에 빠져 있었다고 해야 할 판이었다.[72] 이처럼 광공업의 경우 대부분의 공장과 광산이 경영 不實에다 赤字經營상태에 놓인 채로 미군정으로부터 한국정부에 이관되었다고 해도 과언 아니었다.

2. 美軍政에 의한 歸屬財産 관리의 決算

美軍政 측의 일련의 정책적 노력에도 불구하고 귀속기업체의 운영은 전반적으로 심각한 경영부실이나 赤字상태로부터 쉽사리 벗어나지 못하고 있었다고 해야 한다. 오히려 시간이 흐름에 따라 기업의 운영상태가 개선되기는커녕 오히려 악화일로를 걸었다고 보아야 할 지경이었다. 그러한 추세는 다음 〈표 5-12〉에 의해서도 어느 정도 뒷받침되고 있다. 구체적으로 한국정부가 들어선 1948년의 製造業 업종별 생산실적을 해방 전의 1940년의 그것과 비교해보자. 이를테면 1940년 대비 48년 간의 物價指數를 감안하고 볼 때, 〈표 5-12〉에서 보는 것처럼, 1948년의 제조업 생산실적이 1940년 실적의 5분의 1에 불과한 21%를 나타내고 있을 정도였다. 물론 여기에는 1940~48년간의 物價指數 조정이 얼마나 정확할 것이냐 하는 문제가 따르겠으나, 그러한 점을 감안하더라도 이 정도의 엄청난 생산 감소를 초래한 것은 쉽게 이해할 수 없는 일이라 해야 한다. 예컨대 1948년의 총 생산실적 가운데 歸屬工場 생산 비중이 겨우 35%를 차지할 정도라면, 앞에서 본 工場數에 있어서와 마찬가지로 生産額에 있어서도

---

72) 朝鮮銀行調査部, 같은 책, pp. 80~81 <표 24>에서 인용.

<표 5-12>　　　　1940년 대비 1948년의 工業生産 萎縮狀況

(단위 : 백만 円)

| | 1940 | | 1948 | | | B/A (%) | C/B (%) |
	생산액	1948년 換算額 (A)	歸屬工場 (C)	民營工場	합 계 (B)		
식품공업	210	75,992	1,275	5,312	6,587	8.7	19.3
섬유공업	170	61,456	8,778	12,790	21,568	35.1	40.7
化學工業	85	30,685	3,758	11,400	15,158	49.4	24.8
窯 業	11	4,314	507	920	1,427	33.1	35.5
인쇄/제본	17	6,225	1,489	131	1,620	26.0	91.9
기계공업	38	13,856	1,831	1,550	3,381	24.4	54.1
金屬工業	14	4,901	761	1,448	2,209	45.1	34.4
工藝工業	14	4,928	29	668	697	14.1	4.2
기 타	127	45,748	-	-	-	-	-
합 계	686	248,104	18,428	34,220	52,647	21.2	35.0

자료 : 朝鮮總督府,『朝鮮經濟年報』, 昭和 16, 17年版, pp. 147~148. 朝鮮銀行調査部,『經濟年鑑』,
　　　1949년판, pp. 1~48.
주 : 1) 黃海道는 北韓, 京畿道는 南韓, 그리고 江原道는 70%를 南韓으로 계상함.
　　2) 식품공업의 1948년 수치에는 精米業 및 製粉業의 경우 1947년 수치가 일부 포함됨.

歸屬工場의 비중이 미군정 3년간에 얼마나 많이 감소하였는가를 충분히 알만한 일이기 때문이다.

이상과 같은 귀속기업체의 생산실적 측면에서 가져온 이런 심각한 萎縮 현상에 대해 우리는 그 이유를 어디에서 찾아야 할 것인가. 사람들은 대개 그것을 알기 쉽게 해방 政局의 정치사회적 混亂相에다 일차적 책임을 떠넘기거나 아니면 美軍政의 잘못된 재산관리정책에 그 책임을 돌리려는 경향을 보이고 있다. 그렇다면 우선 첫째 문제와 관련하여 과연 그 책임을 전적으로 해방 정국의 時局 탓으로만 돌릴 수 있겠는가 하는 의문이 들지 않을 수 없다. 그렇다면 時局이 비교적 안정을 되찾게 되는 1948년경에 와서도 제조업 생산은 계속 低調한 상태를 벗어나지 못한 이유를 어떻게 설명할 것인가 하는 문제가 따르기 때문이다.

이런 시각에서 1948년 당시의 제조업 생산이 계속 沈滯의 늪에서 빠져나오지 못하게 된 이유를 이처럼 당시의 시국의 혼란상으로만 돌리고, 이른바 原資材 및 製品의 需要/供給 측면에서 제기되는 隘路 요인 때문이라고만 할 수는 없는 일이다. 그밖에 기업의 실제 운영과 관련한 경영적 내지 제도적 측면에서 제기되는 主體적인 요인도 크게 작용한 것으로 봐야 하지 않을까? 여기에 바로 후자의 문제, 곧 지금까지 우리가 애써 강조해 온 해방 후 미군정 시대 歸屬財産에 대한 美軍政의 운영 및 관리 시스템 상의 문제와 아울러, 다른 한편으로는 이에 대한 조선인의 잘못된 受容자 세에 또한 그에 못지않는 무거운 責任을 물어야 할 것으로 믿는다.

지난 3년간 美軍政의 歸財 관리정책을 문제 삼을 때 반드시 먼저 留念 해야 할 대목이 있다. 그 속에는 분명히 서로 다른 성격의 두 가지 요소가 混在되어 있다는 것을 놓쳐서는 안 된다. 하나는 美軍政 스스로의 정책적 판단에 따른 문제다. 예컨대 너무나 미국식의 理想主義에 치우친 나머지 韓國 실정에 맞지 않는 비현실적인 정책의 추구라든가, 처음부터 확고한 원칙과 일관된 방침 없이 그때그때 여건에 따라 마구 방향을 바꾸는 정책 의 無定見性이라든가, 또는 대외적으로 美/소 관계나 美/日 관계 또는 南/ 北韓 관계 등 정치 문제의 해결에 너무나 집착한 나머지, 내부적으로 제기 되는 당장의 歸財 관리문제 같은 것에 대해서는 한결 등한시하게 된 점 등 이 바로 그런 경우라 할 수 있다. 다른 편으로는 그러한 美軍政의 정책 속 에는 무척 진보적일뿐더러 장기적으로 한국의 장래에 매우 有益한 영향 을 미치게 될 올바른 정책도 많이 들어있었는데, 한국인들은 이런 정책에 대해서까지도 막무가내로 무조건 外勢의 부당한 간섭이라 하여 반대하거 나 거부함으로써, 스스로 정책의 본래적 효과를 제대로 발휘할 수 없게 만 든 측면을 결코 부정할 수 없다고 봐야 한다는 점이다.

이상 두 가지 요인을 한데 묶어서 재구성한다면 이렇게 요약할 수 있 다. 외형적으로 나타나는 歸財 관리에 따른 미군정의 정책적 잘못을 이를 테면 전적으로 美軍政의 책임으로만 돌려서는 결코 안 되고, 적어도 그렇 게 된 責任의 折半 이상이 한국 측에 있다고 함을 스스로 인정하지 않으면 안 된다는 사실이다.[73] 평소 남에게 책임 떠넘기기 좋아하는 한국인의 좋

---

73) 그 대표적인 事例를 우리는 1948년 미군정의 한국에 대한 전국적인 土地改革 실시계획(안) 을 놓고, 한국의 過渡立法議院에서는 동 法案의 上程조차 못하게 가로막는 立法사보타지를

지못한 弊習(폐습)이 다시 한번 폭로되는 결과로 될 것이기 때문이다. 아무튼 해방 후 美軍政 3년간에 걸친 歸屬財産의 관리문제와 관련하여, 비록 잠정적이기는 하지만, 다음과 같은 몇 가지 사항을 결론으로 이끌어낼 수 있을 것으로 믿는다.

첫째, 무엇보다도 먼저 들어야 할 문제는 1930년대 後半에서 1940년대 前半까지의 약 10년에 걸친 中日전쟁과 太平洋전쟁기에 있어 식민지 朝鮮에서 전개된 工業化, 특히 尖端技術을 요하는 중화학공업화 과정은 해방 후 北韓지역은 말할 것도 없거니와 南韓지역에서까지도 상당한 규모의 공업시설을 식민지 지배의 物的 遺産으로 남기게 되었다는 사실이다. 그러나 이 막대한 규모의 산업시설은 식민지 통치가 끝난 후, 이를테면 8·15 해방 → 남북분단 → 美軍政 → 한국정부 수립 → 6·25전쟁 등으로 이어지는 정치사회적 激變(격변)과 혼란 속에서 유감스럽게도 본래적인 原狀 그대로 이어지지를 못하고 많은 파괴와 流失 나아가 엄청난 財産價値의 毁損(훼손)등을 가져오게 되었다고 함은 엄연한 역사적 사실임이 틀림없다.

둘째, 이 땅에 남겨진 日本人 산업시설이 해방 후 가능한 한 原狀 그대로 한국정부로 이관되지 못한 데는 무엇보다도 이들 일본인 산업시설에 대한 미군정의 初期 對應戰略이 거기에 크게 영향을 미쳤다고 볼 수밖에 없다는 점이다. 말하자면 美軍政이 당초 歸屬財産이라는 이름으로 접수하고 관리하는 과정에서 이들 일본인 재산에 대한 자신의 입장이 처음부터 확고했어야 함에도 불구하고 그렇지를 못했다는 점, 이를테면 善意의 관리자든, 확고한 所有者든, 아니면 능률적인 經營者든 그 어느 한쪽을 취하고, 주어진 임무를 충실히 수행하려는 강력한 政策意志가 뒷받침되었어야 했음에도 불구하고 그렇지를 못했다는 것을 중요하게 지적하지 않

벌이는 등 야비한 수단을 총동원하여 끝내 계획을 水泡로 돌아가게 만든 것, 즉 당시 韓民黨계의 地主층을 중심으로 한 保守/反動세력의 시대역행적인 行態에서 그런 사정을 충분히 찾아볼 수 있다 – 앞의 제3절 歸屬農地 分配 관련 내용 참조.

을 수 없다는 점이다. 미군정의 이러한 무원칙하고 방만한 歸財관리방식은 결과적으로 재산의 엄청난 價値 훼손과 亡失 등을 가져올 素地를 만들어준 셈이었고, 그것은 나아가 新生 한국경제의 初期 자본축적과정에 있어서도 적지 않는 마이너스 요인으로 작용하게 되었다는 평가로부터 결코 자유로울 수 없다고 해야 한다.

셋째로 들어야 할 문제는 미군정의 이러한 철저하지 못한 귀속재산 관리정책은 다른 한편 歸財의 현주소를 마치 無主空山 격으로 만들어 놓아, 私利私慾에 눈먼 협잡배, 모리배들로 하여금 국가의 귀중한 公的財産을 法도 原則도 없이 마구 횡령/착복하거나 奪取(탈취)/强占하는 하이에나 식 먹잇감 쯤으로 만들어 놓았다는 점이다. 해방 당시 (구) 日人財産(귀속재산)이 全國 國富의 80~85% 정도였다는 주장을 일단 수긍한다면, 미군정 하에서 일어난 귀속재산의 이러한 어이없는 파괴/소멸의 과정이 바로 해방 후 한국경제로 하여금 정상적인 資本蓄積의 길로 나아가지 못하게 만든 하나의 중요한 요인으로 작용하게 되었다고 할 수 있다. 이와 함께, 정치사회적인 시각에서 보면 해방 직후 주인 없는 歸屬財産을 둘러싸고 벌어진 파렴치한 재산 爭奪戰은 그 후 정부 성립 이후의 韓國 現代史 전개에서 깨끗이 소멸되기는커녕 오히려 더욱 가열되어 온 것으로 볼 수 있을 뿐더러, 나아가 갖가지 사회적 不正/부패와 不條理 현상을 構造化시킨 溫床으로 되었다고 말할 수도 있다.

귀속사업체를 둘러싼 이러한 시설파괴와 훼손은 물론, 그 생산 활동의 萎縮이라는 측면에서 볼 때, 그것은 지난날 植民地 공업화과정에서 이룩한 엄청난 규모의 資本蓄積의 물적 基盤이 미군정 시기에 한번 크게 붕괴되었다는 평가를 부정할 수 없게 만들었다. 그런 관점에서 美軍政期 3년간에 대한 經濟史的 평가가 이를테면 植民地 遺産으로서의 '歸屬財産의 제1단계 破壞와 流失의 과정'으로 규정할 수 있다면, 그 후 한국정부에 이관된 이후 다시 1950년대 6·25전쟁을 겪으면서 또 한 차례 엄청난 재산상의 被害를 가져온다는 점에서 이 시기를 '植民地 遺産(귀속재산)의 제2단계

파괴와 流失의 과정'으로 규정할 수 있지 않겠는가.[74]

결론적으로 미군정 3년 동안 '歸屬財産'이라는 이름의 (구) 日本人 財産은 미군정의 관리 불철저와 거기에 便乘한 한국인의 부도덕한 재산 가로채기 등으로 많은 재산의 파괴와 流失이 있었다는 사실을 韓/美 양측은 일단 旣定 사실로 인정하고, 그러한 사실을 서로가 양해하는 前提下에 양측은 1948년 9월 체결되는 「韓·美 간 財政 및 財産에 대한 最初協定」에 의거하여 그동안 미군정에 의해 民營化된 일부 재산을 제외한 나머지 재산에 대한 권리, 곧 그 財産權을 아무런 조건 없이 無償으로 美軍政에서 한국정부로 이관하는 절차를 밟게 된다고 말할 수 있다.

---

74) 韓國戰爭으로 말미암은 歸屬工場의 전쟁 피해상황에 대해서는, 財務部(1958),『財政金融의 回顧』, pp. 157~159, 拙著,『韓國戰爭과 1950年代의 資本蓄積』, 까치, 1987, pp. 96~113 등의 자료를 참조할 것.

〈補論 3〉해방 후 北韓의 일본인 技術者 : 抑留와 活用

1. 解放 전 일본인 技術者의 現勢

1945년 8월 해방 당시 얼마나 많은 日本人이 한국에 거주하고 있었을까? 1944년 5월 1일 기준의 「簡易國勢調査」 통계에 의하면, 당시 한국에 살고 있던 일본인(민간인) 총수는 한국 총인구의 약 2.7%에 해당하는 712,583명으로 집계되고, 이들의 南/北韓의 분포는 남한 462,507명(64.9%), 북한 250,076명(35.1%)로 알려지고 있다. 그러나 이 수치가 한국에 건너와 살고 있던 일본인들이 가장 많았던 시점의 통계라고는 볼 수 없다. 왜냐하면 1942년 말 기준의 「年末 常住人口調査」에 의하면, 당시 한국에 常住하고 있던 일본인 총수는 752,823명으로 집계되고 있기 때문이다. 그럼 이 두 가지 수치상의 차이(40,240명)는 어디에서 오는 것일까?

그것은 우선 위 두 가지 조사방법 상의 차이에서 오는 것일 수도 있고, 그 외에 또 한가지는 1942년 말에서 44년 5월의 약 1년 반 사이 이런저런 事由로 本國(일본)으로의 歸還에서 오는 것일 수도 있다. 이 기간이 바로 太平洋전쟁이 피크에 이를 시점임을 감안한다면, 일본에서 조선으로 건너오는 신규 流入은 별로 없는 대신, 젊은층의 軍入隊 등을 비롯하여 많은 일본인들의 本國 귀환이 이루어짐으로써 일본인 인구 감소를 가져왔다는 설명이다. 이렇게 보면, 식민지 시대 일본인(민간)이 한국에 가장 많이 살았을 때는 1945년 8월 해방 당시가 아니라, 그 2, 3년 전인 1942~43년경이었다고 말할 수 있다.

이상의 일본인 常住 人口 규모와 함께 당시 그들의 職業 구성은 어떠했는가를 살펴보자. 1942년 말 기준의 常住人口 조사 결과에 의하면, 전체 朝鮮 居住 일본인 가운데 약 39.5%가 公務 및 自由業에 종사한 것으로 나타나고, 그 다음 工業과 商業에 엇비슷한 18.7% 및 18.2%의 인구가 종사하여 이 3가지 職種의 종사자를 합하면 무려 76.4%에 이르러 전체 인구의 4분의 3을 넘어서는 셈이다. 그밖에 농/수산업 5.1%, 광업 3.1%, 교통업 7.2% 등으로 구성되고, 無業者도 전체의 3.9%를 나타내고 있다.[75] 대체로 화이트 컬러 내지 지식인 및 기술자 그룹이라 할 公務/自由業의 비중이 이처럼 높은데 대해서는 植民地 統治와 관련하여 일단 그럴 법 하다고 생각되지만, 특히 工業부문 종사자 비중이 그렇게 높다는 데는 일단 예상 밖이라는 생각을 금할 수 없다.

工業 종사자라면 대체로 다음 3가지 내부 職種으로 갈라볼 수 있을 것이다. 첫째 기업(회사)의 소유자 내지 經營者로서의 管理人층, 둘째 生産職의 기술자 및 技能工, 셋째 일반 사무원(직원) 및 노동자 그룹으로의 분류가 그것이다. 그러면 앞에서 본 1942년 말 당시 공업에 종사하는 일본인 141,061명 가운데, 여기서 우리가 관심을 갖는 두 번째의 기술자 및 기능공 비중은 어느 정도나 되었을까? 이상의 직업별 인구 통계에는 이러한 職能別 인구 구성에 대한 내용은 나와 있지 않으나, 이 무렵 일본 정부의 朝鮮에 대한 적극적인 공업화정책, 특히 軍需工業 관련의 중화학공업정책을 강력히 추진하고 있던 때인 만큼 일본으로부터 고급 技術者나 技能工이 조선으로 대거 건너왔을 것으로 볼 수 있다.

또 다른 통계에 의해 당시 朝鮮에 얼마나 많은 일본 기술자 및 기능공이 근무하고 있었을까를 보도록 하자. 1943년 6월 조선총독부에 의한 「朝鮮勞動技術統計調査」결과에 의하면, 당시 朝鮮의 총 기술자수는 18,961명에 이르고 있었는데, 그 기술 분야별 분포는 廣義의 공업부문이 10,092명(전체의 53.2%)으로 압도적으로 많고, 그다음 鑛業 3,526명(18.6%), 운수업 1,162명(6.1%), 기타 업종 4,181명(22.1%) 등으로 이루어지고 있다. 이가운데 공업부문 기술자 10,092명에 대한 업종별 구성을 보면 대체로 다

---

75) 朝鮮總督府, 『朝鮮總督府統計年報』, 昭和 17年版, p. 15.

음 〈표 5-13〉에서 보는 바와 같다. 化學공업이 전체의 23.7%로 가장 많고, 그 다음 土木/건축업이 20.4%, 기계공업 15.7%, 금속공업 14.2% 등으로 이루어진다. 한 가지 미리 염두에 둘 사항은 여기서 말하는 '工業部門'이라 함은 통상 말하는 製造業 만의 좁은 범주로서가 아니라, 電氣/가스/水道業이나 土木/건설업까지를 포괄하는 넓은 범주로 사용되고 있다.

다음에는 이들 技術者의 조선인/일본인 간의 구성을 보면, 일본인 기술자가 전체의 80%(8,164명) 이상을 차지하고, 조선인 기술자는 전체의 19%(1,928명)에 불과한 것으로 나타나고 있다. 대체로 양자 간 8 대 2의 구성비를 보였는데, 특히 金屬이나 窯業 및 化學工業 등 고급 기술을 요하는 분야에 있어 일본인 기술자 비중이 더욱 높게 나타나고 있음을 볼 수 있다.

이들 기술자의 남/북한별 구성은 어떠하였는가? 1945년 무렵의 수치를 구할 수 없어, 좀 낡은 통계이기는 하지만, 1939년 朝鮮工業協會에서 간행한 「朝鮮技術家名簿」라는 자료에 의하면, 당시 조선에는 총 6,734명의 기술자가 있었는데 그중 일본인이 전체의 84.3%인 5,675명이고, 나머지 1,059명(15.7%)이 조선인으로 이루어지고 있다. 여기서 말하는 技術者의 範疇(범주)는 적어도 전문학교 이상의 學歷 소유자로 일반 공장이나 광산

〈표 5-13〉　해방 전 工業부문 技術者의 朝鮮人/日本人 간 구성 (1943년 6월 현재)

(단위 : 명. %)

	조 선 인		일 본 인		기술자 총수*	
금속공업	150	10.5	1,282	89.5	1,432	14.2
기계공업	362	22.8	1,225	77.2	1,587	15.7
화학공업	248	10.4	2,146	89.6	2,394	23.7
요업/土石	49	18.4	219	81.9	268	2.7
방직공업	155	24.7	475	75.3	630	6.2
製材/木材	30	26.6	83	73.4	113	1.1
식료품공업	121	28.5	304	71.5	425	4.2
電氣/水道	253	23.9	807	76.1	1,060	10.5
土木/건축	547	26.7	1,508	73.3	2,055	20.4
기　타	13	10.2	115	89.8	128	1.3
합　계	1,928	19.2	8,164	80.8	10,092	100.0

자료: 朝鮮總督府, 『朝鮮勞動技術統計調査結果報告』, 1943年 6月 (朝鮮銀行, 『朝鮮經濟統計要覽』, 1949, p. 115에서 전재).
주 : * 技術者 총수의 구성비(%)는 공업 내부의 업종별 구성을 나타냄.

등 사업장에 종사하는 現場 기술자만이 아니라, 정부 官公署나 軍 부대 또는 研究所 등은 물론, 학교나 병원, 전화국, 철도청 등의 公共기관 등에 종사하는 行政職 기술자까지도 모두 포함되고 있다. 이 자료에 의해 당시 이들 기술자의 南/北韓의 지역별 구성이 어떠했는가를 보자.

전체 일본인 기술자 5,675명 가운데, 그 67.0%인 3,805명이 남한에, 나머지 33.0%인 1,870명이 북한에 근무하고 있은 것으로 되어 남한이 북한보다 정확히 두 배의 기술자를 보유하고 있는 셈이었다. 물론 그 가운데 첨단기술을 요하는 중화학공업 계통은 대체로 북한 지역에 偏在되어 있었다고 할 수 있다. 어떻게 하여 기술자의 분포가 이처럼 남한 중심으로 이루어져 있었을까? 아마도 그 이유는 남한의 경우 總督府를 비롯한 官公署나 학교, 연구소, 철도청, 電信電話局, 기타 정부의 전문기관 등에 근무하는 行政職 기술자가 남한 중심으로 분포되어 있었기 때문이라고 생각된다.

이를테면 製造工場이나 鑛山 등 일반 사업체에 종사는 現場 기술자만을 놓고 본다면 결코 그렇지를 않고 南韓 979명에 北韓 954명으로 엇비슷한 분포를 보여주고 있기 때문이다. 업종별로 본다면, 남한은 紡績. 토목, 農學, 蠶絲(잠사) 등의 분야에서 優勢를, 그 대신 북한은 기계, 화학, 鑛山 등의 분야에서 우세를 보여주고 있다. 따라서 북한은 전체 기술자의 51.0%가 일반 기업체에 종사하는 산업기술자라고 할 수 있는데 대해 남한의 경우는 전체 기술자의 25.7%만이 일반 기업체에 종사하는 것으로 되어, 남/북한별 기술자의 職能 구성이 현저히 달랐다고 할 수 있다.[76]

또 한 가지 여기서 지적해 둘 할 사항이 있다. 그것은 이 자료상의 일본인 기술자 5,675명과 앞의 〈표 5-13〉상의 총독부 조사치 18,961명(조선인 포함)간의 현저한 數的 차이이다. 이는 조사 시점이 1939년 말과 1943년 6월이라는 3년 반이라는 時差에서 오는 기술자의 증가가 우선 크게 영향을 미친 것으로 보지만, 그보다도 더욱 중요한 것은 前者가 전문대학 이상 學

---

76) 木村光彦・安部桂司, 『北朝鮮の軍事工業化』 - 帝國の戰爭から金日成の戰爭へ, 知泉書館, 2003, pp. 123~124 참조.

歷의 기술자로 이루어지는데 대해, 後者의 경우는 現場 경험이 많은 熟練工까지 함께 포함되고 있다는 점, 즉 기술자의 카테고리가 다르기 때문이라 할 수 있다.

아무튼 숙련공까지를 포함하는 이들 일본 기술자들은 1945년 8월 終戰을 맞아 막상 일본으로 歸還하지 않을 수 없는 운명에 처하였음은 南/北韓 공히 마찬가지였다. 그러나 당시 本國으로의 歸還을 앞두고, 이들 기술자들이 南/北韓 당국으로부터 받게 되는 處遇는 판이하게 달랐다고 할 수 있다. 무슨 뜻이냐 하면, 해방 직후 남/북한의 기술자들이 일본으로의 歸還을 앞두고 곧장 일본으로 귀환할 자유가 주어졌던 南韓 거주 일본 기술자들의 경우와는 달리, 북한에서는 많은 기술자가 제때에 歸還하지를 못하고 소련軍/북한 당국에 의해 북한 기술자에 대한 技術 傳授라는 名分 아래 강제적으로 북한에 抑留 내지 殘留하게 되는 처지에 놓였다는 사실이 그것이다.

2. 北韓의 일본인 技術者 抑留 경위

1) 技術者 抑留의 배경

해방 후 北韓 당국의 일본인 기술자에 대한 처리 문제는 南韓에서의 그것과는 그 성격이 너무나 판이했다. 1945년 8월 美軍보다 한 발 앞서 북한에 진주하는 소련군은 무엇보다 먼저 당시 日本이 북한지역에 건설해 놓은 産業施設의 威容(위용)에 놀라지 않을 수 없었다. 우선 시설규모가 엄청난데다가 더욱이 그것이 대부분 尖端의 기술수준이라고 하는 점에 驚愕(경악)을 금치 못했다는 것이다. 그러면서도 다른 편으로는 오히려 걱정이 앞섰다고 한다. 왜냐하면 만약 일본 기술자들이 모두 本國으로 철수하는 날이면 과연 그 누구가 이들 最尖端의 시설을 돌릴 수 있을 것인가 하는데 대한 심각한 우려 때문이었다고 한다.

처음에는 임기응변으로 소련의 기술자를 데려와 대처하려는 계획도 세웠다고 한다. 그러나 거기에는 우선 양국 기술자 간의 言語障壁 때문에 단시일 내에 북한 기술자에 대한 기술 傳授를 한다는 것은 사실상 불가능 하다는 결론에 이르렀다고 한다.[77] 그렇다면 代案은 무엇인가? 북한 자체 기술 수준으로는 도저히 불가능하다는 판단이라면 길은 오직 한 가지, 어떻게 해서든 일본인 기술자를 당분간 북한에 殘留케 하여 관련 기술을 북한 기술자에게 전수시키는 방법 외에 다른 방도가 없었다는 것이었다. 이런 배경 아래 일본 기술자에 대한 抑留 계획이 세워 지는데, 이는 당시 북한에 진주한 소련군 정치고문 G. M. 발라사노프의 아이디어에 의한 것으로 알려지고 있다. 즉 그의 책임 하에 동 계획은 소련/북한 당국의 合作으로 적극 추진된 것으로 전해지고 있다.

소련 軍政의 발라사노프는 당시 만주지역에 있던 일본 피난민 단장(桑原英治)을 만나 在滿 日人 기술자를 북한으로 보내 조선인에게 기술 지도를 해줄 것을 요청함과 동시에 북한 당국에 대해서도, 이를테면 지금 일본이 북한에 두고 간 산업시설은 여러 가지 조건에 비춰 朝鮮人 손으로는 도저히 돌릴 수가 없음이 분명할 뿐더러, 소련 기술자를 데려다가 기술 지도를 하고 싶지만 言語 障壁(장벽) 때문에 이 역시 현실적으로 어려운 실정임으로, 어쩔 수 없이 일본 기술자에 의존할 수밖에 없다는 점을 내세워 자신의 요구를 북한 측에 강력히 전달했다고 한다. 즉 그는 무슨 수를 쓰더라도 일본 기술자를 일정 기간 북한에 붙들어놓아야 한다는 강력한 메시지를 북한 당국에 전달했다는 것이다(森田芳夫, 1979 ; 761~762).

발라사노프의 요청을 받아드린 북한 당국은 '新生 조선의 建國사업에 협력하자'는 케치 플레이스를 내걸고 일본 기술자에 대해 북한 殘留를 강

---

77) 이 점과 관련하여, 처음 소련 기술자에 의한 문제 해결을 위해 北韓에 진주한 소련군은 本國에 대해 약 138명의 소련 기술자를 파견해줄 것을 요청한 바 있으나, 우선 이 정도 기술자로는 전체 需要를 도저히 충족시킬 수 없을뿐더러, 더욱 중요한 문제는 당시의 소련 技術 수준으로는 興南窒素비료공장이나 人絹絲공장 등과 같은 尖端 고급 기술 분야에 대해서는 그것을 제대로 이해하고 또 북한 기술자에게 가르칠 수 있는 기술 수준에 이르지 못한다는 자체 판단이 나왔다고 한다 - 木村光彦·安部桂司, 위의 책, 知泉書館, 2003, p. 152 참조.

력히 권유키로 했다. 즉 지금까지 자신들이 몸소 세우고 애써 가꿔온 企業인데 어떻게 내몰라라 하며 뿌리치고 하루 아침에 떠날 수 있느냐, 변함 없는 愛情을 가지고 자신의 기업이 잘 되기를 바라야 하지 않겠느냐, 그를 위해서는 당분간 북한에 머물면서 필요한 기술을 조선인에게 傳授해 해 주어야 하지 않겠는가 하는 논리를 앞세워 일본인 기술자의 북한 잔류를 간곡히 권유 내지 강요했다고 한다.

2) 日本(기술자) 측의 對應

이상의 소련 軍政이나 북한 당국의 요청에 대해 막상 일본(기술자) 측의 대응은 어떠했는가? 처음에는 그렇게까지 할 필요가 전혀 없다면서 매우 부정적인 입장이었다. 일본 측의 주장은 歸國을 희망하는 사람은 귀국하게 하고 남기를 바라는 사람은 남게 하는 각자의 자유의사에 맡기는 것이 원칙이라는 점을 강조하고, 그리고 공장 운영 문제와 관련해서는 그동안의 운영과정에서 필요한 技術은 대부분 조선인(기술자)에게 이미 傳授시킨 것이나 다름없고, 더욱이 북한경제가 앞으로 조속히 增産을 하고 復興을 가져오기 위한 필요조건이라면, 그것은 生産技術의 문제가 아니라 原料나 機資材 등의 원활한 공급이 더욱 중요한 문제라는 점을 들어 굳이 일본 기술자가 잔류하여 기술 지도를 할 것까지는 없다는 뜻을 소련군 사령부에 전달했다는 것이다.

그럼에도 소련 및 북한 당국은 여러 가지 다른 이유를 내세우면서 일본 기술자의 殘留 필요성을 계속 주장하고 나왔다. 이를테면 '일본인 技術者 確保令'까지 발동하여 만약 필요하다면 특정 분야에 있어서는 필요한 技術人力을 강제로라도 억류시키겠다는 뜻을 밝히고, 각 지역별로 일본 기술자, 숙련공, 기능공에 대한 일제 登錄을 실시하는 일까지 벌였다.

양측의 갈등이 이렇게 심화되자, 결국 일본 측은 大勢에 順應할 수밖에 없다는 입장에서 다음과 같은 요구조건을 내걸고 북한 측의 요구를 수용하는 방향으로 입장을 바꾸었다. 당시 일본 측(興南地區 日本人部)이 내건 요구조건은 대체로 다음과 같은 내용이었다(森田芳夫, 1979 ; 771~772).

① 각자의 技術 力量을 충분히 발휘할 수 있는 분야에 배치할 것
② 정당한 의견은 존중해 주고 또 건의사항을 수용해 줄 것
③ 기술 지도를 받아야만 하는 분야의 북한 측 受容태세를 조속히 확립해 줄 것
④ 모든 대우는 소련인 기술자 대우에 相應토록 할 것
⑤ 일본인의 生命, 財産을 확실히 보장할 것
⑥ 일본에 있는 扶養 가족의 생활을 보장할 것
⑦ 일본과의 通信, 送金 등을 가능하게 하는 방법을 신속히 확립할 것
⑧ 잔류기간을 1947년 4월 1일까지로 한정하고, 만기 후 1주일 이내 出航을 보장할 것
⑨ 歸國 시는 다른 일본인의 正式 歸還 이상으로 대우해 줄 것을 소련군 및 북한 측이 보증할 것

등이 그것이었다. 이러한 요구조건은 북한 측에 의해 대부분 받아드려짐으로써, 결과적으로 상당히 많은 일본 기술자가 북한에 남는 것으로 妥結이 이루어졌다. 아울러 일본 측은 1946년 10월 '北朝鮮工業技術者總聯盟 日本人部'라는 긴 이름의 자체 기술자 조직도 만들었다. 이 조직을 중심으로 북한 측의 殘留 기술자 및 그 가족에 대한 북한 측의 대우나 歸國 시의 便宜 제공 등의 구체적인 잔류 조건에 대해서도 양측의 合意가 이루어졌다(같은책, p. 778).

① 계약기간은 2년 이내로 한다. 단 연장할 때는 양자의 합의에 의한다.
② 給料는 외국인 기술자로서 특별 대우한다. 同級의 조선인 기술자 대비 5割 增을 원칙으로 하고 厚生 보장과 物資의 우선 배정을 알선한다.
③ 귀환할 때는 退職金 및 旅費를 지급하고 안전하고 확실한 방법으로 귀환토록 한다. 퇴직금은 최후의 給料에 근무 월수의 5분의 1을 적용하는 것으로 한다.
④ 家族에 대한 생활비는 가족 1인당 1,000円에서 2,000円까지 근무기간별로 차등 지급한다. 歸還旅費는 1인당 3,500円으로 하고, 가족에 대해서도 그 수에 따라 같은 비율로 지급한다.

이상과 같은 滯留 조건에 대해 가까스로 양측이 합의함으로써 일본인 기술자 가운데 상당한 수가 개인의 의사와는 상관없이 단체행동에 順應

한다는 입장에서 北韓에 殘留하게 된다. 그렇다면 얼마나 많은 일본 기술자가 북한에 잔류하였는가? 그 정확한 수자는 알 수 없지만, 당시「北朝鮮 工業技術總聯盟 日本人部」에서 작성한 名簿에 의하면, 1046년 11월 현재 총 868명의 일본인 기술자가 북한에 잔류한 것으로 알려지고 있다(같은책, p. 779). 이는 앞의 제1항에서 살펴본 해방 전 북한 거주 日人 기술자 총수 1,870명의 약 절반(46.4%)에 해당하는 규모라고 할 수 있다. 즉 이 통계가 정확하다면 적어도 당시 일본인 기술자의 절반 가까이가 이유야 어디 있든 해방 후 일본으로 곧장 귀환하지를 못하고 북한에 남아 계속 그들의 공장을 돌리고 북한 사람들에게 기술 지도를 하는데 강제 동원되었다고 할 수 있다.

이상 868명의 잔류 기술자에 대한 지역별(道別), 주요 공장별(분야별) 분포는 다음 〈표 5-14〉에서 보는 바와 같다. 각 道別 殘留者의 규모를 보면 역시 興南窒素비료공장이 있는 咸南이 전체의 37.8%를 차지하는 328명으로 가장 많고, 그 다음 平壤市의 기술직 官吏 83명을 포함하는 平南이 221명(25.5%), 咸北이 141명(16.2%), 平北이 122명(14.1%) 등으로 이루어졌다. 그리고 주요 공장별로는 앞서 본 興南窒素비료공장(그 후 '興南人民工場'으로 改名)이 무려 275명으로 압도적으로 많으며, 그 다음 城津 高周波工場 101명, 勝湖里시멘트공장 24명, 朝鮮製鋼(降仙) 22명, 東洋제련소(鎭南浦) 21명, 水豊발전소 15명 등으로 구성되고 있는데, 여기에는 또한 각종 기술자만이 아니라 그에 딸린 가족들도 함께 잔류하게 되고 그 규모는 약 2,095명으로 알려지고 있다(〈표 5-14〉 참조).

끝으로 이 868명의 殘留 기술자 가운데는 공장이나 광산, 發電所 등 실제 사업 現場에 근무하는 소위 現場 技術者만이 아니라, 평양이나 咸興, 신의주, 淸津 등 대도시를 중심으로 한 기술직 官吏를 비롯한 行政職 기술자, 硏究職 내지 敎育職 기술자도 상당 수 포함되어 있었다. 이들은 주로 정부조직 상의 交通局, 電氣局, 石炭관리국, 遞信局 등이나 기타 大學 및 專門 연구소 등에 근무하는 기술자로 이루어졌다.

〈표 5-14〉해방 후 북한에 殘留한 일본인 技術者의 分布 (1946년 11월 15일 현재)

(단위 : 명. %)

지 역	사 업 장	기술자	가족	지 역	사 업 장	기술자	가족
〈平 南〉				〈咸 南〉			
평 양	日 本 人 部	6	23	興 南	興 南 人 民 공 장	275	970
	電 氣 局	9	21		龍 興 공 장	8	37
	石 炭 관 리 국	9	37		長 津 江 발 전 소	14	41
	교 통 국	51	19		興 南 인 민 학 교	5	8
德 川	炭 鑛	4	14	咸 興	철 도 국	20	37
新 倉	〃	4	14		化 學 磁 器 공 장	3	10
降 仙	조 선 제 강 공 장	22	45	소 계		328	1,107
南 陽	地 方 專 賣 局	5	15	〈咸 北〉			
勝湖里	조 선 시 멘 트 공 장	24	47	淸 津	청 진 제 철 소	5	19
진남포	조 선 경 금 속	19	32		방 적 공 장	1	4
	화 학 공 업 관 리 국	9	25		토목건설 (보안부)	6	0
	조 선 화 학 공 장	6	6	吉 州	北 鮮 제 지 공 장	6	4
	동 양 제 련 소	21	66	阿吾地	人 造 석 유 공 장	9	28
				城 津	高 周 波 공 장	101	214
소 계		221	416	소 계		141	274
〈平 北〉				〈黃 海〉			
新義州	日 本 人 部 支 部	4	0	겸이포	黃 海 제 철 소	27	73
	西 北 製 紙 공 장	15	29	沙里院	東 洋 제 사 공 장	8	0
	東 洋 棉 花 공 장	8	0	〃	農 事 시 험 장	1	0
	압록강펄프공장	6	4	소 계		36	73
江 界	藥 元 공 장	9	0	〈江 原〉			
靑 水	전 기 국	3	9	文 川	경 금 속 공 장	2	10
용암포	카 바 이 트 공 장	17	28	川內里	北 鮮 제 강 공 장	4	0
龍 登	제 련 소	6	12		시 멘 트 공 장	4	5
龍 門	탄 광	5	19	昌 道	광 업 소	2	0
	〃	15	39	元 山	東 洋 油 脂 공 장	2	0
水 豊	水 豊 發 電 所	15	51	소 계		20	15
소 계		122	210	합계(총수)		868	2,095

자료 : 森田芳夫, 앞의 책, p. 779.
주 : 각 道의 소계는 기타 항목을 포함하고 있음.

3. 日本人 技術者의 功勞

1) 殘留 日本人 기술자의 역할

이렇게 보면 해방 후 북한지역에 殘留하게 된 일본인 기술자수는 대략 900명 선으로 잡을 수 있고, 그밖에 技能工(숙련공 및 半숙련공) 人力이 또한 이와 비슷한 규모에 이르는 것으로, 또 그들의 가족을 약 2,000명 선으로 잡는다고 하면, 해방 후 北韓에 남게 된 기술자 殘留와 관련한 일본인 총수는 무려 4,000명 선에 달한다고 할 수 있다.

이처럼 대규모의 일본인 技術者와 그 家族이 1945년 해방 후 곧장 일본으로 귀환하지를 못하고 북한에 남아 북한 기술자를 지도하고 또 많은 사람들에 대한 교육/훈련과정을 통해 관련 기술을 傳授시켜줌으로써, 지난날 식민지기 그들이 북한에 건설해놓은 각종 산업시설을 별다른 어려움 없이 계속 가동할 수 있게 해주었다고 할 수 있다. 이 점이야말로 自意든 他意든 북한에 남게 된 일본 기술자들의 북한경제 再建을 위한 크나큰 貢獻(공헌)이요 業績이라고 하지 않을 수 없다. 이밖에도 殘留 일본 기술자들은 北朝鮮工業技術者聯盟 日本人部[78] 등을 통하여 당초에 약속한 전문적 기술의 指導 및 傳授 이외에도 기업의 경영방법이며 관리요령 등 여러 측면에서 해방 후 일본경제와의 分離에서 오는 기술적, 경영적 難關을 쉽게 극복할 수 있게 하여 북한경제를 조속히 부흥, 발전시키는데 결정적인 기여를 한 것으로 알려졌다.[79] 그 구체적인 사례 몇 가지를 들어보자.

첫째, 경험이 많은 元老 급 기술자는 북한 당국의 주요 部署, 즉 産業局이나 石炭局, 鐵道局 등에 기술고문으로 들어가 자기 기술 분야에서만이 아니라, 그가 속한 어떤 정부기관이나 민간기업의 경영 전반에 걸친 폭넓은 諮問을 하게 되었다는 점, 둘째로는 일부 교육 관련의 기술자 경우는 당장의 사업장 稼動에 필요한 기술 傳授만이 아니라, 자기 사업장 내의 일

---

78) 동 '日本人部'는 1947년 2월에 결성되었으나 동년 12월에 北韓 당국은 經理 不正 등 몇 가지 非行을 걸어 동 部의 部/次長을 모두 拘引하여 소련 주둔군 당국에 넘겨 조사를 받게 하고, 급기야 1948년 2월에는 동 日本人部의 解散을 명령하기에 이르렀다. 解散令을 내리게 된 이유는 동 部가 일본인 기술자를 몰래 빼돌려 南韓으로 탈출시켰기 때문이라고 했다.

79) 日人 기술자들의 성실한 노력의 결과 일본이 북한 땅에 남기고 간 산업시설 – 남한 표현으로는 歸屬財産 – 의 조속한 복구와 원활한 稼動이 이루어짐으로써, 그를 통해 金日成은 해방되고 불과 5년도 채 안 된 1950년 6월 대규모 南侵전쟁을 일으킬 수 있는 武力的 기반을 그렇게 빨리 구축할 수 있었다는 연구도 있다 – 木村光彦·安部桂司, 『北朝鮮の軍事工業化』– 帝國の戰爭から金日成の戰爭へ, 知泉書館, 2003, pp. 207~210 참조.

반 職員의 기술교육은 물론이고 외부로부터의 技術研修生까지 받아드려 체계적인 기술교육/훈련을 시켜 많은 교육적 성과를 올렸다는 점, 그 一例로 함경남도 興南에서는 日人들에 의한 '興南技術者養成所'를 설립하여 각종 기술의 지도/훈련에 많은 성과를 올렸는데, 이를 바탕으로 1947년 9월에는 동 養成所를 '興南工科大學'으로 昇格시켜 5개 學科(건축-鑛山-기계-전기-化學)를 설치하고, 男/女 학생 200명을 모집하여 3년간의 집중적인 교육을 통해 장래 大學敎授 요원으로 양성하는 계획까지 세울 정도였다. 이 학교에서는 殘留 일본인 기술자들이 하루에 무려 8시간씩의 고된 講義를 통해 그런 놀라운 성과를 가져왔다고 한다.

셋째로는 당시 일본으로서는 물론 세계적으로도 흔치 않는 有數의 綜合化學콤비나트라고 할 興南窒素비료공장의 경우 殘留 일본인 기술자의 역할이 특별히 돋보였다고 한다. 이 공장에는 당시 북한 잔류 총 일본인 기술자(약 900명)의 3분의 1에 해당하는 약 300명 정도의 유능한 기술자가 대거 잔류하게 되었다는 점부터 獨特한 케이스라 할 수 있으며, 이 공장을 母體로 한 관련 부속 공장 등에 남게 된 기술자들은 오로지 愛社心 한 가지 만으로 工場 정상화에 心血을 기울인 나머지, 불과 1년 여 만인 1948년 여름에 들어 이미 회사의 主製品인 硫安(비료) 생산을 日産 700톤(戰前 1,500톤)까지 끌어올리고, 카바이트 생산도 日産 300톤(戰前 500톤)까지 끌어올리는 놀라운 성과를 가져왔다고 한다.[80]

2) 殘留 技術者의 歸還

이처럼 놀라운 성과를 올린 북한 잔류 일본인 기술자들은 그들의 가족과 함께 대부분 당초 약속대로 계약기간의 滿了와 함께 1947년 3월에서

---

80) 이 흥남비료공장의 복구 이외에도 淸津의 三菱製鋼所, 黃海製鐵所 등에서의 신속한 시설 복구를 통해 철강공업에 있어서도 조속한 生産力 회복을 가져올 수 있었다고 한다 - 森田芳夫, 앞의 책, pp. 805~806 참조.

1948년 7월까지 총 4차에 걸쳐 일본으로 귀환하게 된다.[81] 참고로 제1～4 차에 걸친 歸還 日程과 귀환자 수 등을 정리해보면 아래와 같다.

제1차 귀환(1947년 3월) : 총 5,065명… 제1차는 당시까지 미처 일본으로 철수하지 못한 일본 軍人과 기타 민간인이 대부분을 차지하고, 막상 殘留 기술자 및 그 가족은 극히 일부에 불과하였음.
제2차 귀환(1947년 7월) : 총 510명 … 대부분 기술자 및 그 가족
제3차 귀환(1947년 11월) : 총 535명 … 대부분 기술자 및 그 가족
제4차 귀환(1948년 7월) : 총 1,282명 … 나머지 기술자, 患者 등의 귀환

(森田芳夫, 1979 ; 809~811)

이 가운데 제1차 귀환(5,065명)의 경우는 당초 북한에 남게 된 기술자 및 그 가족을 위한 歸還船이라기보다는 당시 滿洲 지역 또는 캄차카半島 등에서 북한으로 넘어온 일본의 軍人 및 僑胞 가운데 미처 귀국하지 못하고 대기 상태에 있던 사람들로 이루어졌다. 따라서 당초 북한 殘留의 기술자 및 그들 가족은 대부분 위의 제2～4차 歸還 日程에 포함되었다고 할 수 있다. 계약기간이 끝내고 귀환하는 일본 기술자에게는 북한 당국으로부터 退職金으로 定規 月給에 근무 月數를 곱한 금액의 5분의 1 해당 금액과 그리고 歸國 旅費 조로 1인당 3,500円 씩 支給된 것으로 알려졌다(같은 책, p. 812).

4. 南韓에서의 日人 技術者 殘留 문제

1) 殘留의 필요성과 反日 무드

이상에서 본 북한에서의 일본인 技術者 처리문제와 관련하여 한 가지

---

81) 1948년 7월 제4차의 마지막 송환 이후에도 계속 잔류하게 된 케이스는 ① 특별히 체류기한을 연장한 경우 8명, ② 收監 중인 자 10명, ③ 기타 事由(受刑者 등) 15명 등 모두 33명에 이르렀다. 북한 당국은 제3 및 제4차 송환 때에는 잔류 기술자들의 그간의 勞苦를 치하하는 의미에서 성대한 歡送式까지 베풀어 주었다고 한다 - 같은 책, pp. 809~810 참조.

더불어 다루어야 할 문제가 있다. 이 일본 技術者의 殘留문제가 해방 후 南韓에서는 어떤 식으로 처리되었는가 하는 의문이 그것이다. 미리 밝혀 둘 것은 남한에서의 이 문제는 이상에서 본 북한에서의 事例와는 완전히 다른 樣相을 떠었다는 사실이다.

앞에서 인용한 바 있는 「朝鮮技術家名簿」(朝鮮工業協會 간)에 의하면, 1939년 당시 한국 거주의 일본 기술자 5,675명 가운데 그 67.0%인 약 3,805 명이 남한에 거주하여 북한의 1,870명(33.0%)보다 무려 2배 이상 많은 일본인 技術者를 보유하고 있었다. 물론 1939년 당시의 이러한 남/북한 간의 기술자 비율은 그 후 1945년 해방 당시까지는 많은 변동을 가져왔을 것으로 봐야 한다. 왜냐하면 이 기간에 일본 자본과 技術(者)에 의한 엄청난 수준의 工業化가 전개되고, 특히 그것은 지역적으로 남한보다는 북한 지역 중심으로 이루어졌기 때문이다. 그렇다고 하여 1945년 시점에서의 남/북한 간의 일본인 기술자 분포가 남한보다 북한 쪽이 더욱 더 많았다고는 볼 수 없다. 산업 現場 기술자만을 놓고 보면 그럴 가능성도 있겠지만, 행정직이나 연구직 기술자를 포함하고 본다면 그 과정에서 남한 쪽에도 북한 쪽 못지않은, 오히려 그 이상으로 기술자 증가를 가져왔을 것으로 보아야 할 것이기 때문이다.[82] 아무튼 해방 당시 北韓보다는 南韓에 일본인 기술자가 더 많이 존재했을 것으로 본다면, 그럼 이들 남한 居住 일본인 기술자들은 해방과 더불어 어떤 처지에 놓였을까 하는 것이 바로 여기서의 일차적인 관심사가 아닐 수 없다.

생각해보면, 지난 세월 그들 스스로 애써 설립하고 또 직접 경영하던 공장이나 사업체를 고스란히 남겨둔 채 또한 앞으로의 공장 稼動에 대한

---

82) 1939년 통계에 의하면, 일본인 기술자 5,675명의 地位는 각종 産業現場 기술자가 1933명으로 전체의 34%에 불과하고 나머지 66%가 官吏, 敎師, 硏究員 등의 행정직 및 연구직 기술자로 이루어졌다. 그중 남한의 경우는 총 3,805명 중 산업기술자는 전체의 25.7%인 979명에 불과하고, 북한은 그 절반이 넘는 51.0%(954명)가 산업기술자로 이루어졌다. 이처럼 남/북한 간 기술자의 職能別 분포에 있어 현저한 성격 차이를 나타내고 있었다 – 木村光彦 외. 앞의 책, p. 123 참조.

아무런 對策도 없이 現場을 훌훌 떠난다는 것은 진정한 기술자로서는 어쩌면 생각할 수 조차 없는 일일지도 모른다. 그렇다고 하여 일체의 公/私 일본인 재산이 일거에 美軍政 산하로 몰수되는 처지에서 통치권자로서의 美軍政의 특별 지시가 없는 한 떠나지 않겠다고 버틸 수도 없는 일임은 분명하다. 더욱이 당시의 한국 사정이 하루아침에 일본(人)을 敵對國(人)으로 몰아세우는 살벌한 反日 민족주의 熱風 속에서 그 어떤 일본인이라도 선택의 여지없이 大勢에 밀려 일본으로 떠나지 않을 수 없게 되었다고 해야 한다.

다른 한편, 해방 정국의 격심한 혼란 속에서 한국의 경제사정은 갈수록 逼迫(핍박)해지기 시작했다. 하루아침에 일본 자본과 기술의 철수하고 거기다가 38선이라는 障壁(장벽)의 설치로 각종 北韓産 원자재와 電力, 石炭 등 에너지 供給源의 두절로 말미암아 산업의 생산활동은 일거에 痲痺 (마비)상태에 빠져들게 된 셈이었다. 이러한 심각한 시대상황에 대처하기 위해서는 남한에서도 북한에서처럼 일본인(기술자)을 당분간 殘留케 하여 당장의 技術 傳受는 물론, 경우에 따라서는 기업운영까지도 그들에게 맡겨야 한다는 發想이 전혀 없었던 것은 아니었다. 이런 아이디어는 북한에서 소련 軍政에 의해 먼저 나타난 것처럼 남한에서도 美軍政 측에서 먼저 나온 것이 아닌가 한다. 당시 美軍政의 鑛工局長이던 언드우드(J. C. Underwood) 대령은 1945년 9월 27일 당면의 한국 기업경영 문제와 관련하여 다음과 같은 提案을 내놓은 것으로 전해지고 있다.

언드우드국장은 당시 군정청 일본인 고문(塩田正洪, 前 총독부 鑛工局長)과의 대화에서, 이를테면 일본인이 계속 朝鮮에 남아 기업경영을 담당하더라도 큰 지장은 없겠지만, 현 朝鮮의 時局 사정이 그것을 허용하지 않을 것 같다고 전제하고, 따라서 조선인이 충분히 기술을 習得할 때까지 일본 기술자를 잔류시켜 조선인에게 관련 기술을 傳授해 줄 필요가 있지 않겠느냐는 提言과 함께, 이 경우 해당 技術者의 조선에서의 생활 일체는 美軍이 책임지겠다는 의사를 밝혔다고 한다. 또한 1945년 10월 경 미군정장관 하지(J. R. Hodge) 중장도 당시 한국경제를 위한 일본인(기술자)의 역할과 관련하여, "… 鐵道나 放送 등 특수 분야에서의 기술 문제는 향후 조선인 혼자의 힘으로 운영할 수 있을 때까지는 일본 技術者를 반드시 잔류시키지 않으면 안 된다…" 는 뜻을 분명히 했다고 한다.[83]

다른 한편, 이 무렵 국내에 있어서도 저명한 인사들 사이에서는 이와 유사한 움직임이 없지 않았다. 정치인 安在鴻(建準 계), 張德秀(韓民黨 계), 鄭栢(共産黨 계) 등 諸氏는 개별적으로 당시 美軍政 고문관으로 남아있던 前記 塩田正洪(前 총독부 광공국장)씨를 찾아가 일본인 기술자의 조선 殘留를 강력히 요청함은 물론, 장래의 조선 獨立을 위해서나 또는 지금 당장의 暴力에 의해 망가지고 있는 기업(일본인 소유)을 살리기 위해서는 무엇보다도 일본인 기술자의 협력이 절대로 필요함을 강조하고 일본이 여기에 적극 협력해 줄 것을 요청했다고 한다. 심지어 당시 미국에서 갓 돌아온 李承晩박사까지도 戰後 조선의 부흥을 위해서는 무엇보다도 일본인(기술자 포함)을 잘 활용하지 않으면 안 된다는 所信을 주위 사람들에게 披瀝(피력)한 바 있다고 한다(森田芳夫, 1979 ; 331). 평소 排日思想이 남달리 강했던 그였지만 지금 당장 일본인을 추방해서는 결코 안 된다는 것, 적어도 우리가 그들의 先進 기술을 충분히 습득할 때까지는 그들을 한국에 殘留시켜야 한다는 필요성에 대해 깊이 인식하고 있었다는 것이다.

2) 反日 감정의 激化와 일본인 追放

해방 직후 美軍政의 고위급 인사나 한국의 정치 지도자 중에는 이상과 같이 일본이 남겨놓은 기업이나 재산의 정상적인 운영을 위해서는 무엇보다도 일본 技術者의 殘留와 그들에 의한 기술 지도가 先決조건임을 정확히 인식하고 있었던 것 같다. 그럼에도 이러한 시대적 요청을 스스로 受

---

83) 美軍政 J. C. 언드우드 鑛工局長의 발언은 당시 미군정 고문으로 남아있던 前 총독부 鑛工局長 塩田正洪에게 한 얘기이고, 후자의 J. R. 하지중장의 발언은 당시 京城日本人世話會 간부들과의 對話 내용으로 알려지고 있다 - 森田芳夫, 앞의 책, pp. 331, 355 등 참조.

容할 수 있는 국내 정치사회 분위기가 아니었다는 데 문제가 있었다. 민족 해방이라는 들뜬 분위기에 便乘하여 일부 극단적인 국내 民族主義/國粹主義(국수주의) 세력은 폭력적인 거짓 煽動(선동)으로 해방 政局을 주도하고 일반 여론을 造作하여 反日감정을 부추겼다.

당시의 이런 시대상황을 잘 반영하는 한 가지 증거를 들 수 있다. 1945년 10월 20일 자로 된 서울 시내 거리에 뿌려진 "殘留 日本人에게 告한다"라는 제목의 일종의 檄文(격문)이 그것이다. '倭奴掃蕩本部'라는 명의로 된 이 檄文은 조선 居住 일본인은 늦어도 1945년 10월 말까지 무조건 한국을 떠나라고 通報하고 있다. 만약 이 요구를 순순히 받아들이지 않을 때는 무자비한 報復을 가한다는 경고도 덧붙이고 있다.[84]

이처럼 激昂(격앙)된 反日 분위기에서 아무리 名望 있는 인사라 하더라도 무슨 수로 일본인 기술자를 殘留시켜 技術 지도를 받아야 한다는 자기 소신을 관철시킬 수 있었겠는가. 일본인(기술자) 입장에서도 美軍政이나 한국 측 인사들의 요청을 감히 받아들일 용기를 낼 수 있었겠는가. 자신이 몸담았던 기업에 대한 愛着이 있고 또 기업의 장래가 심히 불안하다는 것을 인정하더라도 그들은 다른 일본인들과 함께 歸國의 隊列에 合流할 수

---

84) 일본어로 된 동 檄文을 그대로 옮기면 다음과 같다. 단 原文에는 각 요구사항 4개 項別로 구체적인 설명이 붙어있고, 또 末尾에는 만약 이를 준수치 아니 할 때 일어나게 될 폭력 사태 등에 대한 警告性 설명이 들어 있으나 여기서는 생략한다.

※ 殘留 日本人に 告ぐ‼

　我等はもっとも嚴肅に

　偉大なる民族國家建設の途上にある大韓民國の三千萬民衆の名において,

　韓國よりの撤退を運命づけられ, いまだに殘留の夢をいだく低能きわまる

　日本人諸君に對し, 下にかかぐる四個條の履行を强要する.

　　1. 日本人は十月末日まで韓國より完全撤退せよ.

　　2. 日本人は十月二十五日まで住宅を明け渡せよ.

　　3. 日本人はただちに各機關より影を潛めよ.

　　4. 日本人は絕對に謹愼の態度を持せよ.

　　　檀紀4278年 10月 20日

　　　　　　倭奴掃蕩本部 （森田芳夫, 앞의 책, pp. 385~386）

밖에 없었을 것이다.

남한에서의 이러한 일본인 기술자 殘留문제와 관련하여 여기서 한 가지 확인해 둘 문제가 있다. 그것은 당시 이 문제에 대한 美軍政의 기본 입장과 관련해서이다. 앞에서 언급한 바 있는 미군정 鑛工局長 J. C. 언더우드 대령이나 J. R. 하지 중장의 발언 내용을 통해 알 수 있듯이, 당시 美軍政은 일본 기술자의 殘留 필요성이나 또는 한걸음 더 나아가 기업 자체(귀속재산)의 운영까지도 당분간 일본인에게 맡겨야 할 필요성 등을 어느 정도 인정하고 있은 것으로 이해할 수 있다. 그러나 이러한 그들의 發言이 당시 南韓經濟의 실정에 비추어 미군정의 공식적 입장을 대변한 것인지, 아니면 개인적 所信을 밝힌 것인지가 분명치 않으며, 또한 그것이 당시 북한에서 먼저 추진된 소련 軍政(G. M. 발라사노프)의 일본 기술자 억류계획에서 어떤 영향을 받아 그런 構想을 하게 된 것인지 하는 등의 의문이 제기 된다는 것이다.

어쨌든 남한의 미군정은 북한에서의 소련 軍政의 경우와는 달리 일본 기술자 殘留에 대해 확고한 반대 입장을 취한 것은 아니라고 하더라도 그렇다고 적극적인 입장을 취한 것 또한 아니라고 할 수 있다. 예컨대 그를 위한 구체적인 계획의 수립이나 남한 지도층을 통한 그에 대한 說得 작업 등을 적극적으로 벌리지 않았을 뿐더러, 한국사회 일각에서 일기 시작한 격렬한 反日 민족주의 운동으로 전개되는 일본(인) 排斥운동 등을 自制시키면서까지 자신의 구상을 관철시키려는 적극적인 노력을 취하지는 아니했음이 분명하기 때문이다.

돌이켜보면, 해방 후 南韓에서의 美軍政은 등장과 함께 곧장 일본(인) 기업이나 재산을 美軍政 산하로 귀속시킨 후 그들 기업이 여러 가지 이유로 심각한 經營難에 봉착하거나 심지어 倒産까지 우려해야 할 상황임에도 불구하고, 그것을 미리 예방하거나 구제하기 위한 어떤 事前 조치도 취하지 아니 했다고 봐야 한다. 이렇게 보면 과거 일본인 기업으로서 미군정으로 넘어온 歸屬財産에 대한 美軍政의 정책기조는 당시 北韓에 있어서의 소련 軍政의 그것과는 근본적으로 달랐다고 할 수 밖에 없다. 다시 말해 美軍政의 경우는 일본인 技術者를 대규모로 잔류시켜 필요한 기술의 傳受는 물론 위기에 처한 북한경제를 정상화시키고자 한 북한에서의 소련 軍政과는 너무나 대조적이었다고 할 수 있다.

5. 結 : 南/北韓의 親日派 淸算 문제

1945년 8월 해방과 함께 이 땅을 떠나는 일본인 ─ 특히 그중에서도 技術職을 중심으로 하는 專門職 종사자 ─ 에 대한 美/蘇 兩 軍政의 입장이 사뭇 달랐음은 물론이고, 그 이전에 그들에 대한 남/북한 당국의 입장 역시 정치적 이데올로기를 반영하여 상호 간 克明하게 달리 나타났다고 할 수 있다. 남한의 경우, 美軍政 자체가 조선 居住의 모든 일본인에 대하여 극히 일부 특별한 케이스[85]를 제외하고는 職業이나 職責 그 밖의 이런저런 개인 사정과는 상관없이 가급적 빨리 軍人/공무원 신분은 물론 일반 민간인까지를 포함하는 모든 일본인을 조속히 退去시킴으로써 가급적 빨리 조선 내의 일본세력을 소멸시키고자 하였다.[86]

미국 측의 이러한 방침은 기본적으로 식민지 朝鮮을 정치적으로나 경제적으로 가능한 빨리 일본으로부터 분리시키고자 한데 그 주된 목적이 있었다고 할 수 있다. 그런가하면 해방 정국의 들뜬 분위기 속에서 한국 사회의 反日무드가 사태를 그렇게 돌아가게끔 부추긴 측면도 결코 무시할 수 없다. 일부 예외적인 경우를 제외하고는 기술자를 포함하는 대부분의 일

---

85) 여기서 일부 예외적인 경우라면, ① 美軍政의 요청으로 軍政 顧問(advisor) 자격으로 남게 된 구 총독부 고급 관리, ② 배우자가 韓國人인 경우, ③ 진행 중인 古蹟 답사/遺跡(유적) 발굴사업이나 靑/白 磁 도자기의 개발사업 등에 종사하는 文化財 전문가, ④ 철도나 放送, 통신 등 특수 기술 분야에 종사하는 技術職 종사자 등이 여기에 속하였다.

86) 태평양전쟁이 끝난 후 미국 정부의 朝鮮에 대한 기본적인 입장은 조선을 조속히 그리고 완전히 일본으로부터 분리시킨다는 데 있었다. 이런 원칙 아래 미군정은 조선 거주 일본인을 서둘러 본국으로 歸還시키고자 하였다. 당시 美軍政의 이러한 조치에 대해서는, 森田芳夫, 앞의 책, pp. 380~382 참조.

본인이 1945년 그 해 年末까지는 美軍政의 계획적 送還스케줄에 따라 서둘러 일본으로 돌아갔다고 할 수 있다.[87]

이와는 달리, 북한의 경우는 어떠했는가. 소련 軍政의 강력한 지도 아래 자기네가 필요하다고 생각되는 일본인에 대해서는 당장의 歸國을 허락지 않고 강제적으로 잔류시켜 그들의 고급 지식과 기술을 북한 사람들에게 전수케 하는 정책을 폈다고 할 수 있다. 이를 위해 북한은 당시 어려운 국내 사정임에도 불구하고, 최대한의 유리한 조건을 내걸고 가능한 많은 일본 기술자를 붙잡아두고자 노력하였음은 前項에서 살펴본 그대로이다.

여기서 우리는 지난 35년간에 걸친 일본과의 식민지 관계를 청산 — 비록 外勢에 의한 他律的인 청산이긴 하지만— 하는 마당에 南과 北의 태도가 이렇게 판이하게 달랐다는 사실에 놀라움을 금할 수 없다. 그것이 지금까지 우리가 알고 있던 내용과는 너무나 다르다는 사실에 대해 더욱 그러하지 않을 수 없다. 이 문제에 대한 남과 북의 판이한 성격 차이를 통해 우리는 적어도 다음 두 가지 역사적 사실에 대한 그동안의 잘못된 인식을 정확히 깨닫고 바로잡아야 할 것으로 생각한다.

이를테면 8·15해방을 맞아 이 땅을 떠나는 일본정부 및 민간 일본인이 植民地 遺産 격으로 이 땅에 남겨놓고 간 일체의 國/公有 재산, 민간 베이스의 法人이나 개인 재산 등과 관련하여 남과 북은 이들 기업이나 재산을 日本으로부터 어떻게 承繼하고 또 관리하였는가 하는 문제에 대한 정확한 역사적 사실의 확인과정이 필요하다는 점이다. 남한의 경우, 그것은 모든 재산이 일단 새로 등장하는 美軍政에 의해 接受되었다가 1948년 8월 대한민국 정부 수립과 함께 거기에 일괄적으로 移管할 때까지 약 3년간 美軍政 관리 하에 있었는데, 반면 북한의 경우는 이와는 판이하게 달랐다는 사실

---

87) 당시 美軍政의 발표에 의하면, 1945년 8월에서 12월까지 귀환한 일본인(軍人 제외) 수는 총 469,764명에 달하고 있다. 여기에는 滿州, 北韓 지역에서 넘어온 사람도 일부 포함된 것으로 볼 수 있으나, 당시 南韓 거주의 총 일본인이 46만 명 수준임을 감안하면 1945년말 무렵에 이미 대부분의 일본인이 귀환하게 된 것으로 볼 수 있다 – 森田芳夫, 앞의 책, p. 367 <표 30> 참조.

이다. 처음부터 이들 재산에 대한 財産權이 일본(인)으로부터 소련 軍政으로 넘어가지를 않고 각 지역별로 나타나는 '人民委員會'라는 이름의 자체적인 북한 정부기관으로 넘어갔다는 사실이다.

그러나 북한의 경우 막상 재산/기업을 접수해 놓고 보니 스스로 공장을 돌릴 자체 능력이 없음을 깨닫게 되자, 그들은 북한에 들어온 소련 軍政의 지원을 받아 歸還하려는 일본 기술자를 강제로 억류하여 그들의 도움을 받아 공장을 돌리고자 하였다. 그 결과 북한은 남한과는 달리 일본으로부터 접수한 공장이나 사업체에 대해 별다른 문제 없이 原狀 그대로 재산을 운영하게 됨으로써 빠른 시일 내에 操業을 정상화하게 됨은 물론 나아가 조속한 경제부흥까지 어느 정도 가져올 수 있었다고 할 수 있다.[88]

북한이 이렇게 재빨리 操業 정상화를 가져온 공장이나 사업체 속에는 軍需工業 성격을 갖는 것들도 많이 있었다. 그것은 일본이 처음 북한지역을 重化學工業基地로 개발하는 과정에서 자연히 軍需工業 관련 업종이 그 속에 많이 포함되어 있었기 때문이라 하겠지만, 아무튼 북한의 이러한 조속한 操業 정상화의 裏面에는 바로 小型이기는 하지만 각종 兵器나 火藥, 그리고 피복류 등 戰事物資의 자체 생산을 가능케 했다는 사실을 잊어서는 안 된다. 왜냐하면 이 軍需品 생산구조를 정상화하게 되었다는 사실

---

88) 북한의 이러한 조속한 산업부흥을 가능케 한 배경에는 이 일본 技術者 殘留에 따른 기술지도의 측면 이외에 또 다른 한 가지 중요한 요인이 있었다. 그것은 당시 소련 수상 스탈린의 北韓에 대한 당초 정책의 방향 전환이라고 할 수 있다. 스탈린은 처음에는 北韓에 대해서도 戰後 소련군이 점령한 東歐제국이나 滿洲지역 등에서처럼 주요 산업시설을 우선적으로 소련으로 철거해가는 정책을 편 것으로 알려졌다. 그러나 1945년 11월말에 들어 스탈린은 갑자기 북한에 대해서는 당초의 입장을 완전히 바꾸었다고 한다. 이미 철거하여 소련군 창고에 보관하고 있던 북한의 산업시설까지 모두 북한에 다시 반환하라는 지시와 함께, 북한에 대해서는 다른 점령지역에서와는 달리 戰略物資 押收정책에서는 예외 케이스로 다루었다는 점이다. 그것은 무엇 때문이었을까? 당시 소련으로서는 북한에 대해서는 오히려 국내 산업의 발전을 적극적으로 장려해야 할 필요성이 제기되었기 때문이라는 해석이다. 어쨌든 스탈린의 이러한 갑작스러운 정책기조의 전환으로 해방 직후 북한경제는 일본이 남겨놓은 산업시설을 재빨리 복구하여 운영의 정상화를 가져올 수 있었다는 해석이 가능하다 - 木村光彦 外, 『北朝鮮の軍需工業化 - 帝國の戰爭から金日成の戰爭へ』, 知泉書館, 2003, p. 149 참조.

이 바로 북한으로 하여금 1950면 6월 해방된 지 불과 5년도 채 안 된 시점에서 대규모의 6·25전쟁을 일으킬 수 있는 軍需 측면에서 하나의 중요한 기초 조건을 마련하게 된 셈이기 때문이다. 다시 말해 지난날 일본이 북한 지역에 건설해놓았던 중화학공업/軍需工業 시설이 엉뚱하게도 해방 후에 北韓(金日成) 정권으로 하여금 南韓 赤化를 위한 同族相殘의 6·25전쟁을 불러일으키는 데 매우 중요하게 활용되었다는 사실은 한국 현대사에서 하나의 놀랄 만한 역사의 아이러니가 아닐 수 없다.[89]

두번째로 우리가 지금까지 잘못 인식해온 역사 해석의 문제는 이러하다. 그것은 해방 후 南韓에서 무엇보다도 중요한 정치적 論爭거리로 등장한 바 있는 소위 親日派 淸算의 문제와 관련해서이다. 그동안 이 문제에 대한 남한 측의 주장은 대체로 이러했다. 북한은 일찍부터 식민지 시대 親日的이었던(?) 사람, 즉 親日/反民族 行爲者를 사회로부터 격리하는 이른바 親日派 淸算작업을 철저히 수행함은 물론, 제도적으로도 이런저런 식민지적 殘滓(잔재)를 말끔히 청산하였음에 반해, 남한에서는 전혀 그렇지를 못했다는 것, 오히려 초기 李承晩 정부에서부터 親日的 인사를 대거 정부 要職에 등용하는 등 지난날 식민지 시대 反민족적 行爲者를 제대로 斷罪하지 않았을 뿐만 아니라, 일본식의 言語-제도-文物-습관 등 각종 식민지 遺制도 제대로 폐기하지 않고 그대로 踏襲(답습)해온 것으로 하여 비판의 대상으로 되어 왔다. 그러나 史實을 정확히 알고 보면 그것은 결코 그렇지 않았을뿐더러 오히려 그것과는 정반대로 전개되었다는 사실을 알 수 있게 된다.[90]

---

89) 이 문제와 관련하여 日本의 北韓 문제 전문가 木村光彦 교수는 이렇게 말한다. 1945년 이전에 일본 제국이 中日戰爭 등 대외전쟁을 위해 북한 지역에 건설해 놓은 방대한 규모의 중화학공업/군수공업은 해방 후 곧장 북한 共産黨 治下로 넘어가게 되고 또한 金日成에 의한 韓國戰爭 준비를 위해 그것이 매우 유효하게 활용되었다는 설명이 그것이다 – 木村光彦 外, 앞의 책, 後篇(1945–1950년) 특히 제 9장 참조.

90) 그동안 하나의 通說로 되어 온 이같은 주장, 곧 남한은 북한에서와는 달리 해방 후 親日派 청산이 제대로 행해지지 않아 民族正氣를 훼손시켰다든가, 오히려 淸算은커녕 오히려 남한에서는 親日派 정권(李承晩, 朴正熙 등) 아래 反日 민족주의자를 숙청하는 식의 反動 정치를 일

예컨대 일찍이 북한에서는 철저한 親日派 청산으로 民族正氣를 바로 세웠다는 등의 주장이 전혀 史實과는 다른 하나의 浪說에 지나지 않는다고 함은 위에서 살펴본 일본인 기술자 抑留 및 活用이라는 한 가지 사실만으로도 충분히 立證되고 남음이 있다. 일본인 기술자를 붙들어 놓고 공장을 돌리게 하고 學校를 운영케 하며 필요한 기술 지도를 받고자 하는 입장에서 어떻게 지난날 일본(인)과 좀 친하게 지냈다고 하여 그것을 문제 삼을 수 있었겠는가. 더욱이 일본이 만들어놓은 공장에서 武器를 생산하여 6·25 南侵(赤化)전쟁을 준비하는 마당에 있어서 말이다.

뿐만 아니라 해방 후 北韓은 각종 사회제도나 정책 측면에서도 과거 조선총독부가 실시하던 각종 統制 내지 認/許可政策, 그중에서도 특히 核心的 정책이라 할 供出/配給制度나 人的/物的 강제 동원정책 등은 日帝殘滓라 하여 청산하기는커녕 그대로 踏襲(답습)하는 과정을 밟았다고 해야 한다. 말하자면 지난날 많은 일본식 군국주의적 국가 통제적 요소가 해방 후 북한 社會主義 制度의 수립과 운영에 그대로 활용되었다고 할 수 있다.

반면 남한의 경우는 어떠했는가. 周知하는 바와 같이 1948년 8월 정부 수립과 더불어 곧장 최우선 國政 과제로 親日派 청산 문제를 들고나와 國會 내에 '反民特委'의 설치와 '反民族行爲處罰法'의 제정 등을 통해 식민지시대 총독부시책에 협조적이었던 인사들을 색출하여 재판에 회부하고 처벌하는 등 강력한 制裁 조치를 취하였다. 이를 통해서도 해방 후 남/북한 간의 親日派 청산 문제에 있어 지금까지 우리가 알고 있는 通念이 얼마나 잘못된 것인가를 충분히 확인할 수 있다.

삼았다는 등의 주장은 오로지 좌익진영의 정치이념적 攻勢에 다름 아니다.

제6장

歸屬財産의 管理(II)
: 韓國政府 시대

I. 「韓·美 最初協定」과 歸屬財產의 引受

1. 「韓·美 最初協定」의 意義

美軍政 3년을 거친 다음 1948년 8월 15일 한국은 숱한 迂餘曲折 끝에 급기야 남한만의 單獨政府를 수립하게 된다. 새 정부 수립과 함께, 美軍政 으로부터 독립 국가의 統治權을 移讓(이양) 받음과 함께 그때까지 美軍政 에 의해 소유/관리되어 오던 歸屬財產(구 일본인 소유 재산)을 原狀 그대로 넘겨받는 法的 절차도 동시에 밟게 된다. 8·15 해방 3주년을 맞는 바로 그 날, 韓國은 지난 3년간의 美軍政 시대를 마감하고 미국으로부터 국가 統治權 이양을 뒷받침하기 위한 두 가지 중요한 협정을 韓, 美 양국 간에 체결하게 된다.

그 하나가 동년 8월 한국의 李承晩 대통령과 駐韓 미군사령관 J. R. 하지 중장 간에 覺書交換 형식으로 체결되는 「韓·美 간 統治權 이양 및 駐韓 美軍 철수에 관한 協定」이고, 다른 하나는 그 해 9월에 체결되는 「韓·美 간 財政 및 財產에 관한 最初協定」(The Initial Financial and Property Settlement between the Government of R.O.K. and the Government of U.S.A.) 이 그것이다. 후자의 이 양국 간 "最初協定"(약칭) 체결에 의해 지금까지 미군정 관리하에 있던 일체의 歸屬財產이 한국정부에 이관되는 법적 절차를 밟게 된다.

돌이켜보면, 美軍政은 1945년 9월 軍政 수립 이후 곧장 美軍政 法令 제 2호, 제4호, 제33호, 제52호 등과 그에 따른 行政命令 및 管財令 등의 관련 法令의 公布를 통해(後記 [부록 4] 참조), 앞의 제5장에서 살펴본 바와 같은 귀속재산에 대한 접수-관리-운영-처분 등에 따른 일체의 財產權을 행사해 왔다. 그리고 美軍政은 처음 재산을 접수할 당시에는 오로지 재산에 대한

'善意의 管理者'임을 自處하고, 재산상의 일체의 변동을 가하지 않고 가능한 한 原狀 그대로 잘 보존하였다가 이후 자주적인 韓國政府 수립과 함께 곧장 거기에 이관할 것이라는 뜻을 기회 있을 때마다 밝히곤 하였다.[1] 그러나 시간이 흐름에 따라 美軍政은 태도를 바꾸어 이러한 굳은 약속에도 불구하고, 그동안 국내/외 여러 여건의 변화에 부응한다는 명분 아래, 또한 한국경제가 처한 여러가지 애로사항의 타결과 그를 통한 한국인의 國利民福을 위한다는 명분으로 일부 歸屬財産에 대한 재산상의 일정한 변동을 가져왔다. 일부 재산에 대한 財産權의 移轉이라 할 민간(한국인)에게 재산을 불하하는 이른바 民營化 조치를 취한 것 등이 그것이다. 이 시기 미군정에 의한 歸屬財産의 매각/불하조치는 앞의 제5장에서 살펴본 것처럼 다음 3가지 유형의 재산을 중심으로 한 것이었다(제5장 제3절 참조).

첫째, 都市지역을 중심으로 한 (구)일본인 소유 住宅의 불하, 곧 지난 날 일본인들이 살던 家屋을 민간에게 매각하는 조치였다. 과거 조선에 살고 있던 일본인은 8·15 해방 당시 南韓 지역에만 약 11만 7천 世帶에 46만 6천명에 이르렀는데, 그들은 약 8만 2천 棟의 自家 住宅을 소유하고 있은 것으로 추정되고 있다. 그들은 8·15 후 한국을 떠날 때 대체로 자신의 주택을 그대로 남겨둔 채 本國으로 떠나가게 되고, 그것은 나중에 자동적으로 미군정 산하로 귀속되기에 이른다.[2] 그중에는 물론 事前에 조선인에게

---

1) 제5장 제3절 脚註 51) 참조.

2) 당시 일본인이 조선에 남기고 간 민간 家屋은 약 125,500棟(총 179,349世帶의 70%가 自家 住宅 보유로 가정)으로 추정하고 있었다(戰後 일본 정부 海外財産調査會). 그중 南韓 所在 가옥은 남/북한 人口 비례(南 65.4%, 北 34.6%)로 보면 약 82,077棟에 달하는 셈이지만, 일본인이 借家(임대)하여 살던 30% 상당의 가옥도 그 대부분이 일본인 소유의 가옥일 것으로 보면, 조선에 남겨진 일본인의 家屋 數를 세대수의 70%로 잡을 것이 아니라 오히려 전체 세대수 그대로 잡아야 한다는 주장도 설득력이 없지 않다. 따라서 실제로 남한에 남겨진 일본인 家屋은 82,077동보다는 훨씬 많은 117,294동(179,349세대의 65.4%)에 이를 것으로 볼 수 있다. 그리고 전후 일본 정부(大藏省)에서는 조선에 두고 온 민간 家屋에 대한 時價를 가옥 당 평균 20,000円(최저치)으로 추정하고 있다. 이에 따르면 남겨진 총 가옥의 가치는 23억 4,580만円(117,294棟 × 20,000円)에 달하는 셈이다. 아무튼 미군정의 이 주택불하과정을 前後하여 당시로선 그래도 고급 주택이라 할 이 '敵産家屋'(이는 잘못된 표현임)을 둘러싸고 얼마나 추잡한 쟁탈전이 벌어

적당한 조건(가격)으로 財産을 매각 또는 讓渡하거나 기타 방법으로 처분하고 떠난 경우도 있겠으나, 그 대부분은 그냥 空家 상태로 비어놓고 떠났다고 할 수 있다. 여기에 또한 해방 정국의 사회적 혼란을 틈타 발 빠른 한국인들이 이들 주택을 不法 占據하여 마치 자기 집처럼 살고 있었던 경우가 허다했던 것 또한 분명한 사실이다.

美軍政으로서는 이들 가옥에 대한 법적 所有權이 분명 자신에게 있음을 알면서도 현실적으로 이미 不法 점거하여 살고 있는 入住者들을 쉽게 내보낼 방도가 없었을뿐더러, 그렇다고 정식으로 賃貸借 계약을 체결하여 꼬박꼬박 집세를 받아낼 재간도 없었다. 결국 적당한 조건으로 家屋을 현재의 占據人이나 또는 제3자에게 조속히 처분하는 것이 옳다고 판단한 미군정은 다음과 같은 명분을 내걸고 가능한 한 이들 가옥을 처분할 계획을 세웠다. 당시 美軍政이 내건 명분은 대체로 이러했다.

즉 住居 공간이 부족한 도시 지역의 주거용 家屋의 拂下를 통해 우선 도시 無住宅者에게 삶의 보금자리를 마련해줌으로써 사회적 福利厚生을 增進시킬 뿐 아니라, 주택의 매입가격을 現金 베이스로 치르게 함으로써 당시 방만하게 풀린 市中 流動性을 흡수하여 目前의 인플레 수습에도 一助할 수 있으리라고 주장하였던 것이다. 이러한 명분에도 불구하고, 미군정의 이러한 도시주택의 불하계획은 당초 기대한 만큼의 성과를 가져오지 못하였다. 그 이유는 순조로운 賣却를 위해서는 해당 家屋을 일반적인 公開入札에 부쳐야만 하는데, 실제로 가옥을 사겠다는 願買者가 그렇게 쉽게 나타나지 않았기 때문이다. 그 이유는 예컨대 누군가가 정당한 절차로 불하를 받으려고 해도 현 占據人으로부터 모종의 압력을 받게 된다든가 설령 불하를 받았다고 하더라도 현재의 거주자가 家屋을 순순히 비워주지 아니할 경우 明渡訴訟을 해야 하는 등 복잡한 문제가 제기될 것을 우려한 때문이라고 할 수 있다. 아무튼 현 居住者(점거인) 이외의 제3자에 의

졌을 것인가는 충분히 짐작할 만한 일이다.

한 公開入札에서의 應札이 너무나 부진하였다. 그렇다고 하여 현 占據人이 스스로 적당한 가격으로 매입하려는 경우도 많지 않았다. 결국 미군정 당국으로서는 어쩔 수 없이 현 占據人이 적당한 조건으로 가옥을 引受해 주기를 바라는 입장이 되고 보니, 당초 계획했던 所期의 成果를 거두기가 어려울 수밖에 없었다.

둘째로는 소규모 귀속사업체의 拂下 문제와 관련해서이다. 美軍政은 1947년 3월 '소규모 事業體의 처분에 관한 行政措置'를 공포하고, 기업의 資産價値 10만 円 이하(장부가격 기준)의 기업을 '소규모 기업'으로 규정하고 이들 소규모의 기업은 가급적 민간에게 매각하여 경영 자체를 아예 민간에게 맡기는 소위 民營化 조치를 단행했다. 미군정의 입장은 국민경제적으로 큰 의미가 없다고 할 소규모 기업에 대해서는 그것을 민간에게 拂下하여 그들 買受人으로 하여금 최대한의 의욕적인 경영을 통해 기업운영의 정상화를 도모하겠다는 것이 당시 미군정의 불하 명분이었다. 이러한 명분 아래 미군정은 1947년 7월 다음과 같은 拂下細則을 공포하고 그에 따라 불하계획을 강력히 추진코자 하였다(제5장 제3절 참조).

① 장부가격 10만 円 이하 기업에 대해서는 원칙적으로 모든 기업을 불하하고,
② 장부가격 10만 円 이상~100만 円 이하의 기업에 대해서는 불하를 통해 기업경영이 크게 개선될 전망이 뚜렷한 경우만 불하하며,
③ 장부가격 100만 円을 초과하는 기업에 대해서도 軍政長官의 사전 허가가 있을 경우에는 불하를 가능토록 한 것

등으로 불하기업의 대상을 기업 규모별로 크게 확대하였다. 이러한 조치는 불하기업의 범위를 확대하여 불하실적을 높이기 위한 대책의 일환이었으나, 실제 불하실적으로는 이들 소규모 기업체의 경우에도 앞에서 본 都市지역 주택에서와 마찬가지로 所期의 成果를 거두지 못한 것으로 알려지고 있다. 실제로 1948년 8월 美軍政이 종료될 때까지의 실적을 보면 겨우 513개 업체의 불하에 그쳤을 뿐으로, 이는 당시 총 귀속사업체 2,716

社의 18.9%에 불과할 정도였다.[3] 게다가 불하건수의 대부분이 각종 事業組合이나 그 연합체 또는 同業者協會 등의 非생산업체로서의 사업자 단체들로 이루어졌고, 막상 불하되기를 바랐던 鑛工業을 비롯한 생산기업체의 경우는 거의 불하대상에 들지 못하였다는 사실에 특히 주목할 필요가 있다.[4]

셋째로 들어야 할 문제는 歸屬農地의 분배사업과 관련해서이다. 이 귀속농지 분배사업은 앞의 제5장에서 이미 구체적으로 다룬 바 있지만, 이 분배사업은 결론적으로 美軍政의 업적 가운데 가장 대표적인 성공 케이스라고 할 수 있다. 즉 미군정 산하 新韓公社 관리하의 農地 약 26만 9천 정보(1948년 2월말 현재) 가운데 1952년 2월말까지 그 91.4%에 해당하는 24만 6천 정보를 그들 小作 農民에게 성공적으로 분배할 수 있었기 때문이다. 한 가지 불만스러운 점이라면, 미군정이 당초 계획한 대로 비단 歸屬農地 만이 아니라 남한의 총 農耕地 전부를 대상으로 한 전반적 農地改革으로 되지 못하고, 남한 농경지의 겨우 13.4%에 불과한 歸屬農地만을 대상으로 한 部分 農地改革으로 끝나고 말았다는 사실이다. 그러나 그렇게 된 책임은 일부 美軍政 측에도 없다고는 할 수 없으나 실제로는 거의 모든 責任이 한국 측에 있었다고 해야 마땅한 일이다.[5]

2. 韓國 정부의 歸屬財産 인수과정

이상에서 살펴본 3가지 종류의 귀속재산, 즉 美軍政에 의해 한국인(민

---

3) 財務部, 『財政金融의 回顧』- 建國十年業績 -, 1958, pp. 121, 127 참조.

4) 財務部管財局, 『拂下企業體名簿』(筆寫本)에 의함. 다른 한편, 단순한 통계상으로는 미군정 하에서 광공업 중심의 생산기업체의 경우 그 수가 많이 감소된 것으로 나타나고 있지만, 그것은 이러한 美軍政의 불하과정에서 대상기업이 일반기업으로 탈바꿈하였기 때문에서가 아니라, 不法/不正한 방법에 의해 일반기업으로 넘어갔거나 또는 미군정의 管理 不實 등의 요인으로 기업이 아예 解體되거나 亡失되었기 때문이라고 할 수 있다.

5) 졸저, 『解放後 - 1950年代의 經濟』, 2002, pp. 82~86 참조.

간)에게 이미 불하된 3가지 財産을 제외한 나머지 모든 귀속재산은 1948년
9월에 체결되는 上記 한·미 간의 最初協定에 의거하여 일괄적으로 한국정
부에 移管되는 절차를 밟게 된다.[6] 그러나 이들 귀속재산의 한국정부로의
移管은 처음부터 한꺼번에 그리고 순탄하게 이루어진 것은 결코 아니었
다. 거기에는 다음에서 보는 바의 숱한 우여곡절을 겪고서 어렵게 한국 측
에 넘어왔다고 해야 한다.

이 財産移管 문제와 관련하여 우선 중요하게 들어야 할 문제는 당시
한국정부가 미군정으로부터 이들 財産을 인수할 준비태세를 전혀 갖추지
않고 있었다는 점이다. 당초 韓·美 간에는 歸屬財産의 인수/인계 및 事後
관리에 관한 일종의 特約 사항이 있었는데, 한국 측은 반드시 美軍政으로
부터 동 재산을 인수하고 또 관리하기 위한 담당기구를 기존의 정부 組織
과는 별개로 새로 新設해야 한다는 내용이 그것이었다(協定 제5조). 그 밖
에 한국 측은 會計 및 운영자산 등에 대한 행정적 관리는 協定 發效 후 30
일 이내에, 또 이관되는 귀속재산 및 미국원조물자(殘餘分) 등에 대한 행
정적 관리는 협정 발효 후 90일 이내에 반드시 인수해야 하는 의무 규정을
당초 미국 측과 합의했었다(協定 제13조).

이러한 협정 내용에도 불구하고, 李承晩 정부는 처음부터 양측 간의
이러한 協定사항을 준수할 생각은 하지 않고 —협정상에 그런 특수 조항
이 있다는 것도 망각한 채— 한국정부 내부 문제로 한가하게 시일만 끌고

6) 동 歸屬財産의 한국정부 移管 문제와 관련하여, 法理的으로 우리가 주목해야 할 점은 다음 두
   가지이다. 하나는 (구)일본(인) 所有 재산이 미국(미군정) 소유로 넘어갔다가 그 후 다시 한국
   (인) 소유로 넘어가는 과정, 즉 위 3국간의 이들 재산의 所有權 移轉에 대한 국제법적인 해석의
   문제이고, 다른 하나는 미국이 일본으로부터 無償으로 몰수한 재산을 나중에 다시 한국에 아
   무런 代價 없이 그것도 無償으로 넘겨주게 된 財産 移轉 條件 상의 문제가 그것이다. 前者는 일
   본의 미국에 대한 '無條件 降伏'이라는 조건에 대한 해석 문제와 관련된다고 할 수 있고, 後者는
   전후 급변하는 東北亞 국제정세와 관련하여 미국이 일본에 대해 實物 베이스 戰爭 賠償을 포
   기하게 된 사정과 유관하다고 할 수 있다. 어쨌든 한국은 일본의 無條件 降伏과 미국의 對日 戰
   爭賠償 포기라고 하는 美/日간에 벌어진 두 가지 戰後 사정의 상호 交互作用으로 1948년 독립
   과 함께 미국으로부터 엄청난 규모의 歸屬財産(구, 일본인 財産)을 아무런 대가 없이 無償으로
   넘겨받게 된 幸運이라면 그야말로 엄청난 幸運(?)을 누리게 된 셈이다.

있었다고 해야 한다. 말하자면 財産의 인수 및 관리를 위한 별도의 정부기구를 새로 만들어야 함에도 불구하고 결코 그렇지를 못하고 적당히 기존 정부조직 상의 특정 部署로 하여금 그 引受업무를 담당케 할 방침을 세우고 있었다. 그럼 과연 어느 部署가 그것을 담당할 것인가 하는 문제를 놓고 각 部署 간에 利權싸움만 전개하고 있은 그런 실정이었다.

각 部署는 이 공짜로 굴러들어온 엄청난 橫財를 서로 차지하고자 온갖 되지도 않는 이유를 내세워 자기네가 그 引受 適任者임을 주장하는 아귀다툼을 벌리고 있었다. 이를테면, 각 부처별로 ① 財務部는 귀속재산이 어디까지나 國有財産의 성격이라는 점에서 재무부 引受案을, ② 商工部는 財産의 성격이 대부분 商工業 분야에 속한다는 점에서 상공부 引受案을, ③ 企劃處는 동 引受/관리 업무 자체가 종합적인 國家企劃의 일환이라고 하는 측면에서 기획처 引受案을, ④ 그리고 재산 種別로 中央部處 가운데 가장 有關하다고 생각되는 部處別로 각기 분할, 인수하자는 방안 등 그야말로 衆口難防 격에 다름 아니었다.

당시 귀속재산에 대한 국민의 기본 認識은 어떠하였는가? 어느 날 갑자기 하늘에서 떨어진 '공짜 財産(橫財)' 쯤으로 생각하고 너도나도 먼저차지하는 자가 임자라는 식으로 추잡한 아귀다툼을 벌리게 된 꼴이라고나 할까, 이 같은 국민의식이 바로 처음 引受단계에서부터 각 部處 간에자기 所管이라고 다투는 利權싸움으로 나타나게 된 것이리라. 部處 간의이런 추잡한 利權싸움으로 수개월을 虛送한 연후에 정부는 최종적으로그래도 경제에 대한 종합적인 企劃/調整 기능을 가지는 企劃處가 맡는 것이 합당하다는 생각에서 ③의 企劃處 인수방안으로 의견을 모았다.

정부는 이렇게 어렵사리 결정을 내린 企劃處 引受案을 가지고 미국 측과의 협의과정에 나섰으나, 미국 측에 의해 그것은 一言之下에 보기 좋게보이고트 당하고 말았다. 미국 측 주장인즉, 당초 한·미간의 最初協定에분명히 별도의 引受機構를 새로 만들어 인수하기로 규정해놓고, 왜 기존의 企劃處가 인수하겠다는 것이냐 하는 마땅히 이유 있는 抗辯이었다. 그동안 한국정부는 미국과의 이런 特約 사항이 존재한다는 사실조차 까맣게 잊어먹고 한가하게 집안싸움에만 벌리고 있었으니, 建國 초기 당사자인 미국에 대해서는 물론이고, 제3국에 대해서도 나라가 크나큰 亡身을 당한 꼴로 되고 말았다.

한국정부는 協定 체결 후 3개월 이내에 재산을 인수토록 되어 있는 당초 협약사항도 지키지 못한 채, 1948년 12월말에 가서야 부랴부랴 국무총리 산하에 '臨時管財總局'이라는 어정쩡한 임시 기구를 만들어 이로하여금 미군정으로부터 때늦은 歸屬財産의 引受업무를 담당케 했다. 새 정부 出帆 이후 최초로 치르는 국제적 協定을 이런 식으로 제대로 이행하지 못한 처지가 되고 보니 아무리 전후 갓 태어난 新生國라 하더라도 國家의 체면이 말이 아니었다.

歸屬財産의 인수과정이 순탄하게 이루어지지 못한 사정은 한국 측 준비과정에서만 잘못이 있었던 것은 물론 아니었다. 引受財産의 종류나 성격이 너무나 多種多樣하여 그 인수/인계의 방법이나 절차가 또한 너무나 복잡할 수밖에 없었다는 점이 거기에 크게 한몫했다고 보아야 할 것이기 때문이다. 美軍政 측에서도 재산의 移管에 따른 萬般의 준비가 완료되어 이관작업을 한꺼번에 말끔히 實行할 수 있는 형편이 되지 못하였다. 일의 성격상 처음부터 재산 種別로 준비가 완료되는 대로 순차적으로 實行할 수밖에 없는 그런 어려운 형편이었다고 할 수 있다.

아무튼 한국정부(재무부) 집계에 의하면 마지막까지 재무부로 넘어온 총 귀속재산 건수는 각종 不動産이나 事業體 재산 등을 중심으로 291,909건으로 잡히고 있다. 이 가운데 당초 미군정으로부터 인수한 재산은 그 58.4%에 해당하는 170,605건에 불과한 실정이고, 나머지 41.6%에 해당하는 기타 재산은 그 후 農林部 소관의 林野, 苗圃(묘포) 등 사실상 경제적 價値가 別無하다고 할 부동산류가 대거 財務部로 이관된 것이라 할 수 있다. 거기에 또한 한국정부가 사후적으로 실시한 기본 財産의 實査과정을 통해서 새로 밝혀진 재산 등을 모두 합한 것이 무려 121,304건(41.6%)에 달한 셈이었다. 새로 발견된 이들 재산이 사후적으로 추가되어 결국 총 291,909건의 재산이 사실상 美軍政으로부터 한국정부에 이관된 것으로 통계에 잡혔을 따름이었다. 이런 사실 한가지만을 놓고 보더라도 당시 美軍政으로부터 이관된 歸屬財産의 분량이 얼마나 많았던가 하는 점과 더불어 그것의 引受업무가 얼마나 복잡다단할 수밖에 없었겠는가는 충분히 짐작하고도 남음이 있다.

3. 引受財産의 種別 구성

最初協定에 의거하여 당초 미군정으로부터 인수하게 된 財産은 기실 여기서 우리가 다루고자 하는 歸屬財産만이 아니었다. 미군정으로부터 넘어온 引受 재산 가운데는 이상의 귀속재산 이외에 다음과 같은 몇 가지 재산이 추가로 포함되어 있었다.

우선 日政 시대 일본의 國有財産에 속하는 각종 재산을 들 수 있다. 이를테면 미군정 법령 제4호(1945. 9. 28일자)에 의해 일찍이 凍結 조치된 재산, 곧 ① (구)일본 陸/海軍 소유 내지 그 관리 하에 있던 軍部 재산, ② 조선총독부의 本部 건물을 비롯한 그 산하의 일본 官公署 재산, ③ 철도-도로-항만-電氣/가스-電信/電話 등 國/公有의 사업체 재산이 모두 여기에 속하는 것들이라 할 수 있다.

다른 하나는 미군정 하에서 도입된 미국의 援助物資 재산이다. 미국은 1945년 9월 한국 進駐와 때를 같이하여 전후 占領지역에 대한 경제적, 군사적 援助 제공이라는 대원칙에 입각하여 유럽이나 일본 등 다른 占領지역에서와 마찬가지로 한국에 대하여도 이른바 GARIOA/EROA 원조[7]를 비

---

7) GARIOA(Government and Relief in Occupied Area : 占領地域행정구호원조)/EROA(Economic Rehabilitation in Occupied Area : 占領地域경제부흥원조) 원조는 이름 그대로 전후 美軍 점령지역에 대한 救護的 성격의 무상원조로서, 이를 합한 미국의 총 援助 규모는 1945년 9월 이후 1948년까지 식료품, 衣類, 비료 등을 중심으로 약 4억 9백만 달러에 달하였다 – 洪性囿, 『韓國經濟와 美國援助』, 博英社, 1961, p. 49.

롯하여 OFLC 원조[8]까지를 포함하는 막대한 규모의 원조(물자)를 제공하였다. 이들 원조물자 도입이 해방 후 한국의 어려운 경제사정을 극복하는데 크게 기여하였음은 물론이거니와, 1948년 한국정부 수립 당시에 美軍政이 미처 다 소화하지 못하고 보유하고 있던 원조물자까지 이상의 귀속재산과 함께 한국정부에 인계하게 된 것이다. 또한 해방 후 駐韓 미군 및 군정청이 그들의 업무상 임시로 徵發 사용해 오던 각종 土地나 建物 등 軍/官用 재산도 여기에 포함하여 함께 인계하는 형식을 취하였다.

이렇게 보면, 最初協定에 의해 한국정부가 美軍政으로부터 인수하게 된 재산의 카테고리는 크게 다음 3가지 그룹으로 나눠 볼 수 있다. 첫째 狹義의 歸屬財産이라 할 범주로서 여기에는 과거 일본(인) 소유였던 個人이나 法人의 소유 재산으로, 鑛工業 중심의 각종 事業體 재산을 비롯하여 住宅이나 垈地, 점포, 林野, 漁場, 果樹園, 목축장, 鹽田(염전), 선박, 종교단체나 학교 재산 등 경제적 가치가 있는 모든 종류의 有形財産이 여기에 포함되고, 둘째는 國有財産이라는 이름으로 여기에는 조선총독부 및 그 산하각 官公署가 가지고 있던 土地나 建物 등의 官用 재산은 물론이고, 철도-도로-항만-전기/가스 등 公共的 성격의 國/公有 내지 國/公營의 기업재산, 그 밖에 法院 등기부 상에 일단 國/公有로 기재되어 있는 재산 일체가 모두 여기에 포함된다고 할 수 있다. 셋째로는 食料品이나 衣類, 의약품, 油類 및 건축자재 등 일반 生必品을 비롯한 각종 소비재를 비롯하여 산업용原資材나 資本財에 이르기까지 대부분 미국 원조물자(在庫)로 이루어진각종 動産이 여기에 포함된다.

이상 세 가지 類型의 재산 외에도 추가해야 할 재산이 더 있었다. 이를 테면 美軍政이 그동안의 統治 활동과 관련하여 발생한 대외적으로 가지고

---

8) OFLC(Office of the Foreign Liquidation Commissioner : 海外淸算위원회) 원조는 전후 美軍이 해외에 보유하고 있는 剩餘施設을 저렴한 가격으로 상대국에게 넘기는 일종의 財政借款 성격으로 약 2,500만 달러어치의 물자가 1946년 중에 도입(美軍으로부터 직접 인수)되었는데, 이는 나중에 한국에 주둔하는 美軍이 군사상 필요로 하는 토지 및 건물을 한국이 無償으로 공여하는 조건으로 이루어지지만 일단 無償援助로 간주할 수 있다 - 졸저(2002), p. 70 참조.

있던 각종 債權/債務관계에서 오는 금융재산, 각종 動産類, 기타 知的 所有權이나 특허권 등 無形의 재산도 일종의 國有財産 성격으로 간주되어 일괄 한국정부에 이관되는 절차를 밟았다(最初協定 제1조). 그러나 이 가운데 가장 비중이 크고 또 중심적 地位에 있는 재산이라면 그것은 아무래도 여기서 主題로 삼고 있는 첫째의 歸屬財産일 것은 두말할 나위도 없다. [9]

그렇다고 하여 당시 美軍政의 소유, 관리 하에 있던 일체의 歸屬財産이 하나도 남김없이 한국정부에 이관된 것은 아니었다. 말하자면 미국 측이 계속 사용을 필요로 하는 재산에 대해서는 당초 最初協定 체결 당시에 이미 미국 측의 요구에 의해 그 移管이 보류되는 몇 가지 例外 條項이 설정되어 있었다. 1945년 9월 美軍政의 성립 당시에 접수한 귀속재산 가운데서 이를테면 고급 주택이나 건물 등 소위 '公館建物'(Dependent House ; D/H 건물)이라는 이름으로 징발하여 美軍 장교나 미군정 要人을 위한 官舍나 宿所 등으로 사용해왔는데, 이들 재산(건물) 가운데 한국정부에 귀속재산을 이관한 이후에도 그것의 계속 사용이 필요한 경우 그러한 미국 측 요구를 한국정부는 조건 없이 그대로 受容해야 하는 식으로 처리되었기 때문이다(「最初協定」 제1조 제3항).[10]

이 밖에도 귀속재산의 인수/인계 문제와 관련하여 지적해둘 사항이 몇 가지 더 있다. 우선 당시 '敵産'으로 불리던 聯合國人 財産에 대한 처리 문

---

9) 이상 세 가지 재산 유형 가운데, 셋째의 援助物資 재산에 대해서는 그 규모가 어느 정도였는지 잘 알려져 있지 않으나, 첫째와 둘째에 대해서는 전후 일본 정부와 駐日 미군 측(CPC)이 합동으로 조사한 일본의 戰前 在外財産調査보고서에 의하면, 남한에 소재한 일본(인) 소유 재산의 가치를 총 22억 7,550만 달러로 추계하고, 그것은 정부재산 4억 4,920만 달러(19.7%), 회사재산 13억 3,340만 달러(58.6%), 개인재산 4억 9,290만 달러(21.7%)로 이루어지고 있다. 따라서 첫째의 歸屬財産(회사재산 + 개인재산)과 둘째의 國有財産 만을 가지고 본다면 그 비중은 대체로 80.3% 대 19.7%를 나타내고 있다 – 제5장 <표 5-4> 참조.

10) 미국 측이 계속하여 사용하기를 요구하는 재산에 대해, 한국 측은 아무 조건 없이 그것을 허용해야 한다는 이 條項에 대해 당시 국회(야당 측)에서는 그것이 지나치게 對美 굴욕적 내용이라 하여 처음에는 最初協定 체결 그 자체에 반대하고 나섰다. 그러나 당시 급박하게 돌아가는 國內/外 제반 정세에 비추어 그렇게 하지 않을 수 없다는 정부 측의 강력한 설득으로 1948년 9월 가까스로 協定 체결에 성공하게 된다.

제이다. 1941년 태평양전쟁의 발발과 함께 조선총독부는 당시 朝鮮에 있던 일본과의 적대국이라 할 연합국(美, 英, 佛)의 개인이나 일반 회사 재산 또는 宗教단체 재산 등에 대해 그것이 전쟁에 惡用될 우려가 있다고 하여 '敵産'이라는 이름으로 凍結하고, '敵産管理法'(1941년 12월 제정)에 의해 특별 관리해오다가, 전후에 들어 미군정은 이들 재산을 凍結에서 해제하여 이 역시 歸屬財産의 일환으로 함께 관리해왔다. 그 후 美軍政은 귀속재산의 한국정부 이관과정에서 한국이 향후 이 재산을 당초의 元 所有者에게 반드시 반환해야 한다는 條件附로 이들 재산 역시 다른 귀속재산과 함께 한국정부에 일괄 이관하는 절차를 밟았다.[11]

또 한 가지 지적해 둘 문제는 1945년 9월 美軍政의 등장과 함께 당초 歸屬財産의 접수과정에서 많은 한국 민간인으로부터 特定 재산에 대한 실질적인 所有權이 일본인이 아니라 자기들에게 있다고 주장하는 경우가 많이 있었다. 그들의 주장인즉, 해방을 전후하여 退去하는 일본인으로부터 당해 재산을 정당한 방법으로 취득하였으나 미처 名義移轉 登記를 실행하기 이전에 미군정에 의해 歸屬財産으로 묶이게 되었다는 것이다. 여기에 대해 美軍政은 財産訴請委員會를 설치하여 그 眞相을 철저히 규명케 하여 그것이 만약 사실로 들어나면 구제해주는 조치를 취하였다. 즉 그들의 주장이 정당하다고 판단될 때는 사후적으로 그 所有權을 追認하는 형식으로 하여 그것을 귀속재산에서 풀어주었는데, 이 경우 追認해준 상태 그대로 한국정부에 이관했다.

---

11) 이 점과 관련하여, 동 재산 169건을 인수한 한국정부는 美軍政 법령에 의거하여 元 소유자에게는 각기 返還節次를 밟고, 그 대신 당시 한국인 實所有者에게는 그에 상응하는 報償金을 지급하는 방식으로 문제를 처리함으로써 미군정과의 協約을 충실히 이행하게 된 셈이었다 - 財務部, 앞의 책, 1958, pp. 133~134 참조.

II. 引受財産의 實狀과 管理體制

1. 引受財産의 部門別 구성

1) 財産 種別, 地域別 구성

美軍政은 이상과 같이 지난 軍政 3년간에 스스로 한국 민간인에게 매각/불하하거나 농민에게 분배한 귀속재산을 제외한 나머지 재산에 대해서는 앞에서 본 미국 援助物資 재산이나 聯合國人 재산 등과 같은 특수한 재산까지를 포함하여, 모두 最初協定 제5조[12]에 의거하여 고스란히 한국 정부에 이관하는 절차를 밟았다. 이러한 복잡한 과정을 거쳐 최종적으로 미군정으로부터 이관된 歸屬財産의 재산 종별, 지역별 현황을 종합해보면 다음 〈표 6-1〉에서 보는 바와 같다.

이 표에서 보듯이, 경제적으로 보다 중요한 의미를 가지는 각종 事業體 재산은 총 2,203건에 달하였는데, 그 가운데 재산(事業場)이 2道(市) 이상에 걸치고 기업규모가 상대적으로 클 뿐 아니라 또한 국민경제적으로 그 중요성이 매우 크다고 인정되는 345건에 대해서는, 업종별로 중앙정부

---

12) 最初協定 '제5조'를 특별히 강조하는 이유는 이러한 데 있다. 미군정이 보유하던 國有財産은 동 법 제1조에 의해 이관되지만, 군정법령 제33호에 의한 귀속재산의 이관은 바로 이 조항(제5조)에 의해 이루어지고 있다는 점이 우선 중요하기 때문이기도 하지만, 그 밖에도 이 조항은 다음과 같은 몇 가지 점에서 중요한 내용을 담고 있기 때문이다. ① 美軍政이 그의 통치기간에 이미 처리한 귀속재산에 대하여, 한국정부는 그것을 旣定 사실로 인정하고 異議 없이 批准할 것과, ② D/H 건물 등 미국이 요구하는 재산에 대해 한국정부의 무조건 受諾을 전제로 하고 나머지 재산을 한국 측에 인계한다는 점, ③ 한국정부는 미군정으로부터 재산의 인수, 관리를 위한 별도의 정부 기구를 신설할 것을 의무화한 점, ④ 향후 聯合國人 재산에 대한 元 소유자 등으로부터 제기될 수 있는 모든 문제에 대해 한국정부가 책임지고 대처한다는 점, ⑤ 향후 이 歸屬財産과 관련하여 제기되는 법적인 訴請 문제 등에 대해서도 한국정부가 책임지고 해결할 것 등을 조건으로 하여 동 재산을 한국정부에 인계한다는 내용에 비춰 보더라도 이 협정 제5조는 특별히 강조해둘 필요가 있다는 주장이다.

〈표 6-1〉　　　　　　引受 재산의 種別, 地域別 구성

(단위 : 건)

	事業體	不動産	기　타	합　계
가. 中央直轄企業	345	33	98	476
나. 地方管轄企業	1,858	287,527	2,048	291,433
서　　울	350	51,354	208	51,912
경　　기	140	28,046	272	28,458
江　　原	61	7,972	40	8,073
忠　　北	53	14,305	180	14,538
충　　남	108	27,946	197	28,251
全　　北	238	25,099	157	25,494
전　　남	176	36,540	89	36,805
慶　　北	277	36,350	333	36,960
경　　남	419	55,823	492	56,734
收復地區[1]	36	4,092	80	4,208
합　　계	2,203	287,560	2,146	291,909[2]

자료 : 財務部, 『財政金融의 回顧』- 建國十周年業績 - 1958년 8월, p. 127.
주 : 1) 원래 北韓지역이었으나 1953년 7월 휴전 이후 南韓으로 편입된 지역을 가리킴.
　　2) 당초 미군정으로부터 인수한 건수는 총 170,605건이었으나, 그 후 農林部 소관의 林野, 苗圃 (묘포)등과 같은 귀속농지의 筆地가 크게 늘어나고, 기타 정부의 기본재산 조사에서 새로 나타난 건수 增減 등으로 늘어난 재산 121,304건이 추가되어 총 291,909건으로 計上되었음.

의 각 所管 部處에 의한 직접 관리 체제 하에 두는 中央直轄企業으로 정하고, 나머지 전체의 84.3%에 해당하는 1,858社에 대해서는 재산이 所在하는 각 市/道의 지방정부가 관리하는 地方管轄企業으로 二元化하여 다루는 방식을 취하였다. 물론 이는 지난 미군정 때부터 이미 실시해 온 관리방식이라 할 수 있고, 이 역시 다른 행정 분야에서나 마찬가지로 이 管財 行政에 있어서도 미군정 하에서의 제도를 그대로 踏襲(답습)하는 식으로 이루어졌다고 할 수 있다.

　후자의 地方관할기업 1,858사에 대한 각 市/道別 분포를 보자. 우선 慶南 지역이 419社로 압도적으로 많은 편이고, 그 다음 서울 350사, 慶北 277사, 全北 238사 등의 順位를 보여주고 있다. 이처럼 사업체 수를 기준으로 한 市/道別 구성이 물론 큰 의미를 가지는 것은 아니지만, 前者의 대규모 中央直轄企業이 대부분 서울/경기지역에 집중되고 있음을 감안한다면, 이상의 지역별 분포상황을 가지고 지난 식민지 시대 日本人의 居住 및 경제활동상황과 관련한 資本(企業)의 각 지역별 투자 비중을 나타내고 있다

는 점에서 그것은 다소나마 그 시대 상황을 이해하는 데 좋은 참고 자료로서의 의미를 갖는다고 할 수 있다.

2) 業種別, 地域別 구성

둘째로 총 재산 가운데 특히 사업체 재산의 산업별, 업종별 구성은 어떠하였는가를 보자. 〈표 6-1〉 상의 2,203건의 사업체에 대한 정확한 업종별 자료는 잘 알 수 없으나, 便法으로 財務部(管財局)의 拂下企業體名簿[13]에 나오는 불하기업체의 社名에 의거하여 그 회사의 사업 성격(업종)을 判別하는 식으로 하여 그것의 업종별 구성을 추정해보기로 한다.

1948년 8월 정부수립 이후 1950년대 말까지 불하된 총 귀속사업체수는 中央直轄 225社, 地方管轄 1,711社로 도합 1,936社에 달하고 있다(〈표 6-2〉 참조). 따라서 앞의 〈표 6-1〉 상의 2,203사와 비교하면 267사가 모자라는 계산이지만, 이 267사 가운데는 우선 1950년대 말까지 拂下되지 못한 未拂下사업체가 상당히 포함되어 있을 것이고, 그 밖에 이미 사업체로서의 존재가치를 상실한 것, 또는 정부에 의한 淸算의 대상으로 된 사업체 등도 포함되어 있을 것임에 틀림없다. 이러한 점들을 감안하고 앞의 1950년대까지 불하된 1,936사를 대상으로 그 업종별 구성을 살펴보면 대체로 다음과 같은 설명이 가능하다.

먼저 中央直轄企業 225社의 경우 전체의 62.7%인 141社가 제조업으로 되어 있고, 그 밖에 운수/창고업 21사(9.3%), 상업 18사(8.0%), 금융업 11사(4.9%) 등으로 이루어지고 있다. 그 밖에도 농림/수산업과 광업도 각각 5, 6社 씩 포함되어 있음을 볼 수 있다. 다시 제조업 141사에 대한 업종별 구성을 보면, 섬유 및 飮/食料品공업이 각각 50사 및 40사로 두 개 업종이 전

---

13) 이 『拂下企業體名簿』(筆寫本)은 불하기업에 대한 全數 조사를 말해주는 것으로, 우선 中央직할기업과 地方관할기업(각 道別)으로 구분되어 있고, 구체적으로 ① 기업체명(또는 財産名), ② 불하가격, ③ 불하일자, ④ 拂下 받은 사람, ⑤ 불하조건으로는 또한 代金지불조건, 우선 拂下의 與否 등의 사항이 拂下日字 順으로 자세하게 기재되어 있는 귀중한 자료이다.

체의 무려 64%로 압도적인 比重인가 하면, 化學 및 기계/금속공업이 19사 및 18사로 구성되어 있다. 그 밖에 인쇄/출판, 製材 및 製紙, 工藝工業 등의 비중은 상대적으로 매우 낮은 편이다.

다음 地方管轄企業의 경우는 총 1,711사 중 77.6%인 1,327사가 제조업으로 되어 있어 앞의 중앙직할기업 경우보다도 오히려 제조업 비중이 더욱 높다는 점이 특징적이라고 할 수 있다. 제조업 중에서도 음/식료품업이 전체의 38.4%(509사)에 이르고 있는데, 이는 곧 지방관할하의 제조업의 경우는 주로 그 지방의 소규모 精米所, 양조장, 製麵(제면)/醬油(장유)공장 등으로 이루어지고 있음을 보여준다. 제조업 이외에는 각종 小賣商이나 劇場 등의 유통업과 기타 서비스업이 각기 54개 社로 비교적 많은 편이다. 그 밖에 농림/수산업이 32사, 건축/토목업 30사, 운수/창고업 17사 등으로 구성되고, 그리고 각종 組合이나 연합회 및 協會 등 사업체 단체가 무려 35개에 달할 정도로 상당히 많다는 것이 또 하나의 특징적이라 할 수 있다 (〈표 6-2〉 참조).

이상으로 引受財産(사업체)의 산업별, 업종별 구성을 살펴본 셈이지만, 그것은 어디까지나 이미 민간에게 불하된 사업체를 대상으로 한 것이라는 점에서 몇 가지 留意할 점이 있다고 할 것이다. 우선 들어야 할 것은 1959년 당시까지 불하되지 않은 즉 未拂下상태로 남아 있는 대규모 사업체가 이 분류에는 포함되지 않고 있다는 사실이다. 예컨대 1958년 8월 현재 매각되지 않은 굴지의 中央直轄기업체 수가 무려 52社에 이르고 있다는 사실과 더욱이 이들 가운데는 석탄광, 鐵鑛 등 주요 광업회사가 무려 24사나 포함되어 있고, 그 밖에 朝鮮電業, 京城電氣, 南鮮電氣 등 대규모 전기회사가 4사, 운수/창고업 7사, 그리고 제조업 중에서도 大韓重工業, 韓國機械, 三成鑛業 등 중화학공업에 속하는 굴지의 대기업 8사 등이 여기에 포함되어 있다는 점에서 그러하다.[14] 따라서 이상의 산업별, 업종별 구성은 당초 인수

---

14) 財務部(1958), pp. 157~159 <표 43> 참조.

〈표 6-2〉 정부수립 후 拂下企業의 업종별, 지역별 구성 (1948. 8월~1959년 말)

(단위 : 업체 수)

	中央直轄	地方 管轄						합계
		서울/경기	江原	충남/북	전남/북	경남/북	계	
農林/水産業	5	4	4	5	6	13	32	37 (2.0)
광 업	6	3	–	–	–	2	5	11 (0.5)
석 탄	4	–	–	–	–	2	2	6 (0.3)
製造業	141	326	31	137	274	559	1,327	1,468 (75.8)
음/식료품	40	59	12	68	149	221	509	549 (28.4)
섬 유	50	41	1	8	14	57	121	171 (8.8)
인쇄/출판	2	9	–	4	4	18	35	37 (1.9)
제재/제지	6	14	11	6	19	35	85	91 (4.7)
화 학	19	62	1	11	24	53	151	170 (8.8)
窯 業	1	13	2	7	4	20	46	47 (2.4)
기계/금속	18	95	2	21	43	111	272	290 (15.0)
기 타	5	33	2	12	17	44	108	113 (5.8)
건축/土木業	4	15	1	2	2	10	30	34 (1.8)
상 업	18	18	2	5	10	19	54	72 (3.7)
금 융 업	11	1	–	–	3	1	5	16 (0.8)
서 비 스 업	3	19	1	3	10	21	54	57 (2.9)
운수/창고업	21	3	2	–	6	6	17	38 (2.0)
公共機關	–	5**	1	–	2	4	12	12 (0.7)
組合/協會	6	3	–	5	20	7	35	41 (2.1)
기 타*	10	43	23	2	59	13	140	150 (7.7)
합 계	225	440	65	159	392	655	1,711	1,936 (100.0)

자료 : 財務部管財局, 『拂下企業體名簿』(筆寫本)에서 작성함.
주 : 1) * 垈地, 건물 등 不動産 형태로 매각한 것이 많음.
    2) ** 에는 電氣業 1社가 포함됨.
    3) 합계란의 ( )내는 전체에 대한 구성비(%)임.

재산의 實際와는 상당한 乖離(괴리)가 있을 수밖에 없다는 점을 미리 지적해두지 않을 수 없다. 특히 광업의 경우 이러한 乖離현상은 더욱 현저하다고 해야 할 형편이었다.

　이를테면 비록 귀속사업체 범주에는 포함되지 않았지만, 아직 경제적으로 쓸 만한 광산시설을 상당히 보유하고 있던 鑛山 가운데 1958년 8월 당시까지 未賣却 상태로 있던 광산이 무려 51社에 달하고 있었다는 사실과 그리고 당시까지 中央직할/地方관할의 경우를 모두 합하더라도 鑛山의 불하건수가 겨우 11건에 불과하여 이는 未賣却 건수(51건)의 5분의 1

수준임을 감안한다면,[15] 앞에서 본 불하기업 건수를 기준으로 한 산업별/업종별 구성이 가지는 의미는 사실상 매우 제한적이라고 할 수밖에 없다.

3) 資本의 所有者別 구성

셋째로는 인수사업체의 資本所有관계라고 할 회사의 持分 또는 持株 비율과 관련해서이다. 당초 日人 소유 재산이라 하여 美軍政에 의해 귀속 재산이라는 이름으로 접수되고, 또 그 뒤 미군정으로부터 한국정부에 이관되었다고 하더라도, 그중에는 100% 일본인 소유 기업이 아닌, 다시 말해 다소간 韓國人 또는 제3자 소유의 株式이나 持分이 포함되어 있는 경우도 흔히 있었다고 봐야 한다. 더욱이 個人企業이 아닌 株式會社나 合資/合名會社의 경우에는 그 株式/持分의 구성에서 전액 일본인 소유 주식/지분으로만 되어 있는 경우는 그렇게 많지 않다는 것, 특히 本店회사에 있어서는 더욱 그러하다는 사실을 알아야 한다. 오히려 여러 형태나 방식으로 한국인과의 資本合作이나 또는 기술적/경영적 提携관계 등의 형태를 취한 경우가 상당히 많았다고 해야 한다.

당시 서울에 本社를 두고 주로 조선에서 영업을 한 日本 法人企業의 경우를 예로 들어보자. 株式會社 형태의 총 236개 제조업 가운데 100% 歸屬株式(구. 일본인 소유 주식)으로 이루어진 경우는 전체의 36.0%인 85사에 불과하고, 나머지 151사(전체의 64.0%)는 어떤 형태로나 또는 어떤 비율로서든 韓/日 合作으로 이루어졌는가 하면, 또한 그것의 持分 구성에 있어서도 귀속주식 비율이 50% 이상 99% 미만의 합작 경우가 전체의 44.1%(104사)에 달하고, 그리고 나머지 50% 미만의 合作 경우도 무려 19.9%(47사)를

---

15) 歸屬鑛山의 경우, 그것이 모두 本文 중의 <표 6-1> 상의 引受事業體 2,203건 속에 포함되어 있는지의 與否가 우선 의문시되고 있다. 왜냐하면 그것이 不動産 카테고리에 포함될 가능성도 배제할 수 없기 때문이다. 또 1958년 8월 당시까지 未拂하 상태의 鑛山이 무려 51사(그중 6사는 사실상 매각 처리된 상태임)에 달할 정도로 많았다는 사실 역시 의문을 갖게 하는 등 당시 鑛業(鑛山) 통계에 대해서는 신뢰할 수 없는 점이 많이 있다고 해야 한다 - 財務部, 앞의 책, pp. 140~143 <표 40> 참조.

〈표 6-3〉　　法人企業의 업종별 歸屬株式 분포상황[1] (日本人 持分 기준)

(단위 : 업체 수, %)

	持分 50% 미만		持分 50~99%		持分 100%		합　계	
가. 株式會社	102	23.3	178	40.7	157	35.9	437	100.0
제조업	47	19.9	104	44.1	85	36.0	236	100.0
식료품	2	9.1	12	54.5	8	36.4	22	100.0
섬 유	3	18.8	3	18.8	10	62.5	16	100.0
화 학	4	10.3	22	56.4	13	33.3	39	100.0
기계/금속	13	25.0	27	51.9	12	23.1	52	100.0
기 타	25	23.4	40	37.4	42	39.3	107	100.0
鑛 業	7	29.2	7	29.2	10	41.7	24	100.0
전기업	1	20.0	4	80.0	0	0	5	100.0
건축/토목	1	5.9	4	23.5	12	70.6	17	100.0
運輸/倉庫	5	50.0	4	40.0	1	10.0	10	100.0
금융업	9	56.3	5	31.3	2	12.5	16	100.0
상업/서비스[2]	24	23.5	43	42.2	35	34.3	102	100.0
농림/어업	5	33.3	5	33.3	5	33.3	15	100.0
기 타	3	25.0	2	16.7	7	58.3	12	100.0
나. 合資會社	4	6.0	14	20.9	49	73.1	67	100.0
다. 合名會社	0	0	2	8.7	21	91.3	23	100.0
라. 有限會社	5	17.2	6	20.7	18	62.1	29	100.0
합　계	111	20.0	200	36.0	245	44.0	556	100.0

자료: 財務部管財局企業財産課, 『株式臺帳』에서 작성함.
주: 1) 서울에 本社를 둔 기업으로, 原 臺帳 상에는 調査不能企業이 많이 있었고, 또 정부에 의해
　　 이미 解散된 기업도 154社나 되었음. 통계조사 시점은 不明이나 1950년대 전반으로 추정됨.
　 2) 상업/서비스업에는 각종 産業組合이나 聯合會가 포함됨.

차지할 정도로 높았다(〈표 6-3〉 참조).

　　물론 서울에 本社를 둔 일부 기업만을 대상으로 한 조사라고 하는 그 나름의 한계를 지니고 있기는 하지만, 이 점을 일단 인정하더라도 여기서 한 가지 特記해야 할 사항은 이러한 韓/日 合作 사업의 경우가 제조업 쪽보다도 오히려 금융업이나 운수/창고업 등 서비스업에 있어서 더욱 현저히 나타나고 있다는 점, 또한 個人會社에 가까운 소규모의 合資/合名會社 형태의 기업에 있어서 보다도 대규모 株式會社 형태에 있어 더욱 높게 나타나고 있다는 사실에 주목할 필요가 있다는 점이다. 따라서 귀속사업체라고 하더라도 企業財産의 전부가 지난날 日本人 소유로 되어 있었던 것은 결코 아니었다는 점을 이해하는 것이 중요하다. 그뿐 아니라 그러한 100% 일본인 出資기업만이 그 후 귀속재산이라는 이름으로 처음에는 美

軍政에, 나중에는 한국정부에 각기 이관된 것은 더욱 아니라고 하는 사실을 반드시 명심해야 할 필요가 있다.

그렇다면 귀속재산(사업체)에 있어서의 이러한 韓/日 合作형태의 持株 구성이 우리에게 던져주는 含意는 무엇인가? 그것은 우선 식민지 시대 朝鮮에서 이루어진 고도의 産業化과정에 대한 일반의 잘못된 誤解를 풀 수 있는 확실한 근거를 제공해준다는 점에서 찾아볼 수 있다. 일반적으로 식민지 산업화과정이라 하여 그것이 전적으로 일본(인)의 자본과 기술에 의해 이루어진 것으로 이해한다든가, 아니면 그것은 조선인의 日常的 삶과는 아무런 관련도 없이 마치 飛地(enclave)처럼 전개된 것이라든가, 또는 그것이 조선인에게는 말할 수 없는 고통과 수탈만을 강요한 극히 부정적인 産物이라는 식으로 이해하는, 즉 지금까지 한국사회 일반의 보편적 인식이 크게 잘못된 것이라는 데 대한 확실한 역사적 근거를 제공해주고 있다는 사실이다.

비록 그것이 일본(인)의 주도로 이루어진 것만은 엄연한 사실이라 하더라도, 전적으로 일본의 자본과 기업에 의해서만 이루어진 것만은 결코 아니라고 하는 역사적 사실의 확인과정에 다름 아니다. 거기에는 처음부터 조선인(기업)과의 合作 내지 이런저런 提携관계를 맺고서 상호 협력체제 아래 사업이 이루어졌다는 사실을 분명히 해 둘 필요가 있다. 일본기업이 주도하는 산업화 과정에서 조선기업도 상당한 비중을 가지고 한 몫을 담당했다는 사실, 오히려 적극적인 기업가적 자세로 거기에 참여함으로써 당장의 投資收益을 도모하고 자본축적을 가져옴은 물론, 한걸음 나아가 기업운영에 따른 각종 기술이나 경영기법 등 노하우를 涵養(함양)할 수 있는 기회로 삼았다는 사실을 결코 무시할 수 없다고 함을 강조해 두지 않을 수 없다.[16]

---

16) 식민지 시대 조선 기업이 전수한 이러한 기업운영에 따른 갖가지 理論과 經驗의 蓄積이 해방 후 1950년대는 물론이고 특히 1960년대 이후 본격적인 經濟開發 5개년계획의 추진과정에서 그대로 再現되었음은 두말할 나위도 없다. 이처럼 식민지 시대 기업경영과 관련한 이른바 '學

이와 함께, 또 다른 한 가지 중요한 含意는 귀속재산 가운데 이처럼 한국인 持分이 적어도 무시할 수 없을 정도로 많이 포함되어 있었다는 사실은 돌이켜보면 해방 직후의 美軍政이나 그 후의 한국정부에 있어서까지도 결국 지난날 일본인 오너(社主)의 권한을 승계한 大株主 자격으로 당해 민간인(日本) 기업을 일종의 國營企業體制로 전환시켜 운영하게 된 셈이라 할 수 있고 또한 필요에 따라서는 그것을 민간에게 불하하여 財産權을 넘겨주었다는 사실의 확인에서 찾아볼 수 있다.

2. 管財行政의 원칙과 管理機構

1) 財産管理機構의 정비

1948년 9월에 체결된 韓·美 간의 最初協定(제5조)에 의거해 한국정부가 美軍政으로부터 인수한 귀속재산이 무려 29만 2천 건에 이르렀다고 하면, 한국정부로서는 이런 엄청난 분량의 재산을 일단 國有財産으로 인수한 셈이고, 따라서 정부는 이를 책임지고 잘 관리해야 할 막중한 責務를 떠안은 셈이나 다름 아니었다. 재산의 대부분을 차지하는 不動産에 대해서는 그나마 당장의 운영상의 큰 부담은 지지 않겠으나, 기업체 재산 2,203社에 대해서는 어떤 식으로든 당장 그에 대한 운영 책임을 떠안지 않을 수 없었고, 그것은 곧장 기업을 어떻게 경영/관리할 것인가 하는 어려운 문제에 직면하게 되었다.

이처럼 引受 財産에 대한 관리문제가 建國 초기 주요 國政의 당면 과제로 등장한 상황에서 그렇다면 당시 李承晩 정부는 이에 대한 어떠한 준비태세를 갖추었는가 하는 문제가 주된 관심의 대상이 아닐 수 없다. 韓·

習效果(learning effect)를 특별히 강조한 연구로는, ① 미국인 Carter J. Eckert, *Offspring of Empire*, University of Washington Press, 2003, 結論(植民地 遺産), pp. 253~259(日語 번역판, 小谷まさ代, 『日本帝國の申し子』, 草思社, 2004, 結論, pp. 326~334), ② 주익종, 『大軍의 斥候』(Scout of Large Army), 푸른역사, 2008, 終章, pp. 331~355 등을 참조할 것.

美간에 最初協定을 체결할 당시 정부는 귀속재산의 引受 및 管理를 위한 담당 기구를 별도로 설치할 것에 美측과 합의했으나, 한국정부는 이에 대한 인식을 제대로 하지 않고 있다가 마지막 단계에서 미국의 강력한 항의에 부딪치자 '臨時管財總局'이라는 어정쩡한 기구를 急造하게 된 한 가지 사실만 보더라도 당시 한국정부의 歸財 관리를 위한 준비태세가 얼마나 엉성했는가를 충분히 知悉(지실)할 수 있다. 임시 方便으로 만들어진 臨時管財總局이라는 기구를 통해 그렇게 막중한 비중의 歸屬財産 문제를 다루겠다고 한 것 자체가 한국정부의 현실 인식이 얼마나 모자랐던가를 말해주는 하나의 좋은 徵標라고 할 수 있다.

歸屬財産이라는 존재가 지난 식민지 시대 역사적으로 어떻게 형성되고, 해방 후 그것이 어떻게 美軍政으로 넘어갔다가 또 정부 수립과 함께 어떻게 韓國으로 다시 넘어오게 되었는가 하는 등등, 그것의 역사적 전개에 대한 아무런 경제사적 의미 부여도 없이, 단순히 식민지 시대 일본 帝國主義에 의한 식민지적 수탈과 착취의 産物 쯤으로 안이하게 생각하고 있었다고나 할까.[17] 더욱 중요한 것은 앞으로 新生 國民經濟를 이끌어감에 있어 그것을 어떻게 관리하고 활용할 것인가 하는 등의 문제에 대한 장기적인 計劃이나 目標 같은 것도 전혀 염두에 두지 않았다고 함을 말해주는 것이나 다름 없었다.[18]

귀속재산의 引受 업무를 앞두고 어쩔 수 없이 臨時方便으로 만들어진

17) 한국인의 귀속재산에 대한 이러한 인식의 오류는 당시 '歸屬財産'이라는 公式的 명칭 대신에 일본을 敵國으로 간주하여 '敵産'이라는 잘못된 표현이 공공연히 사용되고 있었던 점에서도 그대로 드러난다. 예컨대 敵産工場, 敵産鑛山, 敵産家屋 등의 표현이 그것을 말해준다. 이러한 엉터리 用語가 橫行하는 가운데 어떻게 言論은 물론이고 일반 국민의 公式 명칭을 거역하고 귀속재산에 대한 올바른 인식을 기대할 수 있었겠는가?

18) 이러한 현상은 美軍政期로부터 그대로 이어져 왔다고 할 수 있다. 당시 어떤 정부의 公式 자료에 의하면, 미군정기 귀속재산 관리상황에 대해 이렇게 쓰고 있다. 즉, '…해방 직후의 무질서와 혼란 속에서 美軍政의 무책임하고 소극적인 (歸財의) 관리, 보존, 유지와, 歸財를 둘러싼 社會惡의 조성과 亂脈相(난맥상)은 建國 초창기의 일대 汚點이었으며…, 通譯을 통한 무모한 日帝 遺物의 쟁탈전…' 등으로 酷評(혹평)하고 있음이 그러한 사정을 잘 나타내주고 있다 — 재무부, 앞의 책, 1958, pp. 120~121 참조.

이 '臨時管財總局'이란 그럼 어떤 성격의 기구였는가. 1948년 12월 대통령령에 의해 귀속재산에 대한 관리 및 처분 업무 등을 관장하기 위해 국무총리 산하에 설치하게 된 이 臨時管財總局은 그 이름이 말해주듯이 常設 機構가 아니라 임시기구라고 하는 데서 우선 그것의 本性이 주어진다고 할 수 있다.[19] 따라서 그것은 어디까지나 美軍政으로부터 재산의 引受를 담당하기 위한 임시방편으로 만들어진 기구에 불과할 뿐, 장기적 관점에서 당면의 귀속재산 관리/운영문제라고 하는 막중한 시대적 任務를 수행할 수 있는 그런 權能을 가진 정상적인 기구라고는 할 수 없었다. 약 1년 후인 1949년 12월 '歸屬財産處理法'(법률 제74호)의 제정을 계기로 정부는 곧바로 이 기구의 조직과 권한을 크게 확대하여 1950년 4월 국무총리 직속의 管財廳을 설립하고, 이를 통해 1950년대 정부의 귀속재산 관리는 물론 국가 管財行政의 主務 부서로서의 기능을 담당토록 했다. 즉 재산의 통상적인 管理는 물론 민간에의 拂下 및 기타 처분 등의 업무 전반을 총괄, 지휘토록 조치했다.

귀속재산에 대한 민간에의 拂下 및 기업의 淸算이나 解體 등 재산의 처분 조치가 거의 마무리되고 정부의 管財行政 기능이 대폭 축소하게 됨에 따라, 1955년 2월 종전의 국무총리 직속의 管財廳 기능을 크게 축소하여 재무부 산하의 管財局으로 개편되기에 이르렀다. 이리하여 처음 국무총리 직속의 臨時管財總局으로 출발한 정부의 귀속재산에 대한 管財 업무는 그 후 독립 기관으로서의 管財廳으로 格上되었다가, 나중에 귀속재산 처리업무가 일단락됨에 따라 다시 재무부 산하의 管財局으로 格下되는 등 일련의 담당 기구의 變遷과정을 겪게 된다고 말할 수 있다.

---

19) 臨時管財總局은 1948년 12월 29일자 대통령령 제42호(臨時管財總局의 職制)로 설립되고, 그 내부 職制로는 비서실 외에 管理局, 處分局, 經理局의 3국 체제로 구성하고, 그 밖에 주요 재산 관리사항에 대한 심의 및 의결 기구로는, ① 귀속재산 관리위원회, ② 귀속재산 訴請審議會를 설치 운영하는 것으로 되어 있다(법 제9조)- 당시 公報處 발행 『官報』- 제25호.

2) 意思決定을 위한 審議機構

이상의 管財行政의 집행기구와 함께 다른 편으로 더욱 중요하다고 할 의사결정기구는 어떻게 되어 있었는가를 보기로 하자. 그동안 국무총리실 산하에 국무총리를 위원장으로 하는 '歸屬財産管理委員會'를 설치하고, 管財行政 전반에 대한 최고 의사결정기구로서의 역할을 담당케 하고 또한 귀속재산 처리와 관련하여 제기되는 각종 民間 상호 간 또는 民/官 간의 訴請 업무 등의 처리를 위하여 '歸屬財産訴請審議會'를 역시 국무총리실 산하에 설치, 운영하였다. 참고로 前者의 歸屬財産管理委員會에서 심의, 결정하는 주요 의결사항을 열거해보면 대체로 다음과 같은 내용으로 이루어졌다(동 관리규정 제1조).

① 國/公有 및 國/公營으로 남겨야 할 기업의 지정
② 기업체의 願買人 및 賃借人의 자격 기준 등의 결정
③ 귀속재산 賃貸料 책정을 위한 基準의 결정
④ 民間拂下를 위한 기준가격(時價調査에 의한 기준 금액)의 지정
⑤ 管財行政 관련 제반 規程 및 수속/요령의 제정
⑥ 豫/決算 심사에 관한 사항
⑦ 聯合國人 재산의 처리방침의 결정

등이 그것이었다.[20] 이와 함께, 동 財産管理委員會는 中央에 中央재산관리위원회를 두고 그 아래 각 道/市별로 地方관리위원회를 설치하여 재산이 所在하는 각 지역별로 업무를 分掌하여 운영하는 시스템으로 이루어졌다. 이는 곧 지난 美軍政 하에서의 관련 시스템을 그대로 원용한 것에 다름 아니었다.[21]

후자의 歸屬財産訴請審議會의 職制 역시 국무총리령 제9호(1949년 2월)에 의한 규정으로 정부의 귀속재산 운영 및 처분조치와 관련하여 利害

---

20) 歸屬財産管理委員會規程(總理令 제8호, 1949년 2월 28일 제정) 제1조 참조 - 朝鮮銀行調査部, 『經濟年鑑』, 1949년판, p. Ⅲ-26 참조.
21) 이 道(市)별 지방 관리위원회의 설치, 운영시스템은 미군정 하에서의 軍政法令 제73호(1946. 4. 23일자)에 의한 「道 財産管理所의 설치」 규정을 그대로 援用한 것이라고 할 수 있다 - 『美軍政法令集(國文版)』, p. 197 참조.

당사자의 異議 申請이 있을 경우 그에 대한 사실 여부를 조사, 判決하는 기능을 행사하는 기구라 할 수 있다. 그리고 동 審議會의 구성멤버로는 관련 법률 전문가를 많이 포함시킴은 물론, 나아가 일반 裁判所에서 이미 다루고 있던 관련 訟事까지도 이 審議會로 移送하는 등 귀속재산 처리와 관련한 訟事에서는 정부가 스스로 강력한 司法 기능까지 적극적으로 행사코자 하였다.[22]

3. 事業體 財産에 대한 管理制度

1) 管理人제도와 賃借人제도

이상과 같은 管財行政을 위한 審議 및 執行기구를 어렵사리 정비하게 된 정부는 그럼 어떤 原則과 基準에 입각하여 재산의 관리 및 운영에 임하였는가? 이 문제와 관련하여 먼저 지적해 두어야 할 사항이 있다. 다름 아니라 管財行政에 따른 기본적인 原則과 基準 또는 그 구체적인 절차 등에 이르기까지 그것을 결정하는 기본 시스템이 한국정부 들어 새로 제정된 것이 아니라 지난날 美軍政 시대에 이미 그 기본 골격이 만들어지고 사용해오던 것을 그대로 이어받았다는 사실이 그것이다. 이러한 사실은 비단 여기 管財행정과 관련해서만이라고는 할 수 없다. 1948년 8월 새 정부 수립과 더불어 韓/美간에 체결되는 양국 간 행정업무의 인수/인계과정에서 이미 美軍政(南朝鮮 과도정부)의 職制와 기능을 그대로 傳受하게 되었다는 점에서 기실 여타의 행정업무에 있어서도 사정은 마찬가지였다고 할 수 있다.

이런 管財행정의 承繼문제와 관련하여 한 가지 대표적인 事例를 든다면, 귀속사업체의 관리에 있어 재산(기업)의 카테고리를 크게 두 가지 類型으로 가르는 二元的 管理시스템을 적용하게 된 것이 그것이다. 이를테

---

22) 이 규정 역시 미군정 시대 軍政法令 제103호(1946. 8. 31일자)에 의한 財産訴請委員會의 설치 규정을 거의 그대로 援用한 사례라고 할 수 있다 – 같은 책, pp. 304~305 참조.

면 기업의 규모가 비교적 크고 사업의 성격이 국민경제적으로 중요하며
또 사업장이 적어도 2개 道/市 이상에 걸쳐 있는 경우는 中央直轄企業이
라는 範疇(범주)로 묶고, 그 업종의 성격에 따라 중앙정부의 관련 部處에
서 직접 관리하는 것으로 하고, 그 밖에 기업규모가 비록 크더라도 그 사
업장이 한 개 道/市 내에 所在하는 기업은 地方管轄企業으로 묶어 당해 재
산이 所在한 道/市廳에서 책임지고 관리하는 방식을 선택한 二元的 시스
템이 바로 그것이다.

대체로 앞의 中央직할기업 群에는 ① 철강/기계공업, 化學공업, 窯業
(요업) 등 중화학공업, ② 石炭礦, 철광석, 重石 등 중요한 광업, ③ 철도나
道路, 항만, 發電所(水力), 운수/통신 등 사회간접자본에 속하는 주요 업종,
④ 각종 금융기관, 언론기관, 극장, 도서관 등 公共的 성격이 강한 기관(업
종) 등이 일단 여기에 포함되었는가 하면, 반면 후자의 地方管轄기업에는
이상의 部類를 제외한 나머지 각종 광공업, 특히 특정 지역에 근거지를 둔
섬유나 음/식료품, 製材/製紙 등 중소기업 중심의 소비재공업을 비롯하
여, 지방의 典當鋪(전당포)나 仲介業 등 私設 금융업, 운수/창고업, 精米/釀
造業 등을 포함하는 농/수산업 계통의 각종 食品加工業 등이 모두 여기에
포함된다는 사실이 그를 뒷받침하고 있다.[23]

귀속기업체에 대한 管理行政면에서는 이처럼 해방 후 美軍政 시대에
서나 그 후 李承晩 정부에 들어와서나 별반 달리진 점이 없었다. 그러나
귀속재산의 운영/관리를 위한 기본적인 政策基調 측면에서는 한국정부에
들어 지난 美軍政 시대와는 근본적으로 달라졌다고 해야 한다. 즉 美軍政
하에서의 歸財政策의 기본 方針이 財産에 대한 법적 내지 資産的 변화를
가져오지 않는 현상 그대로의 유지에 만족하는 소극적인 政策基調였다고

---

23) 이 中央직할기업과 地方관할기업의 양자 간의 기업체 구성은 前者 403사에 後者 3,148사에
이르러 기업체수 기준으로 11.3% 대 88.7%의 구성비를 보여주고 있다. 그러나 原 자료상에는
일부 기업의 重複과 漏落(누락)이 더러 발견되고 있어, 양자를 보탠 기업체의 總數는 실제보
다 어느 정도 늘어날 가능성이 있음을 인정해야 한다 - 朝鮮銀行調査部, 『經濟年鑑』. 1949년
판, pp. Ⅲ-79~147(歸屬事業體一覽)에서 저자가 직접 계산한 것임.

한다면, 한국정부에 들어서는 거꾸로 어떻게 하면 귀속재산에 대한 어떤 식으로든 실질적인 변화를 통하여 그것의 운영을 개선하고 생산을 증대시킬 수 있을 것인가 하는 매우 적극적인 정책기조로 바뀌었다는 점이 그것이다. 美軍政 측이 소극적이고도 방만한 경영방식을 추구할 수밖에 없었던 것은 임시적 정부로서의 軍政 본래의 성격을 반영한 탓으로 볼 수도 있겠으나, 또 다른 측면에서는 그렇게 될 수밖에 없었던 요인이 한국사회 내부에 이미 潛在(잠재)되어 있었다고도 할 수 있다.

이를테면 그것은 당시 南朝鮮過渡政府를 장악하고 있던 한국 地主층이 재산에 대한 그 어떤 변화도 싫어하는 지극히 保守的인 입장이 美軍政 정책에 크게 영향을 미치게 된 것이 아닌가 하는 생각이 들기 때문이다. 이렇게 보는 까닭은 한국인들의 美軍政의 歸財政策에 대한 二重的이랄까 무원칙한 태도 때문이라고 할 수 있다. 예컨대 한편으로는 미군정의 소극적이고 放漫한 재산관리정책에 대해 무척 비판적이면서도, 다른 편으로는 美軍政이 현실적 필요에 따라 귀속재산을 민간에게 拂下 내지 賣却하려는 조치 등에 대해서는 거꾸로 그것은 말도 안 되는 越權(월권) 행위라는 식으로 극력 반대하고 나서는 二律背反的인 태도를 취하는 한국인(특히 지주층)의 고약한 二重的 行態가 바로 그것이다.

어쨌거나 한국정부에 들어서는 지난 미군정 시대와는 달리 재산에 대한 적극적인 관리정책으로의 방향전환을 가져온 것만은 틀림없다. 구체적으로 한국정부는 재산관리에서의 가장 핵심적 사항이라 할 管理人 選定 문제에서부터 매우 적극적으로 대처했다고 할 수 있다. 이를테면 매우 까다로운 관리인 자격조건을 제시하고 거기에 부합하는 사람으로서 또한 양심적이고 유능한 사람을 管理人으로 선정하고자 백방으로 노력하게 된 사실이 바로 그것을 말해준다. 또한 한번 관리인으로 선정한 다음에는 그로 하여금 자신의 책임 하에 自主的이고도 효율적인 관리가 보장되게끔 일체의 외부 간섭이나 압력을 배제시켜줌으로써, 기업의 경영성과를 極大化하고자 한 것을 1950년대 李承晩 정부 시대 歸財政策의 核心的 사항이라 할 수 있다.

李承晩 정부의 이러한 적극적인 歸財 관리정책의 이면에는 그 나름의 원대한 통치이념에 입각한 深奧(심오)한 정책 構想이 깔려 있었다고 해야 한다. 말하자면 귀속재산을 가능한 한 조속히 민간에게 불하하여 民營化 하겠다는 기본 원칙을 처음부터 확고히 세우고 있었음이 그것이었다. 해방 政局의 복잡하게 얽힌 대/외적인 제반 難關을 용케 극복하고 등장한 李承晩 정부로서는 시급히 처리해야 할 당면의 여러 정책과제 중에서도 특히 時急을 요하는 두 가지 과제를 지목하게 된다. 이를테면 全國의 農耕地를 대상으로 한 파격적인 農地改革사업과 그리고 미군정으로부터 물려받은 歸屬財産을 조속히 민간에게 넘기고자 한 귀속재산 拂下사업이 바로 그것이었다.

앞의 農地改革사업은 이미 美軍政에서 처리한 귀속농지를 제외한 나머지 한국인 地主의 소유 農地에 대해서만 개혁하면 되는 것이었지만,[24] 그 보다도 더욱 어려운 것이 바로 후자의 이 귀속재산을 어떻게 하면 조속히 그리고 합리적으로 민간에게 불하하느냐 하는 國/公有 기업의 民營化 사업이었다. 전자의 農地改革사업보다도 더욱 어렵다고 해야 할 이 귀속재산 처리사업이야말로 初期 李承晩 정부가 당면한 가장 감당하기 어려운 일차적인 정책과제였다고 해도 과언 아니었다. 이러한 사정을 염두에 두고 이승만 정부의 귀속재산 불하/처분계획이 어떻게 이루어졌는가를 살펴보도록 하자.

정부의 조속한 民營化 원칙에 따라 귀속재산에 대한 관리방식도 종전의 半영구적인 管理人제도로부터 限時的으로 기업운영을 맡기는 식의 賃借人제도를 적극 활용하는 방향으로 나아갔다. 종래 國/公營 기업에서는

---

24) 이 農地改革 실시방안은 이미 지난날 미군정 하에서 실시한 바 있는 歸屬農地 개혁 당시의 原則과 要領을 그대로 援用한다면 쉽게 해결될 수 있는 문제였다. 이에 李承晩 정부는 새로 계획을 수립하느라고 크게 힘들이지 않고 기존의 원칙과 요령을 대부분 그대로 踏襲(답습)하는 방식으로 일을 처리하였다.

하나의 慣行으로 되어온 管理人制度로부터 特定人과의 일정 기간 賃貸借 契約을 맺고 그에 따라 자율적으로 기업을 운영케 한 다음, 그 운영결과에 대해 賃借人이 전적으로 책임을 지게 하는 그런 제도로 바꾸었다. 이 賃借 人制度는 종전의 管理人制度와 비교하여 다음과 같은 점에서 그 성격을 크게 달리했다. 말하자면 賃借人으로 하여금 당해 기업에 대한 私企業的 개념을 갖게 함으로써 기업의 경영의욕을 한층 고취시킬 수 있다는 점에 서 그러했는가 하면, 또한 운영 결과에 대해서도 전적으로 賃借人 자신이 책임을 져야하는 이른바 責任經營의 성격이 강하다는 점에서도 그러하 다. 이처럼 임차인제도가 이전의 관리인제도보다는 利潤 추구의 私企業 的 경영원칙이나 또는 責任經營이라는 관점에서 훨씬 더 발전된 관리방 식이라 할 수 있다.

새로 도입하는 賃借人제도 하에서 이루어진 구체적인 관리방식은 다 음과 같았다. 첫째로 연간 上/下半期 두 번 씩 각 期別 事業計劃書와 收支 豫算書를 작성하여 관련 部處長官의 사전 승인을 받아야 하고(귀속재산처 리법 시행령 제38조), 둘째로 매 3개월마다 경영실적을 담은 貸借對照表 및 損益計算書를 정확히 작성, 제출하여야 하며(동 시행령 제10조), 셋째로는 土地-건물-기계시설 등의 구입이나 처분 또는 사업 자체의 아이템 변경 등 과 같은 경영의 기본 사항에 대해서는 지난 管理人제도에서와 마찬가지 로 여기서도 의무적으로 事前 보고 및 승인을 받아야 한다는 것, 다만 여 기서는 ① 原料의 처분, ② 寄附金-교제비-賞與金 등의 지급, ③ 사업자금 의 借入 등의 사항에 대해서는 이를 報告 의무조항에서 免除시켜주었다 는 점이 달랐다. 말하자면 종전의 管理人제도에서는 이러한 사소한 사항 까지도 모두 부처장관의 事前 承認을 받게끔 규제하였으나(동 시행령 제39 조), 賃借人제도에서는 이런 덜 중요한 사항들을 풀어줌으로써, 그만큼 기 업경영의 自律性을 제고시켜 주었다는 점이 양 제도 상의 기본적 차이점 이라 할 수 있다.

이렇게 보면, 賃借人제도의 도입 배경은 이를테면 당장 민간에게 매각

처분하기 곤란한 기업에 대해 우선 賃貸借契約을 체결하여 자율적인 責任經營을 하게 함으로써 조속한 시일 내에 기업운영을 정상화시키고자 하는 데 있었다. 그리하여 정부는 國有/國營으로 해야 할 특수한 기업을 제외한 나머지 기업은 가능한 빨리 민간에게 매각 처분코자 하였다. 다만 賃貸借 계약을 체결하는 것 까지도 곤란하다고 할 정도로 경영조건이 무척 惡化된 기업에 대해서는 어쩔 수 없이 종전의 管理人制度를 당분간 그대로 존속시킬 수밖에 없었던 것이 그나마 정부가 취할 수 있는 유일한 입장이었다(귀속재산처리법 제24, 25조).

2) 理事長制와 重役制

다른 한편, 國營기업으로 계속 유지해야 할 기업의 경우에는 종전의 管理人제도를 그대로 계속 유지하는 것으로 결정지었다. 그러나 기업의 성격에 따라 두 가지 관리방식을 병행키로 하였는데 理事長制와 重役(社長)制가 그것이었다. 먼저 理事長制는 대체로 歸屬株式(持分)의 비중이 높고, 사업의 성격이 매우 중요한 國策회사의 경우에 적용하는 것으로 대체로 'OO公社'란 이름을 다는 경우가 일반적이었다. 이 公社 이름을 달 경우에는 보통 수 명의 복수 공동관리인을 理事로 임명하고, 그들로 하여금 의사결정기구로서의 理事會를 구성케 한 다음 이 理事會를 중심으로 기업을 운영케 하는 방식이었다.

반면 歸屬株式(持分)의 비중이 비교적 낮고 사업의 성격이 앞의 公社 경우보다 덜 중요한 회사의 경우에는 대체로 社名을 'XX株式會社'로 하는 重役(社長)制를 채택하는 것이 보통이었다. 또한 같은 기업이라 하더라도 처음에는 理事長制를 채택하였다가 나중에 重役制로 바뀌는 경우도 많이 있었다. 이러한 경우는 理事長制보다는 重役(社長)制가 책임경영의 성격이 더욱 강하다고 할 수 있기 때문에 그동안 기업의 경영조건이 많이 好轉되었거나 또는 그를 통해 民營化의 가능성이 높아졌다고 함을 의미하는 것으로 볼 수 있는 경우이다(제3절 〈표 6-8〉 참조).

귀속기업체의 운영과 관련하여 1950년대 당시의 흐름을 대충 살펴보면 대체로 理事長制보다는 후자의 重役制를 더욱 선호하는 경향이 강하였다. 그러한 현상은 6·25전쟁 休戰 직후 전쟁피해로부터 하루 속히 기업운영을 회복하게 하기 위해서는 아무래도 責任經營의 원칙이 더욱 강조되었기 때문이라 할 수 있다. 이상 두 가지 관리방식 가운데 어느 쪽을 더욱 선호할 것인가 하는 문제는 오로지 그 기업의 사업 성격에 달린 문제라 하겠으나, 어느 쪽이든 기업의 賣却을 앞둔 상황에서는 대체로 特定人과의 임대차계약을 먼저 맺게 되는 것이 보통이었다. 또한 이 때 대체로 管理人이 賃借人으로 되는 경우가 많았고, 그 다음 단계 곧 기업의 公開入札과정에 들어서도 다시 賃借人이 買受人으로 되는 그러한 기업지배구조의 변화과정을 겪게 된 것이 그 시대의 일반적 추세였다고 할 수 있다.

끝으로 이상의 귀속기업체의 관리, 운영문제와 관련하여 행정적인 管理機構 문제를 지적해두고자 한다. 당시에는 歸屬財産處理法 및 동 施行令에 근거하여 주로 다음의 4가지 행정기구를 설치, 운영하였다. 즉, ① 기본적 정책심의기구로서의 管財委員會, ② 법률 제120호 해당의 귀속재산 등 각종 財産訴請 관계를 다룰 歸屬財産訴請審議會, ③ 해산된 法人의 淸算업무를 처리하기 위한 淸算委員會, ④ 귀속재산 가운데 일부 國/公有로 계속 존치하게 하기 위한 國/公有化審議委員會[25]의 4가지 기구가 그것이다. 당시의 귀속재산 관리문제의 정책적 중요성에 비춰볼 때 행정의 객관성을 보장하기 위해서라도 이러한 기본적인 事案의 審議/議決機構는 물론, 그 밖의 여러 가지 諮問(자문)기구까지 설치, 운영하고 있었음은 어쩌면 당연한 조치였을 수도 있다. 그럼에도 불구하고 운영상의 근본적인 문제는 그것의 마지막 주요 정책결정과정에서는 언제나 所管 部處의 자체

---

25) 귀속재산 처리과정에서 언제나 중요한 爭點거리로 등장하는 國/公有化할 기업의 選定을 위한 國/公有化審議委員會의 설치는 1951년 7월 26일자 제86차 國務會議 의결로 이루어진 것이지만, 그 이전에는 이 기능을 國務會議에서 직접 담당하고 있었음을 부기해둔다(동 시행령 제4, 5조).

의견이 존중되기보다는 오히려 정부의 豫算權을 쥐고 있는 財務部의 입김이 크게 작용하는 慣行이 지배적이었다고 할 수 있다.

이러한 현상은 과연 무엇을 의미하는 것일까? 바로 당시 李承晩 대통령의 歸屬財産 문제에 대한 기본 방침이 이미 지적된 바이지만 언제나 그것의 조속한 민간 拂下 및 처분과 또한 그를 통한 國庫收入의 증대에 놓여 있었기 때문에, 언제나 재산의 早期 매각을 앞세우는 財務部의 입장을 대통령으로서는 적극 지지하지 않을 수 없었다고 함을 의미하는 것이 아닐까. 그뿐 아니라, 그것은 당시 정부의 財政 상태가 만성적인 赤字財政을 벗어나지 못하고 있던 시절이라 귀속재산의 처분을 통한 國庫 收入의 증대 필요성이라는 현실적 요구가 정부로서는 아무리 강조해도 부족함이 없을 정도로 절실했다고 함을 말해주고 있다.

III. 歸屬財産의 處理過程

1. 歸屬財産處理法의 制定

1948년 정부 수립과 동시에 곧장 美軍政으로부터 歸屬財産을 인수한 李承晚 정부는 처음부터 모든 귀속재산을 되도록 빨리 민간에게 賣却한다는 확고한 방침을 세우고 있었다. 여기에는 물론 귀속기업의 경우도 결코 예외가 아니었다. 오히려 일반 기업체 운영을 조속히 정상화하여 생산을 촉진시켜야 할 처지이고 보면 다른 귀속재산보다도 이 귀속기업체를 우선적으로 民營化시켜야 할 필요성이 더욱 절실하게 다가왔다.

귀속기업을 우선적으로 民營化시켜야 한다는 요구는 지난날 美軍政 하에서의 管財行政이 어떠했는가 하는 점과 결코 무관하지 않다고 해야 한다. 미군정 하에서의 그것의 불하조치가 始終 확고하지 못하고 무원칙하게 전개되어 결과적으로 겨우 現狀維持에 급급하게 된 나머지, 管財 行政 자체가 오히려 귀속재산의 운영을 더욱 어렵게 만들었음은 물론, 나아가 경제활동 全般에까지 그것이 마이너스 영향을 가져오게 되었다는 판단에 근거해서이다. 미군정 하에서의 이러한 管財행정에 대한 부정적인 평가로부터 李承晚정부는 기업 운영의 정상화와 나아가 그를 통한 경제의 조속한 회복을 위해서는, 무엇보다도 먼저 企業을 民營化하는 것이 최선의 方策이라는 결론에 이르렀다.

여기에는 李承晚 자신이 미국식의 自由企業主義에 대한 확고한 信念의 소유자였기 때문이기도 하지만, 당시의 시대상황이 또한 정부로 하여금 서둘러 귀속기업의 民營化를 촉구하게 만든 측면도 결코 무시할 수 없었다. 이를테면 建國 초기 國防 강화와 治安 문제 등 사회 도처에서 제기되는 막대한 財政需要를 무슨 방법으로 충족하느냐 하는 절실한 시대적 요구가 바로 그것이었다. 당면의 막대한 財政需要를 무슨 방법으로 감당할 것이며 또한 늘어나는 財政收支 赤字를 무슨 재주로 메꿀 수 있을 것인가 하는 문제가 당시로서는 정부로 하여금 귀속재산의 조속한 민간 불하를 불가피하게 한 시대적 배경으로 작용하게 되었다고 해야 한다.

이 점과 관련하여 참고로 정부수립 당시의 정부 財政收支 상태를 잠간 살펴볼 필요가 있다. 정부 수립 첫해인 1948년도(하반기) 정부예산 편성에서 총 세입(573억 圓)의 무려 48.0%가 中央銀行 借入으로 충당되었는가 하면, 정상적인 租稅 수입 비중은 세입예산의 겨우 19.1%에 불과한 실정이었다. 1949년도 豫算에 있어서도(결산 기준) 총 세입(4억 6,000만 圜)의 30%(1억 3,550만 圜) 정도가 租稅 수입으로 충당되었는데, 그나마 총 세입은 총 세출(9억 1,100만 圜)의 겨우 50.5%를 충당한 데 불과한 실정이었다.[26] 반면 歲出예산에서는 세출의 대부분이 建國 초기 국내 治安 유지 및 國防力의 강화 등을 위한 극히 硬直的인 지출 항목으로 이루어져, 그 어느 항목도 감히 줄일 수 있는 여지가 전혀 없는 그런 실정이었다. 따라서 총 세출의 절반에 달하는 이러한 대규모 財政赤字를 과연 무엇으로 메꾸느냐 하는 것이 바로 財政構造 측면에서 제기되는 절박한 당면의 정책 과제였다고 하지 않을 수 없었다.

국가재정 측면에서 이처럼 심각한 赤字財政 상태에 처한 정부로서는 무슨 수를 쓰서라도 國庫收入의 증대를 도모하지 않을 수 없는 처지였는가 하면, 여기에 가장 손쉬운 방법으로 등장한 것이 바로 1949년 4월부터 추진하게 된 歸屬財産의 민간에의 처분계획이었다. 그러나 아무런 사전 준비도 없이, 더욱이 拂下를 위한 아무런 관련 法規의 制定 등의 최소한의 제도적인 뒷받침도 마련되어 있지 않는 상태에서 성급하게 밀어붙인 정부측의 귀속재산 불하계획은 곧장 國會에 의해 재지되고 말았다. 왜냐하면 國會 쪽에서 정부의 이러한 拙速 행정에 制動을 걸고나왔기 때문이다.

---

26) 財務部, 『財政金融의 回顧』, 1958, pp. 41~44, <표 3> 참조.

같은 해 7월에 國會는 급거 '歸屬財産臨時措置法'을 제정하고 정부 측의 이러한 재산처분계획을 저지하고 나섰다. 국회 측의 이 臨時措置法의 골자는 앞으로 국회에서 완전한 내용의 관련 法規를 제정할 때까지 정부는 귀속재산 처분계획을 중단하라는 요구에 다름 아니었다.[27]

정부는 어쩔 수 없이 자신의 재산매각계획을 일단 保留하지 않을 수 없었다. 그러나, 國會 측의 이러한 조치는 다른 한편 歸屬財産의 조속한 매각 필요성에 대한 국민의 여론을 환기하는 결정적인 계기를 마련해 준 셈이었다. 말하자면 현실적으로 조속한 귀속재산 처리는 불가피하다는 전제 아래, 그렇다면 國會는 그것을 위한 基本法의 制定을 서두르지 않으면 안 된다는 국민 여론을 환기하게 되었기 때문이다. 그 결과 國會는 불과 몇 달 후인 1949년 12월에 이른바 그 基本法이라 할 '歸屬財産處理法'을 신속히 제정하기에 이르렀다. 이처럼 신속하게 基本法의 제정을 가져오게 된 것은 바로 이전에 국회 측에서 제정한 臨時措置法의 餘波가 빚은 일종의 反射效果였다고 할 수 있다.

이 귀속재산처리법의 신속한 제정으로 정부는 귀속재산에 대한 자유로운 管理와 運用은 물론, 그것의 조속한 처분까지도 가능하게 하는 확고한 법적 뒷받침을 마련하게 된 셈이었다. 동 處理法의 제정으로 정부는 일부 國/公有로 지정하는 특수한 케이스를 제외한 나머지 모든 재산에 대하여 원칙적으로 자유롭게 처분할 수 있는 권한을 갖게 되었다는 점에서 정부의 歸財 行政을 매우 유리하게 이끌어갈 수 있게끔 만들어놓았다고 할 수 있다. 이 점과 관련하여 여기서는 이 歸屬財産(기업체) 가운데서 특별히 國/公有 재산으로 指定하는 케이스에 대해서만 간략히 살펴보고자 한다.

우선 지적해야 할 사항은 정책적으로 특별히 國/公有 내지 國/公營으

---

27) 同 臨時措置法의 제정을 통해 귀속재산 처분에 대한 禁止 조치를 내리게 된 배경에는 정부의 歸財 처분계획 자체에 대한 원칙적인 반대라기보다는, 정치적으로 李承晚 정부의 國會를 무시하는 지나친 獨走에 대한 국회 측의 강력한 牽制(견제)라고 하는 목적이 더욱 크게 작용한 것으로 알려지고 있다.

로 지정해야 할 公共性이 강한 일부 기업체를 제외한 나머지 모든 귀속재산은 민간에게 매각한다는 기본 원칙이 새로 만든 歸屬財産處理法 상에 이미 마련되어 있다는 사실이다. 말하자면 이는 건국 초기 국가가 경제에 있어서는 自由企業主義를 國政의 根本으로 삼는다는 입장 표명에 다름 아니었다. 이런 기본 원칙하에 특별히 國/公有 내지 國/公營으로 지정할 기업은 그 범위가 무척 제한될 수밖에 없을 것이며, 그렇게 되면 과연 어떤 원칙과 기준에 따라 그것을 國有/國營으로 選定할 것인가 하는 문제가 또한 매우 중요한 정책 과제로 제기되었다고 할 수 있다.

이 문제를 다룸에 있어서는 우선 그 上位法인 憲法 상의 規定이 어떻게 되어 있는가를 살펴볼 필요가 있다. 制憲 헌법 제85조에 의하면, 민간에게 그 운영을 맡기지를 않고 국가가 직접 소유 내지 경영해야 할 산업의 범위를, 이를테면 '鑛物 기타 중요한 地下資源, 水力, 기타 경제적으로 이용 가능한 自然力'으로 매우 추상적이고도 포괄적으로 규정해 놓았다. 이에 근거하여 귀속재산처리법에서는 國有/國營으로 할 산업 카테고리를 다음 3가지 영역으로 구체화하고 있다.

이를테면, ① 天然資源에 관한 권리, 營林資産으로 지정할 필요가 있는 林野, ② 역사적으로 기념할 만한 가치 있는 土地, 건물, 紀念品, 미술품, 文籍(문적) 등, ③ 기타 公共性을 갖거나 또는 영구히 보존할 만한 不動産 및 動産類로 규정하고 있음이 그것이다(동 법 제5조). 이에 따라 좀 더 구체적으로 國/公營으로 지정할 대상은 헌법 제87조의 규정에 따른, 곧 운수-通信-금융-保險-전기-水道-가스 및 기타 공공적 성격을 띤 산업은 國/公營으로 한다는 내용에 準據하여, 동 귀속재산처리법에서는 이를 기초로 하되 그 밖에 국민경제적으로 더욱 중요하다고 판단되는 鑛山, 철공소, 각종 기계공장 및 기타 公共性이 강한 기업으로 그 대상을 확대하고 있음을 들수 있다(동 법 제6조).

여기에 바로 李承晩 정부의 歸財 처리에 대한 기본 원칙과 憲法 상의 國/公有 산업에 대한 규정 간에는 상당한 갭이 있을 수밖에 없다는 점을 알게 된다. 이 점을 강하게 의식한 탓인지 정부는 그 施行令에 이들 국/공유 내지 국/공영 기업으로의 지정을 가급적 어렵게 하는 억제 장치를 설정했다. 즉 國/公營을 희망하는 관련 部處別로 신청을 받아 그것을 國/公有化審議委員會의 심사를 거쳐 국무회의에서 통과되어야만 하는 것으로 규정해 놓았다. 그 과정에서 정부는 國/公營 기업으로의 지정을 가급적 억제한다는 기본 방침 아래 指定 자체를 상당히 까다롭게 하는 절차를 두고 있다. 정부가 이러한 까다로운 절차를 둘 수밖에 없었던 이유는 당시 각 部處마다 자기 所管의 국/공영 기업을 가급적 많이 지정받기 위하여 처음부터 國有化 신청을 濫發(남발)하는 경향이 있었기 때문이다. 여기에 가급적 많은 기업의 民營化를 계획하고 있는 中央政府로서는 더더욱 이러한 部處 利己主義를 사전에 遮斷(차단)해야 할 필요성이 강력히 제기되었다고 할 수 있다.

참고로 1958년 당시 각 부처별 자기 소속 기업에 대한 國/公有化의 신청 건수를 보면, 文敎部의 229건을 최고로, 그 다음 遞信部 186건, 國防部 129건 등으로 총 706건에 달하였다. 그중 國/公有化審議委員會에서 可決된 건수는 모두 368건으로 전체 산청건수의 절반 정도였다. 나머지 338건은 완전히 부결된 것이 36건(5.1%)이고, 棄却 내지 보류된 것이 302건(42.8%)이었다(재무부, 1958 ; 135). 물론 동 審議委員會에서 가결되었다고 하여 바로 그것으로 國有化 조치가 실행되는 것은 아니었다. 가결된 다음에도 실제로 재산에 대한 정확한 가치 평가와 그에 따른 代金의 納入은 물론, 대통령의 마지막 裁可에 이르기까지는 여러 단계를 거쳐야만 하게 되어 있었기 때문이다. 말하자면 동 審議委員會의 통과만으로 곧장 국유화 조치가 결정되는 것은 아니라고 함을 알아야 한다.

실제로 이 시기 대통령의 마지막 裁可까지 끝내고 완전히 국유화된 기업 건수는 앞의 審議委員會에서 가결된 368건 가운데 겨우 17건에 불과했다는 믿기 어려울 정도의 기록도 보이고 있기 때문이다.[28] 이를 통해서도 우리는 당시 정부 내에서도 각 부처별로 國/公有化를 요구하는 자체 내의 필요성과 그 主管 부처인 財務部 간의 입장 차이, 거기다가 재무부 측의 國有化 필요성에 대한 입장과 오로지 귀속재산의 조속한 拂下(民營化)만을 앞세우는 李대통령의 기본 원칙 간에는 二重으로 상당한 乖離(괴리)가 있었음을 발견할 수 있다.

2. 민간 拂下의 原則과 基準

國/公有化 指定 대상에서 제외된, 바꿔 말해 民營化의 대상으로 남게된 재산의 賣却 원칙과 기준은 어떠하였는가? 당시 정부의 귀속재산 매각을 위한 절차는 매각 대상의 재산 種別로 약간의 차이가 있었는데, 그것은 대체로 다음 4가지 재산 類型으로 구분하여 다루었다. 즉 ① 기업체 매각, ② 부동산 매각, ③ 動産 매각, ④ 株式 및 持分의 매각이 그것이었다.

이 가운데 특히 중요한 의미를 가지는 것은 ①의 企業體 매각이라 할 수 있다. 가장 중요한 의미를 가지는 이 기업체 賣却에 있어서는, 우선 매각 전단계로 당해 기업을 계속 존속시킬 필요가 있는지 또는 아닌지를 구분하는 兩斷 간의 분류 작업이 먼저 이루어져야 한다. 이를 분류하는 것은 상당히 까다로운 작업이지만, 그 분류 여하에 따라 그 불하의 방식이 달라진다는 점에서 그것은 매우 중요한 일이라고 할 수 있다. 예컨대 계속 존속시킬 필요가 있다고 판단되는 기업에 대해서는 그 株式이나 持分을 민간에게 일괄 매각하는 企業拂下方式을 채택하게 되고, 반면 더 이상 존속시킬 필요가 없다고 판단되는 경우에는 기업 자체를 해체하는 企業淸算方式을 취하게 된다. 따라서 이는 기업으로서는 運命을 가르는 중차대한

---

28) 國有化 조치가 마지막으로 결정된 이 17건에 대한 각 소관 부처별 구성을 보면, 內務部 3건, 재무부 4건, 국방부 2건, 保社部 7건, 법무부 1건 등으로 당초 申請 건수에 비하면 정말 보잘 것 없는 실적이었다 - 같은 책, p. 136 참조.

일이므로 그것의 결정에는 그야말로 愼重에 愼重을 기할 필요가 있다고 할 수 있다(동 법 제4조).

前者의 企業拂下方式은 다시 기업체 자체를 일괄적으로 매각하는 財産賣却方式(위의 ①번 유형)과 그리고 정부 소유의 歸屬株式이나 持分만을 부분적으로 처분하는 株式賣却方式(위의 ④번 유형)으로 구분해 볼 수 있다(동 법 제8조 제1항), 대체로 全額 귀속주식이나 持分으로 되어 있는 경우는 前者의 재산매각방식으로 되고, 부분적 歸屬株式/持分으로 되어 있는 경우는 대체로 後者의 주식매각방식으로 처리됨은 이미 앞에서 지적된 바 그대로이다.

반면 더 이상 존속시킬 필요가 없다고 판단되는 企業體 淸算방식의 경우는 淸算 자체를 용이하게 하고자 당해 재산을 분할, 해체하여 처분할 수 있는 길을 열어놓았을 뿐 아니라, 또한 商法 상의 기업체 解散에 따른 여러 制約규정을 여기에는 적용하지 않음으로써 그 解散의 절차를 되도록 간편하게 해 놓았다. 그 밖에 ①의 기업체매각은 주로 전액 歸屬株式/持分으로 되어 있는 기업에 해당되지만, 반면 ④의 株式/持分매각은 귀속주식/지분이 일부를 차지하는 경우이므로 그중에는 韓/日人의 合作기업으로 되어 株式 및 持分 구성이 매우 복잡하게 되어 있는 경우도 있을 수 있다. 이처럼 株式과 持分이 복잡하게 구성된 合作기업일수록 그것의 처분 과정이 더욱 복잡하게 될 것임은 두말할 여지가 없다.

이상과 같이, 귀속사업체의 처분은 기업체를 어떤 식으로든 민간에게 불하하는 民營化 조치와 企業體 자체를 아예 해체, 淸算하는 두 가지 방식으로 이루어졌다. 이 가운데 後者의 기업청산의 경우는 일단 뒤로 미루고, 前者의 기업매각방식에 대해서만 그 拂下의 원칙과 基準 등에 대하여 좀 더 구체적으로 살펴보도록 하자.

첫째로 國有財産 민간 불하에 있어 무엇보다도 중요하게 다루어져야 할 문제는 이를테면 불하가격의 결정 문제 등도 매우 중요하지만, 그 밖에 가급적 보다 많은 사람들에게 불하받을 기회를 公平하게 부여하는 일도 그에 못지않게 중요한 일이라고 아니 할 수 없다. 그리고 이러한 공평한 기회 보장을 위해서는 1人 내지 少數에 의한 獨/寡占的 불하를 未然에 방지하는 특별 규정을 설치해 둘 필요가 있다. 처음 國會의 법 제정과정에서는 이러한 特定人에 의한 獨/寡占的 買入을 방지하기 위한 대책으로 1人當 불하금액의 上限을 설정하자는 案[29]까지 나왔으나, 이는 너무 비현실적인 조치라 하여 심의과정에서 채택되지 못하였다. 그 대신 買收者의 자격조건을 기본적으로 더욱 강력히 제한하는 방향으로 낙착되었다(동 법 제9조). 이를테면 한 사람이 아니라 한 家庭을 단위로 하여 한 건 이상의 귀속재산을 매수할 수 없게 하는 世帶 단위의 제한규정을 설치하게 된 것이 그 한 가지 사례라 할 수 있다.[30]

둘째로 기업체 매각방법에 있어서는 2개 이상의 금융기관에서 조사한 공식적인 鑑定價格에 準據하여 정부 스스로 査定價格을 미리 매기게끔 되어 있고(동 시행세칙 제8조), 불하가격이 이 정부사정가격을 다소라도 上廻해야만 비로소 매각 조치가 성립될 수 있도록 규정해놓았다. 그러나 이 規定은 수차례에 걸쳐 계속 落札價格이 査定價格을 밑돌 때는 과연 어떻게 할 것인가 하는 문제를 제기하고, 이 경우 그렇다고 賣却계획 자체를 포기할 수도 없는 입장이라면 결국 다른 측면에서 매각에 따른 유리한 혜택을 제공하는 附帶條件을 다는 식으로 하여 일단 정부사정가격 이상으로 落札해야 한다는 기본 원칙만은 준수토록 하는 식으로 처리할 수밖에 없었다. 여기서 말하는 유리한 부대조건이란 대체로 다음과 같은 내용이었다. ① 拂下代金의 納入期限을 연장해준다든가, ② 은행융자를 알선해준다든가, 아니면 ③ 代金 完納 이전이라도 早期 所有權 이전을 통해 銀行

---

29) 당초 1인당 買收限度額을 1,000万圜으로 하자는 國會 측 제안이 있었으나, 이는 그 基準이 애매할뿐더러 事理에도 맞지 않는다는 정부 측의 강력한 반대에 부딪쳐 채택되지 못하였다 — 『朝鮮銀行調査月報』, 1949년 11월호, p. 91 참조.

30) 家族의 일원이 귀속기업체를 매수할 경우, 다른 家族員 또는 그 同族 회사는 더 이상 다른 귀속기업체를 매수할 수 없도록 하고, 또 住宅은 반경 20km 이내, 坐地는 200평 이하로 한정하는 등 가족 단위 買收자격조건을 엄격히 규정하는 방향으로 처리되었다(동 법 제10~14조 참조).

에 抵當權 설정 등을 가능케 해주는, 말하자면 기업운영상의 일종의 特惠 조치를 베풀어준 것이었다.

公開入札방식에는 또한 特定人 – 대체로 管理人이나 賃借人 – 에게 入札優先權을 부여하는 指名入札방식과 그렇지 않은 一般公賣入札방식 의 두 가지가 있었다. 그중 어느 쪽을 택할 것인가는 그때그때 케이스 바 이 케이스로 주어진 여건에 따를 수밖에 없는 일이지만, 실제로는 一般公 賣入札방식보다는 指名入札방식을 더욱 선호한 것으로 알려져 있다(동 법 제16조). 그것은 보다 公平性이 보장되는 一般公賣 入札방식을 처음부터 기피하기 위해서가 아니라, 그를 통해서는 應札/落札이 결코 용이하게 이 루어지지 않기 때문에 어쩔 수 없이 특정인에게 落札을 떠맡기는 식의 指 名入札이 불가피했기 때문이라고 할 수 있다.

셋째로 들 수 있는 것은 公開入札의 경우 당해 기업에 대한 買受人의 자격 조건에 관한 문제이다. 여기에는 대체로 落札者의 優先順位를 다음 과 같이 적용토록 규정되었는데, 買受人의 자격 조건이 빠른 순위로부터 열거하자면, ① 현재의 賃借人 또는 管理人,[31] ② 당해 기업의 株主, 社員, 또는 勞組의 조합원, ③ 2년 이상 계속적으로 근무한 종업원, ④ 農地改革 法에 의해 農地를 매수당한 地主(被分配 지주)의 순으로 되어 있음이 그것 이다(동 법 제10조). 여기서 특히 ②항의 당해 기업의 株主, 社員, 勞組 조합 원의 경우는 해방 이전인 1945년 8월 9일 현재 그 지위에 있었던 자이여야 만 한다는 단서 조항이 붙어 있고,[32] 또 農地改革法에 의한 被分配 地主에

---

31) 1953~60년간의 중앙직할기업 중심의 주요 매각기업 54사(朝鮮紡績 부산공장/대구공장 등) 의 事例를 보면, 전체의 57.4%인 31사가 이들 賃借人 및 管理人에게 매각되고, 나머지 21사가 제3자에게 매각된 것으로 나타나, 전체적으로 그 기업과의 緣故가 있는 사람에게 불하된 경 우가 상당히 큰 비중을 차지하고 있었음을 보여주고 있다(재무부 내부 자료).

32) 여기서 왜 1945년 8월 9일이냐 하는 날짜 문제에 대해 의문이 제기될 터이지만, 그것은 태평 양전쟁 終戰을 앞두고 일본이 미국에 대해 정부 차원(閣議)에서 사실상 降伏을 결정한 날짜 는 대외적으로 항복을 공식으로 선언한 8월 15일이 아니라, 그 이전의 8월 9일이라는 것, 따라 서 이 날짜 이후에 이루어지는 재산변동사항에 대해서는 미국은 그것을 인정할 수 없다는 강 력한 의사 표시라고 할 수 있다(美軍政 法令 제33호 참조).

대한 대책과 관련한 ④번의 경우는 그들 地主가 기업을 매수하게 되면 상당한 優待조치를 받을 수 있는 것으로 되어 있었다.

예컨대 귀속기업체의 共同管理人 선정의 경우는 적어도 2분의 1 이상을 이들 지주층으로 구성해야 하고, 또 管理人이나 賃借人을 변경해야 할 경우에도 이들 地主층에서 우선적으로 選任할 것 등의 조항이 특별히 들어 있었다. 이는 당시의 農地改革 내용이 기실 지주층에 대해 상당한 不利益을 甘受케 한 데 대한 補償的 차원에서 이루어진 조치였다고 할 수 있지만, 다른 한편 被分配 지주층에 대한 이러한 일련의 優待조치는 전통적인 封建的 地主 층을 근대적인 산업자본가 층으로 전환시켜야 한다는 당면의 시대적 요구를 반영한다는 취지도 함께 담고 있었다고 할 수 있다(同 시행령 제29조의 2, 3항).

넷째로 買收代金의 지불방법은 一時拂을 원칙으로 하지만 買收代金의 규모가 큰 기업의 경우에는 15년까지의 分納도 가능하도록 조치하였다(동 법 제19조). 비록 15년 分納조건이라 하더라도 적어도 제1회 拂入金은 총액의 10% 이상이어야 하고, 또 2년 내에 총액의 50% 이상을 납입하거나 또는 4년 내에 그 70% 이상을 납입할 경우에는 나머지 未納金에 대한 抵當權 설정을 조건으로 정부는 買收者에게 회사의 代表者 名義를 먼저 이전시켜주는 일종의 特惠조치도 베풀어주었다(동 법 제22조). 참고로 다음 〈표 6-4〉에 의하여 中央直轄企業體의 불하에 있어 그 拂下代金의 납입조건을 보면, 총 291개 대상 업체 가운데 15년 分納條件이 섬유 및 화학공업 중심으로 12개 업체, 7~10년 분납조건이 역시 섬유, 화학, 기계, 식료품공업 등과 운수/창고업을 중심으로 모두 85개 업체, 그리고 3~5년간의 分納조건이 32개 업체로 구성되어 있었다. 따라서 당초 매입대금 納入원칙으로 내걸었던 一時拂 조건은 전체의 15.5%인 45개 업체에 불과한 실정이었다.[33]

---

33) 다음 <표 6-4>를 보면, 未分類업체가 무려 117건(전체의 40.2%)에 달하고 있어, 동 표 상의

〈표 6-4〉　中央直轄企業의 업종별 拂下企業의 代金納入條件

(단위 : 건)

	一時拂	1~5년 分納	6~10년 分納[1]	15년 分納	未분류[2]	합 계
製 造 業	39	19	62	11	31	162
식 료 품	22	0	11	1	2	36
섬 　 유	6	10	24	4	6	50
화 　 학	4	4	7	5	3	23
기계/금속	2	3	9	0	10	24
기 　 타	5	2	11	1	10	29
鑛 　 業	1	1	0	0	2	4
農/水産業	0	0	4	0	2	6
건 설 업	0	0	0	0	22	22
운수/창고	2	3	14	1	3	23
금 융 업	2	6	1	0	4	13
상 　 업	0	0	1	0	26	27
서 비 스 업	0	2	1	0	2	5
組合/協會	0	0	0	0	23	23
기 　 타	1	1	2	0	2	6
합 　 계	45 (15.5)	32 (11.0)	85 (29.2)	12 (4.1)	117 (40.2)	291 (100.0)

자료 : 財務部管財局,「賣却企業體臺帳」(筆寫本)에서 작성.
주 : 1) 6~10년 分納조건은 7년 分納이 가장 많았음.
　　 2) 未分類는 一時拂 또는 1~5년 分納조건이 대부분인 것으로 생각됨.

끝으로 이 귀속사업체의 拂下문제와 관련하여 한 가지 더 강조해 둘 사항이 있다. 그것은 이들 歸財 拂下와 관련한 제 원칙이나 요령이 지난날 美軍政 하에서 만들어지고 실행된 바 있는 내용을 거의 그대로 踏襲(답습)하고 있다는 사실이다. 마치 미군정 하에서의 歸屬農地 불하원칙이 그 후 1950년대 한국정부에 의한 農地改革 과정에서도 그대로 援用되었듯이, 이 귀속기업체 불하에 있어서도 예컨대 미군정하에서의 '소규모 事業體의 처분에 관한 건'(1947. 3. 24일 자)이나 또는 '都市地域에서의 (구)일본인 소유 住宅의 拂下에 관한 건'(1947. 5. 15일 자) 등에서 적용된 귀속재산 처분요령이 그 후 한국정부에 들어서도 거의 그대로 援用되었다는 점에서도 역시 그러하다.

─────────

산업별 代金納入조건의 구성은 별 의미가 없다고도 할 수 있다. 따라서 이 未분류업체를 어떤 식으로든 일단 計上한다면, 이상의 구성비는 크게 달라질 것이고, 아울러 一時拂 조건의 비중 15.5%(45개 업체)도 그만큼 늘어날 것으로 볼 수 있다.

3. 拂下過程과 拂下實績

1) 6·25전쟁 중의 拂下過程

歸屬財産處理法의 제정과 함께 李承晩 정부의 歸屬財産에 대한 기본
입장은 그것을 조속히 민간에게 불하하는 것이었다고 함은 앞에서 살펴
본 그대로이다. 그러나 정부의 이러한 의욕적인 민간 불하계획은 유감스
럽게도 얼마 후 벌어지는 6·25전쟁으로 말미암아 계획대로 實行할 수 없
게 되었다. 돌이켜보면, 1949년 12월 가까스로 歸屬財産處理法이 제정, 공
포되고, 이듬해 3월에 동 시행령을, 그리고 5월에는 동 施行細則이 각각
제정됨으로써, 歸財 처분을 위한 法制的인 측면에서의 제반 조치는 일단
락 되었다고 할 수 있다. 그에 따라 본격적인 처분계획을 세우고 또 그를
위한 행정적인 준비작업도 완료하고서, 그 일차적인 조치로 1950년 6월
서울시내 일부 지역에서의 歸屬店鋪에 대한 入札公告가 나갈 무렵에 예
기치 않은 6·25전쟁을 맞게 되었다.

시간이 흐름에 따라 戰爭이 일단 長期化의 조짐을 보이자, 정부는 戰
時 상태라는 어려운 여건임에도 불구하고 다른 편으로는 전시하의 時急
을 요하는 각종 戰爭需要를 충실히 충당하기 위해서는 무엇보다도 歸財
의 조속한 처분을 서두르지 않을 수 없게 되었다. 이처럼 急迫하게 돌아가
는 시대적 요구를 반영한 당시 李承晩 정부의 당면 시책은 대체로 다음과
같은 몇가지로 요약된다. 즉,

① 주요 戰爭物資 생산의 시급히 增强
② 戰時 인플레의 강력한 억제
③ 전시 하 불가피한 財政需要 팽창에 대한 적절한 대처
④ 農地改革事業의 계속적 추진에 따른 被分配 地主에 대한 적절한 補償대책
　의 강구
⑤ 歸屬財産의 조속한 처분을 위한 제반 여건의 造成

등이 그것이다. 아울러 이러한 시대적 요구를 그나마 해결할 수 있게 하는

前提조건이라면 그것은 오로지 정부가 자기 手中에 있는 귀속재산이나마 조속히 민간에게 拂下하여 그를 통한 소요 財源을 조성하는 길이었다. 전시 하의 무척 어려운 여건임에도 불구하고 정부로 하여금 이러한 귀속재산 처분계획을 강력히 추진하지 않을 수 없게 한 배경도 바로 이러한 데 있었다. 특히 ④의 被分配 地主대책과 관련하여서는 당시 막대한 규모의 軍糧米 조달은 물론 일반 공무원에 대한 配給用의 政府米 조달을 위한 農地改革사업의 신속한 추진과 맞물려, 不利益을 당하는 被分配 地主에 대한 대책의 일환으로서의 이 귀속재산 처분계획도 동시적으로 추진하지 않으면 안 될 그런 특수한 사정도 거기에 한몫 보태졌다고 할 수 있다.

戰線이 洛東江 以東의 소위 '워커 라인'(Walker Line) 이내로 좁혀진 불리한 상황에서도, 정부는 그나마 統治權이 미치는 慶南/北 일부 지역을 대상으로 하여 그것도 수차에 걸친 歸財 拂下조치를 위한 끈질긴 入札公賣를 실시한 것도 바로 전시 하의 이러한 특수한 사정을 반영하는 것이었다. 전시 하의 이러한 非常 조치가 비록 높은 불하실적을 올리기를 기대할 수는 없었으나, 釜山/慶南지역에서는 그나마 상당한 실적을 올린 것으로 평가되고 있다.[34] 다음 〈표 6-5〉를 통해 당시의 연도별 재산처분 件數를 보면, 정부 수립 직후인 1948년(9~12월)의 1,538건 및 1949년의 729건에서 전쟁기간인 1950년 1,054건, 51년 7,213건, 52년 10,421건에 이를 정도로 현저히 늘어났다. 전반적으로는 이처럼 전시 하의 歸財 처분실적이 부진한 가운데서도 기업체 처분실적만은 비록 매각기업체의 규모 자체는 대부분 중소 규모 기업이라 하겠지만, 그래도 그것은 다른 재산에 비해 상대적으로 높은 편이었다고 할 수 있다. 이 시기 전시 하에서의 귀속재산 처분실적은 '워커 라인' 以東의 일부 慶南/北 지역을 대상으로 한 것으로 볼

---

34) 1951년 2월까지 慶南 지역에서는 모두 11차의 公賣를 통해 총 246건에 73.5억 圓의 처분실적을 올리고 그리고 慶北에서는 8차에 걸친 公賣로 106건에 겨우 2.7억 圓의 처분실적을 올린 것으로 되어, 경남/북 지역에서의 불하실적도 압도적으로 경남(부산) 지역 중심으로 이루어진 것으로 볼 수 있다 — 『韓銀調査月報』, 1951년 3월호 p. 63.

수 있고, 그것도 釜山 및 大邱 등 대도시지역을 중심으로 한 것이며 또한 中小 규모의 企業體 재산 중심으로 이루어진 것으로 풀이할 수 있다.

戰時상황이라고 하는 불리한 여건 이외에도 당시 歸屬財産의 처분을 어렵게 하는 요인은 또 다른 곳에도 있었다. 전쟁으로 말미암은 직접적인 재산 피해 그 자체가 우선 재산의 처분을 어렵게 하는 일차적 요인으로 작용하였음은 두말할 것 없다. 주지하듯이 당시 南韓의 경우 중심적인 공업단지라고 할 京仁 및 三陟工業地帶의 산업시설은 그 대부분이 이미 1950년 6~7월의 제1차 南侵 과정에서 이미 결정적인 戰禍를 입었고, 특히 규모가 크고 근대적 시설을 갖춘 대기업일수록 그 피해는 더욱 크게 나타났음은 물론이다. 전쟁피해가 큰 경우에는 우선 파괴된 建物이나 施設을 복구하는 데 들어가는 당장의 資金 부담은 물론이거니와, 그 밖에 시설의 修理 및 改替工事를 위한 所要 자금, 그리고 실제 운영과정에서 부딪치는 運營資金 등의 부담이 역시 기업의 매각처분을 어렵게 하는 또 다른 요인으로 작용하였다. 말하자면 당장의 시설 복구 및 운영에 필요한 所要 자금의 調達難이 사실상 귀속사업체의 불하를 어렵게 하는 또 하나의 중요한 애로사항이었다고 할 수 있다. 그 밖에 전쟁 통에 상당히 많은 귀속재산, 특히 그중에서도 土地/建物 등을 중심으로 한 상당한 규모의 不動産이 國軍이나 유엔軍에 의해 강제 徵發되어 있었다는 사실도 거기에 크게 한몫한 것으로 봐야 한다.

그렇다고 하여 물론 戰爭被害가 귀속사업체의 처분을 일방적으로 어렵게 하는 요인으로만 작용한 것은 아니었다. 逆說的일지 모르지만 전쟁피해 그 자체가 오히려 정부로 하여금 기업체 처분계획을 촉진하게 한 측면도 없지 않았기 때문이다. 정부는 전쟁피해를 극복하기 위한 대책의 일환으로 責任經營의 원칙을 강조함과 동시에, 産業施設의 복구 또는 改替를 위한 內/外資 소요자금의 조달을 적극 지원하는 特段의 조치를 강구해 준 사실 등이 그것이라 할 수 있다. 특히 정책적으로 중요하게 다루어야 할 산업(기업)에 대해서는 미국원조 당국과 협의하여 특별히 원조자금의

早期 執行을 위한 긴급 조치를 취함으로써, 당초의 처분계획 자체를 더욱 촉진하는 효과도 함께 가져왔기 때문이다.

이를테면 綿紡공업의 예에서 보는 것처럼, 대표적 國民衣料산업으로서의 면방공업이 총 시설의 무려 70%에 이르는 막대한 전쟁피해를 입게 되자, 정부는 면방업계로 하여금 1951년 12월 서둘러 '綿紡織工業緊急再建計劃'[35]을 수립케 하고, 원조 당국(UNKRA)과의 적극적인 협조 하에 파괴된 생산시설의 再建과 擴充을 위한 동원 가능한 모든 지원책을 적극적으로 베풀어주게 된 것이 바로 그 좋은 사례라 할 수 있다. 이렇게 하여 국내 굴지의 면방업체들이 1955년경에 오면 대부분 민간에게 불하되고,[36] 또 당시 UN에 의한 UNKRA, CRIK 원조자금은 물론이고, 정부 保有 外換의 大宗을 차지하고 있던 '重石弗' 자금까지 총동원하여 빠른 시일 내에 파괴된 시설의 복구와 新式 시설로의 改替를 통한 시설 擴充을 가져오게 된 것 등은 모두 이 전쟁피해의 조속한 복구라고 하는 시대적 요구가 강력히 반영된 때문이라고 할 수 있다.

2) 歸屬事業體의 불하실적

6·25전쟁피해가 귀속재산의 처분을 오히려 촉진하게 된 逆作用을 하게 된 측면이 완전히 없었다고는 할 수 없지만, 그러나 그러한 事例는 어디까지나 극히 예외적인 케이스라고 할 수 있을 뿐, 전반적으로는 전쟁이 귀속재산의 순조로운 처분을 가로막은 마이너스 영향을 미쳤다고 해야 마땅한 일이다. 그리하여 재산 처분이 본격적으로 이루어지게 된 것은 아

---

35) 면방공업 緊急再建計劃은 그 후 업계의 적극적인 노력으로 1952년 12월에는 면방직공업의 長期復興計劃으로 발전되었는데, 그 구체적 내용에 대해서는, 大韓紡織協會, 『紡協創立十周年紀念誌』, 1957, pp. 9~23 참조.

36) 綿紡工業 부문 귀속사업체는 대체로 1951~52년간에 대부분 민간에게 불하되는 곧 民營化 과정을 밟게 되지만, 1955년 10월 그 말썽 많던 朝鮮紡織(주)이 마지막으로 당시 관리인(姜一邁)에게 최종적으로 불하됨으로써, 한국 제조업의 先頭 走者라 할 면방공업은 가장 먼저 정부의 統制에서 완전히 벗어나게 되고, 따라서 완전한 민간기업으로서의 自立經營體制를 구축할 수 있게 되었다.

<表 6-5>　　　歸屬財産의 연도별, 財産 형태별 처분실적* (1958년 5월 현재)

(단위 : 건, 千圜)

	企業體		不動産		기 타		合 計	
	건수	계약액	건수	계약액	건수	계약액	건수	계약액
美軍政期	513	8,477	839	5,215	916	2,823	2,258	16,515
1948	407	12,086	541	3,450	590	1,991	1,538	17,527
1949	107	1,391	299	1,765	323	836	729	3,992
1950	162	74,038	731	15,990	161	1,159	1,054	91,187
1951	391	593,656	6,740	357,237	82	6,438	7,213	957,331
1952	359	860,700	9,981	683,846	81	17,849	10,421	1,562,395
1953	121	3,142,467	39,693	2,638,593	320	12,255	40,134	5,793,315
1954	233	1,219,071	92,735	7,852,064	95	31,834	93,063	9,102,969
1955	165	11,530,250	63,717	6,664,319	217	73,471	64,099	18,268,040
1957	61	4,037,434	36,418	2,810,299	162	12,243	36,641	6,859,976
1958	23	983,169	8,784	732,102	75	3,167	8,882	1,718,438
合 計	2,029	22,454,262	259,639	21,759,665	2,106	161,243	263,774	44,375,170

자료 : 財務部,『財政金融의 回顧』, 1958, pp. 121, 167.
주: 1) * 賣買契約 체결을 기준으로 한 것이며, 年度는 財政年度임.
　　2) 합계에 美軍政期 처분실적은 제외됨.

무래도 1953년 7월 休戰 이후에 들어서라고 할 수 있다.

　　전반적으로 1952년까지의 재산처분실적이 극히 미미한 수준인 것으로 판단한 정부는 1953년 들어 연간 무려 10만 건 이상의 재산을 처분한다는 매우 의욕적인 目標를 세우고, 이의 實行을 위해 모든 行政力을 총동원하기에 이르렀다. 그리하여 1953년 한 해에 무려 4만 건에 달하는 처분실적을 올렸는가 하면, 정부수립 10년이 가까운 1958년 5월까지 총 263,774건의 귀속재산을 처분하는 그야말로 경이로운 실적을 거두게 되었다. 이는 물론 단순히 件數 기준에 의한 것이기는 하지만, 前記 제2항의 <표 6-1>에서 이미 살펴본 당초 미군정으로부터 인수한 총 財産件數 291,909건의 무려 90.4%에 달한다는 것만으로도 놀라운 실적이라고 아니 할 수 없다. 그중에서 특히 귀속사업체 재산의 처분만을 따로 때내어 본다면, 총 불하실적 2,029건으로 당초 引受件數 2,203건의 92.1%에 달한다는 점도 特記할 만한 일이 아닐 수 없다. 그것은 不動産 등 일반 재산의 경우보다 事業體 재산의 불하가 더욱 어려울 수밖에 없을 것이라는 관점에 선다면 더욱 그러하다

〈표 6-6〉　　　　　中央直轄企業의 연도별, 업종별 拂下實績

(단위 : 건)

	1948 8~12	1949	1950	1951	1952	1953	1954	1955	1956	1957	1958	1959	합 계
農林/水産業	1	0	1	1	0	2	0	0	0	0	0	0	5 (0)
鑛　業	0	2	0	0	0	0	0	0	2	1	0	1	6 (1)
製 造 業	3	7	3	52	22	6	8	10	12	12	1	5	141 (14)
음/식료품	0	1	0	21	9	3	2	1	1	1	0	1	40 (2)
섬　유	3	3	0	15	8	2	1	6	5	5	0	2	50 (2)
인쇄/출판	0	0	0	0	0	1	0	0	0	1	0	0	2 (1)
製材/製紙	0	0	0	2	2	0	0	1	0	1	0	0	6 (3)
화　학	0	1	1	6	2	0	1	2	3	2	0	1	19 (1)
窯　業	0	0	0	0	0	0	0	0	1	0	0	0	1 (0)
기계/금속	0	2	1	6	1	0	3	0	1	2	1	1	18 (3)
기　타	0	0	1	2	0	0	1	0	0	1	0	0	5 (2)
土木/건축업	1	3	0	0	0	0	0	0	0	0	0	0	4 (17)
운수/창고업	0	1	0	1	2	8	1	0	0	6	0	2	21 (2)
금 융 업	0	1	0	0	0	0	0	0	0	8	1	1	11 (3)
상　업	1	0	12	0	0	2	0	2	0	0	0	0	18 (6)
서비스업	1	0	1	0	0	0	0	0	0	0	0	0	3 (4)
組合/協會	1	0	3	0	2	0	0	0	0	0	0	0	6 (22)
기　타	0	0	2	3	0	1	1	0	1	0	0	2	10 (1)
합 계	8	15	22	57	26	19	10	12	15	27	3	11	225 (70)

자료 : 〈표 6-2〉와 같음.
주 : 1) 1950년에는 1949년의 수치 일부, 1959년에는 1960년 수치(2건)가 포함됨.
　　 2) 산업별/업종별 구성은 企業體名에 의거, 필자가 자의적으로 분류한 것임.
　　 3) 합계란의 ( )내 수치는 美軍政期(1947~48. 8월)에서의 불하실적임.

고 할 것이다.

　　이상의 귀속기업체 불하실적에 대해서만 그 연도별, 업종별로 좀 더 구
체적으로 살펴보자. 우선 中央直轄企業의 경우, 1948년 정부 수립 후 1950
년대 말까지의 각 연도별 및 업종별 拂下實績을 총정리해본다면 위의 〈표
6-6〉에서 보는 바와 같다. 총 295건의 매각기업체 가운데 미군정기의 매
각건수 70건을 제외한 나머지 225건이 정부수립 후 1950년대 말까지 매각
된 실적이라 할 수 있다. 업종별로는 총 225건 중 제조업 141건을 비롯하여
광업 6건, 운수/창고업 21건, 상업 18건, 금융업 11건, 土建業 4건 등으로 구
성되고, 또한 연도별로는 1951년의 57건을 최고로 그 후 점차 줄어들다가
1957년에 들어 4개 市中銀行 및 보험회사 등 大型 금융기관의 拂下를 포함

하여 모두 27건에 달하는 매각실적을 나타내었다. 이리하여 1957년을 고비로 중앙직할기업의 경우는 정책적으로 특별히 國營으로 남겨놓아야 할 중요한 기업이나 또는 몇몇 문제 있는 기업을 제외하고는 대체로 거의 매각처분이 일단락된다고 할 수 있다.

다음 地方管理企業의 불하실적은 다음 〈도표 6-7〉에서 보는 바와 같다. 총 1,709개 불하업체 가운데 제조업이 1,326개로 전체의 77.6%를 차지할 정도로 압도적인 비중을 보여준다. 따라서 地方管轄企業에 있어서도 기업의 불하실적은 역시 제조업을 중심으로 구성됨은 물론이고, 또 그것은 1951~55년간에 집중적으로 이루어지고 있음을 볼 수 있다. 다만 예외적으로 慶南/北 지방에서는 특별히 전쟁 중인 1951~53년간에 그것이 더욱 활발하게 이루어졌음은 앞에서 살펴본 그대로이다.

前述한 바와 같이, 정부가 1950년대 특히 6·25전쟁 기간에 있어서까지 귀속기업체의 민간 불하를 위해 얼마나 적극적인 노력을 기울였는가를 알 수 있다. 기간별로는 특히 1950년에서 1956년간에 대부분의 기업이 불하되는가 하면, 업종별로는 음/식료품공업 509건을 비롯하여 기계/금속공업(271건), 화학공업(151건), 섬유공업(121건) 등에서의 불하가 더욱 적극적으로 추진되었음을 알 수 있다. 이를 통해서도 예컨대 정부가 그처럼 歸屬財産 처분계획을 적극적으로 추진할 수 밖에 없었던 까닭은 무엇보다도 당시의 6·25전쟁 수행과 관련한 軍備調達과 밀접한 관계가 있다고 함을 새삼 강조해두지 않을 수 없다.

1948년 정부 수립 후 약 10년이 지난 1958년 5월말까지의 귀속기업체의 처분은 총 100여개 정도의 未處分企業만을 남기고 대부분 처분하게 된다.[37] 즉 1950년대 말까지 대부분의 귀속기업체가 민간에게 매각되지만, 그

---

37) 이 100여 개의 未處分企業 가운데는 나중에 國營의 大韓石炭公社에 편입되는 寧越광업소를 비롯하여 三陟광업, 丹陽광업, 和順광업, 聞慶광업 등 주요 鑛業所가 많이 포함되어 있었다. 이들 광업소를 제외한다면 未處分의 잔여 기업체수는 크게 줄어들게 된다. 당초 美軍政으로부터 인수한 귀속사업체 총 2,203사 중에서 당시까지 불하된 기업건수 2,029건을 제외하면, 나머지 未賣却 건수는 174건으로 그중에 중앙직할기업 52건이 들어 있었다. 그것은 대부분

〈도표 6-7〉　　地方管轄企業의 연도별, 업종별 拂下實績 (1948. 8월~1959년)

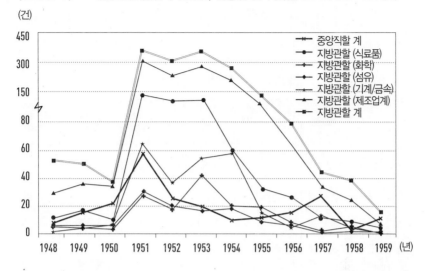

(단위 : 건)

	1948 8~12	1949	1950	1951	1952	1953	1954	1955	1956	1957	1958	1959	合 計
農林/水産業	1	0	1	6	5	4	5	0	2	4	2	0	30 (11)
鑛　　　業	2	0	0	0	1	0	1	0	0	0	0	1	5 (3)
製　造　業	29	35	34	304	227	270	202	97	64	33	24	7	1,326 (23)
음/식료품	11	16	10	126	100	101	61	33	26	12	9	4	509 (4)
섬　　유	6	6	6	30	20	16	18	9	6	1	2	1	121 (3)
인쇄/출판	0	1	0	11	14	5	2	1	1	0	0	0	35 (2)
製材/製紙	1	2	2	16	18	24	9	8	2	2	1	0	85 (1)
화　학	5	4	3	27	17	41	20	19	8	2	5	0	151 (4)
窯　業	0	1	3	10	7	7	9	4	4	0	1	0	46 (1)
기계/금속	2	3	6	64	37	54	57	15	15	13	4	1	271 (6)
기　타	4	2	4	20	14	22	26	8	2	3	2	1	108 (2)
土木 / 建築	1	0	0	7	5	6	4	4	0	0	0	0	30 (0)
운수 / 창고	0	1	0	1	2	1	1	3	1	1	4	2	17 (0)
금 융 업	0	0	0	3	0	2	0	0	0	0	0	0	5 (0)
상　　업	1	1	0	15	10	12	7	4	2	2	0	0	54 (1)
서 비 스 업	1	1	2	13	11	10	6	6	1	0	2	1	54 (0)
부 동 산	16	10	0	0	0	0	0	1	0	0	0	1	28 (22)
公 共 기 관	0	1	0	2	0	2	2	2	1	0	0	0	12 (0)
組合 / 協會	0	0	0	0	5	12	7	3	4	0	3	1	35 (0)
기　　타	1	1	0	7	36	29	28	3	1	2	3	2	113 (2)
合　　計	52	50	37	358	302	348	263	123	79	44	38	15	1,709 (62)

자료 : 〈표 6-2〉와 같음.
주 : 〈표 6-6〉의 脚註 참조.

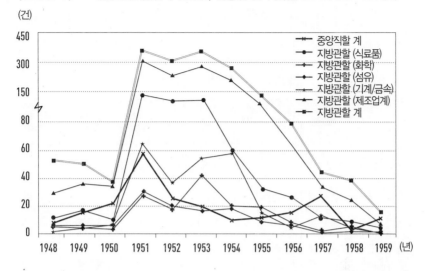

런 가운데서 한 가지 特記할 사항은 중앙직할기업 중에서 특히 電力業과 같은 基幹産業 분야에서의 대규모 기업이 계속 未處分 상태로 남게 되었다는 사실이다. 다음 〈표 6-8〉에서 보는 바와 같이, 電氣業에서의 대규모 電

〈표 6-8〉　　　　　　　未處分의 中央直轄企業의 현황[1]

	업종	설립년도	公稱자본금(千圓)	總株式數(千株)	歸屬株비율(%)	管理體制	관리책임자	所管部署
朝鮮電業	發電業	1943.9	3,507	7,015	86.0	重役制	尹日重	商工部
京城電氣	配電·電車	1939.1	338	636	66.4	〃	徐廷式	〃
南鮮電氣	〃	1937.3	350	700	88.1	〃	朱元植	〃
한국運輸	운수업	1930.4	385	770	66.1	〃	閔東益	遞信部
한국米倉	운송·보관	1930.11	150	300	21.1	〃	朱定基	農林部
대한重石	鑛業	1934.2	500	1,000	88.3	〃	文昌俊	상공부
대한鐵鑛	〃	1943.12	50	100	100.0	〃	金龍雲	〃
대한중공업	鐵鋼	1938.	293,203*	--	100.0	理事長制	林日植	〃
조선기계	기계	1937.6	80	--	100.0	管理人制	徐載賢	〃
三成鑛業	광업	1928.3	52.4	--	100.0	〃	金漢台	〃
朝鮮石油[2]	石油精製	--	--	1,000	79.2	〃	李年宰	〃
서울신문사	신문발행	1939.11	150	60	25.4	〃	吳宗植/李寬求	國務院事務
忠北旅客자동차	운수업	1937.5	11.6	23	77.6	賃借人制	朴起種	교통부
韓國貨物자동차	〃	1944.2	400	800	15.3**	重役制	孫海光***	〃
大榮商會서울공장	(농림부)	--	--	--			--	농림부
朝鮮알루미늄	製鍊	1941.3	2,000	--	100.0		--	상공부
大韓石公[3]	광업	--	--	--	100.0		--	〃
三和精工	기계	--	--	--	100.0		--	〃
朝鮮輕合金	금속	--	--	--	100.0		--	〃
達城製絲	섬유	--	--	--	100.0		--	농림부
第一紡織영등포공장	〃	--	--	--	100.0		--	상공부

자료 : 財務部管財局(成業公社) 內部資料에 의함.
주 : 1) 자료의 시점은 1960년 8월경으로 추정되고, 原 자료에는 〈표〉상의 21건 기업 이외에 ① 信託財産, ② 勞總會館, ③ 白雲莊의 3건이 더 있었으나 기업체로 보기 어려워 제외했음.
2) 朝鮮石油는 당시 韓國石油貯藏(株)(KOSCO)에 貸與 중인 상태였음.
3) 大韓石公은 大韓石炭公社에 부속된 재산임.
4) *은 다른 기업의 수치와 비교하여 293 또는 203의 誤記가 아닌가 싶지만 原 資料上의 수치를 그대로 두기로 함. **에는 歸屬株 15.3%(122,027株) 이외에 군정법령 제75호 관련 法人株 19.3%, 歸財法 시행세칙 제24조에 의한 法人 소유 政府權利株 28.5%가 추가되어야 함. ***는 美軍政 이래 전국 14개 지역으로 분할, 관리하는 체제였는데 孫海光은 그중 忠北지역 社長임.
5) --는 不明임.

6·25전쟁 피해 등으로 시설을 못 쓰게 된 것으로, 그중에는 鑛業을 중심으로 이미 解體되거나 淸算 중인 경우가 많았다. 이들을 제외한 未處分의 잔여 기업은 電力 3社 등 기간산업 분야에서의 公共性이 강한 대규모 기업과 그리고 운수업(자동차) 등 일부 문제 기업 중심으로 이루어졌다 - 財務部, 앞의 책, pp. 155, 157～158.

力 3社(朝鮮電業, 京城電氣, 南鮮電氣)를 비롯하여 광공업에서의 大韓重工業, 朝鮮機械, 大韓重石, 三成鑛業 등 몇 개 대기업과 그 밖에 운수/창고업이나 新聞社 등을 포함하는 비교적 규모가 큰 21개 기업이 未處分 상태로 남겨지고 있었다. 그러나 엄격히 따진다면 이들 未處分 기업 가운데는 公共的 성격을 강하게 띠고 있어 굳이 민간에게 넘겨야 할 이유가 없는 것, 바꿔 말하면 계속 國有/國營으로 운영되어도 좋을 성질의 기업이 많이 포함되어 있다는 점이다. 그러나 이들 未처분기업이 그렇게 未처분 상태로 계속 남게 된 가장 중요한 이유는 당시의 財界 실정으로는 이 정도 대규모 기업을 自力으로 買收할 만한 財力 있는 기업가가 실제로 없었기 때문이라 할 수 있다.

다른 한편, 지방관할기업에 있어서는 1950년대 말 시점까지 未처분 상태로 남아있는 기업에 대한 可用할 만한 자료를 구할 길이 없으나, 이 경우에도 짐작컨대 1950년대 말까지는 대부분 賣却이 완료되는 것으로 보아도 좋지 않을까 생각한다.[38]

3) 기타 財産의 拂下實績

이상과 같은 기업체 재산 이외의 財産, 예컨대 不動産, 動産, 無形財産 등 기타 재산의 처리 문제는 어떠하였는가? 실제로 귀속재산의 종류나 건수가 너무나 多種多技한 데다 또한 그 존재 자체도 정확하게 파악하기가 무척 어렵다는 점에서, 당장의 保管이나 관리는 물론이고 그 賣却이나 處分 역시 결코 쉽지 않았을 것임은 충분히 이해할 만한 일이다. 일찍이 정부(管財廳)에서는 이들 재산에 대한 管理를 크게 두 가지 카테고리로 구분하여 다루었다. 이를테면 일반 기업체를 비롯하여 住宅, 垈地, 고층 건물, 창고, 점포 등의 재산을 '一般財産'으로, 그 밖에 林野, 선박, 學校法人 재산, 軍徵發 재산, 寺刹(사찰) 재산, 聯合國人 재산, 動産, 각종 無形財産 등

---

38) 한 財務部 內部資料에 의하면, 1959년 말경에 아직 未賣却 상태로 남아있던 지방관할기업의 경우, 서울의 京城軌道(株)를 비롯하여 모두 14건에 불과할 정도였다.

을 통틀어 '特殊財産'으로 구분하여 다룬 것이 그것이었다.

재산의 매각/처분방법은 앞에서 본 것처럼 ① 기업체 매각, ② 부동산 매각, ③ 動産 매각, ④ 株式/持分 매각의 4가지 형태로 나누어 처리하게 끔 법적으로 이미 규정되어 있었다(歸財法 제8조). 이들 기타 재산에 대해서도 정부는 가급적 조속히 불하하여 民營化한다는 기본 원칙에는 변함이 없었지만, 단지 이들 재산 중에는 현실적으로 처분하기가 곤란한 경우가 더러 있었다. 예컨대 아무런 경제적 價値도 없는 山間 僻地(벽지)의 林野라든가, 學校法人의 교육용 재산, 도서관이나 幼稚園 등 공공시설, 그리고 國軍이나 유엔軍에 의해 징발된 소위 軍徵發 재산[39] 등이 그러한 범주에 속하였다.

1948년 9월 미군정으로부터 인수 당시 총 291,909건의 재산 가운데 사업체 재산 2,203건을 제외한 나머지 289,706건이 각종 不動産을 포함하는 이들 殘餘 재산이라고 한다면, 財産 건수 면으로만 보더라도 이들 재산의 처리 문제는 결코 간단한 일이 아니었다. 총 289,706건의 재산 가운데 그 99.3%인 287,555건이 어떤 형태로든 不動産 성격으로 되어 있고, 또한 이들 부동산의 대부분이 민간 住宅을 비롯한 垈地, 점포, 工作所, 창고, 牧場, 임야 등과 같은 個人의 生計型 재산으로 이루어지고 있었다. 여기서는 민간 住宅을 비롯한 林野, 學校法人 재산 등 대표적인 몇 가지 재산에 대해서만 그 처리과정을 간략히 살펴보기로 한다.

첫째, 민간 住宅의 경우를 보자. 해방 당시 남한 所在 日人 소유 가옥 수는 약 8만 2천동으로 추산되고,[40] 그중에서 都市지역 주택의 경우는 美

---

39) 1957년 8월말 현재 軍徵發 재산은 각종 垈地 및 건물을 중심으로 國軍이 302건, 유엔軍이 386건 도합 688건(건물 226천 평, 대지 2,156천 평)에 이르는 막대한 규모였으며, 休戰 이후에도 이들 재산은 대부분 한국정부(財務部)에 반환되지를 않고 있어 정부의 管財行政에 적지 않는 지장을 주고 있었다 – 財務部, 앞의 책, p. 153 참조.

40) 당시 日人 소유 총 家屋數는 총 일본인 世帶(179,349세대)의 약 70%가 自家 주택을 소유한 것으로 간주하여 총 家屋數를 125,500棟(179,349세대×70%)으로 잡았다. 그리고 당시 南/北韓 간의 日本人 거주자의 구성 비율 65.4% 대 34.6%를 그대로 적용하여 계산해보면, 南韓 所在 日人 가옥은 약 82,077棟(125,500棟×65.4%)으로 추산되고 있다 – 제5장 <표 5–3> 및 각주 17) 참조.

軍政 하에서 1947년 5월 경 그 일부가 이미 일차적으로 민간에게 매각된 바가 있었다(제5장 제3절 참조). 그러나 그 때 美軍政에 의한 가옥의 처분실적은 그렇게 많지 않았다. 그뿐 아니라, 당시 미군정으로부터 주택을 매수한 사람도 나중에 新生 한국정부에 대해 동 買入 사실을 申告하도록 되어 있어, 정부로서는 사실상 歸屬住宅의 불하계획을 새로 추진하는 셈이나 마찬가지였다. 1951년 釜山 임시정부 시절, 정부는 당시 넘쳐나는 피난민에 대해 이른바 無주택자에 대한 住宅 알선 조치를 公布하고 그들에게 우선적으로 釜山 지역의 歸屬주택에 대한 入住를 주선하였는가 하면, 그를 계기로 入住者로 하여금 현 가옥을 매입토록 유도하는 식으로 매각계획을 추진하였다. 1953년 서울 還都 이후에는 또한 서울/경기 지역 주택을 대상으로 미군정 시대 旣 체결한 入住契約을 새로 更新하지 않은 주택에 대하여는 契約更新을 촉구함으로써 상당한 귀속주택 賣却 성과를 올리기도 하였다(재무부, 1958 ; 128~154).

아울러 이 歸屬주택 불하 문제와 관련하여 함께 다루어야 할 재산이 한 가지 더 있다. 이른바 'D/H(Dependent House) 건물'(公館건물)이라는 이름의 일본인이 남기고 간 고급 주택과 건물(호텔 등)이 그것이다. D/H 건물이란 일찍이 駐韓 美軍 및 軍政廳에 의해 징발되어 미군 將校나 고급 공무원 宿所로 사용되었는데, 이들 건물 가운데 이미 原 소유자에게 반환된 것을 제외한 나머지 재산은 D/H 건물 이름으로 한국정부에 이관되었는데, 이 역시 일반 귀속재산과 마찬가지로 賃貸借계약에 의해 관리해오다가 점차 민간에게 매각키로 한 것이다. 당초 美軍政으로부터 인수받은 총 419건의 D/H 건물 가운데 1958년 8월 당시까지 모두 378건이 매각되고, 나머지 41건은 韓/美 간의 最初協定 상의 규정에 의해 다시 미국 측에 그 사용권이 넘어간 것 27건, 외국기관에의 貸與 13건 등으로 처리되었다.[41]

---

41) 原 자료상에는 인수재산(건물) 419건은 이를테면 매각 378건, 美軍의 계속 사용 27건, 외국기관에의 대여 13건, 정부 公館 2건, 현재 임대 중인 것 9건 등으로 합계 429건으로 되어 당초 총 引受 건수 419건과는 10건의 차이가 나는데, 아마도 이는 후자의 항목별 합계(429건)에 잘못

둘째, 林野 재산에 관해서이다. 무려 46만 8,500정보에 달하는 귀속 林野를 물려받은 정부(농림부)는 1952년 그 재산 管理權을 재무부(관재청)로 이관하게 되고, 재무부는 이에 대해 우선적으로 國有-民有의 원칙을 정하여 1955년 國有 林野로 남길 것을 제외한 나머지 林野에 대해서는 가급적 빨리 민간에게 매각키로 결정한 바 있다. 그러나 정부는 전체 林野의 약 9할에 해당하는 42만 1,000정보를 계속 國有林으로 보존키로 함으로써 민간에게 불하하여 民有林으로 육성할 林野는 전체의 10% 정도인 4만 7,700정보에 불과하였다(재무부, 1958 ; 136~138). 이런 관점에 서면 해방 후 한국의 山林制度는 오로지 國有林 중심 체제로 출발했다고 할 수 있다.

셋째, 학교법인 재산과 관련해서는 해방 전 尋常小學校 소속 재산이었던 소위 '學校組合' 소유 재산을 그동안 歸財法에 의거하여 재무부에서 관리해오던 것을 1958년 3월 학교재산에 대한 特別措置法 制定을 계기로 그 관리권이 文敎 당국으로 넘어갔다. 이 학교법인 재산은 그 내부적인 구성이 다종다양하여 무척 복잡하게 이루어지고 있었다. 우선 재산 자체가 全國 방방곡곡에 널리 散在해 있는 데다가 또한 기본적인 校舍 건물을 비롯하여 각종 倉庫, 宿舍(舍宅) 등 부속 건물 등의 재산이 총 517건에 42,871坪에 이르고, 또한 岱地, 林野, 田畓 등 土地 관련 재산이 총 837건에 약 964,643坪에 이르러, 합계 1,354건에 1,007,514평에 달하였다. 이 가운데 1958년 5월 당시까지 민간에게 불하된 재산은 建物이 겨우 8건에 244평, 土地가 37건에 9,814평에 불과할 따름이고, 그 밖에 賃貸借 중인 것도 겨우 200件에 64,291坪에 지나지 않아 이 學校法人 재산은 그 매각실적이 다른 재산에 비해 매우 부진한 편이었다(재무부, 1958 ; 130).

넷째, 聯合國人 재산과 관련해서이다. 聯合國人 재산이란 1941년 12월 美/日간의 태평양전쟁 발발 당시, 일본정부는 전략적 목적으로 敵産管理法을 제정하여 일본 국내에 있던 미국을 비롯한 영국 등 敵性國의 개인

─────────────

이 있는 것이 아닌가 생각한다 ─ 재무부(1958), p. 133 참조.

및 회사 재산이나 기타 종교단체 재산까지 모든 재산을 법으로 凍結 조치하였는데, 식민지 朝鮮의 경우는 이들 재산마다 管理人을 두어 특별히 관리해왔다. 해방 후 美軍政은 이들 재산 역시 歸屬財産의 일환으로 함께 접수, 관리해오다가 1948년 한국정부에 이관하기 직전에 귀속재산에서 해제하여 原 주인에게 반환할 것을 결정한 바 있다(군정법령 제162호, 210호). 그러나 미처 原 주인에게 반환하지 못한 채 이들 재산 역시 한국정부에 이관하게 됨에 따라, 미군정은 한국정부로 하여금 동 재산을 原 所有主에게 반드시 返還할 것을 조건으로 하여 이 재산 역시 한국정부에 이관하게 되었다. 이들 재산의 구성은 宗敎단체 재산이 가장 많았고 그 밖에 美/英의 석유회사 등 몇몇 營利法人 소유 재산과 기타 개인 재산으로 이루어졌다. 한국정부는 미국과의 약속에 따라 1957년 말까지 총 169건에 이르는 이들 재산을 모두 原 소유자에게 반환 조치하고, 그 대신 현실의 한국인 占有者에게는 時價에 준하여 補償金을 지불하는 조건으로 일을 마무리하였다(재무부, 1958 ; 133~134).

이상으로 귀속재산 가운데 歸屬事業體와 歸屬農地 두 가지 재산을 제외한 기타 재산 중에서 몇 가지 중요한 재산의 처리내용을 살펴본 셈이지만, 이들 不動産을 비롯한 나머지 각종 재산의 種別, 지역별 처리실적을 1958년 5월 기준으로 정리해보면 다음 〈표 6-9〉에서 보는 바와 같다.[42]

---

42) 1960년대에 들어서도 나머지 歸財 처분계획은 계속되지만, 1962년 12월말 현재까지 처분되지 못한 귀속재산의 殘存 건수는 不動産을 중심으로 - 일부 기업체 재산도 포함되지만 - 총 53,942건에 달하고 있다. 당초 미군정으로부터 인수한 재산건수는 291,909건이었고, 1958년 5월까지 총 263,774건이 매각되었다고 하면 그 殘餘 건수는 28,135건이어야 한다. 그뿐 아니라 1958년 6월 이후 1962년 말까지 매각된 재산도 상당히 있을 터인데, 이처럼 殘存 건수가 25,807건(53,942건 - 28,135건)이나 늘어났다는 것은 무엇을 의미하는가? 그것은 숨겨져 있던 재산이 새로 발견되거나 아니면 기존 재산이 특별한 사정으로 분할된 경우 등이 있었기 때문이라 할 수 있다. 1958년 8월 당시에도 이미 재산의 自然增加 건수가 37,147건이나 되었다는 기록이 있는 것을 보면 귀속재산 - 특히 不動産의 경우 - 은 시간이 흐름에 따라 계속 건수가 늘어나고 있음을 볼 수 있다 - 財務部, 앞의 책, p. 170, 및 『財政統計年報』, 1963년판, pp. 308~309 참조.

(단위 : 건)

	中央直轄	地方管轄					合計
		서울/경기	강원/충청	경남/경북	전남/전북	소계	
1. 事業體	307	451	217	672	381	1,721	2,028 (22,454)
2. 不動産	63	69,138	42,695	87,677	60,060	259,570	259,633 (21,760)
주　택	–	20,046	6,230	22,311	12,040	60,627	60,627
임　야	–	326	631	220	2,592	3,769	3,769
店　鋪	–	2,954	223	1,876	3,001	8,054	8,054
裸垈地	–	45,514	16,474	61,538	41,134	164,660	164,660
기　타	63	298	19,137	1,732	1,293	22,460	22,523
3. 기타 財産	92	468	542	721	290	2,021	2,113 (161)
動　産	32	326	341	287	131	1,085	1,117
선　박	60	17	–	147	18	182	242
舊　債	–	61	191	287	141	680	680
債　權	–	6	1	–	–	7	7
기　타	–	58	9	–	–	67	67
合計	462	70,057	43,454	89,070	60,731	263,312	263,774 (44,375)

자료 : 財務部(1958), pp. 167~168에서 작성.
주 : 1) 不動産 및 기타 財産의 중간 항목 분류에는 약간의 기준 차이가 있음.
　　 2) 합계란의 ( )내 수치는 拂下금액(계약 기준, 百萬 圜)임.

4) 地價證券을 통한 歸屬企業體 불하실적

　　1950년 農地改革 당시 정부는 토지소유자(地主)에 대하여 토지가격에 相應하는 地價證券을 發給하고, 나중에 귀속재산(기업체)을 불하받을 때에는 그것으로 買收代金條로 납부할 수 있는 길을 터놓았다고 함은 이미 前述한 바이지만, 당시 李承晩 정부는 6·25전쟁 중임에도 불구하고 당면의 兩大 國策사업으로 이 農地改革사업과 歸屬財産 불하사업을 책정하고, 이 두 가지 사업을 상호 연계시켜 동시적으로 추진하는 방안을 모색했다. 그렇게 함으로써 우선 사업의 成果를 倍加하게 됨은 물론, 특히 農地改革에서 상대적으로 不利益을 당하게 된 被분배 지주층으로 하여금 그들이 受領하는 地價證券으로 다른 귀속기업체를 매입할 수 있는 기회를 제공코자 한 것이다. 이를 통해 정부는 전통적으로 완고한 地主 층을 근대적인 産業資本家 층으로 變身시킬 수 있는 一擧兩得의 효과를 거두고자 했다.

　　이러한 立法 취지에도 불구하고, 당시 지주층은 스스로 자신의 사회적

身分의 근원적인 轉換을 추구할 정도로 의식수준이 깨어있지를 못하였다. 자신의 현재의 직업이나 身分을 바꿀 정도로 변화를 추구할 의욕과 용기를 가지고 있지 못하였다는 얘기이다. 그러한 身分 상승의 기회보다는 오히려 정부에 의해 祖上 대대로 내려오는 자신의 土地를 강제로 빼앗겼다는 박탈감으로 사회에 대한 不平不滿과 함께 자신의 地價證券을 적당히 헐값으로 중간 商人(居間)에게 팔아넘기는 등 결국 消費資金으로 蕩盡(탕진)하고 만 경우가 허다하였다. 그렇다고 하여 그렇게 된 책임을 전적으로 地主 층에게만 돌릴 수도 없는 입장이었다. 왜냐하면 충분히 그럴만한 이유가 제도적으로 주어져 있었기 때문이다.

현실적으로 地價補償을 받는 지주층의 규모별 분포를 보면, 전체 地主층의 90.8%가 100石 이하의 群小 地主로 구성되어 있고, 여기에 이들 群小地主층이 평균 재산 규모(100萬圓 정도)의 귀속기업체 하나를 買收하기 위해서는 그들의 地價證券 규모로는 적어도 100인 이상의 地主를 糾合해야만 한다는 계산이 나온다. 현실적으로 이게 쉬운 일이겠는가? 만약 그렇지 않으면 각자 證券市場에서 少額의 歸屬 株式을 필요한 만큼 매입하는 길밖에 없는데 證券市場이 아직 제대로 발달하지 않은 당시의 사정에 비추어 농촌에 거주하는 地主가 도시 證券市場을 往來하면서 株式을 사고 판다는 것은 결코 쉬운 일이 아닐뿐더러,[43] 더욱이 이런 후자의 株式投資 방식으로는 당초 정부가 추구한 전통적인 지주층을 근대적인 산업자본가로 전환하고자 한 정책목표는 처음부터 달성하기 어려운 성질의 것이었다고 할 수밖에 없다.

다른 한편, 被分配 地主 가운데 당시 20町步 이상의 대규모 지주층을 대상으로 그들이 地價證券을 이용하여 귀속기업체를 매수한 실적이 어느 정도인가를 조사해 본 한 연구에 의하면,[44] 이들 地主 가운데 불과 5%에 해당

---

43) 拙著, 『韓國戰爭과 1950年代의 資本蓄積』, 까치사, 1987, p. 86 참조.

44) 金胤秀, 「8·15 이후 歸屬事業體 拂下에 관한 一硏究」(서울대학교 경제학과 석사학위청구논문), 1988

하는 69명 정도가 귀속기업체 拂下臺帳에 이름을 올리고 있으며, 그중에는 同名異人이 있을 수 있기 때문에 당해 地主가 거주하는 道內에 이름을 올린 경우만을 추려보면 겨우 35명으로 나타나고 있다. 결국 20町步 이상의 大地主 가운데서도 귀속기업체를 불하 받아 산업자본가로 변신한 것으로 볼 수 있는 사람은 최대로 잡아도 69명, 최소로는 35명 정도라고 할 수 있다.[45] 그러나 地價證券이 귀속재산 불하대금으로 受納된 규모는 4,493千石으로 당초 농림부에서 발급된 총 石數(10,798千石)의 약 41.7%에 달하고, 또한 1958년까지의 귀속재산 관련 歲入 중에서 地價證券 보상금 수령액이 차지하는 비중도 약 40%에 이르고 있다는 점에서 보면 地價證券의 상당한 몫이 일단 귀속재산 불하자금으로 이용된 것으로 이해할 수 있다(金胤秀, 1988 ; 56~57). 그러나 이 수치는 被분배 지주층으로부터 직접 수납된 것으로 볼 수는 없다는 점, 아마도 그들 地主로부터 地價證券을 헐값에 구입한 居間(블로커) 내지 중간 상인층에 의한 收納이 그 대부분을 차지한 것으로 봐야 한다는 점이 중요하다.

5) 재산 賣却代金의 규모와 積立金

정부 수립 후 처음부터 李承晩 정부가 國會 측과의 심한 마찰을 빚으면서까지 조속히 귀속재산을 민간에게 매각코자 하는 民營化정책을 강력히 추구하고자 한 것은 무엇보다도 재산의 賣却代錢으로 정부의 財政赤字를 메우려는 데 그 주된 목적이 있었다고 함은 再論을 요치 않는 일이다. 그렇다면 당시 이러한 귀속재산의 처분을 통해 그러한 재정적자는 과연 어느 정도나 커버할 수 있었는가?

歸屬財産 처리와 관련한 收入/支出관계는 그것의 중요성을 충분히 감안하여 정부는 특별히 '歸屬財産處理特別회계'를 설치, 운영하는 길을 택

---

45) 이들 地主층 ─ 실제로는 중간 상인층 ─ 이 불하 받은 歸屬기업의 업종 구성을 보면, 그 대부분이 인근의 水産業(漁場), 精米所, 釀造場 등 중소규모의 食料品 加工業에 속하는 기업으로 이루어지고 있음을 알 수 있다 ─ 金胤秀, 앞의 논문, pp. 64, 68 참조.

하였다. 재산의 賣却代錢만이 아니라 재산의 임대차사업 등에 따른 賃貸料 수입은 물론, 기타 재산 運用에서 발생하는 각종 잡수입까지도 모두 이 特別會計의 歲入으로 잡고, 그 대신 재산의 매각이나 賃貸 등 재산의 처리과정에서 발생하는 일반 경비는 歲出로 잡도록 했다. 1948년 정부 수립 이후 1958년 5월까지 이 특별회계의 收支상황을 정리한다면 다음 〈표 6-10〉에서 보는 바와 같다.

1948년 정부 수립 당시에는 收入, 支出 할 것 없이 극히 少額에 지나지 않았으나, 점차 재산의 運用과 또한 그것의 賣却이 늘어남에 따라 수입과 지출도 급격히 늘어나고 있음을 볼 수 있다. 우선 歲入 구성을 보면, 재산의 賣却代錢이 압도적으로 많아 전체의 80% 이상을 차지하고, 재산의 賃貸 수입이 10.7% 정도, 나머지 9.1%가 각종 잡수입으로 이루어지고 있다. 그리고 歲出 항목은 재산 운영에 따른 經費 일체라고 할 수 있지만, 그것은 연도별로 차이가 있으나 전체적으로 歲入의 17% 정도이고. 세입에서 세출을 差減한 나머지 純收入은 積立金으로 자체 적립되거나 아니면 일

〈표 6-10〉 歸屬財産 特別會計의 세입/세출 상황

(단위 : 백만 圓)

	세		입		세 출 (운영비)	轉入金/ 積立金 (A)	총 납세 규모 (B)	(A) / (B) (%)
	賣却代金	賃貸料	잡수입	계				
1948	2.6	2.1	4.2	8.8	2.9	5.9	--	--
1949	10.2	1.4	0.1	11.7	5.4	6.3	112	5.6
1950	46.0	6.4	0.4	52.8	7.6	45.0	378	11.6
1951	205.5	53.0	1.2	259.7	25.3	201.8	3,232	6.3
1952	261.1	119.6	3.0	383.7	64.1	316.7	5,551	5.7
1953	757	282	8	1,047	281	751	11,557	6.4
1954	2,227	663	65	2,955	666	2,229	27,974	8.0
1955	6,727	770	360	7,858	1,152	800	60,163	1.3
1957	3,881	202	226	4,309	1,048	8,200	60,582	13.5
1958*	2,225	75	1,180	3,479	196	2,000	--	--
합 계	16,342	2,175	1,848	20,364	3,449	14,556(12,505)	169,549	7.4**

자료 : 財務部, 1958, pp. 90, 163~165.
주 : 1) 1955년도까지는 일반회계로의 轉入金으로, 1957년도부터는 자체 積立金으로 회계 처리되었음.
　　 2) * 1958년도는 5월 31일까지임.
　　 3) 轉入金/積立金 항목의 합계란의 (　)내는 1948 및 1958년도 분을 제외한 수치임. 따라서 (A)/(B)의 합계 7.4% (**)는 이 수치(12.505)와의 비율임.
　　 4) 총 납세 규모(B)는 당해년도 金納稅額만으로 物納稅는 제외됨.

반회계로 轉入되게끔 편성되어 있었다.

후자의 轉入金은 그때그때 정부 시책에 따라 國策事業 지원을 위한 融資 財源으로 활용되었는데, 1950년대 당시에는 주로 ① 住宅 건설, ② 農業 발전, ③ 중소기업 육성이라는 3가지 주요 정책사업을 위한 財源으로 활용되었다. 참고로 1957년도 실적을 보면, 총 積立金(융자금) 82억 圜은 庶民을 위한 주택사업에 전체의 25.6%인 21억 圜, 중소기업 육성자금으로 전체의 56.1%인 46억 圜, 그리고 나머지 18.3%(15억 圜)가 농사자금으로 각각 지출된 것으로 나타나고 있다(재무부, 1958 ; 165).

그러나 여기서 중요한 것은 이 정도 積立金/轉入金 규모가 당시 정부의 연간 총세입/세출 중에서 차지하는 몫이 과연 어느 정도나 되었을까 하는 문제이다. 다시 말해 이 정도 귀속재산 처분으로 올리는 財政 수입으로 전체 예산(세입) 부족분을 얼마나 커버할 수 있었느냐 하는 점이 그것이다. 그것이 그래도 어느 정도 의미 있는 비중이 되어야만 당시 政府가 議會의 격렬한 반대를 무릅쓰고 그렇게 무리하게 처분하려는 데 대한 大義名分을 찾을 수 있을 것이기 때문이다.

이 문제와 관련하여 그 정확한 寄與度를 산출한다는 것은 어려운 일이지만, 1950년대를 중심으로 일단 歸屬財産 特別會計 상의 연도별 적립금/전입금의 규모와 당해 연도 총 內國稅 징수액(金納稅 분, 物納稅 제외)을 서로 비교해 보면 〈표 6-10〉에서 보는 바와 같다. 연도별로 큰 차이를 보이지만 대체로 그것은 평균 5~8% 비중을 보여준다고 할 수 있다. 여기서 중요한 것은 이 정도 수치를 가지고 과연 귀속재산 拂下를 통해 財政收支 赤字를 개선할 수 있었느냐 하는 문제는 결국 각자의 상대적인 평가에 따른 몫이라고 할 수밖에 없다. 다만 여기서 한 가지 言及해 둘 사항은 1950년대 당시에는 軍糧米, 공무원 配給米 등의 확보를 위해 농민에게 부과하는 臨時土地收得稅의 경우에는 예외적으로 金納制가 아닌 物納制로 되어 있었고, 또한 급속한 戰時인플레 하에서의 지독한 農民 수탈이라는 비난을 받으면서도 정부가 감히 그것을 金納制로 바꾸지 못한 사정을 고려한다면, 이 정도 寄與率(평균 7.4%)이라 하더라도 그것은 예산편성에서 상당히 큰 의미를 갖는 수치라고 할 수도 있다.

4. 不實企業體의 淸算

1) 5·16政變과 基幹産業 國有化

역사적인 農地改革을 통해 土地資本의 産業資本으로의 순조로운 전환이 사실상 실패로 돌아갔다고 해야 할 상황에서, 적어도 1950년대 말까지는 아직도 未處分 상태로 남아있는 귀속재산 가운데 굴지의 대규모 기업체도 상당히 많이 포함되어 있었다. 앞에서도 지적된 바이지만, 朝鮮電業(주) 등 電力 3社를 비롯하여 朝鮮運輸, 韓國米倉, 三成鑛業, 朝鮮機械 등이 아직 민간에게 매각되지 못하고 정부 산하에 그대로 남아있었던 대표적인 기업들이었다. 정부는 이들 기업체까지도 가급적 빨리 민간에게 불하할 계획을 세웠지만, 이들 대규모 기업의 경우는 우선 기업의 규모 자체가 방대할 뿐 아니라 사업의 성격이 公共性을 강하게 띠고 있는 점 등에 비추어 당시의 국내 財界 사정으로는 그것을 감당할 만한 願買者를 찾기가 결코 쉽지 않았다. 그런 상황에서 1950년대를 보내고 자유당/민주당 정권을 거쳐 1961년 5월의 5·16군사정변을 계기로 이들 대규모 基幹산업의 불하계획은 근본적으로 새로운 국면을 맞게 되었다.

5·16군사정권은 등장과 함께 곧장 이들 未처분 상태에 있는 주요 기간산업에 대한 以前의 政府 입장을 완전히 뒤집었다. 군사정부는 이전 정부에서처럼 귀속재산을 무조건 민간에게 매각, 처분한다는 데는 기본적으로 문제가 있다고 보고, 오히려 그것을 가능한 한 特殊法人으로 개편하여 정부가 직접 운영하는 國營企業시스템으로 발전시켜야 한다는 방침에서 일대 政策基調의 전환을 가져왔다. 군사정권은 公共的 성격이 강한 기간산업에 대해서는 民營化를 통한 私企業體制로 섣불리 전환할 것이 아니라, 정부 책임 하의 國有/國營體制로 존속시킨다는 大原則을 세우고, 아울

러 이전 정부에서 이미 民營化시킨 기간산업까지도 다시 국영체제로 환원시킨다는 방침을 세웠다. 그를 위한 前단계 조치로 군사정부는 1963년 5월에 '歸屬財産處理에 관한 特例措置法'을 급거 제정하기에 이르렀다. 이법에 따라 취해진 몇 가지 대표적인 國有/國營化 관련 조치를 열거해보면 다음과 같다.

일찍이 基幹産業으로서의 電力業의 중요성을 깨닫게 된 군사정권은 5·16정변 직후 얼마 안 된 시점인 1961년 6월 韓國電力株式會社法을 제정하여 電力 3사(朝鮮電業, 京城電氣, 南鮮電氣)를 강제 통합하는 조치를 단행하였다. 그 후 1962년 2월에는 韓國鑛業製鍊公社法을 제정하여 기존의 三成鑛業會社를 韓國鑛業製鍊公社로 개편하고, 1963년 朝鮮機械製作所를 韓國機械工業(株)으로 개편하는 등 단시일 내에 주요 基幹産業에 속하는 대표적 기업들의 國有化 조치와 함께, 다른 편으로는 과감한 기업의 統/廢合 조치까지를 동시에 단행한 것이 그런 사례들이다.[46]

5·16군사정권에 의한 이러한 基幹산업에 대한 國有/國營化 조치는 이 정도 수준에 그치지 않았다. 다음 항에서 보는 것처럼 1956년 李承晩 정부에 의한 歸屬銀行株의 민간 불하를 통해 이미 민간에게 넘어간 주요 4개 市中銀行의 歸屬株式을 다시 정부 소유로 還元하는 조치를 단행했다. 5·16 주체세력은 1950년대 自由黨 정부에 의한 歸屬銀行株의 불하조치가 심히 不正한 방법으로 特定人에 대한 特惠 방식으로 이루어진 것으로 규정하고, 이를 바로 잡기 위하여 1961년 6월 '不正蓄財處理法'을 제정하여 이미 불하된 株式을 다시 國庫로 還收하는 극단적인 조치까지 취하였다. 즉 金融制度를 정부가 직접 장악하는 官營金融體制로의 전환을 추구한 군사정부는 일반 市中銀行(商業銀行)의 운영까지도 그것을 완전히 민간에게 맡기지를 않고 國有/國營이나 다름없는 官治금융체제로 전환하는 조치를 취하기에 이르렀다(뒷면 각주 53) 참조).

---

46) 韓國産業銀行調査部(1962),『韓國의 産業』, p. 28 및 기타 자료.

2) 不實財産의 解體와 淸算

이상의 歸屬財産 처리에 관한 特例措置法은 기실 그 立法 취지가 더 이상 존립할 가치가 없다고 판단되는 法人에 대한 解散절차를 간소화하자는 데 있었다. 즉 귀속기업체를 解散할 경우에는 보통의 商法 상의 法人解散에 관한 복잡한 規定의 적용을 배제하고, 財務部長官 내지 國稅廳長의 요청에 의거하여 비교적 간편하게 기업을 해산할 수 있도록 하자는 데 그 주된 목적이 있었던 것이다. 물론 이 법에 의하여 淸算절차를 밟게 되는 法人은 이미 기업으로서의 기능을 사실상 상실했다고 할 이른바 '休眠法人'[47]상태에 있는 경우였다. 일단 歸屬休眠法人으로 인정되면 동 법에 의하여 간단하게 해산절차를 밟고, 管內 稅務署長을 淸算人으로 하여 殘餘 재산의 매각/처분과 더불어 기타 관련 淸算업무를 특별히 간편하게 할 수 있도록 조치한 것이다.[48]

그렇다면 이 법에 의거하여 실제로 解體 내지 청산된 法人의 수는 얼마나 되었는가? 이에 대한 직접적인 증거 자료는 찾지 못하였으나, 몇 가지 근거 관련 자료에 의하여 그것의 대체적인 윤곽을 그려본다면 다음과 같다. 한국정부가 美軍政으로부터 귀속재산을 인수한 직후인 1948년 당시 韓國銀行이 臨時管財總局의 財産目錄(臺帳)을 이용하여 귀속사업체에 대한 일제 조사를 시행한 바가 있는데 이에 의하면, 귀속재산 臺帳에는 登載되어 있으나 실제로 實物은 존재하지 않는 流失事業體가 예상밖으로 상당한 수에 달하였다는 사실, 그 실제 수치를 보면 중앙직할기업 19개,

---

47) '歸屬休眠法人'이란 歸屬財産處理에 관한 特例措置法(1963년 5월)의 제2조에 규정되어 있는 용어이다. 이를테면 재무부장관, 국세청장, 당해 稅務署長 등에 의하여 기업의 존재가치가 사실상 소멸된 것으로 볼 수밖에 없는 營利 목적의 企業(法人)이나 조합, 기타 단체 등을 의미하는 것으로 규정되어 있다.

48) 이 淸算業務는 처음 당해 淸算法人 내에 각자 淸算事務局을 설치하였다가 제1차(1966년 4월)로 稅務署 단위로 통합되고, 1970년 9월에는 地方國稅廳 단위로 제2차 통합, 1973년 7월에는 전국 단위로 제3차 통합이 순차적으로 이루어지고, 1980년 당시까지는 成業公社 내에 '聯合淸算事務局'이라는 이름으로 그 命脈이 이어지고 있다 – 成業公社 내부 자료.

지방관할기업 199개로 도합 218개 社에 이를 정도였다.[49]

財産 引受 후 얼마 되지 않는 이 시점에서 이미 流失事業體가 이 정도로 많이 생겼다는 것은 다음 두 가지 의미로 해석할 수 있다. 하나는 8·15 당시 美軍政으로 재산이 넘어올 때 이미 帳簿상에 이름(商號)만 남아있고 實物은 존재하지 않았던 경우이고, 다른 하나는 해방 후 美軍政 3년간에 재산에 대한 管理 소홀 등으로 말미암아 재산(기업)이 流失된 경우가 그것이다. 어느 경우든, 이들 流失기업체는 나중에 법에 의해 歸屬休眠法人으로 처리되었을 것으로 보지만, 실은 1948년 9월 한국정부에 넘어온 이후에도 역시 관리 소홀이나 허술한 매각과정 등을 틈타 기업으로서의 기능을 상실하게 된 경우도 상당히 있었을 것으로 볼 수도 있고, 거기다가 3년간의 6·25전쟁을 겪는 동안에 또한 이런저런 戰禍로 말미암아 기업체 기능을 상실하게 된 경우도 결코 무시할 수 없을 것으로 봐야 한다.

이상과 같은 여러 요인의 복합적 작용으로 결국 청산된 기업체수가 1953년 말 현재 무려 459社(지방관할기업 총수 2,327사의 19.7%)에 이른다는 통계도 있다.[50] 만약 이것이 사실이라면 이 459건에서 앞의 美軍政 시기 流失기업체수 218건을 뺀 나머지 241건이 결국 한국정부에 이관된 이후, 특히 6·25전쟁을 거치면서 이런저런 事由로 기업으로서의 가치를 완전히 상실하게 된 기업이라 할 수 있다. 다시 말해 그것은 한국정부에 넘어와 해체, 청산 또는 亡失된 기업이라고 말할 수 있다.

둘째로 지적해 두어야 할 문제는 前記 歸屬財産處理에 관한 特例措置法에 의거하여 해산된 法人 가운데 1974년 10월까지 淸算節次가 종료되

---

49) 朝鮮銀行調査部,『經濟年鑑』, 1949년 판, "歸屬事業體 一覽表"(pp. III-79~147)에서 필자 작성.
50) 韓國産業銀行調査部,『韓國産業經濟十年史』, 1955, p. 1076 참조. 정부 管財廳 통계를 인용한 이 자료에 의하면, 1953년말 현재 중앙직할기업 380社는 그동안 매각/불하된 건수가 248건으로 나머지 132건이 殘存하고 있는 것으로, 그리고 지방관할기업은 2,327社 가운데 매각, 처분된 건수가 1,401건, 解體건수가 459건으로 이를 뺀 殘存건수는 467건으로 나타나고 있다. 따라서 중앙직할의 경우는 해체된 기업이 全無하지만, 지방관할의 경우는 그것이 무려 전체의 19.7%에 이르러 양자 간의 엄청난 갭을 발견할 수 있다.

지 않은 기업체수가 무려 278개 사에 달한다는 사실이다.[51] 解散法人의 終結計劃에 관한 國稅廳 자료에 의하면, 주로 1963~64년간에 해산된 이들 기업은 제조업이 전체의 25%인 69개 사이고, 나머지는 주로 農場, 상점, 組合, 부동산회사 등 특수한 형태로 이루어지고 있었다. 그리고 주식회사 형태 이외에 合名會社나 合資會社 형태가 예상 외로 많았던 것으로 보아 이들은 대체로 소규모의 地方 所在 기업들로 이루어진 것이 아닌가 한다. 이미 국유화 조치되었기에 中央直轄과 地方管轄 간의 구분은 알 수 없으나, 이들 278개 未淸算法人은 純歸屬法人(日人이 100% 株式 소유) 222개이고, 朝/日 合作법인 56개 사로 구성되어 있었다. 아무튼 이 법에 의거하여 1974년 이전에 이미 淸算 완료된 解體法人도 많이 있을 것이므로 정부에 의한 淸算 대상으로 된 休眠(휴면)法人의 수는 이상의 수치보다 훨씬 많았을 것으로 짐작된다. 그렇다면 총 해체된 기업 건수는 아마도 앞에서 본 1953년 말까지의 解體企業 건수 459건에다가 그 후 20년이 흐른 1974년 현재 未청산기업 278개를 보탠 총 737건 정도로 잡아도 크게 잘못이 없을 것으로 생각된다.[52]

이상 1948년 8월 정부수립과 함께 미군정으로부터 귀속재산(사업체)을 인수한 이후, 1977년 7월 귀속재산 처리업무를 완료하고, 정부 내에 그것의 殘務整理를 위한 聯合淸算事務局이 설치될 때까지의 약 30년간에 걸친 歸屬財産의 관리 및 처분을 위한 각종 法令이나 規程 등의 制定과 그에 따른 행정조치 등을 총정리하여 일람표를 만들어보면 다음 〈표 6-11〉의 내용과 같다. 동 표에서 보는 것처럼, 해방 후 이 땅에 남겨진 (구)일본인

---

51) 國稅廳, 『年度別 淸算終結豫定法人目錄』, 1974. 10. 21일자. 여기에는 1974~77년간의 연도별 終結計劃과 그리고 각각의 法人 별로 해산연도, 保有재산, 未처분재산 등의 구체적인 내용이 상세히 기록되어 있다.

52) 물론 여기에는 1954~62년간에는 기업의 解體가 별반 행해지지 않았고, 또 未淸算法人 278개 중에서 1953년 이전에 이미 해산된 기업은 별로 없었다는 가정이 필요하다. 기실 管財廳의 한 내부 자료에 의하면 위 未청산법인 278개 가운데 1953년 이전에 해산된 기업은 불과 14건 정도로 파악되고 있다.

〈표 6-11〉　　　歸屬財産 처리를 위한 法令 및 行政節次의 要約

처 리 節次	관 계 法 令	주 요 내 용 (要 約)
1) 政府 수립	1948. 8. 15	―
2) 財産權 인수	韓·美 간 「財政 및 財産에 관한 최초협정」 체결 (1948. 9. 11)	·美軍政으로부터 일체의 귀속재산 인수 ·同 협정 제1조 재산(國有財産), 제5조 재산 (歸屬財産) 인수
3) 臨時管財總局 설치	1948. 12. 29일자 설치	·最初協定에 의한 귀속재산 專擔管理機構 → 나중에 管財廳으로 개편(1949. 12)
4) 귀속재산 처분 금지조치	「귀속재산 臨時措置法」 제정 (1949. 7. 22)	·정식의 法規 제정 시까지 歸財 처분 금지
5) 財産管理의 기본법 제정	1) 「귀속재산처리법」 제정 (1949. 12. 19), 2) 동 施行令(1950. 3. 30), 3) 동 시행세칙(1950. 5. 27)	·존속할 가치가 있는 法人은 賣却(拂下), 존속 할 가치가 없는 법인은 解散(淸算)조치함. ·淸算委員會의 구성 – ① 각 法人별로 구성 ② 위원장 : 財務部長官 또는 管財廳長 ③ 위원 : 재무부(관재청) 대표 등 6인
6) 解散節次의 간소화	「귀속재산 處理 特例措置法」 제정 (1963. 5. 29)	·1964년 12월 31일까지의 限時法 ·법인해산절차 간소화~商法 상의 특별결의 사항 배제 ·解散登記申請 간소화~委任등기로 신청서 부속서류 배제 ·1964년 12월말까지 未처분재산은 1965년 1월부로 國有재산으로 전환 ·각 法人 별 淸算事務局 설치
7) 제1차 淸算 機構 통합	1966년 4월. 國稅廳 행정조치.	·제1단계. 稅務署 단위로 통합 ·淸算연합회 및 聯合淸算사무국 조직
8) 제2차 淸算 機構 통합	1970년 9월. 國稅廳 행정조치.	·각 地方國稅廳 단위로 통합
9) 제3차 淸算 機構 통합	1973년 7월. 國稅廳 행정조치.	·全國 단일화로 통합
10) 淸算업무의 이관	1) 「國有財産法」 개정 (1976. 12. 31) 2) 淸算절차 特例에 관한 규칙 (1977. 7. 13)	·國稅廳 소관 → 財務部로 이관(1977. 7. 15) ·殖銀關係는 産銀 소관 → 財務部로 이관 (1977.8.20) ·聯合청산위원회 설치(위원장 稅政차관보) 및 聯合淸算사무국 설치
11) 淸算업무의 再 이관	「國有財産法」 시행령 개정 (1982. 4. 16)	·淸算업무를 재무부 → 成業公社로 이관 (1982.4.16) ·淸算法人의 淸算人 → 成業公社로 변경 ·淸算 업무 및 권한 → 成業公社로 이관

자료 : 「成業公社」(현 韓國資産管理公社)의 내부 자료에서 필자 작성.

주 : 「成業公社」는 1962년 당시 韓國産業銀行의 子會社로 출발하여 그동안 정부 지시에 따라 각종 금융 기관의 不實債權(재산)을 인수, 관리하는 專擔機構로 운용되었는데, 1997년의 外換危機 이후 정부 에 의한 엄청난 규모의 公的資金 放出로 말미암아 금융기관 不實債權의 관리문제가 심각한 금융문 제로 클로즈업되자, 2000년 그 기구를 크게 확대, 개편하여 「韓國資産管理公社」로 改名하여 公的 資金 공급에 따른 不實債權의 관리/처분 기능을 담당케 하고 있음.

재산이 美軍政에 의해 歸屬財産이라는 이름으로 바뀌어 직접 관리되고, 1948년 8월 한국정부의 수립과 함께 그것은 일종의 國有財産 성격으로 일괄적으로 한국정부에 이관되고, 한국정부는 그것을 다시 일부는 국유재산으로 남기고 나머지는 모두 민간에게 불하하여 私有財産으로 전환하는 일련의 조치를 단행하게 된다. 아무튼 당초 일본인 재산이 미군정(歸屬財産) → 한국정부(國有財産)으로 이관된 이후, 그 소유 및 관리체제가 법적으로나 사실적으로 일단락되는 시점은 대체로 1945년 해방 후 30여년이 지난 1977년경 즉 그것의 殘務 정리가 이루어지는 시점까지라고 할 수 있다.

이렇게 보면, 1945년 8월 해방과 더불어 退去하는 일본인이 이 땅에 남겨놓고 간 재산(귀속재산)은 30여 년이 지난 1977년에 와서야 비로소 법적으로나 사실적으로 자취를 감추게 된다고 말할 수 있다.

5. 銀行 歸屬株式의 拂下

해방 당시 韓國의 금융기관은 특수은행으로 朝鮮銀行을 비롯하여 朝鮮殖産銀行, 조선저축은행, 金融組合(연합회) 등이 있었고, 시중은행으로는 조선상업은행, 朝興銀行, 相互銀行(구. 朝鮮無盡會社), 信託銀行(구. 朝鮮信託會社) 등이 있었다. 이들 금융기관은 특수은행은 물론 시중은행까지도 모두 일본정부(조선총독부) 내지 일본의 法人이나 개인의 소유로 되어 있었기 때문에 이들도 다른 귀속재산과 마찬가지로 1945년 12월 6일 미군정 법령 제33호에 의거하여 일제히 美軍政 산하로 귀속되었다. 그러나 이들 금융기관은 제조업 등 다른 산업에서의 귀속사업체와는 그 성격을 확연히 달리하는 바가 있었다.

우선 그 법적 성격이나 경제적 기능이 화폐/금융을 다룬다는 점 외에도 그들 회사(은행)의 資本金(持分) 구성이 특수하다는 점에서 그러하다. 즉 이들 금융기관의 資本金은 제조업 등 일반 사업체 경우와는 달리 中央銀行인 朝鮮銀行이나 특수은행인 朝鮮殖産銀行까지도 그 자본금이 全額

政府(조선총독부) 出資로 되어 있지를 않고, 다른 금융기관이나 法人, 또는 일반 개인 등 — 朝鮮人 法人이나 개인 포함 — 에 의한 출자로 이루어지는, 이른바 수많은 少額 株主로 구성되는 무척 복잡한 持分 구성을 보여주고 있다. 그뿐 아니라 당시 대표적 市中銀行이라고 할 朝興銀行과 朝鮮商業銀行의 경우도 다른 금융기관의 持分이 각각 41.0% 및 35.4%를 차지할뿐더러, 또한 조선인(법인 포함)의 持分이 각각 53.7% 및 35.6%를 차지하여, 막상 민간 일본인(법인 포함) 소유의 持分은 두 은행이 각각 5.1% 및 29.0%에 불과한 실정이었다(〈표 6-12〉 참조).

금융기관이 갖는 이런 特性을 감안하여, 美軍政은 이들 금융기관에 대하여는 군정기간 중 별다른 조치를 취하지 않고, 당초의 대표자(日本人)만 자기 사람(美軍 장교) 내지 조선인 緣故者로 적당히 바꾸고, 조직이나 기능은 그대로 둔 채 '現狀 유지'라는 원칙을 고수하고 있다가 1948년 9월 다른 歸屬財産과 함께 한국정부에 그대로 이관하였다. 이를 인수한 한국정부는 이 가운데 원래의 2개 市中銀行(조흥은행, 조선상업은행)과 그 후 시중은행으로 改編한 2개 은행 곧 貯蓄銀行과 興業銀行(相互銀行과 信託銀行의 합병)의 4개 은행에 대해서는 1954년에 별도의 歸屬銀行株 拂下要綱을 만들

〈표 6-12〉　　　　　　解放 당시 朝鮮의 銀行別 持分 구성

(단위 : 1,000円, %)

	納入 자본금	총 株式 (천 株)	정부 소유 (歸屬 분)		금융기관 소유		한국인 소유	
朝鮮銀行	50,000	800	38,102	76.2	10,138	20.3	1,759	3.5
朝鮮殖産銀行	52,500	1,200	41,611	79.2	7,378	14.2	3,510	6.7
朝興銀行 *	5,981	185	306	5.1	2,453	41.0	3,208	53.7
조선상업은행	4,975	198	1,441	29.0	1,762	35.4	1,770	35.6
조선저축은행	3,735	100	1,396	37.2	2,119	56.5	236	6.3
相互銀行**	5,937	336	3,899	65.7	1,470	24.8	566	9.5
信託銀行***	2,500	200	654	26.2	1,610	64.4	234	9.4

자료 : 이영훈 외, 『한국의 은행 100년사』, 산하, 2004, p. 275.
주 : 1) * 에는 외국인 소유 持分 13천 엔(0.2%)은 제외됨.
　　2) ** 는 해방 후 (구)朝鮮無盡會社를 相互銀行으로, *** 는 (구)조선신탁회사를 信託銀行으로 각
　　　　각 社名을 변경함.

어 각 은행별로 歸屬株의 민간불하를 강력히 추진하였다.

그러나 1954~55년간에 정부는 前後 6차에 걸쳐 公開入札에 부쳤으나 번번이 應札者가 없거나 또는 있다 하더라도 應札價格이 정부 査定價格에 크게 미치지 못하여 流札되고 말았다. 당시의 여건으로는 정부의 入札조건이 너무 까다로워 願買者가 쉽게 나타날 수 없다는 것이 이러한 流札에 대한 일반적 평가였다. 이에 정부는 1956년 들어 종전의 入札방식, 곧 特定人에 대한 독점적인 一括賣却방식에 문제가 있다는 것을 스스로 인정하고, 입장을 바꾸어 다수 입찰자에 대한 分割賣却방식을 허용토록하였다. 그리하여 1956년 4월에 실시한 제7차 入札에 와서야 비로소 上記 4개 市中銀行 모두 정부가 제시한 조건을 충족시킴으로써 落札에 성공할 수 있었다.[53]

당시 정부가 적용한 銀行入札의 기준 조건은 대체로 다음과 같았다. 우선 중복 拂下를 방지하기 위하여, ① 이미 다른 歸財를 불하 받은 실적이 있는 자에게는 應札자격을 부여하지 않고, ② 落札代金의 지불은 一時拂을 원칙으로 하되 代金의 일부에 대해서는 1년 내 분할 납입을 허용하며, ③ 代金 完納 이전에도 필요하다면 名義 移轉이나 은행 운영권을 낙찰자에게 미리 移讓해주는 등의 조건으로 되어 있었다. 특히 代金 納入과 관련해서는 대금 규모에 따라 납입기한을 1년 이상으로(심지어 7년까지) 연기해주는 경우도 있었다. 아무튼 上記 4개 은행별로 그 入札 및 落札과정을 구체적으로 정리해 보면 다음과 같다.[54]

---

53) 自由黨 정부의 이러한 무리한 市中銀行 歸屬株 불하조치는 결과적으로 특정인에 대한 便法 불하 내지 特惠 불하라는 비판을 불러오게 되고, 그것은 1960년 4·19 학생 義擧 이후 새로 들어선 民主黨 정부에 의해 權力型 不正蓄財 케이스로 정치 문제화되었다가, 그 후 다시 1961년 5·16 후 군사정권에 의해 제정되는 1961년 6월의 '不正蓄財處理法'에 의거하여 대표적인 不正蓄財 사건으로 指目되어 이미 민간에게 불하된 歸屬株式까지 還收하는 조치가 행해졌다. 즉 1950년대 후반 自由黨 정부에 의해 민간에게 불하된 시중은행 歸屬株式은 1961년 군사정부에 의해 다시 강제 還收되는 과정을 밟게 된다.

54) 財務部 내부 자료에 의해 1956년 9월 현재의 각 銀行別 入札/落札 과정을 정리해 본 것이다.

가. 朝興銀行 : 총 株式 185,000株
 1) 株式 소유관계 : ① 歸屬株 11,066주(6.0%)
                    ② 朝銀株 54,575주(29.5%) ③ 국내 法人株 51,970(28.1%)
                    ④ 기타 韓人株 66,592(36.0%) ⑤ 기 타 797주(0.4%)
 2) 株式 매각과정 : ① 1954-55년 제1~5차 入札은 流札
                    ② 1955. 12월 제6차에서 일부 落札(500주)
                    ③ 1956. 3월 제7차에서 일부 낙찰(35,000주)
                    ④ 落札者에게 全 株式을 매입토록 강력히 권고하여 관철
                      시킴. (歸屬株 11,066주 + 朝銀株 54,575주 = 65,141주)
                    ⑤ 1957. 8월 불하대금 完納으로 株式賣渡證書 발급

나. 韓國商業銀行 : 총 株式 198,500株
 1) 株式 소유관계 : ① 歸屬株 55,300주(27.9%) ② 국내 法人株 108,538주(54.7%)
                    ③ 殖銀株 1,800주(0.9%) ④ 기 타 32,862주(16.6%)
 2) 株式 매각과정 : ① 1954-55년 제1~6차까지는 流札
                    ② 1956. 4월 제7차에서 낙찰(144,950주)
                    ③ 1957. 8월 매매계약 체결(陳永德)
                    ④ 1958. 8월 株式賣渡證書 발급

다. 韓一銀行(舊. 興業銀行)[55] : 총 株式 736,990株
 1) 株式 소유관계 : ① 歸屬株 324,029주(44.0%)
                    ② 朝銀株 161,014주(21.8%)
                    ③ 殖銀株 130,000주(17.6%)
                    ④ 국내 法人株 71,785주(9.7%)
                    ⑤ 기타 50,162주(6.8%)
 2) 株式 매각과정 : ① 1954-56년 제1~6차까지는 流札
                    ② 1956. 4월 제7차에서 落札(753,680주)
                    ③ 1958. 7월 納入기한 연장(7년)의 更新契約 체결(李秉喆)
                    ④ 1959. 4월 代金完納 이전이지만 抵當權 설정 조건으로
                      株式名義書換 조치

---

55) 興業銀行은 日政 시대 朝鮮無盡會社가 해방 후 1946년에 朝鮮相互銀行으로, 다시 1950년에
   는 朝鮮商工銀行으로 이름이 바뀌고, 또 이전의 朝鮮信託會社가 해방 후 韓國信託銀行으로
   이름이 바뀌었는데, 시중은행 대형화 조치에 따라 1954년 소규모의 이 두 은행을 韓國興業銀
   行으로 합병했다가, 1957년 銀行 民營化조치 이후 1960년에 韓一銀行으로 다시 改名했다.

라. 第一銀行(구. 저축은행)[56] : 총 株式 100,000株

　1) 株式 소유관계 : ① 歸屬株 37,179주(37.2%)

　　　　　　　　　　 ② 朝銀株 300주(0.3%)

　　　　　　　　　　 ③ 殖銀株 51,300주(51.3%)

　　　　　　　　　　 ④ 기 타 11,221주(11.2%)

　2) 株式 매각과정 : ① 1954-55년 제1~6차까지는 流札

　　　　　　　　　　 ② 1956월 4월 제7차에서 낙찰(4人에게 共同 낙찰)

　　　　　　　　　　 ③ 낙찰자 4人 중 1인은 다른 歸財 매수 경력으로 資格
　　　　　　　　　　　　논란을 겪고, 또 1인이 과반 이상(51%) 매입으로 分散
　　　　　　　　　　　　매각 원칙을 違背한 것 등으로 역시 논란을 겪음.

　　　　　　　　　　 ④ 정부가 3인의 落札者를 모두 포기하게 하고, 나머지 한
　　　　　　　　　　　　사람(姜一邁)과 단독으로 1957년 12월 매매계약 체결

---

56) 第一銀行은 이전의 특수은행격인 朝鮮貯蓄銀行에다가 1954년 朝鮮殖産銀行이 韓國産業銀
　　行으로 바뀌는 과정에서 분리된 同 行의 저축업무가 합해져 韓國貯蓄銀行으로 되었다가, 歸
　　屬株式 매각으로 민영화된 이후 1958년 12월에 다시 第一銀行으로 改名하였다.

IV. 民間 拂下 이후의 運營狀況

1. 企業運營 상의 隘路要因

해방 후 美軍政 치하에서 귀속사업체의 운영이 원활하게 돌아가지 않았다는 것은 앞에서 누차 지적된 바이지만, 그것이 1948년 9월 자주적인 한국정부로 이관된 이후에도 뚜렷이 개선되지를 못하고 이런저런 혼란만 加重되고 있었음이 사실이었다. 그럼 왜 귀속사업체의 운영이 정부 수립 이후, 곧 재산이 한국정부에 이관된 이후에도 여전히 개선의 여지를 보이지 못하고 혼란스런 모습을 나타내었을까? 게다가 기업경영의 正常化가 제대로 이루어지지 못함으로 하여 이상에서 본 것처럼 많은 귀속기업의 경우 不實企業 내지 休眠企業으로 전락하게 되었는가 하면, 종국에는 기업의 解體 내지 淸算과정을 밟게 되는 상황으로까지 내몰리게 되었을까 하는 의문이 제기됨은 어쩌면 당연한 처사일지도 모른다.

귀속사업체의 운영을 그처럼 어렵게 한 근본 원인은 어디에 있었을까? 흔히 지적하듯이, 그것을 경제 내부의 구조적인 요인이나 정부의 정책적 잘못으로 이해하기보다는 해방 政局의 객관적 여건이라고 할 美軍政-한국정부-6·25전쟁 등으로 이어지는 激動의 시대상황이 낳은 하나의 어쩔수 없는 시대적 産物로 보고자 하는 입장이 더욱 유력하였다. 나라가 南/北으로 갈라지는 상황 속에서 나라 안팎으로 얽히고설킨 크고 작은 여러 객관적 요인의 복합적 작용으로 봐야 한다는 설명이 그것이다. 여기에 약간의 설명을 보태기로 하자.

먼저 들어야 할 문제는 기업외적인 要因에 의해 기업의 所有 및 經營의 主體가 마구 바뀌었다는 사실이다. 귀속사업체의 原 주인은 두말할 것 없이 일본인이었고, 1945년 해방이 될 때까지 그들이 기업의 資金과 기술, 經營 등 모든 것을 직접 管掌(관장)하고 있었음은 두말할 나위도 없다. 해방 후에는 그들이 떠난 자리에 美軍政이 들어앉고, 약 3년 정도 기업을 소유, 관리해오다가 1948년 9월 다시 한국정부에 그 財産權을 통째로 넘겼다. 기업외적인 요인에 의한 이러한 기업의 所有/경영권의 잦은 변동은 결과적으로 기업의 운영에 좋지 않은 영향을 가져올 수밖에 없었다고 해야 한다. 특히 해방 후 美軍政 시대로 넘어오면서 이들 기업의 운영은 사실상 기업경영과는 거리가 먼 사람들(군인, 정치인 등)이 財産管理人(custodian)이나 법적인 支配人(manager)이라는 이름으로 기업운영을 책임지는 경우가 많았다고 하는 점에서도 그것은 가일층 그런 설득력을 가질만 하였다.

그뿐 아니라, 줄곧 정치체제가 안정을 누리지 못한 상태에 있음으로 하여 기업운영의 長期 '마스트 플랜' 등의 계획을 세울 겨를이 없었을 뿐더러, 항상 주어진 상황에 임기응변으로 대처할 수밖에 없었다는 점도 企業經營을 어렵게 한 하나의 중요한 요인으로 작용했다고 봐야 한다. 더욱 중요한 문제는 해방 직후 그 시절에는 그런 대규모 귀속사업체와 같은 근대적인 기업을 책임지고 운영할 만한 고급 專門 經營人이나 기술자를 국내 어디에서도 찾아보기 어려운 실정이었다. 專門 경영인은 말할 것도 없고 그런 근대적 대기업을 운영해 본 企業家(資本家)도 없었을 뿐더러 또한 공장을 돌릴 수 있는 고급 技術者나 熟練工까지도 우선 수적으로 태부족 상태였다고 해야 한다. 기껏해야 지난날 일본기업에서의 관리직이나 기술직의 中間 幹部 정도로 근무한 경험의 소유자가 그렇게 많은 그리고 대규모의 기업경영을 책임져야 할 난감한 입장에 처하였다고 해야 한다.

이렇게 보면, 美軍政 치하에서든 그 후 한국정부에 넘어와서든 귀속사업체의 운영이 제대로 정상화되지 못하고 계속적인 經營不實을 면치 못하거나 심지어 赤字經營를 헤어나지 못하는 등의 문제는 기실 그 당시의 기업운영을 위한 주어진 기술 및 경영 측면에서의 人的 力量으로서는 어쩔 수 없는 시대 상황의 반영이라 하지 않을 수 없다.

둘째로 들어야 할 것은 8·15 후 南/北 분단으로 말미암은 기업경영조건의 惡化 문제와 관련해서이다. 새삼 들먹일 필요도 없지만, 남/북으로의 반쪽 分割은 기업경영 측면에서도 치명적인 惡材로 작용하지 않을 수 없었다. 특히 북위 38° 선으로의 분할은 북한보다도 남한에 더욱 돌이킬수 없는 致命的인 악영향을 안겨주었다고 할 수 있다. 그럴 수밖에 없는일차적인 이유로는 무엇보다도 電力(에너지) 부족 문제를 들 수 있다.

8·15 당시 南/北韓 간의 지역별 發電施設의 분포상황은 남한 8% 대 북한 92%라는 심각한 불균형 현상을 띠고 있었음은 이미 알려진 사실이다. 이러한 發電시설의 북한 偏重현상은 어쩔 수 없이 해방 전의 사정이나 마찬가지로 해방 후에 들어서도 남한의 대부분의 電力需要를 북한 送電에 의존하지 않을 수 없는 형편으로 되었다. 해방 후 줄곧 최소한의 所要 電力을 북한으로부터 공급 받는 대신에, 남한은 그 代價로 식량(쌀)이나 의약품, 전기제품 등을 북한에 공급하는 상호 物資交換방식으로 그때그때당면의 문제를 해결해왔다. 남/북한간의 이러한 불안정한 '食糧 대 電力'교환구조는 1948년 5월 북한에 의한 이른바 '5·14斷電 조치'로 하루아침에破綻(파탄)지경에 빠지고 말았다.

돌이켜보면, 해방 후 남한 電力소비량의 최소한 70% 이상을 北韓 送電에 의존해왔음을 고려할 때, 이러한 갑작스런 斷電조치가 남한경제에 얼마나 甚大한 영향을 미치게 되었을 것인가는 不問可知의 사실일 터이지만, 특히 그러한 斷電조치가 남한의 산업활동 전반에 걸쳐 더욱이 여기서논하는 歸屬事業體의 운영에 있어서까지 얼마나 많은 被害를 입혔을 것인가는 충분히 짐작하고도 남을만한 일이다.

남/북한 간의 산업 상의 불균형성은 비단 이상의 電力 문제에 국한되는것은 결코 아니었다. 그 밖에 철광석이나 銅, 鉛/亞鉛 등 주요 공업용 原料鑛이나 石炭 등 연료용 지하자원의 分布상황도 지나칠 정도로 북한 偏重구조였는가 하면, 基幹産業이라 할 중요한 중화학공업 역시 대부분 북한중심으로 개발됨으로써, 지난 식민지 시대 일본에 의한 植民地 공업화정책은 산업구조 내지 공업구조 측면에서도 남/북한 간에는 심각한 不均衡 구조를 띠게 만들어 놓았다.

이를테면 米穀 중심의 농업 穀倉(곡창)지대라 할 남한에서 요구되는 化學肥料의 거의 대부분을 전적으로 북한 所在 肥料공장에서 생산, 공급하지 않을 수 없는 구조적 特性이 바로 그러한 不均衡性의 典型을 이루고 있다. 주요 공업용 지하자원이나 중화학공업/생산재공업이 죄다 북한에 偏重되고, 그 대신 남한은 경공업/소비재공업 중심으로 개발됨으로써 해방 후 남한 공업은 불가피하게 주요 原料나 기자재 등의 調達難은 물론 앞에서 본 電力 부족 등 動力難을 겪을 수 밖에 없는 구조적 난관에 봉착하지 않을 수 없었다. 여기서 우리는 해방 후 美軍政 시대 내지 한국정부에 들어서도 귀속사업체의 운영이 전반적으로 계속 難航을 거듭할 수밖에 없었던 또 하나의 중요한 요인을 바로 이 남/북간의 산업구조 불균형성에서 찾을 수 밖에 없다고 함을 분명히 하고자 한다.

2. 政府의 기업운영 改善措置

이상에서 본 산업구조 측면에서의 어쩔 수 없는 隘路사항 이외에도 현실적으로 귀속사업체 운영을 어렵게 하는 또 다른 요인도 있었다. 國營기업으로서의 귀속사업체에 대한 정부 당국의 기업관리 방식에 따른 문제가 그것이었다. 우선 美軍政 시대부터 歸財 관리에 대한 당국의 확고한 原則과 基準 없이 그때그때 상황에 따라 적당히 대처하는 임기응변의 관리 방식을 취했다는 점을 들 수 있다. 責任經營 원칙에 입각한 經營能率의 향상이라는 기업경영의 기본 목표 달성을 위한 구체적인 운영계획(마스터 플랜) 같은 것을 갖추지 못했다는 점에서 그러하다는 것이다.

일차적으로 ① 管理人의 자격조건을 어떻게 규정할 것인가 하는 문제를 비롯하여, ② 한국인 管理人과 미국인 顧問官 간의 역할 분담에서의 원만한 관계 설정의 문제, ③ 한국인 管理人의 잦은 交替 문제[57], ④ 管理人 制度 자체의 내부 규정의 잦은 변경 등으로 말미암아 한번 임명된 管理人 이 임기 중 책임지고 기업경영을 이끌 수 있는 제도적 뒷받침이 되어 있지 않았다는 점 등이 결과적으로 귀속기업체 운영을 어렵게 한 또 다른 요인 으로 작용하였다는 주장이다.[58]

이렇게 보면, 처음부터 李承晩정부는 이미 상당한 수준의 經營不實 상 태에 빠진 귀속기업체를 넘겨받은 셈이었고, 넘겨받음과 동시에 곧장 이 들 기업에 대한 과감한 民營化 계획을 도입하게 된 배경도 바로 이러한 경 영부실 문제의 根源的 해결에 있었다고도 할 수 있다. 무엇보다도 정부는 현실의 귀속기업체의 심각한 경영부실로 말미암은 정치적, 경제적 부담 으로부터 조속히 벗어나기 위해서라도 기업의 民間拂下조치는 불가피한 선택이라고 생각되었기 때문이다. 그뿐 아니라 李承晩정부의 이러한 초 기 기업 민영화정책의 배경에는 미국 援助 당국에 의한 어떤 暗黙的인 요 구도 어느 정도 작용하게 된 것으로 볼 수 있다.

미국은 한국에 대해 원조제공을 위한 전제조건으로 향후 한국경제가 미국식의 市場經濟體制로 발전해 갈 것을 바랐다고 할 수 있고, 또한 자유 로운 市場經濟體制로의 발전을 위해서는 무엇보다도 대부분 國有/國營으 로 되어 있는 귀속기업체의 조속한 民營化 조치가 그를 위한 先決 조건으

---

57) 朝鮮紡織(부산), 東洋紡績(인천), 北三化學(삼척), 朝鮮타이어(영등포) 등 굴지의 귀속사업 체의 경우, 그 마지막 불하가 이루어질 때까지 대개 5~6차례의 잦은 관리인 交替를 경험하게 된다. 이런 관리인의 잦은 交替 속에서 어떻게 責任經營을 보장하는 기업의 정상적인 발전을 기대할 수 있었겠는가를 생각해 볼 수 있다.

58) 이 무렵 귀속사업체의 운영이 얼마나 비효율적으로 전개되고 있었는가를 보여주는 또 하나 의 事例가 있다. 정부가 기업체 별로 責任生産量을 설정하고 그것을 초과 달성하는 기업에 대 해서는 그 초과생산량의 80%까지를 종업원에게 특별 보너스로 지급한다는 소위 '生産賞與 金制度'의 도입이 그것이다. 이 경우 일반 노동자만이 아니라 경영책임을 지고 있는 管理人에 게도 그에 상응하는 超過管理手當을 지급토록 조치했다. 이같은 生産賞與金制度를 불러오게 된 이유가 전적으로 귀속기업의 國營體制 때문이라고는 말할 수는 없겠지만, 당시 귀속기업 체의 所有/經營構造에도 문제가 있었다는 데는 異論의 여지가 없다 ―『殖産銀行調査月報』, 第四券 第一號(1949년), p. 146 참조.

로 되지 않을 수 없었기 때문이다. 國有/國營기업의 민영화를 통한 自由企業主義로의 指向이 무엇보다도 중요한 당면의 과제였다는 점이다.[59] 이러한 측면에서도 이승만정부는 휴전 후 1950년대 중반에 들어서도 기업의 民營化 조치만은 계속 과감히 밀고 나갔다고 할 수 있다. 그를 통해 궁극적으로 기업의 所有와 經營을 일치하게 하는 시장경제원리를 제도적으로 定着하고자 한 것이 그것이다.

정부의 이러한 적극적인 民營化 계획에도 불구하고 실제로 그러한 민영화 조치가 손쉽게 뿌리를 내릴 수 있는 현실적 여건은 구비되어 있지 못하였다고 해야 한다. 우선 대규모 귀속기업체의 경우는 그것을 인수할 만한 財力 있는 願買者를 찾기가 어려웠는가 하면, 거기다가 대부분의 기업이 또한 6·25전쟁 피해를 입어 그것을 복구하는 데 상당한 시간적, 금전적 부담이 따랐다는 점, 그리고 農地改革으로 자기 農地를 잃게 된 地主층으로 하여금 그들이 분배 받은 地價證券으로 귀속재산을 拂下받을 수 있게 한다는 계획도 크게 빗나가고 말았다는 점 등이 기업 民營化를 어렵게 하는 현실적 이유였다고 할 수 있다.

정부는 이러한 어려운 사정을 반영하여, 당장의 民間拂下가 여의치 않는 기업에 대해서는 특별히 그 前단계조치로 기존의 管理人制度를 일시적으로 賃貸借계약으로 바꾸어 앞으로 도래할 불하계획에 미리 대비케 하는 방식을 채택하기도 했다. 만약 이 賃貸借契約 체결방식도 여의치 않는 기업에 대해서는 어쩔 수 없이 종전의 管理人制度를 그대로 존속하게 하는 방향으로의 정책의 柔軟性을 또한 최대한 살리고자 노력하였다.

조속한 民間拂下를 위한 정부의 이러한 일련의 조치는 지금까지의 歸

---

59) 1952년 5월의 '마이어協定', 곧 韓·美 合同經濟위원회(CEB : Combined Economic Board) 설치를 위한 協定이나 1953년 12월의 '白-우드協約'(경제재건과 재정안적계획에 관한 CEB協約) 등을 통하여 미국은 한국경제가 미국식의 시장경제원리에 충실한 經濟體制를 채택하기를 암암리에 바랐던 것이 사실이다. 그를 위해서는 무엇보다도 사회간접자본이나 重化學工業 부문에서의 중요한 기업에 대한 종전의 國有/國營體制 대신에 기업의 民營化를 통한 私企業主義로 나아가야 한다는 것은 두말할 것 없다.

財管理정책에 대한 일대 방향 전환을 의미하는 것이었다. 중간단계인 賃
貸借계약의 경우는 거의 대부분 賃借人이 얼마 동안 기업을 운영해본 다
음 그 경험을 바탕으로 다음 기회에 불하받을 것을 전제로 한 계약이나 다
름없었다. 사실상 이 賃貸借계약 방식은 두 번에 걸친 2단계 불하조치나
마찬가지였다. 사실상 이 制度는 정부가 불하받을 사람을 위하여 당장 불
하하지 않고 賃貸借계약을 통하여 일정 기간 賃借人으로서의 관리능력을
培養시켜준 然後에 비로소 기업을 불하시켜준다는 측면에서 본다면, 정
부가 이미 불하받을 당사자를 정해놓고 그에게 일종의 特惠를 베풀어주
는 것이나 다름없었다.[60]

　　예컨대 1단계로 직접적 불하 조치를 단행하거나 또는 賃貸借契約 체결
을 통한 2단계 불하과정을 거치거나 간에, 어쨌든 민간 불하를 통해 기업
의 경영개선을 도모하겠다는 것은 바로 企業의 소유관계, 즉 企業의 私的
所有權을 확실히 해줌으로써 기업경영의 의욕과 책임을 고취시켜 최대한
의 경영개선을 도모하겠다는 취지에 다름 아니다. 그렇다고 하여 기업의
경영개선이 전적으로 이러한 기업에 대한 所有制度와 같은 기업의 內的
條件에 의해서만 결정되는 것은 결코 아니라고 할 수 있다. 이를테면 動力
難이나 原料 구입난 그리고 南韓 지역으로 좁혀진 市場조건, 生産技術의
低位 등과 같은 기업외적인 경영조건에 의해서도 그것은 크게 좌우될 수
있기 때문이다. 다시 말해 이러한 기업외적인 劣惡한 기업경영조건을 그
대로 둔 채, 오로지 기업의 주체적 조건만을 개선시켜준다고 하여 하루아
침에 기업경영이 개선되고 정상화될 수 있을 것으로 나이브하게 생각할
수는 없을 것이기 때문이다.

　　後者의 기업외적인 조건은 1953년 7월 한국전쟁 休戰 후 본격화되는

---

60) 1955년 2월 상공부는 釜山 소재 朝鮮紡織(株)의 불하에 즈음하여 그 引受資金 규모가 너무나
　　방대하여 特定人에 대한 당장의 일시적 拂下는 사실상 불가능하다는 이유를 앞세워, 현 관리
　　인에게 일정 기간 賃貸한 후 그 관리자의 力量이 일정 수준 이상으로 培養된 이후에 불하토록
　　할 것을 당시 李承晩 대통령에게 稟申(품신)하여 승인을 받은 사례도 있었다 – 政府記錄保存
　　所 文書綴(商工部 篇)에 의함.

美國援助 도입과 함께 새로운 여건을 맞게 된다. 전쟁으로 말미암아 비교적 근대적 시설을 갖춘 대규모 기업일수록 그 被害가 상대적으로 컸다고 할 수 있고, 또한 전쟁피해가 큰 업체일수록 휴전 후 정부의 적극적인 拂下 노력에도 불구하고 계속 未처분상태로 남겨져 있었던 것 또한 사실이기 때문이다.[61] 그런가 하면, 제조업 부문의 대규모 기업에 있어서의 전쟁피해는 대부분 휴전 후 대량으로 들어오는 美國援助(물자)로 복구되는 과정을 밟게 된다. 그것은 생산시설의 복구를 위해서만이 아니라 운영의 正常化를 위한 관련 原材料의 조달이나 機資材의 공급 등에 이르기까지 모조리 미국의 援助資金을 통해 해결하는 길을 밟았다고 할 수 있다.

휴전 후 1950년대 중반에 오면 이처럼 귀속기업체 운영을 둘러싼 주/객관적인 경영조건이 외국원조의 도입을 계기로 크게 변모하게 된다. 기업내적으로는 정부가 歸財拂下政策을 과감하게 추진함에 따라 그동안 잘못 운영되어 온 管理人제도를 크게 개선하게 되었을 뿐 아니라, 기업외적으로도 外國 원조물자의 대량 도입으로 생산과정에서 제기되는 供給 사이드에서의 각종 隘路요인을 쉽게 타개해줌으로써 귀속기업체의 운영조건이 그 나름으로 크게 개선되었다고 말할 수 있다.

참고로 이 무렵 주요 업종의 생산증가세를 보면 6·25 戰災 복구사업이 일단 마무리된다고 해야 할 1957년경까지 섬유, 철광, 化學, 기계, 金屬 등 주요 업종의 생산이 꾸준히 증가하였는가 하면, 그중에서 특히 현저한 增加勢를 보인 업종은 人絹織物, 모직물, PVC제품 등이었다고 할 수 있고, 이들 업종의 생산량은 1949~57년간 무려 10배 이상의 증가를 가져온 경우도 많이 있었다. 그 밖에 비누, 고무신, 유리제품 등의 경우도 같은 기간

---

61) 1958년 당시까지 未불하의 52개 중앙직할기업을 예로 들면, 6개 업체가 全破 내지 大破, 29개 업체가 半破되어 모두 35개 업체가 크고 작은 전쟁피해를 입은 것으로 나타났다. 피해를 입지 않은 17개 업체는 대부분 광산, 운수회사, 유통업 등 특수한 경우였다. 그리고 52개 업체 중 풀稼動 중인 것은 6개 업체, 2/3 가동이 5개 업체, 1/3 가동이 16개 업체이고, 나머지 절반에 해당하는 25개 업체가 완전 休業 내지 企業解體 중인 것으로 나타나고 있다 - 財務部(1958), pp. 157~159 참조.

에 대체로 5배 이상 늘어나는 등 적어도 소비재공업 분야만 놓고 보면 이 시기 6·25戰災로부터 상당히 벗어남으로써 이미 괄목할 만한 생산증가를 가져왔다고 해도 과언 아니었다.[62]

이러한 활발한 생산 增加勢를 보이고 있는 업종 중에서도 특히 한국 제조업의 대표 走者라고 할 紡織工業의 경우 그것은 더욱 두드러진 모습을 나타내었다. 방직공업은 이 시기 업계 스스로 의욕적인 自救 노력과 함께 정부 미국 원조 당국의 적극적인 지원에 힘입어 괄목할 만한 시설복구, 나아가 생산증대의 효과는 감히 他의 追從을 不許할 정도의 수준이었다. 여기서는 綿紡工業을 사례로 들어 1950년대 歸屬財産의 민간불하를 통한 경영의 정상화 과정, 나아가 6·25전쟁의 慘禍(참화)로부터 신속한 시설복구와 확장을 가져오고 그리하여 조속한 시일 내에 생산회복을 통한 운영의 正常化를 가져오게 됨으로써, 명실공히 한국 제조업의 先頭 走者로서의 자리를 굳히게 되는 과정을 좀 더 구체적으로 다루어보자.

3. 綿紡工業의 복구과정 : 事例 硏究

1) 해방 당시 綿紡工業의 現勢

이상의 귀속기업체 불하를 통한 경영조건의 개선효과는 모든 산업에 걸쳐 보편적으로 나타난 것은 결코 아니고, 몇 개 업종을 중심으로 선별적으로 나타났다고 할 수 밖에 없다. 그중에서 그 改善效果가 가장 뚜렷이 나타난 대표적인 업종이 바로 綿紡工業이라 할 수 있다.

돌이켜보면, 日政 시대 가장 먼저 근대적 시설을 갖춘 한국의 綿紡工業은 당시 朝鮮人 소유의 2개 공장(京城紡織, 松高實業)을 포함하여 모두 14개 공장—나머지 12개는 일본인 소유—으로 이루어졌다. 南韓만을 놓고 본다면, 대규모 重化學 부문 공장이 대부분 북한에 偏在되는 바람에 거꾸

---

62) 상공부, 『상공행정개관』, 1959, pp. 217, 308~309 참조.

로 輕工業의 대표적 走者라고 할 이 綿紡工場이 그래도 일본인들이 남기고 간 귀속공장 중에서는 가장 대규모 공장이라 할 수 있었다. 그뿐 아니라 대부분의 綿紡공장이 일본 내에서도 이름 있는 財閥 계열 회사의 子會社(分工場) 방식으로 설립되어, 그 제조기술이나 경영 노하우 측면에서도 여타 공업과는 비교할 수 없을 정도로 훨씬 선진적이었다. 이들 공장은 해방 후 美軍政 시대에도 대표적 國民衣料산업이라는 측면에서 원조자금에 의한 시설확충 등 정부로부터 특별 지원을 받았는가 하면, 한국정부에 넘어온 이후에도 당시의 管理人이나 기타 緣故權者 등을 대상으로 비교적 빠른 시일 내에 손쉽게 민간 불하가 이루어짐으로써 업계가 요구하는 바람직한 再編과정을 제빨리 밟게 된다고 말할 수 있다(〈표 6-13〉 참조).

日政 시대부터 이처럼 가장 앞서나간 先驅的인 전통을 이어받은 한국의 綿紡工業은 해방 후 불과 얼마 되지 않은 1947년 4월에 이미 어느 업종보다도 먼저 業界 이익단체로서의 '朝鮮紡織協會'(나중에 大韓紡織協會로 개칭)를 창립함으로써, 전체 산업 가운데서 가장 먼저 先頭 走者로 떠올랐다. 이 協會를 중심으로 면방업계는 재빨리 생산시설의 정비 및 확충에 全力을 기울인 결과 3년 후인 1950년 4월에는 어느덧 정부의 綿製品 需給 통제로부터 벗어날 수 있을 정도로 생산시설의 擴充과 生產能力의 회복을 가져올 수 있었다. 구체적으로 1950년 6·25전쟁 직전에 면방공업 시설능력이 이미 紡機 316,572錘에, 織機 9,075臺에 이르러 해방 당시의 253,848추와 8,640대에 비하여 오히려 24.7% 및 5.0% 정도 생산시설이 늘어나는 수준에 이르렀다.[63] 실제 操業率에 있어서도 방적부문(紡機 기준) 75%, 방직부문(織機 기준) 89%라는 놀랄만한 稼動상황을 나타내어, 불과 몇 년 사이에 해방 전의 최고 호황기였던 1938년 당시 수준에 육박하였는가 하면,

---

63) 이러한 재빠른 시설 확대를 가져오게 된 데에는 한 가지 특수한 사정이 있었다. 8·15 이전에 일본 내의 戰亂을 피해 일본 本社로부터 조선 支社 앞으로 상당한 규모의 방직시설(紡機 83,464추, 織機 969대)이 반출되었으나, 그 후 與件의 不備로 해방되기 전에 미처 설치되지 못하고 있던 遊休施設(在庫)이 이 때 와서 비로소 現場에 설치하게 된 것이 거기에 크게 한 몫하게 되었다고 할 수 있다 - 大韓紡織協會(1958), 〈第一部〉, pp. 12~13 참조.

해방 前 회사명 (8·15 당시)	시 설 규 모 (8·15 당시)	해방 후 회사 명 (귀속재산)[2]	拂下 後 회사 명 (1956년 당시)[2]	불 하/ 계약일자	불 하/ 買受人
朝鮮紡織 　　부산공장	방기 40,000 추 직기 1,264 대	조선방직 부산공장	朝鮮방직(주)	1955. 10. 29	姜一邁
동　대구공장	조선방직 分工場으로 설립(1942년)[1]	대구메리아스 공사	內外방직(주)	1951. 4. 23	李淳熙
鐘淵紡織 　　光州공장	방기 35,104 추 직기 1,440 대	전남방직공사 광주공장	全南방직(주)	1951. 12. 4	金瀅楠
동　京城공장	방기 48,320 추 직기 1,525 대	고려방직공사	泰昌방직(주)	1956. 1. 31	白樂承
東洋紡績 京城공장[3]	방기 45,328 추 직기 1,440 대	제일방적공사	제일방적공사	1953. 11월	金興培
동　인천공장	방기 35,088 추 직기 1,292 대	동양방적공사	동양방적(주)	1955. 8. 31	徐廷翼
大日本紡績 京城공장	직기 417 대	전남방직공사 서울공장	韓永방직(주)	1952. 8. 28	申麟均
朝鮮吳羽紡績 　　대전공장	방기 15,000 추	대전방직공사	大田방직(주)	1951. 10. 15	李錫午
朝鮮大和紡績 倉洞공장[3]	직기 150 대	大亞방직(주)	大亞방직(주)	1952. 6월	李熙洙
郡是紡績 대구공장[3]	방기 19,828 추	조선방직 대구공장	大韓방직(주)	1955. 8. 31	薛卿東
帝國製麻 　　인천공장	방기 7,338 추(麻紡), 10,856 추(綿紡), 직기 132대	동양방적 학익공장(인천)	興韓방직(주)	1952. 9월	張龍雲

자료 : 1) 大韓紡織協會(1958), 〈第一部〉, pp. 12~14, 〈第二部〉 (會員工場 편) 참조.
　　　 2) 金胤秀(1988), p. 76 및 기타 자료.
주 : 1) 시설규모는 알려져 있지 않음.
　　 2) 잦은 社主 및 社名의 변경으로 일정하지 않음.
　　 3) 6·25전쟁 被害로 工場이 숯燒된 경우임.

실제 생산실적도 해방 직전 대비 綿絲 92.1%, 綿布 132.7% 수준으로까지 회복되거나 능가하는 단계에 이르렀다. 아울러 업계의 이런 놀랄만한 생산능력의 회복세는 綿紡공업 이외의 여타 업종에서는 감히 엄두도 내지 못할 일이었다.[64]

---

64) 韓國産業銀行調査部(1955), p. 184 참조.

〈표 6-14〉　　　綿紡工業의 공장별 6·25전쟁 被害狀況

(단위 : 紡機 錘, 織機 臺)

	6·25 당시 시설 (A)		피해 시설 (B)		피해율 (B/A, %)	
	紡機	織機	紡機	織機	紡機	織機
朝鮮紡織 : 부산공장	50,304	1,313	–	–	–	–
: 대구공장	20,000	105	–	–	–	–
高麗紡織 : 영등포공장	49,720	1,525	49,720	1525	100.0	100.0
: 춘천공장	2,140	176	2,140	176	100.0	100.0
京城紡織 : 영등포공장*	30,200	1,127	25,600	455	84.8	40.4
東洋紡績 : 仁川공장	35,088	1,280	15,000	32	42.7	2.5
: 鶴翼공장	4,480	–	4,480	–	100.0	–
全南紡織 : 光州공장	38,368	1,510	38,368	1510	100.0	100.0
: 서울공장	11,000	413	11,000	413	100.0	100.0
第一紡績 : 서울공장	45,328	1,140	45,328	1140	100.0	100.0
金星紡織 : 安養공장	10,496	50	10,496	–	100.0	–
三護紡織 : 대구공장	3,600	–	–	–	–	–
大田紡織 : 대전공장	15,848	–	15,848	–	100.0	–
松高實業 : 開城공장*	–	130	–	130	–	100.0
大亞紡織 : 倉洞공장	–	148	–	148	–	100.0
大韓綿業 : 목포공장	–	158	–	158	–	100.0
합　계	316,572	9,075	217,980	5,687	68.9	62.7

자료 : 大韓紡織協會(1958), 〈第一部〉, pp. 14~15 참조.
주 : * 표시는 日政 시대 韓國人이 세운 공장이고, 기타는 모두 日本人 공장임.

2) 6·25 戰災와 復舊計劃

이상과 같이 早期 복구과정을 밟게 된 이들 綿紡工業은 불행히도 6·25 전쟁으로 격심한 戰禍(전화)를 입게 된다. 위의 〈표 6-14〉에서 보듯이, 모두 13개 공장 가운데 朝鮮紡織 釜山공장과 大邱공장(메리아스공장), 三護 紡織 大邱공장 등 3개 공장 정도를 제외한 나머지 10개 공장에서 평균 紡機 69%, 織機 63%에 달하는 막대한 전쟁피해가 있었다.[65] 이 생산시설의

───────────────

65) 紡織工業부문의 전쟁피해는 비록 業界 자체 평가이기는 하지만, 당시 한국 전체 공업 피해액의 무려 70%(좀 과장된 측면이 있으나)를 차지할 만큼 압도적이었다는 지적도 있다 – 大韓 紡織協會(1958), <第一部>, p. 9 참조.

피해 이외에도 공장의 舍屋이나 倉庫 등 부속건물의 피해는 물론, 공장 進入路나 自家發電시설 그리고 각종 機資材나 原料 등의 備蓄(비축) 내지 在庫品의 파괴와 손실 역시 대단히 컸다고 할 수 있다.

막대한 전쟁피해를 입게 된 방직공업이 1953년 휴전 후 어떤 복구과정을 밟게 되는가 하는 문제가 우선 중요한 관심사이다. 이 점과 관련하여, 정부는 무엇보다도 대표적인 國民衣料산업이라는 중요성을 앞세워 업계의 요구를 받아드려 신속한 시설복구를 위하여 1951년 12월에 이미 '綿紡織工業緊急再建計劃'을 수립하고, 유엔 구호원조인 UNKRA 및 CRIK원조자금, 그리고 미국 ECA 원조자금, 거기다가 당시 보잘 것 없는 규모이지만 정부의 保有外換까지 총동원하다시피 하여 긴급을 요하는 당장의 機資材 조달과 파괴된 생산시설의 조속한 복구를 위한 所要 資金으로 충당하는 긴급 조치를 취하였다.

이상의 緊急再建計劃에 뒤이어 정부는 다시 綿紡工業 長期復興計劃을 수립하고, 1953년 중에 UNKRA사업자금 280만 달러를 배정받아 약 55,440추의 紡機를 추가 도입하는 등 1955년까지 紡機만이 아니라 織機 및 染色加工시설까지 포함하는 관련 시설을 도입할 수 있었다는 점이다. 그리하여 적어도 紡績부문은 상당한 수준까지 시설확장이 가능하게 되고, 그 밖에 면방공업 시설구조 측면에서 또 하나의 중요한 해결 과제로 떠올랐던 紡績부문과 織布부문 간의 심각한 施設 불균형 문제까지도 동시적으로 상당히 解消할 수 있게 된 一擧兩得의 효과를 누릴 수가 있었다(大韓紡織協會, 1958 ; ⟨第一部⟩ 19~20).

綿紡工業의 적극적인 시설확충 및 경영개선의 成功 스토리와 관련하여 다음 몇 가지 사항을 지적해 둘 필요가 있다. 첫째, 이러한 시설확장계획은 新規 시설의 단순한 확장으로서만이 아니라 나아가 기존의 老朽(노후)시설이나 再生시설까지도 新式 시설로 改替하는 과정으로, 즉 구식 시설을 신규 시설로 교체하는 과정으로 이루어졌다는 점이다. 둘째, 기존 기업의 시설확장이나 改替로서만이 아니라 상당한 수의 新規 업체의 進入

을 통한 업계 내부의 전면적 개편으로 이어졌다는 점이다. 셋째, 그 과정에서 새로 설치하게 된 신규 施設은 대체로 이전의 日本式으로부터 新型 美國식으로 대체되는 과정으로 이루어졌다는 점 등이 그것이다. 특히 이 마지막 셋째의 (구)일본식 시설의 미국식 시설로의 改替과정은 사용 主原料(原棉)의 産地 변경에서 오는 불가피한 측면이 있었다고 할 수 있는 것으로, 말하자면 종전의 國産 主原棉(日本産 포함)으로부터 원조에 의한 미국산 原棉으로의 原料 전환을 의미한다는 점에서 그 나름의 중요한 의미가 주어지고 있다.

둘째로는 이상의 戰災 복구 및 老朽시설의 改替를 포함하는 생산시설의 전면적인 확충계획과는 별도로, 또 다른 측면에서 한 가지 중요한 課題를 안고 있었다. 시급한 電力難의 해소와 각종 機資材의 시급하고도 원활한 조달 문제가 그것이었다. 그중에서도 더욱 중요한 것은 前述한 바의 電力難의 해소 문제였다. 1948년의 '5·14斷電' 사태 이후 산업용 전력의 太不足현상은 생산활동을 沮害하는 최대의 애로사항이었다고 할 수 있었다. 그러나 방직업계는 신속히 自家發電시설을 갖추는 등 이에 능동적으로 대처함으로써, 업계 내부의 자체 電力難을 스스로 해소함은 물론 나아가 당시 나라 전체의 심각한 動力難 해소에도 크게 한몫을 한 셈이었다고 할 수 있다. 그 밖에 시급한 機資材 조달 문제에 있어서도, 당초에는 GARIOA 및 ECA 등 원조자금으로 대처코자 하였으나 物量 면에서 충분치 못하였고, 이에 국내 관련 기계공업으로 하여금 자체 개발을 촉진케 한 결과 1952년부터 일부 機資材를 國産으로 대체할 수 있게 되었다. 나아가 1950년대 중반에는 특수한 몇몇 資材를 제외하고는 거의 대부분 國産으로 대체하게 되어 주요 기자재의 輸入代替를 이룩하게 된 셈이었다. 방직업계의 이러한 발 빠른 국산시설로의 수입대체과정은 당시 극심한 外貨부족 상태에 처해있던 정부의 逼迫(핍박)한 외환사정에도 일정한 플러스 효과를 가져왔음은 두말할 것 없다.

셋째로 들어야 할 문제는 주원료인 原棉의 需給문제와 관련해서이다.

미군정 시대부터 소요 原棉을 國産 원면으로부터 대부분 미국산 援助 原棉으로 바뀌는 구조로 돌아가게 되자, 면방업계는 協會를 앞세워 미국 현지에 서둘러 事務所까지 개설하고, 한국정부는 물론 미국 원조당국을 상대로 ① 보다 많은 量의 原棉을, ② 보다 유리한 조건으로, ③ 그것도 미리 충분한 物量의 확보를 위하여 가능한 모든 노력을 경주하였다. 그리하여 소요 原棉의 조달 문제는 한국 측의 요구대로 용이하게 해결될 수 있었다. 즉 主원료인 原棉 문제는 막대한 미국 原棉 在庫量을 배경으로 하여 더 이상 경영상의 큰 애로요인으로는 작용하지 않게끔 미리 대책을 강구하게 된 셈이었다.[66]

3) 綿紡工業의 成功要因

국내 綿紡工業은 당면의 경영조건 개선을 위한 업계 스스로의 적극적인 노력에 힘입어 적어도 업계가 내세운 緊急再建계획이 끝나는 1953년경에 이미 해방 후 최고 수준이었던 1949년의 생산수준에까지 도달할 수 있었다. 그리고 綿織物에 대한 국내 수요의 계속적인 팽창에 힘입어 그 후에도 줄곧 확대재생산으로 이어지면서 1956년경에는 綿製品의 自給自足을 완전히 실현하게 되고, 어느덧 海外市場으로의 수출에 눈을 돌려야 할 단계에까지 이르렀다.[67] 綿紡工業이 이처럼 빠른 시일 내에 6·25전쟁으로 인한 戰災 복구에 따른 施設容量 그 이상의 시설확장을 가져오게 되고, 또한 原料(原棉) 문제를 비롯하여 機資材, 動力難, 소요 資金 등 여러 隘路사

---

66) 다른 편으로 그것은 국민경제적 측면에서 한 가지 중대한 문제를 제기하게 되었다. 그것은 국내 면방 업계의 사용 原棉을 전적으로 外來棉 의존체제로 바꾸어놓음으로써 국내 原棉 재배 農家의 급속한 쇠퇴현상을 불러왔다는 점이다. 즉 국내 면방공업의 비약적인 발전이라고 하지만, 그것은 국내 原料農業과는 아무런 연관도 없이 오히려 거꾸로 국내 원료농업을 破滅(파멸)의 길로 몰아넣는 反對給付를 조건으로 하여 이루어졌다고 함이 그것이다.

67) 정부는 국내 면방공업 육성을 위해 1956년 12월 한편으로는 綿絲 및 綿布 수입을 일체 금지하는 동시에, 다른 편으로는 1957~61년간 면제품 수출 5개년 계획을 수립하게 된다. 이 계획에 따라 면방업계는 1957년 상반기 비로소 綿布의 對 홍콩 처녀 수출(33,797달러 상당)을 가능케 한 快擧(쾌거)를 이룩하게 된다 — 韓國産業銀行, 『韓國의 産業』 <第一部>, 1958, p. 181 참조.

항을 손쉽게 타개할 수 있었던 요인은 어디에 있었던가?

무엇보다도 먼저 강조되어야 할 점은 綿織物이라는 대표적 國民衣料산업으로서의 중요성으로 말미암아 처음부터 정책 당국으로부터 특별 優待를 받을 수 있다는 사실을 중요하게 들어야 한다. 둘째로는 戰時하의 늘어나는 軍需物資(軍服을 비롯한 섬유류 등) 공급이라는 전쟁 特需를 누리게 되었다는 점도 들어야 할 것이며, 셋째로는 供給 측면에서 정부에 의한 원조물자의 우선적 配定은 물론 정부 보유 外換(달러)도 우선적으로 配定 받을수 있었다는 점, 넷째로는 일찍부터 다른 업종에서는 볼 수 없는 大韓紡織協會라고 하는 막강한 업계 이익단체를 만들어 그것을 중심으로 業界가 일사불란하게 團結할 수 있었다는 점 등이 그 성공요인으로 지적되어야 할것이다. 아무튼 방직공업의 그러한 경이로운 成功은 主體的 力量의 結集에다가 또한 정부 당국 — 美 援助당국까지 포함하여 — 의 적극적인 支援이한데 어우러진 여러 요인의 複合的 작용의 産物이라고 해야 한다.

이상의 주/객관적 경영조건의 改善과 함께, 한국 면방공업의 성공요인으로 여기에 한 가지 더 추가해 둘 문제가 있다. 그것은 국가권력에 의한기업경영 측면에서의 主體的 조건의 변화 문제이다. 바꿔 말하면 당시 대표적 歸屬財産(기업)으로서의 면방공업에 대해 정부가 다른 산업보다 먼저 民營化 조치를 과감하게 추진함으로써 일찍이 私企業체제로 전환시켜주었다는 사실과, 그를 통해 企業경영의 自律性 보장과 責任經營에 따른경영의욕을 고취시킬 수 있었다는 사실, 즉 업계에 대한 정부의 과감한 귀속재산 拂下政策 그 자체를 하나의 중요한 면방공업 成功요인으로 들어야 한다는 얘기이다. 주요 면방공장의 경우 정부는 일찍부터 1951~55년사이에 민간 管理人에게 직접 불하하거나 아니면 그 前단계로서의 賃貸借契約을 체결하는 2단계 불하과정을 밟게 하고, 그를 통해 업계로 하여금 유리한 조건으로 拂下를 받게끔 만들어준 것이 제도적 측면에서 업계의 성공을 가능케 한 先決條件으로 작용하였다는 사실이다. 그것을 바탕으로 또한 업계는 전반적인 기업운영 자체를 조속히 正常化할 수 있었다고 보기 때문이다.

4. 歸屬財産 民營化 조치의 意義

이상으로 1950년대 들면서 政府가 귀속사업체를 조속히 민간에게 拂下할 계획을 세우고 그것을 강력히 추진한 결과, 기업의 경영조건을 몰라보게 개선하고 그를 통해 또한 현저한 생산증대까지 가져올 수 있었다고 함은 어쨌든 높이 평가되어야 마땅한 일이다. 이러한 綿紡공업에서의 경영개선효과는 다른 업종에 있어서도 정도의 차이는 있을지언정 어느 정도 이루어졌다고 할 수 있겠지만, 특히 綿紡工業에 있어 그것이 괄목할 만한 성과를 가져왔다고 말할 수 있다. 아울러 우리는 이상의 면방공업 事例 연구를 통하여 다음의 두 가지 중요한 경제사적 意義를 찾아볼 수 있다.

1) 政府의 귀속재산 民營化 정책에 대한 評價

첫째로 들어야 할 것은 초기 李承晩 정부의 歸屬財産에 대한 과감한 민간 매각조치, 다시 말해 귀속기업체의 조속한 民營化정책에 대한 평가 문제이다. 1948년 8월 정부 수립과 동시에 美軍政으로부터 한국정부에 이관된 歸屬財産이라는 재산은 그 성격을 군이 따지자면 일종의 國有財産이라 할 수 있다. 지난 식민지 시대 日人 소유 재산을 중간에 美軍政을 매개로 하여 無償으로 인수한 일종의 國有財産의 범주라고 함은 틀림없는 사실이다. 그것은 사회 모든 분야에 걸쳐 있을뿐더러 또한 모든 産業 분야에 걸쳐 있는, 즉 全國 도처에 散在되어 있을 뿐 아니라, 나아가 이러한 막대한 종류의 國有財産을 갑자기 물려받은 정부는 도대체 이들 재산을 어떻게 관리, 운영할 것인가 하는 복잡하기 그지없는 難題에 직면하게 되었다. 그것이 國有재산인 이상 그것을 어떻게 다룰 것인가 하는 문제는 建國 초기 정부가 당면한 최대의 國政 課題로 떠올랐다고 해야 마땅한 일이다.

그런가 하면, 다른 한편 정부가 이들 재산을 모두 끌어 앉고 國有/國營

체제로 계속 끌고 간다는 것은 처음부터 사회주의 계획경제체제를 지향하지 않는 한 도저히 力不及이라는 사실을 일찍이 깨달았다고나 할까, 아니면 처음부터 自由主義 市場經濟 원칙에 좇아 가능한 빨리 기업을 민간에게 맡기는 民營化의 길만이 올바른 선택이라는 확고한 정책적 판단에 따른 것인지는 잘 알 수 없으나, 아무튼 李承晚 정부는 등장과 함께 곧장 自由主義 시장경제 原理를 통치의 기본 이념으로 삼고, 이들 귀속재산의 조속한 민간불하를 강력히 추진하게 되었다는 점에서 우선 일차적인 經濟史的 意義를 찾아볼 수 있다. 그러나 유감스럽게도 李承晚 정부의 이러한 自由主義 市場經濟 원리에 따른 귀속재산의 민간 拂下政策은 당시의 制憲 憲法에 규정된 混合經濟體制 이념과는 쉽게 부합할 수 없는 성질의 것임이 곧장 드러났다.

좀 더 구체적으로 살펴보자면, 李承晚 정부의 이러한 歸財 불하정책의 원칙은 한마디로 制憲 憲法에서 규정되는 기본적 경제조항에 정면으로 違背되는 것이었다. 헌법상의 기본적 경제조항이란 이런 내용으로 되어 있어서이다. 즉, ① 주요 鑛物 등 중요한 地下資源이나 水産資源, 그리고 경제적으로 이용 가능한 自然力은 國有로 해야 한다는 규정(헌법 제85조)이며, ② 국민경제적으로 중요한 의미를 갖는 산업, 곧 運輸, 통신, 금속, 보험, 전기, 水利사업, 水道/가스 등과 그리고 기타 公共性이 강한 기업은 모두 國/公營으로 한다는 규정(헌법 제87조) 등으로 되어 있기 때문이다. 다시 말해 당시 憲法 규정상의 국/공유 기업 範疇(범주)에 드는 광업, 운수업, 그리고 제조업 중에서도 基幹산업이라 할 금속/기계공업 등 까지도 민간에게 불하하겠다는 이승만 정부의 기본 方針이 이상의 憲法 규정과의 違背(위배) 여부에 대한 有權 해석 문제를 제기시켰다고 할 수 있다.[68]

---

68) 歸屬財産處理法상에는 이러한 公共性이 강한 기업체는 憲法 규정에 따라 國/公有化하는 것으로 되어 있었으나(법 제5, 6조), 당시 李承晚 정부는 同 施行令에서 불하를 위한 審議委員會를 통과할 때나 또는 마지막 대통령의 決裁과정에서 사실상 國/公有化하는 것을 매우 어렵게 만들어놓았다는 사실 자체가 오히려 한층 더 憲法 規定에 저촉되는 것으로 볼 수 있는 대목이었다(동 시행령 제4조).

憲法 규정을 위배하면서까지 무리하게 추진한다는 문제 제기 외에도, 당시 李承晩 정부의 과감한 불하조치와 관련하여서는 다음과 같은 몇 가지 문제를 추가로 제기할 수 있었다. 하나는 이러한 歸屬財産의 불하조치가 정치권력과 결탁한 特定人에 대해 特惠를 제공하는 식으로 이루어진다는 문제이고, 다른 하나는 당초의 拂下 원칙에 따르면 보다 많은 사람에게 株式이나 運營權을 골고루 분산하는 방식으로 이루어져야 함에도 불구하고 사실은 그렇지를 않고 特定人 한 사람에게 기업 經營과 所有權을 독점적으로 넘겨주는 식으로 되어 이른바 특정인에 대한 特惠부여 문제와 더불어 정책의 公正性 缺如 라는 문제까지 제기하게 되었다.[69]

前者의 特惠的 拂下 문제와 관련해서는 당시 불하대금의 납부에 있어서 이를테면 一時拂 조건을 원칙으로 삼고 있음에도, 현실로는 이런저런 事由를 붙여 5~7년 또는 그 이상의 분할 納入이 허용되었을 뿐 아니라 심지어 그것마저도 延滯하는 경우가 허다하였다는 점,[70] 특히 天頂不知의 당시 戰時 인플레 추세에서 이러한 불하대금 납부 延滯를 허용해 주거나 또는 分割 償還을 허용해 주는 것이 얼마나 큰 特惠 조치에 해당하는 것인가는 불을 보듯 뻔한 이치이기 때문이다.

後者의 정치권력과의 結託 또는 情實에 따른 特定人에 대한 독점적 불하 문제에 있어서는, 그것이 비록 不正 내지 不公正한 방법에 의한 特惠的 불하라고 함은 부정할 수 없겠으나, 다른 한편 그러한 特定人에 대한 독점

---

69) 1953~58년간에 매각된 51개 中央直轄企業의 불하내용을 보면, 分散賣却의 경우는 단 1건도 찾아 볼 수 없고, 전부 特定人 한 사람에게 매각되는 식으로 이루어졌다. 또한 이 단독 賣却의 경우, 전체 매각 건수의 60%를 조금 넘는 31건이 당시의 管理人 또는 賃借人 가운데 어느 한 사람(특정인)에게 이루어진 것으로 나타나고 있다 – 財務部管財局,『賣却企業體카드』(筆寫本), 1962에서 저자가 작성한 것임.

70) 중앙직할기업의 경우, 拂下代金을 適期에 납입하지 않고 있는 기업은 1958년 5월 당시 朝鮮紡織(주)를 비롯하여 무려 43개 기업에 이르고 있는데 그중 1억 圜 이상 滯納(체납) 기업은 조선방직 757백만圜, 태창방직 187백만圜, 동양방직 368백만圜, 흥업은행 467백만圜, 저축은행 136백만圜 등으로 되어 있었다. 그러나 유감스럽게도 그 연체총액은 밝혀지고 있지 않다 – 재무부, 앞의 책, p. 162 참조.

적 불하방식을 놓고 반드시 그렇게 나쁘게만 볼 수만은 없다는 주장도 없지 않았다. 그 이유는 당시 國內/外的으로 여러 가지 어려운 여건을 감안할 때, 당해 기업의 經營不實을 조속히 개선하고 경영을 정상화시킬 수 있는 가장 빠른 길은 여러 사람에게 공평하게 分散 賣却하는 방식보다는 비록 한 사람일지언정 능력 있는 적임자에게 單獨 불하하여 최대한의 효율적인 責任經營을 행할 수 있는 여건을 마련해 주는 쪽이 오히려 賢明한 處事라고 하는 관점에서이다.

결과적으로 이러한 독점적 불하를 통하여 經營主體의 조속한 확립과 나아가 私企業的 입장에서의 責任經營의 효율성을 최대한 발휘하게 되어 예상 밖의 좋은 경영성과를 가져올 수 있었다. 여기에는 물론 휴전 후 본격적으로 들어오는 막대한 美國援助가 1950년대 정부 베이스에서의 급속한 戰災 복구와 민간베이스에서의 경제회복에도 크게 한 몫을 하게 된 것으로 높이 평가하지 않을 수 없다.

2) 귀속재산의 斷絕과 連續

둘째로는 이러한 민간불하를 통한 企業經營 개선조치가 지난날 식민지 시대에 형성된 일본기업의 實體랄까 또는 日本的 기업의 성격을 그대로 유지, 존속하는 방향으로 전개되었는가, 아니면 그러한 일본적 기업의 實體 내지 성격을 파괴, 단절하는 방향으로 이루어졌는가 하는 평가 문제이다. 이 문제는 일본 식민지 지배의 傳統 내지 遺産이라고 할 이 귀속기업체의 價値가 그것의 拂下/매각 과정을 통해 훼손되고 소멸되는 방향으로 전개되었는가, 아니면 계속 살아남아 그것의 價値가 後代로 이어지는 방향으로 전개되는가를 결정하는 문제라고 할 수 있다.

이러한 歸屬財産 가치의 斷絕과 連續이라는 근본적인 문제에 대한 올바른 평가를 위해서는 먼저 귀속기업체가 그 資産的 價値의 변동을 초래하게 되는 다음 두 가지 과정에 대한 심층적인 분석이 요구된다고 할 수 있다. 하나는 해방 후 정치적 激動期와 뒤이어 벌어지는 6·25전쟁을 겪으

면서 이들 귀속기업체의 자산적 價値가 얼마나 파괴/훼손 내지 流失 등의
변동을 불러오게 되었는가 하는 문제이고, 다른 하나는 그 과정에서 파괴
된 기업을 복구함에 있어 필요한 機械 시설이나 部品, 기타 機資材 등을
어느 나라의 어떤 模型으로 조달하게 되었는가 하는 그것의 復舊 및 再建
과정에 대한 분석이 그것이다.

어쨌든 이상 財産의 파괴과정과 그 복구과정에 대한 구체적인 연구가
제대로 이루어지지 않아 그에 대한 어떤 결론을 이끌어 낼 입장은 아니라
고 할 수도 있다. 그러나 지금까지 살펴본 각 시대별, 산업별 그리고 項目
別 분석 내용을 종합하여 판단한다면 대체로 다음과 같은 推論이 가능할
것이다. 즉 美軍政期 내지 한국정부 당시에 파괴되고 流失된 기업체의 규
모나 상태 또는 6·25전쟁으로 인한 기업의 被害상황 등을 종합해 볼 때,
귀속기업체의 資産的 가치가 전반적으로 그리고 결정적으로 파괴/훼손되
었다거나 또는 그 존재 가치가 아예 斷絶되고 말았다고 할 만큼 그것이 심
각한 수준이라고는 결코 할 수 없다는 주장이다.

구체적인 수치를 통해 보더라도, 美軍政期에 流失된 귀속사업체수
가 중앙직할 19社, 지방관할 199社로 총 218社에 달하여 전체 귀속사업체
3,551사의 6.14%에 지나지 않고, 거기에 한국정부로 넘어온 이후 1953년
까지 해체된 사업체수가 불과 14건 정도로 알려져(앞의 각주 52) 참조), 이
를 보태더라도 그것이 일단 大勢에 크게 영향을 미칠 정도는 아니라고 말
할 수 있다. 또한 6·25전쟁 피해 규모에 있어서도 총 피해액의 44.5%가 건
물 피해이고, 그 19.6%가 산업시설 피해로 되어 있는가 하면, 건물 피해액
의 큰 몫(43%)이 또한 일반 民家에 대한 피해이고 막상 산업부문의 建物
피해는 전체의 15.2%에 불과하다는 점, 그리고 산업시설 피해에 있어서도
민간 산업부문의 피해는 전체의 34% 정도인데 비해, 오히려 각종 교육기
관의 시설 피해가 전체의 45.2%로 더욱 높게 나타나고 있다. 그 밖에 각종
사회간접자본 부문의 피해가 또한 전체의 14.8% 정도에 이르고 있는 점

등을 참고로 지적해두고자 한다.[71]

다른 한편, 파괴된 시설의 복구 및 확충과정에서 조달된 산업시설에 대해 그 國別 도입 구성이나 또는 시설의 模型 문제에 있어서는, 이를테면 대표적 산업으로서의 綿紡工業의 경우를 보면 前述한 것처럼 그 기계/시설을 대부분 미국 원조자금으로 도입하는 바람에 자연히 미국 施設模型으로 이루어졌다고 할 수 있으나, 그것은 어디까지나 면방공업의 예외적 케이스에 불과한 것으로 볼 수 있고, 그 밖의 여타 산업에 있어서는 결코 그렇지를 않고 오히려 美國 이외의 국가(예컨대 日本, 독일) 내지 模型으로 이루어지는 경향이 더욱 강하였다고 할 수 있다. 이를테면 6·25전쟁이 발발한 1950년 이후 1955년경까지의 일본으로부터의 수입추세를 보면, 총 수입 중 對日 수입비중이 1950년의 69.1%에서 51년의 72.7%까지 치솟고, 그 후 52년 59.2%, 53년 47.6%, 54년 38.2%로 줄곧 하락추세를 보인 가운데, 막상 정치적 이유로 對日 수입금지조치가 취해진 1955년에는 14.5%까지 急落하는 현상을 보여주었다.[72]

對日 수입품 구성에 대한 구체적인 데이터는 구하기 어려우나 이 시기 객관적 조건에 비추어 당시 한국기업이 절실히 필요로 한 原資材 및 部品이 그 대부분을 차지하고, 그 밖에 일부 산업시설이나 소비재류도 함께 포함되었을 것임은 물론이다.[73] 한마디로 1950년대 들어 국내 산업이 필요

---

71) 公報處統計局,『6·25事變綜合被害調査表』, 1953. 7. 27일 休戰 당시를 기준으로 한 조사에 의한 것임.

72) 韓國貿易協會,『韓國貿易史』, 1972, pp. 246, 279 참조.

73) 이렇게 보는 근거는 다음과 같은 데 있다. 1950년대 한국정부는 세 차례의 對日 輸入禁止措置를 취한 바 있다. 제1차는 1953년 10월 제3차 한일회담에서의 일본 측 수석대표 구보다(久保田貫一郎)의 발언을 이유로, 제2차는 1955년 7월 일본정부의 中國(毛澤東) 정부의 공식 承認을 이유로, 제3차는 1959년 6월 일본의 在日僑胞 北送을 반대하여 취해졌다. 그러나 두 차례 모두 한국 財界 측의 아우성으로 정부는 일방적으로 아무 조건 없이 解除하고 말았다. 국제적으로는 무척 창피한 노릇이었지만, 당시 한국산업의 對日 原資材 의존도가 너무나 높았기 때문에 어쩔 수 없는 선택이었다. 그것은 당초의 禁輸措置 자체가 크게 잘못된 것이었음을 말해준다. 이것 한 가지만 보더라도 1950년대 당시 한국경제의 對日 의존도가 얼마나 우심하였는가를 충분히 알 수 있게 할뿐더러, 나아가 植民地 遺産으로서의 歸屬財産이 그 뿌리를 얼마나

로 하는 대부분의 原資材 조달은 日本에의 일방적 의존체제를 더욱 굳혀 간다는 사실에 비추어보면, 그것은 바로 해방 전 일본 식 산업체제로의 回 歸를 의미하는 것으로 해석할 수도 있다.

이것 한 가지만을 놓고 보더라도, 전쟁 피해로부터의 산업시설의 復舊 나아가 국민경제의 再建을 위한 대처방안으로는 기존 시설의 복구를 위 해서는 舊來의 일본 식 원자재나 부품 등에 의존하지 않을 수 없는 기업체 질에서 오는 特性을 쉽사리 벗어날 수 없었다고 함을 지적하게 된다. 따라 서 外部 여건의 변화에도 쉽사리 변치 않는다는 이 기업체질의 特性이야 말로 우리가 해방 후 귀속사업체의 實體가 어떤 모습으로 변동한다든가 또는 그것의 본래적 성격이 어떻게 바뀐다든가 하는 문제를 다룸에 있어, 바꿔 말하면 植民地 遺産으로서의 이 歸屬財産의 實體가 해방 후 斷絶/소 멸의 과정을 밟게 되느냐, 아니면 계속하여 存續하는 과정으로 이어지느 냐 하는 문제를 판가름 함에 있어 결코 놓쳐서는 안 될 핵심적인 事案이라 고 함을 강조해 마지 않는다.

이상을 종합해보면, 해방 직후 美軍政이 일본 總督府로부터 물려받을 당시의 歸屬財産(기업체)의 경제적 價値는 그 후 美軍政에 의한 歸財의 접 수 및 관리과정에서 이미 상당한 파괴와 훼손을 가져왔음은 두말할 여지 가 없을 뿐더러, 또한 李承晩 정부에 이관된 이후에도 그것은 관리 소홀 로 재산상의 많은 파괴와 가치훼손을 초래하고 있던 차에, 雪上加霜으로 3년간의 6·25전쟁의 慘禍(참화)를 겪으면서 또 한 차례 돌이킬 수 없는 시 설의 파괴와 亡失이 불가피하게 되었음은 위의 제2항에서 이미 밝혀진 내용 그대로이다.

1953년 휴전 후 戰災復舊과정에서는 그간의 파괴된 시설의 복구만이 아니라 기존 시설 가운데서 老朽化된 구식 시설까지도 新式 시설로 改替 되는 과정을 밟게 되지만, 그 과정에서 改替되는 新規 시설은 앞에서 본

깊이 내리고 있는가를 말해주는 하나의 증거라고 하지 않을 수 없다-제7장 제2절 제2항 관련 내용, 졸저, 『韓國貿易論』, 2003, p. 128 참조.

綿紡공업의 事例에서처럼 지난날의 日本製 시설로부터 새로운 美國製 시설로 바뀌게 된 경우도 더러 있었다고는 하겠으나, 그것이 그렇게 흔치는 않았던 것으로 봐야 한다는 점이다. 따라서 이러한 신규 施設의 置換과정에서 기존의 일본식 시설모형에 부분적으로는 어느 정도 영향을 미쳤다고 할 수 있겠으나, 그렇다고 그것이 본래의 일본식 모형이 가지는 企業의 特性까지 바꾸게 될 정도의 결정적인 영향력이라고는 말할 수 없다고 함을 확인할 수 있다.

결론적으로 한 가지 강조해두고자 하는 것은 모든 산업이 美軍政 시대 및 그 후 自由黨 시대, 특히 6·25전쟁을 겪으면서 입게 되는 각종 산업시설의 파괴/훼손과 流失 등을 사람들이 너무 강조하는 나머지, 그 후 1950년대 들어 미국 援助資金에 의한 시설복구과정에서 거의 모든 산업이 上記 면방공업 事例에서처럼 지난날 일본식 시설패턴으로부터 완전히 新規 미국식 패턴으로의 改替과정을 밟게 되는 것처럼 확대 해석하는 경향이 있다는 점이다. 그러한 경향은 면방공업에서의 특수한 사정을 나타내는 것일 뿐, 그것으로 植民地工業化의 物的 유산으로서의 귀속재산의 實體的 意義가 해방 후 1950년대 내지 1960년대 공업화과정으로 이어진다는 주장, 곧 그것의 不斷한 連續性까지를 부정하는 식으로 확대 해석해서는 결코 안 된다고 함을 재차 강조해둔다.

제7장

해방 후

韓國經濟 展開와 歸屬財産

I. 植民地 遺産으로서의 歸屬財産

1. 植民地主義와 식민지 遺産

1) 植民地(colony)에 대한 일반적 이해

지구상에 존재하는 國家 가운데 그래도 國民國家 수준의 반듯한 모양새를 갖춘 나라치고 과거 다른 민족이나 국가에 의해 식민지 支配/從屬의 경험을 한, 두 번 해보지 않은 나라는 거의 없다고 해도 과언 아니다. 世界史의 긴 흐름으로 볼 때, 이웃 나라 간이든 遠隔地 간이든 식민지적 지배/종속의 경험은 몇몇 나라에 국한된 예외적인 현상이라기보다는, 오히려 지구상 그 어디에서나 흔히 찾아볼 수 있는 하나의 普遍的 현상으로 봐야 할 성질의 것이다.[1] 다만 각기 식민지 지배/종속의 目的이나 기간 또는 양자 간의 상호 식민지적 관계 여하에 따라 그 내용이나 성격이 제각기 달리 나타났을 뿐이라고 해야 한다.

어느 植民地 경우든, 식민지적 관계가 終了될 때에는 반드시 그간의 植民地 지배에서 오는 이런저런 유형의 '植民地 遺産'(colonial legacy)을 남

---

1) 植民地主義(colonialism)라고 하면 일반적으로 中世 重商主義(mercantilism) 시대 이후 서구 列強에 의한 아프리카/아시아/라틴 아메리카(AALA)지역에서의 해외 식민지 개척과 지배의 歷史로 이해하지만, 실은 서구 내부에서도 상호 물고물리는 식민지적 지배/종속의 관계가 긴 역사 속에서 보면 茶飯事로 이루어져 왔다고 해야 한다. 中世 이후 서구에서 일어난 그 수많은 지역간, 국가간 전쟁이 그것을 단적으로 말해주고 있다. 東洋에서도 中國이나 러시아 심지어 韓國(高麗 시대)까지도 한 때 몽골의 식민지였던 시대가 있었는가 하면, 美國이나 캐나다도 한때 英國과 프랑스의 식민지였다. 韓國人은 한 때 日本의 식민지로 된 것이 마치 세계사적으로 韓國만이 유일하게 겪은 참을 수 없는 恥辱(치욕)의 歷史 인양 인식하고 있지만 결코 그렇지 않을 뿐더러 또한 그렇게 생각할 필요도 없다. 帝國主義 시대 남의 나라 植民地로 전락한 경험은 일대 국가적, 민족적 羞恥(수치)라고 생각할 만큼 그렇게 부끄러워 할 역사가 아니었다. 그 것은 世界史 전개에서 흔히 찾아볼 수 있는 보편적 현상의 하나일 뿐이다.

기게 된다. 이 경우 어떤 성격의 遺産을 남기게 되느냐 하는 것은 오로지 植民母國의 被식민지에 대한 식민지 지배정책의 내용 如何에 따라 규정되겠지만, 그 중에서도 우리가 특히 중요하게 다루어야 할 문제는 植民母國의 식민지 건설의 목적이 과연 어디에 있었는가 하는 점일 것이다. 식민지 역사가 오랜 서구 列強의 경험에 의하면, 그들의 海外 식민지 건설의 目的은 시대에 따라 대상 지역에 따라 각기 달리 나타났다고 해야 한다. 대체로 中世까지는 단순한 未知의 世界의 발견이나 軍事基地의 건설 또는 金/銀鑛의 채굴 등을 주된 목적으로 하였으나, 그 후 近世에 들어 北美나 大洋洲 등 新大陸의 발견과 더불어 이들 뉴 프론티어(新開地) 지역에 대한 自國 국민의 移民(emigration)이 이루어지고, 그에 따라 自國의 언어-宗敎-문화-스포츠 등을 傳播(전파)하는 것이 식민지 건설의 주된 목적처럼 된 때가 있었는가 하면, 19세기 후반 서구 자본주의가 獨占資本主義 단계로 접어들면서 자국의 剩餘(잉여) 상품이나 資本의 수출을 위한 海外市場 개척이라는 경제적 목적이 식민지 정책의 全面에 부상되기에 이르렀다고 할 수 있다. 결론적으로 이러한 시대별, 유형별 植民母國의 식민지 정책의 목적에 따라 그것이 남긴 식미지 遺産의 성격 역시 현저히 달라지게 됨은 두말할 것 없다.

18세기 이후 서구 제국은 産業革命을 겪으면서 生産力의 비약적 발전을 가져온다. 그를 통한 機械制 生産의 급속한 보급에 따라 갑자기 늘어난 生産力을 한정된 국내 需要만으로는 도저히 커버할 수 없게 되고, 그 代案으로 수출을 위한 海外市場 개척에 눈을 돌리지 않을 수 없었다. 주로 工産品 중심의 해외수출을 가능케 하기 위해서는 그에 대한 代金支拂 수단으로 수입국으로부터 뭔가 다른 商品(物資)의 수입이 불가피하게 된다.

처음에는 일부 金/銀 寶貨(보화)로서의 수출대금의 決濟가 이루어지기도 하였으나, 이는 극히 예외적인 경우에 불과하고 그 대부분은 現地에서 산출되는 一次産品, 예컨대 食糧이나 嗜好品(기호품), 공업용 原料, 에너지 資源 등의 수입을 통해 그것을 커버하는 방식으로 전개되지 않을 수 없었다. 여기서 말하는 일차산품이란 주로 農産物과 鑛産物로 이루어지지만, 우선 농산물은 식량농업(밀, 쌀, 콩), 原料농업(목화, 羊毛, 사탕수수) 그리고 嗜好(기호)농업(커피, 茶, 코코아)으로 갈라볼 수 있고, 둘째로 광산물의 경우는 공업용 原料鑛(철광, 銅鑛, 텅스텐, 亞鉛/鉛鑛, 기타 稀貴 금속류), 및 연료광(석탄, 石油/가스)과 그밖에 金/銀鑛이나 다이아몬드 등 보석류의 3가지 정도로 이루어진다고 할 수 있다.

그런데 문제는 정상적인 상품교역방식으로는 이러한 양자 간의 交易이 오래 갈 수 없었다는 데 있었다. 왜냐하면 공산품 수출국 입장에서는 그 수입국으로부터 그에 相應하는 食糧이나 原料作物 등의 수입을 충분히 커버할 수 있어야 하는데 그것이 그렇게 쉽게 맞아떨어지지 않았기 때문이다. 一次産品 수출국은 대부분 솔직히 말해 그러한 일차산품이 자기 나라 안에서 栽培가 가능한지 또는 자기네 땅 속에 그런 것이 埋藏(매장)되어 있는지 조차 알지 못할 뿐더러, 설령 알고 있다고 하더라도 그것을 어떻게 栽培하거나 채굴하고 또 그것을 이용하는지에 대한 아무런 방법도 모르고 있었기 때문이었다. 바꿔 말하면 그러한 일차산품을 재배 내지 채굴하여 상품으로 만들어 수출할 수 있는 자체 力量을 아직 갖추지 못하고 있었기 때문에 양자 간의 商品交易은 오래 지속될 수가 없었다고 해야 한다.

그렇다면 양자 간의 交易을 계속 정상적으로 발전시키기 위해서는 어떻게 해야 할 것인가. 무엇보다도 서구 선진국(공산품 수출국) 측에서 어떤 형태로든 그들의 一次産品 개발을 지도해주거나 아니면 그것의 開發을 직접 담당해주지 않으면 안 된다는 결론에 이르게 된다. 결국 자신의 工産品 수출을 지속시키기 위해서는 상품수출과 함께 자신의 資本과 技術을 어떤 형태로든 그 쪽에 수출하지 않으면 안 되고, 또한 現地에 나가있는 자본과 기술의 安全과 그리고 그 투자활동의 自由를 보장하기 위해서는 제2단계로 國家權力의 진출이 필요불가결하게 되는 상황에 놓이게 된다. 국가권력의 진출 필요성, 그것은 바로 정치적 의미에서의 상품/자본

수출국으로 하여금 一次산품 수출국에 대한 植民地 지배과정으로 나타나지 않을 수 없게 된다. 보통 원론적으로 말하는 상품수출단계에서 점차 그 다음 단계라고 할 자본수출단계로 넘어가는 海外市場 진출의 深化과정이란 바로 이런 현상을 두고 하는 말이다.

이를 要約하면 다음과 같이 정리된다. 보통 경제적 목적에서의 해외 植民地 건설이라면 그것은 곧 자기 상품 판매를 위한 海外市場 개척에 그 주된 目的이 있었다고 하겠지만, 여기에는 다시 다음 두 가지 목적을 동시에 띠고 이루어졌다고 할 수 있다. 즉 국내 剩餘商品의 수출을 위한 해외시장 개척의 필요성이 그 하나라면, 해외로부터 보다 유리한 조건으로의 食糧이나 공업용 原料광물, 石油 등 에너지源 등의 확보를 위한 포괄적 의미에서의 海外市場 개척의 필요성이 그 두 번째 요구이다.

2) 植民地 經濟 모델과 그 遺産

서구 제국의 해의 식민지 開拓史는 여러 가지 類型으로 전개되었다. 어느 경우든 그들은 사후적으로 그들의 해외 植民地에 갖가지 형태의 다양한 植民地 遺産을 남기게 되었다. 식민지 遺産이라면, 그것은 식민지 패턴에 따라 각양각색으로 나타날 것은 두말할 여지가 없을 터이다. 이를테면, ① 스페인, 영국, 프랑스, 네덜란드 등 서구 列强의 식민지 지배패턴에 따라, ② 그들 被식민지의 지역, 곧 아프리카, 中南美, 아시아, 中東 등 그 지역의 자연적, 경제적 特性에 따라, ③ 식민지 하에서의 被식민지 사람들의 식민지정책에 대한 受容/對應 자세에 따라 그들의 식민지 遺産의 형태와 내용은 각기 달라진다고 할 수밖에 없다.

천차만별의 식민지 遺産에 대한 어떤 一義的인 해석을 내리기는 어렵다고 해야 한다. 그런 전제 아래 여기서는 한 가지 先行 연구의 事例를 들어 식민지 경험을 가지는 경제의 경우, 구조적으로 어떤 식민지 遺制(遺産)를 물려받게 되는가를 살펴보기로 한다. 일찍이 世界體制論(world-system theory)으로 유명한 임마뉴엘 월러슈타인(I. Wallerstein)에 의하면,

그는 아프리카 지역을 대상으로 한 事例 연구를 통해 식민지 경제구조의 하나의 典型으로 그의 독특한 이론이라 할 '식민지 經濟 3部門 모델'을 제시한 바 있다. 여기서는 이 모델을 간략히 소개하는 것으로 식민지 경제의 全體像(이미지)을 한번 어렴풋이나마 그려보고자 한다.

I. 월러슈타인은 식민지 경제 가운데서도 특히 아프리카 경제를 집중적으로 연구하고, 그 결과 그의 독특한 사회발전이론이라 할 周邊部社會論, 다시 말하면 '中心/半周邊/周邊部 資本主義論'(center/semi-peripheral/peripheral capitalism)을 위한 이론적 立論으로 삼은 것이 바로 이 아프리카 경제 3부문 모델이다. 그는 식민지 시대 아프리카경제는 시간이 흐를수록 다음에서 보는 바의 3부문으로 그 구조적 성격이 확연히 구별되는 再編과정을 겪게 된다는 주장이다.[2]

① 제1부문 : 처음부터 식민지 母國으로의 수출을 목적으로 하는 수출 農業 및 수출 鑛業 중심의 근대화된 생산부문
② 제2부문 : 제1부문 및 그와 연관된 國內外 流通/서비스업에 주로 食糧을 공급하는 국내 상업적 農業部門
③ 제3부문 : 제1부문 — 때로는 제2부문까지 포함하여 — 에 대해 그들이 필요로 하는 勞動力을 주로 공급하는 전통적 農業部門

이 가운데, 제1부문은 전적으로 식민지 母國의 자본과 기술에 의하여 개발되는 근대화된 생산부문으로, 처음부터 그 産出物(一次産品)의 식민지 母國—내지 제3국—수출을 전제로 하고 있다는 점, 그리고 처음부터 그것은 대규모 플랜테이션(plantation) 農場이나 牧場, 광산 등의 개발을 목적으로 이루어진다는 데서 그것의 특징이 주어진다. 農場 개발에서는

---

2) 이 3부문 모델은 어디까지나 분석을 위한 하나의 모델 설정에 불과하다고 해야 한다. 실제로 아프리카경제가 그렇게 전개되었다는 것으로 해석할 필요는 없다. 단지 오늘의 아프리카 경제의 구조적 特性을 분석함에 있어 지난날의 식민지 지배의 遺制, 곧 식민지 遺産으로서의 그것의 역사적 뿌리를 캐는데 有用한 하나의 推論的 모델로 借用하는 의미를 가질 따름이다 – P. C. W. Gudkind/I. Wallerstein, *The Political Economy of Contemporary Africa*, SAGE, pp. 46~47, 拙著, 『世界 經濟論』, 博英社, 2004, pp. 142~144 참조.

주로 食糧농업보다도 原料농업이나 嗜好(기호)농업 중심으로 이루어지는
가 하면, 鑛山 개발에서는 초기에는 金/銀 등 귀금속 광물 개발에 치중하
였지만, 점차 石油/가스 등 에너지 공급원의 探査나 철광, 銅鑛, 보크사이
트, 텅스텐 등 공업용 原料鑛의 개발 방향으로 나아갔다고 할 수 있다. 아
무튼 이 제1부문의 특징은 비록 식민지 母國으로부터 그대로 이식된 '飛
地'(enclave)적 성격을 강하게 띠게 된다고 할 수 있음은 물론, 그것의 실제
생산 활동도 이미 근대화된 서구 資本制的 生産樣式을 그대로 옮겨놓은
것이나 다름없다고 할 수 있다.

食糧 생산 중심의 전통적인 아프리카 農業은 그렇다면 이상의 서구 列
强에 의한 식민지화 과정에서 어떤 변화과정을 겪게 되는가? 시간의 흐름
에 따라 아프리카 농업은 두 가지 領域으로 分化된다고 할 수 있다. 우선
위에서 본 제1부문과 그리고 그와 밀접히 연관된 輸送-무역-금융-保險-기
타 관련 서비스업에 종사하는 사람들에게 공급할 食糧이나 嗜好식품 등
농작물을 재배하는 영역과 그리고 그밖에 자체 내의 대다수 농민들의 식
량 소비를 위한 농작물 재배영역으로의 분할이 그것이다. 前者의 근대화
된 부문을 위한 食糧재배영역을 제2부문으로, 자체 내의 需要에 충당할
後者의 식량재배영역을 제3부문으로 각각 설정하고자 한다. 이 가운데 제
2부문은 식량 등 생산과정에 대한 제1부문으로부터의 영향을 받게 되어
부분적으로나마 機械制에 의한 商業的 농업으로 발전해갈 수 있지만, 제3
부문만은 여전히 家族勞動에 의한 전통적인 營農방식을 그대로 溫存시키
고 있다는 점이 특징적이다.

뿐만 아니라 이 제3부문과 관련하여 한 가지 特記할 사항이 있다. 그것
은 자체 내에 남아도는 剩餘노동력으로 끊임없이 제1부문에서 요구하는
신규 노동력 수요를 充足시켜주는 역할을 담당하고 있다는 점이다. 이들
제1부문에 공급되는 農業노동력의 특징은 또한 일반적 형태의 工業노동
력의 경우에서처럼 전적으로 제1부문에 羈束(기속)되는 '專業的 노동자'로

서의 성격이 아니라,[3] 주로 낮에는 제1부문의 農場 내지 工場 노동자로 일하고 밤에는 다시 퇴근하여 제3부문인 자기 農土에서 농사일을 하는, 즉 '낮에는 勞動者, 밤에는 農夫'로 돌아가는 이른바 두 얼굴을 가지는 二重的 身分의 노동자로 바뀌게 된다.

이렇게 보면, 식민지 경제를 실질적으로 이끌어가는 제1부문의 생산 양식은 식민지 母國의 자본과 기술이 아프리카 現地의 제3부문에서 흘러 나오는 剩餘勞動力과의 結合이라는 非정상적인 형태이기는 하지만, 그래도 비록 불완전한 형태이기는 하지만 일단 資本制的 生産樣式을 띤다고 는 말할 수 있다. 물론 이들 勞動力이 농촌으로부터 완전히 해방된, 다시 말해 완전히 離農한 상태의 자유로는 신분으로서의 勞動者로서가 아니라 한발은 여전히 농촌(자기 집)에 그대로 디디고 있는, 즉 여전히 農民 신분 을 지닌다고 하는 점에서 불완전한 형태의 農民分解過程이라 할 수 있다.

어쨌든 이상의 I. 월러슈타인 류의 식민지 경제 3부문 모델이 실제로 아프리카 경제에서 일반적 현상으로 광범위하게 존재했다고 하는 주장 은 아닐 뿐더러, 더욱이 아프리카 이외의 다른 지역, 곧 아시아나 라틴 아 메리카 등에서도 그러한 모델을 적용할 수 있다는 식으로 확대 해석할 필 요도 없다고 함을 확실히 해두고자 한다. 단지 그것은 식민지 경제 분석을 위한 하나의 모델 설정에 지나지 않는다고 하는 사실이다. 그러나 그것이 여기서 중요한 의미를 갖는 것은 식민지 사회가 정치적으로 해방이 되고 따라서 식민지적인 諸관계가 소멸된 이후에도 그러한 形狀이 식민지 사 회에 하나의 植民地 遺制로 남겨지고, 또한 오랜 시간이 흘렀음에도 불구 하고 비록 형태만 바뀔 뿐 實質은 그대로 계속 살아남아 있다는 역사적 사 실 때문이다. 바꿔 말하면 이들 3부문이 각기 자기 나름의 異質的인 生産

---

3) 여기서 '專業的 노동자'란 서구적 개념의 農民分解과정에서 나타나는 현상으로, 이를테면 自己 農土로부터 완전히 離脫하여 都市 非농업부문에 경제적으로나 신분적으로 완전히 묶이는 勞 動者를 의미한다.

樣式을 구축하여,[4] 國民經濟(national economy)라는 하나의 自主/自立的
인 프레임(self-reliant frame)으로 融合되지를 못하고 있다는 점이 중요하
다. 즉 상호 연계되어 있음은 사실이라 하겠으나 그렇다고 소멸하지는 않
고 서로 共存하는 형식을 취함으로써, 서구 先進사회에서처럼 하나의 통
일된 資本制的 社會構成(capitalistic social formation)으로 발전해가지를 못
하고 있다는 점에서 그것의 특징을 찾을 수 있다. 이처럼 歪曲된 형태의
社會構成은 지난날 植民地 시대를 경험한 오늘의 제3세계 사회 일반이 거
의 공통적으로 지니는 特性이라고 할 수 있다.[5]

2. 植民地 遺産과 韓國의 경험

이상의 I. 월러슈타인 류의 식민지 경제 3부문 모델은 유독 아프리카
에서만 적용될 수 있는 성질의 것은 아니다. 그것은 적어도 아시아/中東/
中南美 등 유사한 지역에서도 많은 限界를 지니기는 하지만 그래도 어느
정도 그 나름의 說得力을 가진다고 할 수 있다. 위의 3부문 모델이 가지는
核心은 식민지 경제를 이를테면 그 지역에 맞는 제1차 산업에서의 한, 두
가지 特産品을 집중적으로 개발하는 이른바 모노컬쳐경제(monoculture

---

4) 이 3부문 모델에 대해 각 부문별로 마르크스 이론에 의한 生産樣式 개념을 적용한다면, 제1부
   문은 불완전하나마 일단 資本制的 생산양식을 취하고, 제2부문은 小生産者的 생산양식 개념
   을 적용할 수 있을 것이며, 그리고 제3부문은 前근대적인 일종의 共同體的 생산양식 개념으로
   규정할 수 있지 않을까 한다 – 拙著, 앞의 책, p. 144 참조.
5) 이러한 주장은 아프리카 경제 연구를 통한 周邊部자본주의론으로 이름난 사미르 아민(Samir
   Amin)의 경우가 대표적이라 할 수 있다. S. 아민은 지구상의 資本主義는 서구적인 中心部자본
   주의(central capitalism)만 있는 것이 아니라, 일찍이 그들에 의해 식민지 지배/종속의 길을 걷게
   된 수많은 非서구의 주변부 사회 또한 그들 나름의 周邊部資本主義(peripheral capitalism)를 형
   성하게 되었다는 것, 그리하여 우리가 살아가는 오늘의 세계자본주의는 이들 두 개 類型의 資
   本主義가 계속 새로운 支配/종속관계를 맺으며 서로 並存하고 있다는 주장을 펴고 있다 – S.
   Amin, *Accumulation on a World Scale*, MRP, 1974(김대환/윤진호 역, 『세계적 규모의 자본축적』(1),
   (2), 한길사, 1986) 참조.

economy)로 만들어간다는 점에 주어지고 있다.[6] 특히 中南美 지역에서의 이러한 대규모 農場(plantation) 농업의 발달과 그리고 특수한 몇몇 농산물(커피, 사탕수수)이나 광산물(金, 銀, 銅)의 집중적인 栽培나 採掘 및 그것의 輸出을 통한 모노컬춰경제의 구조적 定着은 세계사적으로도 서구 열강에 의한 오랜 식민지 지배가 낳은 식민지 遺制로서는 일단 매우 광범하고도 전형적인 형태라고 하지 않을 수 없다.[7]

그렇다면 서구 列强에 의한 식민지 지배의 遺制라 할 이러한 플랜테이션농업이다 모노컬춰경제다 하는 구조적 特性은 결국 서구 열강에 의한 식민지 정책, 그 중에서도 특히 다음 두 가지 측면에서의 정책이 長期에 걸쳐 그리고 지속적으로 추진되어 온 所産이라고 해야 한다. 말하자면, 서구 열강의 剩餘상품인 工産品 판매를 위한 소비시장으로서의 해외식민지를 다루는 정책이 그 하나이고, 다른 하나는 자신이 필요로 하는 식량이나 공업용 原料 또는 金/銀 등 보석류의 需要 충족을 위한 供給市場으로서의 그것을 개발코자 한 정책이 그것이다. 이 두 가지를 기본적 政策基調로 하고 더불어 여기에 한 가지 더 추가해야 할 문제가 있다면, 그것은 처음부터 식민지 경제를 하나의 獨自的 또는 自主的인 國民經濟의 틀(framework

---

6) 그 몇 가지 대표적 사례를 들면 다음과 같다.
  ① 블랙 아프리카 : 처음에는 金/銀鑛을 비롯한 다이아몬드, 코발트, 망간 등 몇몇 稀貴 금속류의 채굴에 特化하는 경향을 보이다가 나중에는 數世紀에 걸친 奴隸貿易으로 방향을 틀게 된다.
  ② 中東/아시아 : 中東은 일찍이 石油모노컬춰 경제로 자리잡게 되고, 아시아의 경우는 다양한 모습을 나타내지만 그래도 몇 가지 事例를 들자면 인도(실런)의 茶, 말레이시아의 고무와 朱錫, 베트남이나 미얀마(버마)의 쌀, 필리핀의 사탕수수 등이 그것이다.
  ③ 中南美 : 페루, 멕시코 등에서의 銀鑛, 칠레의 銅鑛, 브라질, 콜롬비아 등에서의 커피, 아르헨티나의 밀, 소고기 등의 집중적 채굴 내지 생산이 그 대표적 사례라 할 수 있다.
7) 이런 역사적 脈絡에서 中南美 지역에서는 일찍이 '從屬論'(dependency theory)이란 이름으로 기존의 서구 先進 자본주의 발전이론에 反旗를 드는 새로운 이론이 등장하게 된다. 말하자면 中南美 特有의 제3세계 사회발전이론을 만들어내게 된 것이다. 종교적인 측면에서도 全國民의 95%를 차지하는 中南美 天主敎는 '解放神學'이란 이름으로 서구 본래의 로마 가톨릭과는 성격을 달리하는 새로운 가톨릭 敎派(?)의 형성도 이 지역의 오랜 식민지 지배/종속의 역사 속에서 그 배경을 찾을 수 있으며, 이 또한 일종의 植民地 遺産이라고 해도 무방할 것이다.

of self-reliant national economy)을 형성시키겠다는 정책적 意志가 전혀 없었다고 하는 점이다.

다시 말해 식민지 경제 전체에 대한 각 부문별, 산업별, 업종별로 有機的으로 균형 있는 그런 開發戰略을 처음부터 동원하지 않았을 뿐더러, 또한 그러한 국민경제의 균형적 발전을 뒷받침할 각종 社會間接資本의 건설이나 또는 근대적인 敎育制度의 도입 등을 전혀 고려하지 않았다고 하는 사실이 그것이다. 뿐만 아니라 식민지 경제로 하여금 傳統的인 농업경제로부터 工業化를 통한 근대적인 산업사회로의 구조적 轉換을 가져오겠다는 등의 問題意識은 처음부터 그들의 식민지 개발계획에 들어있지 않았다고 해야 한다. 이러한 사실은 적어도 제2차 大戰 전까지의 서구 列强에 의한 아시아/아프리카/라틴 아메리카 지역에 대한 식민지 지배 및 開發 경험만을 놓고 본다면 충분히 首肯하고도 남을 만한 일이다.

이상의 식민지 遺産(내지 遺制)의 일반론적 경험에 비추어, 그럼 本論으로 돌아가 지난날 일본에 의한 한국의 植民地 경험은 어떠했는가를 살펴보기로 하자. 결론부터 앞세우자면 한국의 식민지 경험은 이상의 서구列强의 非서구 지역에 대한 일반적 식민지 경험과는 그 성격이 여러 측면에서 판이하게 달리 나타났다고 하는 사실이다.[8]

---

8) 식민지 工業化 문제 말고도 한국의 일본 식민지 경험은 다음과 같은 몇 가지 점에서 그 나름의 특수성을 지닌다고 할 수 있다. 첫째, 식민지 지배의 時期 문제다. 예컨대 20세기에 들어 남의 나라 식민지로 전락한 경우는 한국 이외에 별로 찾기 어려울 정도로 그 시점이 世界 植民地史上 매우 늦었다는 점, 둘째 시기적으로 그렇게 늦었다고 하는 사실은 그만큼 지배/종속의 식민지 기간이 비교적 짧았다고 하는 점, 이런 주장은 세계사적으로 식민지 시대가 終了하는 시점을 태평양전쟁이 끝나는 1945년 8월로 잡는다면, 한국은 겨우 35년(1910년 8월~1945년 8월, 또는 1905년의 乙巳條約을 기준으로 하더라도 40년)에 불과하여 그 어느 경우보다도 식민지 통치기간이 짧았다고 하는 점, 셋째 人種的으로 피부색이 완전히 다른 서구 列强(白人)에 의한 지배가 아니라, 人種/言語(文字생활)/宗敎 등 역사적, 문화적 전통이 매우 유사한 一衣帶水의 東洋系 나라에 의한 지배/종속이었다는 점이며, 끝으로 어쩌면 이것이 가장 중요한 요소라고도 할 수 있겠지만, 韓國은 오랜 역사적 傳統과 文化를 가지고 있음은 물론 오래 전부터 독자적인 國民國家(national state)를 형성해왔다고 하는 사실 등이 여타의 식민지 경우와는 판이하게 다른 점이라 할 수 있다.

1) 經濟的 측면 : 植民地 工業化 경험

그 중에서 특히 현격히 다른 점이라면, 한국의 경우 그 어느 다른 나라에서도 찾아보기 어려운 植民地 工業化(colonial industrialization)의 경험을 가지게 되었다고 하는 사실이다. 식민지 시대 植民地 母國에 의한 공업화 경험을 갖는다는 것은 식민지 사회의 경제적 발전이라는 측면에서 매우 중요한 의미를 갖는다고 하지 않을 수 없다.

우선 들 수 있는 것은 앞에서 본 中南美 케이스 등에서 살펴본 것처럼 식민지 경제를 이를테면 커피나 사탕수수 등 한, 두 가지 單作經營으로 몰아가는 모노컬취경제로 이끌어가지 않았다고 하는 사실이다. 뿐만 아니라 工業化를 위한 필수적 前提條件이라 할 鐵道, 도로, 항만, 電信電話, 공업단지 등 기초 인프라(사회간접자본)를 구축하게 되었다고 하는 점에서도 그러하다. 이밖에도 또 다른 공업화의 필수적 조건이라 할 電力, 石炭 등 에너지자원의 개발과 철광석, 沿/亞鉛, 重石 등 原料鑛 나아가 原棉, 누에고치, 大麻 등 原料作物의 栽培도 함께 지적할 수 있다. 결론적으로 식민지 경제의 각 부문별로 균형적 발전을 위한 鑛工業 중심의 産業構造의 高度化를 가져왔다고 하는 점에서, 다른 그 어느 나라 식민지 경험과도 완전히 구별되는 특수한 工業化 경험을 전수하게 된 것이다.[9]

그럼 이러한 특수한 한국적 植民地 공업화 경험은 결과적으로 한국에 어떤 遺産을 남겨주었는가? 이 물음에 대한 한가닥 解答이 바로 이 책에서 밝히고자 하는 歸屬財産, 곧 일본(인)이 남기고 간 財産의 實體를 올바로 究明하는 작업이라 할 수 있다. 일본(인)이 남기고 간 재산이라고 하여 그것을 하나같이 이 식민지 공업화의 産物로 해석할 수는 없다. 그 가운데는 직접적 工業化의 産物이라고는 할 수 없는 예컨대 조선총독부 廳舍를 비

---

9) 韓日併合 다음 해인 1911년 당시의 각 산업별 GDP 구성은 제1차 산업(농/수산/임업)이 전체의 77.6% : 광공업 4.7% : 기타(전기/수도/건설/상업/서비스 등) 17.7%로 推計되고 있으나, 약 30년 후인 1940년의 그것은 제1차 산업 40.1% : 광공업 20.6% : 기타 39.3%로 産出額 측면에서 현저한 구조변동을 가져왔음을 확인할 수 있다 - 김낙년, 『한국의 장기통계』- 국민계정 1911-2010, 서울대출판문화원, 2012, pp. 448~449 참조.

롯한 정부 및 그 산하 기관의 재산이나 軍用시설 등 일본의 國有財産도 함께 포함되어 있기 때문이다. 그러나 해방 당시 일본(인)의 재산, 즉 그들의 所有/지배/經營 하에 있던 모든 재산을 넓은 의미로 귀속재산으로 규정한다면, 해방 당시 이 귀속재산의 실물적 총 價値는 한국 내의 총 '國家 財富' (capital stocks in nation)의 80~85%에 이르는 압도적인 비중인 것으로 알려지고 있는가 하면, 아울러 그것의 총 자산적 가치는 전후 일본정부(大藏省)와 駐日 美軍사령부(SCAP) 간의 합동조사 결과에 의하면 달러($) 베이스로 약 52억 달러(남한 23억 달러, 북한 29억 달러)로 추산되고 있을 정도로 엄청난 규모였음을 새삼 강조하게 된다(제4장 〈도표 4-20〉 참조).

이런 두 가지 수치를 통해서도 당시 식민지 遺産으로 이 땅에 남겨진 (구)일본인 소유 實物財産의 범주와 그 규모가 어느 정도였는가는 충분히 짐작하고도 남음이 있다. 그리고 공업화를 통하여 이루어진 식민지 遺産은 이들 실물재산에 국한되는 것만은 아니었다. 예컨대 공업화 과정에서 직/간접으로 경험하게 된 한국인 기업가/경영자 그룹의 資質 향상은 물론, 일반 종업원의 技術/技能의 향상 등도 따지고 보면 모두 이 식민지 遺産의 범주에 든다고 하지 않을 수 없다. 특히 복잡한 기술의 중화학공업이나 電氣/鐵道/土木/건설업 등에서의 고도의 근대적 기계시설의 製作을 통한 生産技術의 발전은 말할 것도 없고, 근대적 대규모 기업(회사)의 조직과 운영을 담당할 企業家의 양성, 곧 그들에 의한 기업경영능력의 향상 등도 모두 이 공업화 과정에서 體得한 식민지 유산의 일환으로 다루어야 함은 再論할 필요조차 없다.

이 점과 관련하여 일찍이 식민지 朝鮮의 자본주의적 발전에 주목한 미국의 C. 에커트(Carter J. Eckert)는 식민지 공업화 과정에서 많은 朝鮮人이 일본기업과의 紐帶(유대)관계를 통해 자본가/기업가/경영인 등으로 성장할 수 있었음을 높이 평가하고 있다. 그 대표적 케이스로 그는 全北 高敞 출신 金氏家(金性洙/金秊洙 형제)를 들고, 그의 家系가 당초 地主 계급(土地資本)으로부터 産業資本家로 발전해가는 과정을 1919년 京城紡織(주)의

설립과 동 社의 성장과정을 통해 구체적으로 밝히고 있다. 카터 에커트에
의하면, 식민지 시대 이러한 조선인 企業家의 出現은 우선 수적으로 일반
의 예상을 뛰어넘는 훨씬 큰 규모였다는 점 그리고 이들이 나중에 해방 후
新生 한국경제를 이끌어가는 主體 세력을 형성하게 된다고 주장하고 있
다. 아울러 그는 일본에 의한 식민지 工業化의 遺産이라면 무엇보다도 강
조되어야 할 것은 바로 이들 기업가 및 경영인의 양성 그 자체라고 할 정
도로 이른바 식민지 시대 조선인의 폭넓은 學習效果를 강조하고 있다.[10]
한마디로 자본주의 경제시스템을 직접 담당할 유능한 자본가 계급과 기
업경영인을 배출해놓았다고 하는 사실 바로 그것을 무엇보다도 중요한
식민지 遺産으로 인식해야 한다는 것이 C. 에커트의 한결같은 주장이다.

2) 精神的 측면 : 學術用語/槪念語의 도입

포괄적 의미에서의 식민지 遺産이라고 하면 이상과 같은 경제적 측면
에서 남겨진 物質的 遺産에 국한되는 것만은 결코 아니다. 식민지 시대
를 겪으면서 국민의 日常 생활상 體得하게 된 여러 가지 새로운 지식이나
기술, 삶의 요령 등을 놓고 볼 때, 그것의 好/不好의 가치판단을 떠나 일
단 그것을 모두 植民地 遺産으로 규정되어야 마땅할 것이기 때문이다. 그
속에는 인간의 정신적 측면에서의 각종 학술적/예술적/문화적인 것이든,
기술적/경영적 내지 法的/제도적 측면에서의 것들이 있을 수 있다. 그밖
에 국민 衣食住 생활상의 갖가지 慣習이나 가치관, 특히 言語 생활상의 신
규 槪念이나 用語(外來語)의 流入에 이르기까지 그것은 그야말로 얼마든

---

10) C. 에커트는 제1차 세계대전 이후, 즉 1919~45년간의 日本에 의한 식민지 工業化과정에서 오
늘의 韓國 공업화의 '진짜 原型(very origins)을 찾을 수 있다는 것이고, 1980년대 韓國의 50대
재벌 가운데 약 60%인 29개 재벌의 設立者가 식민지 시대 이미 기업가 내지 경영인으로 활
동한 經歷의 소유자임을 밝히고 있다 —C. J. Eckert, *Offspring of Empire : The Koch'ang Kims and the
Colonial Origins of Korean Capitalism 1876-1945*, University of Washington Press, 1991, pp. 253~
254.

지 찾아볼 수 있다.[11]

이런 점들을 감안하고, 著者는 일찍이 이전의 다른 책에서 한국의 식민지 遺産에 대해 다음과 같은 3가지 범주로 나누어 간략히 소개한 바가 있다. 이를테면, ① 정신적 유산, ② 물질적 유산, ③ 제도적 유산의 3가지 카테고리로 묶어서 그것의 實態가 과연 어떠한가를 검토해 본 것이다(拙著, 2002, pp. 30~33). 그 大綱을 다시 한 번 간추려 再論해보기로 한다.

첫째의 精神的 遺産의 문제는 그 범주를 국민의 道德律이나 價値觀, 또는 국민의 思考方式이나 意識構造 등에 미친 영향으로 설정할 수 있겠으나, 좀 더 넓게 본다면 다음과 같이 敷衍(부연)할 수 있다. 즉 국민의 사고방식이나 價値觀 또는 意識構造 등에 미친 영향이라면 거기에는 일단 식민 母國의 언어나 교육, 宗敎나 風俗, 선진적인 學術이나 藝術, 스포츠나 娛樂 등 측면에서 물려 받게 된 일체의 영향을 모두 포괄하는 넓은 범주로 설정할 수 있을 것이다. 이 점과 관련하여 특히 한국의 경우 특히 강조되어야 할 것은 지금 한국사회에서 널리 通用되고 있는 학술용어를 비롯한 각종 전문적인 槪念語 문제라고 할 수 있다.

오늘날 한국인이 사용하고 있는 각 분야에서의 學術的 의미를 담은 專門 槪念語들은 그 대부분이 日本 식민지 시대 또는 그 이전의 1876년 開港 이후 주로 日本으로부터 들어왔다. 明治維新 이후 한국보다 한발 앞서 서구의 學問과 文物을 받아드리게 된 일본은 그 첫 단계 작업으로 西洋 주요국의 言語(蘭語, 英語, 佛語, 獨語 등)로 된 전문적 學術用語를 일일이 漢字語로 번역하는 그야말로 엄청난 '苦難의 行軍'을 단행하게 된다.[12] 이 시기

11) 스페인, 영국, 프랑스 등 서구 列强에 의한 非서구 지역에 남겨진 식민지 遺産 가운데 다음 3가지 정도는 이미 그들 被식민지 사람들의 삶 속에 體現되어 이제 그것이 과거 他民族에 의한 식민지 遺産이라고 말하기조차 어렵게 되었다. 그 3가지란 ① 宗敎에서 기독교/천주교, ② 言語에서 英語/스페인어/佛語 등, ③ 스포츠에서의 蹴球(soccer), 陸上(달리기) 등이 그것이다.

12) 흔히들 일본의 近代化 과정은 바로 蘭語, 英語, 獨語 등 西洋의 전문적 學術用語를 東洋의 漢字語로 번역하는 과정이라고들 말한다. 明治維新 이후 일본의 西洋語 번역과정에서 빼놓을 수 없는 존재로 1873년에 일본 最初의 학술단체로 創立되는 6인 멤버의 '明六社'라는 단체를 들 수 있다. 일본 근대화의 아버지라고 불리는 福澤諭吉(座長)을 비롯한 西 周(니시아마네),

오랜 세월과 희생을 치른 代價로 이 일본 특유의 苦難의 行軍은 급기야 有終의 美를 거두게 되어 西洋 각국의 學術用語는 일본어(漢字語)로 번역되고, 이 번역과정은 곧바로 일본의 近代化과정으로 이어진다고 말할 수 있다. 그런가 하면 이들 번역어는 漢字語 그 자체로 이런저런 루트를 통해 한국에 傳授되어 日本을 모델로 한 한국의 근대화과정을 이끌게 된다고 말할 수 있다.

전문적인 서양 學術用語의 번역 사업은 그것만으로 끝나는 것이 아니었다. 그들 전문적인 槪念語 도입을 매개로 하여 서양의 선진적인 學問과 기술, 制度와 文物 등이 동시적으로 유입된다고 하는데 더욱 큰 의미가 주어진다. 일본을 매개로 한 간접적인 도입이라는 한계는 있지만, 한국 역시 일본을 통해 西洋의 앞선 學問과 文物을 받아드리게 된 것 자체는 부정할래야 부정할 수 없는 엄연한 역사적 사실임에 틀림없다. 단지 일본은 漢字語로의 직접적 번역과정 그 자체가 곧바로 일본의 근대화과정으로 해석할 수 있음에 반해, 한국의 경우는 일본이 번역해 놓은 漢字 譯語의 도입과 援用을 통한 간접적 근대화 과정을 겪게 된다고 하는 관점에서 바로 두 나라 近代化 과정에서의 성격 차이를 발견하게 된다. 우리 주변에서 가끔 論爭거리로 제기되고 있는 '植民地 近代化論'이란 命題는 표현을 달리하면 바로 이 일본을 통한 서양 學問과 文物의 간접적 도입과정이란 의미로 해석할 수 있다.[13]

森 有禮(모리아리노리), 加藤弘文(가토히로유키), 中村正直(나카무라마사나오), 西村茂樹(니시무라 시게키) 등이 그들이었다. 서구 先進 思想의 도입과 啓蒙運動의 전개를 목적으로 설립된 明六社는 일차적으로 서양어의 번역작업에 매진하였는데, 예컨대 福澤은 society를 社會로, 西周는 philosophy를 哲學으로, democracy를 民主로, 中村은 freedom/liberty를 自由로 번역하는 등 그야말로 靑史에 빛날 업적들을 남겼는가 하면, 당시 일본 開化의 尖端을 걷고 있던 이들 중(西 周, 森 有禮)에는 일본어를 아예 버리고 로마자로 表記하자는 무척 파격적인 주장을 펴기도 했다. 이들의 刻苦의 노력으로 西洋語 번역을 통한 일본의 近代化가 가능하고 되고, 그 연장선에서 한국의 근대화까지도 이끌게 된다고 말할 수 있다.

13) 오늘날 韓-中-日 3국에서 그 사용 頻度(빈도)가 높은 學術 내지 專門用語(槪念語) 30개를 골라 그것의 語源을 조사해 본 어떤 先行 연구에 의하면, '權利'와 '化學' 두 가지 정도가 당초 中國에서 만들어진 것으로 볼 수 있고, 나머지 28개(政治, 社會, 思想, 文明, 宗敎, 民族, 自然,

둘째의 물질적 측면의 遺産에 대해서는 앞서 본 식민지 工業化의 영향이란 관점에서 이미 상당한 수준까지 다루어진 것으로 볼 수 있음으로, 여기서는 단지 그러한 工業化 과정에서 조성된 각 지방의 工業團地 — 건물 등의 地上 施設이 아닌 土地 정비, 進入路 부설 등 — 만은 해방 직후의 혼란기나 6·25전란기를 거치면서도 별반 파괴되지를 않고 1960년대 본격적인 공업화계획이 이루어지는 당시까지 그대로 工團으로서의 기능을 행사하게 되었다는 점을 밝혀두고자 한다. 당시 각 지역별로 조성된 영등포/九老/仁川(富平) 등 京仁지역 工業團地를 비롯하여 嶺南, 三陟 등의 지방 工團은 전쟁 중에도 크게 破損되지를 않고 1960년대 경제개발계획 추진을 위한 據點 工團으로 재활용될 수 있었다고 하는 점에서 이 역시 식민지 遺産의 일환으로 취급되어야 할 일이다.

3) 制度的 측면 : 市場經濟制度의 확립

셋째로 제도적 측면에서의 식민지 遺産을 생각해보자. 1948년 8월 대한민국 수립과 함께 국가의 根幹을 이루는 行政, 立法, 司法 3부의 統治制度를 위시하여 경제-교육-言論-文化-軍事 등에 이르기까지 사회 전반에 걸친 모든 制度가, 비록 美軍政 3년간에 일부 미국식 방식으로 바뀐 바가 어느 정도 있을 것이지만, 그 根幹 자체는 지난날 일본으로부터 물려받은 식민지 遺産의 범주에 속하는 것임에는 두말할 여지가 없다.[14] 뿐만 아니라,

---

哲學, 經濟學, 科學 등)는 모두 일본에서 만들어진 것(西洋語를 漢字語로 번역한 것)을 한국과 중국이 그대로 借用하고 있다는 사실이다. 이 점과 관련하여. 한국의 지식인들은 인류역사상 그 유례를 찾기 어려운 奇蹟으로까지 평가받고 있는 이 일본 지식인들의 처절했던 서양 槪念語 번역과정에 대해 世界人들처럼 驚歎(감탄)과 讚辭(찬사)는 보내지 못할망정, 어떻게 일본에 의한 간접적인 近代化 과정까지도 인정치 않으려는 反知性的 作態를 보일 수 있는가. 이 문제와 관련해서는 다음 두 건의 論說을 참고하기 바란다. ① 申昌淳, 「韓國에 大學이 있는가?」, 『한글+漢字文化』, 2003년 3월호, pp. 64~71, ② 金徹進, 「近代 學術用語의 漢字譯語에 관한 小考」, 『한글+漢字文化』, 2003년 11월호, pp. 72~76.

14) 이 점과 관련하여 저자의 개인적 경험 한 가지를 여기 소개하면 이러하다. 著者는 1964년 첫 직장으로 韓國産業銀行에 입행하여 처음 貸出 담당 窓口 업무를 맡은 일이 있다. 그 때 銀行에서 사용한 帳簿(貸出元帳 등)가 고스란히 해방 전 朝鮮殖産銀行(韓國産業銀行의 前身) 시절

해방 후에 있어서도 새로 등장하는 각종 서양의 制度나 文物 역시 일본이 먼저 도입하여 필요한 개념을 漢字語로 번역해 놓은 것을 한국이 無料 借用해왔음이 사실이고 보면, 이러한 추세는 앞으로도 정도의 차이는 있을지언정 그대로 이어질 전망임에 틀림없다. 현단계에서 한국이 自國 辭典의 약 70%에 이르는 漢字語를 완전히 버리고 固有語만으로 살아가겠다고 하거나, 또는 文字生活 자체를 아예 英語나 스페인語, 獨語 등 西洋語로 넘어가지 않는 한 일본의 言語 영향력으로부터 벗어난다는 것은 상상하기조차 어려운 일이다.[15]

제도적 측면에서의 遺産과 관련하여 한 가지 특별히 강조해 둘 문제가 있다. 일본 식민지 시대 한국의 私有財産制度와 그를 바탕으로 한 市場經濟制度의 확립을 가져왔다고 하는 史實이 그것이다. 자본주의적 시장경

에 사용하던 日語로 된 장부(이른바 식민지 유산)을 그대로 사용했다는 사실이다. 1964년이면 해방 후 19년이고 대한민국 건국 후 16년이 되는 때이다. 그 때까지 일본이 남겨준 銀行 帳簿를 그대로 사용하고, 그 후에도 帳簿상의 漢字 表記는 그냥 둔 채 접속사나 토씨 등 간단한 日本語 표현만 韓國語로 바꾸어 줄곧 그대로 사용해 온 것으로 알고 있다. 이런 마당에 식민지 遺産이 해방 후 미군정기와 6·25戰亂 등을 거치면서 곧장 斷絶/淸算된다든가 또는 倭色 一掃 등의 기치를 내걸고 일본식 單語나 表現을 하루빨리 一掃해야 된다는 등의 反日 캠페인을 벌렸다는 사실이 얼마나 자신을 기만하는 난센스였는가를 알 수 있다. 아울러 해방된 지 어언 70년이 지난 오늘에 이르러서도 극단적인 民族主義 진영에서는 줄곧 親日派 청산이란 슬로건을 내걸고 이미 세상을 떠난 지 오랜 과거 사람들을 다시 끄집어내어 剖棺斬屍(부관참시)하듯이 '親日派 人名事典'을 만든다느니 하는 소동을 벌리면서 亡者의 人格을 있는 대로 毁損(훼손)하는가 하면, 심지어 그들 後孫의 財産까지도 친일파 재산이라 하여 沒收하는 등의 所行을 저지르고 있음은 개탄을 금치 못할 일이다.

15) 著者는 평소 1945년 8월 한국이 정치적 측면에서는 일본 식민지 상태로부터 벗어났다고 할 수 있을지라도, 學術的, 文化的으로는 결코 그렇게 되지 못했다고 생각하고 있다. 못 벗어났다고 하여 물론 억울해하거나 비참하게 생각할 필요도 없다. 한국이 漢字文化圈에서 완전히 벗어나지 못하는 한, 그런 해방을 가져오기란 숙명적으로 불가능한 일이라고 생각되기 때문이다. 그동안 한국이 語文생활에서 '한글專用主義'를 채택함으로써 그로부터 해방되었다고 錯覺(착각)하는 사람(한글전용주의자)들이 더러 있는 모양이지만, 그것은 마치 손바닥으로 하늘을 가리는 격이나 다름없다. 著者는 한글專用主義에 대해 다른 것은 몰라도 적어도 원래 胎生이 漢字語로 된 語彙(어휘)를 발음이 같다고 하여 한글로 表記해 놓고 마치 그것을 처음 자기들이 만들어낸 '한글 單語'인양 내세우는 것은 일종의 學問的 기만이요 사기행위에 다름 아니라고 생각한다.

제제도가 성립되려면 기본적으로 두 가지 基礎條件이 반드시 前提되어야 한다. 제도적으로 私有財産制度의 확립과 그리고 화폐경제의 발달이 바로 그것이다. 한국의 경우, 시장경제제도의 확립을 위한 이 두 가지 기본적 조건이 바로 식민지 시대 일본에 의해 이루어졌다고 하는 사실이 중요하다. 資本主義 시장경제 확립을 위해서는 둘도 없이 중요한 이 두 가지 基礎 조건은 구체적으로 어떤 과정으로 이루어졌는가.

먼저 근대적 紙幣制度의 도입 문제부터 보자. 朝鮮 시대부터 내려오는 한국의 전통적인 금속화폐(葉錢)제도는 1876년 開港과 더불어 점차 붕괴의 길을 걷기 시작한다. 개항으로 밀려드는 외국상품의 유입과 함께 상품거래를 위한 외국 貨幣(紙幣)도 동시에 유입됨으로써 開港地를 중심으로 하는 외국상품의 去來는 그 便宜性으로 말미암아 외국화폐를 媒介로 이루어지기 일쑤였다. 그것은 당시 朝鮮의 금속화폐(엽전)를 媒介로 한 상품거래는 사용에도 심히 불편할 뿐더러 화폐가치도 불안정하여 交換의 媒介手段으로 되기에는 너무나 문제가 많았기 때문이다. 조선의 금속화폐는 객관적 여건의 변화에 따라 화폐 本然의 교환의 媒介수단으로서의 기능을 상실하게 되어 시장에서 밀려날 운명에 처하였다.

이에 朝鮮 皇室에서도 조선의 화폐제도를 하루빨리 개혁코자 노력하였으나 여러 가지 객관적 여건의 不備로 여의치 않다가 드디어 1902년 일본의 諮問(자문)을 받아 釜山에 와 있던 일본 第一銀行 釜山支店으로 하여금 紙幣(종이 돈)를 만들게 하여 그것으로 종전의 각종 금속화폐를 交替하는 일대 '幣制改革'을 단행하게 된다.[16] 그 후 1909년에는 中央銀行(發券銀行) 격으로 韓國銀行을 설립하고 그를 통해 前記 일본 第一銀行으로부터 發券업무를 인수하여 새로 독자적인 韓國銀行券을 발행하는 과정을 밟게

---

16) 이 때 朝鮮 皇室과 일본 第一銀行 간에 맺어진 發券 업무에 대한 내용은 잘 알려져 있지 않으나, 당시 발행된 紙幣 壹圓券의 見本에 의하면, 앞면에 '壹圓'이라는 글자와 함께 '株式會社 第一銀行'이란 표시, 그리고 당시 第一銀行 頭取(은행장) 澁澤榮一의 肖像(초상)이 들어가 있고, 놀랍게도 그것이 당시 大韓帝國의 공식 화폐(法貨)로 通用되었다고 하는 사실이다.

된다. 이로써 비로소 화폐의 운반과 상품거래가 무척 편리하게 되었을 뿐더러, 나아가 租稅 납부의 金納化는 물론 國際去來를 포함하는 모든 商去來를 점차 貨幣經濟化함으로써 이른바 市場經濟制度의 확립을 위한 한 가지 중요한 조건을 마련하게 되었다.

다음 市場經濟 확립을 위한 또 하나의 기본적 조건이라 할 私有財産制度의 성립과정은 이러하다. 주지하듯이 그것은 단적으로 1910년 倂合 직후 조선총독부의 土地調査事業 및 그에 연이은 林野調査事業을 통해 이루어지게 된다. 즉 10여년에 걸친 전국 土地를 대상으로 한 兩次의 일제 조사가 이루어짐으로써 일차적으로 私有財産制度의 확립을 위한 제도적 기반이 구축되기에 이르는데, 그것은 당해 토지 所有者에 대한 私的 所有權을 확실히 하고자 그 소유권을 법적으로 보장하기 위한 不動産登記制度를 도입함으로써 비로소 확립되었다고 할 수 있다. 私有地에 대해서는 地主로 하여금 자신의 土地에 대한 賣買-증여-抵當-교환 등 이른바 토지 財産權을 자유롭게 행사할 수 있는 근대적 土地所有制度를 확립함과 동시에 또한 그것을 법적으로 보증하는 不動産 登記制度를 도입하였다는 사실, 이것이야말로 앞서 살펴본 근대적 貨幣制度의 도입과 더불어 한국의 自由市場經濟 확립을 가져온 또 하나의 제도적 기초 조건의 마련이라고 하지 않을 수 없다.[17]

---

17) 한국의 근대적 토지소유제도의 확립은 韓日倂合과 더불어 곧장 실시되는 土地調査事業(1910~18년)으로서만 가능했다고는 할 수 없고, 그 몇 년 후에 실시되는 林野조사사업(1917~24년)의 실시와 함께 비로소 완성된다고 해야 한다. 이 兩大 조사사업은 35년의 식민지기를 통틀어 실행된 총독부 정책 중에서 그 규모가 가장 큰 사업일 뿐만 아니라 또한 가장 대표적으로 내세울만한 사업이라 할만하다. 아울러 이 두 가지 사업은 韓國에 처음으로 私有財産制度의 확립을 가능케 한 법적, 제도적 기초조건을 마련하였다는 점에서 역사적으로 매우 중요하게 평가되어야 마땅하다.

II. 해방 후 1950년대 經濟와 歸屬財産

1. 해방 후 韓國經濟의 3부문 모델

해방 전 식민지 시대 이 땅에 도입된 市場經濟體制는 이상의 설명과 같이 8·15해방과 더불어 하루아침에 허물어질 운명에 처하였다. 그 직접적 원인이라면 당시 시장경제체제를 이끌어가던 主體라 할 일본자본과 기업이 일제히 썰물처럼 빠져나갔기 때문이다. 그들이 물러날 때 市場經濟를 지탱하고 있던 관련 산업시설이나 금융기관 등 물질적 기초를 통째로 들고 나갔기 때문이 아니라, 물질적 産業基盤은 그대로 남겨두었지만 당시 韓國人 실력으로서는 그것을 운영할 主體的 力量을 갖추고 있지 못하였기 때문이다. 급거 등장한 美軍政이 일본이 떠난 자리를 대신한 셈이었으나 임시정부 격으로 등장한 美軍政으로서는 그를 감당하기에는 아무래도 한계가 있을 수밖에 없었다. 미군정은 우선 일본군의 武裝 解除와 남/북한을 아우르는 統一 한국정부의 수립이라는 정치적 유구가 前面에 부상함에 따라 자연히 南韓만의 市場經濟의 회복이라는 사회경제적인 요구에까지 그렇게 많은 신경을 쓸 겨를이 주어지지 않았다고 해야 한다.

경제적 측면에서는 무엇보다도 과거 일본인 소유 재산을 歸屬財産이란 이름으로 미군정 傘下로 이관시키고, 자신이 그것을 직접 管理하고 경우에 따라서는 그것을 민간에게 처분하는 정도의 역할을 수행했다. 그러나 美軍政의 이러한 귀속재산에 대한 관리 문제는 여러 가지 이유로 所期의 성과를 거두지 못하였고, 그로 인해 생산-소비-물가-雇傭 등 모든 측면에서 심각한 어려움에 처하였다. 美軍政은 이에 막대한 규모의 경제원조를 통해 지난날 일본(총독부)이 수행하던 경제통제적 역할을 대신하고자 하였다. 그를 위한 수단으로 미국은 막대한 원조 공여로 해방 정국의 격심한 인플레와 失業사태에 대처하고 나아가 시설파괴와 관리 不徹底 등으로 크게 위축된 生産力 기반을 조속히 회복시키고자 했다.

이런 관점에서 해방 후 美軍政이 등장한 이후 적어도 1950년대 前半까지 당시의 한국경제가 처한 이른바 경제 우클라드(uklad)[18]적 성격은 어떠했던가. 여기에는 하나의 假說에 지나지 않지만, 당시 경제는 대체로 다음 3가지 우클라드로 구성되었다고 할 수 있지 않을까.[19]

① 귀속재산부문 … 資本制的 生産樣式을 갖춘 근대적 鑛工業 부문
② 전통적 경제부문 … 半封建的인 농업 및 小生産者的 생산양식에 기초한
　　　　　　　　　　多數의 전통적 家內 공업 및 중소기업부문
③ 원조경제부문 … 해방 후 美國援助에 의해 새로 나타난 경제영역

여기에 약간의 설명을 덧붙여보자. 우선 ①의 귀속재산부문은 비록 해방 후 그 生産力 기반이 무척 파괴/훼손되었다고 하더라도 아직 규모면에서나 生産力 수준에 있어, 그것이 계속 國有/國營체제로 남아있거나 아니면 民營化되었거나 간에 한국경제를 이끌어갈 지배적인 지위에 있는 것만은 틀림없다. 왜냐하면 근대적인 시설을 갖춘 대규모 기업체는 鑛工業에서만이 아니라 電氣/가스, 건설업, 운수/창고업, 금융/보험업 등이나 심지어 농림/수산업에 있어서 그 대부분이 이 ①부문에 집중되어 있다고 봐야 할 것이기 때문이다.

---

18) '우클라드'(uklad)란 러시아 말로서 원래 마르크스경제학적 개념이라 할 수 있다. 일부에서는 '經濟制度'로 번역, 사용하지만 정확한 譯語라고 하기는 어렵다. 이를테면 어떤 경제든 그 下部構造를 구성하는 생산관계 내지 생산양식은 單一의 성질로 이루어져 있는 것이 아니라는 것, 실제로는 하나의 지배적인 생산관계/양식을 중심으로 몇 가지 副次的인 것들이 서로 複合, 竝存하는 모습을 띄고 있다는 것이다. 여기서 그 성격을 달리하는 하나하나의 경제부문을 '우클라드'라고 부른다. 한 나라 生産力의 발달은 경제 각 부문별로 時差를 두고 달리 나타나기 때문에 생기는 이런 현상은 대체로 자본주의 사회로 넘어오는 과정에서 先行하는 資本制的 生産樣式을 취하는 근대적 경제부문을 지배적인 우클라드로 하고, 아직 거기에 못 미치는 이전의 封建的 遺制를 가리키는 봉건적 우클라드, 또는 새로 등장하는 특수한 경제부문을 나타내는 경우의 新規 우클라드 등으로 어느 경우나 대체로 복합적인 구성을 보이는 것으로 설명되고 있다 – 『經濟學大辭典』, 博英社, 1999, p. 1932 참조.
19) 拙著, 『韓國戰爭과 1950年代의 資本蓄積』, 까치, 1987, pp. 46~48 참조.

②의 傳統的 경제부문은 우선 農業의 경우 1950년의 農地改革에도 불구하고 半봉건적인 地主/小作관계는 상당 부분 그대로 溫存된 셈이며, 중소기업이나 零細企業에 있어서도 대부분 資本/勞動 간의 未分離의 家內공업적 속성을 완전히 脫皮하지 못하고 있는가 하면, 市場 조건에 있어서도 생활용품 중심의 소비재 생산이 주를 이루고 있음은 물론이고, 아직 海外輸出은커녕 좁은 영역의 局地市場圈의 테두리를 벗어나지 못하고 있는 실정이다. 그러나 이들 중소기업부문은 해방 후 ①의 귀속재산부문의 생산영역이 크게 위축되는 추세에서, 거기에 加勢하여 시국 탓으로 對外貿易의 위축으로 말미암은 소비재류 수입의 급속한 감소현상과 또한 격심한 戰時 인플레의 영향 등으로 이들 중소기업의 생산활동은 크게 活氣를 띠게 되었다. 대도시에서는 말할 것도 없고 일부 지방 中小都市에 있어서도 이들 중소기업은 광범하게 新規 설립 붐을 불러일으켰는데, 그것은 주로 局地的인 生必品 수요 충족을 위한 목적이었다고 할 수 있다.[20]

이런 현상은 무엇을 의미하는가. 美軍政의 귀속재산 관리 불철저로 말미암아 ①의 歸屬財産 부문의 쇠퇴 현상이 거꾸로 ②의 전통적 경제부문의 확대를 조장하는 결과를 가져왔다는 것으로 풀이된다. 또한 이 ②부문의 팽창은 자연히 자체 내의 생산관계/生産樣式을 스스로 근대적인 자본제적인 것으로 바꾸려는 自救的 노력에 힘입어 점차 앞서가는 성장부문으로 발전해갔다고 할 수 있다.

끝으로 ③의 원조경제부문은 엄격히 말해 하나의 독자적인 우클라드로 보기는 어렵다고 해야 한다. 그것이 직접 생산경제를 담당하는 것이 아니라 流通/消費부문을 담당한다고 하는 점에서 그러하다. 즉 그것은 생산경제에 각종 原資材를 공급하는 중요한 기능을 행사하고 있지만 生産關係

---

20) 미군정기(1945. 8월~1948. 8월)에 南韓 8대 도시에서의 신규 설립 회사수를 보면, 제조업 554社를 비롯하여 土建業 214사, 무역업 198사, 農林/수산업 76사, 금융/보험업 49사 등 총 1,468사를 헤아릴 정도로 일대 붐을 이루었다. 이 8대 都市 수치를 全國 범위로 확대한다면 훨씬 더 많은 회사설립을 가져왔을 것임은 두말할 필요도 없다 — 朝鮮銀行調查部, 『經濟年鑑』, 1949년 판, p. I -150.

나 生産樣式 개념으로 다루기는 어렵다고 할 수 있기 때문이다. 비록 하나
의 경제 우클라드로 설정하는 데는 문제가 없지 않다고 하더라도, 그러나
이 원조경제는 우선 전체 국민경제에서 차지하는 비중이 대단히 클 뿐만
아니라, 경제의 각 부문 이를테면 生産-유통-소비-금융-財政-物價 등 거의
全 부문에 걸쳐 결정적인 영향력을 행사하고 있다는 점에서 하나의 獨自
的인 경제영역으로 규정할 수 있다고 보고 제3의 우클라드로 설정하고 애
기를 전개하고자 할 뿐이다.

아무튼 해방 후 美軍政의 등장과 때를 같이하는 이 원조경제부문은 소
비재, 원자재뿐만 아니라 비록 그 비중이 크진 않지만 施設材까지도 함께
포함되고 있어,[21] 그것이 앞의 ①부문이나 ②부문에서의 기존 시설의 修
理 또는 신규 시설로의 改替는 물론, 생산과정에서의 部品 내지 原資材 등
의 공급을 통한 ①부문 및 ②부문의 생산활동을 적극적으로 지원하게 됨
은 물론 나아가 국민경제의 운영 전반에 걸쳐서도 없어서는 안 될 필요불
가결한 역할이 이 ③부문에 주어지고 있었다고 할 수 있다.

2. 1950년대 對日貿易의 特性

이상 1950년대 한국경제 3부문 경제 우클라드 가운데, 제①부문(귀속
재산)이 비록 그 地位가 갈수록 위축되고 있었다고는 하지만 그래도 그것

---

21) 1950년대 미국 원조도입과정에서 韓/美 양국 간에 제기된 對立 및 葛藤(갈등)관계는 주로 다
음 3가지 문제를 중심으로 하는 것이었다. 하나는 원조물자 구성에 있어 한국 측은 施設材와
消費財간의 물자 구성을 70% 대 30% 정도로 해줄 것을 요구하였으나, 미국 측은 그것을 거꾸
로 30% 대 70%의 逆비율을 고수하고자 한 사실이고, 둘째는 한국 측은 미국 소비재 중심 원
조가 자칫 한국경제의 美國商品에 대한 영구적인 消費市場으로 전락하게 될 우려를 제기하
면서, 그를 막기 위해서는 生産財 공급을 통한 원조물자의 조속한 國産 代替 → 국내 생산 증
대 → 경제의 회복과 발전을 주장하였으나, 미국 측은 언제나 소비재 우선 도입 → 물가 및 換
率의 안정 → 성장보다는 안정 우선의 길을 내세웠으며, 셋째는 원조물자의 發注處/購買處에
일본을 포함시키자는 미국 측 주장에 대해 한국은 국민감정을 앞세워 여기에 강력히 반대하
고 나선 것이 그것이다. 이 중 셋째 경우는 예외적이기도 하였으나 나머지 문제에 있어서는 언
제나 援助 供與國인 미국 측 주장이 관철될 수밖에 없었다고 함을 부언해둔다.

이 전체 국민경제를 이끌어가는 先導的 역할을 계속 수행하고 있었음은 부정할 수 없다. 무엇보다도 그것이 경제의 根幹이라 할 生産財工業을 주로 담당하고 있었고 거기다가 鐵道와 도로, 電力과 석탄, 전신/전화 등 국가의 動脈이라 할 基幹産業을 대부분 담당하고 있었기 때문이다. 이러한 사실은 한국경제가 해방 이후 제③부문(미국원조)을 매개로 한 미국과의 경제관계가 갈수록 긴밀해지고 있었음에도 불구하고, 여전히 지난날 식민지 시대 日本과 맺은 경제적 紐帶관계 역시 쉽게 허물어지지를 않고 상당 부분 그대로 존속되고 있었음을 의미한다. 이러한 지난날의 경제의 對日 依存性은 구체적으로 1950년대 韓/日간 무역관계를 통해서 더욱 분명히 드러난다고 할 수 있다.

1950년대 韓, 日 두 나라간의 貿易構造는 수출/수입 양 측면에서 대체로 두 나라 간의 비율이 다음과 같이 변화해가고 있었다. 우선 한국 총수출에서 차지하는 日本의 비중은 1950년의 75.2%에서부터 시간의 흐름에 따라 약간의 감소세를 보이면서도 57년에 48.7%, 58년에 59.3%로 계속 압도적인 비중을 견지하고 있었는가 하면, 총수입에서도 역시 1950년의 69.1%에서 51년 72.2%, 52년 59.1% 등으로 50년대 전반기에는 수출에서와 마찬가지로 거의 절대적이었다고 할 수 있었다. 단지 후반에 들어 美國 원조물자의 수입이 크게 증가한데다가 또한 정부의 對日수입에 대한 강력한 억제조치 등의 영향으로 1958년 13.2%, 59년 10.0%로까지 激減하고 있음을 볼 수 있다(〈도표 7-1〉 참조).[22] 특히 동 도표 상에는 잘 나타나지 않고 있지만, 이 시기 미국원조 輸入의 비중은 총수입의 무려 60%~80%에 이를 정도로 압도적이었음을 지적해 둘 필요가 있다.

輸入의 경우, 비록 1950년대 후반부터 對日 輸入 비중이 현저히 낮아지는 것은 사실이지만, 그러나 일본으로부터 수입되는 品目은 이를테면

---

22) 1950년대 후반 총수입 중 對日 수입 비중이 이처럼 낮게 잡힌 데에는 미국원조 수입의 急增이라는 요인 이외에, 이 시기 총수입의 國別 분류에서 많은 품목이 수입국 未詳으로 처리되었다는 통계상의 誤謬(오류)에 基因하는 요인도 상당히 컸다고 함을 지적해둔다.

1950년대 對外貿易에서의 日本 비중 추이
(수출/수입별 上位 3국의 비교)

가. 輸出 3국

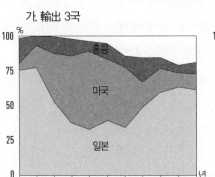

나. 輸入 3국

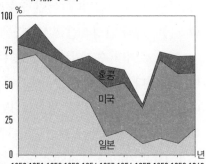

가. 輸出 3국(단위 : %)

	1950	1951	1952	1953	1954	1955	1956	1957	1958	1959	1960
일본	75.2	77.3	52.8	37.5	32.8	39.2	33.8	48.7	59.3	63.4	61.5
미국	4.8	15.3	34.8	47.9	56.1	44.2	44.1	18.4	17.3	10.2	11.1
홍콩	18.4	7.3	11.7	12.2	7.1	11.2	7.7	17.2	7.7	5.2	8.3
합계	100.0	100.0	100.0	100.0	100.0	100.0	100.0	100.0	100.0	100.0	100.0

나. 輸入 3국(단위 : %)

	1950	1951	1952	1953	1954	1955	1956	1957	1958	1959	1960
일본	69.1	72.2	59.1	47.6	38.2	14.5	19.3	9.6*	13.2	10.0	20.5
미국	10.5	3.8	11.3	16.5	22.0	35.0	33.1	24.8*	55.3	49.2	39.0
홍콩	3.4	17.8	7.8	3.1	11.2	14.5	9.4	3.1**	5.7*	11.9*	11.9*
합계	100.0	100.0	100.0	100.0	100.0	100.0	100.0	100.0	100.0	100.0	100.0

자료 : 韓國貿易協會,『韓國貿易史』, 1972, pp. 245~246, 278~279, 319~320 참조.
주 : 1) 輸入 중 홍콩 란의 *표는 홍콩이 아니라 (구)西獨으로, 이때부터 서독이 홍콩을 제치고 제3위의 수입국으로 등장하게 됨.
　　2) 1957년 수입의 국별 비중(*표시)은 총수입의 약 절반이 제대로 國別 분류가 되어 있지 않아 나머지 折半만을 가지고 산출한 비중이므로 이처럼 많이 낮아졌음.

需要의 價格彈力性이 무척 작은 것들이어서 輸入先을 다른 제3국으로 마음대로 바꿀 수 있는 성격의 품목이 아니라고 함이 매우 중요하다. 말하자면 당시 對日 수입품은 한국기업에 필수적인 산업기계류(部品 포함)를 비롯하여 주요 原料別 제품으로 분류되는 화학비료, 섬유류, 건축자재, 原糖,

화학약품 등이 主流를 이루고 있었다는 점이다. 그 대신 對日 수출품으로 는 중석, 黑鉛, 해태, 生絲, 鮮魚, 豚毛(돈모) 등 광산물 및 수산물 중심의 일 차산품으로 이루어졌다. 이런 수출입품의 성격 차이로 한국의 對日 貿易 收支는 언제나 만성적인 赤字構造를 면치 못하고 있었다고 할 수 있다.

對日 무역의 수출입 상품구조나 貿易收支 적자구조는 어제오늘의 일 이 아니었다. 과거 식민지 시대부터 줄곧 내려오는 이미 체질화된 傳統에 다름 아니라 할 수 있다. 일례로 1930년대 식민지 朝鮮의 대외무역 가운 데 對日貿易의 비중을 보면, 수출에서 83.8%(1930년대 연평균), 수입에서 85.1%(같은 기준)를 차지할 정도로 압도적이었다는 史實[23]이 해방 후에 들 어서도 정도의 차이는 있을지언정 구조적으로는 크게 달라지지 않았다고 함을 말해준다. 여기서 말하는 '식민지적 傳統'이란 결국 식민지 시대 형성 된 歸屬財産의 존재가 1950년대에 이르러서도 그만큼 큰 비중을 견지하 고 계속하여 중요한 기능을 행사하고 있었다고 함을 의미한다. 뿐만 아니 라 그것은 1950년대에서만이 아니라 1960년대 이후에 이르기까지 연면히 이어지는 양국 간의 구조적 특성으로 보아야 한다.

앞의 〈도표 7-1〉에서 보았듯이, 1950년대에 들어서도 對日 무역의 비 중은 여전히 압도적으로 높았을 뿐만 아니라, 이 시기에 와서도 한국경제 에 대한 對日貿易의 영향력은 거의 절대적이었다고 할 수 있다. 그것이 얼 마나 결정적인 영향력을 행사하였는가 하는 것은 다음의 몇 가지 두 나라 간에 있었던 事例를 통하여 뒷받침될 수 있다.

첫째로 1950년대 들어서도 韓, 日 두 나라간의 무역은 말할 수 없는 한 국 측의 偏頗的(편파적)인 赤字貿易으로 이어졌다. 한국 측의 만성적인 赤 字 累積으로 정상적인 결제방법으로는 더 이상 양국 간의 무역을 지속할

---

23) 韓國貿易協會, 앞의 책, p. 171 〈표 24〉 참조. 그리고 이러한 압도적인 對日 수출입 비중은 1940년대 초 일본의 戰時體制 돌입과 함께 円-블록(Yen-block) 이외의 제3국과의 貿易統制 를 강화함으로써 비록 그 구체적인 수치는 알 수 없으나 그 비중이 훨씬 더 높아졌을 것으로 추 정할 수 있다.

수 없는 수준에까지 이르렀다. 당시 이 사실을 알게 된 미국 측(駐日 美軍 사령부)의 주선으로 특별히 韓/日 두 나라간의 交易에 있어서는 예외적으로 특수한 決濟방식을 적용코자 하였다. 그때그때 交易 件當으로 즉시 결제하는 通常의 결제방식을 따르지 않고, 양국 간의 收支 差額(balance)이 일정 규모에 달할 때까지 決濟를 猶豫(유예)해두었다가 일정 규모에 달하면 後拂로 한꺼번에 결제하는 소위 '淸算計定'(clearing account)을 설치, 운영하게 된 것이 그것이다.

이를 위해 1950년 6월 한국정부와 당시 일본을 대신한 駐日 연합군사령부는 '韓-日 通商協定'과 '韓-日 金融協定'이란 두 개의 주요 협정을 체결하게 된다.[24] 이들 協定의 골자는 한/일간의 무역에는 일종의 外上貿易 개념을 도입하여 日本銀行 내에 淸算計定을 설치하여 每 月別 단위로 양측 수출입 代金의 差額만큼을 사후적으로 청산하는 식의 결제방식을 채택했다. 이 제도는 결국 韓日貿易에 있어 일본을 대신한 미국이 한국에 대해 特惠를 베풀어준 것에 다름 아니었다. 왜냐하면 外換부족에 시달리는 한국으로 하여금 일정 기간 外上으로 거래할 수 있는 길을 터 준 것으로, 바꿔 말하면 그것이 일본에게는 심히 불리하다고 할 수밖에 없는 不公正한 조치였기 때문이다.

둘째로 한국은 1949년 1월에 이미 駐日 연합군사령부의 주선으로 일본에 駐日 代表部를 설치하고 현지에서 양국 간의 通商업무를 직접 처리할 수 있게 함은 물론이고, 얼마 후에 추진되는 韓日會談 관련 업무 등도 이 代表部가 직접 관장할 수 있게 조치한 것도 따지고 보면 미국측이 한국에 대해 일방적인 特惠조치를 베풀어준 것이나 다름없었다. 왜냐하면 國際 慣例로는 日本도 相互主義 원칙에 따라 당연히 韓國에 그런 류의 通商機

---

24) 1950년 6월 2일자로 체결되는 이 두 가지 協定의 調印 당사자는 한국 측은 당시 상공부장관 (金勳)이고, 일본 측은 駐日 연합군 최고사령관의 일개 보좌관이었다. 당시는 일본이 聯合軍 점령 하에 있었기 때문에 이는 미국 측이 일본을 대신하여 특별히 한국을 봐주기 위해 체결한 협정이라고 할 수 있다 ― 韓國銀行, 『經濟年鑑』, 1955년판, pp. Ⅰ-546~548 참조.

構가 설치되었어야 함에도 불구하고 한국 측의 강력한 반대에 부딪쳐 줄 곧 허용되지 않았기 때문이다.[25]

셋째로 들어야 할 것은 1950년대에 있어 한국은 경제적인 이유에서가 아니라 완전히 정치적인 이유로 前後 세 차례의 對日 전면 禁輸조치를 취한 사실과 관련해서이다. 제1차 禁輸조치는 1953년 10월 제3차 韓日會談 과정에서 있었던 일본 측 수석대표 久保田貫一郎의 소위 '구보다(久保田) 발언'을 문제 삼아, 한국정부는 1955년 7월 일본과의 어떠한 交涉도 거부한다는 성명을 내고 그 구체적인 대응 조치의 일환으로 對日 交易의 全面 중단을 선언하게 된 것이 그것이다.[26] 그러나 이 對日 禁輸조치는 결과적으로 時急을 요하는 한국 水産物의 對日 수출만을 가로막아 漁民들의 손해만을 불러왔을 뿐 아무런 實效를 거두지 못한 채 조치 후 불과 10여 일만에 한국 스스로 일방적으로 철회하고 말았다.[27]

---

25) 이 문제는 日本이 1951년 샌프란시스코 講和條約으로 主權을 되찾은 이후 相互主義 원칙에 따라 한국에 대해 같은 류의 駐韓 代表部 설치를 기회 있을 때마다 요구해 왔으나, 한국은 그 때마다 계속 거절해왔다. 그 후 1965년 6월 韓日協定이 체결되고 國交가 정상화됨에 따라 비로소 상호 大使館 설치(한국 측은 기존의 駐日 代表部를 大使館으로 승격)를 하게 됨으로써 해결되었다.

26) 이밖에도 한국정부는 다음과 같은 조치를 동시에 취하였다. 즉 ① 平和線을 침범하는 일본 漁船의 즉각 拿捕(나포), ② 어떤 목적에서든 한국인의 日本往來의 일체 금지 등의 조치가 그것이었다. 이처럼 한국이 일방적으로 會談을 결렬시키고, 동시에 일본 어선의 拿捕(나포), 交易 중단 등의 강경조치를 취하게 되자, 일본 측도 그에 相應하는 8개 항의 무척 강경한 조치를 취할 것을 정부 차원에서 결의한 것으로 알려졌다. 즉 ① 駐日 한국 대표부의 즉시 폐쇄, ② 金溶植 公使 등 公館 직원의 추방, ③ 原資材의 한국 수출 금지, ④ 한국의 船舶修理 委託의 전면 거부, ⑤ 한국 水産物의 수입 금지, ⑥ 不法 한국인의 강제 추방, ⑦ 在日 한국인(교포)에 대한 生活保護法 적용 금지, ⑧ 漁業 船團 보호를 위한 武裝警備隊의 出動 등을 담고 있었다고 한다. 이들 조치는 그러나 實行에 옮겨지지 않았는데, 그 이유는 당시 平和線 침범으로 拿捕(나포)되어 한국에 억류되어 있던 일본 漁民(약 500명)의 安危를 크게 우려해서였다고 한다 - 이원덕, 앞의 책, p. 72 참조

27) 당시 일본 총 수출입에서 차지하는 한국의 셰어는 수출 50분의 1, 수입 200분의 1 수준에 불과하였으나, 반면 한국 수출입에서 차지하는 일본 비중은 <도표 7-1>에서 보듯이 수출 30% 대, 수입 40%대에 달하였다. 따라서 한국의 對日 禁輸조치의 영향이 양국 간에 어떻게 나타났는가 하는 것은 이를 통해서도 명백히 알 수 있다 - 이원덕, 앞의 책, pp. 86~87 참조

제2차 조치는 1955년 8월 일본정부가 공산주의(毛澤東) 中國과의 交易協定을 체결하게 되자, 이는 자유 友邦인 한국을 무시하는 처사라 하여 그해 8월 18일자로 한국정부는 두 번째로 對日 全面 輸入禁止조치를 단행한 것이고, 제3차는 1959년 6월 일본정부가 在日 僑胞의 北送(北韓으로의 송환)계획이 발표되자 이에 대한 報復조치의 일환으로 또다시 對日交易의 全面 禁止조치를 단행하게 된 것이 그것이다. 이 2, 3차의 對日 전면 禁輸조치 역시 앞의 제1차 조치에서와 마찬가지로 처음부터 실패로 돌아갈 수밖에 없었다. 왜냐하면 제1차 경우에서와 마찬가지로 禁輸조치 자체가 처음부터 일본경제에는 아무런 타격도 가져다주지 못하면서, 거꾸로 한국경제에는 각 분야별로 막대한 피해를 가져오게 될 것이 명백했기 때문이다. 이를 좀 더 구체적으로 보자

이들 제2, 3차 對日 禁輸조치는 매우 비슷한 양상으로 전개되었다.[28] 특히 그것은 결과적으로 다음 두 가지 측면에서 한국경제를 격심한 혼란의 도가니로 몰아넣었다고 해야 한다. 먼저 輸入 측면에서 보면, 대부분 일본 機資材나 原料를 사용하는 제조업을 비롯한 국내 산업은 평소 충분한 備蓄量을 가지지 못한 처지인데, 갑작스런 일본 原資材의 공급 杜絶(두절)은 대부분의 기업이 操業短縮, 심하게는 操業中斷이란 크나큰 난관에 봉착하였는가 하면, 또한 수출 측면에서는 對日 수출의 主宗 품목이라 할 海苔(김), 寒天, 乾魚物 등 海産物이나 텅스텐, 黑鉛 등 鑛産物 등의 갑작스런 수출 중단으로 旣 수출계약의 취소, 船積 중단, 代金 收取의 지연 등 수출업계 역시 수입업계 이상으로 어려운 지경에 내몰리었다.

한국정부는 이에 일차적으로 수출, 수입 양측에 대해 東南亞 지역을

---

28) 더욱이 이 2, 3차 禁輸조치는 한국과는 직접적 관련이 없는 일본 내부의 정치적 문제를 이유로 단행했다는 점에서 그 명분이 심히 약한 것이었다, 남의 나라 內政 간섭이라고 할 이러한 한국정부(李承晩)의 돌발적인 조치는 國際慣例상으로도 있을 수 없는 處事가 아닐 수 없었다. 이것이 하나의 전통으로 굳어져 지금도 한국은 일본에 대해 그들의 국내 문제인, 예컨대 일본 首相(각료)의 야스쿠니神社 참배 문제, 일본 國定 교과서 문제 등을 불러오게 되어 오늘의 양국 간 관계 악화의 역사적 뿌리로 작용하고 있다.

대상으로 輸入先 및 輸出先의 多邊化정책을 적극 추진하였으나 所期의 성과를 가져오지 못하였다. 날이 갈수록 對日 수입 원자재 가격의 暴騰(폭등)현상과 아울러 다른 편으로는 김, 乾魚物 등 對日 수출품 가격의 暴落(폭락)현상을 동시에 겪게 되었는가 하면, 다른편으로는 不法的인 對日 密貿易의 성행과 국내 暗去來의 조장 등 좋지 못한 부정적인 결과만을 초래한 셈이었다. 정부도 더 이상 견디지 못하고, 결국 제2차 禁輸조치는 약 4개월 만에, 제3차 조치는 약 5개월 만에 각각 아무런 성과도 없이 일방적으로 철회하고 말았다.[29]

이상 세 차례에 걸친 對日 禁輸조치에 대한 寸評을 내리자면 이러하다. 경제적으로는 아무런 利害관계도 없는 일을 가지고 어쩌면 남의 나라 정치외교적인 국내 문제를 빌미로 아무런 事前 협의도 없이 — 말로는 自由 友邦임을 강조하면서 — 일방적으로 全面 禁輸조치를 단행한다는 것은 그 진짜 이유가 무엇이었는지는 잘 모르겠으나, 그것은 하나의 어리석은 정치적 쇼에 불과하다는 평가를 뿌리칠 수 없다. 심지어 상대방은 한국측 조치에 대해 아무런 反應도 보이지 않았음에도 불구하고 스스로 그것을 철회하고 말았다는 것은 국제적으로 나라의 체면만을 損傷시키는 결과를 가져왔다고 해야 한다.

정치적으로 이런 돌발 사태가 일어날 수 있었던 原因은 그럼 어디에 있었을까? 당시 1950년대 한국경제의 對日依存度가 얼마나 심각한 수준이었는가를 정치 지도자들이 제대로 알지 못하고 있었거나 아니면 설령 알고 있었다고 하더라도 그것을 솔직히 대외적으로 인정하고 싶지 않았다는데 있었다고 할 수 있다. 정치 지도자가 현실 경제에 대한 최소한의 지식이라도 갖추고 있었다고 하면 감히 그러한 어리석은 조치를 敢行하지는 않았을 것으로 판단되기 때문이다. 만약 알고도 그런 조치를 취했다

---

29) 제2, 3차의 對日 禁輸조치에 대한 經緯와 그것의 국내 경제에 미친 波及效果, 그리고 스스로 解除하지 않으면 안 되었던 불가피성 등에 대한 구체적인 설명은, 韓國貿易協會, 앞의 책, pp. 258~262, 298~302를 참조할 것.

고 하면 그것은 결국 국민의 경제생활을 犧牲(희생)시키면서까지 오로지 국민들에게 反日 민족감정을 鼓吹(고취)시키기 위한 정치적 목적 때문이었다고 할 수 밖에 없다.

넷째로는 미국원조물자의 일본 購買문제와 관련한 韓/美간의 의견충돌과 관련해서이다. 1954년 12월 두 나라 간에는 이른바 '白·우드 協約'[30]에 의거하여 한국은 미국이 제공하는 부흥원조물자를 일본으로부터 조달할 의무가 주어져 있음에도 불구하고, 1956년도 미국 ICA원조자금으로 도입할 4,000만 달러어치의 원조물자 도입에 있어 한국은 그것의 對일본 조달을 거부하고 나섰다. 같은 해 8월 한국정부(부흥부)는 동 원조물자의 일본으로부터의 조달을 할 수 없다는 聲明을 일방적으로 발표함으로써, 그것은 정부 차원에서 공식적으로 미국에 직접 抗拒하는 조치로 받아들여졌다. 그러나 이 조치는 즉각 미국 측으로부터 韓美援助協定 위반이라는 강력한 항의에 부딪히게 되자 흐지부지 水泡로 돌아가고 말았다.

이상으로 1950년대 韓日관계에서 일어난 몇 가지 특수한 事例를 살펴보았지만, 이를 통해 우리가 분명히 알아둬야 할 사항은 결국 다음 두 가지로 요약된다고 할 수 있다. 우선 1950년대 한국이 일본에 대해 외교에서의 相互主義 원칙을 무시하고 또 일본과의 정상적인 외교관계가 성립되기 이전이었음에도 불구하고 한국 측에서 외교적 慣行에 어긋나는 處事를 일삼았다고 하는 점이다. 바꿔 말하면 당시 美國(駐日 미군사령부)측의 일방적 도움으로 한국은 일본에 대해 외교적으로나 경제적으로 일방적인 特惠를 누리고 있었음이 이상의 事例를 통해 충분히 立證되고 있다는 사실이다. 또 한 가지 중요시해야 할 문제는 1950년대 당시까지도 한

---

30) '白·우드協約'의 정식 명칭은 1953년 12월 한국 白斗鎭 국무총리와 UN軍사령부 경제조정관 C. T. Wood 간에 무려 4개월이란 陣痛을 겪고 체결되는 한국의 '經濟再建과 財政安定計劃에 관한 合同經濟위원회(CEB)協約'이란 긴 이름의 미국원조 관련 중요한 協約이다. 당시까지의 원조 관련 여러 協定(마이어協定 등) 내용을 대폭 改正하여 만들어진 이 協定은 해방 후 韓, 美 두 나라 간에 있었던 援助 관련의 여러 협약사항을 종합한 일종의 최종 決定版이라 할 수 있다 ─『經濟年鑑』, 1955년판, pp. Ⅰ-572~574 참조.

국경제의 흐름에 있어 식민지 遺産이라고 할 歸屬財産의 존재 意義가 결코 완전히 소멸하지를 않고 살아남아 경제 전반에 걸쳐 상당한 規定力을 가지고 자기 역할을 수행하고 있었다는 사실의 확인이라 할 수 있다. 그것은 1950년대 전후 3차에 걸친 한국정부의 일방적인 對日 禁輸조치가 한국경제에게는 아무런 도움도 주지 못하면서 거꾸로 엄청난 혼란과 경제적 損失만을 초래하게 된 自殺 골로 되고 말았다는 사실이다.

III. 1960년대 韓日協定과 歸屬財産

1. 1960년대 歸屬財産의 변모

해방 후 1950년대에 이르기까지 전체 산업상의 비중이 크게 위축되었다고 할 수 밖에 없는 귀속재산의 實相이 1960년대 이후에 들어서는 그럼 어떤 모습으로 변모하게 되는가? 이를 살피기 위해서는 먼저 한국사회가 1950년대에서 1960년대로 넘어가는 시대적 성격이 어떻게 변모하는가를 살펴볼 필요가 있다.

흔히들 1950년대와 1960년대의 시대 성격을 논하는 경우 보통 정치적인 측면에서 李承晩 정부와 朴正熙 정부 간의 성격 차이로 收斂(수렴)해 보려는 경향이 있다. 즉 1950년대 李承晩 정권은 그 물질적 토대를 美軍政으로부터 물려받은 歸屬財産과 또 그것을 대체하는 성격의 美國援助란 두 가지 기둥에 두고 있다고 한다. 1960년대 朴正熙 정권의 물질적 토대는 귀속재산의 존재 意義가 크게 위축되고 또한 미국원조 역시 현저히 감소하는 추세에서 그를 代替하기 위한 방안으로 추진한 제3국(주로 일본)으로부터의 新規 外資導入(借款)에 두고자 한 것으로 볼 수 있다. 말하자면 이 新規 외국자본의 도입을 통해 당시까지 다소나마 일정한 기능을 행사하고 있던 (구)일본인재산(歸屬財産)을 改替하는 즉 리모델링하는 방향으로 나아갔다. 그리하여 李承晩 시대에는 미국식의 자유주의 市場經濟 原理에 입각하여 지난날의 귀속재산에 대해서는 경제적으로 중요한 基幹産業에 속하는 것까지도 가급적 민간에게 불하하는 民營化의 길을 택하였다고 하면, 朴正熙 시대에 들어서는 이미 민영화된 이들 기간산업이나 금융기관 등을 다시 國營체제로 還元시키는 國有化 조치를 취하게 된다는 측면에서 양자 간의 政策基調에는 현저한 성격 차이를 나타내고 있음을 발견하게 된다.

1950년대 李承晩 시대에는 그 존재 意義가 크게 위축되었던 귀속재산이 1960년대 朴正熙 군사정부에 들어서는 중요한 基幹産業의 國有/國營體制로의 還元을 통해 그것이 다시 되살아나는 식으로의 政策基調가 바뀌었다고 할 수 있다. 1950/60년대에 있어서의 이러한 두 대통령간의 統治理念的 성격 차이에 착안하여 미국의 韓國 植民地史 연구가인 카터 에커트는 이 시기 한국경제의 성격을 다음과 같이 규정하고 있다.

그에 의하면, 식민지 시대를 海外에서 보낸 미국식 자유주의자 李承晩은 체질적으로 과거 일본 식민지 시대의 傳統이라 할 統制經濟體制가 그에게는 전혀 들어맞지 않았을 것이라는 설명이다. 李承晩은 그런 식의 통제경제적인 식민지 遺産으로부터 어떻게 하면 조속히 벗어나느냐를 놓고 고민한 사람이라는 것이다. 美軍政으로부터 넘어온 歸屬財産을 조속히 민간에게 팔아넘기는 賣却/拂下조치를 서둘러 단행하게 된 사실이 바로 그러한 사정을 말해주는 증거라는 것이다. 반면 식민지 시대를 국내에서 직접 경험한 朴正熙의 경우는 달랐다. 1961년 집권 후 처음 경제개발계획을 구상하면서 그가 채택코자 한 開發模型은 그가 직접 체험한 바 있는 지난날 식민지 시대 일본의 통제경제체제에서 그 原型을 찾고자 한 것으로 볼 수 있는가 하면, 1962년부터 시작되는 제1차 5개년계획(原 計劃)이 그처럼 강력한 계획경제적인 모델을 채택하게 된 것도 바로 그러한 배경에서 이루어진 것이란 해석이다.

아무튼 두 사람 간의 이러한 경제정책 상의 입장 차이는 곧 1950년대 美國援助가 한국경제 흐름을 주도하던 李承晩 시대에는 일본이 남기고 간 歸屬財産의 存在 意義가 의도적으로 平價切下될 수밖에 없었다고 한다면, 그 후 1960년대 朴正熙 시대에 들어서는 그것이 다시 되살아나는 과정을 밟게 된다는 설명이 C. 에커트 주장의 핵심이라 할 수 있다.[31]

---

31) 이를테면 朴正熙는 1960년대 경제개발5개년계획을 추진하면서, 지난 식민지 시대 직접적인 工業化 경험을 쌓은 京城紡織의 金氏一家(金性洙/金秊洙)는 물론, 간접적인 경험의 소유자라 할 三星物産(李秉喆) 등을 비롯한 식민지 시대 양성된 많은 기업가들과 적극 제휴하는 한

돌이켜보면, 1950년대 韓國에 주어진 최대의 외교적 과제는 무엇보다도 日本과의 國交 정상화를 실현하는 것이었고, 또 그를 위해서는 그 前단계 조치로 하루빨리 韓日會談을 열어 성공시키는 일이었다. 제1절에서 살펴본 것처럼 1951년 샌프란시스코講和條約의 체결과 때를 같이하여 미국 측의 요구로 韓日會談이 열리게 되지만, 막상 회담의 당사자인 韓, 日 양국은 처음부터 이 회담에 대해 무척 冷淡한 반응을 보이었다. 1951년에 시작된 會談이 1950년대를 경과하는 10년간 아무런 성과도 없이 세월만 虛送하고 만 것이 바로 그것을 立證해주고 있다. 아무런 성과도 없이 세월만 허송하게 된 책임을 따지자면 물론 韓, 日 양측 모두에게 있었다고 하겠으나, 일단 한국 측만 놓고 본다면 그것은 당시 李承晚대통령의 會談 決裂을 위한 적극적인 필리버스터作戰에 가장 큰 책임을 돌려야 할 일이다. 前項에서 살펴본 것처럼 1950년대 韓日會談과정에서 있었던 수차에 걸친 한국 측의 일방적인 회담중단조치가 바로 그러한 주장을 충분히 뒷받침해주고 있기 때문이다.[32]

韓日會談을 대하는 李承晚대통령의 확고한 부정적 입장을 통해서도 납득할 수 있는 바이지만, 식민지 시대 일본 總督府에 의한 통제경제적인 유산이라 할 歸屬財産의 존재 자체와 李承晚의 기본적 統治理念과는 쉽사리 부합할 수 없는 乖離(괴리)가 가로놓여 있다는 前記 C. 에커트의 지적은 상당한 설득력을 가진다고 하지 않을 수 없다. 아울러 1950년대 이승만

편, 旧 총독부 시대 국가 주도의 강력한 計劃經濟 모델을 되살려 내어 그것을 하나의 先行 경험으로 有用하게 활용할 수 있었다는 것이 카터 에커트 주장의 핵심이라 할 수 있다 - Carter J. Eckert, *Offspring of Empire*, pp. 256~258.

32) 그밖에도 당시 한국 측(李承晚)이 韓日會談에 얼마나 부정적인 자세로 임하였는가를 보여주는 한 가지 재미있는 에피소드가 있다. 1957년 駐日 大使로 임명된 金裕澤의 회고에 의하면, 그의 任命狀 수여식에서 李대통령은 이렇게 訓示했다고 한다. '金대사를 일본에 보내는 것은 일본과의 國交를 正常化시키기 위해서가 아닐세. 아직 일본과의 國交 정상화는 때가 이르네. 그것은 아마도 지금의 40대 이상의 韓國人이 다 죽고 난 다음에나 가능할 것이네. 赴任(부임)하거든 일본이 하는 말을 듣기만 하고 자신은 아무 말도 하지 말게. 들은 것을 나중에 나한테 보고만 하게. 내가 지시할 때까지 함부로 움직이지 말라…' 는 식의 엄한 지시를 내렸다는 것이다 - 이원덕, 앞의 책, p. 92에서 재인용.

시대를 완전히 虛送세월 하게 된 韓日會談도 1960년대 들어 朴正熙 5·16 군사정부에 의해 본격적으로 추진된다고 하는 사실과도 결코 무관하지 않다고 할 것이다. 장장 14년간이나 끌어온 韓日會談은 1965년 6월에 와서야 세계 外交史 상 最長의 國交樹立 회담이란 불명예를 안고 그것도 양측이 다같이 결코 만족스럽지 못한 채로 大勢에 떠밀려 終結짓게 된다고 하는 사실도 이러한 脈絡에서 이해되어야 마땅하다.

아무튼 1965년의 이 韓, 日 양국의 國交 정상화를 위한 韓日協定의 체결이야말로 한국 현대사에 있어 1950년대와 1960년대의 시대 성격을 가르는 分水嶺이나 다름없는 일대 역사적 사건이었다고 봐야 한다. 구체적으로 韓日協定의 체결로 일본으로부터 들어오는 5억 달러 이상의 경제협력자금(請求權資金+상업차관)은 나아가 1960년대 朴正熙 정권으로 하여금 그의 경제개발 5개년계획을 성공적으로 이끌게 한 밑거름으로 되었다는 설명과 함께, 1960년대 경제정책의 성격을 1950년대의 自由主義 정책기조와는 확연히 다른 정부 주도의 計劃經濟 정책기조로 바꾸었다고 하는 사실에서 그렇게 볼 수 밖에 없다는 것이다. 1960년대 朴正熙 시대 경제개발 5개년계획으로 추진되는 이러한 정부 주도의 계획적 개발정책은 바로 지난날 朝鮮總督府 시절 국가에 의한 統制經濟體制(모델)에서 많은 것을 전수하게 된, 어쩌면 그것을 하나의 先行 모델로 삼게 된 것이라고 말할 수 있지 않을까.

결론적으로 약 40년간에 걸친 일본 식민지 지배의 物的 遺産이라 할 歸屬財産의 존재 意義는 해방 후 1950년대를 거치고 적어도 1960년대 전반까지는 주어진 자기 역할을 충실히 수행하면서 그런대로 존속된다고 말할 수 있다. 그러나 1960년대 중반 韓日協定의 체결을 결정적인 계기로 하여 新時代가 요구하는 새로운 개념의 '經濟協力'이란 명분으로 막대한 규모(5억 달러+α)의 일본 산업자본이 신규로 도입됨으로써, 비로소 지금까지 달고 다닌 '歸屬財産'이란 지난날 美軍政이 달아준 꼬리표를 드디어 떼게 된다고 말할 수 있다.

2. 韓國經濟의 構造와 特性

이상과 같이, 한국경제는 역사적으로 두 차례에 걸친 日本資本의 대규모 도입이 결정적인 계기로 작용하여 두 차례의 격렬한 工業化과정을 겪게 되고, 그를 통해 이른바 經濟發展論에서 말하는 경제적 跳躍(도약, take-off, big-push)을 가져오게 된다. 주지하듯이, 첫 번째 跳躍은 앞의 제2장(일본자금의 流入)에서 살펴본 것처럼 주로 1930년대에서 1940년대 전반에 걸친 약 15년간의 植民地 하에서의 제1단계 工業化과정이라면, 두 번째의 그것은 1960~70년대 약 20년간의 朴正熙 시대에 전개된 일본자본/기술의 대량 도입에 의한 제2단계 공업화과정이 그것이다. 이 兩次의 비약적인 공업화 과정은 서구적 개념을 빌리자면 한국경제 發展史에서 겪게 되는 두 차례의 前/後期 産業革命(industrial revolution) 과정으로 평가될만한 경제적 奇蹟(economic miracle)에 다름 아니라고 할 수 있다. 前/後期의 양자 사이에는 비록 15년이란 시간적 갭이 있고 또 工業化의 추진 主體나 目的 등에서의 차이점을 충분히 인정하더라도, 다른 한편 공업화의 과정이나 戰略 또는 그것의 성격에 있어서는 분명히 다음의 몇 가지 共通性을 지니고 있다고 해야 한다.

첫째로 처음부터 국가 主導의 계획적 發展모델을 채택했다는 점이다. 前者의 경우 비록 5개년계획과 같은 종합적인 長期 開發計劃을 수립하고 그에 따라 세부 사항까지 일일이 계획적으로 추진된 것은 아니었다고 하더라도, 軍需産業 육성과 관련한 時局産業이란 개념의 도입 또는 生産力 擴充事業의 육성이란 입장에서의 우선적 정책목표의 설정, 특히 投資財源의 調達과 配分 등 중요한 사항에 대한 국가의 직접 介入이란 측면에서는 후자의 수차에 걸친 경제개발 5개년계획의 추진과정에서의 국가의 적극적인 經濟介入이나 역할과 별반 다른 점이 없다고 해도 무방할 것이다.

둘째로는 民間企業에 대한 국가의 選別的인 지원과 육성책으로 特定 산업에서의 獨寡占化 현상을 조장하는 등 일찍부터 '財閥'이란 이름의 대규모 企業集團 다시 말해 獨占體의 부기 형성을 가져오게 되었다고 하는 점이다. 이는 물론 역사적 사실임에는 틀림없다고 하지만, 제1단계(前期) 과정에서는 일본의 企業集團(財閥=zaibas)에 의해 주도되었다고 할 수 있으나 제2단계(後期)에서는 일본기업과 자본/기술적으로 제휴한 한국적 기업집단(재벌)의 형성과정으로 전개되었다고 하는 점에서의 차이, 즉 민간 기업의 開發主體 측면에서는 분명히 현저한 성격 차이가 주어지고 있음을 인정해야 할 필요가 있다. [33]

셋째로는 약간의 성격 차이는 있다고 하겠으나, 前/後期 다같이 需要 측면에서는 국내시장보다도 海外市場에 더욱 크게 의존하는 이른바 수출 지향적인 工業化(export-oriented industrialization)과정으로 이루어졌다고 하는 점을 들어야 한다. 두 단계 다같이 工業化에 필요한 資本財는 물론이고 각종 原資材의 공급 등이 주로 日本産으로 충당되었다고 하는 공통점을 가진다는 점이 중요하다. 단지 제품의 판매조건에 있어서는 前期에서는 절대적으로 日本(內地) 또는 조금 영역을 넓히더라도 일본 중심의 '円-블록' 依存型으로 이루어졌지만, 1960~70년대 後期에서는 일본보다는 오히려 미국에 더욱 크게 의존하게 된 수출시장 측면 — 수입시장 측면과는 달리 — 에서의 뚜렷한 차이점을 인정해야 한다는 사실이다. 즉 수출시장 측면에서는 後期에 들어 그 주된 비중이 日本에서 美國으로 바뀌었다고 하는 점이 그것이다.

넷째로는 전/후기 모두 軍需工業의 개발과 밀접하게 관련된 부기 重

---

33) 일찍이 일본경제의 공업화 과정에서 일본 特有의 獨占體의 일종으로 나타난 '財閥'(zaibas)이란 企業集團과 그리고 해방 후 1960~70년대 한국의 공업화 과정에서 나타난 한국적 企業集團에 대해 일본식의 財閥이란 한자 이름을 그대로 붙이는 데는 문제가 없지 않다. 무엇보다도 그 형성의 시대적 배경이 다를 뿐만 아니라, 그 기업집단으로서의 성격 역시 많은 점에서 다르기 때문이다. 학술적으로 하나의 보편적 개념으로 될 수 없는 財閥이란 用語가 1945년 終戰 후에는 그 原産地인 일본에서는 이미 소멸되었음에도 불구하고, 한국에서는 그것이 잘못된 용어임을 알면서도 지금까지 줄곧 사용되고 있음은 심히 유감스러운 일이 아닐 수 없다. 아무튼 올바른 사회과학적 개념으로 될 수 없는 財閥이란 용어가 적어도 學界에서는 더 이상 誤/濫用되지 않기 위해 하루 빨리 退出되어야 할 것이다.

化學工業化 계획을 추구하게 된 공업화 패턴을 보여주었다고 하는 점이다. 前期의 경우는 공업화 과정이 1937년의 中日戰爭, 1941년의 太平洋戰爭의 발발과 시기적으로 거의 맞물려 이루어졌다고 하는 점에서 처음부터 다분히 군사적 목적의 공업화 성격을 띠게 되었음은 두말할 여지가 없다. 後期에 있어서도 1950년의 6·25전쟁이 1953년에 비록 休戰 상태로 바뀌게 되지만, 그러나 여전히 1960년대 이후에도 실제로는 戰時상태와 다름없는 시대상황 속에서 자주적인 軍需工業 육성이란 측면에서 일찍이 1970년대 부期 중화학공업화 단계로 넘어갔다고 하는 점에서 제1단계 경우와 매우 유사하다고 할 수 있다. 두 가지 工業化 과정 모두 戰爭이란 시대상황에 신속히 대처하기 위한 軍事工業化 성격을 강력하게 띨 수밖에 없었다고 하는 共通性을 지니고 있기 때문이다.

이상 兩次의 工業化과정을 종합해보건대, 우리는 다음 두 가지 공통적인 特性에 특히 주목하지 않을 수 없다. 하나는 工業化가 처음부터 민간 기업 주도로 그들의 自發的인 자본축적과정으로 전개된 것이 아니라, 국가(조선총독부)가 먼저 개발계획과 정책을 수립하고 민간 기업을 유도하기 위한 일정한 통제와 정부 지원을 동시에 강구하는 식의 이른바 강력한 統制經濟體制 아래 이루어졌다는 점이고, 다른 하나는 兩次의 공업화 과정이 다같이 대외적으로는 일본경제와의 절대적인 협력체제 및 긴밀한 紐帶관계 속에서 이루어졌다고 하는 사실이 그것이다.

兩次의 공업화 과정에서 가지는 이 두 가지 共通的인 特性은 그 출발지점에서부터 상호 불가분의 관련을 맺고 있는 것이지만, 특히 그 가운데 국가 주도적인 開發패턴은 일찍이 19세기 독일에서 처음 발달하기 시작한 소위 국가권력과 민간기업 간의 끈질긴 癒着(유착) 속에서 경제발전이 이루어지는 이른바 '後發資本主義의 개발모형'[34]이라 할 수 있고, 이것이

---

34) 서구 자본주의발달사에서는 흔히들 영국, 프랑스, 네덜란드 등 앞서간 나라들의 경우를 '先發資本主義 模型'으로, 그 뒤를 추적하는 독일, 이탈리아, 일본, 러시아 등의 그것을 '後發자본주의 模型'으로 구분하고 있다. 前者에 대한 後者의 특징이라면, ① 국가의 적극적 역할과 統制經

일본을 경유하여 식민지 조선에까지 그대로 傳授되었다고 해도 과언이 아니다. 또한 工業化의 必要/充分조건으로서의 일본과의 특수한 관계 설정 문제는 결국 그것이 처음 일본의 조선에 의한 植民地 工業化 과정으로 전개되었다고 하는 사실을 재확인하는 것에 다름 아니다. 다만 식민지 관계가 끝난 다음의 제2단계 공업화과정에서도 어떻게 그러한 일본과의 특수한 관계가 여전히 有效할 수 있었는가 하는 점에 대해서는 별도의 깊은 연구가 이루어져야 하겠으나, 이 경우에도 역시 지난날 植民地 工業化에 따른 어쩔 수 없는 식민지 遺産의 일부로 간주할 수밖에 없는 내용이 거기에 적지 않게 그리고 분명히 존재한다고 하는 사실을 확인하게 된다.

兩次의 한국 공업화 과정에서 나타나는 이상의 두 가지 특성은 직/간접적으로 식민지 공업화의 遺産을 共有한다고 하는 점에서 결코 분리될 수 없는 성질의 것이라고 할 수 있고, 나아가 그것이 오늘의 한국경제 내지 한국자본주의의 성격을 규정하는데 있어서도 기본적인 전제조건으로 된다고 해야 할 것이다. 표현을 달리하면, 前述한 독일/일본 중심의 後發資本主義 발전의 模型이 갖는 特性을 한국도 대를 이어 그대로 이어가는 것으로 봐야 한다는 설명에 다름 아니다.[35] 그렇다고 하여 한국의 경우를 先行의 독일이나 日本 모형과 같은 것으로 同一視할 수 없다고 함은 두말할 여지가 없다. 한국의 경우는 어디까지나 일본 模型을 原型으로 삼은 것만은 사실이지만 결코 그것과 같을 수는 없다고 봐야 할 것이기 때문이다. 즉 中心部 자본과 기술에 의해 개발된다고 하여 그것이 곧장 中心部型으로 올라서는 것은 아닐뿐더러, 중심부형과는 처음부터 그 성격을 확연히

濟, ②銀行 등 금융기관의 先驅的 발달, ③독점자본(기업)의 조기 형성 등의 요소를 중요하게 들고 있다. 日本도 이 후자에 포함됨은 물론이다. 이러한 先發/後發 자본주의 發達史에 대한 연구는 일찍이 일본의 세계적인 經濟史家 大塚久雄의 '國民經濟 類型論'이 獨步的이라 할 수 있다 ─『大塚久雄著作集』, 제6권(國民經濟), 岩波書店, 1979 참조.

35) 이상의 두 가지 特性 이외에도, 이를테면 ① 국가권력과 결탁한 조기 獨占體의 출현, ② 금융기관을 매개로 하는 他人資本 중심의 蓄積방식의 도입, ③ 정치적으로 특수한 관계를 갖는 先進國(中心部)에 대한 수출지향적인 開發戰略의 채택 등과 같은 또 다른 특징을 共有하고 있다 ─앞의 각주 33) 참조.

달리하는 周邊部型으로 개발된다고 하는 사실을 결코 잊어서는 안 된다.[36]

끝으로, 本論과는 어느 정도 거리가 있다고 하겠으나, 여기서 한 가지 반드시 添加해 두고 싶은 문제가 있다. 해방 후 美軍政에 의해 붙여준 歸屬財産이란 이름의 이 물질적 측면에서의 植民地 遺産은 이상의 각 章의 분석을 통해서도 알 수 있는 것처럼, 1960년대 朴正熙 정권에 의한 새 韓日協定의 체결을 계기로 그 경제사적 意義가 일단 終了된다고 말할 수 있다. 그러나 나머지 두 가지 식민지 유산, 곧 국민 意識的 측면에서의 遺産과 그리고 制度的 측면에서의 그것은 해방 후 어떤 변화과정을 겪게 되었는가 하는 문제가 바로 그것이다.

이 문제와 관련하여 우선 강조되어야 할 사항은 후자의 이들 두 가지 遺産의 경우는 앞의 물질적 측면에서의 그것(歸屬財産)과는 그 본질적 성격이 심히 다르다고 하는 점이다. 즉 有形의 물질적 유산(귀속재산)의 경우는 일단 淸算의 대상으로 될 수 있지만, 후자의 이 두 가지 遺産은 결코 그렇지를 못하다는 것, 곧 淸算이나 消滅의 대상으로 될 수 없다고 하는 사실이 그것이다. 이 두 가지 遺産의 경우는 그동안 政府 사이드에서나 民間 사이드에서 기회 있을 때마다 그것의 淸算을 부르짖고 또 법적, 제도적으로 갖가지 조치와 노력을 기울여왔음이 사실이다. 그럼에도 불구하고 아직까지 쉽게 消滅되지를 않고 계속 살아남아 자신의 끈질긴 生命力을 자랑하고 있음은 무엇 때문일까?

그 이유는 딴 데 있지 않다. 후자의 두 가지 遺産은 이미 사람들의 日常 생활의 일부로 몸속에 스며들어 體現되었다고나 할까, 아니면 그것만

---

36) 이 점과 관련하여, 중요한 것은 오늘의 韓國資本主義가 일본 모형을 '原型'으로 삼았다고 하여 섣불리 일본자본주의의 그것과 동일시해서는 결코 안 된다는 사실이다. 양자간의 生成 및 發展史가 근본적으로 다르다고 봐야하기 때문이다. 넓은 의미로 한국 近代化의 모형 역시 明治維新 이후 일본의 근대화 과정을 '본뜬 것'이라고들 하지만, 거기에는 한국적 특성이 너무 많이 보태짐으로써, 스스로 그것을 變質시킴으로써 오늘의 韓, 日 양국의 近代化 모습을 전혀 다른 유형으로 만들어놓았다고 해야 한다. 그것은 先/後進國 경제사회로의 반전단계상의 隔差 문제에서 오는 것이 아니라 그 어떤 발전유형상의 質的 相違의 문제로 인식해야 한다.

을 분리하여 몸 밖으로 끄집어내어 淸算하거나 解體할 수 있는 그런 성질의 것이 아니기 때문이다. 따지고 보면 해방 후 오늘에 이르기까지 줄기차게 부르짖은 親日派 숙청이다 日帝 殘滓(잔재) 청산이다 하는 문제에 있어서도 그것의 本質은 이와 마찬가지라 할 수 있다. 親日派 청산이란 그럴듯한 정치적 구호 아래 이들 정신적, 제도적 측면에서의 식민지 유산을 뿌리 뽑기 위해 그동안 무척 세상을 시끄럽게 하고 또 오늘에 이르기까지 지속되고 있는 셈이지만, 所期의 成果를 거두었다고 말하기는 어렵다. 그 이유는 바로 정신적 측면에서의 식민지 유산을 청산한다는 것, 그것 자체가 처음부터 무척 어려운 일이기 때문이다. 그것이 왜 그렇게 어려운 일일까.

이를테면 일본이름(倭語) 추방의 문제를 예로 들어보자. 예컨대 일본이 한국에 들어오기 이전에 이미 한국 내에 그런 사회적 事象(現象이나 事物)을 가리키는 고유한 韓國 이름이 존재했었는데, 그것이 일본이 들어옴으로써 강제로 日本식 이름으로 바뀐 것이라고 하면, 해방 후 일본이 물러난 다음 다시 그 옛날의 한국 이름으로 還元해야 함은 마땅한 일이라 할수 있다. 그러나 그런 事物이나 現象 자체가 일본이 들어오기 이전에는 한국에 아예 존재하지 않았는데 일본이 들어오면서 처음 그런 이름을 달고들어왔다고 하면, 해방 후 한국에 남겨진 그것에 대해 倭語 追放이란 명분아래 현재의 이름을 무조건 버리라고는 할 수는 없는 일이다. 그동안 日帝殘滓(잔재) 청산이다, 倭色 一掃다 하는 슬로건들이 하나같이 실패로 돌아가고 만 이유는 바로 이러한 데 있다.[37]

37) 한국에는 전통적으로 女子에게는 공식 이름이 주어지지 않았다. 집안에서 적당히 부르는 呼稱 밖에 없었다. 그런데 당국에서 戶籍에 올리기 위해 갑자기 여자도 이름을 지어와라 하니 어떻게 할 것인가. 하는 수 없이 너도나도 일본 식 女子 이름인 '子(꼬)'자를 넣어 花子(하나꼬), 春子(하루꼬), 明子(아끼꼬) 하는 식으로 지어 급한 대로 戶籍에 올렸다. 해방 후 그것이 일본식(倭色) 이름이라 하여 원래 한국 이름으로 고칠 수 있겠는가. 어쩔 수 없이 일본이름 그대로 둘 수 밖에 없었다. 그리고 해방 후 1950/60년대까지도 시골에서는 便宜에 따라 계속 같은 일본 이름인 英子, 順子, 貞子 하는 식의 이름을 지었다. 그러는 사이 당초 일본 이름이 어느 사이 한국이름으로 정착했다고 할 수 있다.

사회적 現象이나 事物은 그 자체 내에서 生成되는 것도 있겠지만 외부로부터 들어오는 것이 더 많다고 해야 한다. 그리고 외부로부터 들어오는 것은 그 本來의 이름을 달고 들어오는 것은 當然之事라 할 수 있고, 따라서 어느 시대 어느 나라나 민족 固有語와 더불어 일정한 外來語가 竝存하는 것은 보편적 현상이다. 민족 固有語가 아니라고 하여 추방하자는 것은 한마디로 '言語民族主義'의 極致(극치)에 다름 아니다. 더욱이 전문적 學術用語는 말할 것도 없고, 법률/행정/경영/기술 등 분야에서의 專門用語에 대해 그것이 일본식 표현이라 하여 '使用 不可'의 딱지를 붙이기로 한다면 결과는 어떻게 되겠는가. 아마도 한국은 다시 1876년 開港 이전의 未開사회로 되돌아가게 될지도 모를 일이다.

제도적 측면에서의 遺産 문제에 있어서도 사정은 이와 마찬가지라고 할 수 있다. 그것이 정부의 法律 및 행정제도이든 기업의 경영 및 금융제도이든, 학교의 교육 및 훈련제도이든 또는 市場에서의 매매/결제/度量衡制度이든 간에 그 대부분이 앞서의 정신적 遺産에서처럼 사회 각계각층의 일상 업무나 생활 속에 그대로 溶解(용해)되어 그것을 따로 때낼 재간도 없거니와 또한 굳이 그렇게 떼낼 필요도 없다고 함을 알아야 한다.

결론적으로 이들 정신적 유산이나 제도적 유산의 경우, 그것은 넓은 의미로 보면 人類 文化의 영역에 속한다고 할 수 있다. 文化란 모름지기 높은 곳에서 낮은 곳으로 흐르기 마련이다. 일본문화든 미국문화든 그것이 한국으로 흘러들어오는 것은 그들의 文化가 한국 문화보다 한 수 위이기 때문이다. 이런 自然的 理致를 거역하고 그것을 못 들어오게 억지로 막으려고 해서는 안된다. 막으려고 해도 막혀지지 않을뿐더러 아예 막으려고 할 필요가 없는 일임을 알아야 한다.

세상은 바야흐로 민족이다 국가다 國民經濟다 하는 좁디좁은 울타리를 허물고 하나의 廣闊(광활)한 地球村 사회를 지향하는 글로벌라이제이션(globalization) 시대로 나아가고 있다. 이런 시대 조류에 즈음하여 韓國은 어떻게 해야 할 것인가. 당면의 課題는 시대역행적이고도 痼疾的인 民

族/國家 至上主義 사슬로부터 하루속히 벗어나는 일이다. 그 다음에는 지난 자기 歷史에 대하여 好/不好를 막론하고 더 이상 歪曲하거나, 欺瞞(기만)하지 말고 전적으로 자기 역사에 대하여 責任지는 자세로 돌아서는 일이다. 그렇게 함으로써 비로소 국민의 歷史意識을 바로잡아 이를테면 韓國史가 東北亞史, 나아가 世界史의 발전에 어떻게 기여할 수 있을 것인가를 놓고 고민하는, 그를 통해 도도히 흐르는 世界史의 進運에 同參하는 역사적 계기를 마련하게 되기를 바라는 심정으로 글을 끝맺는다.

〈부 록〉

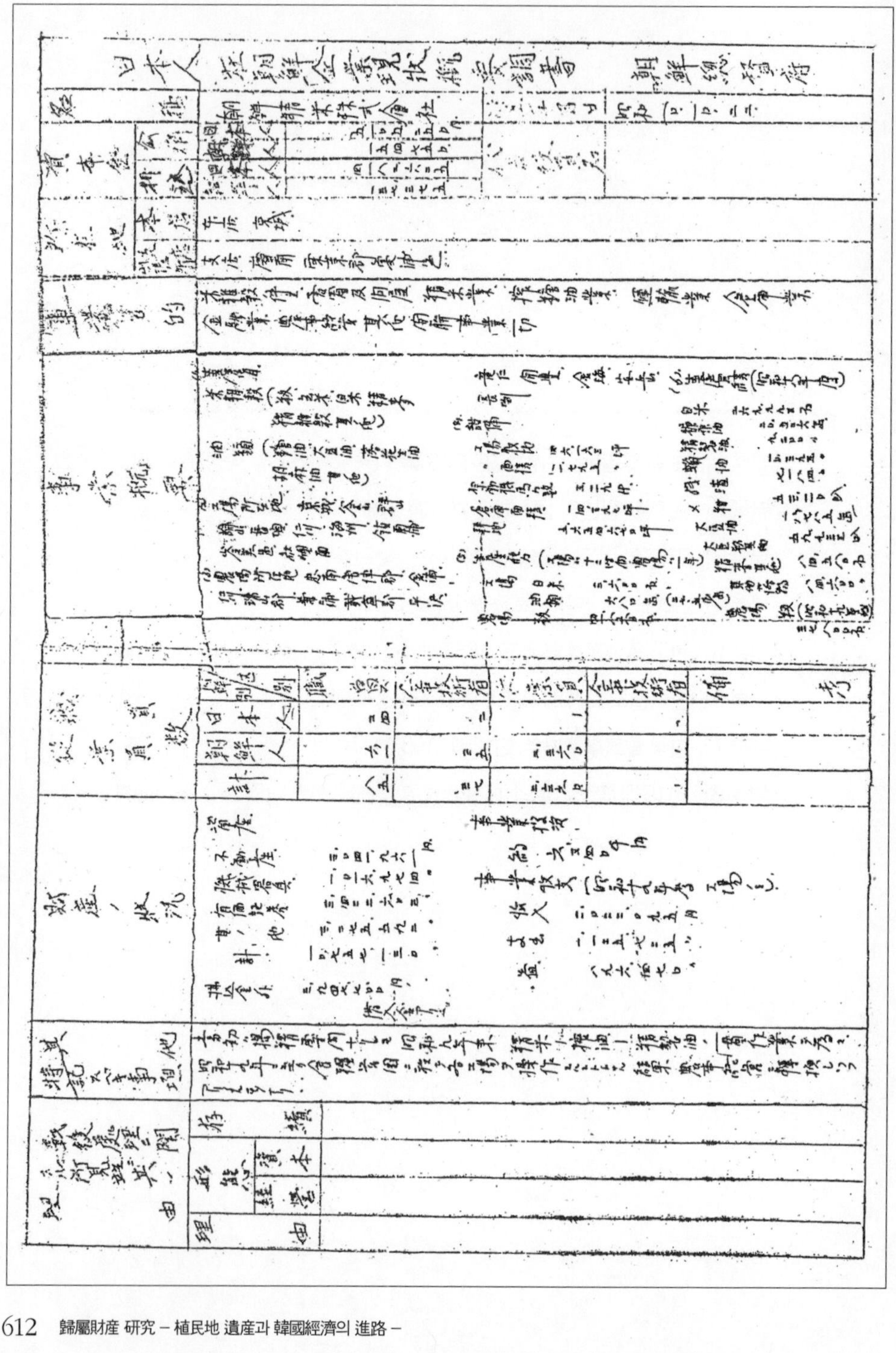

(자료:「山口文書」-제42號)

[부록3] 丁若銓, 『松政私議』(拔萃)

※ 著者 註 : 지금까지 燒失된 것으로 알려졌던 丁若銓의 저술, 『松政私議』가 뜻밖에 서울 세화고등학교 생물학 교사 이태원 씨에 의해 발굴되고, 그 書誌學的 검토는 成均館大 漢文學科 安大會 교수가 맡았는데, 安 교수가 한글로 번역한 내용의 일부를 여기 拔萃 收錄하는 바임. 단, 本文 중 넘버링 및 漢字 表記는 著者 所行임.

[1] 우리나라는 집을 짓거나 배/수레를 만들거나 또는 棺材(관재)로 쓰는 木材는 모두 소나무로 한다. 나라는 江域이 세로로 4천 리가 넘고, 東/西/北쪽이 큰 산과 험준한 고개로 이루어져 나라 전체로 보면 山地가 전 국토의 10의 6-7할 정도이다. 山地는 또 소나무 자라기에 알맞다. 그럼에도 불구하고 위로는 朝廷, 아래로는 庶民들이 材木 구하기가 그렇게 어렵다. 위로는 기둥 열 개 되는 집과 배 몇 척 만들 때 멀게는 천여 리가 넘고, 가까이로는 수백 리가 넘는 거리를 강물에 띄우고 陸地로 끌고 와야 비로소 일을 마칠 수가 있다.

[2] 아래로는 棺材 하나 값이 400~500兩이나 하는데, 이도 큰 도회지를 기준으로 한 것이고 窮僻(궁벽)한 시골은 富者가 喪을 당해도 屍身을 넣을 棺을 구하는데 열흘이 걸리기도 하여 平民은 태반이 草葬(초장)을 한다. 내가 직접 기억하기로는 20년 전에 비해 목재 값이 3~4배 올랐다. 앞으로 20년을 지나면 오늘날에 비해 또 3~4배가 오를 것이다.

五行에서 나무(木)가 그 하나이며, 불(火) 또한 나무로 인해 있는 것이니 실제로 五行 가운데 나무가 둘을 차지한다고 하겠다. 사람에게 나무가 중요함이 이러한데도 이렇게 무관심하게 지낼 수 있단 말인가. 官衙(관아) 건물이 썩어 무너짐은 그래도 받침대로 받쳐가며 지탱해 나갈 수가 있다고 하지만, 만약 倭敵이 침략하면 반드시 水戰을 하게 되어 있음은 壬辰變亂에 오로지 水軍의 힘을 빌려 (난을) 모면한 사실을 경험하지 않았는가. 위급한 전쟁이 발생한다면 수백 척 戰艦(전함)을 만들 목재를 어디에서 구해올 것인가?

[3] 수 백년 太平시대가 이어져 백성이 평안히 살아가고는 있지만, 살아서는 번듯한 집이 없고, 죽어서는 몸을 뉘일 棺材가 없는 실정이다. 이는 聖王의 政事에 부족한 구석이 있다는 말이니 나라의 政事를 맡은 자가 어찌 여기에 생각이 미치지 않는가. 열에 예닐곱은 산이 차지하고, 산은 또 소나무가 자라기에 알맞은데도 소나무 귀함이 이런 지경이 된단 말인가. 내가 일찍부터 그 이유를 조용히 따져보고 대략 세 가지 요인을 찾아냈다.

첫째는 나무를 심지 않는 것이요, 둘째는 저절로 자라는 나무를 꺾어 땔나무로 쓰는 것이요, 셋째는 火田民이 산림을 불태우는 일이다. 이 세 가지 患難(환란)을 제거한다면, 도끼를 들고 날마다 숲에 들어가 나무를 한다 해도 재목이 부족하게 되지는 않을 것이다. 「大學」에는 "만들어내는 사람이 많고 먹는 사람이 적으면 늘 넉넉하다"라고 했다. 나무를 심는 것은 나무를 만들어내는 근본이다. 심는 사람이 한 사람인데 쓰는 사람이 열 사람이라면 재목을 댈 수가 없을 텐데, 하물며 심는 사람은 하나도 없건만 쓰는 사람은 무궁하니 재목이 궁하지 않을 리가 있겠는가. 이것이 나무를 심지 않는 첫째 患難이다.

요행히 저절로 나서 자라는 나무가 있다. 조금이라도 그 나무를 아끼고 보호해 어릴 적에 도끼로 베지 않는다면 그래도 재목으로 성장할 수가 있다. 그러나 땅에서 한 두 자쯤 크기가 무섭게 나무꾼이 낫을 예리하게 갈아 남에게 뒤질세라 달려들어 베니 材木이 궁하지 않을 리가 있겠는가. 이것이 저절로 자라는 나무를 꺾어버리는 둘째 患難이다. 깊은 산중에 인적 드문 골짜기에 저절로 나서 저절로 크는 나무가 있어 베어다 쓸 만하게 된다. 그러나 火田民이 불태우는 혹독한 시련을 한번 겪고 나면 바람에 넘어가고 벼락에 쓰러지는 것보다 더 심한 피해를 본다. 百年 동안 나서 자란 것이 하루아침에 잿더미로 변하게 되니 재목이 궁하지 않을 리 있겠는가. 이것이 火田民에 의한 셋째 患難이다.

[4] 이상 세 가지 患難이 제거되지 않으면 비록 管仲(관중)과 諸葛亮(제갈량)이 지혜를 짜내고, 申不害(신불해)와 商鞅(상앙)이 법을 집행한다 해도 결국 松政에는 아무 도움이 되지 못하고 백성과 나라가 모두 곤궁해질 것이다. 이 세 가지 患難이 발생하는 이유가 다른 곳에도 있다. 바로 國法이 완비되지 않음이 그것이다. 火田에 대한 폐단은 옛 先賢이 이미 말한 바가 있다. 西厓(서애, 柳成龍) 文集에 이에 관한 글이 있다.

'산과 골짜기에 나무가 없다면 산사태가 나는 것을 막을 수 없어 들판의 田畓이 흙으로 뒤덮일 것이다', '山林이 벌거숭이가 되어 보물과 재화가 생산되지 않는다', '짐승이 번식하지 않아 事大交隣(사대교린)을 할 때 필요한 짐승가죽과 幣物(폐물)을 대기가 어렵게 된다', '범과 표범이 자취를 감추면 산길을 가는 자가 크고 작은 兵器를 몸에 지니지 않기 때문에 나라 풍속이 날로 졸렬하고 유약하게 바뀔 것이다', '목재가 소모되고 버려져서 백성들의 살림살이가 날로 궁색하게 될 것이다', "비록 하나의 공을 이루지 못하더라도 산허리 이상에 대해서는 耕作을 하지 못하도록 하는 것이 마땅하다'. 이 글들은 「大典」에 실려 있다. 그렇지만 산허리 이상에 대한 耕作 금지조차 시행되지 않고 있다.

[5] 대저 나무가 있기 때문에 伐木을 금지한다면 그래도 이로운 것이 있겠지만, 나무도 없는 마당에 松禁만 한다면 백성들은 나무를 심지 않을 것이다. 그렇다면 松禁하는 것이 무슨 도움이 되겠는가? 그러나 일은 여기에 그치지 않는다. 주먹 크기만한 산을 소유한 백성이 소나무 수십 그루를 길러 家屋과 배, 수레나 棺材用 재목으로 쓰고자 한다면 貪官汚吏가 이 法條文을 빙자하여 차꼬(수갑)에 채워 감옥에 가두고 고문하는 등 죽을 罪를 지은 사람 다스리듯 하고 심지어 流配까지 보낸다. 백성들이 소나무 보기를 毒蟲과 傳染病처럼 여겨 몰래 베어 없애버린 다음에야 안심한다. 어쩌다가 소나무에 싹이라도 트면 毒蛇(독사)를 죽이듯 비벼죽여 버린다. 백성들이 나무가 없기를 바라는 것이 아니다. 편안한 길이 나무가 없는데 있기 때문이다. 그리하여 개인 소유의 산에는 소나무가 한 그루도 없게 되었다.

소나무에 알맞은 산은 水軍 陣營의 관할을 받는다. 水營은 田土稅와 뇌물을 받을 권한이 없어 본래 貧寒한 진영인데다, 將校의 숫자가 많은데도 부모를 모시고 자식을 키우는 살림살이를 달리 의지할 데가 없으므로 오로지 소나무가 잘 자라는 산을 이용할 뿐이다. 누가 산 아래 집을 짓기라도 하면 '이것은 公山의 소나무다'라고 주장하고, 棺을 짜기라도 하면 '이것은 公山의 소나무다'라고 떼를 써서 크게는 官衙에 고발도 하고 작게는 사사로이 구속하기도 한다. 천하의 소나무는 대개 이와 비슷하다. 집안이 망하고 財産을 탕진하고 사방에 유리걸식하는 자가 열에 서넛이다. 그리하여 封山의 백성들이 상의하기를 '오로지 소나무 때문에 우리가 이 지경에 이르렀으니, 소나무만 없다면 아무 일이 없으리라'고 한다. 몰래 비밀리에 베어 낼 온갖 꾀를 내어 없애고자 한다.

[6] 아! 官衙(관아)에 承史(승사) ― 承은 鄕所에서 부리는 아전 ― 를 두는 까닭은 수고를 덜기 위함이다. 옷에 발석(도롱이) 즉 비옷을 덧입는 이유는 비를 막기 위함이다. 承史가 없으면 官衙가 지낼 수가 없으며, 도롱이가 없으면 옷이 비를 맞지 않을 수가 없다. 개인 소유 산과 작은 封山이 없으면 큰 封山만이 홀로 남아 있을 수가 없다. 이것은 정해진 이치이다. 현재 겨우 명색이라도 남은 封山은 오직 큰 산과 큰 진(鎭)밖에 없으니, 嶺南의 巨濟島와 南海島, 湖南의 莞島와 邊山, 湖西의 安眠島 등 몇 곳에 지나지 않는다. (하지만) 그것들도 모두 벌써 민둥산이 되었다. 백성들이 아무리 소나무를 미워한다고 해도 저런 정도로 소나무가 없다면 살아갈 도리가 없다.

개인 소유의 산에 소나무가 없고, 작은 公山에도 소나무가 없어지면 더 이상 손을 댈 데가 없다. 몇 곳 남은 봉산으로 지게를 메고 떼를 지어 몰려들지 않을 수가 없게 되고, 봉산을 맡아 지키는 자가 그 틈을 타서 이익을 꾀하니 水營에서 아무리 금하려 해도 어쩔 도리가 없다. 사람들은 모두 법이 지켜지지 않는 책임이 水營에 있다고들 하지만, 나는 '비록 매나 범으로 水使(수사)를 삼는다고 해도 필히 금지하지 못할 것이다'라고 말한다. 어째서인가? 소나무를 구하는 사람의 욕구는 목말라 물을 구하는 자보다 더 다급하고, 지키는 자가 이익을 좇음은 물이 아래로 흐르는 것보다 더 심하기 때문이다.

[7] 속담에 이르기를 '지키는 자가 열이라도 도둑 하나를 막지 못한다'고 하지 않았는가. 지금 지키는 자는 한 사람 뿐인데 도둑은 억만 명이다. 水使의 좌우에 있는 자부터 監官, 산지기, 沿海의 백성들이 모두 도둑이다. 비록 渭水(위수)를 붉게 물들이도록 罪人을 물에 빠트려 죽인다 해도 무슨 수로 금지할 것인가. 根本을 바로잡지 않고서 그 말단을 다스리기는 聖人도 하지 못한 일이다. 오늘날의 水使가 어떤 인간이기에 그것이 가능하겠는가.

나는 이와는 다른 깊은 걱정거리가 있다. 八道 田畓의 소출로 서울에 먹을거리를 공급하고 있음에도 넉넉지 않음을 걱정하는 것이 현실이다. 만약 몇 개 郡의 田畓에서 나오는 소출로 八道에 먹을거리를 공급한다면 머지않아 바닥이 드러나리라는 것은 누구라도 알 수 있다. 西南지역 沿海의 땅은 戶口 수가 일백 만을 밑돌지 않는다. 크게는 배와 가옥에 필요한 재목으로부터 작게는 쟁기나 다듬이를 만드는 데 쓸 목재에 이르기까지 현재 모두 몇 곳의 封山에서 가져다 쓴다. 목재는 샘물처럼 콸콸 솟아나는 것이 아니다. 몇 년 뒤에는 반드시 도둑질할 나무도 사라질 터인데 그 때는 어떻게 할 것인가. 앞서 말한 倭寇(왜구)에 대한 우려는 먼 후일의 일이지만, 당장 100만 호의 백성이 살아서는 들어가 살 집이 없고, 죽어서는 몸을 가릴 棺이 없으며, 물에는 배가 없고, 일상생활에 農器具가 없다면 이 어찌 하룬들 변란이 일어나지 않을 수 있으랴.

[8] 有子가 '백성들이 풍족하니 임금은 누구와 더불어 풍족하지 않을 수 있겠는가' 라고 했거니와 나라 政事를 도모하고 있는 자들은 이 말을 반복하여 음미할 일이다. 대저 소나무는 伐木을 금지할 일이 아니다. 금지하는 것은 소인들이 범하기 쉬운 것을 금하는 것이다. 오늘날 소나무 伐採 금지법은 비록 孔子나 顔淵(안연)이라 해도 범하지 않을 수가 없게 되어 있다. 孔子나 顔淵이라도 부모의 喪

을 당하면 소나무 伐木금지법 때문에 관을 만드는 禮法을 폐지하려 들겠는가. 孔子나 顏淵조차도 범하지 않을 수 없는 법을 보통 사람들에게 시행하려고 드니 그 법이 제대로 시행되겠는가. 禁松을 해서는 안 되는 것이다.

그렇다면 앞에서 말한 세 가지 患難은 끝내 제거할 수 없는 일인가. 그 법을 완화시키면 된다고 나는 생각한다. 백성들이 소나무를 미워하는 것은 소나무 자체를 미워서가 아니라 그에 관한 법을 미워하는 것이다. 법이 두렵지 않다면, 生前에는 윗사람을 잘 봉양하고 죽어서는 정중하게 장사를 지내어 자신에게 도움을 주는 소나무를 무슨 까닭으로 키우지 않겠는가.

천 그루 소나무를 심어 초가집의 기둥과 대들보 감으로 사용할 수 있을 만큼 기른 자에게는 品階를 올려주어 褒賞(포상)을 한다. 산허리 이상에서 火田의 경작을 금하는 법을 엄하게 단속하여 불을 못지르게 해야 한다. 이 정책을 시행한 지 수십 년이 지나면 온 나라 산은 숲을 이루게 될 것이며, 公山의 나무를 백성이 범하는 일이 저절로 사라질 것이다. 어떤 사람이 물었다. '현재 사람은 많은데 땅은 협소하다. 비록 이러한 法令을 만든다 해도 소나무를 기를 여유가 없을 것이다'라고 …. 소발굽에 고인 물만을 고대하고 아홉 길 깊은 샘물을 파지 않는다. 이 法令을 시행하게 된다면 산의 나무는 날로 무성하게 되어 나무의 뿌리와 줄기를 보호하게 되어 그 나뭇가지와 잎만을 취해도 땔감은 넉넉할 것이다.

[9] 어떤 사람이 물었다. '封山이 버려지고는 있어도 그래도 국가의 물건이다. 하루아침에 그것을 백성에게 준다고 하니 자네의 計策은 어째서 아래 백성에게는 후하고 윗분에게는 그렇게도 야박한가'. 그에 대해 나는 답한다. 이것은 속담에서 말하는 '내가 먹기는 싫지만 개한테 던져주기는 아깝다'는 격이 아닌가. 나라에서 소나무를 기를 힘이 없다면 허다한 좋은 田畓을 不毛地로 만들고자 하는 것과 같으니 이는 버리는 것과 똑같다. 그럴진댄 백성에게 주는 것이 무엇이 잘못인가? 게다가 작은 산에 모두 나무가 있다면 현재의 큰 封山은 盜伐(도벌)을 금하지 않아도 저절로 될 것이다. 이것이 첫 번째 이익이다. 비록 산을 백성에게 맡긴다고 해도 백성들 산에 나무가 있다면 국가에 다급한 상황이 발생할 때 국가가 그것을 이용하는 것을 아깝게 여기지는 않을 것이다. 백성들이 풍족한데 君主가 풍족하지 않은 경우는 아직 없었다. 이것이 두 번째 이익이다. 따라서 이것은 위와 아래가 다함께 이익을 얻는 길이다.

어떤 사람이 물었다. '백성들이 국가의 命을 믿지 않은지 오래되었다. 게다가 백성들이 松禁에 대하여 공포를 느끼는 정도가 마치 활에 맞은 새의 꼴이다.

비록 이 명령이 내려진다 해도 백성들이 응하지 않은 것이니 어떻게 할 것인가'. 나의 답변은 이러하다. 그것은 어리석은 내가 꾀할 수 있는 일이 아니지만, 백성들에게 신뢰를 얻는 것이 軍事力을 강화하거나 먹을 것을 豊足하게 하는 것보다 더 급한 일이라고 생각한다. 衛鞅(위앙)은 어질지 못한 사람이나 그럼에도 세 길의 나무를 이용하여 신뢰를 쌓을 수가 있었다.

[10] 萬事가 극단에 이르면 되돌아오는 것이 이치의 떳떳함이다. 貢物(공물)의 폐단이 극에 달하자 均役法(균역법)이 만들어졌고, 私奴婢(사노비)의 폐단이 극에 달하자 良妻의 자식이 奴婢가 되는 것을 면하게 되었으며, 奴婢의 폐단이 극에 달하자 奴婢文書가 불에 태워졌지 않는가. 이러한 조치는 모두가 시대 변화에 따라 적합한 법을 제정하고 백성들을 자식처럼 돌보는 위대하신 聖人의 덕택이요 善行이시다.

　오호라! 결코 잊을 수가 없는 일이다. 오늘날 극에 달한 폐단에는 還穀(환곡)과 松政의 두 가지를 들 수 있다. 만약 이 글로 인하여 寡婦(과부)가 하는 걱정이 해소되고 백성과 국가의 숨이 끊어질 지경에 이른 다급한 상황이 해결될 수만 있다면, 卑賤(비천)한 신하는 窮僻(궁벽)한 바닷가에서 죽어 없어진다고 해도 절대로 한스럽게 여기지 않을 것이로다.

　안타깝구나! 西施가 깨끗하지 못한 汚物을 뒤집어써도 사람들이 모두 코를 싸쥐고 피하거늘, 나는 너무나도 깨끗하지 못한 사람이라 아무리 천하가 나를 潔白하다고 한들 그 누가 돌아다 보리요? 슬프고도 슬프도다! 甲子年 仲冬에 巽舘(손관)에서 쓰다.

[부록 4] '歸屬財産' 관련 美軍政 法令(抄錄)

가. 軍政法令[1]

1) 法令 제2호 : 財産移轉의 禁止 (1945. 9. 25일)

제1조 : 1945년 8월 9일 이전의 敵國(일본, 독일, 이탈리아, 불가리아, 루마니아, 泰國 등) 및 기타 그들의 代行기관, 국민, 法人, 사회단체 등이 소유하는 모든 재산의 賣買-취득-移轉-수출입-처분 등 일체의 去來行爲 금지

제2조 : 위 財産을 보관-점유-사용하고 있는 자는 軍政廳의 다음 지시사항을 엄수할 것

① 指示에 의해 보유할 것, ② 保存-수호-유지하되, 그 價値와 效用을 파손시키지 말 것, ③ 정확한 記錄文書-帳簿를 만들어 보유할 것, ④ 군정청 지시가 있을 때는 언제나 장부-기록-회계서류 등을 제출할 것, ⑤ 재산-소득-기타 수입에 대한 회계서류를 작성, 보존할 것

제3조 : 財産去來를 허가할 수 있는 조건은 다음과 같음.

① 朝鮮 국민이나 연합국인 또는 그 정부의 대행기관에게 利益이 될 경우, ② 朝鮮 정부의 법적인 대행기관이 충분히 그 필요성을 인정한 경우, ③ 賣渡人은 去來에 앞서 그 재산의 현황을 상세히 서류로 작성하여 조선정부에 제출할 것, ④ 동 서류 제출 후 60日 이내에 朝鮮정부나 그 대행기관에서 禁止命令이 없을 때에는 그 去來는 성립된 것으로 간주함, ⑤ 去來代金은 즉시 朝鮮銀行의 정부계정에 入金하고, 그것은 前 소유자에게 지불하기 위해 일시 보관함, ⑥ 동 자금은 前 소유자의 생활비 명목으로만 引出 가능토록 할 것

제4조 : 1945년 8월 9일 이후에 이루어진 본 법령 규정에 해당하는 모든 거래는 이 날짜로 無效로 처리함.

2) 法令 제4호 : 일본 陸/海軍 財産에 관한 건 (1945. 9. 28일)

제1조 : 日本 陸/海軍 관련 재산에 대해서는 그 賣買-취득-讓渡 등 행위의 일체 금지

제2조 : 당해 재산은 모두 미국의 소유로 되고, 미국의 허가 없이 占有함은 모두 不法이며, 현 재산 占有者는 다음 사항을 성실히 이행할 것

---

1) 美 군정청이 法令을 공포하기 이전인 1945년 9월 7일자로 太平洋美陸軍司令部 맥아더 사령관 명의로 '朝鮮 住民에게 고함'이란 제목으로 3차에 걸친 布告文이 空中 살포되었는데, 그 제1호 布告文 제4조에 '住民의 所有權은 존중되며, 모든 住民은 별도의 명령이 있을 때까지 日常의 職務에 종사하라'는 내용을 담고 있어, 당초 미국 측은 일본(인)의 私有財産에 대해서는 터치하지 않을 것임을 분명이 하고 있다 – 韓國法制硏究會 편, 『美軍政法令集(국문판, 영문판)』, 1971, p. 1 참조.

①관련 내용을 모두 조선정부 앞 보고서로 제출, ② 재산 價値와 效用을 훼손하는 일체의 행위 금지, ③ 朝鮮정부의 命令이 있을 때는 즉각 재산 引渡

3) 法令 제33호 : 朝鮮 내 所在 日本人 財産權 접수의 건 (1945. 12. 6일)

제1조 : 法令 제31호는 官報에 기재하지 않음. 發令하지 않는 것으로 無效 처리함.

제2조 : 1945. 8. 9일 이후 일본정부, 공공기관, 단체, 회사, 개인 등이 所有한 일체의 재산은 1945. 9. 25일부로 美軍政廳이 접수하고 그 所有權을 행사함. 그리고 누구를 막론하고 軍政廳의 허가 없이 이들 재산에 대한 進入-占有-이전-가치 훼손 등의 행위는 不法으로 간주함.

제3조 : 軍政廳이 접수한 재산을 소유-관리-지배하는 보관자-관리자-官吏-은행-신탁회사-개인-단체-組合 등은 아래 사항을 준수할 것.
①군정청의 지시에 따라서만 행동, ② 성실하게 보존-유지-수호하고 재산 가치/效用의 훼손 금지 ③ 정확한 記錄과 會計帳簿의 유지, ④ 군정청의 요구가 있을 때는 언제나 指示-인도-決算-서류 등 제출

4) 法令 제52호 : 新韓株式會社의 설립 (1946. 2. 21일)

제1조 : 조선정부와는 獨立기관으로 「新韓株式會社」를 설립하고 10명으로 구성되는 理事會를 통해 운영하며, 이사회의 결정은 군정장관 또는 그 권한 受任者의 同意를 얻어야 하고, 동 受任者(미군 장교)는 미국 이익과 관계된 모든 정책 결정에서 全權을 행사함.

제2조 : 군정장관 또는 그 受任者가 지명하는 각 道別 1인 내지 그 이상으로 구성되는 顧問會를 설치하고, 理事會는 顧問會와의 상의 하에 업무를 처리함.

제3조 : 會社 資本金은 1억 円으로 하고, 그것은 東洋拓植(주)의 재산을 미군정이 引受하는 형식(전액 出資)으로 하되 會社의 解散은 미군정만이 할 수 있음.

제4조 : 1945. 8. 9일 이후 東拓이 소유한 全 재산 및 同 日字 이후 東拓 소유의 조선 내 法人의 소유 재산 중 日人 소유 재산은 전부 동 회사에 귀속됨.

제5조 : 新韓株式會社는 다음의 권한을 행사함.
①자신의 株券을 額面價를 초과하지 않는 가격으로 취득 소유, ② 資本의 증가 또는 감소, 재산의 소유 내지 처분, ③ 商法 상 인정된 法人의 全 權能 행사, ④ 商法 상 규정에 의한 社債의 발행, ⑤ 배당금의 지불 또는 支拂準備金의 설정, ⑥ 天然資源의 개발, 原料/化學品의 제조, 商工業을 위한 각종 물자, 즉 기계-動力, 운반장치, 선박, 항공기, 전기장치, 織物, 식료품 등

의 제조 및 商去來 등 각종 사업 운영, ⑦ 借地-農事시험소-연구소의 소유
및 운영을 포함하는 각종 土地와 林野의 소유 및 경영, ⑧ 賃借계약, 傭船
(용선)계약 등에 의한 漁船/漁具의 소유 내지 漁業 행위, ⑨ 군정장관 및
受任者의 指令에 의한 회사 권한 내의 사업에 대한 감시/감독

제6~8조 : (생략)

5) 法令 제73호 : 道 財産 管理機構의 설치 (1946. 4. 23일)

제1조 : 道 財産管理所를 북위 38도 선 以南의 조선정부 관할 각 道廳 내에 설치
제2조 : 道 재산관리소의 職能과 職務는 다음과 같음.

⭘ ① 法令 제33호에 의해 군정청에 귀속된 全 재산소유권의 조사 및 취득,
② 동 재산의 運用-경영-이용-保存, 단 중앙정부 또는 그 代行機關의 직접
관리 하에 있는 재산은 제외, ③ 道의 각 局 또는 管財處가 지정한 私設 代
行機關에의 財産 관리권의 이관, ④ 全 귀속재산에 대한 서류, 會計의 유
지, ⑤ 별도 처분하지 않으면 그 財産價値를 유지할 수 없는 재산의 매각,
⑥ 管財處 지시에 따른 재산의 賃貸-占有-사용을 위한 임시조치 권한

제3조 : 종전의 도청 내 각 局/課에 속하였거나 또는 그 代行機關에 속했던 관련
업무 및 재산, 그 담당 직원까지를 모두 道 財産管理所로 이관

6) 法令 제80호 : 新韓株式會社의 定款 개정 (법령 제52호의 개정, 1946. 5. 7일)

제1조 : 韓國經濟 부흥을 目的으로 新韓株式會社를 美 군정청의 한 法人으로 설
립하고, 10명의 理事로 구성되는 理事會에서 운영.
제2조 : 각 道別로 군정장관이 임명하는 1人 또는 그 이상의 顧問(고문)으로 顧
問會를 구성하고 理事會의 자문에 임함.
제3조 : 新韓주식회사의 資本金은 1억 円으로 하고, 전액 東拓 財産의 군정청 이
관을 통해 이루어짐.
제4조 : 1945. 8. 9일 이후 東拓이 소유한 全 재산은 모두 新韓株式會社에 귀속됨.
제5조 : 동 社의 권한 등은 법령 제52호 제5조의 내용을 일부 개정함.
※ 改正 내용 : ① 제5조 (f)항의 商法 규정에 의한 配當金의 지급, 準備金의 설정
項의 삭제, ② 제7조 회사 직원의 不正 내지 기타 부당한 行爲에
대한 처벌 조항의 삭제라는 2가지가 중요함.

제6~8조 : (생략)

7) 法令 제103호 : 財産訴請委員會의 설치 (1946. 8. 31일)

제1조(설치) : 군정청 내에 '財産訴請委員會'(property claims commission) 를 설치함.

제2조(관할, 권한) : ① 법령 제2호, 33호에 의해 귀속된 재산에 대한 소유권 확정, ② 동 재산에 대한 조사-審問-裁決 권한, ③ 군정장관 명의로 最終의 法院 판결과 동일한 效力의 裁決-命令-宣言할 권한, ④ 동 재산 관련 朝鮮裁判所에 계류 중인 사건은 모두 본 위원회로 移送시킬 권한, ⑤ 裁決을 요하는 사건에 대한 仲裁 및 조정, ⑥ 당사지 및 證人의 出頭, 증거 제출 등을 命令 내지 制裁할 권한, ⑦ 법률과 동일한 효력을 갖는 規則의 제정 등

제3조(裁決) : ① 委員會는 증거 및 審理에 관한 現行 手續法의 제한을 받지 않음. 단 필요하다고 인정되는 한도 내에서 그것을 적용할 수 있음. ② 위원회는 공공의 질서에 반하지 않는 한 조선 實證法을 적용하고, 審理와 裁決에 있어 항상 正義와 公平의 원칙을 적용함.

제4조(조직) : 위원회는 7명의 위원으로 구성하고, 그 중 4명은 법률 전문의 고급 公務員으로, 나머지 3명은 司法部長이 추천하는 변호사 중에서 군정장관이 任命

제5조(經費) : 조선 정부(재무부)의 책임으로 함.

8) 法令 제162호 : 일본 敵産管理人 名義 登記 抹消 (1948. 1. 15일)

제1조(目的) : 前 일본 敵産管理人(Japanese Enemy Property Custodian)이 관리하던 不動産에 대한 所有權을 명백히 하며, 그 소유권 登記를 訂定하기 위한 간편한 手續/절차를 규정함.

제2조(敵産관리인의 관리 재산) : 1941년 12월 23일 자로 제정된 일본 법률 제99호(敵産管理法)에 의한 미국인, 聯合國人 등 소유 不動産이 현재 일본 敵産管理人 명의로 登記되어 있는 것은 전부 抹消함.

제3조(登記 변경 신청) : 미국인, 연합국인 등 原 소유자는 일본 敵産관리인 명의로 등기되어 있는 것을 담당 登記官吏에게 사실 확인하고 申請書를 제출하여 부동산등기부에서 이를 말소토록 함.

9) 法令 제173호 : 中央土地行政處의 설치 (1948. 3. 22일)

제1조(目的) : 土地를 소유치 못한 小作 농민에게 前 日人 소유 農地를 매각하여

自家農地 소유자로 만들고 나아가 土地所有를 광범위로 보급하여 조선 농업의 발전에 기여함에 있음.

제2조(設立) : 이를 위해 中央土地行政處를 설치하고 이관된 토지의 분배사업을 담당케 함.

제3조(理事-處長의 임명) : 10명의 理事와 處長/副처장은 군정장관이 임명하고, 理事會에서 심의, 결정된 정책을 處長의 책임 하에 집행함.

제4조(職務와 책임) : ① 이관된 農地 및 기타 재산의 처분 및 관리, 문제점의 건의 등, ② 농업생산, 농가필수품 구입, 土地 改良, 灌漑(관개)시설, 농산물 판매 등을 지원하기 위한 농민/농업기관에 대한 所要 資金 융통, ③ 農地 代金의 원활한 支拂 등을 위한 農事 지도 및 감독 등

제5조(名義 이전) : ① 법령 제33호에 의한 귀속농지는 모두 동 行政處로 명의 이전, 단 교육/연구/실험용 土地는 예외로 함, ② 농지 이관과 관련한 일체의 재산도 동시에 이관함.

제6조(田畓의 분류) : ① 분배원칙은 가능한 적정 경제단위로서 公平하게 이루어져야 하며, 所有 농지와 小作 농지의 합이 2정보를 초과하는 사람은 분배대상에서 제외하고, ② 다음의 優先 順位에 따라 분배하는 바, ⅰ) 현재의 小作人(최우선), ⅱ) 소작인 이외의 농민, 농업노동자, 越南한 사람, 海外 귀환자로서 당해 農地 부근에 거주하며 농사경험이 있는 자(次순위), ③ 上記 우선 분배자(小作人)가 30일 이내에 그 承諾書를 행정처에 제출하지 않을 경우 동 토지를 他人에게 분배함.

제7조(分配農地의 리스트) : 行政處는 매 3개월마다 토지 所在地 居住民에게 분배된 농지별 분배상황을 公知하여야 함.

제8조(次位 우선 분배) : 최우선권자(소작인)에게 분배되지 않는 토지에 대해서는 그 리스트를 작성 公示하고, 次순위 願買者에게 시간을 주어 우선권을 주장할 수 있는 기회를 부여하고, 그 우선권자 選定을 위해 '자문위원회'를 구성, 諮問(자문)을 받도록 해야 함.

제9조(농지가격) : 買入 농민은 그 토지 主産物의 연간 평균 생산량의 3배에 해당하는 수량을 現物로 갚아야 함.

제10조(代金支拂 방법) : 매입 농민은 約定書 내용대로 主産物의 연간 생산량의 20%를 15년간 現物로 상환해야 함. 단 約定 기한 이전의 상환은 가능하며, 상환 不可일 때는 행정처 결정에 따라 연기할 수 있음.

제11조(기타 財産의 분배) : 行政處는 군정장관의 승인을 받아 土地 이외의 재

산에 대한 분배 요령을 작성, 공표해야 함.

제12조(紛爭地 처리) : ① 행정처는 소유권 紛爭地에 대해서는 지방법원에 提訴
케 하고 법원 판결에 따라 처리하되, 아직 매매 이전의 경우는 그 토지를
原 소유자에게 돌려주고, 이미 분배된 경우에는 그 代金을 지불하되 매
매 자체의 原因 無效로 할 수는 없으며, ② 행정처는 紛爭地에 대해서는
매매를 自制하되 그러나 이미 매매된 경우는 無效로 할 수 없음.

제13조(처분행위의 금지) : ① 매입 농민은 代金 完拂 시점과 매입 후 10년 경과
하는 두 가지 時限 중 더 긴 쪽을 기준으로 그 이전에는 토지를 처분하지
못함. 이 경우 처분행위의 범주는, ⅰ) 自由 賣買, ⅱ) 小作계약, 賃貸借계
약, ⅲ) 抵當權/地上權 설정 등, ② 불가피한 사정으로 ⅰ) 토지교환, 耕地
整理, 합병, 地目 변경, ⅱ) 질병, 入學, 公務 취업 등으로 耕作權을 他人
에게 委託하는 경우에는 行政處의 사전 승인을 요함.

제14조(所有權 이전의 특별 규정) : ① 제13조 ①항의 규정에 의한 토지 買受人
이 사망한 경우, 그 相續人이나 遺贈者(유증자)는 자신이 경작하는 조건
으로 그 토지를 인수 할 수 있으며, ② 買入者나 승계인이 토지를 경작할
수 없거나 不願하는 경우에는 그 토지는 행정처에서 回收하고, 소유자에
게는 적당히 報償하거나 또는 그 자손에게 권리를 이관할 수 있음.

제15조(差押의 금지) : 제13조에 의거 토지처분행위 금지기간 중에는 여하한 債
權者도 동 農地를 差押(차압)할 수 없음.

제16조(抵當權/回收權의 취소) : ① 買入者가 代金 지불 또는 기타 의무를 이행
치 않거나 稅金/水利組合費 등을 체납할 때는 행정처는 저당권/회수권
을 취소하는 등의 조치를 취할 수 있고, ② 滯納된 세금/水利組合費를 代
納하고 그것을 토지대금에 算入할 수 있으나, 단 그것이 不可抗力에 의
한 것이면 취소할 수 없으며, ③ 행정처가 저당권/회수권을 취소할 때는
旣 상환된 代金에 대해서는 75/100을 반환해야 하며, 이 때 모든 경비는
控除할 수 있으며, ④ 不良한 농사법이나 本人 怠慢(태만) 등으로 인한
收穫 감소도 控除 대상으로 삼을 수 있으나, 반대로 매입자의 특별한 토
지개량에 대해서는 그 비용을 평가하여 보상함.

제17조(土地 再賣) : 어떠한 이유로든 일단 반환된 土地에 대해서는 행정처는
그것을 再賣토록 함.

제18조(비용의 淸算) : 수리조합비 滯納(체납)을 제외한 기타 債務나 비용은 부
과치 않으며, 행정처 이외에는 누구도 수리조합비 滯納으로 인한 저당

권/회수권을 행사할 수 없음.

제19조(賣買 登記) : ① 행정청에서 분매된 토지는 강제로 登記되고, 동 登記 자체가 제13조 규정의 證明으로 되며, ② 등기관리는 現物債務인 경우에도 행정처로 抵當權을 등기할 수 있음.

제20조(등기비용 및 수속) : ① 저당권 설정에 따른 所有權 移轉稅 등 면제, ② 登記官吏는 지체 없이 등기해야 하고, ③ 朝鮮不動産登記令의 적용을 排除하는 조치를 취함.

제21~24조 : (생략)

10) 法令 제174호 : 新韓株式會社의 解散 (1948. 3. 22일)

제1조 : 本 令의 목적은 新韓株式會社의 解散과 淸算을 규정함에 있음.

제2조 : 법령 제80호 및 법령 제52호에 의하여 創立된 新韓(주)를 해산하며, 管財處를 그를 위한 淸算人으로 지정함.

제3조 : 新韓(株)에서 管財處로 넘어가는 재산은 다음과 같음. 法令 제173호 규정에 의거한 中央土地行政處로 이관된 재산 이외의 모든 재산, 財産 관리에 따른 모든 記錄, 회사의 모든 재산 등

11) 法令 제185호 : 歸屬法人에 관한 會社再組織手續 간소화 조치 (1948. 4. 24일)

제1조(목적) : 法令 제33호에 의하여 株式 기타 利權이 美 군정청에 귀속된 法人의 조직에 관한 手續을 간소화함을 목적으로 함.

제2조(귀속주식의 이전) : ① 군정청 財産管理官이 법령 제33호에 의하여 군정청에 귀속된 것임을 인증한 株式의 所有者에 대한 姓名 및 所有權을 표시하고 서명한 증명서를 교부받은 法人은 즉시 당해 법인의 株主臺帳 상의 귀속주식 前 소유자 名義의 등록을 抹消하고 당해 귀속주식의 명의를 군정청으로 바꾼 다음, 군정청 재산관리관이 군정청에 귀속된 것임을 인증한 주식 전부에 대하여 군정청 명의로 1945년 8월 9일자로 新株券을 발행 받게 되지만, 그것은 바로 동 재산관리관에게 인도해야 함. ② 株式移轉에 대한 다른 法規 상의 制限 규정은 이 귀속주식에 대하여는 적용치 않음.

제3조(증명서 추가 발행) : 재산관리관이 귀속주식에 대한 所有者의 성명 등을 認證한 증명서를 교부한 후에 나중에 그 내용을 추가 또는 수정한 것을 다시 교부할 수 있음.

제4조(일본인 이외의 所有權 명의에 관한 訴請) : ① 일본인 이외의 自然人 또는 法人이 군정청에 귀속된 것으로 선언한 주식 소유권에 대하여 訴請코자 하는 경우에는 法令 제83호에 의해 설치된 財産訴請委員會에 서류를 제출해야 함. ② 동 訴請은 늦어도 本令 공포 6개월 이내 또는 당해 주식이 군정청 명의로 바뀐 3개월 이내에 이루어져야 함.

제5조(理事 및 監事) : 당해 法人의 이사 및 감사로 지명되는 자가 회사의 株主일 필요는 없으며 또 당해 회사의 주식을 供託할 필요가 없음.

제6조(法人 조직체로서의 존속) : 법령 제33호에 의해 주식 전부가 군정청에 귀속된 주식회사는 법인조직에 관한 여타의 법령의 有無에 관계없이 별개의 법인으로 존속할 수 있음.

제7~8조 : (생략)

12) 法令 제191호 : 法令 제33호의 해석 (1948. 5. 12일)

제1조 : 法令 제33호 「조선 내 所在 일본인 財産權 取得에 관한 건」(1945. 12. 6 일자)에 대한 해석을 명백히 하는데 목적이 있음.

제2조 : 이미 군정청에 귀속된 재산은 前 所有者가 本 法令 시행 이후에 日本國籍을 포기하고 소급하여 朝鮮國籍을 회복한 경우에도 이는 계속 歸屬財産으로 간주함.

13) 法令 제209호 : 法令 제173호 제12조의 改正 (1948. 7. 3일)

제1조(목적) : 법령 제173호 제12조의 개정을 목적으로 함.

제2조(改正 내용) : 분배 대상의 歸屬農地에 대한 紛爭이 있을 때는 그 提訴기한을 1948년 8월 31일로 한다는 내용과 관련한 사항임.

① 일본인이 아닌 自然人 또는 法人은 行政處를 상대로 1948년 8월 31일 이내로 하고, 다음 요령으로 訴訟을 제기할 수 있음.

　ⅰ) 土地 부속물(건물, 대지, 기타 농업용 건축물)에 대해서도 소송 가능

　ⅱ) 行政處는 管財處를 대신하여 소송 당사자가 됨.

　ⅲ) 부동산이 이미 처분된 경우에는 法院 판결로 그것을 無效化할 수 없음.

② 訴請委員會에 이미 제소한 사건은 다시 土地行政處를 상대로 한 提訴는 不可하며 訴請委는 해당 사건을 관할 法院에 送致해야 하고, 이때 被告는 行政處가 됨.

③ 제4~10항 : (생략)

14) 法令 제210호 : 일본정부에 의해 敵産으로 凍結된 財産의 解除 (1948. 7. 12일)

제1조(목적) : 「法令 제162호」를 보완하고, 일본정부에 의해 敵産(Japanese Enemy Property)으로 동결, 처리된 財産의 解除수속을 간편하게 함에 있음.

제2조(財産의 解除) : 下記 재산에 대해서는 법령 제33호 적용을 해제하여 前 조선총독부, 그 기관 및 敵産管理人에 의해 凍結 내지 관리 당시의 所有者, 상속인, 法定 代理人에게 반환함.

① 1941년 12월 7일 당시 동결된 미국인, 연합국인 재산, 1942년 5월 22일 制令제774호에 의해 敵性으로 인정된 財團 또는 法人로서 그 후 매각되어 1945년 8월 9일 당시 일본인, 총독부, 기타 정부기관 소유로 된 재산

② 上記 재산 가운데 관련 공무원의 요구 내지 명령에 의하여 그 代理人 내지 대표자가 매각, 처분하여 1945년 8월 9일 당시 총독부, 기타 정부기관이 소유하고 있던 재산

제3조(財産의 반환) : ① 조선총독부, 敵産관리인, 기타 정부기관에 의한 동결 내지 관리할 당시 소유자 또는 승계자, 法定 代理人에게 반환, ② 1945년 8월 9일 당시 일본인 재산 성격을 띠지 않은 위 제2조 상의 두 가지 재산에 반환

제4조(權利 이전수속) : 미국인, 연합국인 및 그들의 法人, 조선법인으로서 제2조에 규정한 재산의 관리권을 상실한 자는 本令에 의하여 登記 抹消를 신청할 수 있음.

제5조(現金의 처리) : 재산처리과정에서 발생한 現金 및 기타 財物의 처리는,

① 소유주가 일본인인 경우에는 現金 및 기타 財物은 管財處에 이관하고,

② 소유자가 총독부, 기타 官廳인 경우에는 조선정부(재무부)로 이관토록 함.

제6조(사건의 終結) : 제5조의 財産移管이 완료되는 것으로 財産訴請委員會의 임무는 종결됨.

15) 法令 제215호 : 法令 제173호 제12조의 개정 (1948. 8. 10일)

제1조(목적) : 法令 제173호 개정을 통해 法令 제209호 폐지를 목적으로 함.

제2조(개정 내용) : ① 법령 제173호 제12조에 의거, 紛爭 있는 토지 및 그 부속 垈地·건물·농업용 구조물에 대한 所有權 歸屬 訴訟은 1948년 8월 31일까지 行政處를 상대로 관할지방법원에 제기할 수 있음. 이유 있는 경우에는 法院은 原告에게 소유권을 인정하되, 아직 未처분된 경우는 소유권을, 이

미 처분된 경우는 소유권 대신 金錢으로 報償해야 함. 그러나 法院은 旣 처분 자체를 無效로 하는 판결은 하지 못함.

② 1948년 8월 31일을 경과한 이후에는 提訴는 불가함. 또 本令에 의해 제소할 수 있는 사건은 차후에 財産訴請委員會에 제소할 수 없음.

③ 기 처분한 부동산에 대한 금전적 報償額은 買受人이 매수 당시 지불키로한 現物量을 당시 정부 공정가격으로 換算한 금액을 기준으로 함. 이 때 제반 관리비용을 控除함. 原告 敗訴의 경우에는 金 2,500圓 한도로 소송비용을 부담케 조치함.

④ 訴請위원회는 本令 시행 이전에 접수된 사건에 대해서는 신속히 관할법원에 送致해야 하고 이 때 피고는 행정처가 됨. 이 경우는 1948년 8월 31일 時限을 적용받지 않음.

⑤ 동일 사건에 대해 原告는 이전에 소청한 사실이 없음을 증명해야 함.

⑥~⑪항 : (생략)

제3조(法令 제173호 제16조의 개정) : 동 법령 제16조에 의한 토지 賣買를 취소할 수 있다는 조항, 즉 토지 買受者가 행정처에 대한 債務, 租稅, 水利組合費 등을 지불치 않을 경우, 또는 매수인이 移轉登記를 이행하지 않을 때는 행정처는 법원에 동 사실을 申立하고 법원의 판결에 따라 행정처 명의로 소유권 이전 登記를 해야 함. 매매계약을 취소할 경우에는 行政處는 취소 당시 價額의 75% 이내에서 제반 비용을 공제한 나머지 금액을 買受人에게 지불해야 함.

제4조(법령 제173호 제17조의 개정) : 제16조에 의해 행정처로 回收된 토지에 대해 행정처는 再賣却을 시도함.

제5조(법령 제173호 제18조의 개정) : 行政處가 기 매각한 토지에 대하여 사후에 納期日이 도래한 灌漑(관개)비용 등에 따른 擔保權 행사는 불가하다는 것.

나. 行政命令/管財令

1) 行政命令 제6호 : 法令 제33호에 의한 歸屬財産 管理에 따른
取調-拘束-起訴 (1947. 10. 6일)

〈序〉法令 제33호에 의한 귀속재산 관리문제와 관련하여, 管理人 또는 그 補助人에 대한 당국의 取調-拘束-起訴 등 조치로 말미암아 기업 운영에 支障을 초래할 것에 대비하여 지장을 받지 않고 기업운영을 계속할 수 있게 하여 국민경제적으로도 도움이 되고 또 감독하는 기관으로서도 그러한 취조-拘束-기소 사실을 事前에 알고 거기에 미리 對處함이 필요하다고 보아 下記 사항을 지시함.

제1항 : 過渡政府의 경찰/검찰 및 기타 法律 집행기관은 사업운영과 관련한 장부/서류 등을 取調함에는 감독기관에 사전 통고하고, 통고한 이후에는 감독기관의 의사에 관계 없이 帳簿, 文書 등을 押收, 취조할 수 있음.

제2항 : 경찰/검찰 기타 법률 집행기관은 귀속사업체에 종사하는 관리인, 보조자를 구속, 起訴할 경우는 이를 직접 감독기관에 사전 통고하여야 함. 통고를 받은 3일 이후에는 異議 有無에 불구하고 구속, 기소할 수 있음.

제3항 : 前項의 통고를 받은 감독기관은 당해 市/道 재산관리관을 통해 이를 書面으로 美 군정청 재산관리관에게 통지하여야 함.

2) 管財令 제1호 : 法令 제2호의 해석 ; 기간의 연장 등 (1945. 11. 14일)

제1항 : 法令 제2호 제3조 (다)항, (라)항에 규정된 60일 期限에 대한 해석 및 기한 연장에 관한 내용임.

제2항 : 法令 제2호에 규정된 범위 내의 移轉登記, 一般禁止 사항 등에 관한 내용임.

3) 管財令 제2호 : 歸屬財産의 보고, 운영-占有-사용 등 (1945. 12. 14일)

제1항(財産의 보고) : 法令 제33호에 의해 미군정에 접수된 재산에 대해, 현실로 동 재산을 占有 내지 관리하는 자는 1945년 12월 31일까지 다음 사항을 상세히 적은 보고서(3통)을 작성, 관할 지방 재산관리관에게 제출하여야 함. ① 보고서 제출자의 성명-주소-國籍, 보고 財産과의 관계, 前 소유자의 성명-주소, ② 보고 재산이 不動産인 경우 : 위치-면적-부속 건물 내용-用途-賃借일 경우 그 내용, 곧 1945. 8. 9일 현재의 價格 및 登記 내용 등, ③ 보고 재산이 有形 動産인 개인재산의 경우 : 재산 種別 리스트, 재산의 실질 가치-위치-평가액 등, ④ 보고 재산이 無體 動産인 개인재산의 경우 : 재산 種別로 그 위치와 가치 등을 포함하는 상세한 기술, ⑤ 1945년 8월 9일 이후 재산 관련 收入/支出 내역

제2항(財産의 운영-占有-사용) : 모든 공업, 금융, 상업, 농업, 住宅, 기타 재산 또는 기업은 군정청 재산관리관이 지방 관리관 또는 군정청 내 局/課 기관을 통해 승인한 協定 및 手續에 따라서만 운영-占有-사용할 수 있음.

4) 管財令 제3호 : (1945. 12. 19일)

제1항 : 駐韓 美軍 및 그 韓國 대행기관에 징발된 農耕地에 대해서는 당해 部隊 長 및 代行기관장의 관리, 통제 하에 두고, 동 재산의 會計/保存/이용 등 의 문제에 대해 美軍政 財産管理官에게 책임지도록 하는 조치

제2항 : 과거 일본인(自然人 및 法人) 및 일본정부 소유였던 農耕地 가운데 법령 제33호에 의거 미군정으로 귀속된 재산에 대해서는 新韓公社의 관리 하 에 두고, 동 재산의 보존/이용/회계 등 문제에 대해 財産管理官이 책임 지도록 하는 조치

5) 管財令 제4호 : (1946. 3. 8일)

제1항 : 朝鮮 주둔 美 육군부대는 군정청이 현재 접수하고 있는 林野를 계속 관 리토록 하되, 재산관리관에 대하여 당해 林野의 會計-保存-이용에 관한 책임을 짐.

제2항 : 農務局(山林課)은 구 일본인(法人, 自然人), 일본정부 및 그 산하 기관의 소유 林野로서 법령 제33호에 의거, 1945년 9월 25일부로 군정청에 귀속 된 것을 관리하고, 동 農務局을 林野의 보존-이용-會計에 관한 재산관리 관의 책임 있는 代理機關으로 지정함.

6) 管財令 제5호 : 歸屬사업체의 報告 (1946. 7. 21일)

제1항(目的) : 美軍政에 그 재산이 귀속된 각종 公社, 회사, 상점, 組合 등은 누구 나 총수입/총지출에 力點을 둔 會計보고서를 작성(英文으로)하여 제출케 하는 데 있음.

제2항(보고서 종류) : ① 每 3개월(分期別) 보고서 : 매 분기별 손익계산서 및 대 차대조표를 3/6/9/12월 말 기준으로 작성하여 중앙재산관리처 및 각 市/道 재산관리인에게 보고할 것, ② 月別 손익계산서 : 매월 말 기준 손익계산서 를 작성하여 翌月 20일 이전에 해당 재산관리처 또는 관리인에게 제출할 것.

제3항(손익계산서/대차대조표 작성 요령에 대한 각 항목별 해설) : (생략)

제4항(赤字 경영 등 운영 危機에 처한 企業의 보고) : 道 재산관리인 및 기타 代 理人은 2개월 이상의 赤字이거나 기타 經營難에 처한 기업에 대한 危機 事由書를 상세히 작성, 중앙재산관리처에 제출해야 함. 재산관리처는 당 해 기업의 존속/해체 등 처리에 대한 의견서를 첨부하여 國民經濟委員會 (National Economic Board)를 거쳐 군정장관에게 제출해야 함.

제5항(보고서 제출 의무 일자) : (생략)

7) 管財令 제6호 : 漁船 및 기타 船舶의 관리 (1946. 7. 21일)

제1항(목적) : 법령 제33호에 의거하여 군정청에 귀속된 船舶의 이용·보존·기타 責務에 대한 조선정부 代行기관의 책임을 확실히 하는데 있음.

제2항(선박의 보고) : ① 동 선박을 占有 내지 관리하고 있는 자는 다음 사항을 기재한 보고서(3통)를 작성하여 漁船인 경우는 水産局, 기타 선박인 경우는 海運局에 각각 제출해야 하고, 동 수산국/해운국은 그 중 2통을 각 道別로 管財處에 제출할 것. 보고서 기재사항으로는 船舶의 종류·船名·선박의 諸元·時價·수입/지출상황·관리인/소유자의 人的 사항 등임.

제3항(선박의 처리) : 管財處(道 관재과)는 동 보고사항을 접하고, 군정장관의 지시에 따라 법률요건에 부합하는 적당한 조치를 취해야 함. 漁船은 朝鮮漁業組合(Korean Fisheries Corporation)에 이관하여 보관/운영케 하고, 기타 선박은 交通部海運局에 이관하여 역시 보관/운영케 함.

제4항(罰則) : 이상의 處置를 위반하거나 또는 기타 규정을 위반하는 경우에는 적의 처벌함.

제5~6항(시행기일 등) : (생략)

8) 管財令 제7호 : 管財 書式 및 報告書 (1946. 12. 26일)

제1항(官製 書式의 告示) : 書式 제15~21호(7가지) 告示

제2항(제15호=動産調書) : 작성 요령 (생략)

제3항(제16호=부동산 수선보고서) : 〃(생략)

제4~8항(17호~21호 書式) 등 : 〃 (생략)

9) 管財令 제8호 : 각종 귀속사업체의 운영 (1946. 12. 31일)

제1항(목적 및 범위) : ① 귀속사업체 운영과 관련하여 軍政廳 소속 行政官 및 그 대행기관의 책임을 규정하는데 목적이 있음. ② 財産管理官은 각종 귀속사업체에 대한 관리/감독권을 군정청 각 部/處 또는 대행기관의 顧問官에게 이관함. ③ 재산 관리관이 임명한 소속 고문관은 당해 사업체의 관리인의 임명, 原料 조달, 생산물의 처분, 資産 및 財政 상의 모든 책임을 짐.

제2항(財政 상의 책임) : ① 기존 군정청 각 부/처 책임하의 귀속재산 관리/감독권을 당해 고문관에게 그 책임을 이관함. ② 재산의 유지·보존·보호·安全·

처리 등에 대한 책임은 여하한 경우에도 고문관에게 있음.

제3항(文書 및 會計) : ① 사업장이 1道 內에만 있는 경우는 보고서 5통을 작성, 소속 고문관에게 제출. ② 그것이 2道 이상에 걸친 경우는 회계서류를 2통 작성하여 소속 고문관에게 제출. ③ 대차대조표/損益表/固定資産구입신 청서 등 管財令 제7호 규정의 書式에 준거함.

제4항(資本的 支出) : ① 固定資産 투자가 불가피할 경우에는 재산관리관의 승 인을 요하며, ② 사업장이 1道 내 있는 경우 보고서 5통을 작성, 道 재산관 리관에게 제출. ③ 자본적 지출의 개념은 고정자산의 취득/수선/보존 등 을 위한 現金 지출을 의미함.

제5~9항 : (생략)

10) 管財令 제9호 : 管財令 제8호의 개정 (1947. 3. 31일)

管財令 「제8호」 상의 각 항에 나오는 소관 顧問官을 소관 長官으로 명칭 변경에 따른 내용 … 이는 1947년 南朝鮮過渡立法議院 및 南朝鮮過渡政府 의 성립과 더불어 귀속사업체 운영 최고책임자의 呼稱 변경에 따른 것임. 호칭 변경 외에는 별다른 변경사항 없음.

11) 管財令 제10호 : 財産管理官이 株式 기타 利權을 소유한 朝鮮 내에서 설립된 法人의 운영 (1947. 12. 6일)

제1항(목적 및 범위) : ① 1947년 9월 17일자 군정장관의 지시, 「조선 내에서 창립된 法人 관리에 관한 건」의 취지를 준수하고, ② 法令 제33호에 의해 군정청에 귀속된 법인에 적용하며, ③ 재산관리관은 정당한 절차로 선임 된 理事會에 당해 法人의 管理權을 위촉하는데 있음.

제2항(責任과 會計) : ① 管財令 제9호에 의거 남조선과도정부 각 부/처에 위촉 된 歸屬株式 기타 利權에 대한 會計 상의 책임을 각 부/처 장관이 지게 하 고, ② 당해 長官의 권한 행사는 고문관의 同意를 얻어야 함.

제3항(權限의 이양) : 법인 관리권을 이사회에 이관하기 전에 다음 수속을 취하 여야 함. 즉 ① 法人 실태에 대한 예비 조사, ② 주주총회의 개최, ③ 理事 會의 구성과 理事의 자격 부여, ④ 관리권의 移管은 재산관리관이 書面으 로 이사회에 보고함.

제4항(記錄 및 報告) : ① 법인의 관리를 위촉받은 理事會는 다음 두 가지 사항 의 기록문서를 작성, 보존 책임을 짐. 첫째 現行 조선 법령, 당해 법인의 준

거 법령이 요구되는 기록, 회계문서 등, 둘째 재산관리관이 특별히 요구하는 기록, 보고서 등임. ② 理事會는 재산관리관의 指示/指令에 따른 각종 보고서를 제출할 의무가 있고, ③ 재산관리관은 法人에 대한 監察, 會計監查 등의 권한을 가짐.

제5항(특수 관리) : 理事會는 재산관리관의 事前 承認 없이는 다음 사항을 실행할 수 없음. ① 固定資産의 구입/유지에 대한 비용 지출, ② 운영 중지 또는 운영방식 변경, ③ 배당금, 賞與金, 기타 이익금의 배당/지출 행위, ④ 여하한 선물/기부금 지출행위, 업무 외의 貸出행위, ⑤ 接待費 지출 및 허가 행위, ⑥ 고정자산의 취득 및 처분행위, ⑦ 기업의 합병, 解散 및 조직 변경, ⑧ 理事/監事 기타 관리인의 俸給 및 手當의 지급 등

12) 管財令 제11호 : 管財令 제4호의 개정 (1948. 5. 4일)

제1항 : 駐韓 美軍 및 軍政 기관에 의해 징발된 林野의 관리권은 계속 이들 기관에 있고, 이들 기관이 동 林野에 대한 會計, 保存, 이용에 대한 적절한 책임을 짐.

제2항 : 法令 제33호에 의해 미군정에 귀속된 林野 가운데 軍부대 등에 의해 징발되지 않은 林野에 대한 회계, 보존, 이용 책임은 그 代行기관으로서의 農務部長에게 있음.

제3항 : 林野의 보존/보호를 위한 所要資金은 농무부장이 歸屬林野에서 나오는 수입(임대료 등)에서 고문관의 동의를 얻어 지출함.

제4항 : 농무부장은 3개월 회계기간의 수입/지출보고서를 별도로 작성하여 재산관리관에게 제출해야 함. 또한 營林-목재 판매-火災-害蟲(해충) 발생-도난 등에 대한 특별 처리에 대해서도 보고서를 제출해야 함.

제5항 : 歸屬林野의 收入金은 上記 제3항 이외의 목적에는 사용할 수 없음.

다. 軍政長官 指令/書翰

1) 軍政長官 指令(1) : 法令 제33호에 의한 日人財産 취득에 따른
法人債務의 支給 (1946. 4. 27일)

〈受信〉: 각 部/處長, 道 軍政長官 귀하

제1항 : 북위 38도선 이남에 所在하는 지방법원에 등기된 法人 가운데, ① 軍政廳이 그 법인의 株式 내지 기타 소유권의 전부 또는 대부분을 취득한 法人은 '취득된 회사'(acquired company)로, ② 株式 또는 기타 소유권의

일부를 소유하는 법인은 '접수된 회사'(received company)로, ③ 일본 내에 登記된 법인으로 군정청이 취득하여 경영하고 있는 財産은 '취득된 일본인 法人財産'(acquired Japanese corporate property)로 칭하고, 이 3가지 회사/재산은 취득 당시 그가 보유한 債務/債權도 함께 취득함.

제2항 : 별도의 규정이 없는 이상, 이들 회사/재산의 未收 債權은 회수되고 또 각기 지불능력에 비추어 38도선 以南 居住者에 대한 債務는 지불토록 함.

제3항 : 군정장관 또는 그 정당한 代理人으로부터 임명된 官吏가 이들 3가지 회사/재산이 가지고 있는 債務의 지불이 모든 채권자에게 공평하게 돌아가기 어렵다고 판단할 때에는 그 立證 資料를 첨부한 說明書를 재산관리관에게 제출해야 함.

제4항 : 재산관리관이 동 說明書 내용을 認定할 때에는 1945년 9월 25일 이후의 채무나 物品代金 및 賃金만을 지불할 수 있음.

제5항 : 법령 제33호 관련 法人의 취득효력에 대하여, 일반인이 소유한 주식 및 기타 소유권은 군정청이 취득하였으나 이와 같은 법인의 負債를 상환할 資産에 대한 권리는 여전히 法人의 소유라는 것이 法制處長의 有權 해석이므로, 本令도 여기에 따름.

제6~7항 : (생략)

2) 軍政長官 指令(2) : 法令 제33호에 의거 美軍政에 귀속된 소규모 企業體의 처분 (1947. 3. 24일)

〈受信〉: 財産管理處長 귀하

제1항 : 美軍政에 귀속된 재산(사업체)의 운영 책임을 韓國人에게 넘기는 것이 좋다고 판단하고 이를 위해 가급적 빨리 한국인에게 넘기기로 결정함.

제2항 : 재산관리처장은 동 재산의 불하를 위한 기본 계획 수립, 기구/조직 成案, 日程 편성 등을 조속히 추진토록 지시함.

제3항 : 재산의 帳簿價格은 현재의 市價 내지 拂下價格과는 아무런 상관이 없음을 利害 당사자에게 周知시킬 것이며, 1945년 6월 현재 가격을 기준으로 불하가격을 책정하고, 이를 구하기 어려울 때는 앞/뒤 유사한 시점의 가격을 準用토록 함.

제4항 : 원칙적으로 公開/入札 競賣방식을 채택하되, 그러나 2차 이상에 걸쳐 落札되지 않거나 또는 적절하다고 판단될 때에는 현 재산 보유/운영하고 있는 자와 직접 교섭에 의해 불하할 수 있음. 이 경우 2인 이상의 評

價士(당해 재산과 전혀 무관한)에 의한 공정한 勘定價의 평균값으로 入
札價格을 정함.

제5항 : 필요하다면 落札者에 대해 長期/低利의 融資를 알선할 수 있음.

제6항 : 願買者가 동 재산을 능률적으로 운영/사용할 능력의 소유자인가를 판
단해야 함.

제7항 : 특별한 例外는 인정하지만, 1인 1건의 재산 買收를 원칙으로 함.

제8항 : 사업체 매각의 경우, 군정청이 그 소유권을 이관하지만, 최종적인 所有
權의 移轉은 앞으로 수립되는 한국정부에 의해 이루어짐.

제9항 : 특별히 例外는 인정되지만, 매입자는 향후 2년 이내에는 轉賣할 수 없음.

제10항 : 이상의 제 규정에 의거하여 다음 조건에 해당하는 사업체는 拂下토록 함.
① 장부가격 10만 圓 미만의 모든 사업체, 단 재산관리관이 拂下하면 운
영이 곤란할 것으로 판단하는 경우는 제외됨, ② 장부가격 10만~100만
圓 미만 사업체, 단 재산관리관이 유능한 管理人을 만나면 運營이 개성될
것으로 확신하는 경우는 불하함,③ 장부가격 100만 圓 초과 경우에도 다
음 3가지 조건 중 어느 하나에 부합되면 불하함. 즉,

ⅰ) 사업체가 국내 대기업과 직접 연계되어 있거나 또는 주요 일부분이 아
니어야 한다는 조건인 경우

ⅱ) 재산관리관이 불하 조치가 국민경제적으로 크게 기여할 수 있음을 인
정하는 경우

ⅲ) 군정장관의 특별한 지시가 있는 경우

3) 軍政長官 指令(3) : (구)日本人 소유의 都市住宅의 拂下 (1947. 5. 25일)

〈受信〉: 財産管理處長 귀하

제1항 : 法令 제33호에 의거 美 군정청에 귀속된 (구)日人 소유 都市住宅의 拂下
에 대한 기본 계획 수립을 지시함.

제2항 : 계획 수립에 있어서는 가급적 다음 사항의 준수를 요망함.
① 無주택자에게 영구히 자기 住宅을 소유할 수 있도록 최대한 배려,
② 적당하다고 판단되는 市中價格으로 매각 요망,③ 現金決濟 방식을 원
칙으로 하여 방만하게 풀린 市中의 過剩流動性을 흡수함으로써 인플레
억제에 도움이 되게 하되, 특별히 불가피한 경우는 外上去來 허용,④ 주
택에 거주하지 않는 자에게 주택 所有權이 이 불하 당시에 집중되는 일이
없도록 특별 유의할 것

제3항 : 都市 지역 住宅은 전부 불하하는 것을 원칙으로 삼되, 단 정부가 필요로 하는 주택에 대해서는 예외로 취급함.

제4항 : 1家口(家族) 1住宅 불하를 원칙으로 하되, 家族이란 一家에 同居하는 血族, 親族 등을 가리킴.

제5항 : 不法/부당한 속임수 買入행위 등을 방지하기 위한 事前 감시/감독을 강화하고, 잘못된 去來나 轉賣 등이 들어날 때는 곧장 계약을 無效로 하고 還收 조치할 것

제6항 : 拂下 이전에 미리 일정한 기준에 따라 모든 住宅에 대한 市價 鑑定(감정)을 실시할 것

제7항 : 현 市價 기준으로 최고 入札者에게 落札하는 것을 원칙으로 함. 단 2차에 걸쳐 願買者가 없거나 특수한 성격의 경우에는 직접 교섭에 의한 任意拂下도 허용할 것

제8항 : 계약서에는 본 불하 조치는 미군정 하에서만 법적 효력을 가지며, 최종적인 所有權 移轉은 향후 한국정부에 의해 이루어진다는 조항을 반드시 넣을 것

제9항 : 재산관리관은 소규모 사업체 불하 및 도시 주택 불하사업이 보다 많은 조선 사람들에게 공평하게 이익이 돌아갈 수 있도록 하기 위해 朝鮮人 諮問委員會를 설치, 운영토록 함. 이 경우 소규모 사업체 불하를 위해서는 財産評價審査委員會를, 도시 住宅 불하를 위해서는 자격심사자문위원회를 각각 설치 운영할 것, 단 諮問委員은 委員 상호간 내지 願買者와 가까운 血緣관계가 아니어야 하고, 전문 지식과 경험이 풍부하며, 公平無私한 人品의 소유자로 嚴選할 것

제10항 : 소규모 사업체의 불하를 희망하는 願買者의 자격조건은 다음과 같음.
① 조선 국민일 것, ② 附日협력자로서 有罪 判決을 받은 사실이 없을 것, ③ 과거 5년 이내에 政治犯 이외의 禁錮(금고) 이상의 前科가 없을 것, ④ 과거 귀속재산에 대한 破損-詐取-經理 不正-記錄 僞造 등의 사실이 없을 것, ⑤ 과거 5년간 歸財 관리인으로서 관리능력 부족이란 평가를 받지 않았을 것, ⑥ 1945년 8월 9일 이후 願買者 또는 家族 중 누구든 다른 歸財를 매수한 前歷이 없을 것

※ 歸屬住宅 買受人의 資格 條件

제1항 : 前記 소규모 귀속사업체 拂下 경우의 買受人 자격조건(제10항 ①항~⑥

항까지의 조건을 대부분 그대로 유지하고, 그밖에 1945년 8월 9일 이후 世帶를 분할한 사실이 없어야 하는 조건을 추가할 것.

제2항 : 拂下代金의 납부와 관련해서는 불하대금의 최소 20%는 一時拂로 하고 殘額에 대해서는 年 5%~7%의 利子率을 적용하되 계약기간은 최고 10년으로 하며, 買收人의 사정에 따라서는 중간 一時拂도 가능토록 할 것.

제3항 : 불하된 住宅의 소유권은 계약과 동시에 買受人에게 이전되지만, 登記權利證은 재산관리관이 계약체결일로부터 2년간 또는 代金完納日 중 長期인 시일까지 일시적으로 이를 보관함.

제4항 : 재산 買受人이 下記 조건에 저촉되는 행위를 할 경우에는 買受 재산에 대한 소유권을 상실하게 되며 동 재산은 沒收됨.
① 매수자격에 대한 陳述書에 虛僞 사실을 기재한 행위, ② 家族 중 이미 주택을 이미 매입한 경력이 있고, 他人 명의로 주택을 매입한 행위, ③ 二重 買受한 행위, ④ 事前 승인 없이 2년 기한 내에 買受한 주택을 轉賣한 행위

제5항 : 이상의 罰則을 엄격히 적용하는 동시에 다음과 같은 행위를 철저히 적발하여 조처해야 함. ① 부정한 占有-관리-이용 등의 적발, ② 모리배 등 부정한 取利행위의 적발, ③ 선량한 願買者를 보호하고 재산관리/불하를 둘러싼 질서 확립, ④ 한국인 모두에게 골고루 혜택이 돌아가게 할 것

4) 軍政長官 書翰(1) : 朝鮮法院의 歸屬法人에 대한 訴訟 관할권 (1948. 7. 16일)

〈受信〉 : 管財處/司法部長 및 大法院長 귀하

제1항(목적) : 株式의 전부 또는 일부가 군정청에 귀속된 法人에 대한 訴訟 관할 문제를 확실히 규정함에 있음.

제2항(허용 가능한 訴訟) : 법령 제33호에 의거 주식의 전부 또는 일부가 美 군정청에 귀속된 法人에 대하여 1945년 9월 25일 이후에 이루어진 동 법인 관련의 사건에 대한 소송은 朝鮮法院에 제기할 수 있음. 단 이 이하에 규정하는 요구와 조건이 訴訟에서 적용되어야 함.

제3항(原告 측이 제출해야 할 通知書) : 소송 제기 후 5일 이내에 다음 사항을 기재한 소송 통지서를 道 管財處에 제출해야 함. ① 原告의 성명/주소, ② 被告 법인의 이름/所在地, ③ 재판 疏明 및 소송 일자, ④ 간략한 소송 내역 및 그 原因 발생일, ⑤ 변호사(있을 경우)의 성명/주소, ⑥ 재산에 관한 권리가 소송에 포함되어 있는지의 與否 등 사항

제4항(被告가 제출해야 할 통지서) : 소송의 被告로 된 法人의 최고책임자는 동 소송이 제기된 5일 이내에 다음 사항을 기재한 통지서를 道 管財處에 제출해야 함. 위 ①항~⑥항까지는 제3조 규정과 동일하며, 그 외에 ⑦ 被告 측이 동 청구내용에 대한 인정 與否와 인정할 경우는 그 이유, ⑧ 피고 측이 발행한 총 주식 중 군정청에 귀속된 주식의 비중 등

제5항(法院에 제출할 통지서) : 피고 法人의 최고책임자는 동 法人의 주식 중 군정청 소유 주식 비율 등에 대한 상세한 陳述書를 재판소에 제출하여야 함. 이를 위해서는 法院은 道 관재처의 충분한 조사시일을 감안하여 소송 제기 후 40일 이내에는 판결할 수 없음.

제6~9항 : (생략)

5) 軍政長官 書翰(2) : 法令 제2호, 제33호에 포함된 動産 및 不動産에 대한 事件의 朝鮮法院의 관할권 (1948. 7. 28일)

〈受信〉: 南朝鮮 과도정부 財産訴請委員會/ 管財處 및 大法院長 귀하

제1항(목적) : 법령 제2호, 제33호에 의하여 美 군정청에 귀속된 재산에 대한 군정청을 상대로 한 訴請 사건의 처리를 원활히 하는데 있음.

제2항(朝鮮法院에 회부할 訴請 사건) : 재산소청위원회는 법령 제103호에 의해 동 위원회에 제출된 소청사건 중 군정장관 指令(簡易手續)에 의해서는 처리할 수 없는 것이거나 管財處에서 행정적으로 결정할 수 없다는 이유로 동 委員會에 返送된 사건을 즉시 조선법원에 회부하여 일반 條例에 따라 처리코자 함.

제3항(回附의 결과) : 訴請사건을 법원에 회부한 경우에는 訴請者가 管財處를 상대로 소송을 제기한 것과 같은 효력을 가짐. 법원은 별단의 조치가 없는 한 일반 條例에 따라 처리함.

제4항(公判日字, 管財處의 방어) : 管財處는 公判에 있어 동 訴請 사건의 재산에 대한 권리를 반환하는 답변을 하거나, 또는 防禦할 필요가 있을 때는 사건 조사를 위해 법원에 公判日字 연기를 요청할 수 있음. 후자의 경우 법원은 이를 수용해야 함.

제5~7항 : (생략)

資料 : 1) 韓國法制硏究會 편, 『美軍政法令集』(國文版, 英文版), 1971, 관련 條文
      2) 朝鮮銀行調査部, 『朝鮮經濟年報』, 1948년판, pp. Ⅱ-42~89, 관련 條文

년 월	鐵道 開發 주요 事件/事項	관련 사항
1876. 2 1877. 2	·江華島條約(朝日修好條約) 체결~대외 門戶 개방 ·제1차 修信使 金綺秀, 일본 見聞錄『日東記游』에 일본철도 試乘경험을 소개하여 최초로 鐵道에 대한 국민적 관심 환기	·1825년 세계 최초로 英國 철도 부설, 그 후 印度(1853), 日本(1872) 철도 부설
1882. 1885. 1 1892. 8 1894. 3 7 8 10 1895. 5	·영국, 일본 등, 조선정부에 철도부설권(特許) 허가 신청 ·일본인 松田行藏, 조선에 건너와 4년간 朝鮮의 國土·地勢·交通사정 등에 대한 정밀 조사 실시 ·일본, 철도기사(河野天瑞)를 파견하여 京城-釜山 간의 철도선로 예비 답사 및 地圖 제작 ·정부, 영국에 대해 鐵道 부설을 위한 借款 공여 타진 ·정부, 工務衙門에 철도국 설치~최초의 鐵道 관련 정부기구 ·淸日전쟁 발발로 일본 군사용 조선철도 부설에 관심 고조~일본측 요구로 양국 간 京仁/京釜線 부설을 위한 合同條款 체결 ·일본, 10여명의 조사단(철도기사)을 파견하여 京城-仁川, 京城-釜山 간 豫備線路 답사 ·英/美/獨/러(4국) 공동으로 조선정부에 철도, 電信/電話 등 利權을 一國에만 부여하는 것은 부당하다는 경고성 의사 전달	·日·淸戰爭 발발(94. 8. 1) ·영국 해군 함대, 巨文島 점령(95. 3월) ·下關條約 체결(95. 4. 17)
1896. 3 4 5 7 9 1897. 3 5 1898. 5 6 9	·정부, 京仁線 부설권을 미국인 J. R. Morse에게 特許 ·프랑스, 京城-公州/京城-義州 간 철도부설권을 요망 ·일본, 京釜철도(주) 創立발기인회를 구성하고 부설권 요망 ·정부, 京義線 부설권을 프랑스 피브 릴르(Fives-Lille)社에 특허, 및 철도 규칙을 제정하고 軌間을 시베리아철도 규칙을 準用하여 4.85尺(147cm)로 발표 ·프랑스(피브 릴르社), 프랑스公使 통해 京元/湖南線 부설권 요구 ·J. R. 모스, 仁川 牛角峴에서 京仁철도 공사 착공 ·京仁線 引受組合 결성하고 모스와 特許權 인수 교섭 ·모스, 京仁線 부설권을 일본 인수조합에 양도 ·프랑스(피브 릴르)의 요구를 계기로 각국이 다투어 湖南線 부설권을 요구함에 따라 정부는 호남선 官設(직영) 방침을 결정 ·韓/日, 京釜線 부설 위한 合同條款에 조인하고 特許 허가	·러시아, 淸으로부터 東淸鐵道부설권 획득(96. 9. 3) ·國號를 朝鮮서 大韓帝國으로 고침(97. 10. 12)
1899. 1~4 6 7 8 9	·일본 京仁線 인수조합, 모스로부터 특허권 인수하고(1월), 仁川에서 起工式 거행(4월) ·京仁철도회사, 인천공장 설립, 레일부설공사 착수, 건설열차 최초 운전, 프랑스(피브 릴르) 京義線 부설권 소멸 ·정부, 京義線 부설권을 국내 회사 大韓철도회사(朴淇淙)에 인가 ·독일, 정부에 鎭南浦-평양/평양-元山 간 철도 부설권 特許 요청 ·京仁철도합작회사, 京仁線(노량진-仁川, 33.8Km) 개통하고 한국 최초의 철도 등장 ·일본, 경부철도(주) 발기인총회 개최(東京) 및 京城支店 설치	·韓美電氣, 서대문-청량리 간 電車 개통(99. 4월) ·淸과 通商條約 체결(99. 9월)

년 월	鐵道 開發 주요 事件/事項	관련 사항
1900. 2~3	·정부, 宮內府에 鐵道院 설치하고 京仁/京釜線 감독업무 개시	
7	·漢江橋 교량공사 준공으로 京仁線(경성-仁川, 42.3km) 완공	
9	·정부, 宮內府 내에 西北鐵道局 설치하고, 京義/京元線 양 철도 부설공사를 直營	
11	·정부, 서대문역에서 京仁철도 개업식 거행(12일)	
12	·정부, 京仁線 개업에 따른 運轉規則 및 信號規則 등 제정	
1901. 3	·京仁線, 체신청과 우편물 운송계약 체결	
6	·경부철도(주), 東京에서 설립(사장 澁澤榮一)	
8~9	·경부철도(주), 북부(영등포)/남부(草梁)에서 각기 起工式 거행	·러시아, 시베리아철
1902. 3~5	·西北鐵道局, 京城-開城 간 京義線 기공식 거행, 공사 착공	도 준공(02. 1월)
6~10	·朴淇淙, 馬山-삼랑진 간 철도 부설을 위한 '嶺南支線會社'를 조직하고 철도국으로부터 馬山線 부설권 획득	·일본 第一銀行, 한국화폐(紙幣,은행
10	·京釜線 영등포-鳴鶴洞(안양) 간 제1차 공사 준공	권) 발행(02. 5월)
12	·京釜/京仁鐵道회사 兩社 합병 계약 체결	
1903. 2	·러시아公使, 정부에 京義線 부설권(특허)을 요청	
9	·朴淇淙, 일본과 京義線 철도에 대한 出資계약 체결	
11	·京釜鐵道(주), 京仁철도를 매수, 합병	
12	·일본정부, 경부철도(주)에 工事速成계획 지시하고 보조금 지급	
1904. 1	·경부철도(주), 馬山線(삼랑진-洛東江岸) 공사 착수	
2	·京義線(軍用철도) 부설을 위한 '臨時軍用鐵道監部' 설치	·日·러전쟁 발발(04.
3	·동 鐵道監部 소속 鐵道大隊 입국, 곧바로 龍山-開城 간 제1차 路盤공사에 투입	2. 10)
4	·동 철도감부, 개성-평양 간 路盤工事 착수	
5	·湖南線 부설을 위한 '호남철도회사' 설립	
7	·경부선 건설용 枕木/軌條를 적재한 영국 汽船을 釜山 앞바다에서 러시아 우라지오(우라지보스톡)함대가 나포, 격침	
8	·동 철도감부, 馬山浦線 부설을 위한 사무소 설치, 京元線 軍用철도로 부설할 계획 결정	·韓·러조약 폐기, 제1차 韓·日협약 체결
10	·동 철도감부, 京義線(용산-임진강) 軌條 공사 완료, 兼二浦에 철도공장 신설	(04. 8. 22)
11	·동 철도감부, 龍山과 元山 양쪽에서 京元線 건설공사 착수	
1905. 1	·경부선, 초량-영등포간(431km) 공사 완성 및 영업 개시, 京義線, 개성-평양 간 공사 완성(大同江橋 가설 제외)	·美-日, '태프트·가츠라 條約' 체결(05. 7.
2	·京義線, 임진강 橋梁공사 준공	29)
3	·정부, 경성역 → 서대문역으로 개칭, 大同江橋(제1교량) 준공	
5	·京釜線 開通式 성대히 거행(25일), 馬山浦線(마산-삼랑진, 40.4km) 준공, 직통 열차운행 개시	·關釜연락선(壹지丸 1,680톤) 취항(05. 9. 11), 對馬丸(1,679
11	·京釜線과 京義線(용산-평양) 연결 운행, 京義線 열차 남대문역 직통	톤) 취항(05. 11. 1)
12	·일본, 조선통감부 설치로 국내 鐵道 통합운영 추진	

년 월	鐵道 開發 주요 事件/事項	관련 사항
1906. 1	·京仁線, 일반인 편승 및 託送貨物 취급 개시	·朝鮮統監府 설치
3	·統監府 철도관리국 폐지하고 統監府鐵道廳 신설, 職制 개편	(06. 2. 1)
	·일본(帝國議會), 경부철도(주) 買收法 가결, 공포	
4	·경의선(龍山-新義州) 527.7km 직통 운전 개시	·南滿洲철도(주) 설
7	·統監府 내에 철도관리국 설치, 산하에 총무-공무-운수 3부, 4개 保線所,	립(06. 6. 7)
	4개 공장을 둠, 통감부, 경부철도(주)를 매수하고 京釜/京仁線을 國營으	
	로 전환	
9	·군용철도 京義線/馬山線을 철도관리국 산하로 이관, 조선 내 철도 관리	
	의 一元化 조치, 兼二浦공장 신설	·동 社 영업 개시(07.
1907. 3	·일본(帝國議會), 京義線 건설을 위한 예산 승인	4. 1)
9	·全鮮 각 역과 安東(만주)역 간의 旅客/貨物 연결운수체제 개시	·철도청 官制 공포
12	·경성에 同仁病院(철도국 京城진료소) 설립	(07. 4. 1)
1908. 2	·운전 규칙/신호 규정 등 제정, 철도관리국 내부 職制 개편	
4	·京義/馬山線, 일반운수영업 개시, 경부선(부산-남대문) 夜間열차 운행,	·滿鐵, 奉天-長春간
	부산-신의주 간 급행열차(隆熙號) 운행 개시(소요시간 26시간)	열차 운행(08. 4. 30)
5	·乘車券, 委託 판매 개시	
10	·韓國 황제, 御陵(洪陵) 行次 위한 宮廷列車 운행	
11	·경부선, 釜山-초량간 複線 운행 개시	
1909. 3	·滿鐵 安奉線과의 연결 운수 개시	·일본, 철도회계법
4	·釜山軌道(주), 부산진-동래 간 蒸氣철도 가설 인가	공포(09. 3. 22)
6	·平南線(평양-진남포 간) 신설공사 착공	
9	·南滿洲鐵道 주요 역과 여객/소화물 연결 운수 개시	
10	·京義線 직통 급행 '隆熙호'에 車內 식사 제공	
11	·조선철도를 일본정부(鐵道院)으로 이관하고 統監府 鐵道廳 폐지,	
12	·京義線, 임진강 교량 준공	
1910. 3	·일본(帝國議會), 湖南線 및 京元線 건설자금 豫算 승인	·압록강 架橋에 대
9	·조선철도 업무를 일본정부 鐵道院 한국철도관리국→總督府 鐵道局(신	한 日淸覺書 조인
	설)으로 이관	(10. 4. 4)
10	·총독부철도국 職制 … 庶務 등 8課 설치, 湖南線/京元線 건설공사 기공식	·韓-日병합(10. 8. 29)
11	·平南線(평양-진남포) 全通으로 영업 개시, 철도관리국을 龍山으로 이전	·滿鐵, 安奉線 廣軌
	… 철도업무의 집중화	개축공사 완성(10.
1911. 4	·鐵道특별회계 폐지하고 총독부 특별회계로 통일	11. 1)
6	·이리-군산 간 철도 건설공사 착공	
10	·京元線 元山 이남, 호남선 木浦 이북 각 건설공사 착수, 滿鐵線과 직통	
	列車券 규정 협정	
11	·鴨綠江橋 준공, 開通式 거행, 京義線 남대문역-長春(만주)간 週 3회 鮮	
	滿 직통 급행열차 운행, 釜山-奉天(만주) 간 직통 운행 개시 … 日-鮮-滿	
	철도연락수송체계 확립	
12	·京釜線 夜間열차(隆熙號) 매일 운행	

년 월	鐵道 開發 주요 事件/事項	관련 사항
1912. 1	·조선의 列車운행시각을 일본 中央標準時로 개정	
4	·신의주-안동(만주) 간 運賃은 조선 鐵道院 6 : 滿鐵 4로 분배	
6	·全線 철도운행시각 개정, 釜山-長春(만주)간 급행열차 개시	
7~8	·釜山 및 新義州, 스테이션호텔(Station Hotel) 개업	·일본 年號를 '大正'으로 고침(12. 7. 30)
9	·제2 漢江橋 준공	
12	·경부/경의선 급행 및 京仁線 客車에 열차 電燈 처음 사용	
1913. 5	·京釜線 제1/제2 列車에 침대차 연결	·關釜연락선(高麗丸) 취항(13. 1. 31)
6	·조선철도, 시베리아 경유 유럽 주요 都市와 旅客/小貨物 연결운송 방안개발	
7	·주요 역 중심으로 倉庫業 개시	
9	·同仁病院을 龍山鐵道病院으로 개칭	
10	·京奉線과 日/中 여객 및 소화물 연결운수 취급 개시	
1914. 1	·日/滿 화물 연결운수 취급 개시, 湖南線(대전-목포) 260.6km 全通, 개통식 木浦에서 거행	
8	·京元線, 경성-元山 간(222km) 전통, 개통식 元山서 거행	
10	·咸鏡線, 元山 이북/淸津 이북의 건설 공사 착수	·조선호텔 개업(14. 10. 10)
11	·日-滿-러 3국 旅客/小貨物 연결운수 개시, 國鐵-私鐵 간 연결운수 개시	
1915. 4	·철도국, 職員共濟組合에 조선인 직원도 가입 권장	
8	·함경선(원산-문천) 개통, 금강산 溫井里 금강산호텔 영업 개시	
10	·日/中 周遊券 및 일/중 巡遊券 취급 개시, 조선철도 1,000마일(1,609km) 달성 기념식 거행(철도건설계획 제1기 달성)	·총독부 施政기념일 (15. 10. 1) 지정
11	·조선가스전기(주), 釜山우체국-부산진 간 전기철도 영업 개시	·朝鮮鑛業令 공포 (15. 12. 24)
1916. 5	·安奉線 경유 3線 연결운임 실시계획 연기(6개월)	
7	·함경선(문천-영흥) 개통, 일본 大板市에 철도국출장소 설치	
10	·3線 연결운임 문제를 寺内 首相 알선으로 관계자 협의, 割引품목 및 할인율 更新 실시	·제2대 총독에 長谷川好道 임명(16. 10. 16)
11	·경부선, 改良工事 준공으로 金烏山驛 폐지하고 龜尾驛 신설	
1917. 6	·일본 鐵道院과 조선 철도국 간에 貨物引換代金 취급 실시	
7	·日/中 연결 역 상호간 往復 승차권 發賣 개시, 총독부철도국 폐지하고 總督官房철도국(후에 철도부) 설치	
8	·조선 국유철도 및 부대사업을 滿鐵에 위탁 경영(勅令 제90호), 滿鐵京城관리국 설치, 그 대신 滿鐵은 총독부 투자액에 대해 100분의 6(후에 4) 해당액을 每年 총독부 특별회계에 납입	·漢江 인도교 준공 (17. 10. 17)
11	·부산-安東(만주) 간 직통열차를 奉天까지 연장 운행	
	·慶東線(私鐵) 대구-하양 간 개통, 咸鏡線(청진-會寧) 全通	·제1차 유럽전쟁 휴전 성립(18. 1. 11)
1918. 1	·열차 내 書庫 비치, 주로 1·2등 여객에게 대여	·전국토지조사사업 완료(18. 6. 18)
	·유럽전쟁(1次大戰) 영향으로 鮮-滿 직통열차 운행 중지	
7	·조선철도, 東京영업안내소 폐지한고 滿鐵 東京支社 내 설치	·滿鐵, 大連-奉天간 複線全通(18. 11. 20)
8	·시베리아 出兵을 위해 약 1개월간 매일 軍用열차 8본 씩 운행	
10	·慶東線(사철), 하양-포항 간 개통	

년 월	鐵道 開發 주요 事件/事項	관련 사항
1919. 3	·3·1운동으로 철도 수송 차질, 西大門 정차장 폐지	
4	·京城鐵道學校 개설(本科-徒弟科-電信科-講習科 설치)	
6	·中央鐵道(주), 浦項-鶴山 개통으로 대구-鶴山 간 全通	
8	·총독부, 철도국 → 철도부로 개칭	·제3대 총독에 齋藤
9	·사설철도 보조금을 年 8%로 인상	實 임명(19. 8. 12)
12	·함경선(영흥-함흥) 개통으로 영업 개시	
1920. 1	·鮮/滿 간 旅客 운임 통일하고 小貨物 취급 수속 제정	
3	·1次대전 영향으로 日-滿-러 연결운수체제 중단	
6	·조선 私設鐵道令 제정, 11월부터 시행	·鐵道省 설립(20. 9.
10	·경부선, 草梁-부산진 간 複線運行 개시	15)
12	·黃海線(사리원-재령) 개통, 운행	
1921. 1	·신문/잡지 특별운송 취급수속을 제정	
4	·私設鐵道보조법 제정, 건설비 보조(보조금 上限 250만 円)	
10	·鎭海線, 진해-창원 간 건설공사 착공, 慶東線(私鐵) 경주-울산 간/충북 선(私鐵) 조치원-청주 간 개통, 함경선(봉간-會寧) 개통	·關釜연락선(景福丸, 3,619톤) 취항(22.
11	·朝鮮호텔, 승차권 발매, 小貨物 발송 업무 개시	5. 18)
1922. 6	·朝鮮京南철도(私鐵), 천안-溫陽 간 개통, 천안-安城 간 공사 착수	
7	·남조선철도(私鐵), 光州線(송정리-광주 간) 14.9km 개통	·關釜여락선(德壽丸,
10	·淸津-羅南 간 자동차 영업 개시, 평양호텔 영업 개시	3,619톤) 취항(22.
12	·남조선철도(사철), 광주선(松汀里-潭陽 간) 영업 개시	11. 12)
1923. 1	·남대문역 → 京城역으로 개칭, 途中 下車 제한 폐지	
2	·경부선, 密陽-삼랑진 간 豪雨와 土砂 붕괴로 열차 전복, 死傷者 다수 발생	·關釜연락선(昌慶丸,
6	·滿鐵 京城관리국 → 京城철도국으로 개칭,	3,619톤) 취항(23.
9	·私鐵 6社(조선중앙-西鮮殖産-남조선-조선산업-朝鮮森林-兩江拓林) 통합 하여 조선철도(주)로 대형화	3. 12) ·일본 關東지역 대지
12	·조선철도(株, 사철) 경남선(馬山-晉州 간) 70km 개통	진(23. 9. 1)
1924. 3	·총독부 철도국 건물 火災로 소실	
5	·부산-봉천(만주) 간 직통열차(3등 침대차) 增便	
8	·金剛山電氣철도(사철), 鐵原-금화 간 경영 개시	
10	·조선철도(사철), 金泉-尙州 간 개업, 咸鏡중부선(길주-단천) 개업, 전국 철도 종업원, '10月會'를 결성하고, 滿鐵 위탁경영 解除 반대 투쟁 … 당 국의 대부분 요구사항 수용으로 해산	
1925. 3	·조선철도, 滿鐵과의 위탁경영체제 정식 해제(칙령 108호)	
4	·조선총독부 직영체제로 복귀하고 철도국 설치 … 庶務/監督 등 7課 및 부산-대전-경성-평양 등 4곳 運輸/工務사무소 설치, 사설철도 보조금 上限 450만 円으로 인상, 종업원 共濟조합 再조직으로 厚生 확대	·조선치안유지법 제 정(25. 5. 8)
7	·60年來 大홍수로 漢江철교 流失, 피해 막심(경부선 10일간 불통)	
10	·京城驛舍 신축하고 낙성식 거행, 영업 개시	

년 월	鐵道 開發 주요 事件/事項	관련 사항
1926. 5	·平元線, 西浦 방면으로부터 부설공사 착수	·純宗 서거(26. 4. 26)
11	·鎭海線(창원-진해) 영업 개시, 博川線(孟中里-박천) 영업 개시	
12	·私設철도에 대한 각종 許可/認可權을 철도국장에게 이관	·'昭和' 年號 채용(26. 12. 25)
1927. 3	·조선철도개발12개년계획 수립, ① 圖們-혜산-滿浦-동해-慶全(5線) 도합 1,384km 부설, ② 私設철도(5선) 매입 및 기존 線路 개량, ③ 총 예산 230백만 円 책정, ④ 1927~38년(12년) 장기계획	
6	·日/鮮/滿 3자 철도 간 여객/화물 운송규칙 제정	·운수 통계에 미터 (m)법 사용(27. 4. 1)
8	·시베리아 經由 아시아/유럽 간 여객/小貨物 연결운수 개시	·圖們鐵道, 두만강 국제철교 架設공사 준공(27. 9. 30)
9	·京南철도(사철), 천안-장호원 간 전통	
10	·圖們線(東部), 雄基 방면으로부터 공사 착수	
1928. 1	·조선철도(주, 私鐵), 全南線(송정리-담양) 매수, 光州線으로 개칭	
4	·國有철도/私設철도/航空 3자 간 貨物연대운송규칙 제정	
7	·조선철도(주), 慶東線(대구-鶴山, 경주-蔚山 간) 매수, 東海중부선으로 개칭	
8	·會寧탄광선, 회령-계림 간 개통, 아시아/유럽 여객/화물 연결운수 취급 범위를 프라하-빈-로마까지 연장	
12	·조선철도(주), 忠北線(청주-충주) 개업으로 조치원-忠州 간 全通	
1929. 4	·慶全북부선, 全州 방면으로부터 부설공사 착수	
6	·아시아/유럽 연결철도 부산-長春(만주) 간 1-2등차 직통 운행	·施政 20주년 기념 조선박람회 개최 (29. 9. 12)
9	·濟州島循環軌道(주), 金寧-狹才 간 手押軌道 영업 개시	
11	·부산-대전-京城-평양-淸津(5곳), 철도운영위원회 설치, 조선철도(주, 사철), 咸北線(古茂山-茂山 간) 영업 개시	·미국 뉴욕 株價 폭락-세계대공황 시발 (29. 10. 24)
1930. 2	·월간 〈鐵道之友〉 창간	
4	·미터(m) 法 실시로 영업거리 km로 표시하고 料金체계 변경	
5	·私設철도 보조금 上限을 年 500만 円으로 인상	
7	·東海남부선(부산진-포항), 釜山津 방면으로부터 공사 착수	
9	·倉庫業을 조선운송회사에 위탁 운영	
11	·조선철도(사철), 황해선(사리원-東海州) 전통	·京城軌道(주), 동대문-왕십리 간 영업 개시(30. 11. 1)
12	·남조선철도(사철), 光州-여수항 간 155.5km 全通, 조선경동철도(사철), 水原-利川 간 개업	
1931. 4	·조선철도(私鐵), 경남선(마산-진주) 매수하고 慶全남부선으로 개칭, 鎭海線을 동 支線으로 변경, 平元線(東部)은 高原방면에서 공사 착수(21일), 滿浦線은 順川 방면에서 공사 착수	
5	·惠山線, 吉州 방면에서 공사 착수	
7	·금강산전철(사철), 鐵原-內金剛 간 全通	
8	·京南철도(사철), 충남선(천안-長項 간) 全通	
10	·조선철도(사철), 경북선(예천-안동) 개통으로 金泉-安東 간 全通, 慶全북부선, 전주-남원 간 영업 개시	·만주사변 발발(31. 9. 18)
12	·朝鮮京東철도(사철), 利川-驪州간 개통으로 水原-여주 간 전통	

년 월	鐵道 開發 주요 事件/事項	관련 사항
1932. 4	·철도호텔-構內식당-食堂車 운영 → 철도호텔경영(주)에 위탁 경영	·만주국 성립(32. 3. 1)
7	·釜山-安東(만주) 간 직통 화물열차 운행	
9	·조선철도(사철), 黃海線(연안-土城) 개통으로 토성-東海州간 전통	
11	·白茂線, 白岩 방면으로부터 공사 착수	
12	·雄基/진남포 2개 항구, 陸-海運 연결공사 준공	
1933. 4	·열차 全線 운행시각표 변경, 京元/咸鏡線 급행열차 운행 개시, 京城-清津 간 화물열차 직통 운행 개시, 釜山-奉天(만주) 간 급행 열차(특급 히카리) 운행하고, 부산-신의주 간 약 4시간 단축	·만주국, 新철도 건설과 경영을 滿鐵에 위임(33. 2. 9)
5	·삼척-북평 간 23km 官營線으로 개업	·만철, 만주국과의 협정에 의해 철도총국을 奉天에 설치 (33. 3. 1)
7	·黃海線, 東海州-海州 간 개통으로 沙里院-해주 간 全通	
8	·圖們동부선/圖們서부선 준공으로 京城-雄基 간 幹線 개통	
10	·함경선 輪城(以北)-清津線-會寧탄광선-圖們線을 滿鐵에 위탁 경영, 清津에 滿鐵 北鮮철도관리국 설치	
1934. 3	·압록강 철교(開閉橋)의 開閉 운영을 폐지	
4	·철도호텔경영(주)에 위탁 경영하던 호텔/식당/食堂車 운영을 철도국 直營으로 환원, 釜山/신의주 스테이션호텔 → 부산/신의주철도회관으로, 溫井里/長安寺호텔 → 外金剛/內金剛山莊으로 개칭	
5	·龍山-京城 간 複複線 공사 준공	
6	·조선-만철-대만철도 간에 여객/화물 연대운송 규칙 제정	
7	·京釜線, 水害 不通으로 일본 鐵道省으로부터 新羅丸 借用하여 부산-麗水 간 1왕복, 부산-木浦 간 2왕복으로 임시 운항	
11	·全線 열차운행 시각 변경, 전면적 운전속도 昻揚, 부산-新京(만주) 간 직통 '하카리', 부산-봉천(만주) 간 '노조미' 신설	·滿鐵, 大連-新京간 특급 아시아號 운행 개시(34. 11. 1)
1935. 3	·철도국 종업원/가족을 피보험자로 하는 생명보험조합 설립	
4	·朝鮮自動車교통사업령 등 公布	
5	·日/滿 국경(두만강) 통과하는 열차의 세관수속 簡便化 協定 성립	
7	·경부선, 경성-부산 간 6시간 走破 가능성 시험 운행	
10	·直營 환영 10주년 기념사업으로 鐵道博物館 신설	
11	·滿鐵(北鮮線), 웅기-羅津 간 개통 및 羅津 항 築港공사로 경성-나진 간 직통 등 北鮮 경유의 日-鮮-滿 교통 新紀元을 실현	
12	·東海남부선, 佐川-울산 간 개통으로 부산진-울산 간 전통	
1936. 3	·南朝鮮철도(사철), 광주-麗水港 간 철도 매수하여 松汀里-여수항간을 松麗線으로 개칭, 鐵道局歌 作曲 보급	
5	·경부-湖南-京元-함경 4線에 定期화물열차 신설	
6	·滿鐵, 총독부로부터 清津 및 雄基 차용, 羅津과 함께 北鮮 3항 공동이용 체제 구축, 경부선 水原-軍浦 간 複線공사 착수	
9	·철도/항공 연대운송 개시, 大日本항공과 滿州항공과의 여객/手貨物 연대운송 개시	
11	·中央북부선, 東京城(청량리) 방면으로부터 공사 착수	·關釜연락선(대형 金剛丸, 7,081톤) 취항 (36. 11. 16)
12	·東海남부선, 蔚山-慶州 간 준공으로 부산-경주 간 개통, 慶全북부선, 谷城-順天 간 준공으로 全州-순천 간 전통(全羅線으로 개칭), 中央남부선, 永川 방면으로부터 공사 착수	

년 월	鐵道 開發 주요 事件/事項	관련 사항
1937. 1	·소연방 경유 조선의 부산/경성/평양과 유럽의 에스토니아/라트비아/리투아니아/도이치/폴란드(5국) 간의 貨物 연결운수 개시	
4	·釜山 출발 만주 파견부대 수송기관으로 臨時鐵道管理部 설치	·中日戰爭 발발(37. 7. 7)
5	·조선철도(사철), 黃海線 海州-甕津(옹진) 간 전통	
8	·京東철도(사철), 水仁線(수원-인천항 간)으로 인천항-여주 전통	
9	·철도기념일 및 鐵道局旗 제정	
12	·雄基-會寧 간 자동차 노선(會雄線)을 설정, 滿鐵에 경영 위탁. 東海북부선 干城-襄陽 간 영업 개시, 東海남부선, 부산진-울산 간 72km 개통	
1938. 5	·경부선, 영등포역→南경성역으로, 京元線, 청량리역 → 東경성역으로 개칭, 조선철도(사철), 咸南線을 신흥철도(사철)에 양도	·國家總動員令 실시 (38. 5. 5)
6	·龍山철도병원 → 京城철도병원으로 개칭	
7	·東海중부선, 대구-永川 간 改築(廣軌) 완성으로 영업 개시	
10	·열차 運行時刻 전면 개정, 부산-北京 간 급행열차 운행 개시(38시간 45분), 총독부-鐵道省-滿鐵-大板商船-大連汽船 등 대형 海運社 등과 여객/수화물 연결운수 協定 성립	·일본 鐵道省, 조선해협 횡단 터널 답사(38. 10월), 동 터널건설계획 작성, 지질조사(38. 12월)
12	·車內 급행권 發賣 개시, 대구-永川 간을 경부선에 편입하여 大邱線으로 개칭	
1939. 2	·滿浦線, 江界-滿浦 간 개통으로 順川-滿浦 간 전통	
4	·京城조선호텔 → 조선호텔로 개칭, 중앙선(청량리-양평) 영업 개시	·華中철도(주), 華北교통(주) 설립(39. 4. 30)
6	·東海중부선, 영천-경주 간 65km 廣軌 개축으로 慶州 경유 부산-대구 간 직통 개시,	
7	·경부선, 신탄진-梅浦 간 複線공사 준공, 대전-경성간 全面 複線, 京春線, 城東-春川 간 전통 운수영업 개시	·제2차 세계대전 발발(39. 9. 3)
10	·滿浦線(順川-만포) 212.6km 전통으로 梅輯線과 연결운수 개시	
	·열차 운행시각 전면 改正, 부산-北京 간 직통 급행열차 '興亞'호 신설, 종전의 부산-북경 간 열차를 大陸으로 命名	·東滿鐵道, 訓戎-琿春 간 준공(廣軌) 영업 개시(39. 12. 5)
11	·慶全線 支線(담양-金池) 건설공사 착수, 多獅島철도(사철), 신의주-다사도 간의 영업 개시	
1940. 3	·조선철도(사철), 김천-안동 간을 매수하여 慶北線이라 칭함	
5	·北鮮拓殖철도(주), 古茂山-茂山 간 운수영업 개시, 조선철도(주), 咸北線을 北鮮척식철도(주)로부터 補償 매수	
6	·일본 鐵道省을 비롯, 조선 철도국-대만 교통국-滿鐵-華中/華北- 大板商船-大日本航空-만주항공-日本郵船 등 수뇌부에 의해 日/滿/中 연결운수에 관한 協定 체결	
7	·滿鐵 위탁경영 중인 咸鏡本線 중 上三峰-輪城 간, 淸津線, 會寧炭鑛線을 위탁에서 해제 直營으로 환원, 釜山 등 10곳에 철도청년훈련소 개설	
8	·三陟철도(주), 墨湖-道溪 간 운수영업 개시	
10	·日/鮮/滿/支 제휴로 全線 열차운행시각 개정	
12	·철도국 官制 개편으로 자방철도국(부산, 경성, 함흥) 설치, 京元線 福溪-高山 간(53.9km) 鐵道電化工事 착수	

년 월	鐵道 開發 주요 事件/事項	관련 사항
1941. 4	·平元線, 陽德-城內 간 개통으로 西浦-高原 간 전통, 대전-영등포 간 自動 信號化공사 착수, 新義州철도회관 → 철도호텔로 개칭	·日/소中立條約 체결 (41. 4. 13)
6	·일/독 국유철도, 新經路에 의한 화물의 국제연결취급(잠정) 개시	·조선해협 彈性波地 下조사법에 의한 實 地調査 개시(41. 5. 2)
9	·晋三線(진주-삼천포) 건설공사 착수, 철도국 관리로서 陸/海軍特設사 무(임시)에 종사할 경우에 관한 勅令 공포	
11	·조선국유철도 從業員職制 개정, 釜山臨港철도(주) 借用, 영업 개시	
12	·함경본선, 輪城-古茂山 간 복선공사 준공, 羅南-청진 간 직결선 개통, 가 소린 소비규제에 따른 全 動力열차를 蒸氣열차로 置換, 京慶線(제천-豊 基 간) 철도電化工事 착수	·태평양전쟁 발발 (41. 12. 8)
1942. 1	·금강산전기철도를 京城電氣(주)에 흡수 합병	
3	·전국 22개 合同운송회사를 통합하여 朝鮮운송주식회사 설립	
4	·京慶線, 榮州-제천 간 준공으로 永川-청량리역 간 全通	
5	·경성-평양 간 複線공사 준공으로 全區間 복선 운행 개시	
6	·南京성역→영등포역, 東京성역 → 청량리역으로 元 명칭으로 복원, 淸 羅線은 淸津 방면으로부터 부설공사 착공	
8	·부산-新京(만주) 간 직통열차(제1호)를 하얼빈까지 연장 운행	
9	·西鮮中央철도(주), 江東-新成川 간 개통으로 勝湖里-北倉간 전통	·關釜연락선(天山丸) 취항(42. 9. 27)
10	·鐵道靑年훈련소를 대구-定州-元山(3곳)에 증설	
11	·철도국 職制 대폭 개정, 지방철도국 산하 공장을 本局 직영으로 환원하 고 工作部/전기부 등 폐지 등	
1943. 4	·多獅島철도(私鐵), 신의주-南市 간을 매수, 楊市線으로 영업 개시	·關釜연락선(崑丸) 취항(43. 4. 12)
5	·경의선, 평양-신의주 간 複線 준공으로 경성-신의주간 복선 운행	
11	·關釜연락선 접속을 위한 부산-경성 간 특급 열차 운행	·釜山-博多 간 연락 항로 개설(43. 7. 15)
12	·총독부 鐵道局 → 交通局으로 개편하고, 구 철도국 업무 외에 海事/항 만/항공/稅關 업무를 동시에 관장하고, 부산-경성-함흥에 지방교통국 설치, 부산-仁川 등 9개 주요 항구의 停車場 이름을 埠頭로 개칭하고 철도 업무 외에 부두 업무도 관장	·運輸通信省 신설 (43. 11월) ·카이로 선언(43. 11. 27)
1944. 2	·부산-新京 간(노조미), 경성-북경 간(大陸), 경성-牡丹江 간 急行열차 폐 지하고, 그 대신 화물열차 增便, 東海북부선, 北坪-三陟 간 영업 개시하 며 경영은 삼척철도(주)에 위탁	
3	·자동차 영업 폐지하고, 여객/화물 모두 統合會社로 이관	
4	·京元線, 福溪-高山 간 電化사업 완료, 동양 최초의 直流 3,000V 電氣기 관차 운행, 조선철도(사철), 黃海線 全線 매수	
5	·決戰非常조치로 慶全線(稷田-橫川 간, 河東-蟾居 간) 공사 중단, 압록강 수력발전소 專用鐵道(滿浦역-玉洞 간) 준공, 堤堰工事用 자재수송 개시	
7	·交通局 산하 공장 등에 대한 종업원 徵用 발령	·미곡供出制 실시 (44. 6. 17)
10	·決戰非常조치에 따라 幹線 긴급보강조치와 함께 地方線은 다수 영업정지	
9~11	·경북선(店村-안동, 9월), 금강산전철(昌道-내금강, 10월), 光州線(광주-담 양, 10월), 경기선(安城-장호원, 11월) 등 준공	
12	·白茂線(延社-茂山) 준공으로 白岩-茂山 전통, 경부/호남선 大田-회덕 간 에서 직결	

년 월	鐵道 開發 주요 事件/事項	관련 사항
1945. 3	·京釜/京義線, 부산-안동(만주)간 복선공사 준공으로 全區間 복선화, 北鮮 철도 및 雄基항만시설을 滿鐵에 양도, 일본 제국의회(제86회), 백두산 森林鐵道 및 木浦-三鶴島 간 선로 건설을 위한 예산 조치	·關釜연락선 興安丸/金剛丸/天山丸/昌慶丸, 폭격으로 침몰(45. 4-7월)
4	·龍山지구 廳舍 및 官舍 일부 疏開	·일본 무조건 항복으로 太平洋전쟁 종결(45. 8. 15)
7	·大田 및 海州에 철도공장 신설	
8~	·조직개편으로 평양/順天에 지방운수국 설치, 소련軍, 淸津에 상륙하여 기관차 승무원(250명) 淸津 방면으로 救援隊 파견, 조선철도(주), 榮春線(榮州-乃城) 매수하여 假營業 개시	·소련군 평양에 진주(45. 8. 22)
8/15	·8·15해방으로 韓/日 철도 종사원 간 업무 인수/인계를 위한 대책 회의(16일)(※ 해방 당시 종사원 구성 : 한국인 약 79,900명, 일본인 약 29,600명, 계 109,500명)	·남/북한 철도 운행 중단(45. 9. 11)
9	·美軍政 실시로 W. Hamilton 육군중령, 교통국장에 취임(18일), 남/북한 철도 운행 중단(11일)	·미군 仁川 상륙(9월 8일)-미군정 성립(9일)
10	·일본인 종사자 총사직(27일)	
1946. 1	·교통국 → 運輸局으로 변경(운수국장, 미육군 A. J. Cornell 중령)	
3	·철도 警護를 위해 철도경찰국, 철도경찰학교 설립, 철도운수국 설치, 주요 역에 철도경찰서 설치	
5	·조선철도/京南철도/京春線 등(私鐵)을 국유철도로 전환	
9	·경부선 급행열차를 무궁화호, 호남선 급행열차를 삼천리호로 命名, 전국 철도 총파업 돌입	
1947. 3	·미국제 기관차(30대) 부산항에 도착	
5	·경성철도병원 → 서울운수병원으로 개칭	
8	·러시아 열차에 客車 2량 연결하여 '서울-평양 간' 매일 2회 왕복	
11	·京城驛 → 서울역으로 개칭	
12	·鐵道종사자 수 총 34,033명(해방 당시의 109,500명에 비해 현저히 감소)	
1948. 8	·중앙선, 도농역에서 대규모 열차 전복사고(총 206명 사상자 발생)	
8/15	·정부 수립과 함께 運輸部를 交通部로 개편	
	·국유철도 화물수송규정 등 제정	
9	·남조선 과도정부 운수부 및 부속기관 行政權을 대한민국 교통부장관이 인수(초대 장관 閔熙植)	
1949. 1	·산업개발/경제부흥을 위한 신규 철도건설 계획 수립	
2	·서울 鐵道工作廠을 서울공작창으로 개칭	
4	·馬山 교통요양원 개원, 榮巖線(榮州-鐵巖) 착공, 鐵道警察隊 설치령 공포	
5	·3대 産業線 중 영월선/咸白線 착공	
7	·조선호텔, 美軍政→ 교통부로 관리권 이관	
10	·교통부, 중앙철도건설국 설치	
11	·寧越線(제천-영월발전소) 건설공사, 제천-송학 간 9.8km 준공	

년 월	鐵道 開發 주요 事件/事項	관련 사항
1950. 3	·榮巖線 건설공사, 영주-내성 간 14km 준공	·6-25전쟁 발발(50. 6. 25)
6	·6·25전쟁 발발로 戰時 수송체제로 전환, 차량 동원 및 용산 철도국 등 철수, 정부 大田으로 옮김, 漢江 인도교 폭파, 美軍機 龍山 지구 철도시설 폭격, 수송본부 大田으로 이동	
7	·錦江철교 폭파, 교통부 본부 大邱로 이동, 추풍령 이북 모든 철도 관련 업무 金泉 이남으로 철수	·유엔군, 인천상륙작전 성공(50. 9. 25)-서울 수복(9. 28)
8	·洛東江철교 폭파, 교통부 본부 釜山으로 이동, 美 8군사령관(워커 중장), 교통부 종사자의 직책 완수에 대한 감사장 전달	·유엔군, 38선 넘어 北進(50. 10. 8)-평양 점령(10. 19)-中共軍 參戰으로 철수(12. 4)
9	·유엔군, 仁川 상륙, 철도 복구대 부산 → 인천으로 이동, 인천-부평 간 열차 試運轉 및 선로 복구, 인천-영등포 간 軍需열차 운행	
10	·서울철도국 복귀, 기능 회복, 경원선 복구 시운전, 開城 수복, 용산지구 철도 완전 복구, 서울-釜山 간 복구 운행 가능, 以北 점령지역 平壤/元山 등에 기술자 파견, 共匪 습격으로 화순역-신태인역-구례역 등 많은 湖南 지역 鐵道驛舍 파괴 燒失	
11	·남한강/임진강 橋梁 架設공사 준공, 호남지역 順天-보성/光州-목포 간 운행 개시, 서울-평양 간 電話 개통, 서울-大同江 간 철도 시험 운행, 共匪 습격으로 파괴된 京春線 복구, 철도 運賃 인상	
12	·中央線/충남선 등 영업 개시, 북한 평양/海州 지구 파견대 철수, 임진강 이북 철도기관 철수, 裡里-木浦 간 개통	

資料 : 1) (財)鮮交會,『朝鮮交通史』(資料編), 1986, pp. 5~38,
　　　 2) 철도청,『한국철도100년사』, 1999, pp. 991~1017.

[부록6] 한국철도 路線別 竣工 年表 (1899~1945. 8)

竣 工 (년 월 일)	路 線 名	區 間	延 長 (km)	관 련 사 항
1899. 9. 18	京 仁 線	仁川 — 노량진	33.8	京仁철도합자회사 시행
1900. 7. 8	〃	노량진 — 서대문	8.5	京仁線 26.3km 全通
1905. 1. 1	京 釜 線	영등포 — 초량	431.2	京釜철도(주) 시행
5. 26	馬 山 線	馬山浦 — 삼랑진	43.4	臨時鐵道監理部 시행
1906. 4. 3	京 義 線	용산 — 신의주	527.7	仝上
1908. 4. 1	경 부 선	초량 — 부산진	1.6	
1910. 10. 6	平 南 線	평양 — 진남포	55.3	全通
1911. 7. 10	호 남 선	대전 — 連山	39.9	
9. 1	평양탄광선	大同江 — 寺洞	10.7	한국정부로부터 총독부 이관
10. 15	京 元 線	용산 — 의정부	31.2	
11. 1	京 義 線	신의주 — 安東(만주)	2.6	경의선 龍山 — 安東(만주) 간 全通
11. 15	호 남 선	連山 — 강경	21.5	
1912. 3. 6	호 남 선	江景 — 裡里	27.1	
〃	〃(支線)	이리 — 군산	24.7	(群山線)
7. 25	京 元 線	의정부 — 漣川	42.6	
9. 1	경 부 선	영등포 — 남대문	8.5	제2한강교 준공, 경부선 全通
10. 1	호 남 선	이리 — 金堤	17.8	
10. 21	경 원 선	연천 — 철원	23.9	
12. 1	호 남 선	김제 — 정읍	26.0	
1913. 5. 15	호 남 선	木浦 — 鶴橋	35.2	
7. 1	〃	鶴橋 — 나주	21.4	
7. 10	경 원 선	철원 — 福溪	25.7	
8. 21	〃	원산 — 龍池院	38.7	
9. 25	〃	복계 — 劍拂浪	15.6	
10. 1	호 남 선	나주 — 송정리	14.0	
10. 21	경 원 선	龍池院 — 高山	6.4	
1914. 1. 11	호 남 선	정읍 — 松汀里	57.1	호남선(대전-목포) 261.1km 全通
6. 21	경 원 선	劍拂浪 — 洗浦	12.2	
8. 16	〃	고산 — 洗浦	26.0	경원선(용산-會寧) 222.3km 全通
1915. 8. 1	함경남부선	원산 — 文川	20.1	
1916. 9. 21		文川 — 永興	34.4	
11. 5	함경북부선	청진 — 蒼坪	51.8	
1917. 11. 25		창평 — 회령	41.6	청진 — 회령 간 93.4km 全通
1918. 5 ~	평양탄광선	寺洞 — 승호리	11.6	대동강 — 승호리 간 23.3km 全通
10. 31	大 邱 線	대구 — 永川	38.4	(私鐵)
1919. 12. 1	함경남부선	영흥 — 함흥	69.3	
〃	함경북부선	輪城 — 羅南	14.9	
1920. 10. 1	〃	나남 — 鏡城	8.2	

竣 工 (년 월 일)	路 線 名	區　　間	延 長 (km)	관 련　사 항
1921. 11. 1	함경북부선	경성 — 朱乙	12.2	
1922. 12. 1	함경남부선	함흥 — 西湖津	17.7	
1923. 9. 25	〃	서호진 — 退潮	18.3	
1924. 10. 1	함경북부선	朱乙 — 水南	36.2	
10. 11	함경남부선	퇴조 — 陽化	58.0	
〃	함경중부선	端川 — 吉州	84.7	
1925. 11. 1	함경남부선	양화 — 俗厚	14.1	
〃	安 城 線	안성 — 천안	28.4	(私鐵)
1926. 11.	함경남부선	俗厚 — 新北青	8.8	
〃	鎭 海 線	창원 — 진해	20.6	진해선 전통
12. 1	함경북부선	水南 — 極洞	16.0	
12. 10	경의선支線	孟中里 — 博川	9.3	(前) 博川砂利線
1927. 8. 1	함경북부선	龍洞 — 極洞	8.0	
11. 1	함경중부선	단천 — 群仙	31.5	
〃	平元서부선	西浦 — 舍人場	25.0	
12. 1	함경북부선	길주 — 龍洞	38.9	
〃	함경남부선	新북청 — 盤松	15.6	
1928. 8. 11	함경선支線	회령 — 鷄林	10.6	會寧탄광선 全通
9. 1	함 경 선	盤松 — 群仙	23.9	함경선(원산 — 회령) 624.2km 전 통
10. 15	平元서부선	舍人場 — 順川	22.3	
1929. 9. 11	東海북부선	安邊 — 瀁谷(흡곡)	31.4	
9. 20	함경선支線	新북청 — 북청	9.4	北青線 전통
〃	〃	曾山 — 遮湖(차호)	4.9	遮湖線 전통
〃	〃	羅興 — 利原鐵山	3.0	利原鐵山線 전통
11. 1	平元서부선	順川 — 新倉	19.7	
11. 16	圖們동부선	웅기 — 新阿山	65.0	
1930. 10. 1	圖們동부선	新阿山 — 訓戎	39.9	
1931. 7. 21	東海북부선	흡谷 — 通川	29.6	
8.	長 港 線	천안 — 장항	143.8	(私鐵)
10. 1	平元서부선	新倉 — 長林	29.5	
〃	慶全북부선	전주 — 南原	60.5	
10. 21	圖們동부선	訓戎 — 穩城	24.7	
1932. 5. 21	東海북부선	통천 — 荳白(두백)	14.7	
8. 1	〃	두백 — 長箭	17.5	
9. 16	〃	장전 — 外金剛	7.8	
11. 1	〃	外금강 — 고성	10.4	
〃	滿 浦 線	順川 — 泉洞	32.6	
〃	圖們동부선	穩城 — 豊利	10.6	
〃	〃	豊利 — 南陽	3.9	
12. 1	〃	豊利 — 南陽		
〃	惠 山 線	길주 — 載德	26.2	

竣 工 (년 월 일)	路 線 名	區 間	延 長 (km)	관 련 사 항
1933. 7. 15	만 포 선	泉洞 — 价川	6.3	
8. 1	圖們동부선	南陽 — 鐘關鎭	18.7	圖們동부선(雄基—鐘關鎭) 162.8km 전통
10. 15	만 포 선	价川 — 球場	24.1	
〃	慶全北부선	남원 — 곡성	20.3	
11. 1	혜 산 선	載德 — 合水	31.0	
1934. 4. 1	만포선支線	球場 — 龍登	7.4	(龍登線) 전통
7. 16	東海남부선	부산진 — 해운대	18.9	
8. 1	혜 산 선	合水 — 白岩	12.8	
9. 1	白 茂 線	白岩 — 山羊台	33.8	
11. 1	만 포 선	球場 — 熙川	46.8	
12. 16	東海남부선	해운대 — 佐川	22.3	
1935. 9. 1	혜 산 선	白岩 — 鳳頭里	29.7	
〃	白 茂 線	山羊台 — 延岩	22.1	
10. 1	만 포 선	熙川 — 价古	30.2	
11. 1	東海북부선	고성 — 杆城	39.3	
12. 16	東海남부선	佐川 — 울산	31.8	동해남부선(부산진 — 울산) 73km 전통
1936. 10. 15	白 茂 線	延岩 — 楡坪洞	44.6	
11. 1	平元서부선	長林 — 陽德	27.4	
12. 1	만 포 선	价古 — 前川	63.1	
12. 16	慶全北부선	곡성 — 順天	52.4	慶全北부선(전주 — 순천) 전통(私鐵)
1937. 8. 1	水 仁 線	수원 — 인천	52.0	(私鐵)
11. 1	혜 산 선	봉두리 — 혜산진	42.0	혜산선(吉州 — 혜산진) 141.7km 전통
12. 1	東海북부선	杆城 — 양양	41.9	
〃	만 포 선	前川 — 강계	47.5	
12. 16	平元동부선	고원 — 城內	30.0	
1938. 12. 1	京慶남부선	永川 — 友保	40.1	
1939. 2. 1	만 포 선	강계 — 滿浦	49.3	滿浦線(順川 — 만포) 299.9km 전통
4. 1	京慶북부선	東京城 — 楊平	52.5	
7. 24	京 春 線	춘천 — 성동역	87.3	(私鐵)
10. 1	만 포 선	만포 — 滿浦橋	3.5	만포교 준공으로 梅輯線에 연결
〃	백 무 선	楡坪洞 — 延社	36.3	
1940. 3. 1	京慶남부선	友保 — 경북안동	48.9	
4. 1	京慶북부선	양평 — 원주	55.9	
1941. 4. 1	平 元 線	양덕 — 城內	58.7	平元線(西浦-高原) 212.6km 전통
7. 1	京慶남부선	경북안동 — 영주	38.7	
〃	京慶북부선	원주 — 제천	46.8	
9. 1	만포선支線	魚龍 — 龍門탄광	7.1	(龍門탄광선) 전통
1942. 4. 1	京 慶 線	영주 — 제천	62.3	京慶線(청량리 — 영천) 345.2km 전통
1944. 2. 11	東海북부선	北坪 — 삼척	12.9	三陟鐵道회사에 경영 위탁
10. 1	황 해 선	사리원 — 下聖	41.7	
12. 1	白 茂 線	延社 — 茂山	54.8	白茂線(백암 — 무산) 191.6km 전통
1945. 3. 20	淸 羅 線	淸津 — 靑岩	11.1	(假營業)
8 ~	東海남부선	울산 — 울산역	8.0	蔚山線 (假營業)

자료 : (財)鮮交會, 『朝鮮交通史』(資料編), 1986, pp. 39~41, 기타 資料

년월일	電氣 開發 주요 事件 / 事項	관련 사항
1866. 1870. 1877. 1878. 1879. 1980.	· 지멘스(독일), 電磁石을 이용한 發電機 발명 · 그람(벨기에), 環狀發電子를 이용한 發電機 제작에 성공 · 그람, 捲線을 이용한 交流 발전기 발명 · 브러시(미국), 아크 燈을 이용한 高壓 발전기 발명 · 에디슨(미국), 炭素線 白熱 전등 발명으로 에디슨전등회사 설립 · 펠른(미국), 水力 터빈 발명	
1881. 5. 11. 1882. 10. 1883. 9. 1884. 4. 9.	· 姜晉馨, 日本 見聞記「日東錄」에 '發電之法' 소개 · 尙澐/趙漢根, 領選使(金允植) 일행으로 淸에 파견되어 6개월 정도 電氣理 論 등을 학습하고 귀국 · 제3차 일본 修信使 일행, 電氣燈 등 見學하고 귀국 · 閔泳翊/洪英植 등 報聘使(보빙사) 일행, 미국 대통령에 國書 提呈하고, 미 국 電氣 및 電話 사정을 둘러보고 귀국 · 프레이저(뉴욕 주재 朝鮮 명예총영사), 駐韓 미 公使(푸트) 통해 에디슨 전 등/전화 架設權을 조선정부에 신청 · 조선, 미국 에디슨전등회사에 景福宮 電燈 가설 주문	·파리, 전기 박람회 개최 (81. 8월)
1885. 2. 6. 1886. 9. 12. 1887. 3. 6 3. 8 4. 9. 1889. 8.	· 金允植, 甲申政變을 계기로 전등시설 구입계획 중단하라고 프레이저 총영 사에게 示達 · 조선, 大砲 및 電氣 등 구입 先金으로 2만 달러($)를 타운센트 商會를 경유 하여 送金 · 윌리엄 멕케이(미국인), 경복궁 電燈 설치를 위해 미 국무성에 朝鮮 行 旅 券 신청 · W. 멕케이 來韓과 함께 전등 설비 仁川에 도착 · 한국 최초로 王室에 전등 點燈(경복궁 乾淸殿) · W. 멕케이, 助手(조선인)의 권총 誤發로 사망~電燈所 운영 중단 · 池錫永, 전등(전기) 사용 절약을 高宗에게 上訴 · 멕케이 대신 경복궁 電燈敎師로 영국인 비아(費峨)를 초빙 · 비아 후임으로 미국인 패인(佩仁), 패인 후임으로 파워를 초빙	
1894. 5. 1897. 3. 1898. 1. 18 1. 26 2. 1 8. 15 9. 15 1899. 4. 29 5. 8. 22 9. 30 12. 20	· 경복궁 내 제2 電燈所 준공~창덕궁에도 처음 點燈 · 콜브란/보스트위크, 모스와 함께 仁川 牛角洞에서 京仁線 부설공사 起工 · 李根培/金斗昇 명의로 漢城電氣會社 설립하고 漢城 시내 電車-電燈 설치 허 가를 신청 · 조선정부(농상공부), 上記 신청을 허가 · 漢城電氣, 미국인 콜브란과 공동으로 남대문-홍릉 간 전기철도 건설계약 체결 · 동 社, 콜브란측과 漢城 시내 전등시설 가설계약 체결 · 동 社, 漢城 시내 電車軌道 부설공사 기공식 거행 · 동 社, 콜브란측과 전기철도 운영계약 체결 · 漢城 시내 電車(동대문-신문로) 개통식 거행(4일), 일반 市民 상대의 電車 운 행 개시(20일), 電車 사고로 어린이 1명 사망~市民폭동 발발(26일)~電車 운 행 중단(5월 26일~8월 9일까지) · 콜브란, 한성전기에 대한 債權 확보 위해 회사 全 재산에 대한 抵當權 설정 · 한성전기, 漢城-開城 간 輕便 철도사업 허가 받음 · 콜브란, 남대문-원효로 간 電車 軌道 준공	·렌트겐(독) X선 발견 (1895)

년월일	電氣 開發 주요 事件 / 事項	관련 사항
1900. 4. 10 4. 28 7. 6	·한성전기, 鐘路 거리에 街路燈 3등을 설치(최초의 민간 點燈) ·동 社, 콜브란 측과 청량리-금곡/덕소 간 電車線路 연장 예비협정 체결 ·남대문-서대문 간 電車軌道 공사 준공	
1901. 6. 7. 9. 12 10. 1902. 8.	·한성전기, 慶運宮 전등 點火로 최초의 전기 영업 개시, 진고개 日人 商街에 전등 500등 보급 ·콜브란, 한성전기 債務 불이행으로 태극기 → 미국기로 교체 ·日本 거류민, 부산전등(주) 설립(發電능력 90kW) ·한성전기, 종로2가에 社屋 준공(1902년 1월 火災, 7월 복구) ·콜브란/보스트위크, 미 알렌公使 통해 한성전기에 대한 日貨 150만 엔채무 이행을 촉구~이는 市民의 電車運行 방해운동 유발로 韓·美간 外交문제로 飛火	
1903. 7. 9. 1904. 1. 5 2. 19 7. 18 8. 1	·市民 10여명, 한성전기 채무분규와 관련, 콜브란 측의 부당성을 내세워 전차 안타기 운동으로 電車 運行에 큰 타격 초래 ·광화문에서 소년이 전차에 치어 사망~미국 종업원 폭행 및 일본인(商街) 습격 등 민중폭동으로 飛火, 龍山發電所 건설 ·미 水兵 100여명, 京城에 入城하여 한성전기 警備에 배치 ·高宗의 대리인(李學均), 콜브란 측과 韓美電氣會社 설립계약 체결~한성전기 측의 特許權 및 재산일체는 콜브란 측에 귀속 ·콜브란측, 미국 코네티컷州法에 의한 韓美電氣회사(자본금 100만 달러) 설립 등기 ·漢城電氣 → 韓美電氣로 社名을 바꾸어 정식 발족	
1905. 6. 1906. 7. 1908. 1. 9. 1909. 6. 7. 11. 1910. 8. 10.	·仁川 일본 거류민, 仁川電氣(주) 설립(1906. 4월 개업), 平北 청천강 支流 구룡강 댐에서 한국 최초의 수력발전소(雲山水力) 준공(660馬力 500kW), 發電 개시 ·정부, 韓美電氣에 서대문-마포 간 軌道 부설권 허가 ·한미전기, 전차요금 100% 인상 ·日韓가스(주) 설립(자본금 300만 円), 영업 개시(09. 11월), 창덕궁 發電설비 준공(直流 25kW×2) ·日韓가스(주), 콜브란 측과 韓美電氣 매수 계약 체결 ·韓美電氣 측 종업원, 慰勞金 지급 등 요구로 同盟 파업, 日韓가스(주) → 日韓가스전기(주)로 개칭(자본금 600만 円으로 增資) ·日韓가스(주), 漢城 일원에 가스 공급 개시 ·진남포전기(주) 설립(자본금 15만 円) ·한국가스전기(주), 부산서 창립총회(자본금 300만 円)	·日韓瓦斯(주)에 가스 사업 영업허가(07. 6. 27)
1911. 1. 4. 5. 8. 12. 1912. 3. 4. 6~12	·京電, 종로변전소(11kV) 운전 개시 ·日韓가스전기(주), 馬山발전소 준공 및 마산지점 설립(4일) ·大田電氣(주) 설립(자본금 8만 円), 개업(12. 2월) ·평양전기(주) 설립(8일), 개업(12. 9월), 대구전기(주) 설립 ·목포전등(주) 설립(15일), 日韓가스전기(주), 서대문-동대문 간 전차 複線工事 준공(17일) ·元山水力전기(주) 설립(20일), 조선전기(주) 설립(31일, 淸津서 개업, 자본금 50만 円) ·群山전기(주) 설립(2일, 자본금 16만 円) ·日韓가스電氣(주), 仁川전기(주) 매수하고, 진해지점 설치, 부산가스발생로 点火(8월), 을지로선 電車운행 개시(12월)	·전국 土地調査사업 실시(10~18년) ·전국 電燈 需用家庭4,456戶(11. 6월)

년 월 일	電氣 開發 主要 事件 / 事項	관련 사항
1913. 3.	·한국가스전기(주) → 조선가스전기(주)로 개칭(29일)	
4~7	·日韓가스전기(주), 麻浦발전소 증설공사 준공(4월), 新義州전기(주) 설립(6월), 水原전기(주) 설립(7월), 淸州전기(주) 개업(7월)	
1914. 6.	·日韓가스전기(주), 왕십리선 전차 운행 개시(8일)	
6~	·제1차 전국 水力源 調査 발표(이론발전력 : 80개 所, 56,966 kW)	
1915. 9.	·日韓가스전기(주) → 京城전기(주)로 개칭	
10.	·京城전기(주), 가스탱크 준공	
1916. 4.	·京城전기(주), 영등포 구역 電燈 공급 개시	·전국 林業調
1917. 4~10	·開城전기(주) 설립(4월), 全州전기(주) 설립(6월), 光州전기(주) 개업(8월), 咸興 전기(주) 개업(10월)	査사업 실시 (17~24년)
1918. 6.	·경성전기(주), 광화문선 電車 운행 개시	
8.	·대구전기(주)와 함흥전기(주) 합병으로 대흥전기(주) 설립(자본금 14.5만 円)	
1919. 1~4	·쯥州전기(주) 개업(1월), 大田전기(주)와 淸州전기(주) 합병(4월)	
5.	·東拓系, 조선전기흥업(주) 설립(자본금 1,000만 円)	
8~12	·會寧전기(주) 설립(8월), 麗水전기(주) 설립(10월), 금강산전기철도(주) 설립(자 본금 500만 円, 12월)	
1920. 1~2	·海州전기(주) 설립(1월), 江景전기(주) 개업(2월)	
3.	·겸이포 面營사업 개업 - 겸이포제철소 국내 火力 受電	
7~8	·대흥전기(주), 광주전기(주) 흡수, 광주지점으로 開所(7월)/浦項전기(주) 합병 (8월), 統營전기(주) 개업(8월)	
1921. 5.	·公州전기(주) 설립	
10.	·京城전기(주), 용산발전소(3,000kW) 증설공사 준공	
1922. 5.	·鮮滿殖産(주)에 전기사업 허가(자본금 50만 円)	
7.	·京城전기(주), 仁川送電線/노량진-仁川변전소 준공	
1923. 4.	·금강산전철, 鐵原(중대리발전소)-서울 간 送電 선로 착공(1일), 총독부, 조선 電氣測定令 공포	
9.	·京城전기(주), 금강산전기철도와 전력 需給계약 체결(13일), 龍山발전소 (3,600kW) 증설공사 준공(29일),	
1924. 2.	·京城전기(주), 巡和洞 변전소(3,750kVA) 준공	
3.	·京城電氣學校 설립	
8.	·금강산전철, 鐵原-金化 간 철도 운행 개시	
9.	·경성전기(주), 東大門-巡和洞 간 地中線 부설 준공	
1925. 4.	·금강산전철, 중대리발전소(7,000kW) 준공	
6.	·총독부, 朝鮮水電(주)에 부전강, 三菱에 장진강 水力 사용 및 전기사업 경영 허가	
6~11	·順天전기(주) 설립(6월), 北靑전등(주) 설립(6월), 固城전기(주) 설립(8월), 삼천 포전기(주) 개업(9월), 全南전기(주) 개업(10월), 선천전기(주) 설립(10월), 벌교 전기/南原전기 설립(11월)	
1926. 1.	·朝鮮水電(주) 설립(자본금 2,000만 円)	·朝鮮窒素肥
4.	·赴戰江 제1발전소 착공	料(주) 설립
1927. 2.	·금강산전철, 판유리발전소(댐식 720kW) 준공	(27. 5), 흥남
3.	·平壤府, 평양전기(주) 인수	공장 起工式
1928. 3.	·西鮮電氣(주) 설립(자본금 100만 円)	거행
11.	·금강산전철, 향천리발전소(3,250kW) 준공	

년 월 일	電氣 開發 주요 事件 / 事項	관련 사항
1929. 3.	·제2차 전국 水力源 조사 발표(이론발전력 2,202,539kW), 朝鮮水電(주), 부전강 제2발전소 착공	
6.	·京城전기, 唐人里발전소 1호기 착공, 水原송전선/변전소 준공	
7.	·조선수전(주), 부전강 제3발전소(18,000kW) 착공	
8.	·昭和전기(주) 설립(자본금 50만 円)	
9.	·北鮮전기(주) 설립(자본금 50만 円(14일), 조선수전(주) 부전강 제1발전소 (129,600kW) 제1기 공사 완료	
10.	·南朝鮮수력전기(주), 설립(雲岩발전소 설비 5,120kW 허가, 자본금 250만 円)	
11.	·조선수전(주), 朝鮮窒素肥料 흥남공장에 送電 개시	
1930. 1.	·朝鮮水電(주), 朝鮮질소비료(주)에 합병	
5~11.	·부전강 제1발전소 제2기 공사 완료(5월), 제3기 완료(8월), 제2발전소(46 천 kW) 완료(10월), 제3발전소(18 천kW) 완료(11월)	
8.	·총독부, 조선전기사업조사회 官制 공포, 제1회 총회 개최(11월)	
11.	·京電, 唐人里 발전소 1호기(10,000kW) 준공	
1931. 1.	·보성강수력(주), 제1, 2호기(1,560kW × 2) 착공	
8.	·남조선수력(주), 雲岩발전소 공사 준공	
12.	·총독부, 전력통제계획 발표 … 향후 5년 간 전국 54개 配電회사를 4개 社로 통합 계획	
1932. 2.	·총독부, 朝鮮電氣사업령 공포(33년 11월 1일 실시)	·「만주국」 성립 선포 (32. 3. 1)
3.	·부전강 제4발전소 착공(12월 준공, 시설능력 11,700kW)	
5.	·京電 본사를 京城府로 이전(東京에는 지점)	
1933. 3.	·京電, 京城府 乘合자동차 사업 매수	
5.	·長津江수력전기(주) 설립(허가 出力 326,500kW, 자본금 2,000만 円)	
9.	·東拓系 조선전기흥업(주), 전기사업과 탄광사업을 분리하여 全國 통합에 앞 서 西鮮 3道 配電통합운동 전개	
10.	·총독부, 조선전기사업령 시행일-시행규칙-회계규칙-전기공작물 규칙 등 관계 法令 공포	
1934. 1.	·西鮮합동전기(주) 설립(西鮮전기-진남포전기-朝鮮送電-사리원전기 등 5사 통합)	
4.	·南鮮합동전기(주) 발족	
10.	·京電, 동대문-청량리 간 電車軌道 복선공사 준공	
1935. 1.	·朝鮮送電(주), 평양송전선/평양변전소 착공	
7.	·조선전기흥업(주) 설립(日本電氣聯盟系, 자본금 3,000만 円) → 조선전력(주) 로 社名 변경(8월)	
10.	·京電, 唐人里발전소 2호기(12,500kW) 준공	
11.	·咸南합동전기(주) 설립(元山수력전기-北鮮전력 등 4社 합병), 장진강수력(주), 제1발전소 제1기 공사 완료, 제2발전소 착공	
1936. 1.	·장진강 제1발전소 제2기 공사 준공	
8.	·富寧수력전기(주) 설립(허가 出力 28 천kW, 자본금 1,000만 円)	
10.	·대흥전기(주)에 麗水전기를 비롯하여 順天/울산/제주 등 10개 사를 흡수 합병	
11.	·西鮮합동전기(주)에 開城/江界/新義州전기 등을 합병, 장진강 제2발전소 준 공, 110kV 咸北送電선로(300.4km) 준공	

년월일	電氣 開發 주요 事件 / 事項	관련 사항
1937. 3.	·南鮮합동전기(주) 설립(대흥전기-조선가스전기 등 6사 통합), 보성강수력 1-2호기(1,560kW×2) 준공(22일)	·「蘆溝橋사건」 발발(37. 7. 7)-中日戰爭으로 飛火
5.	·京電, 조선송전(주)와 장진강수력 需給 계약, 장진강수력전기(주) → 조선수력전기(주)로 개칭하고 虛川江 제1발전소 착공	
8.	·조선총독부와 만주국, 상호 '압록강/圖門江 發電사업에 관한 覺書' 조인	
9.	·조선/만주, 압록강수력발전(주) 명의로 각각 설립(각 社 자본금 5,000만 円, 허가 出力 195만 3천kW), 압록강 水豊발전소 착공	
10.	·조선전력(주), 盈月화력 1호기(5만 kW) 준공, 154kV 送電 개시	
1938. 1.	·江界수력전기(주) 설립(자본금 1억 円, 허가 出力 305,900kW)	
5.	·北鮮합동전기(주) 설립(조선전기-회령전기-웅기전기 3사 통합)	
8.	·江界수력전기(주)에 禿魯江발전소 水利 사용 허가	
1939. 1.	·漢江수력전기(주)설립(자본금 2,500만 円, 許可出力 197,920kW)	
8.	·淸平水力 1-2호기(198,000kW×2) 착공	
10.	·총독부, 電力調整令 및 시행규칙 공포	
11.	·咸南합동전기, 北鮮합동전기(주)에 흡수 합병	
1940. 3.	·南鮮수력전기(주) 설립(자본금 2,000만 円)	
5.	·조선수력(주), 虛川江 제1(145,000kW)/제2(72,000kW) 發電所 준공	
9.	·섬진강수력 1호기(14,400kW), 및 南鮮수력전기 七寶발전소(14,500kW) 착공	
12.	·富寧水力 全 발전소 준공(28,640kW)	
1941. 6.	·虛川江-興南/허천강-청진 간 220kV 送電線 준공	·1941. 12. 7일 태평양전쟁 발발
8.	·水豊발전소 제1기 공사 준공(8/25일 만주측, 9/1일 조선측) 送電 개시	
9.	·水豊발전소 준공식 개최(28일)	
11.	·京電, 수색-부평 간 154kV 송전선로 준공, 조선수력전기(주)에 西頭水력의 水利 사용 허가	
1942. 1.	·京電, 금강산전기철도(주)를 흡수 합병	
6.	·華川수력 제1-2호기(27,000kW×2) 착공	
8.	·北鮮수력전기(주) 설립(자본금 1억 円)	
10.	·西頭水수력발전소 착공(건설 중 해방), 임시수력조사회의 答申에 의거 電力에 대한 國家 관리방침 결정	
1943. 1.	·조선수력전기, 허천강 제3(66,600kW)/제4(72,000kW)발전소 준공으로 전 발전소 완공(354,600kW)	
3.	·총독부, 朝鮮電力管理令 공포	
4.	·총독부, 朝鮮電力評價심사위원회 官制 공포	
7.	·朝鮮電業(주), 창립 총회(31일), 淸平수력 제1-2호기 준공	
8.	·조선전업(주), 설립(조선송전-부령수력전기-조선수력전기 3사 1차 통합)(2일), 北鮮수력전기, 同社에 흡수 통합(31일)	
9.	·조선전업(주) 2차 통합(조선전력-강계수력-남선수력 등), 제3차 전국 水力源 조사 발표(이론발전량 6,433,740kW)	
1944. 2.	·남조선수력, 朝鮮電業에 흡수 합병	
3.	·水豊발전소, 6대 60만kW 공사 준공	
5~10	·화천수력, 1호기(27,000kW) 준공(5월), 2호기(27,000kW) 준공(10월), 京電病院 개설(9월)	

년 월 일	電氣 開發 主 要 事 件 / 事 項	관련 사항
1945. 3.	·조선전업, 칠보발전소 1호기(14,400kW) 준공	
4.	·섬진강수력 1호기(14,400kW) 준공	·8·15해방으로
9.	·미군정, 京電 관리관으로 벌트 소령, 朝鮮電業 관리관으로 젠트리 중위 임명(10일)	조선총독부 폐쇄, 그 자리에 美軍政
	·조선전업, 職制 개편(寧越/蟾津江발전소 專業부서 설치, 17일), 日人으로부터 사무 인수하고 社長에 尹日善 취임(21일)	廳 등장(45. 9) ·미군정청, (구)
10.	·京電, 인천가스제조소 폐쇄	일본인 재산 일체
	·조선전업, 38선 이북 사업소와의 연락을 위한 조사단 파견	→ '歸屬財産'으로
11.	·조선전업, 전력 요금 개정, 南電 관리관에 믹스 대위 취임	접수(45. 9~12)
1946. 1~3	·정부, 시국 인플레를 반영하여 전력요금 계속 引上 개정	
4.	·京電, 해방 후 첫 주주총회 개최(1일), 京城電氣學校 인수	
5.	·北鮮합동전기(주) → 北鮮전기(주), 南鮮합동전기(주) → 南鮮전기(주)로 改名	
7.	·미군정, 朝鮮電業 운영권을 尹日善 사장에게 부여	
1947. 1.	·京電, 서울 시내 도심지에 버스/電車 병행 운행	
3.	·북한 소軍政, 남한 送電代金으로 500만 달러 청구	
6.	·美軍政 상무부장(吳禎洙), 電業 부사장(金恩錫) 등을 평양에 파견, 소軍政 당국과 電力代金 지불에 관한 협정 체결(17일)	
10.	·美軍政, 북한과의 電力代金 지불에 관한 제2차 협상 실패	
12.	·미군정, 電氣消費法 공포, 非常電力대책위원회 설치	
1948. 1.	·조선전업, 淸平수력 주변압기 소실로 發電 일시 중지(12일), 긴급 복구로 發電 再開(19일)	
2.	·美 발전함 자코나(Jacona, 2만 kW), 부산항에 入港, 發電 개시	
5.	·美 발전함 일렉트라(Erectra, 6,900kW) 인천항에서 發電 개시	
	·북한의 대 남한 送電 중단 조치 … 소위 '5·14斷電 조치' 단행, 唐人里火力 發電 개시	
7.	·정부, 전력 부족 타개책으로 계획발전과 輪轉制 실시	·南韓, 정부 수립을
	·電業, 상공부 지시로 寧越발전소를 상공부로 이관	위한 '5·10총선거'
11.	·京電, 淸平변전소(1,500kVA) 준공	실시~制憲 議員
12.	·南電, 木浦重油발전소 착공(49년 5월 준공)	선출
1949. 6.	·정부, 대통령 특별 諭示로 發電사업 일원화 조치 지시(1일), 大韓전기학회, 전기사업 國營化를 정부에 건의(14일)	
8~11	·電業, 京電의 唐人里발전소/농림부의 보성강발전소/상공부의 寧越발전소를 각각 인수	
12.	·京電, 제1차 국민 節電운동 전개(제2차는 50년 1월 전개)	·發電艦 Erectra호
1950. 6~8	·淸平수력발전소 중지, 大田변전소 운영 중지, 영월화력 운영 중지, 보성강 수력/섬진강수력 폭격으로 시설 파괴, 운영 중지	仁川 근해에서 폭파(50. 6월)
	·화천수력, 공산군 침입으로 시설 폭파/소실(20일 복구)	
11.	·발전함 Marsh(2,500kW) 馬山항에서 발전 개시	
12.	·電業, 영월화력(1만 kW) 긴급 복구 추진, 唐人里화력 응급 수리로 5,000kW 발전, 淸平수력 긴급 복구로 발전 개시	
	·발전함 Wiseman(2,500kW) 木浦 항에서 發電 개시	

자료 : 한국전력공사, 『한국 전력사 연표』, 1999, pp. 19~43에서 작성(拔萃)

[부록8] 8·15 직후 소련軍의 北韓 物資/産業施設 搬出 내역

가. 物 資* (1945년, 咸興 지역)

반출 時期	반출 場所	반출 物品	반출 數量	금액 (万円)	경 위
8/22일 이후	咸興 시내 각 창고(張潤河 창고)	被服 綿布, 잡화 생활용품	150 千着 多 數 〃	10,000 20,000 25,000	소련군 進駐 즉시 반출
8/25일 이후	咸興 시내 北鮮 창고회사	綿布 식량 유리, 건축자재 綿絲(군수용)	8,000段 5,000石 多 數 40톤	4,000 4,000 14,000 8,000	소련군 접수 반출 〃 〃 〃
8/25일 8/27일 8/30일	米穀倉庫회사 함흥(梁幹永) 함흥 부근	식료, 잡화 면제품 잡화 미곡	6棟內多數 2棟內在庫 15,000石	10,000 15,000 12,000	〃 〃 日軍의 疏開 식량
11월 9~12월	咸興市內 盤龍山 〃 〃 흥남시내 미곡창고 德里 疏開 창고 本宮·宮組 창고	함흥本宮(豊沛樓) 일본 神社 李王職陵祭殿 70千石(대형 창고 9棟) 62棟 12棟	1棟 8棟 3棟 70,000 300,000 100,000	20,000 3,000 - 소군 3개월간 홍 남부두에서 계속 반출
11월 이후	진남포제련소 흥남공장 내 흥남 NZ공장 흥남경금속공장 李 淵 觀	금광석(金 함유) 예비 기계 설비 기계 〃 자동차, 家財道具	地金 2톤分 幾 천 대 〃 〃 3 台, 다수	價格 不可 〃 〃 〃 2,000	전부 반출 강탈적 반출

나. 産業施設** (1945년, 元山/淸津 지역)

지역/회사 (工場)	搬出 기계/시설	수량/가격	搬出 시점
咸興 本宮化學공장 元山 조선석유회사 〃 〃 〃 石油精製회사 〃 住友輕金屬공장 〃 朝鮮銀行 지점	60,000톤 급 변압기 주요 기계류 200톤 급 計測船 주요 기계류 건설자재, 기계류 現札	1 台 전 부 24隻 전 부 多 量 30,000千 円	8. 26일자 반출 進駐 직후 〃 〃 〃 8. 19일자
平北 압록강水力(電) 〃	60사이클, 10만 kVA 발전기 50사이클, 10만 kVA 발전기	3 台 3 台	11. 5일자 〃
平南 진남포제련소 〃 〃 〃	金 亞鉛 銅 鐵板제조기	2톤, 19억 560만 円 400톤, 800만 円 200톤, 200만 円 전 부	進駐 직후 〃 〃 造船業에 큰 損失

지역/회사 (工場)	搬出 기계/시설	수량/가격	搬出 시점
清津 日鐵工場	工作기계류	2,700여 台	進駐 직후
〃	火力발전기	15대(1대重量 3.5톤)	〃
〃	電動機	40여대(大 1,000馬力)	〃
〃	電氣爐	전 부	〃
〃	변압기	600대(大 2,000kW)	〃
〃	기타資材·주물·電線	多量	9. 2일 ～ 11月末
청진 三菱製鐵所	공작기계류	3,000대	10월 15일~11月末
〃	電氣爐部品, 起動機, 電動機, 變壓器 등	전 부	〃
청진 日本原鐵	공작기계류	1,300대	〃
〃	전동기, 변압기	1,000대	〃
〃	기타 資材, 사무용품	多量	〃
茂山鐵鑛	공작기계류	약간	重量 過多로 搬出 불가
城津 日本고주파공장	선반, 공작기계 등	2,000대	-
〃	전기로, 電氣장치	대부분	-
〃	發動機	18대(1대 중량 18톤)	9. 15 ～ 10. 15
〃 日本마그네사이트	電動機, 변압기	多量	搬出
청진 日本紡績	방적기계	600 여대	9. 15 ～ 10. 15
〃	전동기, 變壓器	250대	〃
〃	紡絲孔	4,000枚(白金製)	〃
〃	人造絹布	鐵道貨車 70량	9. 15 ～ 10. 15
〃	苛性소다	〃 150량	〃
〃	화학약품	〃 18량	〃

다. 食 糧*** (1945/46년, 道別, 단위 : 万石, %)

	1945	1946	합 계	
평 안 남 도	65	73	138	(25.4)
평 안 북 도	60	70	130	(23.9)
함 경 남 도	21	25	46	(8.5)
함 경 북 도	15	22	37	(6.8)
황 해 도	90	95	185	(34.0)
강 원 도	3	5	8	(1.5)
합 계	254 (46.7)	290 (53.4)	544	(100.0)

자료 : 朝鮮民主黨, 「北朝鮮 實情에 관한 調査報告書」(필사본), 1947. 8월, pp. 12~21 참조.

주 : 1) * 은 1945년 중에 주로 함경도 咸興−元山−淸津 지역을 중심으로 한 기록이므로 실제로 소련으로 반출된 총 실적의 일부에 지나지 않음.

2) ** 原 자료에는 '豊沛館(풍패관)'으로 나오지만, 보통 '豊沛樓(풍패루)'로 불리는 조선 시대 '咸興本宮'을 가리킨다. 咸興本宮은 朝鮮의 始祖 李成桂의 生家이면서 末年에 落鄕하여 살던 곳으로 그 유명한 '咸興差使'의 故事가 얽힌 곳이기도 하다. 이 건물은 朝鮮歷史 상 가장 웅장하고 화려한 최고의 記念物로 평가되었는데, 북한에 進駐한 소련군이 마구잡이로 허물어 火木으로 사용한 蠻行(만행)을 저질렀다고 함(동 자료, pp. 16~17).

3) 자료의 수집은 주로 搬出作業에 동원된 人夫들의 보고, 利害 당사자의 보고 그리고 직접 목격자들의 보고에 의 한 것으로 신뢰성이 그렇게 높다고는 할 수 없음.

4) 압록강水電의 경우, 搬出을 반대한 회사 책임자(趙元珏)를 창고 내에 月餘 이상 오래 監禁(감금)하는 바람에 得病하여 사망하게 된 일까지 있었다고 함.

5) ***은 북한 당국은 1945년도 搬出 계획량을 20만톤(약 140만석)으로 책정했으나 결과는 무려 254만석으로까지 초과 반출되었다고 함. ( )내는 구성비(%)임.

【參考文獻】

가. 資料, 雜誌, 기타

경제기획원, 『請求權資金白書』, 1976

_____, 『外債白書』, 1986

國稅廳, 『歸屬公益法人實態調査 參考資料』, 1964년 6월 30일 현재

_____, 『國稅廳管轄歸屬休眠法人處理要綱』, 1974. 10월

김낙년 편, 『한국의 장기통계』-국민계정(1910-2010), 서울대학교출판문화원, 2012

金南植/李廷植/韓洪九, 『韓國現代史資料叢書』(제1~15권), 돌베개, 1986

南朝鮮過渡政府商工部, 『商工行政年報』, 1947

農林新聞社, 『農業經濟年報』(檀紀 4282年版), 1949

대한민국정부, 『한일회담백서』, 1965. 3월

復興部, 『復興白書』, 1958, 1959년판

_____ 産業開發委員會, 『經濟開發3個年計劃』(筆寫本), 1960

산림청 편, 『韓國林政50年史』, 1997

商工部, 『商工生産綜合計劃』(筆寫本), 1952

_____, 『生産 및 復興建設計劃槪要』(筆寫本), 1954

_____, 『상공행정개관』, 1958년판

宋南憲, 『解放 三年史(Ⅰ, Ⅱ)』, 까치, 1985

송병기 역, 『국역 윤치호 일기(1)』, 연세대학교 출판부, 2004

박정신 역, 『_____(2)』, 연세대학교 출판부, 2005

申相俊, 『美軍政期의 南韓行政體制』, 韓國福祉行政研究所, 1997

이도성, 『실록 : 박정희와 한일회담』-5·16에서 조인까지-, 한송, 1995

임업연구원 편, 『조선후기산림정책사』, 2002

財務部, 『賣却企業體카-드』, 年度 미상

_____, 『財政金融의 回顧』-建國十年業績-, 1958

_____, 『歸屬事業體拂下名簿』(필사본), 1960. 7

_____, 『歸屬財産處理關係法令集』, 年度 미상

_____ 管財局, 『聯合國人財産法令集』, 年度 미상

鄭容郁, 『解放直後 政治·社會史資料集(제1~12권)』, 다락방, 1994

鄭泰秀, 『美軍政期 韓國敎育史資料集(上, 下)』, 홍지원, 1992

朝鮮民主黨, 『北朝鮮 實情에 관한 調査報告書』(筆寫本), 1947年 8월

朝鮮商工會議所, 『朝鮮主要會社表』, 1944年 8월

朝鮮銀行調査部, 『朝鮮經濟統計要覽』(統計모음집), 1949

_____, 『朝鮮經濟年報』, 1948년판.

_____, 『經濟年鑑』, 1949년판.

朝鮮通信社, 『朝鮮年鑑』, 1948年版, 1947. 12월

철도청, 『한국철도100년사』, 1999

崔永禧,『격동의 해방 3년』, 한림대학교아시아문화연구소, 1996

韓國開發硏究院,『韓國經濟 半世紀 政策資料集』, 1995

韓國關稅協會,『韓國關稅史』, 1969

韓國農村經濟硏究院,『農地改革史硏究』, 1989

韓國道路公社,『韓國道路史』, 1981

韓國貿易協會,『韓國貿易史』, 1972

韓國紡織協會,『紡協創立10周年記念誌』, 1957

韓國法制硏究會,『美軍政法令總覽(國文版, 英文版)』, 驪江出版社, 1971

韓國産業銀行調査部,『韓國의 産業』(第1~4輯)-業種別 實態 分析-, 1958~61년,
                1964/66/68년판, 기타

_____,『韓國産業經濟十年史』, 1955

_____,『네이산 報告(上, 下)』- 韓國經濟再建計劃-, 1954

韓國殖産銀行淸算委員會,『殖銀 및 殖銀傍系會社 所有株式明細表』- 1957년 월 현재

韓國日報社,『財界回顧錄』(1-10권), 1981

韓國林政硏究會,『治山綠化30年史』, 1975.

韓國銀行,『歸屬株拂下關係綴』, 1955

_____,『韓國經濟年表』(1945-1983), 韓國金融硏究院, 1984

_____調査部,『鑛業 및 製造業事業體名簿』- 1955년 10월 현재, 1956년 11월

_____,『生産企業體名簿』- 1953년 12월 현재,

_____,『産業綜覽』(第1輯), 1954

_____,『한국은행사료』, 1970

韓國電力公社,『韓國電氣百年史(上, 下)』, 1989

_____,『韓國電力文獻集』, 1987

_____,『한국전력사연표』, 1999

_____,『韓國電氣主要文獻集』, 1990

_____,『살아있는 전력사 Ⅰ,Ⅱ』, 1998

한국항만협회,『항만협회 35년사』, 2011

한국학중앙연구원,『해방 직후 한국 소재 일본인 자산 관련 자료』(GHQ/SCAP,
        Japanese External Assets as of August 1945, volume 1, CIVIL PROPERTY
        CUSTODIAN, 30 September 1948의 影印本), 선인, 2005

京城商工會議所,『朝鮮産業經濟便覽』, 1941年 3月

_____,『京城における工場調査』, 1943年 5月

溝口敏行/梅村又次,『旧日本植民地經濟統計』- 推計と分析 -, 東洋經濟新報社, 1988

大藏省管財局,『引揚法人の現狀調査』, 1947年(山口文書 189호)

大藏省管理局管理課,『在朝鮮各會社資産現況報告』(179社), 1948年 2月 20日 調査(山口
          文書190호).

東亞經濟時報社(中村資良 編),『朝鮮銀行會社組合要錄』, 1921/1940/1942年版

モダン日本社,『モダン日本』, 第10卷 第12號(朝鮮版)−1939年版, 昭和14年 11月 및
　　　　　　第11卷 第9號(朝鮮版)−1940년판, 昭和 15年 8月(影印本, 어문학사, 2007).

　　　　　　, 『モダン日本』(朝鮮版) 번역서 : 『모던 일본과 조선』− 1939년판 및
　　　　　　1940년판(한일비교연구문화센터, 윤소영 외 역, 어문학사, 2009).

梶村秀樹 編,『朝鮮近代史の手引』, 勁草書房, 1966

　　　　　　, 『朝鮮現代史の手引』, 勁草書房, 1980

山口 精,『朝鮮産業誌』(上卷), 1910

森田芳夫,『朝鮮終戰の記錄』−米ソ兩軍の進駐と日本人の引揚−, 巖南堂書店, 1979

　　　　/長田かな子,『朝鮮終戰の記錄 : 資料篇』, 1輯(1979), 2輯(1980)

(財)鮮交會,『朝鮮交通史』(本編, 資料), 1986

水田直昌/土屋喬雄 編述,「終戰時における金融措置とその狀況」(第7, 8話),
　　　　　　　　　　　『朝鮮近代史料(3)』, 1954年 1月 22日.

神谷不二,『朝鮮問題戰後資料(1)』, 日本國際問題硏究所, 1976

アジア經濟硏究所,『アジア經濟關係文獻目錄』, 1968

日滿實業協會,「非常時下內鮮滿一如の實と北鮮工業の躍進を就て」(南朝鮮總督
　　　　　　の訓話), 1938年 8月

日本友邦協會,『友邦協會·中央日韓協會 文庫 : 資料目錄』, 日本 學習院大學, 1985. 3月

日本銀行調査局,『戰後における朝鮮の政治經濟』(調外特 第4號), 1948年 3月

朝鮮關係殘務整理事務所, "在朝鮮日本人權益等調査ニ關スル件"(日本, 「山口文書」,
　　　　　　　　　　No. 78), 1946年 5月 3日

朝鮮貿易協會,『朝鮮貿易史』, 1943

朝鮮商工會議所,『朝鮮主要會社表』, 昭和十九年 八月

朝鮮引揚同胞世話會, "在朝鮮日本人個人財産額調"(日本,「山口文書」No. 41), 1947年 3月

朝鮮電氣事業史編纂委員會,『朝鮮電氣事業史』, 中央日韓協會, 1981

朝鮮鐵道史編纂委員會 編,『朝鮮鐵道史 : 第一卷(創始時代)』, 朝鮮總督府鐵道局, 1937

朝鮮總督府殖産局,『朝鮮工場名簿』(1943年版). 朝鮮工業協會

　　　　　　　　鑛山課,『朝鮮金屬鑛業發達史』, 朝鮮鑛業會, 1933

朝鮮總督府鐵道局,『朝鮮鐵道四十年略史』, 1940

朝鮮總督府土木課,『朝鮮港灣要覽』, 1931

竹前榮治/中村隆英 監修, 岡部史信 譯/解說,『GHQ日本占領史』, 27(日本人 財産の管理),
　　　　日本圖書センター, 1997

　　　　　　　　監修,『GHQ日本占領史』, 別卷(研究展望, 總目次總索引),
　　　　　　　　日本圖書センター, 2000

Pauley, Edwin W., *Report on Japanese Assets in Soviet Occupied Korea to President of the United
　　　　States,* June 1946

U. S. Department of State, Office of Public Affairs, *KOREA : 1945 to 1948*, 1948

나. 單行本

김기원,『미군정기의 경제구조』, 푸른산, 1990

金達鉉,『5個年經濟計劃의 解說(1962~1966)』- 內容·解說·論評 -, 進明文化社, 1962

金　新,『韓國貿易史』, 石井, 1991

金雲泰,『美軍政의 韓國統治』, 博英社, 1992

김인호,『태평양전쟁기 조선공업연구』, 신서원, 1998

_____,『식민지 조선경제의 종말』, 신서원, 2000

金鴻植 외,『조선토지조사사업의 연구』, 민음사, 1997

박지향,『윤치호의 협력일기』, 이숲, 2010

_____ 외,『해방 전후사의 재인식(1, 2)』, 책세상, 2006

裵成龍,『朝鮮經濟의 現在와 未來』, 漢城圖書株式會社, 1933

安霖,『動亂後의 韓國經濟』, 白映社, 1954

安秉直/李大根 外,『近代朝鮮의 經濟構造』, 비봉출판사, 1989

安秉直/中村 哲 外,『近代朝鮮 工業化의 硏究』, 一潮閣, 1993

양동안,『대한민국건국사』- 해방 3년의 정치사 -, 玄音社, 2001

李光麟,『李朝水利史硏究』, 韓國硏究圖書館, 1961

李基俊,『教育: 韓國經濟學發達史』, 一潮閣, 1983

李氣鴻,『韓國의 農地改革』, 農林部, 1954

李大根,『韓國戰爭과 1950年代의 資本蓄積』, 까치사, 1987

_____,『解放後1950年代의 經濟』- 工業化의 史的背景 硏究, 삼성경제연구소, 2002

_____ 외,『새로운 한국경제발전사』, 나남출판, 2007

_____,『現代韓國經濟論』-高度成長의 動力을 찾아서-, 한울, 2008

이영훈 외,『한국의 은행 100년사』, 산하, 2004

_____,『근대조선수리조합연구』, 일조각, 1992

이우연,『한국의 산림 소유제도와 정책의 역사, 1600~1987』, 일조각, 2010

이원덕,『한일 과거사 처리의 원점』-일본의 전후처리 외교와 한일회담-,
　　　서울대출판부, 2000

이정식,『대한민국의 기원』, 일조각, 2006

정용욱,『미군정 자료 연구』, 선인, 2003

정재정,『일제침략과 한국철도』(1892~1945), 서울대학교출판부, 1999

趙璣濬,『韓國資本主義成立史論』, 大旺社, 1977

趙利濟/카터 에커트 편저,『한국 근대화, 기적의 과정』(Modernization of the Republic
　　　of Korea ; A Miraculous Achievement), 月刊朝鮮社, 2005

주익종,『대군의 척후』, 푸른역사, 2008

池鏞夏,『韓國林政史』, 明秀社, 1964.

陳德奎 外,『1950年代의 認識』, 한길사, 1981

한국학술진흥재단,『광복50주년기념 논문집(3,경제)』, 광복50주년기념사업위원회, 1995

韓奎勳 編修,『朝鮮銀行40年(上)』, 金融經濟社, 1981

洪性囿,『韓國經濟의 資本蓄積過程』, 高麗大 亞細亞問題研究所, 1964

_____,『韓國經濟와 美國援助』, 博英社, 1962

岡衛治,『朝鮮林業史』, 朝鮮山林會, 1945(임경빈 역,『조선임업사, 상/하권』, 산림청, 2000/2001)

高岐宗司,『朝鮮の土となった日本人』, 2003(『아사카와다쿠미 평전 - 조선의 흙이 되다,
　　　　　김순희 역, 효형출판, 2005)

高 成鳳,『植民地の鐵道』, 日本經濟評論社, 2006

九州經濟調査會,『韓國の工業』, アジア經濟研究所, 1957

堀 和生,『東アジア資本主義史論(Ⅰ)』, ミネルヴァ書房, 2009

_____,『朝鮮工業化の史的分析』, 有斐閣, 1995

_____,宮嶋博史『朝鮮土地調査事業史の研究』, 東京大學東洋文化研究所, 1991

宮嶋博史/李榮薰 外,『近代朝鮮水利組合の研究』, 日本評論社, 1992

吉野 誠,『東アジア史のなかの日本と朝鮮』, 2004, 明石書店(한철호 역,『동아시아속의
　　　　　한일2천년사』, 책과함께, 2009).

金洛年,『日本帝國主義下の朝鮮經濟』, 東京大學出版會, 2002

木村光彦,『北朝鮮の經濟』- 起源·形成·崩壞 -, 創文社, 1999

_____/安部桂司,『北朝鮮の軍事工業化』- 帝國の戰爭から金日成の戰爭へ,
　　　　　知泉書館, 2003

_____,『戰後日朝關係の研究』- 對日工作と物資調達 -, 知泉書館, 2008

山本有造,『日本植民地經濟史研究』, 名古屋大學出版會, 1992

山田三郎,『韓國工業化の課題』, アジア經濟研究所, 1971

小宮隆太郎/山田 豊,『東アジアの經濟發展:成長はどこまで持續するか』,
　　　　　東洋經濟新報社, 1996

小林英夫,『滿鐵』- 知の集團の誕生と死 -, 吉川弘文館, 1996 (임성모 역,『만철』- 일본
_____, 제국의 싱크탱크 -, 산처럼, 2008)

_____,『植民地への企業進出』- 朝鮮會社令の分析 -, 柏書房, 1994

鈴木武雄,『朝鮮の經濟』, 日本評論社, 1942

吳善花,『韓國倂合への道(完全版)』, 文藝春秋, 2013

李鍾元,『東アジア冷戰と韓美日關係』東京大學出版會, 1996

林采成,『戰時經濟と鐵道運營』, 東京大學出版會, 2005

長岡新吉/西川博史,『日本經濟と東アジア』, ミネルヴァ書房, 1995

長谷川啓之,『アジアの經濟發展と日本型モデル:社會類型論的アプローチ』,
　　　　　文眞堂, 1994

田代和生,『倭館』-鎖國時代の日本人町-, 文藝春秋, 2002(정성일역,『왜관』-조선은 왜
　　일본인들을 가두었을까?, 논형, 2005)
川合彰武,『朝鮮工業の現段階』, 東洋經濟新報社, 1943
靑木健,『太平洋成長のトライアングル：日本·美國·アジアNICs間の構造調整』,
　　日本評論社, 1987

Akita, George/Palmer, Brandon, *JAPAN IN KOREA : Japan's Fair and Moderate
　　Colonial Policy (1910-1945) and Its Legacy on South Korea's Developmental Miracle*
　　(塩谷 紘 譯,『'日本の朝鮮統治'を檢證する(1910-1945)』, 草思社, 2013)
Cumings, Bruce, *The Origins of the Korean War : Liberation and Emergence of
　　Separate Regimes 1945-1947*, Princeton University Press, 1981
　　　　　(김자동 역,『한국전쟁의 기원』, 일월서각, 1986)
Eckert, J. Carter, *Offspring of Empire : The Koch'ang Kims and the Colonial
　　Origins of Korean Capitalism, 1876-1945,* University of Washington Press, 2003
　　(小谷まさ代譯,『日本帝國の申し子』, 草思社, 2004)
　　＿＿＿＿＿＿ et al, *KOREA : Old and New, A History,* Ilchokak Publishers/Harvard
　　University Press, 1990
Gilmore, W. George, *Korea from its Capital*(『서울風物誌』, 신복룡 역, 집문당, 1999)
Hart, Dennis, *From Tradition to Consumption : Construction of a Capitalist Culture in
　　South Korea,* Jimoondang Publishing Company, 2001
Hurbert, B. Hormer, *The Passing of Korea*(『대한제국의 멸망사』, 신복룡 역주, 집문당,
　　1999)
McNAMARA, L. Dennis, *The Colonial Origins of Korean Enterprise, 1910-1945,*
　　Cambridge University. Press, 1990
Möllendorf, G. von Paul, *Rossalie von Möllendorf*(『묄렌도르프의 自傳』, 신복룡 외 역, 1999)
Myers, H. Ramon/Peattie, R. Mark, *The Japanese Colonial Empire, 1895-1945,*
　　Prinston University Press, 1984

다. 論文

강영심,「일제하 조선임야조사사업에 관한 연구 (상), (하)」,『한국사학』,
　　33-34호, 1983, 1984.
김낙년,「식민지기 조선의 '국제수지' 추계」,『경제사학』, 제37호, 경제사학회, 2004년 12월
　　＿＿＿,「식민지기 조선 공업화에 관한 제 논점」,『경제사학』, 제35호, 경제사학회,
　　2003년 12월
김대래/배석만,「귀속사업체의 연속과 단절(1945-1960)」,『경제사학』, 33호,
　　경제사학회, 2002
金源模,「맥케 電燈所와 電氣點燈의 歷史的 考察(1887)」, 韓國電力公社

金胤秀, 「8·15 이후 歸屬事業體 拂下에 관한 一研究」(서울대학교 경제학과
　　석사학위논문, 1988

남문현, 「電燈所는 우리 전기공학의 뿌리」, 『전기의 세계』- 제56권 제12호(2007),
　　大韓電氣學會

朴基炷, 「朝鮮에서의 金鑛業 發展과 朝鮮人 鑛業家」, 서울大學校 大學院 經濟學博士學位
　　論文, 1998.

朴贊一, 「韓末 金輸出과 金鑛業 德大經營에 관한 研究」, 成均館大學校 大學院 經濟學博
　　士學位 論文, 1982

배재수, 「임적조사사업(1910)에 관한 연구」, 『한국임학회지』, 89(2), 2000 및 91(1),
　　2002

_____, 「造林貸付制度의 전개과정에 대한 史的 考察」, 『한국임학회지』, 91(1), 2002

_____, 「조선후기 송정 변천사」, 임학연구원 편, 『조선후기산림정책사』, 2002

_____·윤여창, 「日帝强占期 朝鮮에서의 植民地 山林政策과 日本資本의 浸透過程」,
　　『山林經濟研究』2(1), 1994

安秉直, 「日本植民統治의 경제적 遺産에 관한 研究」, 『經濟論集』-제IV권 제4호, 서울대
　　학교經濟研究所, 1965년 12월.

吳鎭錫, 「한국 근대 電力産業의 발전과 京城電氣株式會社」, 延世大學校 大學院 박사학위
　　논문, 2006

尹亨燮, 「美軍政의 政策決定에 관한 發展論的 研究」, 『延世論叢』, 11, 1974

장상환, 「農地改革過程에 관한 實證的 研究」, 延世大學校 大學院, 經濟學碩士學位
　　論文, 1985

張台燮, 「産業民主化를 위한 歸屬企業體 등 拂下에 대한 提言」, 『財政』, 1959. 9월호 13.

鄭在貞, 「朝鮮總督府의 鐵道政策과 物資移動」, 『近代 朝鮮工業化의 研究』(安秉直/
　　中村 哲 편저), 一潮閣, 1999

車帡權, 「日政下의 경제적 遺産과 美軍政期 初期條件에 대한 考察」, 『經濟論集』-
　　제2호, 서울대학교 經濟研究所, 1980년 6월

허수열, 「식민지적 공업화의 특징」, 『工業化의 諸類型』(II)(金宗炫 編著), 경문사, 1996.

古川宣子, 「日帝時代 普通學校體制의 形成」, 서울大學校 大學院, 敎育學博士學位 論文,
　　1996. 2月

谷浦孝雄, 「해방 후 韓國 商業資本의 形成과 發展」, 『1950年代의 認識』(陳德奎 외),
　　한길사, 1981

大森とく子, 「日本の對朝鮮借款について」- 朝鮮開港から「韓國併合」まで -, 『日本植
　　民地研究』4, 日本植民地研究會, 1991

※ "제2장" 用 特殊 表記 資料

「자료 1」:「朝鮮に於ける內地資本の流出入に就て」(調査資料 第60號), 朝鮮銀行
京畿總裁席調査課, 1933年 11月

「자료 2」:「朝鮮投下內地資本と之になる事業」,『殖銀調査月報』, 25호, 1940

「자료 3」:「朝鮮に於ける內地資本の投下現況」(京城商工會議所 調査資料 第9輯),
京城商工會議所, 1944年 1月

「자료 4」(分冊 1): 大藏省管理局,『日本人の海外活動に關する歷史的調査』(2)(朝鮮編;
第1分冊~第5分冊, 序章~第13章), 1946

　　〃　(分冊 2):＿＿＿＿＿＿,『＿＿＿＿＿＿＿＿＿』(3)(朝鮮編; 第6分冊~第10分冊,
第14章~附錄) 1946

「자료 5」: 한국학중앙연구원,『해방 직후 한국 소재 일본인 자산 관련 자료』,
선인, 2005

라. 其他

姜晉馨,『日東錄』

金綺秀,『日東記游』(手記本, 1877; 釜山大學校 韓日文化研究所의 譯註本,
『譯註 日東記游』, 1962)

丁若銓,『松田私議』(成均館大學校 漢文學科 安大會 교수 "번역본")

【事項索引】

【人名索引】

※【참고문헌】상의 人名(筆者·著者·譯者)은 여기서 생략함.

歸屬財産 研究
植民地 遺産과 韓國經濟의 進路

1판 1쇄 발행일 2015년 10월 20일
2판 1쇄 발행일 2019년 11월 30일
글쓴이 | 이대근
펴낸이 | 임왕준
편집인 | 김문영
펴낸곳 | 이숲
등록 | 2008년 3월 28일 제301-2008-086호
주소 | 서울시 중구 장충단로 8가길 2-1
전화 | 2235-5580
팩스 | 6442-5581
홈페이지 | http://www.esoope.com
Email | esoopbook@daum.net
ISBN | 979-11-85967-77-6 93910
ⓒ 이숲, 2015, printed in Korea.

▶ 이 도서의 국립중앙도서관 출판예정도서목록(CIP)은 서지정보유통지원시스템 홈페이지
(http://seoji.nl.go.kr)와 국가자료공동목록시스템(http://www.nl.go.kr/kolisnet)에서
이용하실 수 있습니다. (CIP제어번호 : CIP2015025618)